全国旅游类专业创新应用型人才培养规划教材

世界旅游地理

WORLD TOURISM GEOGRAPHY

粟 娟 编著

中国旅游出版社

责任编辑：李冉冉
责任印制：冯冬青
封面设计：中文天地

图书在版编目（CIP）数据

世界旅游地理 / 粟娟编著. --北京：中国旅游出版社，2021.5（2025.1重印）
全国旅游类专业创新应用型人才培养规划教材
ISBN 978-7-5032-6694-2

Ⅰ．①世… Ⅱ．①粟… Ⅲ．①旅游地理－世界－高等学校－教材 Ⅳ．①F591.99

中国版本图书馆CIP数据核字（2021）第054187号

书　　名：世界旅游地理

作　　者：粟娟编著
出版发行：中国旅游出版社
　　　　　（北京静安东里6号　邮编：100028）
　　　　　https://www.cttp.net.cn　E-mail:cttp@mct.gov.cn
　　　　　营销中心电话：010-57377103，010-57377106
　　　　　读者服务部电话：010-57377107
排　　版：北京旅教文化传播有限公司
经　　销：全国各地新华书店
印　　刷：三河市灵山芝兰印刷有限公司
版　　次：2021年5月第1版　2025年1月第2次印刷
开　　本：720毫米×970毫米　1/16
印　　张：29
字　　数：550千
定　　价：46.00元
ＩＳＢＮ　978-7-5032-6694-2

版权所有　翻印必究
如发现质量问题，请直接与营销中心联系调换

目 录

第一章 导论 ··· 1
 第一节 概述 ··· 1
 第二节 世界旅游资源 ·· 3
 第三节 世界旅游地理区划 ··· 7

第二章 东欧 ··· 21
 第一节 俄罗斯 ··· 21
 第二节 乌克兰 ··· 33
 第三节 白俄罗斯 ·· 37
 第四节 立陶宛 ··· 41

第三章 北欧 ··· 45
 第一节 冰岛 ··· 45
 第二节 挪威 ··· 55
 第三节 瑞典 ··· 62
 第四节 芬兰 ··· 68
 第五节 丹麦 ··· 74

第四章 西欧 ··· 83
 第一节 英国 ··· 83
 第二节 法国 ··· 93

第三节　爱尔兰 …………………………………………… 102
　　第四节　荷兰 ……………………………………………… 107
　　第五节　比利时 …………………………………………… 112

第五章　南欧 …………………………………………………… 118
　　第一节　西班牙 …………………………………………… 118
　　第二节　葡萄牙 …………………………………………… 125
　　第三节　意大利 …………………………………………… 132
　　第四节　希腊 ……………………………………………… 145
　　第五节　斯洛文尼亚 ……………………………………… 153
　　第六节　克罗地亚 ………………………………………… 156

第六章　中欧 …………………………………………………… 158
　　第一节　德国 ……………………………………………… 158
　　第二节　奥地利 …………………………………………… 165
　　第三节　匈牙利 …………………………………………… 174
　　第四节　捷克 ……………………………………………… 178
　　第五节　瑞士 ……………………………………………… 183
　　第六节　斯洛伐克 ………………………………………… 188
　　第七节　波兰 ……………………………………………… 190

第七章　北美 …………………………………………………… 193
　　第一节　美国 ……………………………………………… 193
　　第二节　加拿大 …………………………………………… 204

第八章　拉丁美洲 ……………………………………………… 212
　　第一节　墨西哥 …………………………………………… 212
　　第二节　秘鲁 ……………………………………………… 218
　　第三节　阿根廷 …………………………………………… 226

第四节　巴西 ………………………………………………… 232

　　第五节　智利 ………………………………………………… 236

　　第六节　玻利维亚 …………………………………………… 240

第九章　南极洲 …………………………………………………… 245

　　第一节　南极历史 …………………………………………… 245

　　第二节　自然地理 …………………………………………… 246

　　第三节　旅游景点 …………………………………………… 248

第十章　非洲 ……………………………………………………… 251

　　第一节　埃及 ………………………………………………… 251

　　第二节　摩洛哥 ……………………………………………… 261

　　第三节　肯尼亚 ……………………………………………… 267

　　第四节　埃塞俄比亚 ………………………………………… 273

　　第五节　纳米比亚 …………………………………………… 277

　　第六节　南非 ………………………………………………… 280

第十一章　大洋洲 ………………………………………………… 287

　　第一节　澳大利亚 …………………………………………… 287

　　第二节　新西兰 ……………………………………………… 297

　　第三节　斐济 ………………………………………………… 303

第十二章　西亚 …………………………………………………… 307

　　第一节　土耳其 ……………………………………………… 307

　　第二节　阿联酋 ……………………………………………… 314

　　第三节　伊朗 ………………………………………………… 320

　　第四节　以色列 ……………………………………………… 326

　　第五节　约旦 ………………………………………………… **336**

第十三章　中亚 342

第一节　乌兹别克斯坦 342

第二节　哈萨克斯坦 349

第三节　吉尔吉斯斯坦 354

第四节　塔吉克斯坦 357

第五节　土库曼斯坦 360

第十四章　南亚 364

第一节　印度 364

第二节　巴基斯坦 375

第三节　斯里兰卡 381

第四节　马尔代夫 387

第十五章　东南亚 391

第一节　泰国 391

第二节　马来西亚 398

第三节　新加坡 406

第四节　越南 408

第五节　印度尼西亚 417

第六节　柬埔寨 424

第七节　菲律宾 429

第十六章　东亚 434

第一节　日本 434

第二节　韩国 443

第三节　朝鲜 451

参考文献 457

第一章 导论

第一节 概述

一、旅游和旅游业概述

旅游是人类社会经济和文化发展到一定阶段的产物,是人类一种自由、主动、积极的文化活动和高层次的生活方式。旅游的主要目的是满足旅游者高层次的精神需求和文化享受需求。旅游活动的大规模兴起是在产业革命后,特别是第二次世界大战结束后,经济的全球化和一体化,让国际旅游业蓬勃发展,旅游人数明显增多,大众化旅游迅速发展,旅游形式多样化。1970年9月27日,国际官方旅游联盟(世界旅游组织的前身)在墨西哥城举行的特别代表大会上通过了世界旅游组织的章程。1979年9月,世界旅游组织第三次代表大会正式将9月27日定为世界旅游日。从1980年起,世界旅游组织每年为世界旅游日确定一个主题,各国旅游组织根据每年的主题和要求开展各类相关活动。

旅游业是以旅游资源为依托、旅游设施为条件,为旅游者提供旅游活动所需产品和服务的行业群体所组成的综合性产业。旅游资源、旅游设施和旅游服务是旅游业的三大要素。2009年,我国正式将旅游业定位为"国民经济的战略性支柱产业和人民群众更加满意的现代服务业"。旅游业是为满足旅游活动中的各种需要而提供的服务总和,其目的是在最大限度地满足旅游需求的同时获得良好的经济、社会和环境效益。

二、世界旅游地理的研究对象

旅游地理学是一门介于地理学和旅游学之间的交叉学科,是研究世界、各旅游地理大区、各国家旅游地域系统的学科,是一门研究人类旅行游览同地理环境以及社会经济发展相互关系的学科。世界旅游地理属于人文地理学范畴,它的研究内容不仅包括旅游学和地理学知识，而且与社会学、历史学、考古学、环境学、建筑学、景观学、经济学等有密切关系。世界旅游地理是一门边缘学科。

世界旅游地理学和中国旅游地理学同属于区域旅游地理学。如果说旅游地理学是研究旅游地域系统运行的一般规律，那么世界旅游地理学是以一般规律为指导，探讨主要国家旅游与系统运行的特殊规律。也就是说，旅游地理学强调共性，世界旅游地理学强调个性。世界旅游地理注重在旅游地理学的基础上对各国各区域旅游资源进行研究。学习世界旅游地理，可以掌握世界旅游地理学的基础理论和基本知识，正确认识当前的世界旅游形势，各国旅游业的发展水平、各国资源利用和保护的状况，吸取外国旅游业发展的经验，为旅游爱好者提供一个认识世界的平台。

三、世界旅游地理学的发展

世界范围的旅游历史悠久，早在唐朝时，高僧玄奘游历西域诸国，所著《大唐西域记》记述了128个国家和地区的地理历史、文化生活、宗教信仰等。意大利旅行家马可·波罗是率先把中国介绍给欧洲世界的人。《马可·波罗游记》中描述的中国文明，对中西方文化交流起了巨大的促进作用。随着科学技术和经济的发展，旅游不断地发展成熟，世界旅游地理学的研究也不断拓展和深化。现代世界旅游地理学的发展经历了以下四个阶段。

（一）个别旅游地的研究

由于工业化的发展，发达国家的国内旅游需求激增，以相邻国家为目的地的国际旅游得到了初步的发展。1930年，美国地理学家麦克默里在美国地理学家协会会刊《地理学评论》上发表《游憩活动与土地利用关系》一文，这篇文章被认为是世界旅游地理学研究的开端。其后的旅游地理研究主要分为两个方面：旅游地和旅游形态个别地区的研究，以及旅游自然环境研究。这一时期的旅游地理著作主要是某些旅游胜地、地区的旅游开发以及国内外的旅游流，是积累信息和探讨旅游活动地理研究方法的阶段。地理学者是这一研究活动的主体，他们的研究工作是零散的，最有价值的工作集中于旅游的土地利用研究，一般没有考虑旅游服务设施的用地情况及其对环境的影响。

（二）旅游资源的评价

自20世纪60年代以来，西方国家经历了高速发展，人们的生活水平有了很大的提高，世界旅游业迅速发展，旅游区的开发不得不从条件适宜地区转向条件不甚适宜地区。与开发旅游紧密相关的是出现许多评价自然资源的著作。英国地理学家罗杰斯主持了第一次全国游憩调查。这一时期的主要研究涉及旅游资源的评价，旅游地和区域旅游的开发研究。

（三）确定旅游专业化和进行旅游区划

20世纪70年代以后，随着旅游的发展，要求人们对旅游活动实行有计划的调节和管理，确定不同地区的旅游专业化和进行旅游区划，研究旅游经济地域结构最佳化。地理学家开始系统研究旅游地理学的理论、方法，统一旅游地理学的术语，对旅游地进行分类评价、绘制旅游地图等，开始形成旅游地理学的学科理论体系。在美国、英国、加拿大和德国等以市场经济为主的国家，地理学家注重解决一些具体问题，如旅游土地购买和有效利用、旅游业竞争能力等。苏联、波兰、南斯拉夫等则研究本国的旅游区划。

（四）社会地理学研究

在解决旅游地域组织和旅游资源合理利用等问题时，人们发现仅仅采用自然地理方法或经济地理方法是不够的。现代系统理论的传播使得旅游地理学进入了社会地理学研究阶段。第23届国际地理学大会上，第一次把旅游地理列为一个专业组。从此，旅游地理学作为地理学的一个分支被确立下来了。旅游地理的研究在不同国家有不同的特点。发达国家学者对旅游的研究以多样化、多角度化、鸟瞰式研究视野为特点，从事理论研究时，表现明显的实证性质。发展中国家的研究主要是借鉴发达国家的研究成果，主要研究旅游开发和规划的实际调查研究。

世界旅游地理学作为一门新兴的边缘科学，研究领域相当广阔，不断有新的跨地区、跨学科的合作研究涌现出来，研究的内容呈现多样化趋势。1995年4月召开的可持续旅游发展世界会议上，通过了《可持续旅游发展宪章》和《可持续旅游发展行动计划》，使得世界旅游地理的研究主题鲜明，即以旅游者、旅游资源、环境、发展为一条研究主线，持续贯穿于旅游地理研究领域。随着科技的进步，旅游信息系统的建立和应用，使得旅游地理学者能够快速获取各方面信息，提高了研究成果的多样化。

第二节　世界旅游资源

一、旅游资源概念及特征

旅游资源是旅游业发展必不可少的物质基础和依托条件，是世界旅游地理的重要组成部分，也是旅游地理学的研究内容之一。

西方国家将旅游资源称作旅游吸引物，不仅包括旅游地的旅游资源，还包括接待设施和优良的服务因素，甚至还包括舒适快捷的交通条件。1992年出版的由原国家旅游局和中国科学院地理研究所制定的《中国旅游资源普查规范》中也指出：旅游资源是自然界和人类社会凡能对旅游者有吸引力，能激发旅游者的旅游动机，具备一定的旅游功能和价值，可以为旅游业开发利用，并能产生经济效益、社会效益和环境效益的事物和因素。旅游资源是通过开发，具有旅游功能和价值，并对旅游者具有吸引力的事物和因素（黄中伟，2002）。原国家旅游局2003年颁布的《旅游规划通则》中指出：旅游资源是自然界和人类社会凡能对旅游者产生吸引力，可以为旅游业开发利用，并可产生经济效益、社会效益和环境效益的各种事物现象和因素。旅游资源是指对旅游者具有吸引力的自然存在和历史文化遗产，以及直接用于旅游目的的人工创造物（保继刚，2004）。旅游资源可定义为对旅游者产生吸引力的自然存在和历史文化遗存，以及直接用于旅游目的地的人工创造物（孙克勤和范文静，2011）。

从上述定义可以看出旅游资源的核心是吸引力，是旅游活动的客体，存在形式既可以是有形的物质资源，也可以是无形的资源，如文化，更多的则是有形的和无形的结合体。旅游资源具有旅游价值，对旅游者构成吸引的各种因素都是旅游资源。

旅游资源是一切可以利用于发展旅游业的自然资源和古今人文资源的总称，它是一种资源，却又与其他资源有较大的差别，具有以下特征。

（一）多样性

旅游资源在空间的分布十分广泛，几乎地理范围内每个区域都有旅游资源存在。这些旅游资源多种多样，既有自然形成的，也有历史遗留下来的，还有当代新建的。旅游目的种类的多样性和数量的丰富性导致了旅游资源的多样性。

（二）观赏性

尽管旅游者的需求千差万别，旅游内容和形式多种多样，但旅游资源都是对旅游者充满吸引力的，这种吸引力源自旅游者内心的"求美"与"求异"。旅游者渴望了解居住地以外的世界，对美有本能的追求使旅游者对旅游资源充满向往。缺乏观赏性，就不构成旅游资源。

（三）地域性

旅游资源不同于其他各种资源，它的区域分布受自然地理和人类社会活动规律所控制。旅游资源的实物本体不能朝向旅游者移动，只能把旅游者吸引到旅游地来。这种不可移动性决定了旅游活动的暂时性和异地性。大家常常称旅游业为"无形贸易"与"风景出口"。

（四）永续利用

旅游资源具有重复使用的特点，旅游产品是一种无形产品，旅游者购买的并不是旅游资源本身，而是一种经历和感受。从理论上说，旅游资源可以长期使用下去。旅游资源是一定条件下的产物，是一种不可再生资源。这种不可再生性决定了保护的重要性，必须合理开发旅游资源。

（五）发展性

旅游资源并不是一成不变的，随着科技的进步，人们认识和利用自然界的能力增强，旅游资源领域不断扩大。某些事物在其存在之初并没有被作为旅游资源，但随着旅游者需求的变化，它成了具有吸引力的旅游资源。反之亦然，一些旅游胜地可能随着人们的兴趣转移而萧条。

二、世界旅游资源分类

对于世界旅游资源的划分有多种方法。第一，按照资源的性质划分为两大类，自然旅游资源和人文旅游资源。自然旅游资源主要是天然的具有吸引力的地理要素，包括山水风景、气候气象奇观、生物景观等。人文旅游资源指能够吸引人们进行旅游的人类所创造的物质实体或以其为载体的文化资源，包括遗址遗迹、建筑设施、民族风情等。第二，按照旅游资源的功能可分为观光游览型、文化知识型、参与体验型、购物型、情感型和度假型。第三，按照旅游资源的现状可分为已开发利用的、正在开发利用的和未开发利用的旅游资源。第四，按照旅游资源管理级别可分为世界级、国家级、省级、市县级旅游资源。第五，按照旅游资源的利用角度可分为可再生性和不可再生性旅游资源。第六，2003年国际质量监督检验检疫总局颁布《旅游资源分类、调查与评价》把旅游资源划分为8个主要类别、31个亚类和155个基本类型，每个层次的旅游资源类型有相应的汉语拼音代号（表1-1）。

表1-1 旅游资源分类表

主类	亚类	基本类型
A 地文景观	AA 综合自然旅游地	AAA 山丘型旅游地，AAB 谷地型旅游地，AAC 砂砾石地型旅游地，AAD 滩地型旅游地，AAE 奇异自然现象，AAF 自然标志地，AAG 垂直自然地带
	AB 沉积与构造	ABA 断层景观，ABB 褶曲景观，ABC 节理景观，ABD 地层剖面，ABE 钙华与泉华，ABF 矿点矿脉与矿石积聚地，ABG 生物化石点
	AC 地质地貌过程形迹	ACA 凸峰，ACB 独峰，ACC 峰丛，ACD 石（土）林，ACE 奇特与象形山石，ACF 岩壁与岩缝，ACG 峡谷段落，ACH 沟壑地，ACI 丹霞，ACJ 雅丹，ACK 堆石洞，ACL 岩石洞与岩穴，ACM 沙丘地，ACN 岸滩

续表

主类	亚类	基本类型
A 地文景观	AD 自然变动遗迹	ADA 重力堆积体，ADB 泥石流堆积，ADC 地震遗迹，ADD 陷落地，ADE 火山与熔岩，ADF 冰川堆积，ADG 冰川侵蚀遗迹
	AE 岛礁	AEA 岛区，AEB 岩礁
B 水域风光	BA 河段	BAA 观光游憩河段，BAB 暗河段，BAC 古河道段落
	BB 天然湖泊与池沼	BBA 观光游憩湖区，BBB 沼泽与湿地，BBC 潭池
	BC 瀑布	BCA 悬瀑，BCB 跌水
	BD 泉	BDA 冷泉，BDB 地热与温泉
	BE 河口与海面	BEA 观光游憩海域，BEB 涌潮现象，BEC 击浪现象
	BF 冰雪地	BFA 冰川观光地，BFB 常年积雪地
C 生物景观	CA 树木	CAA 林地，CAB 丛树，CAC 独树
	CB 草原与草地	CBA 草地，CBB 疏林草地
	CC 花卉地	CCA 草场花卉地，CCB 林间花卉
	CD 野生动物栖息地	CDA 水生动物栖息地，CDB 陆地动物栖息地，CDC 鸟类栖息地，CDD 蝶类栖息地
D 天象与气候景观	DA 光现象	DAA 日月星辰观察地，DAB 光环现象观察地，DAC 海市蜃楼现象多发地
	DB 天气与气候现象	DBA 云雾多发区，DBB 避暑气候地，DBC 避寒气候地，DBD 极端与特殊气候显示地，DBE 物候景观
E 遗址遗迹	EA 史前人类活动场所	EAA 人类活动遗址，EAB 文化层，EAC 文物散落地，EAD 原始聚落遗址
	EB 社会经济文化活动遗址遗迹	EBA 历史事件发生地，EBB 军事遗址与古战场，EBC 废弃寺庙，EBD 废弃生产地，EBE 交通遗迹，EBF 废城与聚落遗迹，EBG 长城遗迹，EBH 烽燧
F 建筑与设施	FA 综合人文旅游地	FAA 教学科研实验场所，FAB 康体游乐休闲度假地，FAC 宗教与祭祀活动场所，FAD 园林游憩区域，FAE 文化活动场所，FAF 建设工程与生产地，FAG 社会与商贸活动场所，FAH 动物与植物展示地，FAI 军事观光地，FAJ 边境口岸，FAK 景物观赏点
	FB 单体活动场馆	FBA 聚会接待厅堂（室），FBB 祭拜场馆，FBC 展示演示场馆，FBD 体育健身场馆，FBE 歌舞游乐场馆
	FC 景观建筑与附属型建筑	FCA 佛塔，FCB 塔形建筑物，FCC 楼阁，FCD 石窟，FCE 长城段落，FCF 城（堡），FCG 摩崖字画，FCH 碑碣（林），FCI 广场，FCJ 人工洞穴，FCK 建筑小品

续表

主类	亚类	基本类型
F 建筑与设施	FD 居住地与社区	FDA 传统与乡土建筑，FDB 特色街巷，FDC 特色社区，FDD 名人故居与历史纪念建筑，FDE 书院，FDF 会馆，FDG 特色店铺，FDH 特色市场
	FE 归葬地	FEA 陵寝陵园，FEB 墓（群），FEC 悬棺
	FF 交通建筑	FFA 桥，FFB 车站，FFC 港口渡口与码头，FFD 航空港，FFE 栈道
	FG 水工建筑	FGA 水库观光游憩区段，FGB 水井，FGC 运河与渠道段落，FGD 堤坝段落，FGE 灌区，FGF 提水设施
G 旅游商品	GA 地方旅游商品	GAA 菜品饮食，GAB 农林畜产品及制品，GAC 水产品及制品，GAD 中草药材及制品，GAE 传统手工产品与工艺品，GAF 日用工业品，GAG 其他物品
H 人文活动	HA 人事记录	HAA 人物，HAB 事件
	HB 艺术	HBA 文艺团体，HBB 文学艺术作品
	HC 民间习俗	HCA 地方风俗与民间礼仪，HCB 民间节庆，HCC 民间演艺，HCD 民间健身活动与赛事，HCE 宗教活动，HCF 庙会与民间集会，HCG 特色饮食风俗，HCH 特色服饰
	HD 现代节庆	HDA 旅游节，HDB 文化节，HDC 商贸农事节，HDD 体育节

第三节　世界旅游地理区划

一、旅游区划的概念和原则

旅游区是指具有相似的旅游资源特色、旅游资源特征的地理区域综合体。旅游区为一个地域综合体，在自然地理资源方面和社会人文资源方面具有相对的一致性和共性。旅游区不仅包括旅游资源，还包括旅游者实现旅游目的而不可缺少的各种基础设施。它以旅游城市或主要名胜为中心，形成相对独立的旅游网络。

旅游区划是为了了解各个旅游区的不同性质和特征，揭示旅游区的内在规律和基本优势，形成合理的旅游地域分工体系而确定各个旅游区的范围和界限。划分旅游区域可以更好地开发、利用和保护旅游资源，制定旅游区的发展战略。旅游区划的原则一般可以归纳为以下几个方面。

（一）综合性原则

旅游是一个综合性的产业，与各行各业的关系密切。在进行旅游区划时，不仅要考虑自然资源和人文旅游资源，而且要综合考虑旅游资源和旅游环境、旅游设施，综合考虑旅游景点、线路的搭配以及旅游的便捷性。

（二）相似性原则

将旅游资源类型相似区域划分在同一旅游区。这种相似性可以是旅游资源的成因、形态和发展方向的一致性，也可以是旅游条件的类同。相似的环境条件形成相似的旅游资源或旅游活动，才有相近的旅游业发展或存在类似的问题，构成类似的旅游地域。

（三）完整性原则

各等级的旅游区都是相对独立的地域综合体，能独立承担一定的旅游职能。旅游区域系统层次结构完整，包含相当数量的景观，同一旅游区的地域完整，便于开展旅游活动和管理。

（四）主导因素原则

旅游区一般由多种类型的旅游资源组成，各种资源起的作用不同，往往某种类型的旅游资源起主导作用。这种主导性的旅游资源制约着旅游区的属性特征、功能和开发利用方式。在划分旅游区域时，要充分考虑优势资源作为划分不同旅游区域的依据，以突出旅游区域的特色。

（五）兼顾行政区划原则

旅游区和行政区有所不同，旅游区是旅游经济联系的客观地域综合体，行政区是上层建筑的产物。但是在界定旅游界限时，兼顾行政区有利于区域旅游业的发展。比如说在自然地理上，格陵兰岛属于北美范畴，但它是欧洲丹麦的自治领地，应该划入欧洲旅游大区。俄罗斯虽然横跨欧亚大陆，只有一小部分在欧洲，但是这部分是俄罗斯的政治、经济和文化中心。再加上俄罗斯是一个传统的欧洲国家，所以将俄罗斯划入欧洲。

二、世界旅游地理区划的内容

世界各大洲、各地区及各国在自然地理条件、经济发展水平和社会文化背景等方面存在较大的差异，必然导致各大洲、各地区及各国的旅游业发展不平衡。因此，将世界旅游地域划分出若干既相互独立又彼此联系的旅游单位很有必要。把世界不同等级的旅游地域综合体进行划分就是世界旅游区划。通过世界旅游区划，可以了解各地区、各国旅游资源的基本情况、开发利用途径和旅游业发展前景，为我国发展旅游业进行总体规划和布局提供科学依据。根据自然、历史、经济和人文特点，将世界划分为七大旅游区：亚洲旅游区、欧洲旅游区、非洲旅游区、北美旅游区、拉丁美洲旅游区、大洋洲旅游区及南极洲旅游区。

(一) 亚洲旅游区

亚洲是七大洲中面积最大、人口最多的一个洲，占总陆地面积的29.4%。与非洲的分界线为苏伊士运河，与欧洲的分界线为乌拉尔山脉、乌拉尔河、里海、大高加索山脉、土耳其海峡、地中海和黑海。

亚洲的大陆海岸线绵长而曲折，海岸线长6.99万千米，海岸类型复杂，多半岛和岛屿。阿拉伯半岛为世界上最大的半岛。亚洲地形的特点是地表起伏很大，崇山峻岭汇集在中部，山地、高原和丘陵约占全洲面积的3/4。全洲平均海拔950米。全洲大致以帕米尔高原为中心，向四方伸出一系列高大的山脉，最高的是喜马拉雅山脉。在各高大山脉之间有许多面积广大的高原和盆地，如被称为"世界屋脊"的青藏高原。在山地、高原的外侧分布着广阔的平原。亚洲有许多著名的高峰，其中有世界最高峰珠穆朗玛峰，海拔8844.43米。亚洲还有不少闻名世界的湖泊：里海是世界第一大湖、最大的咸水湖，贝加尔湖是世界上最深的湖，死海是世界上最低的洼地，巴尔喀什湖是一个淡水和咸水共存的内陆湖。

亚洲是世界上火山最多的洲。东部边缘海外围的岛群是世界上火山最多的地区。东部沿海岛屿、中亚和西亚北部地震频繁。亚洲的许多大河发源于中部山地，分别注入太平洋、印度洋和北冰洋；其中长度在4000千米以上的有5条：长江、黄河、湄公河、额尔齐斯河和黑龙江，最长的长江长6397千米。亚洲的岛屿主要集中在东南海面，有几万个岛屿，总面积为320万平方千米。

亚洲大陆跨寒、温、热三带。气候类型复杂多样、季风气候典型和大陆性显著。降水分布的地区差异悬殊，主要趋势是从湿润的东南部向干燥的西北部递减。奥伊米亚康极端最低气温曾低达-71℃，是北半球气温最低的地方，被称为北半球的寒极区。伊拉克巴士拉极端最高气温曾达58.8℃，为世界最热的地方。

亚洲地域辽阔，在旅游地理方面，把亚洲分为东亚、南亚、东南亚、中亚、西亚和北亚6个地区，而北亚在地理上是指俄罗斯亚洲部分的西伯利亚地区。这些地区的自然环境和人类活动各具特色。

1. 东亚旅游区

东亚指亚洲东部，包括中国、朝鲜、韩国、蒙古和日本。面积约1170万平方千米。人口16亿多人是世界上人口最稠密的地区之一，地势西高东低，分四个阶梯。中国西南部称为"世界屋脊"的青藏高原，平均海拔在4000米以上。东南半部为季风区，属温带阔叶林气候和亚热带森林气候，西北部属大陆性温带草原、沙漠气候，西南部属山地高原气候。5~10月东部沿海受台风影响。河流主要有长江、黄河、珠江、黑龙江等。主要山峰有珠穆朗玛峰、泰山、富士山等。

中国是由发源于黄河流域和长江流域的华夏文明所建立的国家，为东亚最主要的国家,是东亚及东南亚汉文化圈的宗主国。公元7世纪建立的唐朝经济繁荣,文化在东亚地区广泛传播,许多其他民族如朝鲜族、大和族等,深受华夏文明的影响。这些民族的传统文化中最为显著的特点是使用汉字,这些民族活动的领域和中国本体也被称为汉文化圈或华夏文化圈。

2. 东南亚旅游区

东南亚指亚洲东南部地区,包括越南、老挝、柬埔寨、缅甸、泰国、马来西亚、新加坡、印度尼西亚、菲律宾、文莱、东帝汶等国家和地区。面积约448万平方千米,人口超过5亿。地理上包括中南半岛和南洋群岛两大部分,是世界上火山最多的地区之一。群岛区和半岛的南部属热带雨林气候,半岛北部山地属亚热带森林气候。

东南亚是地处亚洲与大洋洲、太平洋与印度洋之间的"十字路口"。马六甲海峡是这个路口的"咽喉",太平洋西岸国家与南亚、西亚、非洲东海岸、欧洲等沿海国家之间的航线大多经过于此。马六甲海峡沿岸的国家有泰国、新加坡和马来西亚,其中新加坡位于马六甲海峡的最窄处,交通位置尤其重要。东南亚一方面是亚洲纬度最低的地区,是亚洲位于赤道的部分;另一方面,东南亚是亚澳之间的过渡地带,也是太平洋与印度洋的交汇地带,这种地理位置使东南亚具有赤道多雨气候和热带季风气候。中南半岛大部分地区为热带季风气候,有旱季和雨季之分,农作物一般在雨季播种,旱季收获。马来群岛的大部分地区属热带雨林气候,终年高温多雨。农作物随时播种,四季都有收获。东南亚具有茂密的原始丛林、美丽的热带海滨、众多的名胜古迹、独特的风土人情,旅游业已成为新加坡、泰国、马来西亚等国的重要产业。

3. 南亚旅游区

南亚指亚洲南部地区,包括斯里兰卡、马尔代夫、巴基斯坦、印度、孟加拉国、尼泊尔、不丹。此外,缅甸在文化上亦受到南亚影响很大,所以被纳入南亚的范围。南亚面积约437万平方千米,人口17亿以上。

南亚北部是喜马拉雅山脉,海拔8000米以上的高峰有14座。珠穆朗玛峰在尼泊尔与中国两国间。中部为大平原,河网密布,农业发达。南部为德干高原和东西两侧的海岸平原。由于高大的喜马拉雅山脉把南亚跟亚洲大陆主体隔开,东、西和南三面为孟加拉湾、阿拉伯海和印度洋所环绕,南亚在地理上形成一个相对独立的单元。喜马拉雅山以南至印度洋的大陆部分被称为南亚次大陆。南部是西部略高、东部略低,起伏平缓的德干高原。北部山地与德干高原之间为印度河—恒河平原。北部和中部平原基本上属亚热带森林气候,德干高原及斯里兰卡北部属热带草原气候,印度半岛的西南端、斯里兰卡南部和马尔代夫属热带雨林气候,印度河平原属亚热带草原、沙漠气候。南亚有三大河流,即印度河、恒河、布拉马普特拉河。印度河源出中国，是巴基斯坦最重要的灌溉水源。南亚所产黄麻、茶叶约占世界总产量的 1/2。

南亚聚集了世界超过 20% 的人口，是世界上人口最多和最密集的地域，同时也是继非洲之后全球较贫穷的地区之一。由于政治及宗教上的差别，这里政局不太稳定。南亚是印度教、佛教、耆那教、锡克教的发源地。印度、尼泊尔居民多数信奉印度教，巴基斯坦、孟加拉国、马尔代夫居民多信奉伊斯兰教。斯里兰卡、不丹居民多信奉佛教。

4. 中亚旅游区

中亚包括土库曼斯坦、乌兹别克斯坦、吉尔吉斯斯坦、塔吉克斯坦、哈萨克斯坦。从地缘位置看，中亚地处亚欧大陆的接合部，是贯通亚欧大陆的交通枢纽，历来是东进西出和南下北上的必经之地，古代的丝绸之路途经此地。冷战结束后，中亚作为重要的战略缓冲地带，其地缘政治意义更加凸显。在能源方面，中亚及里海地区石油储量丰富，被誉为"第二个中东"。哈萨克斯坦锌、钨储量居世界第一位，铀矿储量居世界第二位。土库曼斯坦素有"中亚科威特"的美誉，天然气储量居世界第四位。乌兹别克斯坦的黄金储量占世界第四位。

由于地处欧亚大陆腹地，东南高山阻隔了印度洋、太平洋的暖湿气流，该地区气候为典型的温带沙漠、草原大陆性气候，雨水稀少，极其干燥，温度高、蒸发旺盛，温度变化剧烈。中亚的所有河流都没有通向大洋的出口，河水或被引走用于灌溉，或消失于荒漠，或注入内陆湖泊。中亚东南部为山地，地震频繁，属山地气候。其余地区为平原和丘陵，沙漠广布，气候干旱，属温带和亚热带沙漠、草原气候。卡拉库姆沙漠和克孜尔库姆沙漠是中亚最大的沙漠。

中亚各民族都有自己的语言，但俄语在这些国家被广泛使用。中亚是以伊斯兰教为主的多宗教地区，各国实行比较宽松的宗教政策。中亚地区的穆斯林绝大多数是逊尼派，只有哈扎拉人少部分属什叶派。此外，在中亚的俄罗斯人、斯拉夫语族居民中有相当数量的东正教教徒，还有部分群众信仰天主教、新教和犹太教。

5. 西亚旅游区

西亚也叫西南亚，指亚洲西部，包括阿富汗、伊朗、土耳其、塞浦路斯、叙利亚、黎巴嫩、巴勒斯坦、约旦、伊拉克、科威特、沙特阿拉伯、也门、阿曼、阿拉伯联合酋长国、卡塔尔和巴林。面积 700 多万平方千米，人口 2.4 亿。西亚是联系亚、欧、非三大洲和沟通大西洋、印度洋的枢纽。黑海出入地中海的门户是土耳其海峡，霍尔木兹海峡是波斯湾的重要出口，航运十分繁忙。苏伊士运河和红海是亚非两洲的分界线，沟通了印度洋和地中海。波斯湾及里海沿岸是著名的石油产区。西亚是人类古代文明发祥地之一，古巴比伦（即两河文明）就位于如今伊拉克美索不达米亚平原。西亚的地理位置非常重要，古代"丝绸之路"就是从西安出发，沿河西走廊出新疆，经过中亚、西亚，最终到达欧洲。

西亚的地形以高原为主，北部多山脉。北部山地高原与南部阿拉伯半岛之间为幼发拉底河和底格里斯河所冲积而成的美索不达米亚平原，又称两河流域，土壤肥沃、灌溉便利、农业发达。在地质史上，西亚高原有多次火山活动，形成了大面积的熔岩台地。有众多火山分布，受新构造运动影响，现代火山和地震活动也相当频繁。

西亚大部分地区降水稀少、气候干旱、水资源短缺、草原和沙漠广布，多属热带和亚热带沙漠气候。在干旱的环境下，这里的人们发展了畜牧业和灌溉农业。地中海东岸为冬湿夏干的地中海式气候。阿拉伯半岛等地降水稀少，是世界著名的干燥气候区。

西亚是世界人口最稀疏地区之一，人口分布极不平衡，地中海沿岸、两河平原人口最为稠密。沙漠地区人烟稀少。城乡差别极大，农村仍过着落后的游牧生活。阿拉伯人约占一半，集中分布在中、南部，阿拉伯半岛、美索不达米亚平原和地中海沿海各国。小亚细亚半岛多为土耳其人，伊朗高原上以波斯人为主，以色列主要是世界犹太人的聚居区。塞浦路斯主要由希腊人和土耳其人组成，外高加索地区居住着阿塞拜疆人、格鲁吉亚人和亚美尼亚人等。

西亚是伊斯兰教、基督教、犹太教等世界性和地区性宗教的发源地，绝大部分居民信仰伊斯兰教，犹太人主要信仰犹太教。伊斯兰教、基督教和犹太教都将耶路撒冷奉为圣城，麦加也是伊斯兰教的圣城。西亚的民族、语言、宗教及领土、边界问题都相当复杂，是局势最动荡的地区之一。

（二）欧洲旅游区

欧洲北临北冰洋，西濒大西洋，南滨大西洋的属海地中海和黑海。欧洲东以乌拉尔山脉、乌拉尔河，东南以里海、大高加索山脉和黑海与亚洲为界，西隔大西洋、格陵兰海、丹麦海峡与北美洲为界，北接北冰洋，南隔地中海与非洲为界。欧洲最北端是挪威的北角，最南端是西班牙的马罗基角，最西端是葡萄牙的罗卡角，东至乌拉尔山脉。受北大西洋暖流影响，这里气温与同纬度相比更暖和。欧洲大部分为温带海洋性气候，也有地中海气候、温带大陆性气候、极地气候和高原山地气候等气候，降水分布较均匀。

欧洲东部以平原为主，地形比较单一。西部山地和平原互相交错，地形比较复杂。南部耸立着一系列山脉，总称阿尔卑斯山系，其中最高的是法国境内的勃朗峰，海拔4807米。欧洲山脉的最高点是位于大高加索山脉的厄尔布鲁士山。欧洲的河网稠密，水量丰沛，最长是伏尔加河，排名第二的多瑙河是世界上流经最多国家的河。欧洲还有许多湖泊。欧洲的海岸线十分曲折，多半岛、岛屿、海湾和内海。欧洲有伊比利亚、亚平宁、巴尔干和斯堪的那维亚四大半岛，有东欧、波德、西欧三大平原。欧洲的森林面积约占世界森林总面积的23%。西部沿海为世界著名渔场，主要有挪威海、北海、巴伦支海、波罗的海、比斯开湾等渔场。

欧洲的宗教信徒中基督教徒占91%；伊斯兰教徒占8%，西欧的穆斯林主要为移民。仅有少于1%的欧洲居民信仰犹太教，其他的宗教（如印度教、佛教等）也都仅有不足1%的信徒。

申根公约的成员国亦称"申根国家"或者"申根公约国"，成员国的整体又称"申根区"。申根公约的目的是取消相互之间的边境检查点，并协调对申根区之外边境的控制。根据该协定，旅游者如果持有其中一国的有效申根签证即可合法地到所有其他申根国家参观。目前共有26个成员国，包括法国、德国、奥地利、瑞士、意大利、荷兰、比利时、卢森堡、丹麦、挪威、瑞典、芬兰、冰岛、西班牙、葡萄牙、希腊、立陶宛、拉脱维亚、爱沙尼亚、波兰、匈牙利、捷克、斯洛伐克、斯洛文尼亚、马耳他和列支敦士登。申根国家与欧盟国家不同，申根国家中除挪威、瑞士、冰岛和列支敦士登之外均为欧盟国家。欧盟国家也并非均为申根国家，爱尔兰是欧盟国家，但不是申根国。

1. 东欧

东欧在政治上的划分是指在第二次世界大战以后，在政治上实行共产党领导，经济上采用苏联式经济体制的国家，也就是所有成为苏联的附庸国的独立的欧洲国家，包括俄罗斯、白俄罗斯、乌克兰、立陶宛、爱沙尼亚、拉脱维亚、摩尔多瓦、格鲁吉亚、阿塞拜疆、亚美尼亚。格鲁吉亚、阿塞拜疆、亚美尼亚在地理位置上虽然属于亚洲，但经济文化与政治上与亚洲的关系不密切，所以，这3个国家在旅游分区上往往还算欧洲。

东欧地形以平均海拔170米的东欧平原为主体。东部边缘有乌拉尔山脉，平原上多丘陵和冰川地形，北部湖泊众多，东南部草原和沙漠面积较广。北部沿海地区属寒带草原气候，往南过渡到温带草原气候，东南部属温带沙漠气候。欧洲第一大河伏尔加河向东南注入里海。养畜业较发达，苏维埃重挽马、奥尔洛夫快步马、顿河马均为马中优良品种。这里人口众多、城市密布、交通网发达，分布有许多著名工业区。这几个国家民族多属于斯拉夫人体系，宗教以东正教为主，建筑风格和文化有诸多相似之处。

2. 北欧

北欧指日德兰半岛、斯堪的纳维亚半岛一带，包括冰岛、挪威、瑞典、芬兰、丹麦和法罗群岛。斯堪的纳维亚山脉曾是欧洲第四纪冰川的主要中心，大陆冰川覆盖了整个北欧地区，所以到处可见冰川侵蚀与堆积地貌。冰岛不仅是第四纪冰盖的中心，而且高原上仍有现代冰川分布。挪威是北欧地势最高的国家，地形以山地为主，海岸陡峭曲折，多岛屿和峡湾。斯堪的纳维亚半岛面积约80万平方千米，斯堪的纳维亚山脉纵贯，西坡陡峭，东坡平缓，个别地区有冰川覆盖。挪威境内格利特峰海拔2470米，为半岛最高点。冰岛上多火山和温泉。北欧绝大部分地区属温带针叶林气候，因受北大西洋暖流影响，气候较温和。北欧境内多高原、丘陵、湖泊，水力资源丰富，河短流急。

北欧各国历史背景紧密联系，社会和政治制度也相近，都是福利性国家，北欧各国合作的历史也非常长。语言上有三种语系，分别为印欧语系的斯堪的纳维亚语支、乌拉尔语系的芬兰—乌戈尔语族和萨米语，以及爱斯基摩—阿留申语系的格陵兰语。

3. 西欧

西欧狭义上指欧洲西部濒大西洋地区和附近岛屿，包括英国、爱尔兰、荷兰、比利时、卢森堡、法国和摩纳哥。西欧面积超过93万平方千米。通常也把欧洲资本主义国家叫西欧，西欧的国家全属于发达国家。狭义上的西欧地形主要为平原和高原，山地面积较小，主要分布于英国西北和法国东南。地处西风带内，绝大部分地区属温带海洋性气候，降水丰沛且均匀。西欧有世界最繁忙的海运通道——英吉利海峡以及莱茵河、塞纳河、卢瓦尔河、泰晤士河等河流，河流多注入大西洋。这里气候温和湿润，降水丰沛且均匀。西欧是近代科学技术发展最早的地区，也是世界经济最发达的地区之一。这个地区有不少古建筑遗址，文化艺术城市和博物馆，再加上独特的风土人情，为旅游业的发展提供了良好的条件。

4. 南欧

南欧指阿尔卑斯山以南的巴尔干半岛、亚平宁半岛、伊比利亚半岛和附近岛屿，包括塞尔维亚、科索沃、黑山、克罗地亚、斯洛文尼亚、波斯尼亚和黑塞哥维那、马其顿、罗马尼亚、保加利亚、阿尔巴尼亚、希腊、意大利、梵蒂冈、圣马力诺、马耳他、西班牙、葡萄牙和安道尔。南欧西濒大西洋，南面和东面临大西洋的属海地中海和黑海，隔地中海与亚、非两洲相望，自古以来与西亚及北非往来密切。作为重要的古文明起源地，这里孕育了古希腊、古罗马文化，确立了早期的基督教社会，为西方的思想及知识体系奠定了基础。

南欧三大半岛多山，平原面积甚小，地处大西洋—地中海—印度洋沿岸火山带，多火山，地震频繁。南欧大部分地区属亚热带地中海式气候。河流短小，大多注入地中海。南欧是橄榄、葡萄、茴香、欧洲栓皮栎等栽培植物的原产地。西班牙是世界著名的细毛绵羊美利奴羊的原产地。

5. 中欧

中欧指波罗的海以南、阿尔卑斯山脉以北的欧洲中部地区，包括波兰、捷克、斯洛伐克、匈牙利、德国、奥地利、瑞士、列支敦士登，面积超过101万平方千米。中欧地处欧洲中央，是欧洲的交通中心。不仅自然条件具有多样性和过渡性，其政治、经济、民族与文化也具有明显的多样性和过渡性。各国均属发达国家，经济发展水平高，但仍低于北欧和西欧。主要语言为德语。

中欧地形多样，从北到南呈阶梯形，分别为平原—丘陵山地—山系。最北部为波德平原，位于德国、波兰境内，面积约30万平方千米，是欧洲主要平原。波德平原的形成与第四纪冰川作用紧密相关，以易北河为界，西部冰碛地貌并不十分显著，为一起伏和缓的低平原，由沿海向内陆大致可分为低地带、砂质平原带。东部地区冰碛地貌由沿海向内陆大致可分为沙丘带、底碛平原带、终碛丘陵带、冰水平原带和黄土带。中部以丘陵山地为主，多为河谷地，有莱茵河、易北河、多瑙河、奥得河等谷地。南部则是著名的阿尔卑斯山脉，地震频繁。近百万年以来，欧洲经历了几次大冰期，阿尔卑斯山区形成了很典型的冰川地形，许多山峰岩石嶙峋、角峰尖锐，山区还有很多深邃的冰川槽谷和冰碛湖。东有多瑙河流域的匈牙利平原。中欧处在温带气候带，西部部分地区为温带海洋性气候，东部为温带大陆性湿润气候。适宜的气候、优美的风景使这里成为世界著名的旅游胜地。

（三）北美旅游区

北美洲有23个国家：美国、加拿大、墨西哥、危地马拉、伯利兹、萨尔瓦多、洪都拉斯、巴拿马、巴哈马、古巴、牙买加、海地、多米尼加、哥斯达黎加、圣基茨和尼维斯、安提瓜和巴布达、多米尼克、圣卢西亚、圣文森特和格林纳丁斯、巴巴多斯、格林纳达、特立尼达和多巴哥、尼加拉瓜，以及荷属阿鲁巴、英属安圭拉、英属百慕大、美国联邦领地波多黎各、法国海外省瓜德罗普、荷属安的列斯（不含阿鲁巴）、英属开曼群岛、法国海外省马提尼克、美属维尔京群岛、英属特克斯和凯科斯群岛、英属维尔京群岛。北美和北美洲是两个不同的概念，前者是政治地理学概念，后者是自然地理学概念。北美和拉丁美洲构成完整的美洲，而北美洲和南美洲也构成完整的美洲。北美旅游区通常指的是美国、加拿大和格陵兰岛等地区，是世界上经济最发达的国家和地区，经济一体化水平也很高。由于北美的经济发展与欧洲相似，在文化特色中都与欧洲息息相关，都居于发达国家地位，人种大部分是欧洲后裔，因此北美又有"第二欧洲"的别称。北美主要通用语言为英语，其次是法语、丹麦语、印第安语等。居民主要信奉基督教和天主教。

按照政治地理学标准划分，位于太平洋中的美国夏威夷州被归为北美的一部分。但按照自然地理学标准，由于夏威夷群岛与美国本土相隔太远，通常被归为波利尼西亚的一部分。按照语言学的标准，夏威夷群岛使用的夏威夷语属于南岛语系，也属于波利尼西亚语。

北美大陆地形的基本特征是南北走向的山脉分布于东西两侧与海岸平行，大平原分布于中部。地形明显地分为三个区。东部山地和高原，中部为平原，平原北半部多湖泊和急流，南半部属密西西比河平原。西部山地和高原，从阿拉斯加一直伸展到墨西哥以南，主要包括三条平行山地，东带为海拔 2000 米以上的落基山脉，南北延伸 5000 米，是北美洲气候上的重要分界线；西带南起美国的海岸山岭，向北入海，形成加拿大西部的沿海岛屿；中带包括北部的阿拉斯加山脉、加拿大的海岸山脉、美国的内华达山脉和喀斯喀特岭等。阿拉斯加的麦金利山海拔 6194 米，为北美洲最高峰。东带和中带之间为高原和盆地，盆地南部的死谷低于海平面 86 米，为西半球陆地的最低点。

地形对气候影响大。太平洋沿岸的山脉以西的温带海洋性气候和地中海式气候呈南北向带状分布于沿海地区，同时阻挡了太平洋上的暖湿西风向东深入，山间高原盆地由于地形闭塞，海洋水汽难以进入，气候干旱，呈现荒漠景象。东部高地西北坡面迎冬季西北风，常造成大雪，东南坡造成地形雨。冬季干冷的西北风可影响到东海岸，夏季大西洋的暖湿气流亦可越过高地，进入内陆。中部平原地区气温、降水季节变化最大，大陆性较强。这是因为中部平原地势低平，南北气流畅通无阻，冬季极地冷气团可长驱南下，骤然降温。夏季来自墨西哥湾的热带暖气团可自由北上，天气闷热多雨。中部平原在冷暖气团交替控制之下，形成气温、降水季节变化剧烈、大陆性较强的温带大陆性气候。

本区有五大淡水湖群：苏必利尔湖、密歇根湖、伊利湖、休伦湖、安大略湖。苏必利尔湖为世界最大淡水湖。五大湖是冰川刨蚀作用形成的冰蚀湖，除密歇根湖外均为美、加两国共有。

（四）拉丁美洲旅游区

拉丁美洲是指美国以南的美洲地区，包括墨西哥、中美洲、西印度群岛和南美洲，共有 33 个国家及若干未独立地区。拉丁美洲民族成分比较复杂，有印第安人、白人、黑人及各种不同的混血型，以印欧混血型最多。在近 3 亿人口中，白人最多，其次是印欧混血型和印第安人，黑人最少。就居民的语言而论，大多数国家使用西班牙语，巴西的官方语言为葡萄牙语，海地为法语，圭亚那是唯一使用英语的国家，苏里南官方使用荷兰语。在历史上，这一地区主要是拉丁语系国家的殖民地，因此被称为拉丁美洲。加勒比海上的西印度群岛与拉美具有相同的历史遭遇，在地理划分上，习惯地把它同拉美划入同一范畴。

拉美地区跨越南北两个半球，大部分处在南半球，主要在赤道线下和南北两条回归线之间。赤道线穿过厄瓜多尔首都基多以北几千米处和巴西贝伦市不远的地方。拉丁美洲地形复杂，墨西哥基本上是个草原，称墨西哥高原，中美洲是多山地区，西印度群岛大都以山地为主。南美洲西部太平洋沿岸，耸立着安第斯山脉。安第斯山脉几乎纵贯整个南美洲西部，拥有美洲最高的山峰——阿空加瓜山。安第斯山脉东部就是面积广大的亚马孙河盆地，大部分地区都是热带雨林。拉美地区海拔在300米以下的平原占60%，特别是南美洲安第斯山以东的广大地区，地域辽阔、相对平坦，为世界上流程最长、流域最广、流量最大的亚马孙河系及其他众多河流提供了可能。

拉美地区大陆海岸线长4.5万千米，多为与山脉走向一致的侵蚀海岸。太平洋沿岸是典型的上升断层海岸，陡崖逼临深海，几乎不存在过渡性的沿海平原和岸外大陆架。哥伦比亚和厄瓜多尔沿岸由于沉降受到海侵，海岸线比较曲折，形成较大的海湾，其中瓜亚基尔湾是南美洲太平洋沿岸最大的海湾。智利南部海岸属峡湾型，海岸曲折，岛屿杂列。墨西哥和中美洲的太平洋沿岸火山众多，为太平洋沿岸火山带的一部分，沿海平原比较狭窄。墨西哥东海岸与美国南部海岸形成墨西哥湾，这一带的沿海平原一直延伸至尤卡坦半岛。

拉美地区岛屿较多，岛屿面积约39万平方千米，主要分布在加勒比海北部、东部和南美洲大陆南端的沿海地区。加勒比地区岛屿由大安的列斯群岛、小安的列斯群岛和巴哈马群岛组成，南美洲大陆南端沿海岛屿主要有火地群岛和马尔维纳斯群岛。马尔维纳斯群岛距阿根廷领土500多千米，为阿根廷与英国有主权争议的岛屿。在亚马孙河入海口处有世界最大的由河水冲积形成的马拉若岛，植物生长繁茂，被认为是世界最大的生态旅游胜地。此外，一些国家在远离陆地的大西洋和太平洋上有一些群岛和岛屿。马斯地岛是美洲最古老的陆地之一，因其是《鲁滨孙漂流记》故事的发生地而久负盛名。在距厄瓜多尔海岸900千米的加拉帕戈斯群岛，复杂的气候条件、起伏多变的地形地貌形成了独特的生态环境和物种，为英国著名科学家达尔文的物种进化论假说和《物种起源》提供了重要依据。

拉丁美洲大部分地区年平均气温20℃以上，具有暖热的特点，全洲年均降水量多达1342毫米，是世界上最湿润的洲。气候类型主要是热带雨林和热带草原气候。热带雨林气候主要分布在亚马孙平原，热带草原主要分布在巴西高原。拉美许多地区气候适宜，雨水充足，土壤肥沃，农产丰富。糖产量约占世界糖产量的1/4，加勒比海地区有"世界糖罐"之称，古巴是世界上出口糖最多的国家。国际市场上的咖啡，60%以上来自拉丁美洲，巴西生产和出口的咖啡，居世界首位。香蕉出口量约占世界总出口量的80%。厄瓜多尔是世界上最大的香蕉出口国。此外，还有丰富的渔业资源，秘鲁沿岸海域是世界著名大渔场之一。

拉美古印第安文化发展的每个主要阶段，特别是玛雅文化、印卡文化和阿兹特克文化的全盛时期，留下了诸多宝贵遗址。玛雅人大约在公元8世纪建立了

100多座城镇。托尔特克人建立了辉煌的图拉城，阿兹特克人在特斯科科湖中的岛上建立起宏伟壮观的特诺奇蒂特兰城。在印加文化的发祥地，印加人创建了人口千万，以秘鲁为中心，辐及现今厄瓜多尔、玻利维亚和阿根廷与智利北部的大帝国，库斯科就是印加帝国的首都。

（五）非洲旅游区

非洲是世界古文明的发源地之一。自1415年葡萄牙占领休达，欧洲列强开始对非洲进行殖民统治，19世纪末至20世纪初达到巅峰，约有95%非洲领土遭到列强瓜分。1947年后殖民地陆续独立，非洲独立年——1960年象征非洲殖民时代的结束。非洲地形以高原、沙漠为主，地势平坦广阔，缺少山脉、河流等自然分界线，给划界、辨认界线带来极大的不便。历史上，欧洲列强为了方便划界和辨认界线，就以经纬网为界。独立以后的非洲国家的边界也往往受到了历史划界的影响，好多国家的边界线是直线，按照经纬线划分。

非洲有"热带大陆"之称，其气候特点是高温、少雨、干燥，气候带分布呈南北对称状。赤道横贯中央。全洲年平均气温在20℃以上的地带约占全洲面积的95%，其中一半以上的地区终年炎热。大陆海岸线全长3.05万千米，海岸比较平直，缺少海湾与半岛。非洲是岛屿数量最少的一个洲。除马达加斯加岛外，其余多为小岛。

非洲大陆高原面积广阔，明显的山脉仅限于南北两端。海拔在500~1000米的高原占非洲面积的60%以上，有"高原大陆"之称，低于海拔200米的平原多分布在沿海地带，不足非洲面积的10%。地势大致以刚果河河口至埃塞俄比亚高原北部边缘为界，东南半部较高，西北半部较低。东南半部被称为高非洲，海拔多在1000米以上，有埃塞俄比亚高原、东非高原和南非高原。西北半部被称为低非洲，海拔多在500米以下，大部分为低高原和盆地，有尼罗河上游盆地、刚果盆地和乍得盆地等。

非洲较高大的山脉多在高原沿海地带，东部有肯尼亚山和乞力马扎罗山。乞力马扎罗山位于赤道附近，是座死火山，海拔5895米，为非洲最高峰，山顶终年积雪。非洲东部有世界上最大的裂谷带，长约6400千米。大裂谷带内及其附近分布着一系列死火山和活火山，也是非洲地震最频繁、最强烈的地区。裂谷带西支形成一系列狭长而深陷的谷地和湖泊，阿萨勒湖的湖面在海平面以下156米，为非洲陆地最低点。非洲的沙漠面积约占全洲面积1/3。撒哈拉沙漠是世界上最大的沙漠，西南部还有纳米布沙漠和卡拉哈迪沙漠，沙漠中多干谷。

非洲的外流区域约占全洲面积的68.2%。大西洋外流水系有尼罗河、刚果河等，印度洋外流水系包括赞比西河、林波波河、朱巴河及非洲东海岸的短小河流、马达加斯加岛上的河流等。尼罗河全长6671千米，是世界上最长的河流。

刚果河的流域面积和流量仅次于亚马孙河，居世界第二位。内流水系健全的仅有乍得湖流域。东非大裂谷带湖区雨量充沛、河网稠密、湖泊分布密集。这些高原湖泊多为断层湖，狭长水深，其中维多利亚湖是非洲最大湖泊和世界第二大淡水湖，坦噶尼喀湖是世界第二深湖。

非洲分为北非、中非、东非、南非、西非。非洲语言主要属于4个语系：闪—含语系、尼罗—撒哈拉语系、尼日尔—刚果语系和科伊桑语系。随着欧洲殖民主义国家的入侵，大多数非洲国家皆采用非洲以外语言作为官方语言。在非洲被广泛使用的非本地语言有阿拉伯语、英语、法语、葡萄牙语、南非语、马达加斯加语等，分别属于闪—含语系、印欧语系和南岛语系。

（六）大洋洲旅游区

大洋洲陆地总面积约897万平方千米，是世界上最小的一个大洲。是除南极洲外，世界上人口最少的一个大洲。大洋洲有16个独立国家，分别为澳大利亚、新西兰、巴布亚新几内亚、斐济、基里巴斯、库克群岛、马绍尔群岛、密克罗尼西亚联邦、瑙鲁、纽埃、帕劳、萨摩亚、所罗门群岛、汤加、图瓦卢、瓦努阿图。各国经济发展水平差异显著，澳大利亚和新西兰是发达国家，其他岛国多为农业国，经济比较落后。大洋洲的岛屿主要包括三大群岛，分别是密克罗尼西亚群岛、美拉尼西亚群岛和波利尼西亚群岛，这些岛屿大多都是珊瑚岛，总共包括约13个国家。在上述13个岛屿国家中面积最大的是所罗门群岛，共有超过990个岛屿，总面积约为2.84万平方千米。面积最小的国家是瑙鲁，全国就是一个独立的珊瑚岛，岛屿面积仅为21.1平方千米，另外还有一个国家——图瓦卢，全国由9个珊瑚岛组成，国土面积仅仅比瑙鲁大一些，约为26平方千米。大洋洲的这些珊瑚岛海拔都很低。

大洋洲是由世界上面积最小的澳大利亚大陆和1万多个面积大小悬殊的岛屿组成，岛屿面积占全洲总面积的13.8%，且类型齐全，按成因可分为大陆型、火山型、珊瑚型和混合型四种，火山型又可分为夏威夷式和维苏威式，珊瑚型可分为台礁、环礁和堡礁三种形式。大洋洲地势低缓，海拔200米以下的平原约占全洲面积的1/3，200~600米的丘陵、台地占全洲面积的1/2以上。澳大利亚中、西部面积辽阔，气候干旱，植被稀少，风力较强，地表广泛分布着风蚀、风积地貌。西部沙漠和中部艾尔湖一带有许多由于风积而形成的沙丘、沙垄和碟状洼地，麦克唐奈山脉附近可以看到风蚀的砂岩柱和雅丹地貌。

岛屿生成多与火山作用有关，火山地貌分布广泛，形式多样，如新西兰有成群的火山口、熔岩穹丘，波利尼西亚有体积较大、坡度偏小的盾状火山地貌等。大洋洲的地貌结构自西向东有五个明显不同的地貌单元：西澳是侵蚀高原、中澳是沉降平原、东澳断块山地、东侧的新褶皱岛弧、更东的火山—珊瑚岛屿群。

大洋洲南北所跨纬度大，因而各地气候差异明显、类型多样，西部是热带气旋的发源地。大洋洲绝大部分地区属于热带和亚热带，大洋洲有一半以上的陆地面积为干旱地区，占陆地面积比例大，东部群岛部分降水量远远大于西部大陆地区降水量，自东向西和由赤道向南北两侧减少。大洋洲热带气候类型多样，分布范围最广的是热带海洋气候，赤道附近是热带雨林气候，澳大利亚大陆中部和西部是热带干旱半干旱气候区。热带以外的气候类型分布范围不大。大洋洲河流稀少，短小且水量较少，雨季水量暴涨，旱季有时会断流。大洋洲湖泊较少，大陆上的湖泊多为咸水湖，最大湖泊是澳大利亚境内的北艾尔湖。

（七）南极洲旅游区

南极洲大陆几乎全被冰川覆盖，占全球现代冰被面积的80%以上。整个大陆只有2%的地方无长年冰雪覆盖，动植物能够生存。大陆冰川从中央延伸到海上，形成巨大的罗斯冰障，周围海上漂浮着冰山。南极气候酷寒，极端最低气温曾达$-89.2℃$，为世界上最冷和风暴最多、风力最大的陆地。极点附近几乎无降水，空气非常干燥，有"白色荒漠"之称。南极圈内暖季有连续的极昼，寒季则有连续的极夜，并有极光出现。全洲无定居居民，只有世界各地的科学考察人员和捕鲸队。中国南极考察队建有长城站、中山站、昆仑站和泰山站。

"乳白天空"是南极洲的自然奇观之一，它由极地的低温与冷空气相互作用而形成。阳光照射到冰层上会反射到低空的云层中，而云层中无数细小的雪粒将光线散射开再反射到地面冰层上。如此来回反射，有时产生一种乳白色光线，形成乳白天空。此现象发生时，视野中的一切景物都仿佛融入浓稠的乳白色牛奶里，完全无法分辨；现象严重时还能使人产生晕眩，甚至失去知觉而丧命。

第二章 东欧

第一节 俄罗斯

一、历史文化

俄罗斯联邦，简称俄联邦、俄国，是由22个自治共和国、46个州、9个边疆区、4个自治区、1个自治州、3个联邦直辖市组成的联邦共和立宪制国家。俄罗斯人的祖先为东斯拉夫人罗斯部族。15世纪末，大公伊凡三世建立莫斯科大公国。1547年伊凡四世自称沙皇，1721年彼得一世被元老院授予"全俄罗斯皇帝"的头衔，建立俄罗斯帝国。18世纪中后期叶卡捷琳娜二世统治时达到鼎盛时期。1917年十月革命后建立了苏维埃俄国。1922年12月30日，俄罗斯联邦同南高加索联邦、乌克兰和白俄罗斯组建苏联。1991年12月25日，苏联解体后，俄罗斯继承苏联大部分军事力量，拥有世上最大的核武器库。

俄罗斯是一个由194个民族构成的统一多民族国家，主体民族为俄罗斯民族，约占全国总人口的77.7%。俄罗斯军工实力雄厚，高等教育、航空航天技术，居世界前列。

二、自然地理

俄罗斯位于欧亚大陆北部，地跨欧亚两大洲，国土面积为1709.82万平方千米，是世界上面积最大的国家。地形以平原和高原为主，地势南高北低，西低东高。西部几乎全部属于东欧平原，向东为乌拉尔山脉、西西伯利亚平原、中西伯利亚高原、北西伯利亚低地和东西伯利亚山地、太平洋沿岸山地等。西南耸立着大高加索山脉，最高峰厄尔布鲁士山海拔5642米。大部分地区处于北温带，气候多样，以温带大陆性气候为主，但北极圈以北属于寒带气候，温差普遍较大。西伯利亚地区纬度较高，冬季严寒而漫长，但夏季日照时间长，气温和湿度适宜，利于针叶林生长。俄东北部的奥伊米亚康村，是世界上最冷的定居点之一，

1月平均温度−50℃，历史最低值−71.2℃。从西到东大陆性气候逐渐加强，北冰洋沿岸属寒带气候或称极地气候，太平洋沿岸属温带季风气候。

三、旅游城市和景点

（一）莫斯科

莫斯科是俄罗斯的首都，莫斯科州首府。1147年，莫斯科沿莫斯科河而建，从莫斯科大公时代开始一直是国家首都，1712年彼得大帝迁都圣彼得堡。1812年拿破仑率领的法军占领莫斯科后，这个城市在大火中被焚毁，但很快又重建。苏维埃政府和共产党中央委员会于1918年3月迁到莫斯科，1922年12月，莫斯科正式成为苏联首都，领袖的官邸就在克里姆林宫。莫斯科拥有众多名胜古迹，城市规划优美，掩映在一片绿海之中，故有"森林中的首都"之美誉。

1. 克里姆林宫

克里姆林宫呈三角形，南临莫斯科河，西北接亚历山大罗夫斯基花园，东北

图2-1 克里姆林宫　图片来源：作者拍摄

与红场相连。面积27.5万平方米，围墙长2235米，厚6米，高14米，围墙上有18座塔楼。最壮观的是带有鸣钟的救世主塔楼。1935年在斯巴斯克塔、尼古拉塔、特罗伊茨克塔、博罗维茨塔和沃多夫塔等塔楼各装有大小不一的五角星，以红宝石玻璃和金属框镶制而成，里面装有5000瓦的灯泡，夜晚熠熠发光。

克里姆林宫是一个中世纪建筑群，享有"世界第八奇景"的美誉。其基本规划结构定型于14世纪上半叶，莫斯科大公伊凡在博罗维茨基的山冈顶部建造了几个白石教堂。这些教堂虽然没有保存下来，却奠定了教堂广场目前的格局。15世纪末至16世纪初，古罗斯统一，莫斯科成为首都，莫斯科大公伊凡三世在克里姆林宫内城建造了符合"全罗斯君主"身份的官邸。目前克里姆林宫包括圣母升天大教堂、天使长大教堂、报喜大教堂、多棱宫、女皇金厅、小礼拜堂、圣母法衣存放教堂、牧首宫和十二使徒教堂、伊凡大帝钟楼、克里姆林大会堂、俄罗斯联邦总统府、大克里姆林宫、武器库、钻石馆等。教堂广场每年4~10月，每周六

图2-2 伊凡大帝钟楼

图片来源：作者拍摄

12点整，会举行盛大的"俄罗斯总统警卫团步兵和骑兵仪仗队表演"。

天使报喜大教堂是由俄罗斯工匠在前任教堂遗留下的老式底层上，按照普斯科夫和莫斯科传统建筑风格修建而成。教堂于1489年竣工，是为纪念4月7日的报喜节而建。天使长加夫里尔告知圣母马利亚耶稣会诞生的这一天就是报喜节。教堂具

图2-3 教堂广场

图片来源：克里姆林官官网：https://www.kreml.ru/

有早期莫斯科建筑的风格，呈金字塔外形，并带有9个镀金的圆顶。在中央圆顶上有很多盾形装饰，在装饰拱廊的檐壁上画上了细长的隙缝状的透孔。

天使长大教堂是主要的王公教堂，是当时莫斯科大公家族的陵寝。天使长大教堂是献给天使长米迦勒的，是王公们的战功守护神。大公们出征前会来此祷告。后来，加冕仪式后的新任沙皇会率众来到大教堂祭拜祖先。教堂的内部空间具有明显的古罗斯建筑风格。

圣母升天大教堂是为了纪念圣母升天节而建，当时俄罗斯人非常敬重圣母，俄罗斯旧历八月十五日为圣母升天节。600年来，圣母升天大教堂一直是俄罗斯的政治中心以及祭祀中心。古时，这里宣布新大公的任命，举行俄罗斯沙皇和皇帝的加冕礼，任命俄罗斯东正教教会的主教、牧首以及都主教，宣读国家法令，战役前或军事胜利后举行祈祷仪式。14~17世纪，圣母升天大教堂还被用作俄罗斯东正教教会牧首和都主教的公墓。莫斯科圣人彼得、约拿、菲利普二世和格尔莫根被安葬在这里，圣骨盛放在珍贵的套棺里。

图2-4 兵器库

图片来源：作者拍摄

兵器库建于1851年，建筑师是康斯坦丁·托恩。其主要藏品是沙皇国库和东正教牧首圣器室中保存的珍贵物品，以及外国大使馆赠送的礼品。兵器库收藏有古代的国家权杖、皇室节日服装和加冕礼服、俄罗斯东正教主教法衣，还有大量俄罗斯金银制品、西欧白银工艺品，以及武器精品、皇家车夫和庆典用马具。馆中陈列着约4000件4世纪到20世纪初的手工艺品，这些手工艺品具有极高的艺术水平以及珍贵的历史文化价值。

牧首宫是莫斯科17世纪中叶的民用古建筑物。按照尼康牧首的命令，由俄罗斯工匠1653~1655年在牧首府邸的原址上兴建。牧首宫十字厅是二层最大、最美丽的大厅，不仅曾是召开东正教大会的地

图 2-5 牧首宫
图片来源：克里姆林宫官网：https://www.kreml.ru/

图 2-6 炮王
图片来源：作者拍摄

方，也是举办宴会、招待沙皇和外国客人的场所。18~19 世纪，东正教最高会议在此设立办公室。今天牧首宫的一层用于陈列博物馆藏品，展示的有贵重餐具、珠宝饰品、皇家狩猎用品、古董家具和人物图案刺绣。十二使徒教堂内可以看到100年前的圣像，最引人注目的是 17~18 世纪的雕花镀金圣像壁。

在参议院广场可以见到彼得大帝时期的建筑物军械局大楼，以及参政院。军械局旁摆放着古罗斯的大炮和 1812 年卫国战争时缴获的大炮。伊万诺夫广场上可以见到炮王和钟王。钟王重 200 吨，号称世界最大。炮王是 16 世纪的沙皇大炮，长 5.35 米，口径 40 厘米，重 40 吨，本用于守卫莫斯科河渡口与斯巴斯基大门的，但一直没发射过。

在克里姆林宫建筑群里，有一座风格迥异的建筑"国家克里姆林宫"，也被称为克里姆林宫大会堂。2018 年，克里姆林宫被确认为世界文化遗产，由于与历史建筑的风格不一致，现代主义建筑的大会堂未被列入。20 世纪 50 年代初，苏维埃政府专家们提出要为共产党代表大会建造一座宫殿式建筑，赫鲁晓夫从中国访问回国后，对中国宏伟的人民大会堂印象深刻，他下令将克里姆林宫大会堂的席位增加到 6000 个，并增加了一个宴会厅。除此以外，大会堂整体建筑还有 16 米深埋在地下。现在的克里姆林宫大会堂会上演经典的芭蕾舞剧、演唱会、音乐会以及大型歌舞晚会等国家级水准的演出。

多棱宫位于教堂广场的西侧，是克里姆林宫内除教堂外现存的唯一一座建于伊凡大帝时期的建筑物。墙由砖砌成，并从正面就镶上了削成四面体的白石，多棱宫由此得名。彼得大帝等前历代俄皇的宝座均设置于此，是举行庆功盛典、接见外国使臣的殿堂。

2. 红场

红场是莫斯科最古老的广场，是重要节日举行群众集会、大型庆典和阅兵活动之处。红场南北长 695 米，东西宽 130 米，总面积 9.035 万平方米，大约只有天安门广场的 1/5，呈不规则的长方形，广场用赭红色方石块铺成，油光瓦亮。红场原名是"托尔格",意为"集市"。它的前身是15世纪末伊凡三世在城东开拓的"城外工商区"。1517年,广场发生大火灾,广场曾被称为"火灾广场"。1662年改称"红场",在俄语中,"红色的"含有"美丽"之意,"红场"的意思就是"美丽的广场"。

红场北面为俄罗斯国家历史博物馆,东面是国有百货商场,南部为圣瓦西里大教堂,西侧是列宁墓和克里姆林宫的红墙及三座高塔。列宁墓上层修建有主席台。每当俄罗斯举行重要仪式时,领导人就站在列宁墓上观礼阅兵。列宁墓背后,紧靠克里姆林宫的红墙有20多座"名人墓"整齐地排成一排,他们都是苏联时代功勋赫赫的人物,有加里宁、斯维尔德洛夫、捷尔仁斯基、朱可夫等军事家和政治家,也有作家高尔基、科学巨匠库尔恰托夫和人类历史上第一位宇航员加加林。这些墓的形制完全一致,方柱式墓碑上端,雕刻着墓主人的半身胸像。

图2-7 国家历史博物馆

图片来源:俄罗斯旅游局 https://www.russiatourism.ru/

图2-8 名人墓

图片来源:作者拍摄

3. 圣瓦西里大教堂

圣瓦西里大教堂是16世纪俄罗斯民间建筑艺术风格。8个塔楼的正门均朝向教堂中心内的回廊,从任何一个门进去都可遍览教堂内全貌。教堂外面四周有走廊和楼梯环绕。整个教堂耸立着8个色彩艳丽的塔楼,簇拥着中心塔,中心塔从地基到顶尖高47.5米。8个塔楼上的8个圆顶分别代表一位圣人,而中间那座最高的则象征着上帝的至高地位。教堂建造完备后,为了保证不再出现同样的教堂,伊凡大帝残酷地刺瞎了所有建筑师的双眼,伊凡大帝因此也背负了"恐怖沙皇"的罪名。圣瓦西里大教堂的建立标志着莫斯科成为俄国的宗教和政治中心。它是俄罗斯民族摆脱外族统治、完成统一大业,继而逐渐走向强大的里程碑。

图2-9 圣瓦西里大教堂

图片来源:俄罗斯旅游局官网 https://www.russiatourism.ru/

4. 新圣女公墓

新圣女公墓是新圣女修道院内的墓地，是欧洲三大公墓之一，总面积7.5公顷，安葬着2.6万多具俄罗斯各个历史时期名人的尸骨，有著名文学家普希金，作家果戈理、契诃夫、马雅可夫斯基、法捷耶夫，作曲家德米特里·肖斯塔科维奇，戏剧理论家斯坦尼斯拉夫斯基，舞蹈家乌兰诺娃，播音员尤利·列维坦，飞机设计师安德烈·图波列夫、瓦维洛夫、米高扬，政治家波德戈尔内、叶利钦等等。许多曾经对俄罗斯历史发展进程起过推动作用的名人都长眠于此。墓主的灵魂与墓碑的艺术巧妙结合，形成了特有的俄罗斯墓园文化。在俄罗斯人的心中，新圣女公墓不是告别生命的地方，而是重新解读生命、净化灵魂的教堂。

图 2-10　赫鲁晓夫墓
图片来源：作者拍摄

5. 莫斯科地铁

莫斯科地铁被公认为世界上最漂亮的地铁，按运营路线长度为全球第五大地铁系统。1935年5月15日，苏联政府出于军事方面的考虑，正式开通莫斯科地铁。地下铁道考虑了战时的防护要求，可供400余万居民掩蔽之用。地铁站的建筑造型各异，每个车站都由国内著名建筑师设计，建筑风格各不相同，用各种浮雕、雕刻和壁画装饰，照明灯具十分别致，好像富丽堂皇的宫殿，享有"地下的艺术殿堂"之美称。5号线上有共青团站、新庄站、基辅站、红色普列斯尼亚站、塔干卡站、巴维列茨站和文化公园站，2号线上有马雅可夫斯基站，3号线上有革命广场站，这些站都很有特色。胜利公园站是全莫斯科最深的地铁站，地深84米，拥有欧洲最长的120米自动扶梯。

图 2-11　马雅可夫斯基站
图片来源：作者拍摄

6. 莫斯科大马戏

俄罗斯人引以为傲的艺术瑰宝有三，

图 2-12　马戏表演剧照
图片来源：国家大马戏院官网 https://www.greatcircus.ru/

芭蕾、戏剧和大马戏。俄罗斯大马戏是世界马戏最高水平的代名词。在俄罗斯看马戏首推莫斯科。莫斯科的国家大马戏院是世界上规模最大的马戏剧院之一。此外，市内的尼古林马戏院也非常出名，是俄罗斯最古老的马戏剧院。

（二）圣彼得堡

圣彼得堡是1703年由俄国沙皇彼得一世下令建造，以该城的第一座建筑物圣彼得保罗要塞命名。城名直接译自德文"Sankt Peterburg"。1914年第一次世界大战爆发后，俄国出现反日耳曼情绪，遂将圣彼得堡改名为彼得格勒。苏联时代在列宁1924年逝世后，为纪念列宁于该市发动十月革命，将市名改为彼得格勒。苏联解体后，经市民投票恢复圣彼得堡的旧名。

1. 冬宫

艾尔米塔什博物馆是世界四大博物馆之一，占地面积约9万平方米，最早是叶卡捷琳娜二世女皇的私人宫邸。1764年，叶卡捷琳娜二世从柏林购进伦勃朗、鲁本斯等人的250幅绘画存放在冬宫新建的侧翼"艾尔米塔什"，该博物馆由此得名，1852年起对外开放。小艾尔米塔什、旧艾尔米塔什、艾尔米塔什剧院、冬宫储备库、新艾尔米塔什形成了一个总面积达130万平方米的古建筑群，一起组成了国立艾尔米塔什博物馆。

图2-13　冬宫约旦楼梯
图片来源：作者拍摄

该馆收藏异常丰富，有各类文物270万件。其中，绘画约1.5万幅，雕塑约1.2万尊，版画和素描约62万幅，出土文物约60万件，实用艺术品约26万件，钱币和纪念章约100万枚。主要藏品有俄罗斯和各国稀有珍品，古希腊罗马雕塑，西欧中世纪至近代雕塑和绘画，斯基泰艺术品，印象派和后期印象派画作。其中，古罗马雕像《塔夫里卡的维纳斯》、达·芬奇《贝诺

图2-14　冬宫广场
图片来源：冬宫官网 https://www.hermitagemuseum.org

亚圣母》和伦勃朗《浪子回头》画作等最著名。最受人关注的要数彼得大帝展厅，展厅内陈列着彼得大帝生前穿过的服装、佩戴过的勋章、使用过的武器以及他的画像。其中一些机器和航海用具为彼得大帝亲手制作。展厅中的仿真人坐像身高2米，用蜜蜡制成，所用的头发为彼得大帝的真发。

2. 滴血大教堂

图2-15 滴血大教堂
图片来源：作者拍摄

滴血大教堂是为纪念亚历山大二世而建，二世被刺杀的时候血一直在流，所以取名滴血大教堂。亚历山大二世在俄罗斯历史上被称为"农奴解救者"，其在世26年的统治对俄罗斯的社会发展贡献很大，刺杀行动引起全国上下的不满。亚历山大三世就在其出事地点，建了这座有特别历史意义的教堂。1883年9月14日教堂举行了奠基典礼，直到1907年8月19日正式完工。大教堂高度为81米，以圣瓦西里大教堂为蓝本建设，由于比其晚建200年，建筑水平和工艺更为精湛。

从外观看，教堂同样有9个洋葱头式的圆顶，墙面使用大量花岗岩、大理石和彩釉砖，装饰丰富，几何形窗孔饰框、盾形装饰、各种脚线和瓷砖以及彩色瓦块和马赛克壁画，富有层次。最高的5个圆顶铺有大量珐琅，使教堂看上去造型奇特、色彩亮丽，与古老俄罗斯风格及附近的古典式的建筑物成鲜明对比。滴血大教堂是19世纪末新俄罗斯风格建筑和装饰艺术的典范。

3. 喀山大教堂

图2-16 喀山大教堂
图片来源：作者拍摄

喀山大教堂建于1801~1811年，专为存放喀山圣母圣像而建。恐怖伊凡的军队突袭喀山时发现了这尊圣像画。由于圣母像不断地传出显灵的事迹，故成了俄罗斯东正教教徒最敬奉的圣像之一。东正教教规要求圣堂必须面向东方，这样必然造成教堂侧面对着主要大街。建筑师们把侧面设计得十分壮观，两侧有造型严谨的古典式柱廊向外延伸，形成一个半圆形广场，让人们忘记了这不是教堂的正面。广场上有一座花岗岩喷泉，还有两位俄国统帅库图佐夫和巴克莱·德·托利的雕像。柱廊后面露出高达70米的教堂圆顶。教堂的浮雕、柱廊上的雕刻、殿内装饰和油画十分精致。教堂内不大像一般的教堂，更像一座宫殿。中央穹顶华丽，仰视可见一幅圣母图。

4. 夏宫

彼得大帝夏宫又称"俄罗斯夏宫"或"彼得宫"，位于芬兰湾南岸的森林中，距圣彼得堡市29千米。始建于1714年，占地近千公顷，是历代沙皇的郊外离宫，建筑豪华，被誉为"俄罗斯的凡尔赛"。第二次世界大战中，德军打算在这里举行新年胜利庆祝会，此举激怒了苏联当局。斯大林下令炸毁这座宫殿，以阻止德国人的庆祝活动。第二次世界大战后修复，被联合国教科文组织列入世界遗产名录。

夏宫分为上花园和下花园。大宫殿在上花园，两翼均有镀金穹顶，宫内有庆典厅堂、礼宴厅堂和皇家宫室。大宫殿前是被称作大瀑布的喷泉群。喷泉群中央耸立着大力士参孙和狮子搏斗的雕像，参孙双手把狮子的嘴撑开，泉水从狮子口中冲天而出，水柱

图2-17　夏宫
图片来源：作者拍摄

达22米。这就是著名的隆姆松喷泉，是全宫最大的喷泉水柱。它用作纪念俄国在1700~1721年北方战争中的胜利。

夏宫有"喷泉之都""喷泉王国"的美称，它有百余座雕像，150座喷泉，2000多个喷柱及两座梯形瀑布。较著名的有金字塔喷泉、太阳喷泉、象棋喷泉、亚当喷泉、夏娃喷泉、罗马喷泉、小伞喷泉等。园内还暗藏了无数有趣的喷泉，如不慎踩中有传感器的石子，水柱便会由四面八方喷射在你身上。据说这是彼得大帝闲来无事时用来戏弄大臣的。长椅喷泉的长椅前有一块鹅卵石铺成的方形空地，一踩上去，长椅和空地四周就会喷水，人越重，水喷得越高。还有花果树喷泉，触动机关，泉水从人工的奇花异草中喷出。如果在游玩时，看到某块地湿漉漉的，而又没有水源，要注意附近可能暗藏有喷泉。每年5~11月为夏宫的对外开放时间，并于8月举办传统的喷泉节。

5. 叶卡捷琳娜宫

叶卡捷琳娜宫位于圣彼得堡附近的普希金市，是一座巴洛克风格的园林。为强调其皇家领地的意义，这个小城镇改名为皇村，由于普希金曾生活学习于此，又称为普希金村。这座宫殿建造于1717年，是彼得大帝为其妻叶卡捷琳娜一世修建的。1752年他们的女儿伊丽莎白女皇命人推倒重建了这座具有巴洛克风格的宫殿，使用

图2-18　叶卡捷琳娜宫
图片来源：作者拍摄

了超过100千克的黄金。叶卡捷琳娜二世即位以后又对这座宫殿内外以及花园进行了大规模修改和扩建。改建后的宫殿长达306米，形成了巴洛克风格的宫殿和英式、法式园林相结合的华丽花园。宫殿外墙用男性大力士作为装饰，彰显女性为王的朝代，也寓意着这些大力士梁柱高高托起了皇家的财富和权势。

宫殿中最宏伟壮观的大厅就数宽敞的"接待厅"了，厅内所有装饰均为镀金，富丽堂皇，流光溢彩。拱顶上是巨幅彩色绘画《俄罗斯凯旋》。叶宫中最有名的琥珀屋，是1716年由普鲁士国王威廉一世送给俄罗斯彼得大帝的礼物，墙面镶嵌有6吨多的琥珀和名贵珠宝。第二次世界大战期间，琥珀屋被纳粹劫掠窃取，现在的琥珀屋是俄国历时25年耗资1100万美元重新复原的。

6. 马林斯基剧院

马林斯基剧院是当今世界上经营最成功的大剧院之一。很多旅游者会选择在马林斯基看一场世界一流的芭蕾舞。柴可夫斯基的所有歌剧均是在马林斯基剧院及其前身的大剧院首演。舞蹈设计师马留斯·彼季帕的大多数杰作，包括《睡美人》《胡桃夹子》《天鹅湖》全部是在马林斯基剧院首演。剧院的芭蕾舞学校培养了许多卓越的舞蹈家。1886年皇家芭蕾舞团和皇家歌剧团全部转到马林斯基剧院。

图2-19　天鹅湖剧照

图片来源：马林斯基剧院官网 https://www.mariinsky.ru/

（三）金环小镇

"俄罗斯金环"意为"金色的环"或"黄金的环"，是以莫斯科为起点，至东北方向的伏尔加河，由若干古老的城市组成的。将这些古都连接起来，就成了近似金项链般的环形，故称"金环"。这些散落在莫斯科北至东北方的古城位置是当时的莫斯科大公国。大金环包括8个小镇：苏兹达尔、弗拉基米尔、谢尔盖耶夫镇、佩列斯托拉夫—扎列斯基、罗斯托夫、雅罗斯拉夫尔、科斯托罗马、伊万诺沃。距离莫斯科最近的几个小镇称为"小金环"，包括苏兹达尔、弗拉基米尔、谢尔盖耶夫镇。金环小镇都不大。

1. 苏兹达尔

苏兹达尔不通火车，需先坐火车到弗拉基米尔，然后坐公交车去26千米外的苏兹达尔。苏兹达尔的建筑大多是白色墙体，也被称为"白石之城"，小镇人口只有1万人，却有33座教堂，5座修道院和17座钟楼，被联合国教科文组织列为世界文化遗产，苏兹达尔也被誉为"博物馆之城"。苏兹达尔保存着具有俄罗斯建筑艺术风格的古代建筑群，以古贸易长廊为核心，景点

图2-20　苏兹达尔克里姆林宫

图片来源：作者拍摄

主要在南北两部分。南边克里姆林宫可以说是苏兹达尔发展的起源,始建于 11 世纪。克里姆林宫里面有圣母领报大教堂和钟楼、大主教宫、尼古拉斯教堂等。木质建筑博物馆在克里姆林宫旁,教堂是木质结构的没有一根钉子,这些木屋是从苏兹达尔区和弗拉基米尔州的各个地方移过来的。苏兹达尔小镇以其木屋、乡村风光和无数点缀乡间的教堂而闻名于世,卡缅河穿过苏兹达尔,风景如画。许多旅游者会选择在苏兹达尔小住一晚,体会莫斯科郊外的晚上。

2. 弗拉基米尔

弗拉基米尔曾是俄罗斯的经济、政治和文化中心,始建于 1108 年,以城市建立者弗拉基米尔一世大公的名字命名,它的许多建筑风格对莫斯科及俄罗斯其他城市都产生了重要影响。金门是弗拉基米尔市的最古老建筑之一,始建于 1165 年。门的内里是橡木,但外表包铜再镀金而成,是仿造基辅的金门而建。金门上建有一座小教堂,如今已成为军事博物馆。圣母升天大教堂是一座东正教教堂,在克利亚济马河岩陡峭的高地上,是俄罗斯现存最古老的教堂之一。德米特里耶夫教堂是弗拉基米尔最美丽的教堂,建于 12 世纪,采用俄罗斯东北部最传统建筑样式,窗户小,以白色石灰岩所建。此教堂也是现存此类建筑中唯一外观有雕刻的一座。

图 2-21 圣母升天大教堂

图片来源:作者拍摄

3. 谢尔盖耶夫镇

谢尔盖耶夫镇是距离莫斯科最近的金环小镇,坐火车只要一个小时,镇上的圣三一修道院是俄罗斯最古老的大修道院之一。1337 年一个名叫谢尔盖·拉多涅日斯基的僧侣在建立一座三圣小教堂和小道房,为该修道院的前身。1744 年获"大修道院"称号。修道院石墙高达 15 米,成为莫斯科北方重要防御据点。它有几个世纪以来、历经各朝改建和扩建的各种形式建筑群。

图 2-22 圣三一修道院

图片来源:俄罗斯旅游局官网 https://www.russiatourism.ru/

最著名的三圣教堂建于 1423~1442 年,是俄罗斯早期白石建筑艺术典范。这里可以看到俄罗斯画家安德烈·鲁布廖夫的壁画作品等。建于 1741~1769 年的五层钟楼,高达 88 米,内有挂钟 42 口,是修道院建筑中最宝贵的部分。圣母安息大教堂是伊凡四世于 1585 年下令修建的,是仿莫斯科克里姆林宫的圣母安息大教堂而建。1920年，大修道院被列为国家历史博物馆保护区，存有12~19世纪的工艺品和18世纪的俄罗斯绘画，还藏有各种民间艺术品。每逢复活节、圣诞节等重大宗教节日，这里热闹非凡。大修道院内设有莫斯科宗教大学和神学院。

4. 雅罗斯拉夫尔

雅罗斯拉夫尔市是伏尔加河上游河段一座非常有代表性的历史名城，人称是莫斯科的兄弟城。城市名称就源于雅罗斯拉夫大公的名字。雅罗斯拉夫尔的市徽是一头熊，当地传说智者雅罗斯拉夫大公曾在一处峡谷中面对体重是自己几倍的熊，勇敢搏斗，用斧头将熊砍死，并带着熊头回到城里。从此雅罗斯拉夫大公被认为是圣人。

图2-23 雅罗斯拉夫尔

图片来源：俄罗斯旅游局官网 https://www.russiatourism.ru/

市内名胜古迹以古教堂为多。17世纪中叶，工商业繁荣带动了建筑艺术的发展，大批教堂陆续兴建，均绘有宗教典故的壁画，在俄罗斯建筑艺术史上占有重要的地位。此外还有19世纪初叶兴建的、具有古典主义风格的商店街区和住宅等，现均属国家级文物。

（四）贝加尔湖

贝加尔湖位于东西伯利亚南部伊尔库茨克州境内，中国古称北海，曾为中国北方部族主要活动地区，苏武牧羊就在此地。《尼布楚条约》后，这块地区被割让给沙皇俄国。贝加尔湖湖水透明度深达40.5米，被誉为"西伯利亚的蓝眼睛"。湖长636千米，平均宽48千米，面积为3.15万平方千米，平均水深730米，是世界第一深湖、欧亚大陆最大的淡水湖。贝加尔湖中仍保留着第三纪的淡水动物，著名的有贝加尔海豹、凹目

图2-24 贝加尔湖

图片来源：作者拍摄

白鲑、奥木尔鱼、鲨鱼等。贝加尔湖每年大约会发生2000次地震，大多数地震都比较小，只有通过地震仪才能探测到。每隔10~12年会发生一次5~6级的地震，每隔20~30年会发生一次7~9级的灾难性大地震，有时震级可能还会更高。

贝加尔湖中有22个小岛，奥利洪岛最大，长约71千米，宽处有15千米，在湖水最深处附近，也是贝加尔湖的主要旅游地。岛上住着布里亚特人，是贝加尔湖边唯一有人居住的岛。岛上一半是原始森林，一半是草原，还有一小部分是沙漠。如果说贝加尔湖是西伯利亚的明珠，那么奥利洪岛就是这颗明珠的心脏。

拓展阅读

1. 俄罗斯对中国团队免签，个人签证比较复杂，需要向俄罗斯的有关组织申请邀请函，并快递回国，而且快递费往往还高于邀请函申请费。领事馆预约签证等待时间长，签证中心预约时间短，但需要服务费。

2. 俄罗斯境内英语不普及，住宿、坐火车、公交车的很多服务员都不能说英语。很多路牌告示也没英文。圣彼得堡作为国际化大都市，英语普及程度相对较高。

3. 俄罗斯跨越欧亚大陆，境内有时差，伊尔库茨克时间和北京时间相同，莫斯科、圣彼得堡与中国有5小时时差。为了不引起混乱，火车时刻表的时间以莫斯科时间为准。也就是说如果火车时刻表上伊尔库茨克的火车10点出发的话，意味着是莫斯科时间10点，也就是伊尔库茨克时间15点出发。

4. 俄罗斯火车票上的火车站以到站命名。圣彼得堡去莫斯科的火车票上注明是在莫斯科火车站发车，莫斯科往圣彼得堡的火车票上注明的是在彼得格勒火车站出发。预订火车票时以城市名预订。莫斯科有9个火车站，发往不同的地方。俄罗斯铁路官网：http: //eng.rzd.ru/。订票时要输入护照号码，上车时会核对护照。可以在线选位置。火车卧铺为上下两层，晚上可以放下来作为卧铺。车厢里很安静。

5. 俄罗斯人开车速度很快，奉行行人优先政策。在没有红绿灯的路口，行人一踏入马路，车辆必须停下让行人先行。

6. 离贝加尔湖最近的机场在伊尔库茨克。也有很多国人坐国际列车从北京出发，这趟列车终点在莫斯科。北京有车票销售点，网上不可订票。由于火车要经过蒙古，还需要蒙古的签证。

第二节　乌克兰

一、历史文化

乌克兰地理位置重要，自然条件良好，历史上为兵家必争之地，饱经战乱。12~14世纪，由于封建割据，古罗斯部族逐渐分裂成俄罗斯人、乌克兰人和白罗斯人3个支系。约从14世纪起，乌克兰人开始脱离古罗斯而形成具有独特语言、文化和生活习俗的单一民族。1654年，乌克兰哥萨克领袖赫梅利尼茨基与俄罗斯沙皇签订《佩列亚斯拉夫和约》，开始了乌克兰和俄罗斯的结盟史。1985年，戈尔巴乔夫上台，民族主义和分离主义倾向迅速抬头，全国政局开始急剧动荡。1990年7月16日，乌克兰议会通过《乌克兰国家主权宣言》。1991年8月24日，乌克兰正式宣布脱离苏联独立，改国名为乌克兰。12月8日，乌克兰、俄罗斯和白俄罗斯的领导人在明斯克签署别洛韦日协议，成立独立国家联合体。乌克兰结束了和俄罗斯337年的结盟历史，成为一个独立国家。

乌克兰的官方语言是乌克兰语，与俄语都属于斯拉夫语系，通用语言是乌语和俄语。两种语言不论是发音还是它的语法，都是有区别的，但有很多的单词书写和发音都相同，有很多相似之处。乌克兰共有1300多个国家级文物保护单位，160多处历史文化古迹，23个自然保护区和国家级天然公园。主要景点分布在基辅、克里米亚半岛、敖德萨等地。

二、自然地理

乌克兰大部分地区属东欧平原。西部喀尔巴阡山脉的戈维尔拉山海拔2061米，为最高峰。受大西洋暖湿气流影响，大部分地区为温带大陆性气候，克里米亚半岛南部为亚热带气候。年降水量东南部为300毫米，多集中在6~7月。乌国土面积的2/3为黑土地，占世界黑土地总量的1/4。森林资源较为丰富，森林覆盖率43%。

三、旅游城市和景点

（一）基辅

首都基辅坐落在乌克兰中部、第聂伯河两岸。人口265万，面积825平方千米。基辅历史悠久，绿树成荫，数十条林荫大道以及数百个街心花园和草坪，有"花园城市"的美名。基辅建于公元482年，是古斯拉夫民族的文化中心之一，曾是第一个俄罗斯国家基辅罗斯的中心，因而有"俄国城市之母"的称谓。市中心是旧城区，坐落在第聂伯河右岸，集中了市内的大部分历史建筑。基辅是苏联的重要工业中心之一，工厂遍布全市。

图 2-25　索菲亚教堂

图片来源：https://pixabay.com/

1. 索菲亚教堂

"索菲亚"是希腊语"智慧"的意思。索菲亚大教堂建于11世纪，是基辅最有名的东正教大教堂。大教堂长37米，宽55

米，高29米，是智者雅罗斯拉夫为庆祝古罗斯军队战胜突厥佩切涅格人和颂扬基督教而修建的。该教堂建成后，很快成为基辅罗斯的宗教、政治和文化中心。大教堂包括金绿色顶的教堂，钟楼和一座修道院，整片建筑群于1990年被列入世界遗产名录。在苏联时期，大教堂建筑曾为博物馆，主要收藏了13~17世纪的圣画像和18~20世纪初的绘画与雕像。现在这里还陈列着许多考古文物和建筑模型，其中基辅10世纪的全景模型展出了被蒙古侵略者破坏前的市貌。这里还建立了斯拉夫民族的第一座图书馆。

2. 彼切尔修道院

彼切尔修道院占地28公顷，内有许多教堂及博物馆，包括古代珍宝博物馆、图书和图书印刷博物馆、乌克兰民族装饰艺术博物馆等，1950年左右，修道院图书馆已拥有13万册图书，其中3000册是手抄善本书，2000册是单本的绝版书。修道院里最著名的是洞窟教堂，由2条高2米、宽1.2米的洞穴组成，相距400米，分别向第聂伯河延伸，总长500余米。洞穴两壁各向里挖出高

图2-26　彼切尔修道院
图片来源：https://pixabay.com/

1米、长2米、深0.5米的浅穴。1051年，修道士在基辅附近的山洞里修建了修道院，第一位定居者是安东尼修士，他的潜心静修生活感染了当地的居民，他们前来祈求祝福，同时也带来生活必需品。其中一些人留下来和他一起生活在洞穴里。随着人数不断增多，他们扩大了原有的洞穴，修建了新的洞穴，并建立了教堂。当修道生活从洞穴转移到地面后，地下洞穴就变成修道士的墓地。各个时代的名人和著名修道士死后尸体保存在洞穴内，由于洞穴内特殊的气候环境，这些尸体自然风干成木乃伊。修道院因此声名远播。洞窟内现保存有11位教士的木乃伊。每逢圣人诞辰或忌日，棺椁才打开供人瞻仰。

除洞窟教堂外，修道院内还有一些教堂，如别里斯托夫救世主教堂、圣母升天教堂。修道院内的钟楼高96.5米，为欧洲之最。它直径29米，底层宽8米，共4层，金顶。钟楼原有9座钟，现存4座。1990年被联合国教科文组织列入世界文化遗产名录。

3. 圣米迦勒金顶修道院

圣米迦勒金顶修道院位于圣索菲亚大教堂的东北方，建于中世纪，由斯维亚托

图2-27　圣米迦勒金顶修道院
图片来源：https://pixabay.com/

波尔克二世·伊贾斯拉维奇建造，修道院包括大教堂、圣约翰餐厅、经济门和钟楼。建筑的外观在18世纪重建时改为乌克兰巴洛克风格，而内部保持了原来的拜占庭建筑风格。20世纪30年代被苏联政府拆除，乌克兰独立后得以重建。圣米迦勒金顶修道院吸收了拜占庭和巴洛克时期流行的各种建筑风格的元素，教堂内部有错综复杂的五层圣障。

4. 切尔诺贝利博物馆

1986年发生了历史上最严重的核电厂事故即切尔诺贝利核事故，所释放出的辐射线剂量是广岛原子弹的400多倍，切尔诺贝利成了危险区域。至今核电站及其周围城镇依然保持着灾难发生时的情景，宛如一座鬼城。从2011年起，游客可以报一日游团参观切尔诺贝利。为了纪念这次事故，1992年在基辅成立了切尔诺贝利博物馆。博物馆内收集了近7000份文件和地图、图片以及部分实物展品，向参观者讲述这场目前世界上最大的核事故。展出的有灾难发生后受到严重核辐射而基因变异的小猪标本、受难者的照片、为救灾而献身的英雄画像、当年引发世界震动的新闻图片等，触目惊心。

图2-28　切尔诺贝利博物馆
图片来源：http://www.galenfrysinger.com/ukraine.htm

（二）雅尔塔

雅尔塔是克里米亚半岛南部海岸的度假胜地和重要港口，面积约为18.2平方千米。雅尔塔一词源自希腊文"雅洛斯"，意为"海岸"。雅尔塔属于地中海气候，北方高大的山脉阻止了寒冷气流的南下，加上南部的黑海，形成了温和湿润的气候，市内遍布大大小小的公园和自然保护区。作为疗养胜地，自19世纪末至20世纪初，在市内及周边小村庄陆续建造许多建筑，多数至今保留完整，城市就像一个露天博物馆。1945年2月，美国、英国和苏联三国首脑罗斯福、丘吉尔和斯大林在雅尔塔举行了制定战后世界新秩序和列强利益分配问题的会议，签订了著名的《雅尔塔协定》，史称"雅尔塔会议"。三大国在会议上做出的战后世界秩序的安排被称为雅尔塔体系，对战后世界影响巨大。

1. 燕子堡

燕子堡坐落在克里米亚半岛上，濒临黑海，是

图2-29　燕子堡
图片来源：https://pixabay.com/

个中世纪的古堡，传说是俄罗斯和土耳其战争中的某位领袖建造，后来几易其主，现在的主人是德国石油大亨佛·旭杰恩格利。它坐落在一个悬崖上，地理位置十分奇妙。1927 年雅尔塔的大地震，让这座城堡几乎毁于一旦，连顶都掉了，后来的九级地震又震裂了燕子堡的柱子。即便这样，燕子堡还是成功地屹立到了今天。每年都有数以亿计的燕子途经的时候飞累了栖息在这里，城堡逐渐有了燕子堡的名号。这座古堡位列全球最美的 10 座城堡。

2. 里瓦几亚宫

里瓦几亚宫是雅尔塔会议会址，是末代沙皇尼古拉二世的行宫，位于市西南 3 千米处的黑海岸边，这座乳白色的皇家庄园始建于 140 年前。"里瓦几亚"希腊语意为"草地"。1862~1866 年建成沙皇庄园，1894 年作为最后一个沙皇尼古拉二世的夏宫，现时成为博物馆，有时会举行国际会议。宫殿分四层，一、二层为雅尔塔会议旧址展览，摆设着巨大的圆形谈判桌、签字台、一份份签字的条约和协议，还有丘

图 2-30 里瓦几亚宫
图片来源：http://www.galenfrysinger.com/ukraine.htm

吉尔的烟斗、斯大林的元帅服。第三层为沙皇尼古拉二世的临时办公室。第四层则是他一家生活的场景。

第三节 白俄罗斯

一、历史文化

白俄罗斯共和国简称白俄罗斯。白俄罗斯人为东斯拉夫人的一支，9 世纪末归属基辅罗斯，后属立陶宛大公国和波兰立陶宛王国。18 世纪末被俄国吞并。1922 年并入苏联，成为苏联加盟共和国之一。1991 年 8 月 25 日独立。白罗斯驻华大使馆于 2018 年 3 月 16 日公开发文，请中国人改用"白罗斯"的名称来称呼该国，因为不是俄罗斯的一部分，也不是俄罗斯的某个区域。"白俄罗斯"会导致这个普遍的误解。此外从语言和语义的角度来讲，要把该国国名 Belarus，或者本国语言的 Беларусь 翻成中文的话，应该用"白罗斯"，发音中并没有"俄"字的存在。"罗斯"是古代东斯拉夫人的土地上的国名。"白"，说法有三：一说

作为斯拉夫族东支的白俄罗斯人,比俄罗斯、乌克兰保留了更纯的古斯拉夫人血统,意思是"纯的罗斯人";一说古代白俄罗斯族喜穿戴漂白的亚麻布服装和白色绑腿,因此得名;一说白俄罗斯人是从鞑靼人的统治下解放出来的,"白"寓有自由或解放的意思。白俄罗斯将近80%人口为白俄罗斯人,主要少数民族依次是俄罗斯人、波兰人和乌克兰人。1995年后,白俄罗斯语和俄罗斯语被设为官方语言,实际上俄语比白俄罗斯语还要流通。白俄罗斯人大多信仰东正教。

二、自然地理

白俄罗斯国土总面积20.76万平方千米,南北相距560千米,东西相距650千米。领土面积居欧洲第13位。白俄罗斯地处东欧平原,境内地势低平、多湿地,平均海拔高度160米,最高峰345米。白俄罗斯气候属温带大陆性气候,境内较温和湿润。白俄罗斯境内以湖泊、河流及茂密的森林著称,拥有大小河流2万多条,湖泊1万多个,有"万湖之国"美誉。

三、旅游城市和景点

(一) 明斯克

明斯克位于白俄罗斯中部,是白俄罗斯首都,2014年人口192万,是全国的政治、经济和文化中心。第二次世界大战中几乎被夷为平地,城市里的古建筑大多是后来重建的。明斯克是白俄罗斯重要工业中心。以明斯克命名的有明斯克号航空母舰。

1. 胜利广场

图2-31 胜利广场

图片来源:https://pixabay.com/

胜利广场坐落于明斯克市中心,1947年建成,长225米,宽175米。与乌克兰的独立广场相似。广场上矗立着伟大卫国战争阵亡烈士纪念碑,高40米,碑身底部四面镶嵌大型金属浮雕群,表现白俄罗斯军民英勇抗敌的战斗历程。碑顶为象征英雄城市的五星勋章,碑前是体现烈士不朽精神的长明圣火。广场两侧整齐排列的石碑上刻着苏联12个英雄城市的名称。胜利广场已成为白俄罗斯举行隆重纪念活动的主要场所之一。每逢"五·九"胜利日、独立日等重大节日,白俄罗斯都要在该广场举行隆重的献花仪式。外国领导人来访时,通常都向烈士纪念碑敬献花圈。

2. 伟大卫国战争历史国家博物馆

这是白俄罗斯最大、收藏品最多的一座卫国战争纪念馆。第二次世界大战期间，白俄罗斯全境被纳粹侵略军占领。在历时4年的卫国战争中，面积只有20万平方千米、人口不足千万的白俄罗斯一共牺牲了235万多军民，占全苏联死亡人数约1/10。白俄罗斯从政府最高层到民间都十分重视卫国战争这段历史。博物馆在苏联卫国战争没有结束前就开始筹建，并于1944年11月7日正式对外开放。展品集中反映了白俄罗斯军民在1941~1945年间抗击德国法西斯的悲壮历史，1966年博物馆正式迁入新址。博物馆在外观上同其对面的"明斯克—英雄城"大型纪念碑形成呼应。博物馆总占地面积达1.5万平方米，展出总面积3600平方米。它在建筑结构上分为四部分，寓意卫国战争持续4年。四部分通过《战争之路》画廊相互连通，画廊中展示的油画作品反映具体战斗场面以及纳粹集中营残酷场景等内容。展览共划分为10个主题展厅和1个拥有玻璃穹顶的"胜利"厅，14.3万件藏品集中展示卫国战争的各个事件，内容翔实而具体。博物馆内院是专门的展示坪，陈列着苏军第二次世界大战时期的武器装备实物。

图2-32　伟大卫国战争历史国家博物馆

图片来源：白俄罗斯旅游局官网 http://ch.belarus.trave

3. 圣灵主教大教堂

圣灵主教大教堂是明斯克东正教的重要活动中心，始建于1633年，1642年完工，属巴洛克建筑风格。最初是天主教女修道院的主教堂。1860年，转为东正教教堂。1870年教堂开设圣灵修士修道院。1918年，因为政治原因修道院被关闭，圣灵大教堂的礼拜活动也被禁止。经过人们的奋力抗争，当局政府迫于压力开了门，但是不久之后又一度关门。教堂变为消防队训练场地，随后被改为档案馆。这么豪华的大教堂沦落到这种地步，当地市民愤愤不平，经常会在放假时候于圣灵主教大教堂门口静坐以示抗议。1943年，教堂开始恢复东正教礼拜活动。1947年，教堂顶部安放东正教大十字架。教堂中供奉着一些宗教珍品，如明斯克圣母圣像等。

图2-33　圣灵主教大教堂

图片来源：https://pixabay.com/

（二）米尔城堡

米尔城堡位于明克斯以南90千米处的格罗德诺地区。城堡四周为四方形，在每一个拐角都建有塔楼，第5座塔楼上有吊桥和铁栅栏，可以抵御袭击。米尔城堡建于15世纪末，是中欧城堡建筑的最杰出典范之一，其风格融合了哥特式文化、巴洛克式文化及文艺复兴式文化。米尔城堡的建筑发展历程是一段动荡不安的欧洲历史。城堡最初是高耸的哥特式风格，而后经不断地增建及修整，先是文艺复兴时期的风格，再后来是巴洛克风格。在长达将近一

图2-34 米尔城堡

图片来源：白俄罗斯旅游局官网 http://ch.belarus.travel

个世纪的荒废及拿破仑时期战火的破坏下，19世纪末叶时又再度修建，在原有的样式上增添了其他风格之外，又在城堡周围兴建了一些新的建筑，变成了一个公园。

图2-35 涅斯维日城堡

图片来源：白俄罗斯旅游局官网 http://ch.belarus.travel

（三）涅斯维日城堡

涅斯维日城堡建筑群位于距首都明斯克城以西112千米的涅斯维日城，它是白俄罗斯最古老的定居点之一。涅斯维日城堡被认为是该国最美丽的地方，曾经为私人所拥有，如今被列为国家历史和文化保护区之一，也是联合国教科文组织世界遗产。城堡建筑群包括城堡、基督圣体陵墓和教堂，以及其周边建筑。城堡包括10栋互相连接的建筑物，为一座环绕着六边形庭院而发展成完整的建筑体。其宫殿与基督圣体教堂成为中欧与苏俄建筑发展上重要的原型。

（四）别洛韦日国家森林公园

别洛韦日国家森林公园位于白俄罗斯西南的格罗德诺和布列斯特州，白俄罗斯和波兰交界处，距明斯克340千米。别洛韦日国家森林公园是世界上最古老的森林之一，素有"欧洲之肺"的美称。公园占地87000公顷，修建于1990年。保护区内有59种哺乳动物（包括6种国家保护动物）、253种鸟类，包括《红皮书》上所列的75种。约300头欧洲野牛是国家保护区最珍贵的动物。别洛韦日丛林独具特色，是中欧平原上最大的古老森林。丛林内有1000多种参天大树：

400~600年历史的橡树、250~350年历史的灰树和松树、200~250年历史的杉树，森林平均树龄超过100年，部分地区树龄超过350岁。就动植物种类的多样性而言，别洛韦日丛林在欧洲是独一无二的。1992年，别洛韦日丛林被联合国教科文组织列入世界文化遗产名录。1993年，国家保护区更名为生物圈保护区。

图2-36　别洛韦日丛林国家公园
图片来源：白俄罗斯旅游局官网http://ch.belarus.travel

"别洛韦日"森林深处，有一个叫"维斯库利"的村庄。1960年，酷爱狩猎的赫鲁晓夫在这里建造了豪华别墅作为夏宫。古巴领袖卡斯特罗、朝鲜领导人金日成以及东欧各国领导人都来过这里。在这座别墅里，1991年12月8日，俄罗斯、乌克兰和白俄罗斯三国领导人叶利钦、克拉夫丘克和舒什克维奇签署了《别洛韦日协议》，宣告三国退出苏联，成立独联体。

（五）纳罗奇国家公园

纳罗奇国家公园位于维捷布斯克州，距离明斯克只有150千米，建于1999年。公园内的纳罗奇湖被称为"国家之珠"。是白俄罗斯境内的最大湖泊，面积达79.6平方千米。这里是白俄罗斯最大的疗养胜地之一，公园内还有国家最大的纳罗奇疗养院和一个假日营地。全年中有240天游人可在此享受舒服的假期，一年中有约100天可在此游泳。另外，纳罗奇湖也以矿泉水而闻名。

图2-37　纳罗奇国家公园
图片来源：白俄罗斯旅游局官网http://ch.belarus.travel

第四节　立陶宛

一、历史文化

立陶宛共和国简称立陶宛，国名源于波兰语，意为"多雨水的国家"。立陶宛是一个拥有辉煌文明的历史古国，1240年成立立陶宛大公国，1569年与波兰合并成波兰立陶宛联邦,成为欧洲强国之一,并与俄罗斯一直在北欧和东欧争霸,后由于国力衰退,成为俄罗斯帝国的附庸国并最终遭到吞并。第一次世界大战时被德国占领,1918年2月宣布独立。1940年,苏联军队占领立陶宛。1941年苏德战争爆发后,立陶宛被德国军队占领。1944年,苏联军队再次占领立陶宛,并成立立陶宛苏维埃社会主义共和国,加入苏联。1990年3月11日,立陶宛宣布脱离苏联再次独立,直到1991年9月6日苏联才承认其独立。

立陶宛人口中立陶宛族占85.4%,波兰族占6.6%,俄罗斯族占5.4%,其他还有白俄罗斯、乌克兰、犹太、拉脱维亚等民族。立陶宛人主要信奉罗马天主教,此外还有东正教、路德教等。立陶宛的官方语言是立陶宛语。立陶宛语是现存的两种波罗的语族之一,波罗的语族隶属于印欧语系。由于被沙俄和苏联长期统治,很多人都能说俄语。立陶宛是欧盟国家,使用欧元,也属于申根国家。

二、自然地理

立陶宛位于波罗的海东岸,与北方的拉脱维亚和爱沙尼亚,并称为波罗的海三国。地形以平原为主,另有西部不大的丘陵及东南部的高地,最高点海拔293.6米。气候介于海洋性气候和大陆性气候之间,冬季较长,多雨雪,日照少。夏季较短而且凉爽,日照时间较长。立陶宛是欧洲湖泊最多的国家之一,面积超过0.5公顷的湖泊有2830个,湖泊总面积达880平方千米,最大的湖泊面积有45平方千米;共有722条河流,最长的河流涅曼河全长937千米,流经立陶宛境内长度475千米,自东向西流入波罗的海。

三、旅游城市和景点

(一)维尔纽斯

维尔纽斯是立陶宛的首都也是最大的城市,位于东南部的内里斯河和维尔尼亚河汇合处。维尔纽斯是立陶宛的历史古都,旧城曾经被列入世界文化遗产名录。历史上,1795年维尔纽斯被俄国吞并,俄国占领期间拆毁了城墙。1812年,拿破仑占领了该市。1831年11月起义以后,所有公民自由被取消,波兰语和立陶宛语被禁止使用。之后,这一地区相继被德国、波兰、俄国几易其手,最后被苏联占领。苏联在1991年承认了立陶宛独立。此后,维尔纽斯试图清除苏联时代的历史痕迹,许多古老的建筑得到修复。

1.十字架山

十字架山是一个非常细的山头,上面插了上万个各种样式的十字架,每一个十字架背后都是一段可歌可泣的历史。在几个世纪中,这个地方已成为立陶宛天主教徒以和平方式忍耐所面临威胁的象征。其确切的起源无人知晓，据说第一批十字架是1831年11月，立陶宛人反俄起义失败后，由于家人无法找到造反者尸体的位置，他们开始安放象征性的十字架。几个世纪以来，前来朝圣的天主教徒在这里安置了许多十字架，巨大的石像、立陶宛爱国者的雕塑、圣母雕像以及数以千计的小型雕像和玫瑰经念珠。苏联时期，政府曾经搬

图2-38　十字架山

图片来源：立陶宛旅游局官网 https://www.lithuania.travel/

走新的十字架，并至少三次用推土机推平这个地方。2004年十字架的数量约有10万个，2015年已超过20万个！这些十字架制作精细，大小、形状各异，制造工艺有很高的历史、艺术价值，其历史最早可追溯到立陶宛接受天主教以前的多神教时期，通过长期与天主教十字架造型的融合，形成自己独特的风格。1993年9月7日，天主教教宗圣若望·保禄二世访问十字架山，宣布这是一个充满希望、和平、爱与牺牲的地方。

图2-39　圣安娜教堂

图片来源：立陶宛旅游局官网 https://www.lithuania.travel/

2. 圣安娜教堂

圣安娜教堂是立陶宛最著名的哥特式建筑，教堂因1419年一场大火而被摧毁，于1582年重建。教堂高22米，宽10米，墙面全部用红砖砌成，外墙就用了33种不同形状的砖。教堂内部装饰庄严而辉煌，主祭坛、围栏和彩砖装饰都极为精美。教堂内还收藏着当地小型圣体节庆典使用的18世纪银质圣体匣。教堂内部巴洛克式设计，陈设18世纪的名家绘画。整个教堂布局均匀，色调和谐。据说，拿破仑东征时路过此地，被圣安娜教堂的精美所吸引，曾想将它"放在手掌中带回巴黎"。圣安娜教堂旁竖有1683年完成的巴索玛丽圣母像，圣母双手抱着圣婴。

3. 乌祖皮斯

乌祖皮斯对岸共和国是一个微国家，位于老城正东被维尔尼亚河围绕的地区，乌祖皮斯的立陶宛语是"河的对岸"。1997年4月1日愚人节，该区宣布成为一个独立的共和国。共和国拥有自己的国旗、货币、总统和宪法。对岸共和国暂时未被任何一国政府承认。与其说它是一个独立国家，倒不如称为一个艺术家组织。这里是艺术家与文化人的集中地，共和国的

图 2-40　乌祖皮斯

图片来源：立陶宛旅游局官网 https://www.lithuania.travel/

现任总统是一位诗人、音乐家和电影导演。小小的"国家"里设有大量的艺术画廊、工作坊和文艺咖啡馆，放荡不羁的氛围可媲美巴黎的蒙马特，建筑外墙有各种各样的涂鸦之作。当时制定的"41条宪法"非常耐人寻味。其中第1条"每个人都有权在维尔尼亚河边生活，维尔尼亚河有权在任何人身边流过"，第12条"一只狗有权去做狗"，第13条"猫没义务爱它的主人，但在主人有需要时要提供帮忙"，第37条"每个人都有权去不拥有权利"，第16条"每个人都有权快乐"，第17条"每个人都有权不快乐"。

4. 维尔纽斯大教堂

维尔纽斯大教堂坐落在格季米纳斯山脚下，修建于1387~1388年，教堂内的圣卡西米尔礼拜堂是巴洛克风格的，里面有描绘这位立陶宛圣徒生平的壁画和他的银棺。大教堂坐落在老城的中心，几乎所有景点都可以从这里发散开去。如今的大教堂是维尔纽斯最重要的宗教场所之一。教堂中的圣卡西米尔礼拜堂保留了17世纪的巴洛克风格原貌，是整个大教堂内最大的看点。它和57米高的钟楼占据了广场的主要位置。

图 2-41　维尔纽斯大教堂

图片来源：立陶宛旅游局官网 https://www.lithuania.travel/

（二）库洛尼亚沙嘴

库洛尼亚沙嘴2000年被联合国教科文组织列为世界遗产景观，这里北半部属于立陶宛，南部则属于俄罗斯。这是一处非常神奇的自然景观，波罗的海的海浪不断涌上海岸，而另一侧则被库洛尼亚礁湖所包围。强风和过度的伐木使这片沙丘成了不稳定的库洛尼亚沙嘴。远远看去，在茫茫的大海中竟然有一条沙洲，从北到南绵

图 2-42　库洛尼亚沙嘴沙滩

图片来源：立陶宛旅游局官网 https://www.lithuania.travel/

延几十千米，在沙洲中有两座小镇。

第三章　北欧

第一节　冰岛

一、历史文化

4世纪，希腊地理学家皮菲依曾称它为"雾岛"。由于海岛远离大陆，交通不便，很少有人光临。公元864年，斯堪的纳维亚航海家弗洛克踏上岛岸。公元874年，维京人亚纳逊一行人是冰岛最早的永久定居者。斯堪的纳维亚人、爱尔兰人、苏格兰人纷至沓来。当移民船驶近南部海岸时，首先见到的是一座巨大冰川，即冰岛著名的瓦特纳冰川，于是把该岛命名为"冰岛"。也有人说最初的殖民者在岛上定居以后，不希望别人再来，故名"冰岛"。冰岛于1262~1918年成为挪威的一部分，之后属丹麦王室统治。1918年，丹麦与冰岛签订联合法案，丹麦承认冰岛王国为丹麦王国的附属主权国，获得了类似于保护国的独立和主权，外交和国防方面丹麦仍保留权力。1944年冰岛共和国建立。并于1949年和美国签订了防卫冰岛的协议。美国在凯夫拉维克设有军事基地，一直到2006年9月底美军单方面撤出。冰岛到目前为止还没有自己的军队，由海岸警备队承担国防任务。

冰岛是一个高度发达的资本主义国家，十分重视艺术发展与生活品质。冰岛人对自己的文化十分珍爱与保护。自维京人在1000多年前将古诺斯语带入冰岛以来，冰岛语的词汇、语法未曾有过变化，所以即便是中学生也无须费多大力气便能阅读理解维京时代流传下来的萨迦文学作品。有的语言学家称它为欧洲"最保守的"语言之一。在现代所有语言中，冰岛语的难度排在第四位，仅次于汉语、希腊语和阿拉伯语。英语和丹麦语是学校的必修课，许多人都会说四种以上的语言。

二、自然地理

冰岛国土面积为10.3万平方千米，人口约为34万，是欧洲人口密度最小的国家。冰岛位于大西洋中脊上，是由于火山喷发而形成的岛屿，是一个地质活动频繁的国家。组成冰岛的岩石都是火山岩，以玄武岩分布最广，还有安山岩、流纹岩等。冰岛有火山200~300座，有40~50座活火山，以"极圈火岛"之名著称。华纳达尔斯赫努克火山为全国最高峰，海拔2119米。冰岛是世界上温泉最多的国家，被称为"冰火之国"，全岛约有250个碱性温泉，最大的温泉每秒可产生200升的泉水。冰岛是第四纪冰盖的中心，现在高原上仍有冰川分布，其中瓦特纳冰原面积达8450平方千米，厚度在几百米到2000米之间，是除南极和格陵兰岛之外世界最大的冰川。

图3-1 冰岛北部
图片来源：作者拍摄

冰岛虽位于北极圈边缘，但受北大西洋暖流影响，气候适宜。冬季平均温度-2℃左右，夏季气温7℃~20℃。6~8月会出现极昼现象，冬天只有几小时的日照时间。那时可以看极光、探冰洞。冰岛天气变化多端，有人说"冰岛的天气5分钟一变"。

冰岛得天独厚的自然条件，多样独特的地形地貌，让它成为地球上最像外星球的地方。夏季的冰岛天气温和，而景色看起来依然萧索，非常适合电影中的外星世界，以及末世、初世的取景。冰岛因此也成为科幻电影最爱取景的国度，《权力的游戏》《普罗米修斯》《星际穿越》《星球大战外传》《侠盗一号》等影片中都可以见到冰岛的身影。

三、旅游城市和景点

（一）雷克雅未克

雷克雅未克是冰岛的首都，也是世界上最北的首都，是冰岛政治、文化、教育和贸易中心，是第一大城市及第一大港口，连续多年被评为全球最幸福快乐的城市之一。雷克雅未克自874年起就成为人们定居的居民点，根据历史记载，该地第一批常住居民来自斯堪的纳维亚。由于雷克雅未克地热能源丰富，岛上散布着许多温泉、间歇泉，它们不断地喷出水柱，故此城市上空经常弥漫着如雾的水汽，当时人们以为是烟，所以便将此地命名为雷克雅未克，冰岛语意指"冒烟之湾岸"。

雷克雅未克西南临海，北面和东面有高山环绕。入冬以后，高山上覆盖着厚厚的积雪，城市的房屋又多是鲜艳的色彩，显得分外美丽。由于地热资源非常丰富，地区温泉很多，早在1928年就建起了地热供热系统，为市民提供热水和暖气。因空气清新、无煤烟困扰、环境优美，几乎没污染，所以被称为"无烟城市"。受大西洋暖流的影响，雷克雅未克的气候比较温和。

1. 哈尔格林姆斯教堂

哈尔格林姆斯教堂是冰岛最大的教堂，高74.5米，在市区的任何角落都可以看到它的高塔，是冰岛第六高的建筑。通过教堂内部的电梯可以到达顶部的观景台，欣赏整个雷克雅未克群山环绕的美景。教堂内还有一个巨大的管风琴，高15米，重达25吨。教堂前的广场上矗立着探险家莱夫·埃里克逊的雕像，是为了纪念1930年冰岛议会创立1000周年，美国赠送给冰岛的礼物。以冰岛著名文学家哈尔格林姆斯的名字而命名，纪念他对冰岛文学的巨大贡献。

图片 3-2　哈尔格林姆斯教堂
图片来源：https://cn.guidetoiceland.is/

2. 太阳航海者

太阳航海者雕塑坐落于雷克雅未克北海岸边海滨步道上，由冰岛知名雕塑家阿尔纳森创作。灵感来自维京海盗船，是一座海盗船骨架雕塑。雕塑是不锈钢材质，面朝大海，象征维京的精神。当年维京海盗的一个贵族在挪威受到排挤，一怒之下带着家眷仆从，开船来到了冰岛，现在冰岛人把他视为国父和祖先，也把自己的民族看作维京海盗的后裔。所以冰岛国内有很多维京海盗相关的文化，尽管他们并没有真正做过海盗。

图 3-3　**太阳航海者**　图片来源：作者拍摄

3. 托宁湖

托宁湖位于雷克雅未克市中心，是冰岛最知名的一个湖。湖泊不大，周围有很多博物馆以及冰岛大学。湖畔景致动人，湖上有很多鸭子、海鸥、天鹅等野生动物。通常冬季湖面会被冰层覆盖，但是滚烫的地热水会为水鸟们开辟出一些零星的活动区域。

图 3-4　托宁湖
图片来源：https://cn.guidetoiceland.is/

图 3-5 哈帕音乐厅
图片来源：作者拍摄

4. 哈帕音乐厅

哈帕音乐厅是一座相当现代的艺术建筑，外观采用的是一大片柱状的切割玻璃，用不同色彩的彩绘玻璃拼贴出。外观不规则的玻璃切角打破过去工整的落地窗结构，在太阳光的映照下，外墙有着波光粼粼的蓝色水波纹效果。在哈帕音乐厅建筑的过程中，历经了许多困难，当时面临国家破产是否要继续兴盖的难题。最终是在政府的大力支持与坚持下，在 2011 年 5 月才正式落成并对外开放。

5. 蓝湖

蓝湖也称蓝潟湖，是世界著名的露天温泉，即使在雪花飘飞的冬季，湖面依旧热气弥漫。蓝湖所在地是地球上地下岩浆活动最为频繁的区域之一，地面附近的熔岩流加热的水蒸气用于推动涡轮机发电，经过了涡轮机的蒸汽变成热水又为市政热水供暖系统提供热量。蓝湖水温平均在 40℃左右，湖水富含硅、硫等矿物质，使得湖水呈蓝绿色。这些矿物质对皮肤病有特殊疗效，还有护肤之功效。潜到水底挖一些白色的温泉泥涂在脸及身体上，据说能美颜健体，有纯天然的护肤功效。由其衍生出的美容品在北欧国家销路非常好。

图 3-6 蓝湖温泉
图片来源：蓝湖官网 https://www.bluelagoon.com/

蓝湖位于冰岛西南部雷克雅内斯半岛的格林达维克，距凯夫拉维克国际机场 13 千米，距首都雷克雅未克 39 千米，蓝湖有大巴可以往返机场和市区。因为距离机场很近，很多欧洲在冰岛转机的旅客会趁机去蓝湖泡一下温泉，夏季时一票难求。

（二）黄金圈

黄金圈为冰岛游的精华所在，从雷克雅未克一直延伸至冰岛中部，共约 300 千米。由三大旅游景点组成，即辛格韦德利国家公园、间歇喷泉和黄金瀑布。很多旅游团来冰岛集中在蓝湖、雷克雅未克市和黄金圈这几处地方。从雷克雅未克出发可以一日游览黄金圈。

1. 辛格韦德利国家公园

辛格韦德利国家公园在 930~1798 年期间是冰岛议会会议所在地，这是世界上最早的议会之一。1930 年，辛格韦德利国家公园正式成立，起初是为了保护国会遗迹，后来扩大到保护遗迹周围的自然景观。辛格韦德利国家公园被立法宣布"其受国家保护，是所有冰岛人心中的圣地，是国会照看下的冰岛的永久国家资产"。1944 年在此宣布脱离丹麦统治，成立冰岛共和国。2004 年起成为世界文化遗产。

图 3-7　两大板块裂缝

图片来源：作者拍摄

辛格韦德利地区有一个著名的地堑景区和冰岛最大的自然湖泊，这里能看到世界上唯一在海平面以上的美洲板块与欧亚大陆板块的交界，两大板块每年以 1~2 厘米的速度移动，在平原上留下许多大大小小的裂缝。大的裂缝中间形成了湖泊河流。这里最震撼的体验方式是潜入海水下面的板块裂缝中，近距离触摸两大板块。国家公园里有两个海底峡谷可以潜水，峡谷深度都超过 61 米，是极限深洞潜水的胜地。

2. 间歇喷泉

间歇喷泉是间断喷发的温泉，多发生于火山运动活跃的区域，熔岩使地层水化为水汽，水汽沿裂缝上升，当温度下降到汽化点以下时凝结成为温度很高的水，每间隔一段时间喷发一次，形成间歇泉。大间歇泉是世界著名间歇泉，位于冰岛西南部赫伊卡达勒附近。据地质学家估计，这个间歇泉已经活跃了长达 1 万年。受到这一地区的地震和火山活动影响，大间歇泉的强度和爆发频率会随时发生变化。

图 3-8　斯特罗柯间歇泉

图片来源：作者拍摄

大间歇泉在一个大喷泉区，有数十个间歇泉，主要包括盖锡尔间歇喷泉和斯特罗柯间歇泉。大间歇泉就是指盖锡尔间歇喷泉，冰岛语意思为爆泉。喷泉池直径为 18 米，深 1.2 米，泉眼口径 10 厘米，泉水温度超过 100℃。每次喷发前隆隆作响，水柱高达 61 米。喷水间隔时间无规则，通常在 5~36 小时，每次喷发持续 1~2 分钟。大间歇喷泉旁的斯特罗柯间歇泉，每隔8分钟左右连续喷射2~3次，水柱高达20米。

3. 黄金瀑布

黄金瀑布是一系列阶梯状瀑布，宽2500米，高70米，为冰岛最大的断层峡谷瀑布，塔河在这里形成上、下两道瀑布，下方河道变窄成激流。黄金瀑布气势宏大，倾泻而下溅出的水珠弥漫在空中，在阳光照射下闪着金光，仿佛整个瀑布用黄金造就，故有"黄金瀑布"的美称。瀑布旁边立了一块碑，是为了纪念一位平民妇女。20世纪30年代，政府曾有意在此建造水电

图3-9 黄金瀑布　　图片来源：作者拍摄

站，然而这块土地的拥有者西格里德·托马斯多蒂尔女士反对建造，最终在与政府的官司中胜诉。她的辩护律师斯温·比约恩松后来成为冰岛第一任总统。1975年，托马斯多蒂尔将这块土地送给冰岛政府作为自然保护区。

4. Kerid 火山口湖

Kerid火山口湖是6500年前的火山喷发后由火山口积水而形成的湖泊。火山口是椭圆形的，有270米长，170米宽，55米深，绕行一圈约15分钟。大部分火山口湖都被陡峭的岩壁围绕着，而Kerid火山口湖有一面岩壁相对平缓，人们可以顺着这面岩壁近距离欣赏火山湖。湖水清澈透明，富含的矿物质使湖面显

图3-10　Kerid火山口湖

图片来源：https://cn.guidetoiceland.is

现出鲜艳的色彩，颜色随着光线的变化而变换。火山湖周边岩石红橙交加，湖水却是湛蓝的。冰岛景色多是自然风光，不需要买票，而这个火山口湖是例外。

（三）南岸风光

1. 塞里雅兰瀑布

塞里雅兰瀑布位于塞里雅兰河上，发源于"臭名昭著"的艾雅法拉冰川火山——2010年的艾雅法拉火山大爆发造成了欧洲航空的瘫痪。塞里雅兰瀑布高60余米，瀑流窄窄一条如丝带，颇为柔美。塞里雅兰瀑布最吸引人的地方是人们可以站在瀑布

图3-11　塞里雅兰瀑布

图片来源：https://cn.guidetoiceland.is/

后面，从巨大的水帘后欣赏瀑布。在瀑布后面，悬崖底部有一条小径，可以绕行瀑布一周，从不同的角度，全方位欣赏瀑布。塞里雅兰瀑布为冰岛最漂亮的瀑布之一。

2. 斯科加瀑布

斯科加瀑布是位于斯科加河上的一个瀑布，在斯科加小村庄附近。瀑布宽度为25米，水流落差达60米，水流奔腾而下的气势非常壮观。白色的瀑布水流与周围的绿色植物搭配得恰到好处。斯科加瀑布是冰岛热门电影的取景地和十大瀑布之一，由于有大量水雾不断产生，通常在晴天可以看到一条或两条彩虹。瀑布东侧，有冰岛最著名的徒步旅行路线之一费姆沃尔·乌拉斯山口小径，小径在两座冰川之间，长达22千米，沿着斯科加河，到达亚特罗舍尔克山。游客还可以走到瀑布顶端，观看瀑布顺势而下的壮观景象。

图3-12 斯科加瀑布
图片来源：作者拍摄

3. 维克黑沙滩

从雷克雅未克沿1号环岛公路到达维克镇，西南3千米处便到达维克黑沙滩。冰岛有许多活火山，黑沙为火山喷发后，高温岩浆遇海水迅速冷却，形成细小的熔岩颗粒。经过海风与海浪的冲刷，黑色的玄武岩变成了黑沙，冰岛有好几处黑沙滩，其中维克黑沙滩最有名、最壮观，不少剧组都曾在这里拍摄过外星的场景。这里的沙子黑得通透纯粹，没有杂质。沙滩上的

图3-13 维克黑沙滩
图片来源：作者拍摄

玄武岩石棱柱排列成风琴状，这是火山岩遇海水冷却凝固过程中收缩而成的产物。黑沙滩上还有很多形状奇特的怪石。黑沙与浪在阳光下形成强烈反差。1991年，美国《岛屿杂志》将维克黑沙滩列为"世界十大最美海滩"之一。黑沙滩的海浪反复无常，永远不要背对着大海，因为不知道下一秒的海浪会多大，这里的海浪曾经吞噬过数名游客的生命，所以千万不要太靠海边行走。

4. 瓦特纳冰川国家公园

瓦特纳冰川国家公园是欧洲最大的国家公园，总面积达12000平方千米。公园不仅地貌丰富，更有世界上其他地方所没有的独特景色，冰原、火山、冰舌、

图 3-14　斯卡夫塔山冰川
图片来源：作者拍摄

图 3-15　蓝冰洞
图片来源：https://cn.guidetoicela

图 3-16　杰古沙龙冰河湖
图片来源：作者拍摄

崎岖的高地和熔岩景观。瓦特纳冰川在东南部的霍芬镇附近，海拔约1500米，面积达8300平方千米，不仅是冰岛的第一大冰川，还是欧洲最大的冰川，世界排名第三，次于南极冰川和格陵兰冰川。冰川顺山体流下时，就像伸出来的舌头，顾名思义"冰舌"。瓦特纳冰川边缘有许多冰舌，每个冰舌又有各自的冰川名。斯卡夫塔山地区就是分支冰川之一，电影《星际穿越》中的"曼恩"冰之星球就是在此拍摄。瓦特纳冰川以每年800米的速度流入山谷中，冰川地区还分布着熔岩、火山口和热湖。

冰岛的冰洞又称大冰洞、蓝冰洞，多形成于瓦特纳冰川，隐藏在冰川边缘。冰川融水从冰川底部流淌，几年甚至几个月就可形成。由于冰川会不断移动或爬行，所以在冰川中形成的天然洞穴都不稳定，随时有可能塌陷。每年都会有冰洞消失，也会有新的冰洞形成。在夏季，冰的融化加速，冰洞里会积水，冰体也可能坍塌，就不再适宜游览。由于冰洞本身会一直演变，加上天气、日照各方面的影响，每次看到的蓝冰洞都是不一样的。目前冰岛最著名水晶宫蓝冰洞是较为稳定的蓝冰洞，但它每年的具体位置、内部大小、形状结构等也会改变。一般来说，每年的11月至次年3月是探索冰洞的季节，但仍然可能因为极端天气、下雨而临时不能进入。蓝冰洞入口大多比较隐蔽，如果没有专业导游带领，很难找到洞口。而且蓝冰洞位于冰川中央，只有改装过的大型吉普车才可以前往。由于蓝冰洞不稳定，只有在专业向导确认冰洞稳定后，才能带领进入。而且入洞之前，必须要穿戴好冰爪、头盔等防护装备。

杰古沙龙冰河湖是冰岛瓦特纳冰原东南部边缘入海口处形成的天然潟湖。杰古沙龙冰河湖的出现源自地球变暖，1930年出现在水源和海洋的交界处。由冰川融化的水汇聚而自然形成的，一直在消融的冰川和湖中不断累积的碎冰块，形成冰河湖。随着全球气候变暖，消融的冰川越来越多，冰河湖的规模逐年扩大，景色越来越迷人。007系列的《择日而亡》《雷霆杀机》和著名的《古墓丽影》都曾在杰古沙龙冰湖取景拍摄。

杰古沙龙冰河湖水流向大海，也带走了湖水中的冰块，有许多大大小小的冰块漂流到海上，被海浪冲刷在黑色的沙滩上。在海浪拍打下，冰块显得更加白净剔透，在阳光的映照下，反射出如钻石般耀眼迷人的光芒，也被称作"钻石沙滩"。

图 3-17　钻石沙滩

图片来源：作者拍摄

（四）斯奈山半岛

斯奈山半岛位于雷克雅未克西部，景色壮丽。岛上有温泉、火山、冰川、熔岩、黑沙滩等，所以也常被称为冰岛景色的缩影，被21世纪绿色国际组织称为"极具有旅游价值的可持续性发展地区"。

1. 草帽山

草帽山的英文是"Church Mountain"，翻译过来就是教会山，也许是它的外形让人们联想起教堂塔。从某个角度看就像是一顶草帽，所以也叫草帽山。草帽山是一个匀称的独立山体，山前的公路的另一侧不远处，有一个小而迷人的瀑布，叫教会山瀑布。瀑布景色如画，和教会山前后呼应，水流在青山映衬下愈显清澈。这里一年四季都是摄影师的最爱，也是拍摄极光的佳地。

图 3-18　草帽山

图片来源：作者拍摄

2. 斯奈菲尔火山

斯奈菲尔火山是冰岛西部的一座复式火山，也译为斯奈山，山峰常年覆盖有冰川。不过在2012年8月，峰顶在历史上首次出现无冰的现象。它是一座海拔1446米的死火山，有着70万年的历史，是冰岛唯一的一座大型中央火山，火山侧面至今还留存有许多火山锥，火山口有大量的玄武质熔岩流。这座火山从很久之前就是许多

图 3-19　斯奈菲尔火山

图片来源：https://cn.guidetoicela

冰岛民间故事的发源地,他们认为斯奈菲尔火山的冰川是通往地狱之门。天气好的时候,可以在雷克雅未克清晰地看到斯奈菲尔火山,因此,以前的渔民会根据它推测适合出海的天气。著名的法国文学家凡尔纳曾根据它写过小说《地心游记》,小说中斯奈菲尔火山被描述为通往地心的入口。事实上斯奈菲尔火山自1229年后就再也没有喷发过,山顶常常刮起当地冰岛人所称呼的"密斯都大风"。

图3-20 斯瑞努卡基古火山溶洞
图片来源:冰岛旅行网:https://cn.guidetoicela

3. 火山溶洞

斯奈尔半岛大多数的熔岩来自于冰川底层,从山顶火山口或火山子坑的侧面涌出地表。这些熔岩最终凝固成的形态多种多样,造就了这个地区丰富的洞穴奇观。这些洞穴错综复杂而且暗藏危险,必须要参加当地的专业向导团才能够进入。最大的一个洞穴是斯瑞努卡基古火山(意为"三峰火山口")溶洞。斯瑞努卡基古火山是一座巨型火山,上一次喷大约在4000年前,目前处于休眠状态。这座火山是世界上唯一一座在喷发状态下就冷却的火山,冷却时形成了很多火山洞穴。想要进入"地心世界",先要徒步登上火山口,这个火山口只有6米宽,火山锥也只有35米,非常矮。来到洞口以后,需要乘坐简陋的升降机,下降至火山内部。一直下降到约198米的地心深处。这里藏着一个巨大的溶洞,大约有10万立方米这么大,可以装下整个雷克雅未克大教堂,其面积足以覆盖三个篮球场地。火山喷发释放的动力与压力塑造了其内部岩石的斑斓色彩与独特纹理。这是世界上最庞大的火山溶洞之一,亦是世界上首个对外开放的溶洞景观。

 拓展阅读

1. 冰岛、挪威和瑞士都不是欧盟国家,这3个国家因此被称为"三驾马车"。冰岛使用的货币是冰岛克朗,原名称为Krona(单数)或kronur(复数),在冰岛语里是"皇冠"的意思。欧洲物价最贵的地方是北欧,北欧物价最贵的地方是冰岛,冰岛物价位居欧洲之首。信用卡在冰岛的应用非常普遍,就算坐公交,甚至是在跳蚤市场买东西都可以刷卡。

2. 冰岛旅游有三种方式:一是参团,冰岛主要景点在雷克雅未克周边,从雷克雅未克出发,可以进行斯奈山半岛和黄金圈一日游,南岸和冰川国家公园需要二日游。二是坐公交自助游。冰岛没有铁路，公交系统并不发达，夏季的时候有环岛的公交车，但班次不多，花费也不低。三是自驾游。冰岛人车稀少很适合自驾，但是只适合夏季，冬季北部雪厚路滑，11月至次年3月不再适合自驾。即便是夏季，也要注意不要去偏僻的地方，有的地方路况不好，而且手机没有信号。

3. 冰岛天气多变，所以要随时携带雨衣。下雨的时候往往风也大，伞会刮坏，雨衣比较合适。冰岛全岛都在极光带上，所以全岛都有机会看到极光。但是北部冬天多暴风雪，天空云层很厚，所以看到的可能性不大。雷克雅未克周边看到极光的概率更大些。

4. 冰岛北部也有很多景点，有电影《普罗米修斯》中出现的黛提瀑布，火成岩瀑布、玄武岩瀑布，郝仑瀑布和众神瀑布等都很不错，还有以小"蓝湖"著称的米湖温泉。在广袤的北部，更容易体会外星世界的荒凉空旷，宇航员曾经在北部进行外太空训练。在北部城市阿克雷里、达尔维克可以观鲸，出海不到0.5小时就到观鲸点，而且鲸鱼很多。冰岛全岛并不大，一周即可以完成全岛游。

5. 冰岛盛产羊毛，每个冰岛人都有传统的冰岛羊毛衫，而且都会编织，他们会自己设计编制一个独一无二的图案。冰岛羊毛非常暖和，冰岛毛衣因产自冰岛而得名，毛衣繁密的领口提花呈波浪形分布在领口及肩部，据说灵感来自于冰岛的绵羊颈部毛圈图案。

6. 世上保持最纯洁血统的马种就是冰岛的马，约在1200年前由北欧运到冰岛。因为马的地理性隔离，几乎没有传染病。冰岛人从不允许岛外的马被引进，而被送出国门的马也不允许再回国，即使是参加国际比赛。冰岛马虽然体形较小，但是由于耐寒抗病、体魄强壮、步伐稳健、性情温和等优点，深得皇家卫队和赛马者的喜爱。

7. 由于冰岛全岛都用地热能，所以大部分酒店里地板是很暖和的，有些房间没有暖气管。

第二节 挪威

一、历史文化

挪威王国简称挪威，意为"通往北方之路"，传说古代北欧人来往斯堪的纳维亚半岛，有一条沿岛北部海岸的"北路"。900年，国王霍尔法格统一挪威，自此之后进入维京时代的北欧海盗全盛时期，侵略者到达法国诺曼底、冰岛、格陵兰、苏格兰和爱尔兰以外的岛屿，13世纪到达它中世纪繁荣的高度。14世纪开始衰落，1397年与丹麦和瑞典组成卡尔马联盟，受丹麦统治。1814年起成为瑞典属国，1905年宣布独立。挪威是一个高度发达的资本主义国家，是西欧最大的产油国和世界第三大的石油出口国，也是当今世界上最富有的国家之一。2017年，挪威被联合国评为世界上最幸福的国家。2019年2月，2018年全球幸福指数出炉，挪威排名第二。

挪威通行两种相似的官方语言，波克默尔语是主要语言，因为由丹麦文演变而来，所以又称丹麦式挪威语，80%的人口在使用。另一种语言则是新挪威语，因为是从丹麦统治时的旧挪威语演变而来。第二次世界大战后，由于都市化的影响，新挪威语明显少用了，所以波克默尔语还是占优势。观光区的挪威人也普遍说英文。

二、自然地理

挪威位于斯堪的纳维亚半岛西部。其北部延伸到欧洲最北端，国土有1/3位于北极圈内。南与丹麦隔海相望，东与瑞典接壤，西邻大西洋。挪威领土南北狭长，海岸线漫长曲折，沿海岛屿很多，被称为"万岛之国"，属地还包括斯瓦尔巴群岛和扬马延岛。挪威是欧洲山脉最多的国家之一，高原、山地、冰川约占国土面积的75%，斯堪的纳维亚山脉基本以南北走向纵贯全境，山脉最南端的分水岭被称为"长岭"，是平均海拔在1000米以上的高原地区。长岭以北，山脉逐渐抬高，并在松恩峡湾里端达到顶峰。长岭将挪威南方地区割成了地形、地势不一的东、南、西三大块：东部平缓、绵长，西部较窄且陡峭，南部随着山脉不断向南海岸延伸，其山势逐渐降低。挪威三面环海，自北沿西向南依次为巴伦支海、挪威海和北海。

峡湾是挪威最有代表性的景观，甚至把挪威称为"峡湾国家"。峡湾使得挪威的海岸线蜿蜒曲折，长达21万千米。丰富的海洋环境为挪威提供了富饶的渔业资源，挪威是世界上最大的捕鱼国之一，也是世界上最大的三个海产品出口国之一。

三、旅游城市和景点

（一）奥斯陆

奥斯陆是斯堪的纳维亚半岛上最为古老的都城，在挪威语中指"林间空地"。奥斯陆始建于1048年，老城区是北欧除了维斯比以外最大的中世纪城市，至今仍然保存完好。1624年9月24日，一场大火将奥斯陆烧得干干净净。丹挪联合王国的国王克里斯蒂安四世亲自设计了新城市，重建后，这座城市改名为"克里斯蒂安尼亚"，与国王同名。直到1925年，重新命名奥斯陆。1814年起成为挪威首都，是挪威政治、经济、文化、交通中心和主要港口，也是挪威王室和政府的所在地。

奥斯陆坐落在奥斯陆峡湾北端山丘上，面对大海，背倚巍峨耸立的霍尔门科伦山，城市布局整齐，带有浓厚的中世纪色彩和独具一格的北欧风光。奥斯陆临近北海大西洋，是温带海洋性气候，气候相对温和，全年降水较多。

1. 维格朗雕塑公园

维格朗雕塑公园位于奥斯陆的西北部，又被称为福洛格纳公园。公园的名字来自挪威雕塑大师维格朗，他晚年时接受奥斯陆政府的邀请，花费20多年心血精心完成了192座裸体雕塑，共有650个人物雕像，雕像都是由铜、铁或花岗岩制成的。公园内的雕像错落有致，所有雕像的中心思想，集中突出一个主题——生与死。喷泉四壁的浮雕，从婴儿出生开始，经过童年、少年、青年、壮年、老年，直到死亡的人生全过程。池水中央有六个巨大的男人雕像捧着喷水池，周围是四个雕像，象征一个人的少年期、青年期、成年期、老年期。圆台阶的36座石雕，也是从婴儿出生开始的，渐渐看到人生各个时期的形象，到第

图 3-21　生死柱
图片来源：作者拍摄

36座死亡球塔为止。桥栏杆装饰着58座青铜雕像，最引人注目的是一尊愤怒的小男孩雕塑，将孩子由于愿望没有得到满足而发怒、大哭、跺脚、挥拳的神态刻画得惟妙惟肖。它曾被盗无数次，可以从脚上找到当初被锯的痕迹。圆台阶中心的生死柱是维格朗花费14年心血雕成的。石柱高达17米，刻满了121个裸体男女浮雕，描绘了世人不满于人间生活而向"天堂"攀登时的情景，是园中具有代表性的杰作。奥斯陆也因此被称为"雕刻之城"。

2. 挪威王宫

挪威王宫正对着奥斯陆市中心的卡尔·约翰大街，建于1825年，1849年7月26日，国王奥斯卡一世期间正式投入使用。它既是挪威国王王后的居所，也是挪威君主处理日常事务的地方，国王在此召开国务会议，举办国宴。王宫占地3320平方米，一共有173个房间，仅在夏季对外开放，而且必须跟团参观。王宫门前的广场是挪威最大的庆典广场，每天13点有士兵换岗仪式，每年5月17日挪威国庆节，皇室成员会出现在皇宫阳台上，向广场上的游行队伍挥手致意。当哈拉尔国王在王宫中时，王宫的上空会飘扬起红地金狮的皇家旗标。

图 3-22　挪威王宫
图片来源：作者拍摄

如果旗标上有一个三角形的缺块,那就意味着国王这时不在王宫里,由哈康王储暂时替代作为国家元首。

3. 奥斯陆市政厅

图 3-23　奥斯陆市政厅
图片来源:作者拍摄

奥斯陆市政厅是一座砖红色的建筑,建成于1950年,是为庆祝奥斯陆建城900年而建造的。建筑整体布局为凹字形,有着典型的扁平塔,从很远的地方就可以看到,曾被誉为当今欧洲土木工程最具代表性的设计。市政厅周围有大量雕塑。市政厅内部的多个大厅分别展出着323位艺术家的作品,展示了挪威的历史、文化以及人们的工作和生活。纪念厅的墙壁上覆盖了描绘挪威历史和神话的美丽壁画,顺着台阶走上一层,可见几个不同类型的房间,每个房间都有特别的展示。

4. 诺贝尔和平中心

诺贝尔和平中心于2005年6月11日建成,在市政厅旁边,是由一个旧火车站改建而成的,是以面向世界和平、提高人们对战争和解决纷争的关心程度为目的建造的。每年12月10日诺贝尔和平奖颁奖典礼在此举办,因为12月10日是诺贝尔先生的逝世日。诺贝尔和平中心展示了历代和平奖获奖

图 3-24　诺贝尔和平中心
图片来源:作者拍摄

者以及阿尔弗雷德·贝恩哈德·诺贝尔的相关资料。诺贝尔和平中心由挪威文化部、私人捐赠和门票等经济来源确保其运营,还会定期举办一些临时展览,进行演讲、会议等,也有咖啡厅和商店。

5. 阿克胡斯城堡

图 3-25　阿克胡斯城堡
图片来源:作者拍摄

阿克胡斯城堡建在港口附近,位于奥斯陆阿克海角边上,它由挪威喻康五世国王为抵御外来侵略于1300年设计并建造,于1308年竣工,是中世纪最具代表性的建筑之一。在1319年后的60年间,挪威王一直居住在此。丹麦—挪威国王克里斯蒂四世也曾经居住在此,因而城堡内有几处很有价值的房间,保留着中世纪独特的历

史韵味。城堡现在经常用来招待外国贵宾。城堡周围是绿草如茵的公园，面对着蔚蓝的海岸，风景迷人。

6. 维京海盗船博物馆

维京海盗船博物馆位于奥斯陆比格半岛中央，是北欧国家中最受欢迎的海盗文化宝库之一。在8~11世纪，维京人是斯堪的纳维亚半岛上最强大的群体，他们利用船只和卓越的航海技术叱咤于欧洲各国，维京人所发明的大船非常有研究价值和历史意义。展品均是从奥斯陆峡湾地区维京人墓穴中发现的，馆内存放着3艘巨大的8~10世纪的维京古船，俗称"海盗船"，都是当时海盗所坐的船只。科克斯塔德号

图 3-26 维京海盗船博物馆
图片来源：httpswww.khm.uio.no

是一艘相当大的海盗船，细长优雅的线条充满速度感，且能耐长久地航行，排水量大，当年雄霸北海及大西洋。博物馆还展示有关海盗的资料，维京人的许多出土用品包括马车、炊具等。

（二）卑尔根

卑尔根是挪威第二大城市，坐落在挪威西海岸陡峭的峡湾线上，倚着港湾和七座山头，在2000年被联合国评选为"欧洲文化之都"。市区濒临碧湾，直通大西洋，由于受墨西哥暖流影响，卑尔根是挪威其中一个最温暖的城市。卑尔根以多雨闻名，被称为雨城或欧洲的西雅图。卑尔根一年平均降雨量最高达2578毫米，而24小时最高的降雨量为192.2毫米，曾经街上出现"雨伞发售机"。在卑尔根有个笑话，有个游客问当地一名男孩雨何时会停，男孩答："不知道，我只有12岁。"卑尔根是挪威对外的大门，因为其峡湾地形适合大型轮船停泊，令卑尔根成为欧洲其中一个最大的邮轮港。根据2005年的统计，卑尔根处理全挪威超过50%的货物来往。卑尔根的主要游览区在港口附近。北部留存着许多中世纪汉撒同盟时代的古老建筑。

1. 弗洛扬吊车

市区中心弗洛扬山脚，乘坐弗洛扬吊车到山顶，山顶边缘建造的观景平台十分开阔，使弗洛扬山成为饱览卑尔根全貌的最佳地点，可以鸟瞰壮丽的卑尔根市和七

图 3-27 弗洛扬吊车
图片来源：作者拍摄

图 3-28　番托夫木教堂

图片来源：北欧旅游网：http://www.beiou.org/

大山的景观。弗洛扬山的吊车是在陡峭的 40° 甚至 79° 爬行，吊车是全景的。

2. 番托夫木教堂

挪威至今仍保存了 28 座古老的木教堂。番托夫木教堂最初位于挪威西部弗腾，距今已有 800 多年的历史。19 世纪末期，由于小教堂不能满足当时人们对教堂的要求，拆除旧教堂建大教堂成为主流。而且当时平民生活艰苦，经常有人拆除教堂的某些部分用在自家的农场里。这种情况下，番托夫木教堂也面临被拆除的威胁。卑尔根地区的领事盖德出资，在 1883 年将番托夫木教堂整体转移到卑尔根附近的番托夫地区。1992 年 6 月 6 日，番托夫木教堂被完全烧毁，1997 年完成的修复使教堂完全恢复到了烧毁之前的样貌。建筑内部由木质立柱构成中殿，中间的高坛是整个教堂的中心。木教堂的雕刻工艺与维京时期的造船工艺相近，该教堂屋顶配有龙纹雕饰——北欧神话中的龙可以辟邪驱魔。此外教堂还有反映北欧神话的木刻，多是人与动物之间相互转化的神奇故事。该教堂只在夏秋季开放，春冬季闭馆。

3. 松恩峡湾

松恩峡湾位于卑尔根市以北，由西海岸向东延伸 204 千米，是世界上最长、最深的峡湾，峡湾两岸的岩层很坚硬，主要由花岗岩和片麻岩构成，并夹杂着少数的石灰岩、白云岩和大理岩。沿峡湾两侧可以看到挪威最原始的美景。松恩峡湾最狭窄且最负盛名的一个分支当属奈勒伊峡湾，

图 3-29　松恩峡湾

图片来源：北欧旅游网：http://www.beiou.org/

最窄处的水面只有 250 米宽。2005 年，奈勒伊峡湾被列入联合国教科文组织的世界遗产名录，它还与盖朗厄尔峡湾一起被美国国家地理学会评为世界最佳自然遗产地。

4. 弗洛姆铁路

弗洛姆车站是松恩峡湾沿岸唯一的火车站，"弗洛姆"在挪威语中是"险峻山中的小平原"。弗洛姆铁路是世界上最陡峭的高山铁路支线，2014 年被《孤独星球》杂志评为全球最不可思议的火车路线，这是

图 3-30　弗洛姆铁路

图片来源：北欧旅游网：http://www.beiou.or

一条观光铁路，整条铁路沿着陡峭的山坡和急转弯的弯度而建，面临风景秀丽的富拉姆山谷，铁路经过的山谷两旁的山峰都在1000米以上，最高处有1703米，这些山头终年积雪。铁路在山谷间盘旋而行，在观景点设了停靠站，比如尤斯瀑布。这条铁路从峡湾边的弗洛姆沿着陡峭的谷壁蜿蜒直上山顶，在米达尔与卑尔根—奥斯陆铁路相连。铁路在1923年开工，在当时的条件下难度很大，修了20多年才通车。弗洛姆小镇本身也值得一游。

5. 乌尔内斯木板教堂

乌尔内斯木板教堂位于松恩峡湾边，是挪威年代最为久远的木教堂，同时也是唯一一座被联合国教科文组织列为世界文化遗产的木教堂。教堂始建于12世纪，13至14世纪期间，教堂建筑进入高峰期，木建筑技术亦得到改良，甚至发展成为一门木建筑艺术。它是用垂直的柱子和木板支撑，将每根柱子和外壁的厚板分别垂直嵌入底梁和上梁，不使用一根钉子或螺丝。

图3-31　乌尔内斯木板教堂
图片来源：北欧旅游网 http://www.beiou.or

它的艺术性也非常高，教堂古老的北门上刻有一些动植物主题的图案，教堂内的大多数装饰都可追溯到16世纪，而有些装饰已经被搬进博物馆。这座木教堂能够经受几个世纪的风吹雨打，其原因是所有的木质建材全部建在石头地基上，不与土壤直接接触，这样不容易被腐蚀掉。

6. 盖朗厄尔峡湾

盖朗厄尔峡湾位于卑尔根北部，是挪威峡湾中最为美丽神秘的一处。峡湾全长16千米，两岸耸立着海拔1500米以上的群山。盖朗厄尔峡湾以瀑布众多而著称，有许多瀑布沿着陡峭的岩壁泻入该峡湾，比如"新郎的面纱"和"七姊妹"。峡湾顶端是盖朗厄尔村，到该村仅靠一条沿山坡蜿蜒而下的长1000米的道路。村里除1842年建造的盖朗厄尔峡湾教堂外，还有摄影师经常光顾的展望台。

图3-32　盖朗厄尔峡湾
图片来源：北欧旅游网 http://www.beiou.or

（三）勒罗斯

勒罗斯是一个采矿重镇，距离奥斯陆400千米，人口大约3500人。自从17世纪这里的矿藏被发现，一直开采了300年，直到1977年。城里有80多座木结

图3-33 勒罗斯

图片来源：北欧旅游网 http://www.beiou.or

构房屋，有许多建筑仍保留着褪了色的涂了沥青的原木，具有中世纪的风貌。整个城镇就像是一座令人赞叹的"活博物馆"，成为采矿社会生活一部活历史，玻戈曼斯大街被认为是挪威最美丽的大街。

（四）北角

北角是地球的极北地点，和北极点之间除了斯瓦尔巴群岛外已无其他陆地，大西洋和北冰洋冰冷的海水在此处汇合。夏季，从5月中旬直至7月末的这两个半月中，太阳永不落幕。北角高原海拔达307米，悬崖一直延伸入海中。北角保留着原始的自然风貌，坐落着各具特色且布局紧凑的渔村、欧洲最北的教堂。虽然位于欧洲的最北端，但是受北大西洋暖流影响，这里属副极地气候。夏季平均气温为10℃，最高可达25℃。冬季平均气温为–3℃，最低温度可达–15℃。前往北角可以乘坐飞机到达特罗姆瑟，这是挪威第三大城市，北极圈内第一大城市。也可以选择乘坐火车一路向北。铁路所能到达的最远地区是一座叫博德的小镇。之后的行程与乘坐飞机一样，都需要汽车和轮船，方能前往。

图3-34 北角

图片来源：北欧旅游网 http://www.beiou.or

第三节 瑞典

一、历史文化

"瑞典"一词来自瑞典语"安宁的王国"的意思，别称："森林王国""湖泊王国""欧洲锯木场""北欧雪国""禁酒王国"。1100年前后，瑞典开始形成国家。16世纪，瑞典打败了丹麦、波兰的军队，成为北欧的军事霸主。1709年，瑞典被俄国沙皇彼得一世击溃，俄国开始取代瑞典成为北欧及波罗的海地区的新兴强国。1814年1月14日，丹麦将挪威割让予瑞典。1905年，挪威脱离联盟独立。瑞典在两次世界大战中均守中立。

瑞典全国各地人口分布极不均匀，全国 90% 的人口集中在南部和中部地区。除了人口的城市化的原因外，是受自然地理条件的影响，在高海拔和高纬度地区，人烟稀少。2008 年之后，外来移民数已超过瑞典向外移民数。外来移民多来自斯堪的纳维亚国家，其中以芬兰人最多。来自南欧、中东、亚洲和中美洲的难民占瑞典人口的比例越来越大，移民的增加也导致瑞典犯罪率的上升。

瑞典官方语言为瑞典语，通用英语。瑞典语与丹麦语及挪威语有关系，但发音与写法均相异。大部分瑞典人还掌握其他一门甚至几门外语，在学校就有除英语以外的外语课，如西班牙语、德语、法语、意大利语等。瑞典人文化素质较高，十分重视环境保护，热爱大自然。瑞典已成为世界上外出旅游人数最多的国家之一。瑞典最受欢迎的三项体育活动是足球、冰壶和冰球。

二、自然地理

瑞典位于斯堪的纳维亚半岛的东部，东北部与芬兰接壤，西部与挪威为邻，瑞典东濒波罗的海，西南临北海，地势自西北向东南倾斜，北部为高原。瑞典地形狭长，地势自西北向东南倾斜。领土面积为 45 万平方千米，领海有 12 海里，约 15% 的土地在北极圈内。北部为诺尔兰高原，南部及沿海多为平原或丘陵。受大西洋暖流影响，气候以温带大陆性气候为主，大部分地区属亚寒带针叶林气候，最南部属温带落叶阔叶林气候，冬季温和多雨。

三、旅游城市和景点

（一）斯德哥尔摩

斯德哥尔摩的老城位于市中心的小岛上，有 700 多年的历史，现在仍保留着中世纪的城市特色，广义上来讲，老城区还包括附近的骑士岛和圣灵岛。

1. 瑞典皇宫

瑞典皇宫是国王办公和举行庆典的地方，建于 17 世纪，对外开放的部分包括皇家寓所、古斯塔夫三世的珍藏博物馆、珍宝馆、三王冠博物馆、兵器馆。皇宫四壁有许多精美的浮雕，中间是一个很大的场院。南半边的王宫教堂和国家厅以及北半边的宴会厅至今保持着原有陈设。皇宫大厅壁上挂着大幅历代国王和皇后的肖像画，穹顶饰有绚丽的绘画。据说大多出自 17 世

图 3-35　瑞典皇宫前士兵换岗
图片来源：作者拍摄

纪德国美术家之手。有的室内还陈设着古代的战车兵器、珠宝饰物、金银器皿和手持长矛、全身披挂着铜盔铁甲的中世纪骑士的实体模型。王宫卫队每天中午按古老传统举行隆重的换岗仪式。

2. 市政厅

市政厅位于市中心的梅拉伦湖畔，是该市市政委员会的办公场所，由瑞典民族浪漫运动的启蒙大师、著名建筑师拉格纳尔·奥斯特伯格设计，建于1911年。市政厅是一座宏伟壮观的红砖建筑，右侧是一座高106米，带有3个镀金皇冠的尖塔，代表瑞典、丹麦、挪威三国人民的合作无间。登上塔顶部，可一览整个城市的风貌。

图3-36 金厅

图片来源：市政厅官网 www.stockholm.se/stadshuset

市政厅内的宴会厅虽是红砖砌成却称为"蓝厅"。每年的12月10日诺贝尔逝世日，在蓝厅颁发诺贝尔奖。议会大厅最具特色的是船形的屋顶。据说当初设计师并未想把屋顶建成现在的样子，在即将完工时发现，还没来得及铺设顶棚的屋顶很像一艘倒扣着的维京船。于是，设计师在屋顶上画出日月星辰，以表示议会所探讨的话题，没有见不得光的内容。市政厅内还有一个厅被称作"金厅"，金厅纵深约25米，四壁用1800万块约1厘米见方的金子镶贴成，其间镶嵌有用各种彩色小块玻璃组合成的一幅幅壁画。正中墙上大幅壁画上方，端坐着一位神采飞扬的梅拉伦湖女神。女神脚下有两组人物，分别从左右两边走近她，右边一组是欧洲人，而左边一组是亚洲人。

3. 瓦萨沉船博物馆

瓦萨沉船博物馆位于动物园岛上，主要展示1628年首航沉没的"瓦萨"号。瓦萨号是一艘拥有64门大炮的战舰，5层甲板，是世界上被打捞起来的最古老和保存最完整的战舰。瓦萨号战舰是一个巨大的艺术宝库，船上装饰的700多件精美雕塑品，表现了在17世纪文艺复兴晚期影响下瑞典流行的巴洛克艺术风格。远远望去，瑰丽多彩。舰旁的展览室里，陈列着从海底打捞上来的原瓦萨号舰上的实物。瓦萨沉船博物馆开馆于1990年，是斯堪的纳维亚半岛历年来游客最多的博物馆之一。

图3-37 "瓦萨"号模型

图片来源：作者拍摄

4. 皇后岛宫

皇后岛宫位于瑞典斯德哥尔摩省埃克尔市的一个村，在梅拉伦湖上。村庄于18世纪中叶为在宫殿工作的人们兴建。1981年，现任瑞典国王卡尔十六世·古斯塔夫从斯德哥尔摩老城的皇宫搬迁至皇后岛宫居住。皇后岛宫最初是瑞典国王约翰三世于1580年为皇后凯瑟琳建造的一座具有文艺复兴风格的石头城堡。宫殿的设计风格

图 3-38　皇后岛宫
图片来源：皇后岛宫官网 www.kungahuset.se

深受法国凡尔赛宫影响，四周围绕着法国巴洛克式的庭院。1744年，瑞典王储阿道夫·弗雷德里克迎娶普鲁士公主露易萨时，宫殿修缮一新，作为结婚礼物皇后岛宫被正式移交给了露易萨。露易萨将宫殿内部装饰成精致的法国洛可可风格，并邀请了多位学者到宫里为收藏品归类、编号，成立了乌尔利卡图书馆，这些对当时的科学、艺术影响甚为深远。图书馆目前仍保存完好并开放参观。宫殿南侧的房间是为皇室保留的，其他部分全年对民众开放。

皇后岛宫旁边的宫廷剧院时至今日仍在举行古典剧目演出。还在使用许多旧式的设计精巧的舞台设备如可模拟风声、雷声的机械装置，可迅速变换布景的背景道具等。附设的博物馆中，展示了200多年前演出所使用的服装、道具，以及剧本手稿、手绘等。中国别馆是皇后岛最具异域风情的景点，采用了当时在欧洲盛行的东方艺术，展现了洛可可时期带有中国元素的装饰风格。

5. 斯德哥尔摩大教堂

大教堂的正式名称为圣尼古拉教堂，毗邻斯德哥尔摩王宫，是斯德哥尔摩老城最古老的教堂，是瑞典风格哥特式建筑的典范，也是2010年瑞典大公主和2013年瑞典小公主举行皇家婚礼的地方。教堂里展有历代皇家骑士的徽章，还有一座著名的圣乔治屠龙的木雕，是北欧最大的一座木雕，刻于1489年，雕刻技法华丽又细腻，显示出了木雕艺术的极致，这座雕像把瑞典军队比喻为骑士乔治，狠狠地教训了象征着恶龙的丹麦。

6. 斯堪森公园

斯堪森公园建于1891年，是世界上第一座露天博物馆。"斯堪森"是瑞典文"多角堡"的意思，博物馆就是从多种角度向人们展示昨天瑞典生活的

图 3-39　斯德哥尔摩大教堂
图片来源：瑞典旅游局官网 http://visit.sweden.cn/gothenburg

图 3-40 斯堪森公园

图片来源：斯堪森公园官网 http://www.skansen.se

缩影。该馆占地30余公顷，共有150幢房舍，瑞典南方斯格耐地区的草顶木房或砖房，北部地区拉普族的圆锥形木屋，还有教堂的尖塔和钟楼。博物馆已成为瑞典重要的文化娱乐中心，这里经常举行各种艺术展览和音乐、戏剧的演出，特别是瑞典传统的仲夏节和露西亚女神节。

（二）哥德堡

哥德堡坐落在瑞典的西海岸卡特加特海峡，是瑞典最大的河流——约塔河的出海口。哥德堡的意思是"哥特人之城"，直至前一世纪，哥特人仍生活在此。哥德堡已有近400年的历史，最初是由荷兰人设计建设的，故有荷兰风格。城市风光秀丽，港口终年不冻，因为地处哥本哈根、奥斯陆和斯德哥尔摩三个北欧国家首都的中心，有450多条航线通往世界各地，是北欧的咽喉要道，在它方圆300千米以内是北欧三国工业最发达的地区，是北欧的工业中心。

1. 哥德堡艺术博物馆

哥德堡艺术博物馆为1923年纪念哥德堡建立300周年而建。艺术博物馆前面矗立着海神波赛冬雕像。馆内的艺术藏品丰富，是北欧最优秀的藏馆之一，包括从15世纪到现在的藏品，同时收藏有众多现代艺术作品。馆内收藏了毕加索、莫奈、伦勃朗、凡·高、鲁本斯、罗丹等国际知名艺术家的作品，还收藏了诸多北欧艺术家们的作品。

图 3-41 沃尔沃博物馆

图片来源：沃尔沃博物馆官网 http://www.volvomuseum.se

2. 沃尔沃博物馆

沃尔沃博物馆实物展示出了100多辆汽车，包括从1927年出产的第一辆沃尔沃车到最新的设计模型，从轿车、概念车、客车、卡车、工程车、船舶机械，到飞机发动机。博物馆陈列的PV444车型最能代表沃尔沃的成功。第二次世界大战结束后，这款车型是瑞典经济复苏中第一款流行轿车。沃尔沃博物馆有许多非产品类的藏品，包括格布里森和拉尔森早年创业时用过的办公桌。

3. 自然科技馆

自然科技馆是北欧最大的科技馆。可以体验海洋的深度、雨林的湿热、空间的广阔和奇特的技术，充满了令人目眩神迷的科学现象。自然科技馆坐拥10000平方米的展厅，常年举办各类有趣的科学教育活动。游客可以轻抚各种射线，体验骑乘摩托车的感觉并测试游客的反应。

（三）卡尔斯库加市

卡尔斯库加市在离斯德哥尔摩200多千米的瑞典中部。1894年，阿尔弗雷德·诺贝尔结束了海外漂泊生涯回到瑞典，购买了博福斯公司、白桦山庄，还建造了一间实验室。在这里度过了他生命最后两年中的大部分时光。诺贝尔先生出生于斯德哥尔摩，曾经生活在俄罗斯、意大利、法国巴黎以及卡尔斯库加小城，他去世前在世界各地拥有20家企业，超过100家工厂，诺贝尔先生终生未婚，没有子女，这些他曾经居住过的城市都想继承诺贝尔先生的遗产。法国最高法院裁决卡尔斯库加市赢得诺贝尔先生全部的遗产。法律依据是那

图 3-42　自然科技馆

图片来源：瑞典旅游局官网 http://visit.sweden.cn/gothenburg

图 3-43　诺贝尔故居

图片来源：诺贝尔博物馆官网 http://nobelkarlskoga.se/

时的欧洲，如果一个人过世了没有子女，那么他的马养在哪里，哪里就是这个人法定的家，并且能继承所有的遗产。诺贝尔先生有三匹买自俄罗斯的马养在卡尔斯库加，白桦庄园被认为是诺贝尔先生的居住地，成为真正的官方诺贝尔故居和诺贝尔遗产的继承地，那三匹马的雕像成为卡尔斯库加的象征。

诺贝尔故居是一座古朴而典雅的白色小楼，楼前是一片平整的草地，草地左边有一片苍翠的白桦林。1975年，挪威政府将诺贝尔旧居正式辟为诺贝尔纪念馆。纪念馆里保留着诺贝尔生前活动的照片、他获得的各种技术发明专利证书、金质奖章，甚至他的遗嘱。在诺贝尔旧居的多个房间内，实验室面积最大，其中做实验用的各种设备依序陈列。相对于诺贝尔的实验室而言，他的卧室陈设则十分简单，只有床、桌和衣柜等几件简单的家具。如今诺贝尔旧居内的陈设大都保持着诺贝尔生前的样子。在这里举行每年一度的诺贝尔学术讨论会。

第四节 芬兰

一、历史文化

芬兰最早的居民为拉普人,故芬兰又称拉普兰,芬兰人迁入后,建立了芬兰大公国。12世纪后半期被瑞典统治。1809年俄瑞战争后并入俄罗斯帝国,成为大公国。1917年12月芬兰共和国宣布独立,成为一个永久中立国。芬兰语和瑞典语均为芬兰的官方语言。77.7%的居民信奉基督教,1.2%信奉东正教。芬兰人大部分是芬兰族,占人口90.9%,瑞典族占5.4%,还有少量萨米人(曾称为拉普人)。芬兰有两种官方语言,93%的人使用芬兰语,6%的人母语为瑞典语。芬兰人几乎人人都学习外语,会2~3门外语的芬兰人比比皆是,连旅店的清洁工英语也非常流利,电视台放映外国影片也不需要翻译。

芬兰是欧盟成员国之一,但人均产出远高于欧盟平均水平,与其邻国瑞典相当。监督世界各国腐败行为的非政府组织"透明国际"公布2012年全球清廉指数报告,在176个国家和地区中,芬兰名列第一,为最清廉国家。芬兰人喜欢用SISU这个无法用其他语言翻译的词语来形容自己的民族性格,SISU精神是芬兰文化的一部分,很难直接译成别的文字,但可以理解为意志、决心、毅力和理性面对逆境。桑拿是芬兰国粹,全国约有192万间桑拿房,平均每3人拥有一间。

二、自然地理

芬兰冬季寒冷,全国1/3的土地在北极圈内,仅南部较温和,属温带海洋性气候。芬兰地势北高南低,北部曼塞耳基亚丘陵海拔200~700米,中部为200~300米的冰碛丘陵,沿海地区为海拔50米以下的平原。南北最长距离达1157千米,东西最宽为542千米。芬兰被誉为"千湖之国",内陆水域面积占全国面积的10%,有岛屿约17.9万个,湖泊约18.8万个。芬兰地势平坦,芬兰、挪威边界的哈尔蒂亚峰海拔1328米,为芬兰最高点。芬兰最长的河流是凯米河,长512千米。岛屿大多在西南部以及芬兰半岛南岸地区,著名的有奥兰群岛。芬兰国家小,森林面积大,主要工业是纸浆。

三、旅游城市和景点

（一）赫尔辛基

赫尔辛基是芬兰的首都，工业发达，集中了全国约 1/3 的产业工人。工厂毗邻海运码头，海港年吞吐量约 1000 万吨，占全国 1/5。每年 1~4 月海面结冰，需用破冰船引航。芬兰地处高纬度，夏季光照时间长达 20 小时，因此赫尔辛基又被称为"北方的白昼城"及"太阳不落的都城"。冬季常为阴天，太阳仅在空中持续几小时，可是由于大西洋暖流影响，气候并不寒冷。

赫尔辛基三面环海，一面背山，在一个丘陵起伏的半岛上，两岸是美丽如画的海港，被几十个岛屿环绕着。市内湖泊星罗棋布，市区水面和绿地占很大的面积，环境优美。市内建筑多用浅色花岗岩建成，有"北方洁白城市"之称。城市内最著名的大街叫满纳汗大道，是繁华的商业中心，也是文化中心。南码头广场上有一个常年开设的露天自由市场。除了日常生鲜之外，还有芬兰刀、挂毯、陶瓷、泥塑和首饰等各种传统工艺品和旅游纪念品。

1. 赫尔辛基大教堂

赫尔辛基大教堂又称白教堂，建于 1852 年，教堂所在的高地高出海平面 80 多米，希腊廊柱支撑乳白色的教堂主体，淡绿色青铜圆顶的钟楼十分醒目，气宇非凡，堪称芬兰建筑艺术的经典。大教堂前是参议院广场，竖立着建于 1894 年的沙皇亚历山大二世铜像，以纪念他给予芬兰广泛的自治。东西两侧分别为内阁大楼和赫尔辛基大学。从参议院广场到赫尔辛基大教堂，需要爬过百级石阶。大

图 3-44　赫尔辛基大教堂
图片来源：作者拍摄

堂是一座路德派新教教堂，建筑内有很多精美的壁画和雕塑。由于大教堂的特殊地位，芬兰情侣都希望在这里举行婚礼，为此甚至需要提前一年半预约。而北欧最好的大学之一——赫尔辛基大学的神学院毕业典礼，每年也都在这里举行。

2. 岩石教堂

岩石教堂又名坦佩利奥基奥教堂，位于市中心的坦佩利岩石广场，整个广场被一块起伏不平的巨大岩石覆盖，建成于 1969 年，是斯欧马拉聂兄弟的杰作，设计极为巧妙。岩石教堂就是利用岩石高地建造而成，为了不损及自然景观，将岩石部分往下挖掘，而教堂就在其中，岩石比旁边的街道高出 8~13 米，教堂内

图3-45 岩石教堂
图片来源：作者拍摄

壁是未经任何修饰的岩石的本来面貌。顶部的墙体是用炸碎的岩石堆砌而成，看似松散、杂乱，好像随时可能掉下来，实际上每一块石头都是精心选砌的。教堂顶部采用圆形设计，由100条放射状的约10厘米的红铜梁柱支撑，再镶上透明玻璃，采光极佳。教堂入口走廊为隧道状，入口处涂以混凝土，整座教堂如同着陆地球的飞碟一般，造型独特。教堂不仅作为弥撒之用，同时也是音乐会的演奏场所，而教堂内的管风琴则是北欧最大的一座。

3. 芬兰堡

芬兰堡位于赫尔辛基南面的岛屿上，由6个岛屿组成，历史上是个军事要塞，1748~1788年瑞典统治时期建成，1808年成为俄国驻军地。帝皇门是芬兰堡的象征，1753~1754年为阅兵而建。1752年，当时的瑞典国王来视察工程时，乘船停锚的地方正是帝皇门的位置。在芬兰堡的帝皇门上，用大理石板镌刻着奥古斯丁·厄伦施瓦德的一句格言："后人们，凭你自己的实力站在这里，不要依靠外国人的帮助。"要塞的中心

图3-46 芬兰堡
图片来源：作者拍摄

区狼岛和库斯唐米埃岛上，有明堡、暗堡、军营、大炮等古迹，是古老的海防要塞，扼制着从芬兰湾进入赫尔辛基的海上要道，地理位置十分重要。芬兰堡被联合国教科文组织确认为世界文化遗产。岛上保存着10间博物馆，包括海岸炮台博物馆、威斯科潜艇博物馆和玩偶玩具博物馆等。夏季时分，这里不仅有戏剧演出，还举办展览和音乐会等各种文化活动。

4. 西贝柳斯公园

西贝柳斯公园位于岩石教堂西北方约1.5千米处。西贝柳斯去世后，为了纪念这位伟大的作曲家，政府公开征集纪念碑方案，希尔图宁方案入选。这座600根钢管做成的雕像对当时的芬兰来说太超前了，作者被要求再完成一座作曲家的头像，所

图3-47 西贝柳斯纪念碑
图片来源：芬兰旅游局官网 https://www.visitfinland.com/zh/

以公园内有两座纪念作曲家的雕像。西贝柳斯雕像表情奇特，它的小型复制品被作为国礼送到联合国大厦永久展出。每年 6 月的"西贝柳斯节"以这座公园为中心，举办 7~10 天的各种音乐会。

5. 乌斯别斯基大教堂

乌斯别斯基大教堂是斯堪的纳维亚半岛上最大的希腊东正教教堂，建于 1862~1868 年。教堂的红砖尖塔设计巧妙，有 13 个金顶，古雅红砖外墙，金绿圆顶，具有俄罗斯的建筑风格。精雕细琢的拱顶和花岗岩石柱是乌斯别斯基大教堂的两大特色，教堂内部的绘画都是由俄国画家完成的，完全保留了传统东正教堂的艺术风格，有基督像及十二门徒的壁画。教堂内葬有芬兰民族英雄马达汉将军，他曾率领芬兰军队抵抗俄国入侵。

图 3-48　乌斯别斯基大教堂
图片来源：作者拍摄

（二）罗瓦涅米

罗瓦涅米是芬兰北部拉普兰省省会，是世界上唯一设在北极圈上的省会。罗瓦涅米是通往拉普兰的大门，是北部的政治、经济、文化和旅游中心。第二次世界大战期间这座城市遭到严重的破坏，被夷为平地。战后，按照芬兰著名建筑大师阿尔托的规划进行重建，据说阿尔托是按照北部驯鹿的形状设计这座城市的。市内随处可见阿尔托当年设计的建筑，如拉毕大厦和图书馆。世上不少国家宣称是圣诞老人的家，1995 年圣诞节前夕，当时的联合国秘书长加利将一封发给圣诞老人的节日贺卡寄往芬兰北部拉普兰省的省会罗瓦涅米，这才使争论停止，联合国承认圣诞老人的故乡是芬兰的罗瓦涅米。

1. 北极中心和拉普兰省博物馆

整个博物馆建筑室内面积为 1 万平方米，顶部是一个长 174 米、宽 30 米的玻璃通道。建筑物的正门在南面，北面还有一个出口，意味着该建筑为前往北方的通道。建筑物内的大多房间都在地下，整个建筑突出了这样一个理念：在气候恶劣而严酷的北极，植物和动物只有在地下和雪下才能继续生存。北极中心是拉普兰大学的一个系，主要研究北极地

图 3-49　拉普兰省博物馆
图片来源：作者拍摄

区的自然环境、因纽特人的狩猎习俗，以及开发利用西伯利亚地区的自然资源。北极中心的互动娱乐展使游客能够欣赏北极丰富的文化遗产，以及工业化和现代化对极地环境和社会的影响。拉普兰省立博物馆主要关注北极地区的自然生活环境、文化遗产、风情民俗等。

2. 圣诞老人村

圣诞老人村位于罗瓦涅米以北8千米处的北极圈上。在圣诞老人村的礼品店里，可以得到一张跨越北极圈的证书。圣诞老人邮局里各种充满童话色彩的邮票、贺卡和礼品等。所有人从此处寄出的信件，会特别盖上北极圣诞老人邮局的邮戳。圣诞乐园是以圣诞老人为主题的大型机动乐园，深入小山岗地底，游乐设施集中在一个称为"圣诞老人地洞"的地方。游客经过长长的隧道进来，首先看见的是精灵工场，大批替圣诞老人准备礼物的小精灵全年都在那儿忙碌工作。

图3-50　圣诞老人村
图片来源：作者拍摄

（三）图尔库

图尔库位于芬兰的西南部，建立于1229年，是芬兰历史最悠久的城市。图尔库曾是波罗的海的贸易枢纽，在迁都赫尔辛基之前，曾是芬兰的首都。图尔库是芬兰通往西方的门户，是芬兰最大的客轮和渡轮的停泊港口，是芬兰的商业、文化和科技中心。

1. 图尔库古城堡

图尔库古城堡位于奥拉河下游入海口处，建于1280年，是北欧目前保存最完好的大型城堡之一。其建筑工程持续了近300年时间，古堡不断被加厚加高，15世纪中叶又扩建了新堡，形成现在的规模。中世纪的图尔库城堡一直是瑞典王国统治芬兰的最重要的军事要塞，瑞典14个国王都曾把这里作为王宫。17世纪初，城堡被大火烧毁，此后很久未得到彻底修复。19世纪，成为监狱。第二次世界大战中，城堡遭到轰炸而被严重破坏。战后，当地政府对古城堡进行了多次翻修。城堡有十几层楼高，外墙没有任何装饰，露出风雨侵蚀的痕迹。古城堡目前是图尔库市博物馆，里面有王公贵族留下的各种珍宝。城堡顶层有两个经常举行宴会的大厅，分别为国王厅和王后厅。工作人员穿

图3-51　图尔库古城堡
图片来源：芬兰旅游局官网 https://www.visitfinland.com/zh/

着中世纪的服装，按照当时的风俗接待各国的游客。

2. 图尔库大教堂

图尔库大教堂与古城堡遥遥相望，是芬兰路德教的主教堂，也是芬兰最有名的中世纪大教堂。教堂始建于1229年，14世纪末达到了目前的规模。里面陈列着大教堂保存下来的一些文物，并向游客介绍大教堂的历史和宗教仪式。与芬兰大多数教堂不同的是，大厅的两侧还附有小教堂。早先在小教堂内设有供奉各种圣徒的圣坛，后来逐渐成为墓穴。16世纪末，大教堂的地下开始修建石棺和墓穴，安葬历史上的一些名人，如在芬兰度过晚年的瑞典国王埃里克，芬兰的第一位主教。现在人们所看到的101米高的教堂钟楼就是1827年大火后重建的。

图3-52 图尔库大教堂

图片来源：芬兰旅游局官网 https://www.visitfinland.com/zh/

（四）奥兰群岛

奥兰群岛是芬兰唯一的自治省，位于芬兰的西南沿海，由6500个小岛组成，岛上居民2.5万人，大多以瑞典语为母语，奥兰岛的首府是玛丽港，是群岛上唯一的城市。奥兰岛人常以自己的古老航海传统而感到自豪，停泊在首府玛丽港西码头的四桅杆帆是奥兰岛的象征，也是奥兰岛远洋船队漂洋过海的见证，现已收入博物馆。奥兰岛的海洋博物馆是世界上最好的海洋博物馆之一，在玛丽港东边的船坞还可以看到传统船只建造的过程。奥兰群岛的风光与芬兰内地截然不同，岛上众多的古迹有中世纪的城堡、教堂，还有博马松德海上要塞。

图3-53 奥兰群岛

图片来源：芬兰旅游局官网 https://www.visitfinland.com/zh/

第五节　丹麦

一、历史文化

丹麦王国简称丹麦，在古高德语中，"丹"为"沙滩、森林"之意，"麦"是"土地、国家"之意，与瑞典和挪威合称为斯堪的纳维亚国家。丹麦约985年形成统一王国。8~11世纪，丹麦进入维京时代的北欧海盗全盛时期。14世纪成为欧洲强国之一，1397年6月，在女王玛格丽特一世的主导下与瑞典、挪威组成卡尔马联盟，并成为联盟的领导者。丹麦王国是世界上最古老的君主国之一，丹麦的历史相当于一部丹麦王族史。自1849年立宪起建立了君主立宪制，王室放弃了国家统治权。作为皇族的象征，丹麦拥有着众多的皇宫城堡。每一座宫殿都是一件传世的艺术品。

世界上第一面国旗是1219年诞生的丹麦国旗，被称为"丹麦人的力量"。据丹麦史诗记载，1219年，丹麦国王瓦尔德玛·维克托里斯率军对爱沙尼亚异教徒征战。6月15日，丹军陷入困境。突然，一面带有白色十字的红旗从天而降，并伴随着一个响亮的声音："抓住这面旗帜就是胜利！"在这面旗帜的鼓舞下，丹麦军奋勇作战，转败为胜。此后白色十字红旗就成为丹麦王国的国旗。至今每年6月15日，丹麦都要庆祝"国旗日"，即"瓦尔德玛日"。因为《丑小鸭》《卖火柴的小女孩》《海的女儿》《皇帝的新衣》等这些脍炙人口的童话故事，安徒生使丹麦冠上了"童话王国"的美誉。

二、自然地理

丹麦位于欧洲北部波罗的海至北海的出口处，是西欧、北欧陆上交通的枢纽，被人们称为"西北欧桥梁"。包括日德兰半岛的大部及西兰、菲英、洛兰、法尔斯特和波恩荷尔姆等406个岛屿，面积43096平方千米，岛屿部分约占40%。还拥有两个自治领地，法罗群岛和格陵兰。海岸线长7314千米。全境地势低平，平均海拔约30米。境内多湖泊河流，最长河流为古曾河，最大湖泊阿里湖，面积40.6平方千米。气候温和，温带属海洋性气候。

三、旅游城市和景点

（一）哥本哈根

首都哥本哈根原意为"商人港口"，有自由港和航空港，是世界交通的枢纽，由于统治欧洲时间最久的玛格丽特女皇二世皇族居住于此，因此它还有一个别称——"女皇之城"。哥本哈根有许多宫殿、城堡和古建筑，从沉淀着古老历史的旧皇宫，到延续着皇族传奇的阿美琳堡宫，比邻坐落在这个城市中。这个城市因丰富的艺术与文化本质而在1996年被评为欧洲文化之都。哥本哈根是座集古典与现代于一体的城市，充满活力、激情与艺术气息。安徒生在哥本哈根度过了他的大半生，他的众多著作都是在这里进行创作的。市政厅广场伫立着一座安徒生的全身铜像。哥本哈根以及邻近的郡共有三个海滩，沙滩总长度约为8千米，从市中心骑自行车只需约30分钟即可抵达。包括2005年开幕的人工岛屿度假区距离市中心仅有15分钟的自行车车程。"五月晴光照太清，四郎岛上话牛耕；樱花吐艳梨花素，泉水喷去海水平。湾畔人鱼疑入梦，馆中雕塑浑如生；北欧风物今观遍，民情最美数丹京。"郭沫若曾经写下这样一首赞美哥本哈根的诗。

1. 美人鱼雕塑

图3-54　美人鱼雕塑
图片来源：丹麦旅游局官网 https://www.visitdenmark.com/

美人鱼雕塑坐落在哥本哈根的长堤公园内，已成为丹麦的象征。嘉士伯创办人的儿子卡尔·雅布克森在1909年委托雕刻家爱德华·艾里克森根据安徒生童话《海的女儿》铸塑了一座美人鱼铜像。在1912年，埃里克森以妻子爱琳·埃里克森为蓝本，雕塑了这尊美人鱼雕像。美人鱼坐在一块巨大的花岗石上，恬静娴雅。第一次参访的旅客基本上会对这座雕像的大小感到惊讶，因为美人鱼雕像高度只有1.25米，重量则为175千克。美人鱼雕塑历经了各种磨难。1964年，雕塑的头部被几个情境主义运动艺术家切下并偷走。警方不得不为小美人鱼重新安了个头。1984年，小美人鱼的右臂被从膀子处割断，两天后才被还回来。1990年，有人蓄谋再次割下小美人鱼的头部，可是失败了。1998年1月6日，小美人鱼的脑袋再次被"砍"之后不久即被找回。2004年，有人用炸药将小美人鱼从基座上炸了下来，被发现漂浮在港口附近，膝盖和腰部布满了小洞。2010年小美人鱼铜像首次远渡重洋，在上海世界博览会丹麦馆现身。

2. 茹森堡宫

图 3-55 茹森堡宫
图片来源：作者拍摄

茹森堡宫坐落在哥本哈根市北部的国王公园里。1606年，克里斯钦四世在当时的哥本哈根郊外修建了一个公园，称为国王公园。虽然公园景色宜人，但是缺少了一座适当的建筑物，于是克里斯钦四世在公园的东北建了一座城堡，1624年完工，就是现在的茹森堡宫。茹森堡宫建筑别致、小巧玲珑。自1740年之后，茹森堡宫一直被用作展示皇家珍品的珍宝馆，宫内陈列着历代国王的王冠、金银首饰、珍贵的硬木家具和其他一些价值连城的珍宝。1849年丹麦废除君主专制制度之后，所有王宫都成为国有财产，唯有茹森堡宫例外。现在茹森堡宫以及宫内所展览的珍宝仍归王室所有。

3. 阿马林堡宫

阿马林堡宫是丹麦王室的主要宫殿，丹麦女王伉俪每年多半时光在这里度过。它包括四座独立的古典宫殿，广场中的雕像是阿马林城堡的建立者国王克里斯蒂安五世。阿马林堡宫最初为四位贵族建设，当克里斯蒂安城堡在1794年2月26日被烧毁后，王室买下了这座宫殿。阿马林堡宫环绕着八角形广场，皇宫入口处有一些身着军服的皇家卫兵

图 3-56 阿马林堡宫
图片来源：丹麦旅游局官网 https://www.visitdenmark.com/

把守，这些士兵个个都是1.90米左右的个头，头戴熊皮帽，身穿古军装，身后挂着剑和匣，就像安徒生童话里的"洋铁兵"。他们来回威严地踱步及换班仪式时的场景，成为王宫前的一景。

4. 腓特烈教堂

图 3-57 腓特烈教堂
图片来源：作者拍摄

腓特烈教堂与阿马林堡宫隔路相望，是丹麦最大的铜绿色圆顶教堂。由于大量使用了丹麦和挪威出产的大理石，因此当地人称之为"大理石教堂"。教堂是为了纪念奥尔登堡王朝登上丹麦王位300周年而建，始建于1779年，由于资金问题，直到1894年才得以竣工和开放。教堂内部一个直

径为 31 米的巨大圆顶，由 12 根圆柱支撑的，圆顶上绘有耶稣的 12 位使徒的画像。圣坛没有瑰丽的雕刻装饰，只有不同材质的大理石铺设，内部装饰与绘画庄重、大气、威严神圣。教堂外有许多丹麦名人的雕塑。腓特烈教堂和整个腓特烈堡区，都是由建筑师尼古拉·伊格维于 1740 年设计，洛可可建筑风格，是北欧最经典的文艺复兴宫殿之一。

5. 新港

新港是建于 1669~1673 年的一条人工运河，当时建造运河的主要目的是将海上交通引进城市中心，从而促进哥本哈根的经济发展。运河于 1669 开建，1673 年完工。新港码头广场上的巨大铁锚是老战舰"伏能号"上的遗物，放置于此是为了纪念第二次世界大战时死难的丹麦海军战士。人们现在依然可以看到最早在运河两岸建造的房子，能晒到太阳的一侧已经变成步行

图 3-58　新港

图片来源：丹麦旅游局官网 https://www.visitdenmark.com/

街。1834~1838 年，童话之父安徒生就住在运河右侧 20 号的公寓，他于 1835 年在此处写出了第一部童话。1848~1865 年，安徒生住在位于能晒到太阳的一侧的 67 号。1873~1875 年又一次住回到了新港。这一次，他已经成为世界知名的人物，他住在与夏洛特堡宫位于同一侧的 18 号。

6. 小镇德拉厄

小镇德拉厄是距哥本哈根 12 千米外的渔村小镇，公共汽车需 45 分钟，有 1300 年的历史，曾是买卖鲱鱼的贸易中心。德拉厄博物馆位于建于 1753 年小镇最古老的房屋内。它展现了德拉厄小镇的历史，渔民曾经生活居住的环境以及他们在近百年间从世界各地买回的物品。老城内的许多房屋保存相当完整，其中的 76 间为国家级保护房屋。

图 3-59　德拉厄

图片来源：丹麦旅游局官网 https://www.visitdenmark.com

（二）欧登塞

欧登塞是丹麦第三大城市，也是丹麦第二大岛菲英岛的首府。距离哥本哈根西 96 千米。"欧登塞"一词来源于"Odins Vi"，也就是"奥丁的神殿"之意，奥丁是北欧神话中的最高神。欧登塞是丹麦最古老的城市之一，始建于 988 年 3 月 18 日。在中世纪时期，欧登塞曾经是丹麦神职人员的中心，拥有众多的修道

院和教堂，很多教徒来到这里朝圣。如果说丹麦是童话的王国，那么菲英岛上的古城欧登塞就是童话王国的童话之乡，安徒生于1805年出生在这里。在整个欧登塞，安徒生童话中的人物以各种不同的艺术风格的雕塑形式出现。菲英岛以其便捷的交通与美丽景致，被赞誉为"丹麦的花园"。

1. 安徒生故居博物馆

图 3-60　安徒生故居博物馆
图片来源：丹麦旅游局官网 https://www.visitdenmark.com

安徒生故居博物馆坐落于欧登塞古城区，围绕着安徒生出生的故居改造而成，后与周围的建筑物联合扩建，成了今天的安徒生故居博物馆。它是为纪念丹麦伟大童话作家安徒生（1805~1875年）诞生100周年（1905年）而建。这座黄墙红瓦的小屋坐落在一条鹅卵石铺的街巷里，使人感到仿佛回到了19世纪安徒生生活的年代。

博物馆按时间顺序介绍安徒生生平及其各时期作品，安徒生生前的用具仍按原样摆放着，古朴的家具，简陋的旅行行装，还有安徒生作品的手稿、来往信件、画稿和他鲜为人知的设计作品，以及丹麦一些名画家、艺术家创作的有关安徒生生活的油画和雕塑。圆柱形大厅的环墙展出丹麦近代著名艺术家斯坦恩斯根据安徒生的一生而作的8幅壁画，从安徒生童年，离开故乡去国外游历，与世界著名艺术家的交往，到1867年荣归故里。安徒生一生创作了156篇童话故事，14部长篇小说和多部短篇小说，以及50多部舞台剧，上千首诗歌和数量可观的自传、游记以及诙谐幽默的小品文，被誉为世界上最多产的作家之一。安徒生的童话被翻译成160余种语言传播到世界各地。博物馆收集了68个国家出版的96种文字的安徒生著作，收藏的中国出版的安徒生童话及著作共有27种，其中最早的是1926年发表的安徒生作品的中文译文。

博物馆原建在安徒生故居内，随着安徒生的声誉和影响的扩大，世界各国安徒生著作版本的增加及博物馆参观者人数的增多，多次扩建。2016年，博物馆进行第三次扩建，扩建后的博物馆于2020年年底开放。

2. 伊埃斯科城堡

菲英岛是座名副其实的城堡之岛，有超过100座的城堡。最著名的伊埃斯科城堡位于欧登塞南边30千米处，是欧洲文艺复兴时期保存最完好的一座水上城堡。也被称为"欧洲最美丽的50个地方"之一。这座城堡最初是由国王的副官建造而成，于1554年完工。当时，丹麦正经历由宗教改革引起的内战，导致土地主都兴建用于防御的城堡。伊埃斯科也不例外，城堡由结构复杂的两座长屋以极厚的双层墙连接。一旦城堡遭到攻击，便可放弃一座建筑，在另一座建筑内继续战斗。双层墙非常厚，有两个隐蔽楼梯的空间和一个井，可以在被包围时为防御者提供供水的通道。外墙上有一系列的炮眼和枪眼，防御者可以用开水或焦油攻击侵略者。整座城堡以橡树为底，坐落在湖中央。据说它的橡树地基极为巨大，动用了整片橡树林。伊埃斯科在丹麦语中意为橡树林，也被称为橡树林城堡。1986年开始，游客们可以参观宴会厅和城堡里的其他许多房间。宴会厅也可以出租作为聚会

图 3-61　伊埃斯科城堡
图片来源：丹麦旅游局官网 https://www.visitdenmark.com

和晚宴场所。伊埃斯科城堡的园林也十分优美，曾于2012年荣获"欧洲最佳历史园林"奖项，亦被美国CNN提名为"世界12大经典园林"之一。

（三）法罗群岛

法罗群岛自1388年起便置于挪威及丹麦的控制之下。1814年挪威与丹麦签订基尔条约，结束了两国的联合，加入瑞典王国，组成挪威及瑞典联合王国。但条约中规定法罗群岛、冰岛以及格陵兰岛并不随挪威脱离丹麦。法罗群岛自古起就拥有自己的议会，但于1816年遭废。此后法罗群岛一直作为丹麦的直辖郡县。1852年议会恢复，但是直至1948年，都只是作为咨询机构，并无实权。第二次世界大战结束后，部分居民支持群岛独立，并于1946年9月14日发起法罗群岛独立公投。公投结果为独立派以微弱多数胜利。然而议会内部却对如何解释公投结果产生分歧。后来由于分歧无法解决而不得已于数月后重新进行议会选举。倾向留在丹麦王国内的政党在大选中得胜组成联合政党，最后法罗群岛议会决定拒绝独立。不过独立派和统一派之间还是达成了折中方案：1948年通过一条新的法令，规定法罗群岛不再是丹麦的直辖郡县，而变成享有高度自治权的丹麦领地。

图 3-62　法罗群岛
图片来源：法罗群岛旅游局官网：https://www.visitfaroeislands.com/

法罗人来自800年在法罗群岛开拓殖民地的挪威海盗后裔。法罗人以小型居民点集居，几乎都生活在海岸边。官方语言为法罗语，与冰岛语、西挪威语和丹麦语关系非常密切。1965年在托尔斯港建立了法罗群岛大学，是群岛上唯一的大学，也是唯一使用法罗语教学的大学。

法罗群岛有18个岛屿，面积1399平方千米，全国总人口5万多，但法罗群岛上的羊多达3万只。2015年之前，由于法

图 3-63　戈萨达鲁尔瀑布

图片来源：法罗群岛旅游局官网：https://www.visitfaroeislands.com/

罗群岛太过偏僻又人烟稀少，谷歌地图始终未曾收录它，这让岛民们十分不满，于是他们想出一个奇招，把追踪器和收录器戴在羊身上，因为只有它们才能够漫步到整个法罗群岛，才有现在的法罗群岛实景图。

法罗群岛有 1100 千米漫长的海岸线，且非常曲折，有峡湾，汹涌的潮流激荡着岛屿间狭窄的水道。据说不管从陆地上哪个地方出发，10 千米的距离必然会抵达大海边缘，由此形成岛上变化多端的气候、常年被海浪和海风所雕蚀的自然地貌。岛屿上覆盖着冰川堆石或泥炭土壤的火山岩，地势高耸崎岖。法罗群岛旅游局这样评价自己：未被探索的自然，未被人知的故事，未被驯服的野心。

托尔斯港对于法罗人来说相当于"都市生活"，有着相对丰富的物产与密集的人群，这里有法罗群岛国家博物馆和法罗群岛美术馆。麦凯岛在法罗群岛最西部，全年常住人口仅有 10 人，只能经渡轮或直升机抵达。这里还有"鸟类天堂"的美誉。每年夏季都会有数百只憨厚可爱的海鹦来此筑巢。卡尔斯岛位于群岛东北部，连绵不绝的峭壁和洼地营造出一种离奇的氛围。维加岛的最西端标志性景点是戈萨达鲁尔

图 3-64　Leitisvatn 湖

图片来源：法罗群岛旅游局官网 https://www.visitfaroeislands.com/

瀑布。一条小河流过戈萨达鲁尔村，从火成岩悬崖上直泻而下。这里被称为"最后的世外桃源"。Leitisvatn 湖是法罗群岛最大的淡水湖，湖泊位于陡峭的悬崖之上，平静的湖水旁便是汹涌的海浪，风景奇特而壮观。杰格夫被称为法罗群岛最秀美的村庄，也是北大西洋最美的村庄。这里还保存着欧洲最古老的村落，有 49 名居民。村子里有很多刷黑柏油、茅草屋顶的房子，造型奇特的木屋星罗棋布在岛上。

（四）格陵兰岛

982 年，移居冰岛的挪威人发现格陵兰岛。1261 年，格陵兰岛成为挪威的殖民地。1380 年，丹麦和挪威组成联盟王国，格陵兰岛成为丹麦和挪威共管的殖民地。1841 年，丹麦和挪威分治，格陵兰岛成为丹麦殖民地。挪威与丹麦因为格陵兰问题争执了不少年，最终在 1933 年，海牙国际法庭判格陵兰岛归属丹麦。

1953年，丹麦修改宪法，把格陵兰岛从殖民地变成一个州，在丹麦议会中拥有两个席位。1979年5月1日，格陵兰从丹麦政府手中获得内部自主权，不再属于丹麦国土，变成丹麦一个自治领土，拥有自己的议会和政府。格陵兰岛虽然在外交、防务上还归属于丹麦，但已经不是和丹麦同属一个共同体了，倒是像丹麦附属国。虽然格陵兰岛以格陵兰语为官方语言，但是因

图3-65 努克
图片来源：https://pixabay.com

为长期在丹麦的殖民统治之下，所以有差不多1/6的格陵兰人是丹麦人后裔，所以丹麦语也是通用语言。

格陵兰岛为世界第一大岛屿，面积2175600平方千米，居住着5万多居民，其中90%居民是因纽特人，还有少量的丹麦人。与其他因纽特人不同，格陵兰岛因纽特人受丹麦政府的帮助，搬出世代居住的"冰屋"，建立自己的议会、电视台，与丹麦人通婚。丹麦人大多是派驻当地的官员和军人，负责彰显丹麦王室对格陵兰行使的主权。

格陵兰岛从北部的皮里地到南端的法韦尔角相距2574千米，最宽处约有1290千米，海岸线全长3.5万多千米。格陵兰的英文意思是"绿色土地"，可全岛终年严寒，超过80%的土地被冰盖覆盖，是典型的寒带气候。沿海地区夏季气温可达零度以上，内陆部分终年冰冻。1000多年前，挪威的海盗埃里克远航正好碰到了格陵兰岛南端仅有的一片适合人类生存的地方，海盗就叫这里为格陵兰。目前，格陵兰岛的冰川正在以数十年来，也可能是数千年来"前所未有"的速度融化。如果格陵兰岛的冰川全部融化，将会使全球海平面上升约7.2米。

格陵兰岛会出现极地特有的是极昼和极夜现象，并且越接近高纬度极昼和极夜的时间就越长。每到冬季就会出现持续数个月的极夜，并出现北极光。一些人来到格陵兰岛旅行，主要就是为了观赏北极光。

格陵兰岛首都兼最大城市努克人口还不到2万，是格陵兰的最大港口城市。虽然气温非常低，但是受到暖流的影响，海水不结冰，非常适合渔业的发展。同时，这里也是观察极地的好地方。

格陵兰国家博物馆是这里最早建立的博物馆，里面讲述了格陵兰过去4500年的历史文化。这里有世界上最古老的石头，大约有3.8亿年。努克艺术博物馆是一个私人的也是唯一一个工艺美术博物馆，收藏了大量的油画、水彩画、木版画等，总数量达到了300幅画。还有木头、象牙、石头雕成的人物。

图 3-66　伊卢利萨特
图片来源：https://pixabay.com

伊卢利萨特是格陵兰的第三大定居地，市镇在格陵兰西岸的中部，北极圈以北 200 千米。伊卢利萨特按格陵兰语直译是"冰山"，丹麦语名字雅各布港也广为人知。因为绚丽的伊卢利萨特冰峡湾，伊卢利萨特是格陵兰最受欢迎的旅游地。著名极地探险家克努兹·拉斯穆森生于伊卢利萨特，他在定居地中心的童年住所现在是他的纪念博物馆。

 拓展阅读

1. 丹麦虽然是欧盟国家，但不使用欧盟国家所使用的欧元。丹麦的货币叫丹麦克朗，格陵兰岛使用丹麦货币。法罗群岛拥有自己独立的货币，叫克朗，跟丹麦克朗一个名字，汇率也差不多。

2. 丹麦属于申根国家，持丹麦的普通签证不能去格陵兰岛和法罗群岛，要去丹麦使馆或签证中心办理签证，还要特别声明去法罗群岛或格陵兰岛。

3. 格陵兰岛与世隔绝，并且位置十分偏僻。格陵兰岛的飞机场是非常小的，只允许小型飞机起降。再加上天气变化无常，航班取消率非常高，所以去格陵兰岛游玩的费用也非常高。

4. 丹麦有众多岛屿，除了大桥之外，轮渡是连接各岛屿的重要交通工具。丹麦的大部分轮渡载人也载车。大型的轮渡还配备餐馆、商店、儿童游乐处等设施。从哥本哈根出发到达国内各城市的火车车次很多。

5. 北欧各国几乎人人会说英语，很多人能说好几门语言。

6. 北欧几个国家统一的交通法律是：只要汽车一启动，不管白天夜晚，大灯一定要打开。

第四章 西欧

第一节 英国

一、历史文化

英国全称为大不列颠及北爱尔兰联合王国,由英格兰、威尔士、苏格兰和北爱尔兰组成,而整个英国的历史也就是由这四个区域的历史交织而成的。英国历史始于日耳曼人与凯尔特人,亦是后来的英格兰、威尔士、苏格兰,其源头可追溯到罗马统治时期。1337~1453 年,英格兰和法国之间为争夺领土而进行的英法百年战争,是世界上时间最长的战争之一,长达 116 年。英格兰丧失所有的法国领地,但也使英格兰的民族主义兴起。之后英格兰对欧洲大陆推行"大陆均势"政策,转往海外发展。英国的殖民地在 19 世纪猛烈扩张。在维多利亚时代的中后期,大英帝国达到了历史的巅峰,约占有世界的 1/4 领土,被称为"日不落帝国",因为一天 24 小时都有英国的领土领地或者殖民地处于阳光下。第一次世界大战后,英国势力遭到削弱,各殖民地人民纷纷要求独立。1926 年,英国被迫承认自治领土在内政外交方面获得独立。自治领土与宗主国以"共同忠于英王"而组成英联邦,双方权利平等,互不隶属。英联邦由 52 个独立主权国家(包括属地)所组成,成员大多为前英国殖民地或者保护国,英联邦元首为伊丽莎白二世女王,同时身兼包括英国在内的 16 个英联邦王国的国家元首。

英国是世界文化大国之一,文化产业发达。英国皇家芭蕾舞团、伦敦交响乐团等艺术团体具有世界一流水准。每年举行约 500 个专业艺术节,其中爱丁堡国际艺术节是世界上最盛大的艺术节之一。1840 年 5 月 6 日,世界上第一枚邮票在英国诞生。每枚面值 1 便士,人们称它为"黑便士邮票"。后来人们把这一天称为邮票诞生日。1693 年,约翰·洛克在他的《教育漫话》中明确提出"英国教育的目的是培养绅士"。洛克所倡导的注重体育、要求绅士具有德行和优雅的风度的思想，长期地影响了英国的教育实践。英国人非常彬彬有礼。无论在什么场合，无论事情是多么微不足道，他们也十分注重礼仪。很多英国人酷爱运动，足球在英国更深入人心。

二、自然地理

英国是由大不列颠岛和爱尔兰岛东北部及附近许多岛屿组成的岛国。英格兰全境面积为13万平方千米，占大不列颠岛的大部分。英国处于欧洲西部，大西洋东岸，为典型的温带海洋性气候，受盛行西风和北大西洋暖流的影响，常年温和多雨。虽然气候温和，但天气多变。英国人常说"国外有气候，在英国只有天气"，以此来表明这里天气的变化莫测。一日之内，时晴时雨。多变的天气也为人们提供了经常的话题，在英国甚至最沉默寡言的人也喜欢谈论天气。受高纬度的影响，英国昼夜长短的变化特别明显。冬季日短夜长，夏季则日长夜短。夏季是到英国旅游的最佳季节。

三、旅游城市和景点

（一）伦敦

伦敦是大不列颠及北爱尔兰联合王国首都，世界第一大金融中心，与纽约和香港地区并称为"纽伦港"。伦敦是英国的政治、经济、文化、金融中心，也是全世界最重要的文化、教育、体育和科技中心。伦敦是世界上唯一一个举办过三次奥运会的城市，拥有世界上最出名的电影节、音乐节、时装周及数量最多的高等教育机构和著名大学。伦敦是世界第一大金融中心，也是全球最大的银行、保险、期货和航运中心。控制着全世界45%的外汇交易和黄金、白银、原油等大宗商品定价权。

伦敦位于英格兰东南部的平原上，泰晤士河贯穿其中。英国雾气较重，主要是岛国比较潮湿。伦敦过去常见的浓雾，并不完全是自然现象。由于重视环境保护，目前出现浓雾的次数已大大减少。伦敦的博物馆、图书馆、电影院和体育场馆数量位居世界首位，是一座值得花时间慢慢走的城市。

1. 伊丽莎白塔

伊丽莎白塔旧称大本钟，即威斯敏斯特宫钟塔，坐落在英国伦敦泰晤士河畔的一座钟楼，是英国议会建筑的一部分，世界上著名的哥特式建筑之一。伊丽莎白塔原先只指钟塔内的铜钟，但后来演变成指整座钟塔。2012年6月2日，为纪念女王伊丽莎白二世登基60周年，大本钟正式更名为伊丽莎白塔。大本钟建成于1859年，高96米，四面装有四个镀金的大钟，分针有约4.27米，用人工发条。大本钟从塔底到塔顶共有393级台阶，高95米，钟直径7米，重13.7吨，每 15 分钟响一次钟声。

伊丽莎白塔的钟声今天仍会用于英国所有独立电视新闻频道的新闻预告，收音机和电视都会播出它的钟声迎接新年的开始。在阵亡将士纪念日的 11 月 11 日的 11 点，伊丽莎白塔钟会传出 2 分钟的默哀之声。大本钟以准时而闻名。自从 1859 年投入使用后，英国政府每隔 5 年就要对大本钟实施维护，包括清洗钟体、替换报时轮系和运转轮系等。每年的夏季与冬季时间转换时会把钟停止，进行零件的修补、交换、钟的调音等。不过，毕竟是有着 100 多岁的"高龄"，也出过一些小问题。

图 4-1 伦敦全景
图片来源：英国旅游局官网 https://www.visitbritain.com/

2. 白金汉宫

白金汉宫是与故宫、白宫、凡尔赛宫、克里姆林宫齐名的世界五大名宫。1703~1705 年，白金汉公爵约翰·舍费尔德在此兴建了一处大型镇厅建筑，将府邸改名为"白金汉府"，之后它曾一度用于帝国纪念堂、美术陈列馆、办公厅和藏金库，直至约 60 年之后成为王室成员住所。第二次世界大战期间，宫殿礼拜堂遭炸弹袭击

图 4-2 白金汉宫
图片来源：白金汉宫官网 https://www.rct.uk

而毁。在其址上建立的女王画廊于 1962 年向公众开放，展示皇家收藏品。现在的白金汉宫每年夏季 7 月中旬至 9 月间对外开放参观，因为此时，女王会去爱丁堡的行宫避暑。每天清晨，宫殿前都会进行著名的禁卫军交接典礼。白金汉宫的主体建筑为 5 层，附属建筑包括皇家画廊、皇家马厩和花园。白金汉宫内有典礼厅、音乐厅、宴会厅、画廊等 775 间厅室。女王的重要国事活动都在该地举行。来英进行国事访问的国家元首也在宫内下榻，王宫由身着礼服的皇家卫队守卫。白金汉宫的广场中央耸立着维多利亚女王镀金雕像纪念碑，顶上站立着展翅欲飞的胜利女神。若皇宫正上方飘扬着英国皇室旗帜，则表示女王在宫中。

3. 大英博物馆

大英博物馆的建立源于汉斯·斯隆爵士的遗愿，他是一名内科医生、博物学家和收藏家，收藏了 71000 多件物品。他将所有的收藏遗赠给了国王乔治二世，回报给他的继承人 2 万英镑。1753 年 6 月 7 日，国会法案批准建立大英博物馆。

图4-3 雅典卫城伊瑞克提翁神庙少女雕塑

图片来源：作者拍摄

博物馆建立之初的藏品大部分由书籍、手抄本、关于某些文物的自然标本（包括钱币、徽章、版画和素描）以及文化研究的人种志组成。1757年国王乔治二世捐献了王室图书馆的藏书。大英博物馆于1759年1月15日正式对公众免费开放。由于空间的限制，1880年大英博物馆将自然历史标本与考古文物分离，大英博物馆专门收集考古文物，自然历史类收藏品被转移到南肯辛顿区的新馆，成为自然历史博物馆。1900年，博物馆重新划分，将书籍、手稿等内容分离组成新的大英图书馆。博物馆的大中庭广场是欧洲最大的有顶广场，顶部是用2436块三角形的玻璃片组成。

大英博物馆拥有藏品800多万件，目前分为10个分馆：古近东馆、硬币和纪念币馆、埃及馆、民族馆、希腊和罗马馆、日本馆、东方馆、史前及欧洲馆、版画和素描馆以及西亚馆。埃及馆收藏文物达7万余件，仅次于开罗的埃及博物馆。博物馆有很多镇馆之宝：古中国的《女史箴图》是当今存世最早的中国绢画，是尚能见到的中国最早专业画家的作品之一，在中国美术史上具有里程碑的意义。"帕台农神庙大理石雕"是大英博物馆最具争议的收藏，希腊政府要求归还的声音从未停止。罗塞塔石碑上刻有古埃及国王托勒密五世登基的诏书。石碑上用希腊文字、古埃及文字和当时的通俗体文字刻了同样的内容，这使得近代考古学家得以有机会对照各语言版本的内容后，解读已经失传千余年的埃及象形文之意义与结构，而成为今日研究古埃及历史的重要里程碑。

4. 国家美术馆

国家美术馆位于市中心特拉法加广场正北边，又称伦敦国家美术馆，成立于1824年。最初是乔治四世说服政府购买林布兰、拉尔等人的38幅作品，陆续扩大到现在2300件的馆藏绘画作品。

国家美术馆分为东南西北四个侧翼，所有作品按照年代顺序展出，从13世纪至19世纪。早期文艺复兴有达·芬奇著名的《圣母子与圣安妮、施洗者圣约翰》炭笔素描。西翼是1510~1600年文艺复兴全盛时

图4-4 美术馆一景

图片来源：英国国家美术馆官网 https://www.nationalgallery.org.uk/

期，由意大利人和日耳曼人绘画。1600~1700年的绘画收藏于北翼中，有荷兰人、意大利人、法国人和西班牙人的绘画，其中有两间林布兰专属展室。东翼的1700~1900年绘画，包含了18、19世纪及20世纪初的威尼斯、法国和英国绘画，风景画是一大特色，也有浪漫派和印象派等许多佳作。美术馆收藏了很多珍贵的画作，达·芬奇的《岩间圣母》、文森特·凡·高的《向日葵》、克劳德·莫奈的《睡莲》、扬·凡·艾克的《阿尔诺芬尼夫妇像》等。卢浮宫里有一幅一模一样的《岩间圣母》，也是由达·芬奇所画，两幅画中唯一不同的是坐在圣母旁边的天使，卢浮宫的那幅伸出一根手指，这也是电影《达·芬奇密码》中引用的神秘隐喻。

5. 维多利亚和艾尔伯特博物馆

维多利亚和艾尔伯特博物馆以维多利亚女王和其丈夫艾尔伯特王子命名，专门收藏美术品和工艺品，包括珠宝、家具等，是仅次于大英博物馆的第二大国有博物馆。该博物馆是为1851年在伦敦召开的第一届万国博览会而建。博物馆一开始的经费来自万国博览会的盈余，艾尔伯特王子负责筹办。这个博物馆的主导思想一开始就与传统的博物馆不同，它总在引导人们生活的热点，举办一些对现代人生活有影响的展览。当贝克汉姆穿起裙子变成头条新闻不久，这里就推出了"男人与裙摆"特展；2003年年底的"动物与建筑"特展，宣告了建筑界近年来从大自然汲取设计灵感的趋势。2003年被评为"欧洲最佳博物馆"。

图4-5 现代艺术展品

图片来源：作者拍摄

维多利亚与艾尔伯特博物馆内分为东方展厅、西洋艺术展厅、古代乐器展厅等4个展厅，藏品约300万件。其展示空间共分4层楼，共146个展览厅室。博物馆的欧洲服饰发展史展厅和摄影艺术馆比较著名，2012年3月12日，英国维多利亚和艾尔伯特博物馆永久典藏劳伦斯·许的龙袍。博物馆一楼最令人叹为观止的内部装饰之一，就是1873年开放的仿制品展厅。他们将雕塑和建筑装饰的石膏仿制品放置在这里，其中包括古罗马图拉真柱的巨大仿制品。

6. 伦敦塔桥

伦敦塔桥是一座开悬索桥，因在伦敦塔附近而得名。泰晤士河上共建桥15座，塔桥是从泰晤士河口算起的第一座桥。19世纪下半叶，随着伦敦东区商业的上升发展，泰晤士河上需要一座新的桥梁，但又不能建成传统的固定桥，桥太低船就无法开到码头，讨论多年最终建成塔桥。塔桥高约60米，分上下两层。

图4-6 伦敦塔桥
图片来源：作者拍摄

上层支撑着两岸的塔，下层桥面让行人和车辆通过，张开桥面时可以让大船通过，此时行人可以通过上层通过。伦敦塔桥的设计在世界桥梁建筑业中有一定地位。从外表来看，塔桥的两端是维多利亚时代的砖石塔，但实际上塔身的结构主要是钢铁的。里面装有用来开合各重1000吨桥梁的水力机械。塔桥自建成至今，运转一直正常，上升机械只需一分钟便能使桥面升起。塔桥从1895年投入使用。当时有80名工人轮班，平均每天开合16次，现在每年升降约800次。会在官网上提前公布开合时间，以便游人观看。

7. 伦敦塔

伦敦塔是一座具有900多年历史的诺曼底式的城堡建筑。是威廉一世为镇压当地人和保卫伦敦城，于1087年开始动工兴建的，历时20年，堪称英国中世纪的经典城堡。13世纪时，后人在其外围增建了13座塔楼，形成一圈环拱的卫城，中心的白塔是主人居住与守备部队进驻之所，最为坚固。作为一个防卫森严的堡垒和宫殿，英国数代国王都在此居住，国王加冕

图4-7 伦敦塔
图片来源：英国旅游局官网 https://www.visitbritain.com/

前住在伦敦塔便成了一种惯例。塔内的皇家珍宝馆主要展出17世纪以来君主的镶满宝石的皇冠、王权球、权杖等国宝，兵器馆展出了历代皇族所使用的各种武器，盔甲和战袍等。古老的伦敦塔在历史上还充任过造币馆、观象台、动物园等，还是一座著名的监狱，英国历史上不少王公贵族和政界名人都曾被关押在这里。英王爱德华四世的两个幼子，爱德华之前的国王及堂兄与弟弟，亨利八世的两个王后，先后被囚禁在这里并被处死。在很长一段时间里，伦敦塔成为令人毛骨悚然的"死狱"。伦敦塔里一直养着几只渡鸦，英国有一种"乌鸦离开塔楼，王国便会灭亡"的传统说法，此举还催生了全英国最特殊的工种——乌鸦官。

8. 威斯敏斯特教堂

威斯敏斯特的本意是西部大教堂的意思。由于这座教堂在伦敦城的西部，便得此名。威斯敏斯特教堂的建筑风格和特点从诺曼式、哥特式，到早期文艺复兴的式样，不过它的基本特色仍属于哥特式，历经700多年的修葺而犹能保

持原貌。威斯敏斯特教堂是英国地位最高的教堂，是王室的加冕礼堂，英国历朝历代君王，除了爱德华五世和爱德华八世两位外，无不是在威斯敏斯特教堂加冕登基，教堂内还有许多献给死去君主的建筑，如祭坛东端的圣·爱德华礼拜堂。

图 4-8　威斯敏斯特教堂

图片来源：威斯敏斯特修道院官网 https://www.westminster-abbey.org/

教堂中间的墓场埋葬有诸多伟大人物，从亨利三世到乔治二世的 20 多位国王。英国人把威斯敏斯特教堂称为"荣誉的宝塔尖"，认为死后能在这里占据一席之地，是至高无上的光荣。著名的"诗人角"上长眠着许多著名的诗人和小说家，如英国 14 世纪的诗圣乔叟、丁尼生和布朗宁，著名的小说家哈代和 1907 年诺贝尔文学奖获得者吉卜林，德国著名的作曲家亨德尔和 19 世纪最杰出的现实主义作家狄更斯。教堂的北廊里伫立着许多音乐家和科学家的纪念碑，最著名的是牛顿，还有生物学家达尔文，天王星的发现者赫谢尔等。还安置着著名的政治家丘吉尔、张伯伦等许多知名人士的遗骸。由于人数众多，不得不将棺椁竖起来埋放。最终还是无处安置，部分伟人的坟墓被迁移至圣保罗大教堂。

9. 温莎城堡

温莎城堡距离伦敦约 40 千米，是一组花岗石建筑群，气势雄伟，挺拔壮观，自 12 世纪以来一直是英王的行宫。1936 年，英王爱德华八世在此向两度离婚的美国平民辛普森夫人求婚，为了爱情毅然放弃王冠，由一国之君降为温莎公爵。这段"不爱江山爱美人"的风流逸事使古堡声名远

图 4-9　温莎城堡

图片来源：温莎城堡官网 https://www.rct.uk

播。1992 年 10 月 20 日，一场火灾从皇后的私人礼拜堂蔓延开来。大火持续了 15 小时，烧毁了 9 间主要的大厅，温莎城堡 15% 的面积，约 9000 平方米，重建花了 5 年时间。一些房间完全被火焚毁，重新以现代风格来设计，包括了私人礼拜堂、灯笼大厅与圣乔治教堂的天花板。

古堡分为东西两大部分。东面的上区为王室私宅，包括国王和女王的餐厅、画室、舞厅、觐见厅、客厅、滑铁卢厅、圣乔治堂等。滑铁卢厅又称宴会厅，初建于 13 世纪，因室内主要陈列参与滑铁卢战役而立下赫赫战功的将领们的肖像而得名。西面的下区有座著名的教堂——圣乔治教堂，始建于 1475 年，其建筑

艺术成就在英国仅次于威斯敏斯特教堂，18世纪以来，英国历代君主死后都埋葬在这里。此外，还有许多王后、王子和其他王室成员的陵墓。艾尔伯特教堂在西区东部，安放维多利亚女王的丈夫艾尔伯特的遗体，教堂内有艾尔伯特亲王纪念塔。

伊丽莎白二世女王将温莎城堡当作皇室的官邸与周末时的住所。城堡内收藏着王室数不清的珍宝，其中不乏有达·芬奇、鲁本斯、伦勃朗等大师的作品。多数大厅都已对公众开放，但王室侍从厅仍不能参观，那里陈列着许多英国王室的珍贵文物，其中甚至还包括慈禧太后赠送维多利亚女王的条幅。

（二）爱丁堡

爱丁堡是英国著名的文化古城，位于苏格兰中部低地的福斯湾的南岸，面积约260平方千米。1329年建市，1437~1707年为苏格兰王国首都，自15世纪以来爱丁堡就被当作苏格兰首府。爱丁堡有着悠久的历史，许多历史建筑亦完好保存下来。爱丁堡是苏格兰各个城市中最具特色的城市。市中心分为两部分：旧城有不少华丽的建筑，包括古教堂和尖塔、城堡和古典石柱，新城是佐治亚设计风格。旧城和新城一起被联合国教科文组织列为世界遗产。2004年爱丁堡成为世界第一座文学之城。

爱丁堡因为历史上常与英格兰战斗，养成了爱丁堡人崇尚独立与自由的民族性格。爱丁堡的教育也很发达，英国最古老的大学之一爱丁堡大学就坐落于此，剧院、博物馆、画廊遍布这座不大的城市。在新古典主义时期，作家、艺术家、评论家聚集在爱丁堡，为它赢得了"北方雅典"的美誉。

1. 爱丁堡城堡

爱丁堡城堡于6世纪就成为苏格兰皇室的堡垒，从古代战争的意义上说，无疑是坚固险要最难攻克的堡垒之一。城堡筑于一个海拔135米高的死火山花岗岩顶上，一面斜坡，三面悬崖，只要把守住位于斜坡的城堡大门，便固若金汤。城堡从12世纪到16世纪一直是苏格兰皇家城堡，17世纪起成为军事基地，当前归属于苏格兰文物局，仍有军队驻扎在城堡上。城堡的大多数建筑在16世纪的长期围城事件中被毁，但也有少数建筑保存下来，如建造于12世纪早期的圣玛格丽特礼拜堂。一直到16世纪初荷里路德宫落成，成为皇室的主要住所，不过爱丁堡城堡依然是苏格兰的重要象征。

图4-10　爱丁堡城堡

图片来源：爱丁堡城堡官网 https://www.edinburghcastle.scot/

爱丁堡曾是苏格兰一国的政治、文化

中心，如今古堡的城墙上，还能看到整整齐齐地安放着古炮，炮口和当年一样一致地对着福斯河，每天13点这里还会鸣空炮报时。城堡内有军事博物馆，收藏着中世纪以来各个时代的兵器和军装，其中长达1.5米的巨剑更是稀世珍品。15世纪制于比利时的著名大炮，经历了200多次战役之后，安置在城堡的地窖里。爱丁堡市的纹章上就有城堡的图像。每年一度的爱丁堡军操表演也在城堡前举行。

2. 卡尔顿山

卡尔顿山位于城东侧，是市区里最高的地方。山上有一座未完成的国家纪念堂，始建于1822年，纪念在拿破仑战争中阵亡的苏格兰士兵。据说是因为预算透支而中断了工程，仅有一排巨大的立柱支撑着横梁。纳尔逊纪念碑是为了纪念海军上将纳尔逊而建。每天13点爱丁堡城堡鸣炮时，纳尔逊纪念碑塔尖的小圆球就会降下。杜格尔德斯图特的纪念亭是为纪念英国哲学家杜格尔德斯图特在1831年建造的，山上还有一座醒目

图4-11　卡尔顿山
图片来源：作者拍摄

的圆顶建筑是爱丁堡市立天文台。站在山顶西望，爱丁堡城堡巍然矗立，向东可以看到蔚蓝的大西洋。

3. 王子街

王子街是爱丁堡最繁华的街道，店铺林立，全长不过一里，有"全球景色最佳的马路"之称。苏格兰美术馆就在王子街旁。东端尽头是王子街花园，里面屹立着苏格兰著名文学家司各特的纪念塔。在花园的另一块绿地上，伫立着蜚声世界的苏格兰钟，其主要结构设于地下。此钟建于1803年，分针长2.4米，

图4-12　司各特纪念塔
英国旅游局官网 https://www.visitbritain.com/

时针1.5米，钟面直径3.5米，花钟图案由2.4万朵各种鲜花组成，每分钟就有一枝杜鹃花跳出来。据说它是世界上最大、最独特的一座花钟。每到文艺节期间，王子街公园内不时有穿着传统苏格兰裙的艺人演奏风笛。

（三）北爱尔兰

爱尔兰人信天主教，属于凯尔特人，是欧洲大陆第一代居民的子嗣。在英国

统治爱尔兰岛的时期，北方涌进大量的新教徒移民，新教徒后来占人口的多数。

北爱尔兰首府贝尔法斯特，广袤的绿色草原和数不清的青山绿水勾勒出北爱尔兰独有的自然景观，有绿色王国之称。地形中间低平，周围多山，属温带海洋性气候。内伊湖是英国最大的湖泊。

图4-13 巨人之路
图片来源：作者拍摄

1. 巨人之路

巨人之路位于贝尔法斯特西北约80千米处大西洋海岸，由数万根大小不均匀的玄武岩石柱聚集成一条绵延数千米的堤道，1986年联合国教科文组织将其列为世界自然遗产。巨人之路又被称为巨人堤或巨人岬，这个名字起源于爱尔兰的民间传说。爱尔兰巨人芬·麦库尔把岩柱一个又一个地运到海底，以便走到苏格兰去与其对手芬·盖尔交战。当麦库尔完工时，他的对手芬·盖尔决定来到爱尔兰，被麦库尔巨人那巨大的身躯吓坏了。麦库尔的妻子告诉他，这庞然大物还只是巨人的孩子。盖尔匆忙地撤回苏格兰，并毁坏了其身后的堤道，以免麦库尔走到苏格兰。地质学家研究其构造后，发现这道天然阶梯是火山不断喷发，火山熔岩多次溢出结晶而成。由于海浪的冲蚀，石柱群在不同高度被截断，石柱最高者达12米，高低参差不齐，4万多根玄武石柱不规则地排列起来，绵延几千米，气势磅礴，蔚为壮观。这种地形在许多地方也有，但都不及这里壮观。

2. 卡里克索桥

卡里克空中索桥是一座绳索吊桥，坐落于北安特里姆海岸上巴林托伊东部。索桥连接一个小岛。周围景色秀美，地下巨大的洞穴清晰可见，这些洞穴曾经是造船的人用来躲避暴风雨的天然屏障。相传300年前，渔民们搭建了这座索桥到岛上捕捉三文鱼，后来索桥被改建了很多次。索桥跨度约20米，距桥下的岩石30米高。木质的栏杆，两根绳索作为栏杆扶手，脚下则是宽木板连接而成。

图4-14 卡里克索桥
图片来源：作者拍摄

3. 泰坦尼克纪念馆

泰坦尼克纪念馆矗立在贝尔法斯特造船厂旧址上，"泰坦尼克"号巨轮就是在这里设计、建造并下水的。纪念馆闪闪发光的外形寓意被撞的冰川，馆外的广场上看似凌乱的凳子，实际上是一串串摩斯电码——"泰坦尼克"号在沉没前发出的求救信号。2012年"泰坦尼克"号沉没100周年之际，开放了这座博物馆。20多个展馆对"泰坦尼克"号的方方面面都做了详细介绍，重现了船内的各种设施，有按实景还原的头等舱、二等舱、三等舱，餐食等，借助模型、影像展示"泰坦尼克"号船舱内的景象以及沉船的发现探索。

图4-15　泰坦尼克纪念馆
图片来源：作者拍摄

第二节　法国

一、历史文化

法国发现的最早人类遗迹在大约200万年以前。公元前1000年，凯尔特人在法国定居。公元前1世纪，罗马的高卢人总督恺撒占领了全部高卢，从此受罗马统治达500年之久。公元5世纪法兰克人征服高卢，建立法兰克王国。15世纪末到16世纪初形成中央集权国家。17世纪中叶，君主专制制度达到顶峰。1789年法国爆发大革命，废除君主制，并于1792年9月22日建立了第一共和国。1799年拿破仑·波拿巴夺取政权，1804年称帝，建立第一帝国。1848年2月爆发革命，建立第二共和国。1851年路易·波拿巴总统发动政变，1952年12月建立第二帝国。1870年在普法战争中战败后，于1870年成立第三共和国直到1940年6月法国贝当政府投降德国，至此第三共和国覆灭。第一次世界大战和第二次世界大战期间法国遭德国侵略。1944年6月宣布成立临时政府，戴高乐担任首脑，1946年成立第四共和国。1958年9月通过新宪法，第五共和国成立，同年12月戴高乐当选总统。1963年1月22日，戴高乐总统与德国总理阿登纳在巴黎爱丽舍宫签订德法合作协议，它标志着法德两国的最终和解。

法国文化浪漫而自由，是经历漫长的历史沉淀而镌刻到骨子里的生活态度。法国时装在世界上享有盛誉，一直引导世界时装潮流。法国菜风靡世界，法国人喜欢吃蜗牛和青蛙腿，最名贵的菜是鹅肝。

二、自然地理

法国本土面积为543965平方千米，包括海外领土面积为632834平方千米，地中海上的科西嘉岛是法国最大岛屿。法国地势东南高西北低，平原占总面积的2/3。主要山脉有阿尔卑斯山脉、比利牛斯山脉、汝拉山脉等。法意边境的勃朗峰海拔4810米，为欧洲第二高峰。河流最长的是卢瓦尔河，有1010千米，其次是罗讷河，长812千米，塞纳河长776千米。法国本土西部属海洋性温带阔叶林气候，南部属亚热带地中海气候，中部和东部属大陆性气候。大部分地区气候温和、环境优美，是一个适合居住的国家。

三、旅游城市和景点

（一）巴黎

巴黎是法国首都和最大城市，建都1400多年，它不仅是法国，也是西欧的政治、经济和文化中心。巴黎位于法国北部巴黎盆地的中央，横跨塞纳河两岸。广义的巴黎有小巴黎和大巴黎之分。小巴黎指大环城公路以内的巴黎城市内，在古代被称作"法兰西岛"。城区周围的上塞纳省、瓦勒德马恩省、塞纳—圣但尼省、伊夫林省、瓦勒德瓦兹省、塞纳—马恩省和埃松省7个省，组成巴黎大区。

1. 埃菲尔铁塔

埃菲尔铁塔是为纪念法国资产阶级革命100周年而建的。法国人想建造一个超过英国"水晶宫"的博览会建筑，在700多件应征方案中，53岁的亚历山大·古斯塔夫·埃菲尔的方案被选中，他建议造一座高度两倍于当时世界上最高建筑物的铁塔。1887年1月，埃菲尔和法国政府、巴黎市政府签订了合约。埃菲尔的工程公司支付建造总预算160万美元中的130万美元，作为交换，获得在博览会期间和此后20年由铁塔带来的各项收入。之后将把拥有权转交给市政府。铁塔的修建遭到巴黎的文学、艺术、建筑界的精英强烈抗议，但修建没有因此受到影响。铁塔以设计师埃菲尔的名字命名，并在塔下为其塑了一座半身铜像。全塔高320米，分为三层，一层和二层有餐厅、咖啡座等，三层是眺望台，当白天视野清晰时，可从此远眺70千米以外的巴黎近郊地区。由于埃菲尔铁塔建筑复杂，所以至今都要用人工油漆。油漆用专门材料制成，其寿命比一般

图4-16　埃菲尔铁塔
图片来源：作者拍摄

的油漆长。2008年11月26日，铁塔1983年改造时拆卸下来的一段旧楼梯在巴黎苏富比拍卖行以55万欧元的价格成交，创下最高拍卖纪录。每年夏天，铁塔会因受热膨胀而自动升高约17厘米，在天气变冷时，又会自动收缩至正常水平。

2. 巴黎圣母院

巴黎圣母院始建于1163年，是巴黎大主教莫里斯·德·苏利决定兴建的，教堂于1345年全部建成，正面双塔高约69米，后塔尖约90米，建筑总高度超过130米，是欧洲历史上第一座完全哥特式的教堂，它的地位、历史价值无与伦比，在欧洲建筑史上也具有划时代的意义。教堂形体方正，仪态庄严。正面朝西分三层，高69米，底层并排三座桃形大门洞，左为圣母门，右为圣安娜门，中为最后的审判。门上布满了雕饰，描述《圣经》的故事。门卷上是长条壁龛，放置着古犹太和以色列二十八王的雕像。祭坛、回廊、门窗等处的雕刻和绘画艺术，以及堂内所藏的13~17世纪的大量艺术珍品而闻名于世，是古老巴黎的象征。

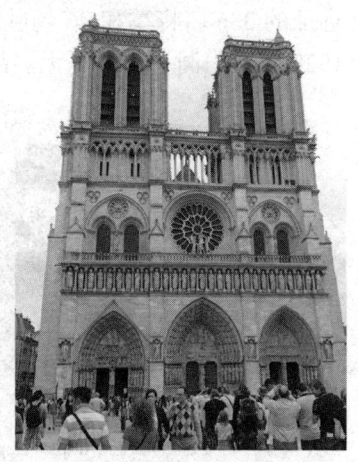

图4-17 巴黎圣母院

图片来源：作者拍摄

18世纪末的法国大革命时期，教堂的大部分财宝都被破坏或者掠夺，后来变成藏酒仓库，直到1804年拿破仑执政时，才将其还为宗教之用。法国著名作家维克多·雨果的小说《巴黎圣母院》出版后，引起很大的回响，许多人都希望修复当时残旧不堪的圣母院。修复计划于1844年开始，工程持续了23年。2019年4月15日晚18时50分许，巴黎圣母院塔楼起火，大火持续了15小时才扑灭，主体建筑骨架和两座钟楼在大火中幸免于难，但圣母院的塔尖坍塌，2/3的屋顶被毁。5月10日，法国国民议会开始审议巴黎圣母院重建法案。

3. 凯旋门

凯旋门是为纪念拿破仑1805年12月在奥斯特里茨战役中打败俄、奥联军而建的，是现今世界上最大的一座圆拱门。19世纪中叶，环绕凯旋门一周修建了一个圆形广场及12条街道，著名的香榭丽舍大道就是其中一条。每条道路有40~80米宽，以凯旋门为中心，向四周辐射，形似星光

图4-18 香榭丽舍大道和凯旋门

图片来源：作者拍摄

四射,被称为"星形广场",凯旋门也称为"星门"。1970年戴高乐将军逝世后,改称为戴高乐将军广场。

凯旋门高达50米,拱门每面都有一幅巨幅浮雕,内容取材于1792~1815年的法国战争史。在凯旋门两面门墩的墙面上,有4组以战争为题材的大型浮雕:"出征""胜利""和平"和"抵抗"。凯旋门的四周都有门,门内刻有随拿破仑远征的386名将军和96场胜战的名字,门上刻有1792~1815年间的法国战事史。1920年在门洞下建立了无名战士墓,每晚燃起长明火。

图4-19 卢浮宫

图片来源:巴黎旅游局官网 https://zh.parisinfo.com

4. 卢浮宫

卢浮宫位居世界四大博物馆之首,以收藏丰富的古典绘画和雕刻而闻名于世,是法国文艺复兴时期最珍贵的建筑物之一。为了保卫北岸的巴黎地区,菲利普二世于1204年在这里修建了一座通向塞纳河的城堡,主要用于存放王室的档案和珍宝。查理五世时期,卢浮宫被作为皇宫,前后居住过50位法国国王和王后。卢浮宫占地约198公顷,宫前的金字塔形玻璃入口是华人建筑大师贝聿铭设计的。

1793年8月10日,卢浮宫正式对外开放,分希腊罗马艺术馆、埃及艺术馆、东方艺术馆、绘画馆、雕刻馆和装饰艺术馆6个部分。卢浮宫有198个展览大厅,拥有的艺术收藏达40万件以上,包括雕塑、绘画、美术工艺、古代东方、古埃及和古希腊、古罗马6个门类,藏有被誉为世界三宝的《断臂维纳斯》雕像、《蒙娜丽莎》油画和《胜利女神》石雕。卢浮宫的展品仅占全部馆藏的1/3,而且还不是全部开放。绘画馆展品最多,藏画就有1.5万件,但平时用以出展的不过2000多幅,因此有幸目睹全部藏品的人寥寥无几。

图4-20 凡尔赛宫

图片来源:巴黎旅游局官网 https://zh.parisinfo.com

5. 凡尔赛宫

凡尔赛宫位于巴黎西南郊外伊夫林省省会凡尔赛镇,是世界五大宫殿之一(北京故宫、法国凡尔赛宫、英国白金汉宫、美国白宫、俄罗斯克里姆林宫)。1624年,法王路易十三买下面积超过40公顷的森林、荒地和沼泽地区修建一座行宫。路易十四、路易十五和路易十六相继为宫殿重新装饰并融会所有的建筑风格。这座建筑如今拥有2300个房间、67个楼梯和5210件家具。建筑群总长580米。法国大革命之后,凡尔赛宫被民众多次洗掠,宫中陈设的家具、壁画、挂毯、吊灯和陈设物品被洗劫一空,门窗也被砸毁拆除。1793年,宫内残存的艺术品和家具均转运往卢浮宫,宫殿沦为废墟,1833年改为历史博物馆,1979年被列入世界文化遗产名录。凡尔赛宫包括皇宫城堡、花园、特里亚农等。凡尔赛宫里500多间大殿小厅,装饰精雕细琢,配有17、18世纪造型的家具和世界各地的珍贵艺术品。镜廊是凡尔赛宫内的一大名胜,全长72米,宽10米,高13米,长廊的一面是17扇拱形窗门,另一面镶嵌着17面镜子,这些镜子由400多块镜片组成,天花板上是勒勃兰的巨幅油画。

6. 协和广场

协和广场在塞纳河北岸,1755年国王路易十五下令营建,历经20年完工。建造之初是为了向世人展示他至高无上的皇权,取名"路易十五广场"。大革命时期,它被称为"革命广场",共和军曾在此广场处决了国王路易十六、皇后玛丽·安托瓦奈特等大约1100名皇室成员及保皇派。1795年改称"协和广场"。广场呈八角形,正中心矗立着一座高23米、有3400多年历史的埃及方尖碑。这座方尖碑是埃及卢克索的底比斯神庙的大门两侧中的一块,是由整块的粉红色花岗岩雕出来的,上面刻满了埃及象形文字,记载着古埃及拉美西斯法老的事迹。1831年埃及总督赠送给法国的,1834从埃及卢克索经历了两年半的海上航行之后运抵法国。广场的四周有8座雕像,象征着法国的8大城市。

图4-21 协和广场
图片来源:https://foursquare.com/

7. 枫丹白露宫

枫丹白露宫是法国最大的王宫之一,位于塞纳河左岸的枫丹白露镇,距巴黎约60千米,是法国古典建筑杰作之一。1981年联合国教科文组织将枫丹白露宫及其花园作为文化遗产被列入世界遗产名录。枫丹白露宫坐落在170平方千米的森林中,风景优美,气候宜人。枫丹白露的法文原义为"美丽的泉水"。当地泉水清冽,12世纪路易七世在泉边修建了城堡,供打猎时休息使用。枫丹白露宫建筑群由一座古堡主塔、统治者陆续修建的宫殿、4个不等

图4-22 枫丹白露宫
图片来源:巴黎旅游局官网 https://zh.parisinfo.com/

形院落和3座各具特色的园林组成,其中常年开放的馆舍有3间文艺复兴大厅、皇帝寝宫及拿破仑博物馆。

从建筑艺术上看,从文艺复兴开始各个时期的建筑风格都在这里留下了痕迹。其中弗朗索瓦一世和亨利四世两朝建树最多。弗朗索瓦一世为文艺复兴艺术所倾倒,请来一批艺术家和能工巧匠,其中以意大利著名画家弗朗西斯科·普利玛蒂乔为首的艺术家们形成了著名的枫丹白露画派。17世纪初,波旁王朝时又形成了第二期枫丹白露画派。这个画派是法意两国艺术交融的结晶。枫丹白露宫被称为18世纪室内装饰博物馆。"舞厅"是宫内最大而且最漂亮的厅,用50幅油画和8组壁画装饰,异常华丽。狄安娜长廊里有描述法国历史的壁画,现存9幅。还有满墙的蓝色、玫瑰色彩画的会议厅和镶嵌128只细瓷画碟的碟子廊等。

(二)卢瓦尔河谷

卢瓦尔河是法国第一大河,最美的一段是中游河谷。英法百年战争时期,法国王室曾经逃到卢瓦尔河谷避难,因此卢瓦尔河谷也被称作"帝王谷"。法国历代的国王、贵族在此打造一座又一座度假用的宫殿,不少古堡都留下了皇室奇闻逸事的传说。这里诞生了现代小说之父拉伯雷。拉伯雷曾说:"生我养我的,正是卢瓦尔河谷这个法兰西花园。"巴尔扎克的《人间喜剧》在这里写成。还有普鲁斯特、笛卡儿等,他们的生活、作品都与河谷分不开。卢瓦尔河谷被誉为法国"皇家后花园"。这里还生产各种物美价廉的葡萄酒。从巴黎出发可以去卢瓦尔河谷一日游。

图4-23 舍农索城堡

图片来源:巴黎旅游局 https://zh.parisinfo.com/

1. 舍农索城堡

舍农索城堡是卢瓦尔河谷所有古堡中最富浪漫情调的一座,许多新人都选择在这里举行婚礼。城堡建筑风格混合了哥特式建筑与早期文艺复兴式风格,极具文艺复兴时期的奢华优雅风格。这里曾经居住过多位国王的爱妃和贵妇人,因此有很多与古堡相关的逸事。最著名的"传说"是亨利二世的爱妾黛安娜和王妃卡特琳娜之间争风吃醋的故事。城堡左右两翼分跨卢瓦尔河支流察尔河,中间由五孔廊桥相连,被誉为"停泊在察尔河上的船"。水上城堡之说也由此而来。

2. 香波堡

香波城堡亦被称为香波堡,是卢瓦尔河谷所有城堡中最大的一个,有500多年的历史。当地人喜欢把它和舍农索城堡封为法国古堡里的一王一后。香波堡与周围的森林、河道、村镇共同组成了尚博尔国家领地,440公顷土地和32千米长的围墙，是欧洲最大的封闭式公园。

香波堡兴建于弗朗索瓦一世，城堡内共有440个房间，84处楼梯，光烟囱就有365个。香波堡的建筑风格结合了法国传统的建筑艺术和意大利文艺复兴的影响，被法国人视为国宝。1981年，香波堡列入了世界遗产名录。香波城堡长宽各有100多米，气势磅礴。中间是正方形的主堡，两侧为四个圆锥形的巨大角楼。中心位置是著名的"双螺旋楼梯"，这种楼梯有两组独立而又相互交错的栏杆，同时上下楼梯的人，可以相互看见，而不会碰面。从这座楼梯可以登上城堡露台，香波堡四周河道环绕，背靠大森林，面倚大花园，露台是观赏庭园景色及表演的绝佳地点。

图4-24　香波堡

图片来源：巴黎旅游局 https://zh.parisinfo.com/

3. 舍韦尼城堡

舍韦尼城堡砖石洁白无瑕，建筑风格对称，设计比例协调均匀，是17世纪古典主义的代表。这座命名为"魔宫"的建筑是卢瓦尔河谷地区家具装饰最精美的城堡，其丰富的遗产，完备的家具，精致的装饰令人叹为观止。漆木镶板、藻井、格调清新的挂毯和大师笔下的油画，都完好地保存了下来，使宫殿内部显得威严豪华。

图4-25　舍韦尼城堡

图片来源：巴黎旅游局 https://zh.parisinfo.com/

（三）尼斯

尼斯最早被称作"Nike"，希腊语里"胜利"的意思，40万年前，尼斯就有人类活动遗迹。公元前500多年被希腊帝国统治。随后几个世纪，被意大利统治，160年前尼斯归属法国。尼斯位于法国东南部地中海沿岸，市区北部为阿尔卑斯山的东南边缘。南侧则为地中海，城镇沿海岸线呈带状分布，海岸线曲折复杂。尼斯是仅次于巴黎的法国第二大旅游城市，是地中海沿岸重要的港口，也是法国大陆距离科西嘉岛最近的一个大型码头，每天有无数游轮连接科西嘉以及地中海沿岸。尼斯属于典型的地中海气候带，全年气候温和，阳光灿烂，是欧洲乃至全世界最具魅力的海滨度假胜地之一，被称为"世界

图4-26　尼斯海岸

图片来源：作者拍摄

富豪聚集的中心"。

尼斯每年有许多盛大的节日，如赛花节、帽子节、五月节等，尼斯狂欢节是最具吸引力的一个，每年的2~3月，尼斯会举行近3周的狂欢活动，包括花车游行、放烟火、化装舞会等系列活动，热闹非凡。尼斯最著名的7千米长的海边大道被称为"英国人散步大道"，因为19世纪的土豪大多来自于大英帝国。他们每年都会来地中海沐浴阳光。

1. 尼斯老城

老城区位于尼斯加里波第广场与尼斯湾之间的城堡山下，是一片面积不大的古老街区。由于被古希腊和古罗马交替统治，老城具有意大利式的生活气息和情调，街道纵横，道路起伏，除了居民楼房和餐厅，还有教堂、歌剧院、法院等历史建筑。尼斯老城保存完好，街上的教堂则大都是17世纪的巴洛克建筑。尼斯曾一直是欧洲王公贵族的度假天堂，当年有500多名俄国贵族居住在尼斯，以至于沙皇特意修建了相当规模的东正教教堂。

图 4-27 尼斯
图片来源：作者拍摄

2. 天使湾

法国尼斯天使湾是世界三大海湾之一，也是闻名世界的最美丽、最浪漫的海湾。天使湾紧邻英国人漫步大道，因形似天使的翅膀而得，海水蓝得像蓝宝石，使得天使湾具有独特的魅力。尼斯的海滩都是由鹅卵石铺成的。城堡山是古希腊人修筑的要塞，位于尼斯湾岸边的一座不高的山顶上。城堡山观景台是观赏天使湾的最佳地点。

图 4-28 天使湾
图片来源：作者拍摄

（四）圣马洛

圣马洛在法国布列塔尼伊勒—维莱讷省，1000多年以前曾是凯尔特公国的领地，1532年被法国所吞并，该城市最著名的是古时用于抵御海盗的城墙，海浪拍岸的海滩，以及保存完好的中世纪古城。圣马洛是布列塔尼半岛最热门的观光旅游目的地。布列塔尼半岛集壮观的海岸线、古城风光、岛屿景色和内陆森林风景为一体。圣马洛海水热疗中心是法国最知名的海水热疗中心之一。

1. 圣马洛湾

17世纪和18世纪时，圣马洛港是重要的海港。附近潮差一般7~8米，春秋季可达 15 米，这里也是世界潮水最高的地区之一。每天高达 10 多米潮汐落差及强劲北大西洋洋流，不但确保了海水的纯净，而且该海域孕育了超过 800 种的藻类，拥有丰富的微量元素及养分。在 160 年前，人们就发现圣马洛海湾的海水能够治疗呼吸系统的鼻炎、鼻塞、哮喘等疾病。当地海水资源受到法国卫生部和法国水务部门监管，确保其海水品质。

图 4-29　圣马洛海湾
图片来源：https://www.ville-saint-malo.fr/

2. 圣米歇尔山

圣米歇尔山是天主教除了耶路撒冷和梵蒂冈之外的第三大圣地。圣米歇尔山在法国北部诺曼底和布列塔尼之间的海面上，海拔约 80 米。708 年，阿夫朗什镇主教奥伯特遇大天使米歇尔显灵，并在其脑颅上点开一个洞。于是奥伯特在岛上最高处修建一座小教堂，奉献给大天使米歇尔，成为朝圣中心。教堂塔楼与中殿是典型的罗马式建筑，因为教堂高耸于圣米歇尔山顶，不久便被雷电击

图 4-30　圣米歇尔山
图片来源：巴黎旅游局 https://zh.parisinfo.com/

中，引起大火，而且平均每隔 25~30 年岛上就会发生一次大火灾。1204 年，法兰西将诺曼底吞并后，圣米歇尔被人纵火焚烧，完全烧毁。1211 年法国国王菲利浦二世耗时 17 年修建圣米歇尔修道院，以此来向大天使米歇尔及被焚毁的修道院赎罪。至今圣米歇尔修道院仍被公认为是中世纪哥特式建筑的典范。圣米歇尔山四面环海，在每年潮水高涨之际，四周都会被海水淹没，唯有一条路通向圣马洛。

（五）斯特拉斯堡

斯特拉斯堡是法国东北部城市，虽远离海岸线，但仍受到北大西洋暖流的影响，属于非典型性的温带海洋性气候。夏季较热，偶有极端高温；冬季寒冷且漫长，降雪较多。斯特拉斯堡历史悠久，从最初的凯尔特，再到高卢、日耳曼以及后来的法兰克、查理曼，经历多个民族的活动。19 世纪中叶开始逐渐成了德法长期争夺的焦点。1871 年该市并入德意志帝国，在此期间，斯特拉斯堡得到了重建，并新建了一个豪华的新城。第一次世界大战中德国被击败，根据《凡尔赛条约》，斯特拉斯堡被重新划入法国。第二次世界大战期间，1940 年法国沦陷以后，该市再次并入德国。1945 年，法国军队再次开进斯特拉斯堡，其又成为法国领土。因而该市在语言和文化上兼有法国和德国的特点，是这两种不同文化的

交会之地。1979年，斯特拉斯堡成为欧洲议会的所在地，每个月只在斯特拉斯堡举行4天会议，其他事务在布鲁塞尔处理。

1. 小法兰西

莱茵河流经斯特拉斯堡东部，距市区大约有2千米的距离。其支流伊尔河由西南流向东北，在市中心形成一个大岛，即小法兰西，之后流向市区北部。小法兰西1988年被列入世界遗产名录。"小法兰西"的名字是德国人为了贬损法国人而取的称号。17世纪，梅毒一度在此流行，染病者聚集在此地疗养，德国人指称这种病是法国人惹来的，因此把这个地区取名为"小法兰西"。该区在第二次世界大战期间曾被完全摧毁，战后重建。市内还有多条人工开凿的水道，很多至今仍在使用当中。

图4-31 小法兰西

图片来源：斯特拉斯堡旅游局官网 https://www.visitstrasbourg.fr/

2. 斯特拉斯堡圣母大教堂

法国知名作家雨果曾以"集巨大与纤细于一身令人惊异的建筑"来形容这座教堂。教堂内有一个1层楼高的天文钟，自1547年开始运作，每隔15分钟有孩童、青年、成人及老人代表人生4个阶段的雕像出现，每一整点就有死神提着斧出来报时，至今准确无误，到中午12：30左右，还会鸣钟以乐声报时。教堂正门以耶稣事迹"最后的审判"为题的浮雕。尖塔高142米，需要攀登332级台阶才能抵达塔顶，全城景致可一览无余。

图4-32 斯特拉斯堡圣母大教堂

图片来源：斯特拉斯堡旅游局 https://www.visitstrasbourg.fr/

第三节 爱尔兰

一、历史文化

爱尔兰共和国简称爱尔兰，绿树成荫，河流纵横，素有"翡翠岛国"之称，又有"绿岛"和"绿宝石"之称。爱尔兰人属于凯尔特人，1169年开始遭到英格兰入侵，1541年起英王成为爱尔兰国王。1916年都柏林爆发了反抗大英帝国殖民统治的复活节起义，1921年12月6日，双方签订《英爱条约》，英被迫允许爱南部26郡成立爱尔兰自由邦，但北部6郡仍属英国，成为现在的北爱尔兰。1937年爱尔兰宣布成立共和国并独立，但仍留在英联邦内，1948年12月21日脱离英联邦，并通过宪法成为永久中立国。

爱尔兰人口中，80%以上是爱尔兰人，其余主要是英格兰人和苏格兰人等。爱尔兰语属于凯尔特语族，与同语族的苏格兰盖尔语、威尔士语密切相关，至今还有不少相通之处。竖琴是爱尔兰典型的传统乐器，其造型被选作为爱国徽标志，昭示了音乐在爱尔兰所占据的极为重要的地位。1995年，爱尔兰公民投票以50.28%的得票率决定废止一项延续了58年的《禁离婚法》。爱尔兰人喜爱绿色，忌用红白蓝色组合。

二、自然地理

爱尔兰西临大西洋，东靠爱尔兰海，领土面积为70280平方千米，是北美通向欧洲的通道。爱尔兰境内中部为平原，多湖泊和沼泽，平均海拔100米左右。国土由中部平原和环列四周的滨海山构成，形似一个边缘陡峭的盆地，南北高中间低。中部平原占全国总面积的一半以上，是河、湖纵横的低地，被茂盛的森林覆盖，绿地遍野。西南沿海悬崖陡峭、怪石嶙峋。山中多洞穴、暗流；滨海山地久经侵蚀，山体为宽谷分割。爱尔兰的海岸线长3000多千米，其东部海岸比较平直，缺乏天然良港。西部与南部的海岸线犬牙交错，极富变化，沿岸多良港。受墨西哥湾暖流的影响以及大西洋盛行西南风的作用，爱尔兰气候温和湿润，属海洋性温带阔叶林气候，草场和牧场约占全国总面积的80%。长年多雨，晴朗天气约占全年1/5的时间，四季不明显。

三、旅游城市和景点

（一）都柏林

都柏林原意指城堡边的"黑水池塘"，是爱尔兰的首都，政治、经济、文化、旅游和交通中心。都柏林在17世纪时迅速扩张，并成为当时英国仅次于伦敦的第二大城市。都柏林是温暖的海洋气候，冬天温和，夏天凉爽，没有极端温度，没有高降水量。都柏林横跨利菲河，是一座文化之都，有众多大学、科学院、美术馆，有欧洲最古老的图书馆。这里出生并成就了许多著名的文学家，如叶芝、王尔德、萧伯纳等。世界各地众多科技公司在都柏林发展，仅美国公司就超过600家，包括Google、Amazon、Facebook等，有"欧洲硅谷"的称号。

图4-33 半便士桥

图片来源：爱尔兰旅游局官网 https://www.discoverireland.cn/

1. 半便士桥

半便士桥的正式名称叫作威灵顿桥，它横跨利菲河，于1816年对外开放。当桥建成以后，行人过桥必须交纳半便士的过桥费，所以才有"半便士桥"的称谓。这座桥是那时能横跨利菲河的唯一一座人行桥。

2. 圣帕特里克大教堂

圣帕特里克大教堂位于利菲河南岸西侧，坐落在市区基督教起源最古老的地方，据说圣帕特里就在这里的一口古井受洗并皈依于基督教。最早的圣帕特里克大教堂建于450年，其后经过几度改建。1181年，英王亨利二世开始兴建圣帕特里克大教堂，一直持续到14世纪末。西侧的钟塔，是在1370年整修时加上的，至今收藏着全爱尔兰最大的钟。在这间教堂中，除了有早期凯尔特人的墓碑以外，还有在爱尔兰历史中的重要人物，包括爱尔兰第一任总统，圣帕特里克大教堂的重要性相当于英国的威斯敏斯特修道院。

3. 圣三一学院

圣三一大学正式名称为"伊丽莎白女王在都柏林附近神圣不可分割的三一学院"，圣三一大学与牛津大学、剑桥大学一样实行学院制，然而其下只有一所三一学院，故通常被称为圣三一学院。1592年英国女王伊丽莎白一世下令参照牛津、剑桥大学模式为爱尔兰兴建的一所世界级研究型大学。三一大学是爱尔兰最古老的大学，其中生物医学、计算机科学、古典研究等处于世界领先地位，为欧洲著名大学联盟科英布拉集团成员之一。大学的老图书馆藏有大量的珍贵著作，其中由修道士于9世纪完成的《凯尔特经典》极为珍贵。这部书源于中世纪早期教会发展的黄金时期，以拉丁文写成，是爱尔兰古代历史上完美的手写巨著，记述了当时的宗教、文化、艺术等发展情况，其中包括耶稣、圣母与圣子、圣约翰和圣马休的肖像插图。

图4-34 圣帕特里克大教堂

图片来源：https://mapcarta.com/

图4-35 圣三一学院

图片来源：作者拍摄

4. 健力士啤酒展览馆

健力士黑啤是爱尔兰的国宝。健力士源于家族名,历经250年终成为一个世界闻名的黑啤品牌。啤酒展览馆落成于1904年,占地约25公顷,整体建筑由钢筋铸成,共有8层楼,系统地介绍了健力士的企业文化。一楼可以品尝纯正的黑啤;二楼现场展示了健力士黑啤的酿造过程;三楼是健力士黑啤广告展,有招贴画、音像制品。

图4-36 健力士啤酒展览馆
图片来源:https://foursquare.com/

5. 都柏林城堡

都柏林城堡位于过去维京人以利菲河为战略据点的要塞上。1204年,英格兰约翰王建造一座都柏林城,作为英格兰在爱尔兰的基地,用以储藏他的珠宝和其他财产。都柏林城堡的建筑风格和规模在当时堪称欧洲之最。古城堡大部分在1684年的大火中烧得几乎面目全非,现存的城堡大半都是建于18世纪,英国重修了城堡用作对爱尔兰进行统治的权力机构。城堡内现

图4-37 都柏林城堡
图片来源:https://pixabay.com/

有的老建筑大部分是建于18世纪的遗留物。这座城堡式的建筑四周是高高的围墙,正门有吊桥。厚厚的石头外壁,中间是古堡大厅。现在城堡内部的国宴厅、两个博物馆、咖啡厅和花园可供游客参观。城堡每个房间都设计独特,并有不同的功能。

(二)高威

高威是爱尔兰第四大城市,坐落于爱尔兰西海岸,与都柏林隔江相望,人口约7万。高威是著名的旅游胜地,曾被爱尔兰著名诗人济慈描述为"西部的威尼斯"。高威是爱尔兰的文化中心、旅游中心和贸易中心,被誉为爱尔兰的"文化首都"和"西部之都"。高威国际艺术节是高威市夏季最重要的节日之一,每年的7月中旬举办。来自全欧洲乃至全世界的艺术文化资深爱好者都欢聚在此,大街小巷、公园转角甚至大学校园都能成为国际艺术节的举办单位,艺术表现形式和流派多样化。整座城市都被艺术熏陶浓浓地包裹着。从火车站步行10分钟可以到达西班牙拱门,在科里布河东岸,是高威古城墙的一部分,是一个16世纪城墙堡垒的剩余部分,现在由高威城市博物馆拥有。

1. 莫赫悬崖

莫赫悬崖虽位于爱尔兰克莱尔郡境内，但更多时候，人们会把它和高威联系在一起，距离高威只有约 1 小时车程。莫赫悬崖是欧洲最高的悬崖，在爱尔兰岛中西部的最边缘，面向浩瀚的大西洋，以奇险闻名。莫赫悬崖是地壳变动和大西洋无数年海浪冲击的杰作，整个海岸如同是被斧劈剑凿一样，险峻笔直。悬崖高出大西洋 120 米，最高达到 214 米，黑色的悬崖沿着克莱尔郡海岸延伸 8 千米。布莱恩塔在莫赫悬崖靠近最高点的岬角之上，被认为是悬崖的最佳观景点。

图 4-38　布莱恩塔

图片来源：爱尔兰旅游局官网 https://www.discoverireland.cn/

2. 高威大教堂

高威大教堂全名叫"天国圣母和圣尼古拉斯大教堂"，是欧洲最年轻的石头教堂。教堂在城市监狱遗址上于 1958 年开始建造，1965 年建成，主祭圣母升天和圣尼古拉。这座天主教堂是高威最大、最具有影响力的建筑。高威大教堂演奏会是爱尔兰首屈一指的夏季音乐会系列之一。

图 4-39　高威大教堂

图片来源：https://pixabay.com/

3. 凯利莫尔修道院

凯利莫尔爱尔兰语意为"大森林"。这座始建于 1852 年的哥特式风格建筑，是由城堡改建的修道院。在这座依山傍水的修道院里藏着一段凄美浪漫的爱情故事。城堡最初主人是一位叫米切尔·亨利的英国商人，亨利和妻子的蜜月旅行就是前往修道院所在的"凯利莫尔"这个地方，亨利的妻子非常喜欢这里。若干年后亨利在凯利莫尔买了 6000 公顷的土地，在湖边建了这座城堡，作为礼物送给了他妻子。后来他的妻子因病去世，由于过度悲伤和寂寞，亨利返回到了英国。城堡被关闭了 17 年。1920 年，凯利莫尔城堡被来自比利时的本笃会修女们买了下来，城堡也因此改名为凯利莫尔修道院，也成了爱尔兰最古老的本笃会修道院。

图 4-40　凯利莫尔修道院

图片来源：凯利莫尔修道院官网 https://www.kylemoreabbey.com/

第四节 荷兰

一、历史文化

荷兰王国简称尼德兰/荷兰，是由荷兰、阿鲁巴、库拉索和荷属圣马丁4个构成国组成的君主立宪制的复合国，是以荷兰本土为核心的主权国家。荷兰政府的权力仅限于国防、外交、国籍和引渡，除了上述权力以外，各构成国皆有完全的自主权和自治权。荷兰是世界有名的低地国家。首都设在阿姆斯特丹，但是其中央政府、国王居住办公地、所有的政府机关与外国使馆、最高法院和许多组织都在海牙。荷兰在1648年以前先后受到哈布斯堡王朝、罗马帝国和西班牙的统治，1581年成立荷兰共和国，1648年西班牙正式承认其独立。17世纪时达到鼎盛时期，成为当时世界上最强大的海上霸主，曾被誉为"海上马车夫"。1815年成立荷兰王国，1848年确立君主立宪政体。

荷兰官方语言是荷兰语，和英语很像，英语、德语、荷兰语同属印欧语系日耳曼语族西支。荷兰是世界上人口密度最高的国家之一。荷兰国歌《威廉颂》是世界上第一首国歌。荷兰是一个高度发达的资本主义国家，以海堤、风车、郁金香和宽容的社会风气而闻名，是全球第一个同性婚姻与安乐死合法化的国家。荷兰人在沙质地上种植马铃薯，并发展薯类加工，世界种薯贸易量的一半以上从这里输出。花卉是荷兰的支柱产业。荷兰共有1.1亿平方米的温室用于种植鲜花和蔬菜，有"欧洲花园"的称号，花卉出口占国际花卉市场的40%~50%，还有着"郁金香王国"及"风车之国"之称。

二、自然地理

荷兰国土总面积41864平方千米，位于欧洲西偏北部，是著名的亚欧大陆桥的欧洲始发点，沿海有1800多千米长的海坝和岸堤，海岸线长1075千米。受大西洋暖流影响，荷兰属温带海洋性气候，冬暖夏凉。低平是荷兰地形最突出的特点，"荷兰"在日耳曼语中叫尼德兰，意为"低地之国"。除南部和东部有一些丘陵外，绝大部分地势都很低，1/4的土地海拔不到1米，1/4的土地低于海面，部分地区甚至是由围海造地形成的，比如弗莱福兰省的大部分地区。13世纪以来共围垦约7100平方千米的土地，相当于荷兰陆地面积的1/5，如今荷兰国土的18%是人工填海造出来的。

风车、木鞋、奶酪、郁金香号称荷兰四宝,而木鞋又位于四宝之首。荷兰光照期短、地势低洼,这使荷兰人不得不穿上敦实的木鞋对付潮湿的地面,下地干活、庭院劳作乃至室内打扫都穿不同样式的白杨木鞋。后来,荷兰人把木鞋制作发展成一门半机械操作的工艺,木鞋也就成为特色产品和旅游纪念物。

三、旅游城市和景点

(一)阿姆斯特丹

阿姆斯特丹是荷兰首都及最大城市,人口约110万。13世纪时,人们曾在附近阿姆斯特尔河上建筑水坝,阿姆斯特丹是"阿姆斯特尔水坝"的意思。后来由于贸易的发展,阿姆斯特丹一跃而成为世界上重要的港口,现为欧洲第四大航空港(前三大分别为伦敦、巴黎、法兰克福)。阿姆斯特丹经历了从渔村到大都市的发展过程,从一定程度上讲,它的历史也是荷兰历史的一个缩影。第二次世界大战后,阿姆斯特丹城市迅速发展,战前的犹太人聚居区逐渐被拆除。此举激怒了一部分市民,引发了"新广场骚乱",街道的拆除扩建被终止。与此同时,城市中心的旧貌被大量地恢复,并成了城市历史保护区。这里许多建筑被划为文物。荷兰的主要交通工具除了船、公交车、私车,还有自行车。阿姆斯特丹的路比较狭窄,开车反而不如骑车方便,经常可以看到有西装革履的人骑车上班。

1. 凡·高博物馆

凡·高博物馆建于1973年。但近几十年,凡·高的名气越来越大,每年参观人数过百万,原有的场地捉襟见肘。新展馆于1997年破土动工,于1999年6月24日正式对外开放。博物馆收藏有凡·高黄金时期最珍贵的200幅画作(占其作品的1/4),如《向日葵》与《罂粟花》、有耳朵的和没有耳朵的自画像,以及他生命中最后一年中所创作的四幅油画,但那幅著名的《繁星之夜》不在此处。博物馆共藏有

图4-41 凡·高博物馆
图片来源:荷兰旅游局官网 https://www.holland.com/

600多件绘画作品,凡·高的几乎全部书信,有凡·高和弟弟提奥收藏的日本浮世绘和其他一些画家的作品,比如高更和劳特雷克笔下的凡·高肖像,高更和贝尔纳的自画像。2013年9月,凡·高美术馆宣布新发现一幅凡·高的作品《蒙玛茹尔日落》,这是其建馆40年来首次发现凡·高真迹。

2. 阿姆斯特丹运河带

阿姆斯特丹运河带有400年历史,由160多条运河、1281座桥梁构成,长

75千米。运河网连接了100多座岛屿，是当之无愧的"水城"。阿姆斯特丹以中心火车站为圆心，经由弧形绅士运河、国王运河、王子运河和最外面的辛厄尔运河层层铺开，其主要景点集中在大约1.5千米半径的运河带中。坐船巡游是欣赏阿姆斯特丹水景的最好方式，透过玻璃船顶和玻璃窗欣赏到两岸17世纪色彩斑斓、形状各异的建筑。这座城市最重大的庆祝活动，如国王节，都会在运河上举行。

图4-42　运河游船
图片来源：荷兰旅游局 https://www.holland.com/

3. 阿姆斯特丹王宫

阿姆斯特丹王宫位于水坝大道广场的西侧，正对着战争纪念碑。1648年由亚寇·望·康朋设计而成，兴建时是作为阿姆斯特丹市政府使用。1655年7月20日揭幕，至今已有360多年的历史，是荷兰王国的四座王宫之一。1808年，拿破仑成为荷兰王，直到两年后退位之前这里一直都被作为王宫来使用。

图4-43　阿姆斯特丹王宫
图片来源：荷兰旅游局官网 https://www.holland.com/

法国占领期间，拿破仑的弟弟路易·波拿巴将这里改成了王宫，但是荷兰王室并不居住在此。王宫的正面严整方正，五楼窗顶上的三角眉形雕刻是阿姆斯特丹受海神和海精包围的繁荣景象，与外观相配合的是屋上圆顶八角形塔建筑。王宫的石砌地基由埋于地下14~16米的13659根木桩支撑，在木桩上用石块砌成地基，然后在地基上建造楼房，因此被称为世界第八大建筑奇观"木桩上的宫殿"。王宫有时作为国家首脑的接待场所，夏天对外开放。

4. 库肯霍夫公园

库肯霍夫公园位于阿姆斯特丹近郊盛产球根花田的小镇利瑟，是世界上最大的郁金香公园，也是每年花卉游行的必经之路，数次荣获欧洲"最具价值旅游景点"奖。库肯霍夫公园占地达28公顷，内郁金香的品种、数量、质量以及布置堪称世界之最。公园的周围是成片的花田，园内由郁金香、水仙花、风信子，以及各类球茎花构成一幅幅的画卷。据说园中各种花卉达600万株以上，还有很多难得一见的珍稀品种。每年的春天，这里都将举行为期

图4-44　库肯霍夫公园
图片来源：荷兰旅游局官网 https://www.holland.com/

八周左右的花展，同时还安排园艺与插花等的工作坊、各种主题的展览等。这里最让人瞩目的活动是花帽的展览，展出花卉在帽子设计方面的运用。

5. 桑斯安斯风车村

桑斯安斯风车村位于阿姆斯特丹以北15千米。250年前，这片土地上矗立着800多座风车，风车由于承担的任务不同，形态也各不一样，在风车村里可以看到各式各样的风车。现在仍然有5座风车在以传统方式运作，分别用于锯木、榨油、磨染料、磨芥末粉和提水。在5座风车中，有3座向游人开放。风车村内的博物馆包括木鞋制造厂、白蜡制造厂、面包房、奶酪和乳制品作坊以及有着100多年历史的杂货店。

图4-45 桑斯安斯风车村
图片来源：作者拍摄

（二）海牙

海牙位于荷兰西南部海岸南，是荷兰省的省会，是荷兰第三大城市，在阿姆斯特丹和鹿特丹之后，面积约100平方千米。海牙一直是荷兰的政治中心。所有的政府机关与外国使馆都位于此，最高法院和许多组织如荷兰城市自治协会VNG也都在此办公，荷兰国王和皇室成员的官邸也在这里，因此海牙是荷兰的"皇家之城"。海牙有铁路通往德国鲁尔区、布鲁塞尔和巴黎，与阿姆斯特丹和鹿特丹机场之间距离不到1小时汽车路程，与英国沿海城镇通轮渡。位于市内西北部的席凡宁根，是荷比卢三国最受欢迎的海旁城镇，附近的斯赫维宁根是荷兰最大社海滨浴场之一，从海牙市内搭公共电车只需10分钟，就可抵达席凡宁根海岸的休闲区。

1. 和平宫

和平宫位于海牙市郊，是联合国国际法庭、国际法图书馆和国际法学院的所在地，建于1907~1913年，主要来自于美国"钢铁大王"卡内基的捐资兴建。这座宫殿之所以被命名为和平宫，是为了表达它对解决争端和维持世界和平的重要性。各个国家纷纷捐赠礼品，象征着每个国家共同致力于和平事业。我国赠送的是4个红木底座的景泰蓝大花瓶。1946年，国际法庭第一次开庭。这个法庭也作为联合国的司法机构，解决其成员国之间的争端，同时也是战争罪行的审判地点。和平宫内

图4-46 和平宫
图片来源：荷兰旅游局官网 https://www.holland.com/

的国际法图书馆是世界上藏有法律书籍最全最多的图书馆之一。

2. 国会大厦

海牙国会大厦建于 13 世纪，是一个砖结构建筑，左右各有一座塔。1585 年成为国会所在地，并成为荷兰的政治中心。因为建成后一直作为荷兰伯爵的居所，置身其中，完全感受不到国会建筑的肃穆，倒像是参观一座历史悠久的古堡。国会大厦的中央是骑士厅，精致的室内装饰配合各省旗帜和描绘着荷兰城市的彩色玻璃窗。自 1904 年起，女王的年度演说、国会开幕、官方接待以及国会内部会议都在这里召开。

图 4-47 国会大厦

图片来源：https://www.holland.com/

3. 马德罗丹微缩城

马德罗丹微缩城位于海牙西北部市郊，占地面积约 1.8 万平方米，是一座微缩城市，是 1952 年为纪念战争和反战英雄乔治·马德罗而建立的，他于 1945 年 2 月 9 日在集中营中逝世。马德罗丹是荷兰的缩影，拥有真正的灯塔，两座巨大的堤防，阿克马的乳酪市集、和平宫、水坝广场的王宫，还有阿姆斯特丹和台夫特运河沿岸的房舍等著名的荷兰景观。所有的复制品都以 1∶25 的比例模仿实体建造。但马德罗丹又按一个城市进行规划，各个建筑物的布局非常合理。"微型城市"有自己的城徽，市长由当今荷兰女王碧雅翠克斯担任，市议会议员由海牙 30 名小学生组成。1972 年，马德罗丹被荷兰城市联盟接纳为正式成员，成为世界上最小的城市。夜幕降临时，微缩城建筑物上的 5 万只灯泡一齐点亮，园内星光闪烁，犹如梦幻仙境中。

图 4-48 马德罗丹微缩城

图片来源：https://pixabay.com/

（三）阿克马

阿克马位于阿姆斯特丹以北 40 千米处，是荷兰最著名的传统奶酪交易市场。早期，拥有具权威性的度量衡工具不是件容易的事，阿克马却在 1365 年便有乳酪磅秤。现

图 4-49 奶酪交易市场

图片来源：荷兰旅游局官网 https://www.holland.com/

在每年这里的乳酪交易量不过是 20 世纪初的 10%。乳酪市场吸引人的地方在于磅秤前的广场上,一群穿着传统服饰,负责搬运、称重的乳酪搬运工穿着白衬衫、白长裤以古法进行工作,另一旁身着白袍的老督察员则拿起乳酪检查。如此反复,乳酪被盖上标明制造厂、重量、日期的印章。经过督察员鉴定的乳酪就可以进行交易。

(四)羊角村

羊角村有"绿色威尼斯"之称,名称得于当时一群挖煤工人在每日的挖掘过程中,除了煤,还挖出许多"羊角",经过鉴定确认这些羊角应该是一批生活在 1170 年左右的野山羊。因此,便将那里称作羊角村。这里土壤贫瘠且泥炭沼泽遍布,除了芦苇与薹属植物外,其他植物不易生长,但是地底下的泥煤资源很多。居民为了挖掘出更多的泥煤块不断开凿土地,形成一道道狭窄的沟渠。后来,居民为了使船只能够运送物资,将沟渠拓宽,而形成今日运河湖泊交织的美景。这里房子的屋顶都是由芦苇编成、冬暖夏凉、防雨耐晒。

图 4-50 羊角村

图片来源:荷兰旅游局官网 https://www.holland.com/

第五节 比利时

一、历史文化

比利时王国简称比利时,位于欧洲西部沿海。古代凯尔特人和比利其人在此居住。后长期被罗马人、高卢人、日耳曼人分割统治。14~15 世纪归属勃艮第公国,后被西班牙、奥地利、法国统治,1815 年并入荷兰,1830 年 10 月 4 日独立。比利时是世界十大商品进出口国之一,全国 GDP 的大约 2/3 来自出口。比利时拥有极其完善的港口、运河、铁路以及公路等基础设施。比利时是欧盟和北约创始会员国之一。

比利时无论是地理上还是文化上,都处于欧洲的十字路口。比利时官方语言为荷兰语、法语和德语。比利时北部弗拉芒地区主要讲荷兰语,南部瓦隆地区主要讲法语,东部列日省的东部地区有人讲德语,不过数量非常少。国土面积虽不大,但各具特色的旅游景点遍布全国。

二、自然地理

比利时海岸线长 66.5 千米。全国面积 2/3 为丘陵和平坦低地，最低处略低于海平面。西部平原地势平坦，河流众多，灌溉充分，东部为阿登山脉，地形升高，森林覆盖率较高。主要河流有马斯河和埃斯考河，属比利时受沿岸流经的北大西洋暖流的影响，属温带海洋性气候，全年温和多雨，气候湿润。比利时拥有长达 65.5 千米的海岸线，宽阔的海滩上布满细沙，著名的阿登山高地的丘陵和森林是冬季滑雪的好地方，斯巴是有名的矿泉水产地和温泉疗养地，南部的山城那慕尔有许多别具风格的城堡。

三、旅游城市和景点

（一）布鲁塞尔

首都布鲁塞尔 87% 的居民讲法语，13% 讲荷兰语，外籍人口约占 1/4，是比利时最大的城市，也是欧盟的主要行政机构所在地。欧盟三个主要的机构当中，欧盟委员会和欧盟部长理事会位于布鲁塞尔，另一个重要机构欧洲议会在布鲁塞尔也有分处，所以它有欧洲首都的美誉。北大西洋公约组织的总部也设在布鲁塞尔。另有 200 多个国际行政中心和超过 1000 个官方团体在此设有办事处。每年有众多国际会议在此召开。

图 4-51 布鲁塞尔广场
图片来源：作者拍摄

1. 布鲁塞尔广场

布鲁塞尔广场，建于 12 世纪，广场地面用花岗石铺就，四周的建筑物多为中世纪所建的哥特式、文艺复兴式、路易十四式等建筑形式，其建筑风格各异，使人有宛如置身于中世纪之感。大广场是布鲁塞尔举行重要活动的地方，皇帝和国王在此祭祀。每隔两年的 8 月，市政府都要在大广场举行为期 4 天的"鲜花地毯节"，展出世界上较大的人造"鲜花地毯"。广场的右侧是独具风格、雄伟恢宏的布鲁塞尔市政厅。法国作家维克多·雨果曾居住在市政厅对面餐厅的二楼。广场一侧有一座 5 层的建筑物，那就是著名的天鹅咖啡馆，

图 4-52 天鹅餐厅
图片来源：作者拍摄

又名天鹅餐厅，是当年马克思和恩格斯曾经生活过的地方，著名的《共产党宣言》就在这里写成。矗立在广场周围的还有 17 世纪各种职业行会会址、公爵官邸、中世纪时代的石质建筑、路易十四的行宫等素负盛名的建筑物。1998 年联合国教科文组织将布鲁塞尔大广场作为文化遗产列入世界遗产名录。

2. 小于连

小于连又译尿尿小童、撒尿小孩，是布鲁塞尔的市标。这座闻名于世的小男孩铜像坐落于布鲁塞尔广场边的步行街上。这个 5 岁小孩的雕像不大，身高约 53 厘米，站在一个约 2 米高的大理石雕花的台座上。小于连有将近 400 年的历史，建于 1619 年，由比利时雕刻家捷罗姆·杜克思诺打造。小于连撒尿故事源于比利时民间传说，流传最广的是古代西班牙入侵者在撤离布鲁塞尔时，欲用炸药炸毁城市。幸亏小于连夜出撒尿，浇灭了导火线。

图 4-53 小于连
图片来源：作者拍摄

1698 年，巴伐利亚总督路过这里，看见小于连赤身站在刺骨的寒风中，便赐给他金丝礼服穿戴。此举引来宾客们的纷纷效仿，他们争相把具有本民族特色的服装赠给小于连，导致他的衣服多得要专设一个博物馆来收藏。其中就有中国赠送的两套，一套是中国人民解放军军装，另一套是汉族对襟小裤褂。每逢一个国家的国庆日，小于连就穿上这个国家送的衣服。

3. 原子模型塔

原子模型塔被称为"比利时的埃菲尔"，地处布鲁塞尔市西北易多明市立公园内。1958 年，布鲁塞尔世博会的场馆建设地原是一片皇室园林，当时的比利时国王博杜安一世同意在此举办世博会，但要求会后将所有展馆一律拆除，恢复皇室园林面貌。然而，博杜安一世被原子塔的设计深深震撼。世博会闭馆后，其他展馆建筑都被拆除，这座塔却被保留了下来。设计者安德·沃特凯恩以铁分子原子为模型，放大了 1650 亿倍设计出原子塔，总高 102 米，总重量为 2200 吨，由 9 个直径 18 米的铝质大圆球组成。每个圆球代表一个原子，而当时欧共体成员国有 9 个，比利时也共有 9 个省。原子塔里 8 个圆球是科学馆，中央圆球是瞭望台兼餐厅，球与球之间用自动扶梯连接。

图 4-54 原子模型塔
图片来源：作者拍摄

4. 圣米歇尔及圣古都勒大教堂

圣米歇尔及圣古都勒大教堂始建于1047年，1226年开始对教堂进行规模宏大的扩建，扩建持续了200多年形成了如今的规模。圣米歇尔及圣古都勒大教堂是比利时最重要的教堂，7月21日的独立日活动，全国性的天主教典礼，比如皇室婚礼或葬礼都会在此举行。该教堂是哥特式建筑。大教堂没有繁复的装饰，它保留了哥特式建筑的简单线条。正立面有两座高达69米的对称塔楼，采用哥特风格，浮雕简洁。教堂内壁装饰有文艺复兴时历代君主的塑像。中央祭坛的左侧设有米歇尔大天使的雕像，右侧则是圣女丘德尔的雕像。教堂的木质布道讲坛是17世纪末的物品，上面的雕刻描绘了亚当和夏娃被逐出伊甸园的场景。

图4-55 圣古都勒大教堂
图片来源：https://pixabay.com/

5. 滑铁卢古战场

滑铁卢古战场位于布鲁塞尔以南18千米处滑铁卢小镇南边的田野处。1862年，人们在盟军奥华乔治亲王受伤的地点堆成一座小丘，山顶上安放了一头长4.5米、重28吨，面朝法国国土的铁铸雄狮像，它利用了当年遗留在战场上的枪炮铸成。这就是闻名世界的滑铁卢纪念碑。在世界战争史上，滑铁卢大战以战线短、时间短、影响大、结局意外而著称。1815年6月，拿破仑在此与英国威灵顿将军所率的联军激战后惨败，之后被放逐至大西洋上小岛。在狮子之丘脚下，有一个滑铁卢战役展览厅，陈列着法国著名画家杜默兰于1912年完成的一幅长达110米、高约12米的环形壁画，描绘了这场震撼世界的战争中两军激战，以及拿破仑骑兵溃败的场面。滑铁卢纪念碑不远处有一座拿破仑的铜质雕像。为战败的将军立雕像实属罕见。

（二）布鲁日

布鲁日位于比利时西北部弗兰德平原，有"欧洲最美丽的风景城市"之称。布鲁日荷语是"桥"的意思，有"小威尼斯"之称。布鲁日有50多座桥，是标准的水上都市，很多建筑是依河道而建，其建筑以哥特式的文艺复兴时期的式样为主体。布鲁日中世纪曾经是欧洲著名的港口城市和商埠，完整地保存了中世纪的城市整体风貌，护城河、城墙等。圣母院是布鲁日最为著名的历史古迹，珍藏的15世纪

图4-56 滑铁卢古战场
图片来源：https://foursquare.com/

图 4-57 布鲁日集市广场

图片来源：巴黎旅游局官网 https://zh.parisinfo.com/

意大利雕塑大师米开朗琪罗的大理石雕塑"圣母像"。

1. 布鲁日集市广场

集市广场是布鲁日最热闹、最吸引人的地方。2008 年，电影《杀手没有假期》在此取景。广场上的钟楼是 13~15 世纪建造的，是世界文化遗产。钟楼高 88 米，一共有 366 级旋转石头台阶，顶层部分为木质楼梯，可以俯瞰整座城。钟楼的主要乐器是 47 座古钟，每 15 分钟都会奏响钟声。城内如果有重大集会和紧急情况，钟声也会响起。广场周边的历史古迹比比皆是。面向广场的是哥特式的省政府大楼和邮局，建于 1376 年的市政厅，是比利时最古老的市政厅，这座哥特式建筑装饰精美，外墙上刻有浮雕，内容取材于《圣经》故事和历史人物。不远处，还有几座文艺复兴时期遗留下来的古老教堂，其外形有哥特式、巴洛克式、拜占庭式，颇为壮观。

2. 圣血教堂

布鲁日在中世纪是弗兰德伯爵的领地，伯爵在 1148 年参加了第二次十字军东征，虽然最终失败了，但带回一个存有耶稣受难时流出的血的水晶瓶。这个水晶瓶从此被供奉在他私人教堂里，这个教堂就是如今的圣血教堂，每天 14：00~15：00 展示圣血遗物，每年的耶稣升天日，在布鲁日有非常隆重的圣血游行。神父捧着圣血和 1800 多名演员一起在大街小巷穿行。市民

图 4-58 圣血教堂

图片来源：圣血教堂官网 https://www.holyblood.com/

们则身着古代的耶路撒冷服装，表演着耶稣受难和十字军东征归来的情景。这个游行活动沿袭了几百年，每年有 5 万名朝圣者参加这个原始活动。2009 年被联合国教科文组织列为人类非物质文化遗产。

3. 布鲁日钻石博物馆

布鲁日钻石博物馆于 1999 年建立，是世界五大钻石博物馆。15 世纪的布鲁日是世界钻石业的中心，16 世纪钻石业从布鲁

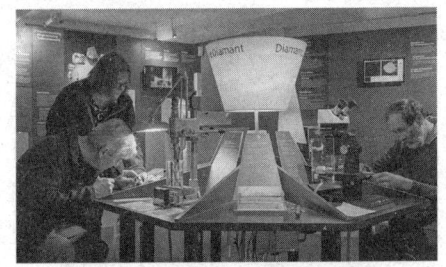

图 4-59 博物馆工匠打磨钻石

图片来源：钻石博物馆官网 http://www.diamondmuseum.be/

日转移到安特卫普。有人把布鲁日钻石博物馆比喻成"布鲁日皇冠上的一颗明珠"。博物馆展示了若干独特的主题,有伯克姆的作坊内景,布鲁日手工制作的约克玛格丽特珍贵的王冠复制品,布鲁日在中世纪进出口的样品,原始的采矿设备和矿井,钻石业中曾使用过的加工工具。布鲁日是钻石抛光技术的诞生地,每天中午12:15,在博物馆的抛光间由钻石抛光师进行钻石抛光表演,该抛光间是完全按照中世纪的样子复原。

 拓展阅读

1. 欧洲大部分国家都实行夏令时和冬令时。

2. 欧洲普遍忌讳数字"13",要是13日碰巧又是个星期五则更加忌讳。欧洲普遍奉行"女士优先原则"。年龄、职业、婚姻状况、个人收入等都是个人隐私,切记不可随意打听。

3. 英国实行左侧通行,大部分人行道上都会印有"lookright"(看右)或"lookleft"(看左)字样提醒你该往哪边看。

4. 欧洲大部分国家如果火车晚点,根据线路不同、延误时间不等有金额不同的退款政策。时间短的延迟半小时就会有票价一半的退款,延迟一小时以上就会全额退款。

5. 欧洲大部分首都城市都不大,可以依靠步行游览,而伦敦和巴黎例外。伦敦的公交车用"牡蛎卡"刷卡上车,不接受现金买票。伦敦地铁四通八达,用不同颜色标明不同线路,一目了然,非常清楚。而巴黎地铁里,几条线路交会的地铁站里会共用一个站台,不留神就会坐错车。

6. 欧洲国家之间有高速列车"欧洲之星",有趣的是法国12岁以下才是儿童,而英国是16岁以下是儿童。所以12~16岁人士乘坐欧洲之星从英国去法国可以买儿童票,而从法国回英国必须买成人票。

7. 一般法国人不爱说英语,即使他的英语很好,也不愿意用英语进行沟通。但在景点和酒店都可以用英语沟通。

8. 爱尔兰和英国都不是申根国家,但是英国和爱尔兰有互通的签证体系,简称"BIVS",指英国与爱尔兰两国互相承认彼此颁发的短期访问类签证。

9. 荷兰是个小国家,不同城市和景点的距离不远,荷兰铁路网因拥有350座车站而成为世界上车站最密集的铁路网之一。

第五章 南欧

第一节 西班牙

一、历史文化

西班牙王国简称西班牙，位于伊比利亚半岛上。80万年前，伊比利亚人居住在此。公元前1200年，北欧的凯尔特人进入半岛。公元前19年，罗马人征服整个伊比利亚半岛，开始长达500年的统治，西班牙成为罗马帝国的一个省。公元409年，西哥特人入侵西班牙，建立西哥特王国，统治了300年。711年，摩尔人入侵，开始了800年的伊斯兰统治。10世纪，摩尔人统治达到鼎盛时期，基督徒们开始反抗。1492年1月2日，西班牙光复运动宣告完成，实现统一。1492年，哥伦布发现西印度群岛后，西班牙逐渐成为海上强国。1588年，腓力二世对大英帝国进行讨伐，但西班牙的"无敌舰队"被英国海军击溃，从此丧失了海上强国的地位，开始衰落。1873年，爆发资产阶级革命，建立第一共和国。1874年12月24日王朝复辟。1931年4月12日，第二共和国建立。1936年7月17日弗朗哥发动叛乱，3年后夺取政权，实行独裁统治达36年之久。1947年7月弗朗哥宣布西班牙为君主国，自任终身国家元首。1966年7月末代国王阿方索十三世之孙胡安·卡洛斯被立为承继人。1975年11月20日弗朗哥病死，胡安·卡洛斯一世登基，恢复君主制。

西班牙96%的居民信奉天主教，主要是西班牙人，少数民族有加泰罗尼亚人、加里西亚人和巴斯克人。西班牙语是官方语言。西班牙民风奔放热情，斗牛是西班牙的国粹，起源于1761年，是西班牙独特的景象之一。尽管从动物保护的观点上，人们对此存在争议，但它作为西班牙特有的古老传统还是被保留到现代。斗牛季节是每年3~10月。奔牛节是潘普洛纳市的传统节日，始于1591年，每年都吸引数万人参加。据说当初对潘普洛纳人来说，要将高大的公牛赶进城里的斗牛场是件非常困难的事。17世纪时，某些旁观者突发奇想，跑到公牛前，将牛激怒，诱使其冲入斗牛场。后来就演变成了奔牛节。西班牙人热衷跳弗拉明戈舞，同时西班牙也是吉他之乡，近代古典吉他就发源并兴盛自西班牙。

二、自然地理

西班牙在大西洋上有加那利群岛，在地中海有巴利阿里群岛，在非洲拥有梅利利亚和休达（摩洛哥声称拥有主权）。西班牙全国总面积达505925平方千米，三面环海，地势以高原为主，间以山脉，山脉逼近海岸，平原很少而且狭窄。比利牛斯山脉是西班牙与法国的界山，长430多千米，有海拔3000米以上的高峰。西班牙的河流跌宕曲折，只有瓜达尔基维尔河下游可以通航，其他河流均无法航运。天然良港都集中在北部，卡塔赫纳是唯一地处地中海的天然港湾。东南部的海岸线以风景旖旎的海滩胜地闻名。

三、旅游城市和景点

（一）巴塞罗那

巴塞罗那是加泰罗尼亚的港口城市，是世界著名的历史文化名城。巴塞罗那气候宜人、风光旖旎、古迹遍布，有"伊比利亚半岛的明珠"之称。旧城中心有13世纪的大教堂和中世纪的宫殿与房屋，老城不少街道仍保留着石块铺砌的古老路面，哥特区建筑中有许多中世纪教堂和宫殿遗址。巴塞罗那老城和新城合在一起，是国际建筑界公认的将古代文明和现代文明结合最完美的城市。市内随处可见世界著名的艺术大师毕加索、高迪、米罗等人的遗作。内多有加泰罗尼亚艺术博物馆、毕加索博物馆、弗雷德里克·马塞斯陈列馆等20多所博物馆。每年10月举行的巴塞罗那国际音乐节是世界乐坛盛会，当地的萨尔达那园舞、吉他歌曲是世界著名的民间歌舞。加泰罗尼亚广场的兰布拉斯大街是著名的"花市大街"。而巴塞罗那最引以为豪的是现代主义天才建筑师高迪的杰作，他有6件作品被列入世界文化遗产名录，这在全世界也是绝无仅有的。

1. 圣家族大教堂

圣家族大教堂又译作神圣家族大教堂，简称圣家堂，是一座罗马天主教教堂，因其独特的形象成了巴塞罗那的地标性建筑。尽管还未竣工，但已被

图5-1 圣家族大教堂
图片来源：作者拍摄

图5-2 圣家族大教堂
图片来源：作者拍摄

联合国教科文组织选为世界遗产。2010年11月，教皇本笃十六世将教堂封为宗座圣殿。圣家堂始建于1882年，高迪自1883年开始主持圣家堂工程，此后40年岁月几乎都投入在教堂工程上，在生前的最后12年，他完全谢绝了其他工程，专心致志于这一教堂的建筑，直至1926年73岁去世。此时，教堂仅完工了不到1/4。高迪去世后的近100年间，由多位设计师按照高迪的设计理念继续着圣家堂的建造。圣家堂仅靠个人捐赠和门票收入维系，中间又受西班牙内战干扰，进展缓慢，预计于2026年，即高迪逝世的百年纪念之时完工。

教堂共计18座高塔，最中央代表耶稣基督的塔楼高170米，周围环绕的4座130米高的大塔楼，分别代表《圣经》四福音书的作者，玛窦、圣马尔谷、路加以及若望。北面的一座后塔代表着圣母玛利亚。诞生面叙述了圣母玛利亚孕育耶稣和耶稣成长情景，这是教堂最先建好的一部分。受难面主要表现耶稣死亡时的痛苦，与诞生面繁复的装饰相比简洁得多，该立面的雕塑由约瑟夫·萨巴拉奇斯完成于1990年。教堂的圆顶和内部结构呈现着新哥特风格，修饰风格多以植物为主题，屋顶上的图案看起来就像是散开的棕榈叶。教堂地下有一间小型的博物馆，里面陈列着高迪的相片及生平介绍。

高迪说过：大自然是没有直线的，直线是属于人类，曲线属于上帝。在高迪的建筑风格以及家具的设计上，很难见到直线。教堂处处显示着这位天才的奇思妙想，对几何原理的娴熟运用、对自然元素的借鉴和对光线的掌控使得这座教堂独一无二。高迪用行云流水般的曲线描绘了上帝居住的空间，宏大明亮，斑斓梦幻。

2. 奎尔公园

奎尔公园原本是一个失败的房地产项目。奎尔伯爵在20公顷的土地上要建造60栋花园洋房，委托高迪设计房地产的公共区域。而这片土地在当时远离市中心，而且要经过一个长长的坡，最终这里只卖出了两栋楼，其中一栋还是高迪的。整个社区建造计划也只实现了一小部分。高迪住过的房子反而不是他自己设计的，现在是高迪博物馆。奎尔公园约在1922年开放参

图5-3 奎尔公园长椅
图片来源：作者拍摄

观，已被联合国教科文组织列为指定保护的世界遗产。

奎尔公园不管是石阶、石柱和弯曲的石椅上都充满了各式由瓷砖拼贴而成的马赛克，色彩斑斓。园内分成好几部分，入口处的石阶上有一著名的马赛克蜥蜴喷泉，沿石阶而上是百柱厅。屋顶是著名的观景天台。这里有堪称世界第一长度的座椅。长椅形似波浪蜿蜒曲折，靠背弯度恰到好处，坐在坚硬的石椅上却感到十分惬意。长椅设计兼顾了不同的对象，外弧为单人座，内弧为宽大的情侣座。公园中，有很多路段都会出现如同自然洞穴似的斜柱高架廊。

3. 巴特罗之家

巴特罗之家以造型怪异而闻名于世，是加泰罗尼亚现代主义风格的代表建筑，是高迪完成度最高的新艺术自然主义风格建筑。公寓共有6层。2005年被联合国教科文组织列为世界文化遗产。

图5-4 巴特罗之家

图片来源 https://pixabay.com

巴特罗公寓的外墙全部是由蓝色和绿色的陶瓷装饰，远望去颇像印象派画家的调色盘，但色彩很和谐。公寓的门、窗、屋顶、天台全是大波浪形的曲线，房间内的灯具和一些家具也是高迪亲自设计的，以便与房间本身的风格相协调。公寓入口和下面二层的墙面模仿熔岩和溶洞，柱子像一根根骨头。上面几层的阳台栏杆做成假面舞会的面具模样。屋顶被设计成了一个陶瓷鳞片组成的巨龙脊背，暗合了传说中被加泰罗

图5-5 巴特罗公寓屋顶

图片来源：作者拍摄

尼亚的保护神圣·乔治所战胜的巨龙。旁边一个大蒜般底座支撑的十字架，象征圣乔治屠杀恶龙时所使用的圣剑。

4. 米拉之家

图5-6 米拉之家

图片来源：作者拍摄

米拉之家是高迪设计的最后一个私人住宅，是富豪米拉为了结婚而请高迪设计的。米拉公寓屋顶高低错落，整栋建筑形如波涛汹涌的海面，极富动感。公寓里里外外都非常怪异，甚至有些荒诞不

经,被许多人认为是所有现代建筑中最具代表性的也最有独创性的建筑,是后来生物形态主义风格的建筑的先驱。

当时米拉夫妇建成这房子,1层是出租的店铺,2层是米拉夫妇住的"主楼",3~6层是出租的住宅。米拉之家的重量完全由柱子来承受,不论是内墙外墙都没有承重,建筑物没有主墙,所以内部的住宅可以随意隔间改建,每层楼的隔间布局都不一样,每户住家占地也不一样。顶楼是用来调节温度、晒衣服用的。屋顶阳台有似蛇般的长椅,30个奇特的烟囱,2个通风口与6个楼梯口,塔状的楼梯口形状最大,螺旋梯里面暗藏水塔。

(二)马德里

马德里是西班牙的首都和商业中心,在历史上因战略位置重要而有"欧洲之门"之称。马德里共有1962座古建筑,景点大部分集中在市中心的旧城区,以太阳门广场为核心向四周辐射,非常适合步行游览,这些古迹也使马德里成为一座真正的博物馆型城市。马德里拥有丰富的文化遗产,而且还被四座联合国教科文组织指定的人类文化遗产城市——托莱多、阿维拉、塞哥维亚、阿尔卡拉·德·艾纳勒斯所环绕。由于全年气候条件适宜,马德里人喜欢将休闲娱乐活动移至大街上。著名的弗拉门戈艺术节和圣伊斯德罗游艺会吸引世界众多艺术人士参与,对艺术家而言在马德里的成功就是世界认可的名片。

1. 西班牙皇宫

西班牙皇宫是仅次于凡尔赛宫和维也纳美泉宫的欧洲第三大皇宫。建于1738年,历时26年完工,是世界上保存最完整而且最精美的宫殿之一。皇宫外观呈正方形结构,类似法国的卢浮宫,富丽堂皇。皇宫里除了部分为皇室使用,大部分开放参观。宫内独立建筑无数,著名的有阿拉巴特洛斯大厅、大柱、镜子厅和卡洛斯三世国王房间等。宫内藏有无数的金银器皿和绘画、瓷器、壁毯及其他皇室用品,还可以欣赏到委拉斯凯斯、戈雅、鲁本斯等大师的画作。该皇宫已被辟为博物院。皇宫的对面是西班牙广场,中央矗立着《堂·吉诃德》的作者塞万提斯的纪念碑,纪念碑旁还有堂·吉诃德骑着马和仆人桑丘的塑像。

图5-7 西班牙皇宫
图片来源:作者拍摄

2. 普拉多博物馆

普拉多博物馆建于18世纪,被认为是世界上最伟大的博物馆之一,亦是收藏西班牙绘画作品最全面、最权威的美术馆。收藏有15~19世纪西班牙、弗兰德和意大利的艺术珍品。二楼是博物馆最重要的部分，分为很多小厅，陈列了不少西班牙及意大利画作。普拉多博物馆是世界上保有罗德里格斯德·席尔瓦·委拉斯开兹·迭戈和弗朗西斯科·何塞·德·戈雅·卢西恩特斯的作品最多的博物馆，博物馆西门前有西班牙著名画家委拉斯凯兹手握画笔的青铜坐像，北门前是戈雅的青铜立像，南门是牟利罗的青铜立像。

图 5-8　普拉多博物馆
图片来源：作者拍摄

3. 丽池公园

丽池公园紧邻普拉多博物馆，园内有两座宫殿：玻璃宫和委拉斯凯兹宫，玻璃宫以铁和玻璃建造。这两个宫殿均建于19世纪末，起先是作为皇室成员的娱乐场所，现已经成为展览馆。园内有许多重要的纪念碑。公园占地140公顷，植物品种繁多，超过了1.5万株。每年5~10月初的周日，这里都有免费音乐会，音乐会由马德里管乐团在公园内靠近阿尔卡拉街的演奏台免费举办。

图 5-9　丽池公园
图片来源：作者拍摄

4. 太阳门广场

广场最早起源于15世纪马德里的一个城门，因城门面朝太阳升起的方向而得名太阳门。后来由于交通的需要，太阳门在1570年被拆除。广场上圣菲利普教堂的台阶称为圣菲利普台阶，是著名的"闲话传播地"。广场上最早的建筑是18世纪的旧邮政大楼，也就是今天的马德里自治区政府楼，大楼最下部在弗朗哥时期是关押反对弗朗哥执政的重犯监狱，大楼门前的地上，有一处直径30厘米的圆环，环内是有伊比利亚半岛地图，中央是"零千米"标志，西班牙全国所有的公路里程碑都从这里开始向外计算，马德里市的门牌号也是以这里为起点的。

图 5-10　熊和野草莓树
图片来源：https://www.gomadrid.com/

广场上还有两个重要景点，一个是卡洛斯三世的雕像，他是波旁王朝时期西班牙的国王,在位期间大力修建马德里的公共设施,被认为是"马德里最伟大市长"。另外一个景点是"熊和野草莓树",是马德里市的市徽。这个标志最早出现在13世纪,熊是为了纪念卡斯蒂亚国王阿方索十一世在马德里周边山上打猎打到一只狗熊,草莓树是因为当时这里有很多野生的草莓树。马德里的原意是"妈妈快跑"的意思。传说很久以前,有一个小男孩碰到了一只棕熊,急忙爬上了一棵大树。忽然听到了妈妈的喊声,他在树上冲着妈妈大声疾呼:"妈妈快跑。"叫喊声引来了猎人,吓跑了棕熊。

(三)塞维利亚

塞维利亚位于伊比利亚半岛南部,瓜达尔基维尔河从市中川流而过,是西班牙唯一有内河港口的城市。1492年8月3日,哥伦布奉西班牙国王之命,从巴罗斯港出发,率领探险队横渡大西洋。发现美洲大陆后,这里曾设有"印度群岛(即美洲)交易之家",垄断着西班牙海外贸易。在塞维利亚的鼎盛时期,西班牙的船队从新大陆运来大批黄金、白银,经过塞维利亚转运往欧洲各地。著名歌剧《卡门》就是以塞维利亚为主要背景。市区的建筑仍然保留着摩尔人(即阿拉伯人)统治过的痕迹。

1. 西班牙广场

西班牙广场位于城南玛利亚·路易莎公园中,为1929年伊比利亚美洲博览会所在地,是最受塞维利亚市民欢迎的休憩场所,被誉为西班牙最美的广场。广场呈一个巨大的270°圆形,占地面积相当于4个当地的斗牛场。广场围绕的新月形古典建筑群,由宅邸、拱桥、喷泉、水池组成,长廊旁的马赛克壁龛画描绘着西班牙58个省的历史画面。广场两端有两座高高耸立

图 5-11 西班牙广场
图片来源:https://pixabay.com

的尖塔,四周有一条人工小护城河环绕,河上有许多造型精巧的拱桥,广场中间的喷泉代表原西班牙。

2. 塞维利亚大教堂

塞维利亚大教堂与梵蒂冈圣彼得大教堂、伦敦圣保罗大教堂并称为世界三大教堂,1987年被联合国教科文组织宣布为世界文化遗产。摩尔人从8世纪开始,统治了塞维利亚约500年,建造了一座清真寺。后来

图 5-12 塞维利亚大教堂
图片来源:https://pixabay.com

天主教徒重新入主塞维利亚，把清真寺改造成天主教堂，清真寺的宣礼塔成了教堂的钟楼。100多年后的一场地震，损毁了教堂，塞维利亚人拆毁了旧教堂，建了新的教堂。原来的钟楼被加建得更高，约100米。钟楼上部的几何形雕刻突出了摩尔式的建筑风格。钟楼最高的部分，从柱子、拱门到穹顶又是文艺复兴式的建筑风格。大教堂由5座哥特式殿堂组成，殿堂之间以交叉甬道相连。主礼拜堂的祭坛供奉着圣母，祭坛浮雕描绘着基督生平的36个场景，唱诗班的座席是穆德哈尔风格，而管风琴则为巴洛克风格。艺术珍宝收藏在大教堂博物馆中，包括绘画、《圣经》古抄本、神父礼服和金银器等。教堂北侧的橘园和阿拉伯喷泉，是旧清真寺的遗迹。

3. 塞维利亚王宫

塞维利亚王宫是欧洲最古老的皇家宫殿，已被选为世界文化遗产。王宫原为阿拉伯城堡，阿拉伯人入侵塞维利亚时仅作为军事首领的寓所。11~12世纪，城堡得到大量扩建，14~16世纪卡斯蒂亚王国进行改修后作为国王的行宫。18世纪因地震和火灾，大部分扩建的建筑被毁。后又重修作为天主教王宫，塞维利亚王宫呈现出混合着各种不同风格混杂的面貌，具有阿拉伯、穆德哈尔和哥特式相结合的建筑风格，外部造型独特，内部装潢讲究，尤其是卡洛斯五世和大使厅，布置得富丽堂皇，具有重要的历史价值。

图 5-13　塞维利亚王宫
图片来源：https://pixabay.com

第二节　葡萄牙

一、历史文化

葡萄牙共和国简称葡萄牙，自1143年脱离西班牙成为独立王国。15~16世纪起，于大航海时代中扮演重要角色，在亚洲、非洲和美洲建立起大量殖民地。1580年被西班牙哈布斯堡王朝侵占。直到1640年才摆脱西班牙的统治。1755年11月1日早晨9时40分，里斯本发生9级地震，这是人类史上破坏性最大和死伤人数最多的地震之一，大地震后随之而来的火灾和海啸几乎将整个里斯本摧毁，同时也对葡萄牙的经济造成巨大的冲击。它造成的影响首次被大范围地进行科学化研究，标志着现代地震学的诞生。这次事件也被启蒙运动的哲学家广泛讨论，启发了神义论和崇高哲学的发展。1822年，最大殖民地巴西独立，葡萄牙国力开始衰退。1910年10月5日，革命推翻了葡萄牙王国，建立共和国。由于历史原因，葡萄牙同非洲葡语五国——莫桑比克、安哥拉、佛得角、几内亚比绍、圣多美和普林西比关系较为密切。

葡萄牙是天主教国家，84.5%的人信奉天主教，境内天主教教堂相当多，绝大多数都有浓厚的罗马天主教味道。葡萄牙语在世界流行语种中排在第6位，次于汉语、英语、俄语、西班牙语和印地语。葡萄牙语的使用者有2亿人，绝大部分在巴西。葡萄牙人因钟情鳕鱼而闻名，据说一年中每天都有不同烹饪鳕鱼的方法。

二、自然地理

葡萄牙的西部和南部是大西洋，东面与北面与唯一的邻国西班牙接壤。在地中海区域，葡萄牙属于边缘国家，但是在大西洋区域，葡萄牙则是前线国家。这个独特的地理位置极有利于大航海时代葡萄牙发挥出重要作用。除了欧洲大陆领土以外，大西洋的亚速群岛和马德拉群岛也是葡萄牙领土。葡萄牙海岸线长832千米。地形北高南低，多为山地和丘陵。北部是梅塞塔高原，属海洋性温带阔叶林气候。南部和西部分别为丘陵和沿海平原，属亚热带地中海气候。葡萄牙的海水温暖，气候宜人，阿尔布费拉有世界上最好的海滩。葡萄牙还有欧洲最好的高尔夫球场，每年有300多天的晴朗天气，吸引了无数高尔夫爱好者及职业选手来此比赛。

三、旅游城市和景点

（一）里斯本

里斯本是葡萄牙共和国的首都，葡萄牙的政治、经济、文化、教育中心，位于该国西部。里斯本港是国际海港，里斯本西部大西洋沿岸有美丽的海滨浴场。葡萄牙人都说没有看过里斯本的人等于没有见过美景。城市最好的大街位于太加斯河口，太加斯河流向大西洋，形成一个内陆海，是世界上最壮丽的自然港口之一。在地理大发现时代，很多航海家如瓦斯科·达·伽马都是由里斯本出发到世界不同的地方探险的。16世纪是里斯本最辉煌的时期，大量黄金从当时葡萄牙的殖民地巴西运到里斯本，使得里斯本成为欧洲富甲一方的商业中心。1807年12月，法国占领里斯本。葡萄牙王室与大部分里斯本贵族逃亡到巴西，1808~1821年里约热内卢被当作葡萄牙的首都，是当时欧洲仅有的不在欧洲本土的首都。

里斯本依山傍水，大部分时间风和日丽，气候舒适宜人。整个城市分布在7

个小山丘上，沿特茹河延伸，城区范围不大，十分适合步行，主要古迹集中在阿尔法玛区。河上架有四月二十五号大桥，这是为纪念4月25日的"丁香革命"而命名的，大桥全长2278米，属于欧洲的第一长桥，也是世界第三长斜拉桥。市郊贝连虽然距离老城有点远，但聚集相当多的博物馆及纪念碑。

1. 圣若热城堡

圣若热城堡位于老城阿尔法玛地区的最高点，是里斯本最主要的历史古迹和旅游景点。城堡的部分围墙是西哥特人建造的，特茹河绕着围墙流过，在这里人们可以欣赏整个城市。从圣迪尼斯时期到曼努埃尔时期，城堡一直被作为王府。它先后被罗马人、西哥特人、摩尔人和基督教徒占据，多次被当作葡萄牙的军事、政府和行政机关中心。1940年，萨拉查下令拆毁曼努埃尔以后的一切建筑。我们今天看到的城堡大部分是萨拉查时期建造的。城楼和城墙是用原城堡留下的石料修建的。

图5-14　圣若热城堡

图片来源：作者拍摄

2. 圣胡斯塔升降机

圣胡斯塔升降机的设计者是工程师埃菲尔的学生。里斯本唯一垂直的一台升降机始建于1900年，完成于1902年，原本使用蒸汽动力，1907年改为使用电力。这台钢铁升降机高45米，采用新哥特式装饰，每层不同的样式。通过螺旋楼梯可达顶层，有一个阳台可供观赏圣若热城堡、罗西乌广场和庞巴尔下城的景色。它设有两个升降机笼，均为木质内饰，最多可乘载20名乘客。

图5-15　圣胡斯塔升降机

图片来源：作者拍摄

3. 卡尔莫修道院

卡尔莫修道院位于希亚多区的卡尔莫广场，面向圣若热城堡山，圣胡斯塔升降机附近。修道院由国王若昂一世的将军佩雷拉建立于1389年，1423年，将军本人亦在修院出家修道。1755年里斯本大地震中修道院被震毁，

图5-16　卡尔莫修道院

图片来源：作者拍摄

5000册图书全部丢失。卡尔莫修道院后来改造成为军事区，教堂的部分没有重建，在1864年捐赠给葡萄牙的考古学会变成了现今的卡尔莫考古博物馆。

4. 贝伦塔

图 5-17　贝伦塔
图片来源：作者拍摄

贝伦塔就如同美国纽约入港处的自由女神像一样，耸立在里斯本港口，是葡萄牙的象征。在1983年，贝伦塔被列入世界遗产名录。贝伦塔是为了守卫入口、阻止敌人入侵建造的，始建于1514年，于1520年完工。它是在原来的"格兰德诺"遗址基础上建立起来的，原来的"格兰德诺"遭受过火灾，因而，这次用石头代替了木质结构。弗朗西斯科·德·阿鲁达被任命为贝伦防御工事总建筑师，他大量使用摩尔人的艺术元素，岗亭顶端的胡椒粉盒形状的炮台，装饰了许多曼努埃尔式的象征物，岗亭的底座有一座石雕犀牛。随着时间流逝，贝伦塔失去了它建造时的主要用途，被用作海关、电报站、灯塔甚至监狱，储藏室改造成地牢。该塔经历了无数次的改造。1580年开始的增建工程试图使贝伦塔有更多的空间容纳更多人，但这些增加的部分不久就被毁坏，贝伦塔回到了原先的样子。19世纪改造达到了顶峰，但塔本身保留了中世纪的风格。

5. 热罗尼姆斯修道院

热罗尼姆斯修道院是葡萄牙全盛时期的建筑艺术珍品，是为纪念葡萄牙人发现通往印度的海上航线而建，迄今已历经500年的风雨。从空中鸟瞰，教堂的结构是一个横短竖长的拉丁十字形，用白色花岗岩砌成，显得格外高大、圣洁。外墙雕刻了热带植物、野生动物、非洲和亚洲的原始部落，充满了异国情调。这座教堂艺术风格源于葡萄牙第14任国王堂·曼努埃尔一世，他下令用香料和黄金饰品所征税收的5%的款项修建的。1755年里斯本的大地震发生在周末上午，所有的天主教徒都在教堂做弥撒，大祸来临时无处可逃，伤亡极其惨重。唯独热罗尼姆斯大教堂屹立不倒，拯救了在此祈祷的全体王室成员。从此，热罗尼姆斯大教堂被赋予了"上有神灵保佑"的神秘色彩。现在，大教堂里长眠着葡萄牙的诗魂卡蒙斯、著名航海家达·伽马和最负盛名的作家埃尔库拉诺。

图 5-18　热罗尼姆斯修道院
图片来源：https://pixabay.com

6. 航海纪念碑

航海纪念碑在贝伦塔附近,为纪念航海家亨利王子逝世500周年而建。外形如同一艘展开巨型帆船,碑上刻有亨利及其他80位水手的雕像,船头站立着亨利,其后为其助手加玛,两旁是一些随同出发的航海家,以及葡萄牙历史上有名的将军、传教士和科学家,颇具气势。从纪念碑的侧面看,建筑结构接近顶部的中间的十字形状雕塑,其实是一把长剑。碑前的地上刻有一幅世界地图,清晰地标出了葡萄牙航海家远航世界各地的年代、地点和航线,葡萄牙300年来的航海历史一目了然。

图 5-19 航海纪念碑

图片来源:作者拍摄

(二)辛特拉

辛特拉是里斯本北郊的一座小镇,空气新鲜,风景优美。辛特拉山从里斯本一直伸到大西洋岸边,辛特拉城就在北侧山脚下。历史上,这里是寺院和皇家休夏胜地。从13世纪后半期开始,就成为皇室的避暑胜地。从18世纪末开始,一些富商纷纷在这里建造别墅,各个不同时期不同风格的建筑聚集在辛特拉山,葡萄牙许多知名的作家和艺术家都曾经生活在这里。这座小镇在1995年被联合国定为人类文化遗产,同时还为它特意创立了一个特别的类别——"风景文化类",因为辛特拉的自然景观和它的历史建筑一样重要。英国诗人拜伦称赞它为"灿烂的伊甸园",英国作家罗伯特·索泰赞美它是地球上最成功的一处人居环境。

1. 佩拉宫

如果说这个世界有童话王国,那一定是在佩拉宫。佩拉宫的外形一点也不像一座王宫,看上去像一座乐园式的城堡。佩纳宫位于圣伯多禄堂区一个山丘的山顶,1995年,作为辛特拉文化景观的一部分入选为世界遗产。中世纪时,这里仅是一个圣母小堂。1493年,若昂二世夫妇来此朝圣,继任者曼努埃尔一世修建了修道院。1755年在里斯本大地震中修道院被夷为平地,1842~1854年,德国建筑师冯埃施韦格南爵设计建造兴建了国王的离宫,工程最终完工于1885年。佩拉宫色彩浓烈、耀眼,造型奇特,宫殿为多种建筑风格的大杂烩,兼具哥特式、文艺复兴式、摩尔式、曼努埃尔式(葡王曼努埃尔一世在位时的建筑风格)。这里不仅是葡萄牙国家古迹,也是葡萄牙七大奇迹之

图 5-20 佩拉宫

图片来源:作者拍摄

一，欧洲十大最美古堡之一。现在也用于葡萄牙总统和其他政府官员国务活动。

2. 辛特拉王宫

辛特拉王宫始建于约翰一世，直至16世纪曼努埃尔一世统治时期才完工，建筑式样融合了哥特式、摩尔式及葡萄牙式风格。在葡萄牙成立共和国前，一直是国王的避暑宫殿。王宫的标志性两个巨型烟囱，外表呈单一的白色，内部错综复杂的房间布局，不同功用的空间格局，还有精美绝伦的内部装饰和器具物品。最大的天鹅厅

图 5-21　辛特拉王宫
图片来源：作者拍摄

的天花板上描绘着27只不同姿势的天鹅。还有花砖装饰的人鱼厅，收藏中国象牙塔的中国厅，饰有美丽花砖壁画及贵族徽章的徽章厅。

3. 摩尔人城堡

摩尔人城堡是摩尔人风格的城堡，坐落于圣玛利亚圣弥额尔堂区的一个山顶上，是欧洲唯一的摩尔人风格城堡，在佩拉宫可以清晰地看见摩尔人城堡全貌。摩尔人于17世纪建造台阶中间部分很早就坍塌了，现在已经绿树成荫。在城墙上漫步，就像走在一个迷你长城，蜿蜒曲折。城墙长300米，有多个碉堡。站在城堡高处眺望，可观赏到远处的大西洋和辛特拉小城的美景。

图 5-22　摩尔人城堡
图片来源：作者拍摄

4. 罗卡角

罗卡角位于辛特拉山地西端，也是葡萄牙的最西端，更是整个欧亚大陆的最西点。"海草满头，海鸥在肩"是葡萄牙人对罗卡角的描绘。罗卡角是一处海拔约140米的狭窄悬崖，崖上有了一座灯塔和一个面向大洋的十字架。"罗卡"的意思是岩石，岩石角上立着一块朴素的石碑，碑上的数字表示的是罗卡角的经度和纬度，铭刻着葡萄牙的"屈原"卡蒙斯的一句诗："陆止于此、海始于斯。"

图 5-23　罗卡角
图片来源：作者拍摄

5. 雷加莱拉庄园

雷加莱拉庄园被联合国教科文组织列为世界遗产，它包括雷加莱拉宫、雷加

莱拉小堂以及一个公园，公园内有湖泊、洞穴、水井、长椅、喷泉和许多精美的建筑，得名于第一位主人的绰号"雷加莱拉"。庄园建筑风格很有特色，里面建筑都有纯白色、繁复雕刻的外立面，给人一种精致而阴森的感觉。雷加莱拉庄园最著名也最吸引人的景点是一座深 27 米的涸井，岩洞尽头的出口刚好是井的中部，井的周围环绕着螺旋楼梯，共有 9 个旋层，象征着但丁描写的天堂、地狱、炼狱的九重循环。沿着螺旋楼梯便可由井底走到井口，井口外是个花园。庄园的构造好似迷宫般不可思议，因而又得名迷宫花园。

（三）波尔图

图 5-24 雷加莱拉庄园
图片来源：作者拍摄

波尔图历史久远，始建于 5 世纪。711 年，摩尔人来到了这里建了教堂，从此，这座城市成了北部基督教和南部阿拉伯世界商业交换的聚集地。12 世纪，城市演变成了 21 世纪的模式，分为上面的文化区和下面的商业区两部分，16~18 世纪为葡萄牙连接西欧的贸易港口。波尔图被称为"酒都"，其主要标志是坐落在杜罗河畔绵延数里的巨大酒窖和河中的"酒船"。"酒船"是一种保持着古老传统的造型独特的黄色木质结构船，人们用这种船将上游大小酒厂和家庭作坊酿制的酒运到波尔图各个厂家。波尔图在 6 月会庆祝传统节日圣·若昂节，那时每个人手里拿着塑料锤或者有着长秸秆的大葱花，用大葱花互相点脑门或用塑料锤锤别人的脑袋。据说，这样能给人带来好运。

波尔图城中历史著名建筑众多，宫殿教堂、博物馆、画馆、纪念碑、雕塑群像比比皆是，波尔图音乐厅、牧师塔、波尔图主教堂、利贝拉码头和连接对岸加亚新城和波尔图的路易斯一世桥是其中最著名的几处，主要景点也很集中。

1. 路易一世大桥

路易一世大桥于 1881 年开工，1886 年 10 月 31 日落成启用，为纪念国王路易斯一世而建。大桥连接波尔图老城和加亚新城，横跨杜罗河，172 米的跨度在当时位居世界第一。大桥总长 385.25 米，重量 3045 吨，高度 44.6 米，设计师是埃菲尔铁塔设计者埃菲尔的徒弟。桥上层铺设了轨道，下层用于车辆交通。

图 5-25 路易一世大桥
图片来源：https://pixabay.com

2. 波尔图主教堂

图 5-26　波尔图主教堂
图片来源：https://pixabay.com

波尔图主教堂是波尔图最古老的建筑之一，也是葡萄牙最重要的罗曼式建筑之一。教堂坐落在杜罗河北岸一个小山丘上，建于 1110 年前后。教堂在最初建造时采用了罗马式的建筑风格，经过多次的修整之后，原有的罗马式风格已不明显，取而代之的是哥特式和巴洛克式的混合风格。教堂两侧各有一座方形钟楼，立面缺少装饰，唯有一座玫瑰窗，顶部的锯齿使之看来更像个堡垒，而非教堂。教堂内壁用青花瓷砖画进行装饰。如今，波尔图主教堂仍然会按时举行弥撒等宗教活动。著名的葡萄牙航海家亨利王子在此接受洗礼，14 世纪英国的兰卡斯特公主和葡萄牙国王里奥一世的婚礼也是在这里举行。

3. 圣弗朗西斯科大教堂

圣弗朗西斯科大教堂是波尔图最突出的哥特式建筑，并以其内部极尽奢华的巴洛克式装修而闻名于世，是全欧洲超奢华的教堂。从 16 世纪开始，随着葡萄牙的美洲殖民地不断扩张，这座教堂也被赞助者们不断装修，到 18 世纪，那些多得用不完的黄金镀满了教堂的墙壁、柱子、屋顶，教堂内部装修成了天下最奢华的巴洛克风格。据统计用了大约 400 千克黄金，比迪拜的帆船酒店还要金碧辉煌。地下博物馆里收藏了大量从前修道院流传下来的宝物，在 1910 年就被定级为国家文物。教堂现在已经不用来举行宗教仪式了，但有时会举办古典音乐会。

图 5-27　圣弗朗西斯科大教堂
图片来源：https://pixabay.com

第三节　意大利

一、历史文化

意大利共和国简称意大利，几个世纪以来都是西方文明的中心。古罗马先后经历罗马王政时代（前 753~前 509 年）、罗马共和国（前 509~前 27 年）、罗马帝国（前27~476年）三个阶段。罗马帝国时期成为以地中海为中心，跨越欧、亚、非三大洲的大帝国。476年西罗马帝国灭亡，14世纪的意大利成为欧洲文艺复兴的发源地。19世纪意大利复兴运动兴起，撒丁王国开始逐步统一南北，1861年建立意大利王国，1870年攻克教皇国首都罗马，完成意大利统一。第二次世界大战后废除君主制，成立共和国。

意大利共拥有54个联合国教科文组织世界遗产，是全球拥有世界遗产第二多的国家，仅次于中国。意大利在艺术和时尚领域处于世界领导地位，米兰是意大利的经济及工业中心，也是世界时尚之都。博洛尼亚大学成立于1088年，是世界上第一所大学，有"大学之母"的美誉。意大利人以家庭为中心，祖母非常受人尊重，每年还有一个"最酷祖母"的评选，优胜者为赤脚跳快速旋转的塔兰台拉舞胜出者。

二、自然地理

意大利由亚平宁半岛及两个位于地中海中的岛屿西西里岛、萨丁岛和其他许多岛屿所组成，亚平宁半岛占其全部领土面积的80%。意大利80%国界线为海界，海岸线长约7200千米。国土面积为301333平方千米，其领土还包围着两个微型国家圣马力诺与梵蒂冈。意大利北部有阿尔卑斯山脉，中部有亚平宁山脉，北部有波河平原，西侧有著名的维苏威火山，西西里岛上的埃特纳火山是欧洲最大的活火山。

巴丹平原属于亚热带和温带之间的过渡性气候，具有大陆性气候的特点，气压较低，气候潮湿，夏季较热，冬季较冷。在米兰、博洛尼亚，冬季常有大雾笼罩，有时下雪。阿尔卑斯山区是全国气温最低的地区，气候有明显垂直分布的特点，随着地势的上升，气温逐渐下降。在阿尔卑斯山麓的湖区地带，由于高山挡住了来自北欧的寒流，加上湖水的调节作用，气候温和。在西北部的利古里亚大区，由于山地和海水的影响，气候宜人。圣雷莫是意大利有名的花卉中心，当地人种植的各种鲜花每年大量出口到世界各地。

三、旅游城市和景点

（一）罗马

罗马是意大利的首都和最大的城市，也是全国政治、经济、文化和交通中心，公元前753年4月21日是罗马建城的日子，因建城历史悠久而被称为"永恒之城"，现在每年4月21日，所有的考古遗址和运营的博物馆都免费开放。"母狼乳婴"故事记载了创建罗马古城的传说，"母狼乳婴"图案定为罗马市徽。

罗马是世界著名的历史文化名城，古罗马帝国的发祥地，被喻为"全球最大的露天历史博物馆"。1980年,罗马的历史城区被列为世界文化遗产。罗马是全世界天主教会的中心,有700多座教堂与修道院,7所天主教大学,市内的梵蒂冈是天主教教皇和教廷的驻地。罗马与佛罗伦萨同为意大利文艺复兴中心,现今仍保存有相当丰富的文艺复兴与巴洛克风貌。罗马还有上百座博物馆,收藏着包括文艺复兴时期的艺术珍品。罗马人有为先人雕像的传统,因此对肖像的逼真传神有极高的要求,在肖像雕刻方面取得了卓越的成绩。罗马艺术的最高成就体现在无数的公共建筑上。最早的罗马建筑艺术来源于希腊,但由于罗马人更注重实用和享乐,把在希腊主要为神庙服务的技术用于大型公共建筑。罗马人爱好奢华,经常在希腊造型基础上加以改造,令建筑形式更为繁复华丽。

1. 万神殿

图 5-28　万神殿
图片来源:https://pixabay.com

万神殿又译潘提翁神殿(Pantheon),Pan是指全部,theon是神的意思,指必须供奉罗马全部的神,是至今完整保存的唯一一座罗马帝国时期建筑,始建于前27~前25年。公元80年的火灾,使万神殿的大部分被毁,仅余一长方形的柱廊,有12.5米高的花岗岩石柱16根,这一部分被作为后来重建的万神殿的门廊。120年重建,被米开朗琪罗赞叹为"天使的设计"。609年万神殿被赠予教皇,改为天主教堂,更名为圣玛利亚教堂,将多尊圣骸保存于内,后定为意大利国立教堂。

万神殿是古罗马精湛建筑技术的典范。万神殿的基础、墙和穹顶都是用火山灰制成的混凝土浇筑而成,非常牢固。内部空间非常完整紧凑,上半部为半球形的穹顶。穹顶内壁被整齐划分为5排,每排28格,每一格雕琢凹陷,使穹顶墙的厚度递减,有利于建筑的稳固,也增加了内部的美观性。内部墙面两层分割也接近于黄金分割。万神殿还是第一座注重内部装饰胜于外部造型的。殿内宽广空旷,无一根支柱,穹顶顶部开有直径9米的圆洞,这是万神殿唯一的光源。雨水也会从洞口进入,但会通过倾斜的大理石地板上22个几乎看不到的小洞排走。万神殿内侧面的小堂,是拉斐尔、意大利国王维克托·伊曼纽尔二世、翁贝尔托一世和他

图 5-29　万神殿
图片来源:https://pixabay.com

的妻子玛尔盖丽妲王后等重要人物的墓地。

2. 古罗马斗兽场

斗兽场是古罗马举行人兽表演的地方，参加的角斗士要与一只野兽搏斗，直到一方死亡为止，也有人与人之间的搏斗。罗马斗兽场是古罗马时期最大的圆形角斗场，建于72~80年，是由4万名战俘用8年时间建造起来的。根据罗马史学家狄奥·卡西乌斯的记载，斗兽场建成时罗马人举行了为期100天的庆祝活动，古罗马统治者组织、驱使5000只猛兽与3000名奴隶、战俘、罪犯上场厮杀居然持续了100天，直到他们全部同归于尽。

图5-30　古罗马斗兽场

图片来源：https://pixabay.com

斗兽场起源于古希腊时期的剧场，当时的剧场傍山而建，呈半圆形，观众席在山坡上层层升起。到古罗马时期，利用拱券结构将观众席架起来，不再需要靠山而建，并将两个半圆形的剧场对接起来形成圆形剧场，而罗马斗兽场就是罗马帝国内规模最大的一个椭圆形角斗场，外围墙高57米，相当于现代19层楼高。看台约有60排，分为5个区，最下面前排是贵宾（如元老、长官、祭司等）区，第二层供贵族使用，第三层是富人区，第四区归普通公民使用，最后一区是给底层妇女使用。观众席上还有用悬索吊挂的天篷用来遮阳，天篷向中间倾斜，便于通风，由站在最上层柱廊的水手们像控制风帆那样操控。斗兽场的看台逐层向后退，形成阶梯式坡度。每层80个拱，形成了80个开口，最上面两层则有80个窗洞。在每一个拱门的入口处都标有数字，方便让观众很快找到自己的座位，这种设计至今为大型体育场沿用。表演区地下隐藏着很多洞口和管道，这里可以储存道具和牲畜，以及角斗士，表演开始时再将他们吊到地面。斗兽场还可以利用输水道引水。248年，就曾将水引入表演区，形成一个湖，表演海战，庆祝罗马建成1000年。

442年和508年发生两次强烈地震对斗兽场造成了严重的损坏，15世纪拆除了斗兽场的部分石料建造教堂和枢密院。直到1749年，罗马教廷以早年有基督徒在此殉难为由宣布其为圣地，并对其进行保护。

3. 圣伯多禄大教堂

圣伯多禄大教堂又称圣彼得大教堂、梵蒂冈大殿，被视为是天主教会最神圣的地点。根据天主教会圣传，圣伯多禄大教堂是宗徒之长圣伯多禄的安葬地点，历任教宗也大都安葬于此。作为最杰出的文艺复兴建筑和世界上最大的教堂，占地2.3万平方米，可容纳超过6万人。

图 5-31　圣伯多禄广场
图片来源：https://pixabay.com

意大利文艺复兴时期多位建筑师与艺术家参与大教堂的设计，堂内保存有文艺复兴时期许多艺术家如米开朗琪罗、拉斐尔等的壁画与雕刻。教堂的圣伯多禄广场能容纳30万人，是建筑大师贝尔尼尼最伟大的建筑艺术品。广场长340米、宽240米，被两个半圆形的长廊环绕，由284根德斯金式圆柱支撑着长廊的顶，顶上有142个教会史上有名的圣男圣女的人物雕像，广场中间耸立着一座41米高的埃及方尖碑，是1856年竖起的，它是由一整块石头雕刻而成的。

圣伯多禄大教堂是一座长方形的教堂，整栋建筑呈现出一个拉丁十字架的结构，用大理石砌筑而成，教堂中央是直径42米的穹隆，顶高约138米。里面的画像都是用不同颜色大理石拼接成图。最杰出的雕刻艺术作品有3件：第一件是米开朗琪罗的《圣母殇》，圣母怀抱死去的耶稣，这是米开朗琪罗唯一一件签名的作品，签名就在圣母身上横跨胸前的饰带上。第二件是贝尔尼尼雕制的青铜华盖，华盖位于米开朗琪罗的杰作穹顶之下，由4根螺旋形铜柱支撑，有5层楼高。华盖前的栏杆上点燃着99盏长明灯，下方是宗座祭坛和圣伯多禄的坟墓。第三件是圣伯多禄宝座，也是贝尔尼尼设计的镀金青铜宝座。宝座上方是光芒四射的荣耀龛及象牙饰物的木椅，椅背上有两个小天使，手持开启天国的钥匙和教皇三重冠。

4. 威尼斯广场

威尼斯广场的正面绰号叫"结婚蛋糕"。白色大理石的维克多·埃曼纽尔二世纪念堂是为了庆祝1870年意大利统一而建造，耗时25年才建成。16根圆柱形成的弧形立面，台阶右边的喷泉象征第勒尼安海，左边的象征亚得里亚海，中央骑马的人物塑像是完成了意大利统一大业的埃曼纽尔二世。建筑物上面有两座巨大的青铜雕像，右边的代表"热爱祖国的胜利"，左边代表的是"劳动的胜利"。

威尼斯广场西面是威尼斯大厦，是文艺复兴式的宫殿式建筑，后来成为威尼斯共和国大使官邸。墨索里尼上台后大厦为其官邸，他常在正中阳台上向民众发表煽动性的演说和训话，现在改为艺术博物馆。广场东侧的威尼斯保险总公司大楼是马纳塞于1911年仿照对面的威尼斯大厦而建。大楼右侧24号，原先曾是艺术大师米开朗琪罗居住过的地方，已被拆除。

图 5-32　威尼斯广场
图片来源：https://pixabay.com

纪念堂右手边的玛契罗吩剧场大街通往科斯美汀圣母教堂，教堂很小，但里面却有名扬世界的"真理之口"。教堂本身的建筑是在6世纪兴建的，教堂前还残留着罗马现存最古老的神殿——方特纳神殿的遗迹。

5. 古罗马广场

古罗马广场是古罗马时代的城市中心，被称为"古罗马废墟"，现在还残留了古罗马时期的重要建筑的废墟，有提图斯凯旋门、奥古斯都凯旋门、塞维鲁凯旋门、恺撒神庙、灶神庙，维纳斯和罗马神庙。恺撒要用他的名字兴建一个恺撒广场。恺撒去世时，广场没完工，到奥古斯都才正式完工。奥古斯都又加建一个纪念广场即奥

图 5-33　古罗马广场

图片来源：https://pixabay.com

古斯都广场。皇帝图密善决定要把所有的广场用个新的广场联结起来，由于图密善去世，继承者涅尔瓦以自己的名字命名。涅尔瓦广场又被称为转型广场，就像接口一样。提多大帝凯旋门是罗马现存最古老的拱门建筑，用以纪念他的兄弟提多与父亲维斯帕先平息了犹太人叛乱。安东尼·庇护和佛丝蒂纳神庙是安东尼庇护为了他妻子佛丝蒂纳所建的，也是保存最好的神庙。3世纪的元老院仍保有原来的多色镶嵌地板、元老议事的台阶和讲台。神圣之路是罗马最古老的道路，用平坦的黑色玄武岩铺成，罗马共和国时期的英雄凯旋就在这里游行。马克森提乌斯与君士坦丁大帝会堂据称是古罗马最大的建筑，约建于315年，是古罗马帝国的法律与财务中心。

6. 纳沃纳广场

纳沃纳广场不是非常大，却号称罗马最漂亮的巴洛克广场。广场上有3个非常著名的喷泉：海神喷泉、四河喷泉和莫罗喷泉。广场由图密善皇帝于公元86年建成，是个宽阔的椭圆形，与阿戈纳利斯竞技场的形状一样，广场的名称就源于该竞技场。1644年，教皇英诺森十世开始着手巴洛克风格的重建方案，建了伯尼尼设计的两个喷泉：南端的莫罗喷泉和中心的四河喷泉，四河喷泉中雕塑象征着亚洲、非洲、美洲、欧洲喷泉，四条河流象征着亚洲的恒河，非洲的尼罗河，美洲的拉普拉塔河，欧洲的多瑙河。喷泉中间是一个埃及式方尖碑。海神喷泉位于广场北端。1570年，罗马将供水管

图 5-34　海神喷泉

图片来源：意大利旅游局官网 http://visitaly.com.cn/

延伸至广场地区，修复供水管时，兴建了海神喷泉和摩尔人喷泉。喷泉下部采用白色大理石，上部采用当地石材。罗马成为首都后，1878年，又增加了"海王星与章鱼的战斗"雕塑。

7. 许愿池

图 5-35 许愿池
图片来源：https://pixabay.com

许愿池原称是特莱维喷泉，又称少女喷泉，"特莱维"是三岔路口的意思，因为这个位置正好是个三岔口。公元前19年，古罗马人将贞女泉引进罗马城水道，这条水道被称为少女水道，喷泉是这条水道的终点，因此就叫少女喷泉。喷泉依波利侯爵宫殿而建，于1762年完工，是罗马最后一件巴洛克杰作。主题是海神尼普顿胜利归来。海神尼普顿站在海贝形战车上，脚下拉车的两匹骏马被两个特里同牵引，左边的狂放不羁，右边的温顺安详，象征汹涌和平静。海神左右各有一位水神，代表丰裕和健康。背景墙柱子顶端有4位女神持不同神器，象征四季。罗马人有一个传说，背对喷泉从肩以上抛一枚硬币到水池里，就可以再次访问罗马。一对情侣一起向池中投入硬币，爱情就会永恒。因此，很多旅游者在喷泉里边抛硬币。

（二）威尼斯

威尼斯的历史相传开始于453年，先人们为逃避游牧民族，来到亚德里亚海中的这个小岛，在淤泥与水上建起了威尼斯。威尼斯人将木柱打入水下的泥土中，再铺上一层又大又厚的伊斯特拉石。这种石头防水性能极好，然后在石头上砌砖建房。由于砖比石头轻很多，所以不会出现房子严重下沉的问题。威尼斯自10世纪开始发展，14～15世纪为全盛时期，成为意大利最富有的海上"共和国"、地中海贸易中心之一。16世纪，随着哥伦布发现美洲大陆，新航路开通，欧洲商业中心逐渐移到大西洋沿岸，威尼斯逐渐衰落。威尼斯及其潟湖，由118个岛屿组成，素有"水都""水城""桥城"和"百岛之城"的美称。威尼斯全市河道、运河共计177条，靠401座各式桥梁把它们连接起来，船是市内唯一的交通工具。除了小艇，所有交通工具都明令禁止。威尼斯独特的交通工具"贡多拉"有十分悠久的历史，11世纪是贡多拉最盛行的时期，超过了1万只，如今的威尼斯仅剩下了几百只。16世纪时的贡多拉外表异常艳丽，为了遏制这种奢靡风气，威尼斯元老院颁布禁令，所有的贡多拉都漆成黑色，只有在特殊场合才会被装饰成花船。贡多拉船夫穿着横条的紧身针织上衣，头戴一顶草帽。

1. 圣马可广场

圣马可广场东西长170多米，东边宽80米，西边宽55米，总面积约1万平方米，呈梯形。广场南、北、西三面被宏伟壮丽的建筑环绕。东面耸立着圣马可钟楼和圣马可教堂。西面是总督宫和圣马可图书馆。总督宫用粉色和白色的大理石砌成。广场的入口处，有两根高大的圆柱，东侧的圆柱上挺立着一只展翅欲飞的青铜狮，飞狮左前爪扶着一本《圣经》。

圣马可广场是威尼斯的政治、宗教和传统节日的公共活动中心。1797年拿破仑

图 5-36　圣马可广场
图片来源：https://pixabay.com

占领威尼斯后，赞叹圣马可广场是"世界上最美的广场"，把总督府改为行宫，一直到21世纪，人们还叫它拿破仑宫。每年涨潮时，潮水如同在广场铺上一面巨大的镜子，所有建筑像镶嵌其中。1900年前，圣马可广场每年会被水淹上10次。威尼斯的水平面比100年前上升了23厘米，如今每年被洪水淹没的次数大大增加。专家预计到2100年，威尼斯将完全被水淹没，不再适合居住。

2. 圣马可大教堂

圣马可大教堂据说是因埋葬了耶稣门徒圣马可而得名。大教堂始建于829年，融合了东西方的建筑特色，是东方拜占庭艺术、古罗马艺术、中世纪哥特式艺术和文艺复兴艺术多种艺术式样的结合体，曾是中世纪欧洲最大的教堂。它的正面是华丽的拜占庭风格装饰，整座教堂的结构又呈现出希腊式

图 5-37　圣马可大教堂
图片来源：https://pixabay.com

的十字形设计。15世纪加入了哥特式的装饰，17世纪又加入了文艺复兴时期的装饰。大教堂内外有400根大理石柱子，内部墙壁上的壁画用马赛克镶嵌，大门顶上正中部分，雕有四匹奔驰的骏马。教堂的钟塔高达97米，每到整点，两个机械人就用槌自动敲钟报时，整个城市都能听见。

3. 叹息桥

叹息桥是一座拱廊桥，架设在总督宫和监狱之间的河上，属早期巴洛克式风格。桥呈房屋状，上部穹隆覆盖，封闭得很严实，只有面向运河的一侧有两个小窗。因死囚被押赴刑场时经过这里，他们

图 5-38　叹息桥
图片来源：https://pixabay.com

只能透过小窗看看蓝天，想到家人在桥下的船上等候诀别，不由自主地发出叹息之声而得名。经过这座桥，再向前走便要告别人世了。

4. 黄金宫

黄金宫是一座涂金的建筑物，曾被称为"黄金的宫殿"。它是威尼斯城最杰出的哥特式建筑，由康达里尼家族兴建于1428年。1922年，这座宫殿的主人乔治·弗兰凯蒂男爵将其捐给国家，作为美术馆对公众开放，现被称为法兰盖提美术馆。这里收藏了威尼斯画派14~18世纪的绘画珍品，集欧洲绘画艺术之大成，主要展品包括：卡巴乔的《圣告图》、安东尼奥·凡·代克的《基督受难记》、曼帖那的《圣塞巴斯蒂安》以及提香等人的作品。黄金宫主要面向大运河，具有的拜占庭式风格建筑，底层有一个凹进的柱廊，可以直接从运河进入门厅。柱廊上方是主人房间的封闭阳台。阳台上用科林斯柱式来支撑一排精致的窗户。它外观像婚礼蛋糕一般，里面有一个小小的内院。

图5-39 黄金宫

图片来源：https://pixabay.com

（三）佛罗伦萨

佛罗伦萨是意大利语"百花之城"的意思，是世界艺术之都，欧洲文化中心，欧洲文艺复兴的发祥地，歌剧的诞生地。意大利统一后，佛罗伦萨曾在1865~1870年做过5年的首都，直到1871年迁往罗马。市区保持古罗马时期的格局，很多中世纪建筑。佛罗伦萨有40多个博物馆和美术馆，乌菲兹和皮提美术馆举世闻名，世界第一所美术学院、世界美术最高学府佛罗伦萨美术学院蜚声世界。60多所宫殿及许许多多的大小教堂收藏着大量的优秀艺术品和珍贵文物，佛罗伦萨又有"西方雅典"之称。诗人但丁出生在这里，至今仍保存着但丁的故居。文艺复兴艺坛"三杰"的达·芬奇、米开朗琪罗和拉斐尔在1506年聚会于佛罗伦萨，成为艺术史上的千古美谈。佛罗伦萨国际当代艺术双年展，与威尼斯双年展、米兰三年展并称意大利三大艺术展。佛罗伦萨夏季缺少盛行风，6~8月炎热潮湿，最高气温可达40℃。冬季阴冷而潮湿，最低气温有时会降到冰点以下，不过被冰雪覆盖的景象相当少见。

1. 圣母百花大教堂

圣母百花大教堂又名花之圣母大教堂，是世界五大教堂之一。百花大教堂使用白、红、绿三色花岗岩贴面将文艺复兴时代所推崇的古典、优雅诠释得淋漓尽致。教堂原址是建于4世纪的圣·雷帕拉塔教堂。1296年，美第奇家族出资建造新的教堂，花了175年才最终建成。天才建筑师布鲁涅内斯基仿造万神殿设计了圆顶，米开朗琪罗又模仿它设计了梵蒂冈圣彼得大教堂，却不由得感叹："可以建得比它大，却不可能建得比它美。"

教堂高 91 米，巨大的穹顶直径 45 米，布鲁内莱斯基不画一张草图，不作任何计算稿，甚至不搭内部脚手架，完全凭心算和精确的空间想象动工。1436 年教堂落成时，连教皇也惊讶于这个"神话穹顶"。布鲁内莱斯基的墓就在教堂地下，教堂广场

图 5-40　圣母百花大教堂
图片来源：https://pixabay.com

上他的塑像手指着心爱的穹顶。穹顶内是瓦萨里绘制的《末日审判》，大厅墙壁上有壁画《乔凡尼·阿古托纪念碑》和为纪念但丁 200 年诞辰所绘的《但丁与神曲》。教堂青铜大门上雕有著名的"天堂之门"，基贝尔蒂花费 21 年的时间将"旧约全书"的故事情节分成十个画面镶嵌在铜门的框格内。教堂北侧登 463 级台阶到达圆屋顶，可以俯瞰整个佛罗伦萨老城区。

2. 乌菲兹美术馆

图 5-41　乌菲兹美术馆
图片来源：https://pixabay.com

乌菲兹美术馆是世界著名绘画艺术博物馆，在乌菲兹宫内。乌菲兹宫曾作过政务厅，政务厅的意大利语音译就是乌菲兹。1559 年建的乌菲兹宫是一幢文艺复兴建筑，美第齐家族成员把搜集的艺术品集中到"乌菲兹"，形成了乌菲兹公共博物馆。1581 年，这些艺术品对外开放。美术馆有 45 间展厅，藏品 10 万件以上，有"文艺复兴艺术宝库"之称，以收藏欧洲文艺复兴时期和其他各画派代表人物的作品而驰名，藏有古希腊、罗马的雕塑作品。美术馆二层是列奥纳尔德、米开朗琪罗等人的素描及版画展室，三层是绘画馆，有达·芬奇的《博士来拜》、米开朗琪罗的《圣家族》、波提切利的《维纳斯的诞生》和《春》、提香的《乌尔比诺的维纳斯》、拉斐尔的《金丝雀的圣母》和自画像，博尼塞纳的《圣母子》、马尔蒂尼的《圣告》以及曼泰尼亚、科雷乔等大师的名作。

3. 领主广场

领主广场是领主宫前的 L 形广场，是佛罗伦萨共和国起源与历史的焦点，是一个露天博物馆，被认为是意大利最美的广场之一。广场上有众多雕塑精品——米开朗琪罗的大卫像的复制品、海神喷泉、帕尔修斯和美杜莎等。场上还有佣兵

图 5-42　领主广场一角
图片来源：作者拍摄

凉廊、乌菲兹美术馆、商人法庭（今农业局）和韦奇奥宫。齿牒状墙垛的韦奇奥宫建于 16 世纪，正立面可能出自拉斐尔之手。领主广场在古罗马时期已经是一个中心广场，周围是剧院、浴室和染坊，后来建起了圣罗莫雷教堂。20 世纪 80 年代重铺地面时，在广场地下发现了考古宝藏，甚至发现了新石器时代的遗址。1497 年，萨佛纳罗拉及其追随者在这个广场上烧毁成堆黄色书籍、赌具等。1498 年 5 月 23 日萨佛纳罗拉被绞死并焚烧。在海神喷泉前，一块圆形大理石标志标出了焚烧的确切地点。

4. 佛罗伦萨国立美术学院

佛罗伦萨国立美术学院可追溯到中世纪时期的美第奇学院，始创于 1339 年，是世界上第一所美术学院，1785 年成为国立美术学院。佛罗伦萨美术学院是欧洲文艺复兴的产物，也对欧洲文艺复兴产生过巨大影响，是世界美术教育的标杆，所以有"世界美术最高学府"和"写实主义大师会集的皇家美术学院"之称，与意大利马兰欧尼学院并称造型类和设计学的双雄。米

图 5-43　佛罗伦萨国立美术学院
图片来源：https://pixabay.com

开朗琪罗是佛罗伦萨美术学院的学生，也担任过美院的名誉院长。学院美术馆的镇馆之宝是米开朗琪罗的大卫，政府为了保护它，在 1873 年把它移至这里。这里还藏有四座未完成的"奴隶像"、二座"圣母哀子像"和其他佛罗伦萨艺术家的作品，是众多艺术家心中的圣地。

5. 比萨斜塔

比萨斜塔位于比萨城北面的奇迹广场，距离佛罗伦萨 86 千米。奇迹广场上散布着一组宗教建筑，圣玛利亚大教堂、洗礼堂、钟楼（即比萨斜塔）和墓园，它们的外墙面均为乳白色大理石，是罗马式建筑风格。比萨斜塔是建筑史上的一座重要建筑。作为比萨大教堂的钟楼，最初是设计是垂直的，8

图 5-44　比萨斜塔
图片来源：https://pixabay.com

层高 54.8 米，独特的圆形建筑设计，即使没有倾斜，也会是欧洲最值得注意的钟楼之一。钟塔始建于 1173 年 8 月，1185 年建到第 4 层时发现，由于地基不均匀和土层松软，钟楼倾斜偏向东南方，工程因此暂停。1231 年工程继续，建造者刻意将钟楼上层搭建成反方向的倾斜，以纠正发生的重心偏离。1278 年进展到第 7 层的时候，塔身不再呈直线，而是为凹形。1350 年工程最终完工。

（四）西西里岛

"如果不去西西里，就像没有到过意大利：因为在西西里你才能找到意大利的美丽之源。"这是歌德在 1787 年 4 月 13 日到达巴勒莫时写下的句子。西西里岛是地中海上最大的岛屿，也是意大利面积最大的省份。这里曾经居住过希腊人、古罗马人、拜占庭人、阿拉伯人、诺曼人、施瓦本人、西班牙人等，也还烙下了他们的文化印记。除了希腊以外，最重要的希腊神殿遗迹都在西西里岛。从地图上看，意大利是只伸向地中海的皮靴，而西西里岛是鞋尖上的足球。它气候温暖风景秀丽，辽阔富饶，由于其发展农林业的良好自然环境，历史上被称为"金盆地"。地中海上许许多多的小岛屿，散落在西西里岛的海岸边，加上地中海湛蓝清澈的海水，给了它独特的自然景观。

1. 巴勒莫

巴勒莫是西西里岛的首府，是个地形险要的天然良港。随着统治者改朝换代，巴勒莫历经多种不同宗教、文化的洗礼，市区的建筑诺曼、拜占庭及伊斯兰三种风格并存，一些建筑物还具有浓厚的阿拉伯色彩，充满异国情调。但丁称赞这里是"世界上最美的回教城市"。巴勒莫是意大利境内最有东方味的城市，随处可见融入阿拉伯风格的房屋。巴勒莫旧城区中心西南隅矗立了 1200 年的诺曼皇宫，将诺曼、

图 5-45　巴勒莫
图片来源：https://pixabay.com

拜占庭和阿拉伯的建筑风格共冶一炉。皇宫在第二次世界大战之后改成西西里自治区议院，部分建筑对外开放。巴拉蒂娜小教堂是皇宫的教堂，教堂四壁下半部镶着大理石，上半部是镶了金的精致壁画和装饰性图案，图案多为十字军东征。分隔主殿和边廊的是 6 个阿拉伯式尖拱形结构。不远处的大教堂宛如一座刻上巨型浮雕的阿拉伯建筑，教堂里却是天主教风格。巴勒莫现存最具阿拉伯风格的建筑是吉沙皇宫。皇宫的二楼与三楼被改成了博物馆，展出阿拉伯文物。普雷托利亚喷泉四周安置了 20 多尊神话中的河神、仙女、精灵等的裸体石膏像。

图 5-46 阿格利真托

图片来源：意大利旅游局官网 http://visitaly.com.cn/

2. 阿格利真托

阿格利真托意思是"诸神的居所"，位于南部海岸山坡上。这里曾是古希腊最重要的城镇之一。希腊诗人品达尔曾称赞阿格利真托是人间最美的城市。阿格利真托早在公元前 581 年就已建立。5 世纪起先后被迦太基人、罗马人占领，后来又历经拜占庭、阿拉伯王国统治，留下许多神庙的遗迹。阿格利真托可游览的景点很集中，最重要的神殿之谷在距离市中心及火车站约 3 千米的一座山丘，地势险要。山头排列着赤色的古希腊神殿遗迹，神殿高大，气势非凡，虽累遭天灾、战火及早期基督教徒的破坏，将近 2500 年的神殿仍保存相当完整。神殿之谷已经被辟为"阿格利真托神殿之谷考古景观公园"，也成为希腊境外最重要的保存最完好的神庙群，1997 年神殿之谷被联合国教科文组织列入世界遗产名录。阿格利真托西边 15 千米的海边，有白色石崖土耳其阶梯，石崖是由白色石灰岩形成的地质结构，来自于地下泉水的钙质的积累。

图 5-47 陶尔迷那

图片来源：https://pixabay.com

3. 陶尔迷那

小镇陶尔迷那一面是悬崖，一面临大海，城市建筑在层层山石之上，以火山和海滨浴场著名。这里气候常年如春，风光旖旎，山城不仅有古希腊、古罗马的古迹，而且有现代化的旅游设施。全城有 1.5 万人，以旅游业为生。古希腊、古罗马的每个城市都有自己的剧场，陶尔迷那的这个与众不同，坐落在山巅，面向地中海。尽管现代的剧场有更好的音响和设备，但再也不能有这种天人交会的感觉。

（五）庞贝古城

庞贝古城位于意大利南部那不勒斯附近，维苏威火山东南脚下 10 千米处，西距那不勒斯湾约 20 千米，距罗马约 240 千米。是一座背山面海的避暑胜地。古城始建于公元前 4 世纪，依托于地中海天然良港，加上亿万年来维苏威火山多次喷发带

图 5-48 庞贝古城

图片来源：https://pixabay.com

来的奇异岩浆土、火山石以及地热温泉带来丰富的自然资源,逐渐发展成为仅次于古罗马城的第二大城。公元 79 年 10 月 17 日,维苏威火山突然爆发,厚约 5.6 米的火山灰将庞贝全部覆盖。1700 年后,人们挖掘出了被火山灰包裹着的人体遗骸,才意识到这座古城的存在。由于被火山灰整体掩埋,街道房屋保存比较完整。2016 年 6 月,庞贝古城被评为"世界十大古墓稀世珍宝之一"。庞贝古城如今只向游人开放 1/3,其余部分还埋在地下。

古城略呈长方形,有城墙环绕,设有 7 个城门,14 座塔,城内大街纵横交错,街坊布局有如棋盘。全城呈井字形,分为 9 个地区,纵横各两条笔直的大街构成了主干道。大街上铺的是 10 米宽的石板,两旁是人行道,石板路面上有被当年车辆碾出的条条车辙。中心的大广场是长方形的,两侧是两座神庙,分别供奉罗马神话中的众神之王朱庇特和太阳神阿波罗。东南是一座大会堂,那是庞贝的最高建筑,里面设有法院和市政厅。东北是商场,店铺林立。在小酒店的墙壁上,还可以看到书写的价目表、客人们的欠账数字等。庞贝城的东南角,有两座露天剧场。一座用来演出戏剧,另一座是小演奏厅,用于喜剧和音乐演出,还有一座可以容纳 2 万人的竞技场。富豪宅院花园中有古典柱廊和大理石雕像,厅堂廊庑多有壁画,其中一幅《亚历山大大帝与波斯大流士三世战斗图》闻名世界,这幅画宽 6.5 米,高 3.8 米,用 150 块彩色玻璃和大理石片镶嵌而成。火山喷发的一刹那,无数受害者被火山灰包裹。由于火山灰等喷发物的温度、化学性质,尸体很难保存,使得火山灰留下了坚硬的空壳。考古学家从 1860 年开始把石膏灌注到空壳里,复制出来死者的雕像。

图 5-49 受难者雕塑
图片来源:https://pixabay.com

第四节 希腊

一、历史文化

希腊共和国简称希腊,历史可一直上溯到古希腊文明,被视为西方文明的发源地。公元前 3000 年到公元前 1100 年克里特岛曾出现米诺斯文明,公元前 1600 年到公元前 1050 年伯罗奔尼撒半岛出现迈锡尼文明。公元前 800 年形成奴隶制城邦国家。古代希腊人在广泛吸收西亚和埃及等地文化成就的基础上，在数学、天文、医学、建筑、雕刻、戏剧、诗歌、哲学、历史、演说术等众多领域做出了巨大贡献。公元前146年希腊被罗马征服，并入罗马帝国。很多希腊人认为罗马人结束了希腊的动乱，带来了和平，而希腊文化反过来征服了罗马人的生活。395年，罗马帝国一分为二，希腊归东罗马帝国管辖。1453年5月29日，穆罕默德二世攻克君士坦丁堡，东罗马帝国灭亡，希腊被奥斯曼帝国统治。1821年，爆发希腊独立战争。1832年建立希腊王国。1974年通过全民公投改为共和制。

希腊约98%是希腊人，其余为土耳其人、马其顿人、保加利亚人。希腊的官方语言希腊语属于印欧语系，英语为最普遍的外语。此外，雅典人多讲法语，而爱奥尼亚群岛和伊庇鲁斯则通行意大利语。

二、自然地理

希腊位于欧洲东南部的巴尔干半岛南端，总面积为131957平方千米，其中15%为岛屿，约有1500个岛屿，最大半岛是伯罗奔尼撒半岛，最大岛屿为克里特岛。希腊大陆部分三面临海，西南濒爱奥尼亚海，东临爱琴海，南隔地中海。境内河流短急，海岸多曲折港湾，海岸线长约15021千米。希腊境内多山，3/4均为山地，沿海有低地平原。奥林匹斯山在希腊神话中被认为是诸神居住之所，海拔2917米，是希腊最高峰。希腊南部地区及各岛屿属于地中海型气候，全年气温变化不大，冬季气温为6℃~13℃，夏季则为23℃~33℃，夏季较长，阳光强烈。北部和内陆属于大陆性气候，冬温湿，夏干热。

三、旅游城市和景点

（一）雅典

根据古希腊神话传说，雅典娜生于宙斯的前额，是战争、智慧、文明和工艺女神。海神波塞冬送给人类一匹象征战争的壮马，而智慧女神雅典娜献给人类一棵象征和平的油橄榄树。人们渴望和平，不要战争，选择雅典娜为雅典的保护神，雅典因雅典娜而得名。后来人们就把雅典视为"酷爱和平之城"。

公元前8世纪，希腊半岛和小亚细亚西海岸出现了希腊人建立的城邦，雅典是其中最重要的城邦之一。雅典原是阿提卡半岛上一个城市的名称，阿提卡统一为一个城邦后，它成为这个国家的名称。雅典三面临海，地形少平原多山地，不便于发展种植业与畜牧业。良好的海运条件便于航海和商业贸易，遂以海洋贸易为主。多与小亚细亚地区交易。雅典被誉为民主政治的发源地。古雅典人召开"公民大会"决定每个重要事件，每个公民享有在公民大会的发言权与投票权。公元前5世纪，雅典的民主制达到极盛。由全体男性公民参加公民大会，每隔10天召开一次，投票决定国家的内政、外交等大事，是国家的最高权力机构。在休会期间，从公民中抽签选出500人，组成"五百人议事会"，处理城邦的日常事务。各级官员也抽签产生。陪审法庭是最高司法机构，陪审员从公民中抽签选出，处理各种重大案件。

1. 雅典卫城

雅典卫城是闻名世界的古代七大奇观之一，欧洲最古老且保存最完整的古典文明遗迹，是欧洲文明诞生地之一。雅典卫城的希腊语意为"高处的城市"或"高丘上的城邦"，位于卫城山丘上，为宗教政治的中心地，从雅典各个方向都可以看到耸立于卫城山上的帕特农神庙。卫城始建于公元前580年，最初是用于防范外敌入侵的要塞，山顶四周筑有围墙。希腊波斯战

图 5-50　雅典卫城
图片来源：https://pixabay.com

争中，雅典曾被波斯军队攻占，卫城被彻底破坏。希腊波斯战争后，雅典人花费了40年的时间，用白色的大理石重建卫城的全部建筑。雅典卫城是由坚固的防护墙壁拱卫着的山冈城市，承担古代希腊城市战时市民避难所的功能。人们只能从西侧登上卫城。东南北三面都是悬崖绝壁，地形十分险峻。雅典卫城内前门、雅典娜胜利女神殿、阿尔忒弥斯神殿等建筑，都仅存残垣。现存的主要建筑有山门、帕特农神庙、伊瑞克提翁神庙等，在建筑学史上具有重要地位。

图 5-51　帕特农神庙
图片来源：作者拍摄

卫城山门建于前437~前431年，正面高18米，侧面高13米。中间是宽大的门廊，两边是柱廊，门廊的两翼不对称，北翼过去曾是绘画陈列馆，南翼是敞廊。土耳其人占领时期，曾将山门作为火药库，土耳其总督也曾在此居住。1640年，山门因遭雷击而受到严重破坏。雅典娜女神庙在山门右前方。神庙由产自在雅典附近的蓬泰利克大理石建成，5米长、3.5米宽，内由一个爱奥尼亚式门厅和一个约呈方形的内庙组成。神庙分前庙、正庙和后庙，神庙东面有一个执盾的雅典娜神像浮雕。

帕特农神庙在雅典娜神庙南面，位于卫城最高点，体量最大，造型庄重。神庙的雕刻装饰由著名的建筑师和雕刻家菲迪亚斯承担。神庙为长方形周柱式建筑，东西长约70米，南北宽不足31米，原高超过13米。神殿四周由48根多

图 5-52　厄瑞克赛翁神庙

图片来源：https://pixabay.com

利克式大理石圆柱支撑。3 层柱廊上支承的大理石条石额枋屋檐，由带竖条的石板和带浮雕的石板间隔组成，浮雕以神话宗教为题材，如今保存在大英博物馆里。通过两道柱廊，进入百步大厅，菲狄亚斯在神庙内建了 12.8 米高的雅典娜神像。神像主体用香木制作，用金片包裹，面部、手臂和脚趾用象牙装饰，双眼用宝石镶嵌，右手托着胜利女神。如今神像原作虽已不在，但许多雅典娜像是仿照它制作的。

厄瑞克赛翁神庙构思奇特、建筑精美，特别与众不同的是女雕像柱廊和窗户。该神庙建于前 421~ 前 405 年，是为纪念雅典娜之子、雅典王厄瑞克阿斯而建。它依山势而建，坐落在三层不同高度的基础上，平面为多种矩形的不规则组合。神庙的北部柱廊有 6 尊高 2.3 米的女神雕像，她们头顶大理石屋檐，雕刻得栩栩如生，衣着服饰逼真。厄瑞克赛翁神庙是古希腊建筑的又一个杰作，其中一个女神雕像保存在大英博物馆，其余 5 个在雅典卫城博物馆，雅典卫城里的是复制品。

卫城的西北侧还有亚革拉广场、大会堂、竞技场和酒神剧场。酒神剧场可容纳近 2 万人，在巨大的半圆形剧场的边缘，观众仍然可以和前排的观众一样清楚地听到演员轻微的叹息和撕开纸片的声音。

图 5-53　酒神剧场

图片来源：作者拍摄

2. 古代集市

雅典古代集市在卫城北面，为古雅典市民商业贸易活动及集会场所，有多处神庙、祭台及公民大会议事厅、档案馆、将军署等建筑，建于前 5 世纪。这里是行政、商业、政治、社会活动的中心，苏格拉底曾在这里阐述他的哲学。

阿塔罗斯柱廊始由小亚细亚帕加马国王阿塔罗斯二世建于前 159 年，是远古时期首个、也是规模最大的"商贸中心"。柱廊

图 5-54　雅典古集市

图片来源：作者拍摄

用石灰石建造，墙柱、门壁柱、房间的窗台和圆柱都是用潘泰列克大理石建造。柱廊是两层结构，下层是临街走廊，便于群众聚会，内辟店铺，上下层各有21间店铺，长116米。柱廊于267年被赫鲁利人摧毁，柱廊遗留的石料和其他石块用于修建卫城山门前的两座法兰克塔楼。美国雅典古典学研究学院在1953~1956年重建柱廊，旨在修建市集博物馆。该建筑具有多立克和爱奥尼柱式的建筑风格。

3. 宙斯神庙

宙斯神庙为祭祀宙斯而建，是古希腊的宗教中心，是古希腊最大的神庙之一，世界七大奇迹之一。宙斯神庙位于雅典卫城东南面奥林匹亚村，和哈德良拱门隔路相望。神庙建于公元470年，宙斯神像由雕刻家菲狄亚斯负责。公元前86年，罗马攻占雅典，破坏了尚未完成的建筑，将部分石柱和其他建材拆下后运到罗马。在罗马市中心的古罗马广场遗址上，现在还能看见它们。

图 5-55　宙斯神庙
图片来源：作者拍摄

宙斯神庙以象牙和黄金塑像而闻名于世。神庙使用大理石建造，宽边有6根立柱，长边有13根立柱，共有104根科林斯柱，每根石柱高达17.25米，如今仅存13根。正面东边山墙上雕刻着当地一个传说：珀罗普斯与厄利斯的国王赛跑，珀罗普斯赢了。背面西方的山墙上雕刻的是拉比斯人与半人马作战，内厅的门廊上雕刻着海格力斯的12件伟绩，内厅里是12米多高的宙斯神像，在旅行家沙尼亚斯巴的《希腊游记》一书中描述了宙斯神像"宙斯主体为木质，身体裸露在外的部分贴上象牙，衣服则覆以黄金。头戴着橄榄枝编织的皇冠，右手握着象牙及黄金制成的胜利女神像，左手则拿着一把镶有各种金属打造的权杖，杖顶停留着一只鹫"。6世纪的一场地震使神庙倒塌，基墙以上的建筑全部被摧毁。2004年在雅典举行奥林匹克运动会前，人们将一根倒塌的立柱重新竖起，并在它顶端装上了一块12吨重的、按原型复制的立柱头，人们可以想象出原来神庙的规模。

4. 宪法广场

宪法广场是雅典的中心地带，每次希腊发生的大事件都会在这里庆祝或者悼念，是每次政治游行的集合地。宪法广场也是雅典重要的交通枢纽，从机场而来的巴士会在这里停驻，雅典往希腊其他各地的距离均以此为丈量基点。广场是为纪念1834年在此颁布的宪法而建，故取名"宪法广场"。议会大厦和无名战士

图 5-56　换岗士兵
图片来源：https://pixabay.com

阵亡纪念墓碑就位于广场上，士兵守护着无名烈士墓碑，每小时整点举行轮换仪式。仪式中士兵们穿着希腊的传统服装，裙子、夸张的红帽子和鞋子，外加很厚的裤袜，跨步时他们手脚幅度很大，犹如在跳舞。

5. 古奥林匹克运动场

第一届古代奥运会于前776年举行，此后每4年举办一次。初期的比赛项目反映了战争与古奥运的关系，项目多与军事技能有关。虽然比赛项目有明显的军事烙印，但是奥运会本身却是整个希腊民族欢聚一堂的盛会。古奥运会历时1169年，举行293届，直至393年，信奉基督教的罗马皇帝狄奥多西一世禁止一切异教活动，宣布废除古奥运会。395年奥林匹亚运动场受战争破坏，426年罗马皇帝又令人纵火烧毁残存建筑，后又遭洪水、地震等灾害而变为废墟，埋入地下。1960年古运动场被发掘，1961年进行了修复。

古奥林匹克运动场是一个矩形建筑，建在阿尔菲斯河谷北面的小丘旁，小丘经过修整成为看台。跑道西边是狭窄的拱形通道，是供运动员、裁判员和官员们使用，通道尽头是休息室，现在辟出一个房间作为奥运纪念物展厅。运动场跑道长192.25米，宽约32米，每次可供20名运动员同时比赛。还有一个770米×320米的跑马场，供赛马和马车比赛用。跑道尽头有两根大理石柱，立柱顶端有两个背靠着背的

图 5-57　古奥林匹克运动场
图片来源：作者拍摄

人头石膏像，一个年轻，一个垂暮，一个回望过去，一个展望未来。运动场可容纳4.5万人，并设有160个贵宾席。整个看台用大理石铺成的，正中最前方修建了两个大理石椅子，是给当时的国王和王后准备的。

6. 爱琴海三岛

雅典附近有6个岛屿：萨拉米斯岛、埃伊纳岛、安吉斯特里岛、波罗斯岛、伊兹拉岛和斯派赛斯岛，这些岛屿分散于萨洛尼克湾，守住阿尔郭里过斯湾的入口，这些岛屿连同阿尔郭—萨洛尼克湾的海岸线，形成了特别受人喜爱的旅游目的地。在雅典可参加伊兹拉岛、波罗斯岛、埃伊纳岛三岛一日游。

伊兹拉岛离雅典南 70 千米，约 3 小时航程。岛上没有机动车辆，驴、自行车和水上出租车是唯一的交通工具。整个小岛细长细长的，白墙、蓝窗、粉红屋顶装点着。海水透明度很高，海岸上有许多河口、浅海湾和海滩。岛上优美的景色增添了很多艺术灵感，故这里有"艺术家之岛"的美称。

图 5-58　佐欧朵霍斯·比伊修道院
图片来源：希腊旅游局官网 http://www.visitgreece.gr/

波罗斯岛并不是一个岛屿，是由卡拉夫里亚和斯费里亚两个岛组成，两个岛之间有桥相连。岛上的考古博物馆有从迈锡尼时期到罗马时代的重要的展品，以及从萨洛尼克湾发现的古沉船的文物。佐欧朵霍斯·比伊修道院建于 18 世纪，被高高的围墙包围着。北部有波塞冬神庙遗迹。从波罗斯港乘船不到 10 分钟即可抵达伯罗奔尼撒半岛海岸上著名的柠檬树林。

埃伊纳岛是萨洛尼克群岛中最大岛屿，希腊独立后一度为临时首都。北部是平原和丘陵，东部沿岸有粗面岩构成的山岭。岛上最高点是圆锥形的圣伊利亚斯山，即古代的海伦娜山。岛上有一座供奉古阿法埃娅神庙遗迹，建于爱奥尼斯·卡波季斯第亚斯统治时期，那时它是新希腊政府的首都。

（二）米特奥拉修道院

米特奥拉修道院是位于特里卡拉州色萨利区的众多修道院的总称，是著名的悬崖建筑。米特奥拉在希腊语中是"悬在空中"的意思。它是东正教修道院中规模最大，并且最重要的建筑物之一，是世界文化遗产。在希腊，它的意义仅次于圣山。米特奥拉修道院有六个修道院，雄踞于塞萨里亚平原上一座座巨大的天然砂岩岩柱顶上，这些山岩有的超过 400 米，形状各异，色彩不一。11 世纪以来，这里就出现了隐遁的修士。他们靠木梯和绳索攀上峰顶，在天然岩洞内修行。15 世纪隐士思想大复兴时代，隐士修建了 24 座隐修院，成为帕萨里亚地区最权威的宗教中心。这里与外界相通的工具是绳索、藤篮和滑车，直到 20 世纪，修建了石级，才改变了这种情况。随着岁月变迁，修道士人数不断减少，修道院也逐渐衰落，现在只剩下 6 座修道院可供参观。007 系列中的《最高机密》中邦德亦曾在此历险。

图 5-59　米特奥拉修道院
图片来源：希腊旅游局官网 http://www.visitgreece.gr/

（三）圣托里尼

圣托里尼岛古名为希拉，后来为纪念圣·爱莲，于1207年被改为圣托里尼。圣托里尼位于希腊大陆东南200千米的爱琴海上，是一群火山组成的岛环，是爱琴海中最璀璨的一颗明珠。岛屿面积为96平方千米，海岸线长69千米。圣托里尼岛由3个小岛组成，其中2个岛有人居住，多为希腊人。中间的1个岛是沉睡的火山岛。历史上这里曾发生多次火山爆发，以公元前1500年那次最为严重，岛屿中心大面积塌陷，原来圆形的岛屿呈现了现在的月牙状。3500年前这里发生了一次几千年来最猛烈的火山爆发，留下一个大火山口和几百米厚的火山灰，间接地导致了克里特岛米诺斯文明的消亡。岛上到处有火山喷发的黑色、红色、白色的火山岩。圣托里尼岛的镇中心是位于西岸的费拉。

图 5-60　伊亚

图片来源：https://pixabay.com

1. 伊亚

伊亚位于圣托里尼岛北面，是费拉市西北尽头的一个小镇，建立在海边的悬崖上，是圣托里尼岛第二大镇。这里也有无数精致的爱琴海风格的白色房屋，被认为是世界上观看落日最美的地方，每天都会有世界各地的游客聚集在这里观看日落爱琴海的美景。伊亚镇上一步一景，无论向哪个方向望去，都是一幅绝美的图画。小镇上依山而建的白色门墙屋顶、蓝彩窗棂，其间还点缀有无数种颜色。蓝顶教堂与彩色小屋，错落有致，还有传统的希腊式风车。伊亚被称为"艺术家的村落"。

2. 黑海滩

圣托里尼岛独特的火山地质产生的沙滩沙粒是黑色的火山灰粒。卡玛里海滩距离费拉市较近，是一个长方形黑色沙滩。海水清凉、干净。柏莉萨沙滩是圣托里尼岛著名的海滩之一，位于该岛的南面。柏莉萨海滩和费拉市之间有一个堡垒群落。雪白的教堂沿山脚至山顶而建，教堂前有钟塔和钟楼。爬上教堂顶，可眺望悬崖景色。

图 5-61　柏莉萨海滩

图片来源：https://pixabay.com

3. 纳亚·卡美尼岛

纳亚·卡美尼岛是位于圣托里尼岛旁的小岛，704年，一个海底火山破水而出，黑色的泥土堆积而成卡美尼岛。纳亚·卡美尼的意思是"燃烧出来的新生命"，现在是无人居住的活火山岛。这里的火山曾在 1570~1950 年数次爆发。在费拉市可参加火山岛半日游。该岛满地黑色的火山岩，好几个小火山口，有高达 80℃ 的硫黄气体喷出，散发着硫黄气味。纳亚·卡美尼岛被火山喷发形成的小岛包围，附近的海水是绿色的，非常漂亮。

图 5-62　火山岛绿色海水

图片来源：https://pixabay.com

 拓展阅读

1. 世界古代文明按其形成和发展，可以划分为美洲文明地区，西亚—南欧文明地区和中国—印度文明地区。欧洲古典时期的文化是由地处南欧的希腊人创立的，那里是整个欧洲文化的发源地。

2. 南欧人都热爱自然、崇尚自由，但他们的散漫也是世界闻名的，这大概也是南欧国家经济水平相对其他欧洲国家都要低的原因之一。意大利是南欧的经济核心，其广为人知的是其领导世界时尚潮流的服装工业。南欧诸国由于它们得天独厚的地理资源与文化渊源，使得旅游业成为其获取外汇收入的来源之一。

3. 意大利语、西班牙语和葡萄牙语都属于拉丁语系，发音是相同的，部分语法规则也是相同的。据说一个西班牙人和一个意大利人各自用母语慢速交谈，竟然能够大致明白对方的意思。而西班牙语和葡萄牙语就更加相似了。

4. 大部分意大利人和西班牙人都不会说英语，即便是一些酒店的服务员、市中心商店的工作人员也常常无法和他们用英语进行简单交流。

第五节　斯洛文尼亚

一、历史文化

9~20 世纪初，斯洛文尼亚一直在神圣罗马帝国和奥匈帝国的统治之下。1918 年 12 月，斯洛文尼亚与其他南斯拉夫人联合成立了塞尔维亚—克罗地亚—斯洛文尼亚王国，1929 年改称南斯拉夫王国。1945 年成为南斯拉夫的一个加盟共和国。1991 年 6 月 25 日宣布独立。官方语言为斯洛文尼亚语。60.4% 的居民信奉罗马天主教，8%信奉斯洛伐克福音教，少数信奉东正教。

二、自然地理

斯洛文尼亚处于欧洲四大地理区的交界处，阿尔卑斯山、迪纳拉山脉、多瑙河中游平原和地中海，特殊的地理位置，造就了境内多样的地理形态和丰富的物种资源。斯洛文尼亚的森林覆盖率超过了国土面积的50%，在欧洲国家中位列前三，被誉为"中欧绿宝石"。斯洛文尼亚的气候西南沿海部分为地中海式气候，内陆属于温带大陆性气候。境内有著名的亚德里亚海滨景点，喀斯特地形的旅游区——波斯托伊纳溶洞，绵延20余千米，洞内拥有可容纳万人的大洞室，因其洞顶有"天然管风琴"之称的钟乳石群，又被称为"音乐厅"，1929年起，每年在这里举办的音乐节使其成为名副其实的"音乐厅"。阿尔卑斯山的南麓延伸至斯洛文尼亚境内，成了冬季滑雪与旅游的景区。

三、旅游城市和景点

（一）卢布尔雅那

卢布尔雅那是斯洛文尼亚共和国的首都和政治、文化中心。位于西北部萨瓦河上游，群山环抱的盆地之中，多浓雾。因地理位置接近边陲，历史上多受奥地利和意大利影响。公元前15年，罗马帝国在此建立艾摩那殖民地。452年，艾摩那被阿提拉率领的匈族洗劫并摧毁。6世纪，斯拉夫民族的一支斯洛文尼亚人抵达此地。1335年归属于哈布斯堡王朝的统治之下，1809~1813年，卢布尔雅那成为法国伊利里亚省的省会。1816~1849年，卢布尔雅那是伊利里亚王国的首府，奥地利帝国的行政单位之一。1849年，卢布尔雅那开通了到维也纳的第一条铁路。

1895年4月14日20时17分，一场6.1级的地震发生在卢布尔雅那，该市10%的建筑物遭到摧毁或大规模损坏，甚至佛罗伦萨、维也纳和斯普利特都有震感。公元前3~前4世纪的罗马古城遗址、18世纪的圣尼古拉总教堂、1702年建的音乐馆和一些17世纪的巴洛克式建筑等得以幸存。这次地震使得该市面积得到扩展，并且相当普遍地改变为新艺术建筑风格，与保存下来的早期的巴洛克风格的建筑一同存在。随着1918年奥匈帝国的崩溃，卢布尔雅那成为塞尔维亚—克罗地亚—斯洛文尼亚王国内斯洛文尼亚的非正式首都，1929年，成为南斯拉夫王国的省会城市。

图5-63　卢布尔雅那

图片来源：https://pixabay.com

1941年4月，第二次世界大战时期，卢布尔雅那被意大利占领，改设卢布尔雅那省，该市成为地下反法西斯抵抗运动的主要中心之一。1943年9月意大利投降之后，纳粹德国取代了意大利人占领该市。直到1945年5月斯洛文尼亚游击队解放该市。1991年十日战争后，南斯拉夫人民军撤出，斯洛文尼亚取得独立，以该市为首都。

卢布尔雅那文化事业发达，有全国著名的斯洛文尼亚艺术科学学院，其画廊、图书馆和国家博物馆，在国内享有盛名。该市大学生占全城人口的1/10，故有"大学城"之称。

卢布尔雅那城堡位于城堡山的顶部，始建于中世纪早期，当时只是一个木质堡垒，被用作军事堡垒，直到1335年城堡被哈布斯堡家族控制。圣乔治礼拜堂建于1489年，而城堡的其他建筑都建于16世纪和17世纪。17世纪中期城堡被用作军火库，17世纪和18世纪，城堡增加了哥特式的教堂及绘画。19世纪到第二次世界大战结束被用于监狱，第二次世界大战期间这里用于关押意大利和德国的战俘。城堡内的景观包括自流井、中世纪监狱、伊拉兹马斯塔楼、炮楼、大厅、宫殿、蓄水池、圣乔治教堂、博物馆、观光塔楼和五角塔楼等。站在城堡的观光塔楼上可以俯瞰卢布尔雅那全景。每年都会在城堡内举办多种展览和音乐会、夏日狂欢节以及圣诞新年焰火。

（二）布莱德湖

布莱德湖位于斯洛文尼亚西北部的阿尔卑斯山南麓，"三头山"顶部积雪的融水不断注入湖中，故有"冰湖"之称。布莱德湖是斯洛文尼亚最著名的湖泊，长2.1千米、宽1千米的小湖，最深处为30米。这里夏季水温在22℃左右，是人们划船、游泳、钓鱼的理想场所。冬季多雪，气候寒冷，湖面结冰达40厘米，是冰上运动的好去处。曾多次举行过欧洲和世界性的水上与冰上运动比赛。

图 5-64 布莱德湖
图片来源：https://pixabay.com

湖心有座高出水面40米的小岛，岛上有一座古老的巴洛克式圣玛利亚教堂，现已辟为教堂艺术博物馆。湖四周葱绿的树林、明镜般的湖面、湖中阿尔卑斯山雪白的倒影，构成了布莱德湖迷人的自然风光，故人们称布莱德湖为"山上的眼睛"。湖附近有特里格拉夫峰国家公园。

第六节 克罗地亚

一、历史文化

8世纪末到9世纪初，克罗地亚人建立早期封建国家，10世纪建立了强盛的克罗地亚王国。11世纪末，匈牙利人入侵克罗地亚北部，威尼斯也乘机占领了一些沿海城市。克罗地亚于1102年与匈牙利合并，匈牙利国王为克罗地亚国王。但克罗地亚仍保持它本身的体制，设有自己的议会、军队和货币。内政由总督管辖。担任总督的既有匈牙利王室成员，也有克罗地亚贵族，对外关系由共同的国王控制。克罗地亚和匈牙利的特殊关系在当时的欧洲是罕见的，这种关系一直持续到1860年。1918年12月，克罗地亚与其他南斯拉夫人联合成立了塞尔维亚—克罗地亚—斯洛文尼亚王国，王国于1929年更名为南斯拉夫，1945年成为南斯拉夫联邦人民共和国的一个加盟共和国，1991年6月宣布脱离南斯拉夫社会主义联邦共和国独立。

二、自然地理

克罗地亚位于中欧的东南边缘，总面积56594平方千米。海岸线长1778千米。西南部和南部为亚得里亚海海岸，岛屿众多，海岸线曲折。中南部为高原和山地，东北部为平原。西南部为迪纳拉山脉，多岩溶地貌。沿海为达尔马提亚海岸，北部为斯拉沃尼亚丘陵与萨瓦河沿岸平原。克罗地亚北部为温带大陆性气候，四季分明，夏季温和，冬季寒冷。中部和中南部为高原山地气候，夏季凉爽，冬季严寒且降雪频繁。南部和西南部海岸为地中海式气候，夏季炎热干燥，冬季温和多雨。森林和水力资源丰富，全国森林面积268.9万公顷，森林覆盖率为47%。

三、旅游城市和景点

（一）杜布罗夫尼克

杜布罗夫尼克依山傍海，风景优美，气候温和，被誉为"亚得里亚海明珠"和"城市博物馆"，1979年被联合国教科文组织列入世界文化遗产名录。城区分为古城和新城两部分，古城建于7世纪，是欧洲中世纪建筑保存比较完好的一座城市。宫崎骏《红猪》中亚得里亚海上的空战背景就在此取景，也是美剧《权力的游戏》里的君临城。

古城堡于 14~16 世纪建在一块突出海面的巨大岩石上，用花岗岩砌成，厚 5 米、高 22 米、长 1940 米，墙外有护城河环绕，东面是陆地，西面临海。城墙上修有许多角楼和炮楼。城内完好地保存着 14 世纪的药房、教堂、修道院、古老而华丽的大公宫及壮观的钟楼。这些古建筑风格迥异，

图 5-65　杜布罗夫尼克

图片来源：https://pixabay.com

有罗马风格、哥特风格、文艺复兴风格和巴洛克风格。街道和街灯的式样是中世纪的。每天 12：00 和 18：00，城堡内 36 间教堂的钟声齐鸣。新城建于中部滨海缓坡上。岛屿星罗棋布、林木茂盛、海水清澈、阳光充足、风光旖旎。杜布罗夫尼克以艺术珍藏丰富和文化发达驰名，有"斯拉夫的雅典"的称号。

（二）普利特维采湖群国家公园

普利特维采湖群国家公园里有 16 个湖，也被人称为"十六湖国家公园"。公园位于克罗地亚中部，是离波黑共和国比哈奇市仅 10 千米的边境地带。科拉纳河上游流经石灰岩地貌区，经过千百年的侵蚀沉积，形成众多的钙化坝坡，衍生出一系列的湖泊、洞穴和瀑布。由于湖中钙质较高，湖水呈现了绿松石的颜色。由于气候条件和地理位置相对偏远，再加上早期采取了保护措施，因此保留了原生态的景观，有各种珍稀物种。1979 年，被联合国教科文组织列入世界遗产名录。

普利特维采湖群地形按高低分为上湖区和下湖区，上湖区坐落在白云石亚地层的山上，四周均环绕着茂密的森林。下湖区处于两条山脉间的峡谷中，有 16 个相连的山地湖泊，各湖高低悬殊，从第 1 湖至第 16 湖高差达 135 米，诸湖之间形成瀑布群，最大瀑布落差达 76 米，并呈梯状一节节飞流而下。湖两岸断壁悬垂，湖与湖之间有蜿蜒的木桥相连。湖水呈现的颜色与湖水深度、水中矿物质及有机物质比例，以及阳光的角度相关，变化万千。

图 5-66　普利特维采湖群国家公园

图片来源：https://pixabay.com

第六章 中欧

第一节 德国

一、历史文化

德意志联邦共和国简称德国。德国人的祖先是日耳曼人。843年德意志从法兰克帝国分裂出来，962年建立神圣罗马帝国，逐渐占领了捷克、意大利北部和波兰西部，并远征俄罗斯、匈牙利。1512年科隆帝国会议后使用"德意志民族的神圣罗马帝国"。1806年7月12日，通过签署莱茵邦联条约，列支敦士登、巴伐利亚、符腾堡和巴登在内的莱茵河两岸的德意志南部、中西部邦国，脱离了神圣罗马帝国，建立"莱茵邦联"。8月6日，神圣罗马帝国灭亡。18世纪初普鲁士崛起，组成德意志邦联。1871年德意志统一并建立了德意志帝国。德意志帝国在1914年挑起第一次世界大战，1918年以战败而告终。1919年2月德意志建立魏玛共和国。1933年希特勒上台建立了纳粹德国，于1939年发动第二次世界大战，1945年5月8日，德国被同盟国打败。根据《雅尔塔协定》和《波茨坦协定》，德国分别由美、英、法、苏四国占领，1948年6月，美、英、法三国占领区合并，西部占领区成立了德意志联邦共和国，苏占区成立了德意志民主共和国。德国以柏林墙为界分裂为两个主权国家。1990年10月3日，民主德国正式加入联邦德国，两德统一。

德国是欧洲联盟中人口最多的国家，主体民族是德意志人。德国人使用德语，属印欧语系日耳曼语族的西日耳曼语支，分高地德语和低地德语。书面语言以高地德语为标准。德语各方言差距巨大，词汇不同，语法也不一样。高地德语指阿尔卑斯山和临近的德国南部山区。低地德语主要分布于德国北部沿岸地区。

二、自然地理

德国领土面积357167平方千米，地形变化多端，北低南高，北德的北德平原平均海拔不到 100 米。中德山地，由东西走向的高地块构成，将德国分成南北两片。西南部莱茵断裂谷地区包括上莱茵低地及其边缘山脉。南部阿尔卑斯山前沿地带包括施瓦本巴伐利亚高原以及在南部的丘陵和湖泊，碎石平原，下巴伐利亚丘陵地区和多瑙洼地。巴伐利亚阿尔卑斯山区则包括阿尔高伊的阿尔卑斯山、巴伐利亚的阿尔卑斯山和贝希特斯加登的阿尔卑斯山，其间拜恩阿尔卑斯山脉的主峰祖格峰海拔 2963 米，为全国最高峰。在这些山区散落着风景如画的湖泊。德国处于大西洋东部大陆性气候之间的凉爽的西风带，降雨分布均匀。德国的北部是海洋性气候，相对于南部较暖和。西北部海洋性气候较明显，往东、南部逐渐向大陆性气候过渡。

三、旅游城市和景点

（一）柏林

柏林位于德国东北部，是德国首都和最大的城市，也是德国政治、文化、交通及经济中心。第二次世界大战后，城市被分割为两个区域，东柏林成为东德的首都，而西柏林事实上成了西德在东德的一块飞地，被柏林墙围住。直到1990年两德统一，该市重新成为首都。柏林是温和的大陆性气候，夏季炎热，冬季寒冷。柏林国际电影节于 1951 年创办于西柏林，每年一次，2~3 月举行，为期两周。与戛纳、威尼斯等电影节一起成为主要的国际电影节。勃兰登堡门和巴黎广场周围凝聚着此座城市的历史，附近的欧洲被害犹太人纪念碑竖立着 2711 根碑柱。

1. 勃兰登堡门

1788 年，普鲁士国王腓特烈·威廉二世为纪念普鲁士在七年战争取得的胜利，下令建造勃兰登堡门。勃兰登堡门位于柏林市中心，最初是柏林城墙的一道城门，因通往勃兰登堡而得名，这也是唯一仅存的柏林城门。勃兰登堡门是柏林标志性建筑，东西德分裂时期，柏林墙竖立在勃兰登堡门的西面。

图 6-1　勃兰登堡门
图片来源 https://pixabay.com

勃兰登堡门是一座新古典主义风格的砂岩建筑，仿照希腊雅典卫城的柱廊建筑风格。门高 26 米，宽 65.5 米，深 11 米，由 12 根各 15 米高、底部直径 1.75 米的多立克柱式立柱支撑着平顶，东西两侧各有 6 根爱奥尼柱式雕刻，前后立柱之间为墙，将门楼分隔成 5 个大门，正中间的通道略宽，是为王室成员通行设计的，直至德意志帝国末代皇帝威廉二世

1918年退位前，只有王室成员和国王邀请的客人才能从正中间的通道出入。大门内侧墙面用浮雕刻画了罗马神话中海格力斯、战神玛尔斯以及艺人的保护神米诺娃。门顶上是张开翅膀的胜利女神驾驶四轮马车的铜像，女神手中的权杖上有橡树花环、铁十字勋章和展翅的鹰鹫，鹰鹫戴着普鲁士的皇冠。与门楼相连的两侧翼房曾用于守卫和关卡，柏林城墙拆毁后被改建成立柱大厅。

2. 国会大厦

图 6-2　国会大厦
图片来源 https://pixabay.com

德国国会大厦在勃兰登堡门以北约200米，于1894年建成，在德意志帝国和魏玛共和国时期是国家议会的会址。1933年2月27日晚，发生了著名的国会纵火案，自那以后，纳粹党掌握了国家议会。在两德分裂期间，国会大厦位于西柏林，但此时联邦德国的议会迁往首都波恩。两德统一后，国会大厦于1999年起正式成为德国联邦议会的会址。经历重修之后，增加了一个非常有现代感的玻璃穹顶，穹顶由12根圆柱支撑，通过一个铺满玻璃镜的倒置圆锥体将日光照射到整个大厅。穹顶之轻盈与整栋建筑之厚重形成鲜明的对比。

3. 柏林大教堂

柏林大教堂是柏林最大的教堂，德国新教教会中心之一。教堂于1894~1905年由尤利乌斯·拉什多夫仿照罗马的圣彼得大教堂设计建造，是一座文艺复兴时期风格的大教堂。教堂穹顶高达74米，使教堂内部显得明亮而宽敞。穹顶以西里西亚砂岩制成，饰以耶稣登山传福音的镶嵌画。作为王室的专用教堂，大教堂内饰极其华丽，装饰着线条复杂的柱子和精美的壁画，柱头都是镀金的。教堂最高处达114米，

图 6-3　柏林大教堂
图片来源 https://pixabay.com

可以登上270级台阶达到圆顶阳台。一层停放有95个霍恩措伦王室成员的石棺，二层的模型展示了大教堂在各个时期的样式以及当时的设计方案。楼梯墙壁上的照片记录了教堂在第二次世界大战时被损毁的情景。

4. 博物馆岛

博物馆岛上集结了5座博物馆。博物馆建于1824~1930年，位于前东柏林地段。两德统一后德国政府投入大量资金对岛上的所有建筑进行重新维修。博物馆

留了一切称号与财产。王宫融合了文艺复兴、巴洛克式、洛可可式和古典主义的风格,曾经是慕尼黑的城市宫殿和巴伐利亚公爵、国王的行宫。王宫在第二次世界大战期间遭到严重毁坏,后重新修建。王宫里房间众多,装饰豪华,摆放有许多珍宝、瓷器、银器、皇室用品,其中有不少中国瓷器。古物陈列馆、家族画像陈列厅、国王私人小教堂都被装饰得非常精致,皇家风范十足。其他许多房间则展示了贵族们的工作、生活,有大幅的挂毯、油画以及床、桌椅。

2. 新天鹅堡

德国拥有众多的城堡,最著名的是慕尼黑以南距菲森镇约4千米的新天鹅堡。新天鹅堡全名新天鹅石城堡,由于是迪士尼城堡的原型,也有人叫灰姑娘城堡。新天鹅堡是19世纪晚期的建筑,离德国与奥地利边界不远,名字来源于中世纪天鹅骑士的传说。新天鹅城堡对面就是旧天鹅岩城堡。新天鹅城堡的建立者是巴伐利亚国王路德维希二世,建于1869年,国王亲自参与设计,他一心想将城堡建成一个童话

图6-8　新天鹅堡
图片来源 https://pixabay.com

般的世界。这座城堡共有360个房间,只有14个房间依照设计完工,其他因国王的去世而未完成。1886年,在国王死后的7个星期后,城堡向公众付费开放。

城堡耸立在高高的山上,其四周环山和湖泊,风景美丽。城堡中随处可见典型的哥特式建筑细节,所有门窗、列柱回廊则呈现巴洛克风格,此外还受到西班牙摩尔人建筑风格的影响。路德维希二世想把天鹅堡建成作曲家瓦格纳作品中的幻想的日耳曼传说世界。国王起居室是哥特式的建筑,以瓦格纳的歌剧作品中世纪的传说作为题材绘制壁画。马赛克地板上是象征地球的椭圆形,圆顶则象征着天空。枝状灯架上镶嵌着玻璃石头和象牙制的仿制品。国王起居室与勤务室间的人工钟乳石洞是爱欲女神维纳斯之洞窟,内有小瀑布与水池。新天鹅堡内到处装饰有天鹅图像的日常用品、帏帐、壁画,就连盥洗室的自来水龙头也是天鹅形状。

3. 国王湖

国王湖位于德国和奥地利边境的小城贝希特斯加登旁,靠近阿尔卑斯山脉,是德国最深的湖泊。国王湖所在的贝希特斯加登国家公园是德国著名的旅游胜地,因

图6-9　国王湖
图片来源 https://pixabay.com

清澈的湖水而闻名,被认为是德国最干净和最美丽的湖。1909 年起,只有电动船、手划船和脚踏船才被允许在湖中航行。国王湖在群山环绕之中,是一个因冰河侵蚀而成的湖泊。湖心岛上有座修道院,造型特别,红色的屋顶在幽静的山谷和绿色草坪的映衬下极为显眼。国王湖面积很大,只有在非常寒冷且无风的冬季,湖面才可能结冰。这种情况平均每 8 年出现一次。如果冰层超过 15 厘米且足够厚实,当地旅游业管理者会在湖中冰层上标示出一条通往圣巴多罗买的步行道路,但过往者必须严格遵守标记的指示,因为湖面的西侧冰层比东侧薄。

(三)科隆

科隆是德国最古老的大城市,建于罗马时代,是一个以罗马式和哥特式教堂闻名于世的城市。10 世纪,科隆建筑了许多典型罗马风格的教堂。1164 年,德意志帝国皇帝、科隆大主教莱纳德征战意大利米兰时,夺得一件珍贵的战利品——朝拜基督降临的东方三圣王的遗骸,使科隆成为一个重要的朝圣地。中世纪中期科隆是德国最大的城市,城墙多次扩展。1225 年建成的城墙有 16 个城门,比当时同时由腓力二世建造的巴黎城墙还要大。12 世纪开始,科隆与耶路撒冷、君士坦丁堡、罗马一起被并称为圣城。1238 年,法国国王从拜占庭皇帝手中购得耶稣受难时戴的荆冠,于是巴黎成为科隆最强有力的竞争者。为保住圣地的地位,科隆主教选在 1248 年 8 月 15 日圣母升天节当天动工修建科隆大教堂,建筑风格选取当时新兴的哥特式。法国大革命后法国军队于 1794 年入驻科隆,"圣城科隆"的历史便结束了。1815 年科隆和莱茵兰被划分给普鲁士,成为继柏林后最重要的城市。第二次世界大战中科隆遭到猛烈轰炸,几乎被夷为平地,战后在废墟上重建。

科隆大教堂的正式名字叫圣·彼特大教堂,修建了 600 多年才完工。教堂高 157.31 米,屹立在莱茵河边。它有两座哥特式尖塔,北塔高 157.38 米,南塔高 157.31 米,是目前世界上最高的双塔教堂。教堂外部还有多座小尖塔烘托。大教堂包括 5 个殿堂和一个绕圣坛而建的带有 3 个偏堂的回廊。圣坛是中世纪德国教堂中最大的圣坛,圣坛上的十字架也是欧洲大型雕塑中最古老、最著名的珍品。圣坛的两侧还排列着有 104 个座位的座椅。教堂四壁装有描绘《圣经》人物的彩色玻璃,内有很多珍藏品,钟楼上装有 5 座响钟,最重的达 24 吨。

图 6-10　科隆全景
图片来源 https://pixabay.com

第二节　奥地利

一、历史文化

奥地利共和国简称奥地利，中世纪末期到第一次世界大战结束前，一直是欧洲大国之一，更是统治中欧近700年的哈布斯堡王朝所在地。996年第一次出现了"奥地利"这个名称，1155年亨利二世将维也纳作为首都，途经维也纳的商人必须将他们的货品在城里销售，这使得维也纳很快成为通往威尼斯道路上一座重要的贸易城市。自1278年开始被哈布斯堡家族统治，其间奥斯曼帝国两次围攻维也纳失败，导致奥斯曼帝国的衰落，迎来维也纳的建设时代。1699年获得匈牙利统治权，1815年成立以奥地利帝国为首的德意志邦联，1866年邦联解散。1867年与匈牙利王国联合为奥匈帝国。第一次世界大战后，终结了哈布斯堡王朝的统治和奥匈帝国的解体。1918年11月12日，德意志奥地利共和国成立，1919年改名为奥地利共和国。1938年被德国吞并，1945年被盟军占领，1955年重获得独立，同年10月26日宣布成为永久中立国。

奥地利历史上产生了众多名扬世界的音乐家，海顿、莫扎特、舒伯特、约翰·施特劳斯，还有出生于德国但长期生活在奥地利的贝多芬等。萨尔斯堡音乐节是世界上历史最悠久、水平最高、规模最大的古典音乐节之一。一年一度的维也纳新年音乐会是世界上听众最多的音乐会。维也纳国家歌剧院是世界最有名的歌剧院之一，素有"世界歌剧中心"之称。维也纳爱乐乐团则是世界上首屈一指的交响乐团。

奥地利的官方语言是德语，口语中有多种方言，与书面语差别较大。奥地利的德语标准与德国使用的德语标准也有一些区别。

二、自然地理

奥地利属海洋性向大陆性过渡的温带阔叶林气候，东部和西部的气候不尽相同，西部受大西洋的影响，呈现海洋性气候的特征，温差小且多雨。东部为大陆性气候，温差相对较大，雨量也少很多。冬天比较冷，温度一般都在0℃以下。奥地利的森林覆盖率达到47%，大面积草地牧场。西部和南部是山区，阿尔卑斯山脉是登山爱好者和冬季运动爱好者的理想去处。阿尔卑斯山由西向南，一直延伸到维也纳盆地。北部和东北是平原和丘陵地带，萨尔茨卡默古特与克恩滕境内湖泊众多。

三、旅游城市和景点

（一）维也纳

维也纳位于多瑙河畔，是奥地利的首都、政治中心和最大的城市，也是欧洲主要的文化中心，被誉为"世界音乐之都"。维也纳是世界上除纽约和日内瓦外的第三个联合国城市，1979年奥地利国际中心在维也纳建成，此后维也纳成为国际会议和解决国际冲突的城市。维也纳是石油输出国组织、欧洲安全与合作组织和国际原子能机构的总部以及其他国际机构的所在地。1919年维也纳引入男女平等选举，从此社会民主主义在城市参议院、州议会和地方议会的选举中始终获得绝对多数，维也纳因此被称为"红色维也纳"。

第一次世界大战前，维也纳是神圣罗马帝国、奥地利大公国、奥地利帝国和奥匈帝国的首都。其市中心古城区被列为世界遗产。维也纳从内城向外城依次展开，分为3层。内城即老城，街道纵横交错，两旁多为巴洛克式、哥特式和罗马式建筑。围绕内城的环线两旁有博物馆、市政厅、国会、大学和国家歌剧院等重要建筑。中间层是密集的商业区和住宅区，其间也有教堂、宫殿等建筑。外环城路的南面和东面是工业区，西面是别墅区、公园区、宫殿等。维也纳受到来自西面的海洋性气候和东面的大陆性气候的影响，属于过渡性气候，降水量很小，干旱期较长，冬季较温暖。

1. 霍夫堡皇宫

霍夫堡皇宫是哈布斯堡王朝冬季的宫苑，分上、下两宅，各有一个花园。上宅是帝王办公、举行盛大活动的地方，下宅是起居用，现在是总统官邸所在地。霍夫堡皇宫汇集了哥特式、文艺复兴式、巴洛克式、洛可可式，仿古典式风格，占地面积达24万平方米，18栋楼房、54个出口、19座庭院和2900间房间，素有"城中之城"的美名。

图6-11 老霍夫堡弗兰茨广场
图片来源 https://pixabay.com

霍夫堡皇宫外门是弗兰茨一世皇帝时代的产物，1824年建成，为了纪念盟军第一次从拿破仑军队手中收复失地。穿过新霍夫堡皇宫的大门，来到英雄广场，广场上的两座铜像是在与土耳其人大战中大胜的欧根亲王和成功抵御拿破仑的卡尔大公爵。新霍夫堡皇宫里面有人类文化展览馆、乐器展览馆、武器展览馆。在连接新霍夫堡皇宫和老霍夫堡皇宫的地方有一座1000平方米的礼仪大厅，是皇帝登基和举办舞会的地方。如今是联合国和其他机构举行大型会议和宴会的地方。

老霍夫堡皇宫前的广场上是弗兰茨二世皇帝塑像，广场旁有皇宫宴会和银器馆。展览馆内陈列的是当年皇帝举行宴会用的餐具，包括当年被称为"白色金子"的中国瓷器、欧洲最早的瓷器珍品、法国宫廷的馈赠以及意大利人精雕细琢的银器。广场右侧是瑞士人大门。中世纪许多皇宫喜欢让瑞士人把守城门，故得此名，瑞士人大门内的庭院也被称作瑞士人庭院。从瑞士人庭院出来，可以参观哈布斯堡王朝的珍宝馆。哈布斯堡王朝用过的皇冠、权杖、皇袍、衣物、首饰、徽章，以及教会的物品都珍藏在这里。

图6-12　茜茜公主卧室
图片来源：霍夫堡官网 https://www.schoenbrunn.at/en

在霍夫堡皇宫里最值得参观的是皇帝居室，包括21间陈列室，3个陈列区：弗兰茨·约瑟夫居室、伊丽莎白居室和亚历山大居室。弗兰茨·约瑟夫居室包括皇帝的朝见大厅、会议室、办公室、宴会厅。皇帝的卧室非常简单，一张铁床和简陋的盥洗用具。而茜茜公主的居室则要奢华得多：大理石的小圣坛、路易十四的家具、名画家作品；化妆室内还支起了攀登架，安装了吊环，用来锻炼身体。亚历山大居室是根据俄国沙皇的名字命名的，维也纳会议期间，这里是亚历山大的居室。

沿着皇宫后门的围墙西行数十步，就来到了著名的西班牙骑术学校。皇家宫廷16世纪开始流行马步和舞蹈表演，到人文主义复兴时代达到了鼎盛，维也纳把这一古老传统保留了下来。骑术学校于1735年落成，马术表演大厅高17米，宽18米，长55米，四周的围廊由46根柱子支撑，是人们观赏马术表演的地方。经过西班牙骑术学校，来到约瑟夫广场，广场中心是1806年建造的约瑟夫二世皇帝的铜像。

奥地利国立图书馆最早记载的图书收藏是在14世纪，到了16世纪，这座图书馆已经粗具规模了。如今藏书240万卷，其中1.6万卷是封面烫金的精装古书，是世界最著名的图书馆之一。图书馆有着全世界最华丽的阅览大厅，奥地利政府有时就用这个大厅招待国宾。大厅长78米，宽14米，高19米，

图6-13　西班牙骑术学校
图片来源：霍夫堡官网 https://www.schoenbrunn.at/en

图 6-14 国家图书馆
图片来源：霍夫堡官网 https://www.schoenbrunn.at/en

中间是卡尔六世的雕像，周围廊柱上有 16 位哈布斯堡王朝皇帝的雕像。

奥古斯丁教堂是弗兰茨·约瑟夫和茜茜公主、拿破仑和玛丽亚路易丝举行婚礼的地方。教堂内还有一座小墓穴，珍藏着 54 个小罐，小罐内是哈布斯堡皇亲们的心脏！他们的内脏放在斯特凡教堂，尸骨则放在卡普齐纳教堂里的皇家墓穴里。卡普齐纳教堂非常朴实，几乎没有任何雕琢，在它的 9 间地下室，放置着哈布斯堡王朝 138 名成员的锌或铜质的棺材。

2004 年 4 月 24 日，为庆祝国王弗朗茨·约瑟和王后伊丽莎白结婚 150 周年，建了茜茜公主博物馆。博物馆里展出茜茜的诸多生前私人物品，包括一件夏日服装、结婚前夜聚会礼服的复制品、著名的肖像画、23 件旅行化妆套包、晨袍、遮阳伞、折扇和手套、绘画颜料盒、养颜秘方和首饰等。博物馆中还珍藏着她当年乘坐的豪华马车的仿制品，同时也展出了那名刺客的石膏人头模型。

图 6-15 茜茜公主博物馆
图片来源：霍夫堡官网 https://www.schoenbrunn.at/en

2. 美泉宫

美泉宫是哈布斯堡王室的避暑皇宫，位于维也纳西南部。1617 年，马蒂亚斯皇帝狩猎至此，饮一泉水，称此泉为"美泉"。1743 年，玛利亚·特蕾西亚女王下令在此建造美泉宫和巴洛克式花园。美泉宫面积 2.6 万平方米，仅次于凡尔赛宫。宫内有 1400 个房间，44 间是洛可可式，大多数是巴洛克式。宫中专门有东方古典式建筑，如嵌镶紫檀、黑檀、象牙的中国式房间和用泥金和涂漆装饰的日本式房间。装饰品也用东方风格，四壁和天花板上镶嵌着陶瓷器，房间摆设了中国青瓷和明朝万历彩瓷大盘等。

图 6-16 美泉宫
图片来源：霍夫堡官网 https://www.schoenbrunn.at/en

美泉宫的花园是一座法国式园林，内

有44座希腊神话中的人物。园林的尽头是一座"海神泉",往东是不很起眼的"美泉"。维也纳动物园位于美泉宫内,建于1752年,是世界上现存最古老的动物园,也是世界为数不多拥有熊猫的动物园。女大公玛利亚·特蕾西亚的丈夫皇帝弗朗茨一世收集各种珍禽异兽建立了这座皇家观赏动物园。"雨林馆""极地馆"和"海豹馆"等也是动物园设计的亮点。将先进的

图 6-17　美泉宫
图片来源:https://pixabay.com

驯养方式与古老的历史元素巧妙结合是美泉宫动物园的特别之处。自2008年以来,这里一直蝉联欧洲最佳动物园称号。

3. 斯蒂芬大教堂

斯蒂芬大教堂是维也纳的象征,塔高136.7米,居世界第三,仅次于科隆教堂和乌尔姆教堂,这座教堂的最大特色在于它是欧洲各种古典风格建筑的混合体。教堂始建于12世纪,最早的建筑部分是现在的大门和左右两侧的门墙,为罗马建筑风格。哈布斯王朝统治奥地利后,修建了南北两座高塔。南塔具有哥特式建筑风格。北塔具有文艺复兴的味道。18世纪时,大教堂又进行了一次扩建,对外面的墙壁以巴洛克建筑风格为基调进行了整修。第二次世界大战中,教堂被大火严重烧毁,直到1948年才重新修好开放。教堂内两排哥特

图 6-18　斯蒂芬大教堂
图片来源:https://pixabay.com

式的柱子,装饰繁复精美,把教堂的正殿隔成三部分。教堂的屋顶是由黄、绿、黑3种颜色组成的臂章图案和双头鹰。登上南塔需攀登343级台阶,可近距离观察教堂顶部23万片彩瓦。北塔可以乘坐电梯去观赏被称为普默林的铜钟。铜钟重达20吨。1683年,维也纳人击退了奥斯曼帝国的侵略,把缴获的枪炮铸成了这座铜钟。第二次世界大战后,人们把残片收集起来,重铸了这口大钟。大教堂有一座庞大的地下墓穴,哈布斯堡王朝的成员还把自己的内脏放置在此。

4. 国家歌剧院

维也纳国家歌剧院与意大利米兰斯卡拉歌剧院、法国巴黎歌剧院并称欧洲三大歌剧院,是"音乐之都"维也纳的主要象征,素有"世界歌剧中心"之称。歌

图6-19 维也纳国家歌剧院
歌剧院官网：http://www.wiener-staatsoper.at/

剧院于1869年建成开幕，首场演出的剧目是莫扎特的歌剧《唐·璜》。国家歌剧院是一座高大的方形罗马式建筑，全部采用意大利生产的浅黄色大理石修成，外观典雅，左右两侧各有一个造型别致的喷泉。高大的门楼有5个拱形大门，楼上有5个拱形窗户，窗口上伫立着5尊歌剧女神的青铜雕像，分别代表歌剧中的英雄主义、戏剧、想象、艺术和爱情。整个剧院的面积有9000平方米，观众席有6层。舞台面积1500平方米，楼上楼下共有1642个座位，567个站位和能容纳110人乐队的乐池。在休息大厅和走廊的墙壁上悬挂着许多油画，内容是最有成就的音乐家最优秀的歌剧中的精彩场面。每年新年舞会是维也纳国家歌剧院最鼎盛的新年节目。国家歌剧院规定：不准上演不出名的作品或处女作，只能演出那些早已被肯定的名作。全世界最著名的作曲家、指挥家、演奏家、歌唱家、舞蹈家，无不以在国家歌剧院表演为毕生的荣幸。

5. 金色大厅

金色大厅全称为维也纳音乐协会金色大厅，是维也纳最古老、最现代化的音乐厅，是每年举行"维也纳新年音乐会"的法定场所。金色大厅是维也纳爱乐乐团的常年演出场地。维也纳交响乐团每季度至少在此举办12场音乐会。金色大厅建于1867年，是意大利文艺复兴式建筑。1870年1月6日，音乐厅的金色大演奏厅举行首场演出。1872~1875年，著名音乐家勃拉姆斯曾负责组织音乐会。1939年开始，每年1月1日在此举行维也纳新年音乐会，后因战争中断，于1959年又恢复。

图6-20 维也纳金色大厅
图片来源：爱乐协会金色大厅官网 https://www.musikverein.at/

金色大厅是音乐之友协会大楼的一部分。除金色大厅外，该建筑物还包括勃拉姆斯厅和莫扎特厅等演出大厅，以及办公室。外墙黄红两色相间，屋顶上竖立着许多音乐女神雕像。大厅内共有1654个座位和大约300个站位，大厅较狭长，但声音流动性很好。金色大厅的木质地板和墙壁就像是小提琴的共鸣箱一样，使乐队演奏的声音在厅内振动和回旋，余音袅袅。金色大厅属于私人拥有，非官方所有。在金色大厅演出并不完全代表水平高低，只要不是维也纳音乐之友协会主办的就属于租赁性质，租金基本在每场2万~3万欧元。

6. 美景宫

美景宫由两座巴洛克宫殿——上美景宫和下美景宫、橘园和皇宫马厩组成。庭院建立在缓坡上，包括装饰层的喷泉、瀑布、雕塑等。这座巴洛克风格的宫殿是欧根亲王的夏季住宅。美景宫包括了奥地利美景宫美术馆，收藏的艺术品从中世纪和巴洛克直到 21 世纪的杰作，主要是 19 世纪末和新艺术运动期间的奥地利画家，最有名是古斯塔夫·克林姆和埃贡·席勒。

图 6-21 美景宫
图片来源：https://pixabay.com

美景宫拥有世界上最大规模的克里姆特作品收藏，其中 24 幅归美景宫所有，其他为永久租用藏品，其中最著名的是"吻"。下美景宫是中世纪艺术和巴洛克美术馆。

7. 百水公寓

百水公寓是百水先生和维也纳政府于 1983~1985 年联合建造的公寓。由于设计师是百水，人们习惯称之为"百水公寓"或"百水屋"。大楼中共有 52 间公寓、19 个露台，高处有 10 层，低处只有 3 层，每层高度并不一致。窗户阳台不仅高低杂错，形状也各异，色彩斑斓的瓷砖、弯曲的墙面和起伏的地面极具不对称的美感。屋顶和露台种满了植物高树，藤蔓从墙面探入室内，增添了梦幻色彩。

图 6-22 百水公寓
图片来源：https://pixabay.com

（二）萨尔茨堡

萨尔茨堡是现今奥地利管辖地域内历史最悠久的城市。作为音乐天才莫扎特的出生地，萨尔茨堡市到处可以看到莫扎特的身影，如莫扎特音乐学院、莫扎特广场和莫扎特纪念铜像等。贝多芬、海顿等音乐家在此创作了大量不朽的乐章。始创于 1920 年的萨尔茨堡节至今仍是欧洲最隆重的音乐节日之一，萨尔茨堡也是指挥家赫伯特·冯·卡拉扬的故乡，电影《音乐之声》的拍摄地。萨尔茨堡的建筑风格以巴洛克为主，市区面积不大，教堂众多，被誉为全世界美丽的城市之一。萨尔茨河把萨尔茨堡分成新城、旧城两部分，老城在 1996 年被联合国教科文组织列入世界文化遗产名单。

萨尔茨堡属于温带森林气候，受阿尔卑斯山的影响，降水量较大，冬夏季非常短。4~10月气候宜人，是旅游旺季，一些歌剧、戏剧等艺术演出也都是在夏天举行，萨尔茨堡音乐节在7~8月举行。每年的11月底~12月底，特别是圣诞节前后，老城区还会举行音乐会和传统的民族活动。

1. 萨尔茨堡城堡

图6-23 萨尔茨堡城堡

图片来源：奥地利旅游局官网 http://www.aodili.info/

萨尔茨堡城堡位于老城区的僧侣山上，是该城的标志性建筑。这座城堡始建于1077年，是欧洲最大的中世纪城堡之一。城堡内庭的围墙组成了天然的观景平台，内庭的金色大厅由4根巨大的大理石柱制成，装饰十分华丽，曾是大主教举办重大宗教仪式的地方。拾级而上来到君主的寝殿，所有橱柜的锁扣用镀金制成。地下谷物储藏库可以储存千名士兵1年所需的粮食。城堡内的军事博物馆展出了中世纪时期的各种兵器和盔甲。刑具博物馆展出了审问犯人和俘虏时用的各类刑具，提线木偶博物馆展示了在木偶剧场中所使用的提线木偶。城堡博物馆介绍了城堡历史、武器、手工业、司法发展以及萨尔茨堡相关的历史。博物馆通往城堡塔楼，塔楼顶部的侦察台可以全方位俯瞰到萨尔茨堡的美景，远处的阿尔卑斯山脉也尽收眼底。

2. 米拉贝尔花园

米拉贝尔花园建于1606年，与米拉贝尔宫一起由当时的大主教沃尔夫迪特里希为其情人莎乐美而建造。迪特里希去世后，继者更名为米拉贝尔。花园集聚了罗马雕塑、喷泉、花园、迷宫的巴洛克式花园，是电影《音乐之声》的取景地。这里曾遇到过大火，唯一留下来的是通向花园的大理石楼梯和大理石大厅。大理石大厅内到处可见活泼可爱的小天使雕塑，墙上是希腊神祇的雕像，大厅主要用于会议、纪念活动和音乐会。花园中央是一座大型喷泉，

图6-24 米拉贝尔花园

图片来源：奥地利旅游局官网 http://www.aodili.info/

四周有许多希腊神话中的人物雕像。花园的后方上去是侏儒花园，里面放着几个小矮人。花园里还有2座独角兽雕塑。

3. 粮食胡同

粮食胡同街道两旁的建筑完整地保留着中世纪的风格，色彩各异，装饰着精美的浮雕和飞檐。每座建筑的立面上写着建造的年代，每家商号都有自己的精美

招牌，各具特色的铸铁招牌十分醒目。粮食胡同的商品琳琅满目，汇集了许多高档餐馆和咖啡厅，比如许多音乐家曾经光顾过的Herzl餐厅、著名的莫扎特巧克力球的创始店。

粮食胡同9号是莫扎特出生地，有6层楼高，黄色的外墙配了红白相间的奥地利国旗。三层和四层楼之间的外墙上还镶着白色的大字"Mozarts Geburtshaus"。1756

图6-25　粮食胡同

图片来源：奥地利旅游局官网 http://www.aodili.info/

年1月27日，莫扎特在此诞生，他们一家在1747~1773年曾居住在这栋楼的3层。莫扎特在这里创作出著名歌剧《费加罗的婚礼》以及11首钢琴协奏曲。这里现在被设为故居、博物馆，开放1~3楼，这里可以了解莫扎特的生长环境，欣赏当时的乐器、历史文件、肖像、纪念品以及莫扎特家族的信件等。

图6-26　海尔布伦宫

图片来源：奥地利旅游局官网 http://www.aodili.info/

4. 海尔布伦宫

海尔布伦宫坐落于萨尔茨堡的西郊，是马尔库斯·西提库斯主教在1612~1615年建造的夏宫。因园里有很多隐藏在灌木和树丛里的"机关"喷泉而被称为"亮泉宫"。整座宫殿外墙呈明亮的鹅黄色，殿内演奏厅浮雕精美。正殿广场每到节日就成为热闹的集市。戏水宫花园中遍布溪流、池塘、水声淙淙的洞穴，也暗藏了诸多玄机。在半圆形剧场中有一个巨大石头议事桌，那是主教主持会议的地方，石桌上有一个隐秘的开关，一按动它，桌子的两侧都会喷出水来，除了当时主教坐的主位，其他座位都不能"幸免于难"。园中的其他小宫殿也都暗藏玄机，墙面上悬挂着的鹿头装饰会突然喷出水花，房屋前的过道两侧会在有人走过时开始喷水，小宫殿的深处宛如地下洞穴，这里有海神等希腊诸神以及各种水怪的雕像，会出其不意喷水。戏水园中最值得一看的是水利木偶八音盒了，这个庞大的八音盒由水利驱动，上面雕刻着酒馆、街道、建筑等场景和上百个人偶，表现了萨尔茨堡民间的日常生活。在海尔布伦宫花园一隅有《音乐之声》中的著名玻璃凉亭。

（三）萨尔茨卡默古特地区

萨尔茨卡默古特地区山峦重叠，湖泊星罗棋布，有阿特湖、蒙德湖、托兰湖、沃尔夫岗湖、哈尔施塔特湖、奥尔陶斯湖、格龙德尔湖、福斯尔湖、意尔湖、戈邵湖，还有静静的阿尔姆湖。萨尔茨卡默古特文化历史最悠久的地区已经

图6-27 哈尔施塔特湖
图片来源：奥地利旅游局官网 http://www.aodili.info/

有7000年的历史了。巴德依舍是前往湖区最重要的交通枢纽，也是电影《茜茜公主》中茜茜与弗朗茨相遇的地方。戈邵小镇和戈邵湖是《音乐之声》中的一处外景地，最有名的是哈尔施塔特镇和哈尔施塔特湖。

哈尔施塔特湖距离萨尔茨堡约1小时车程，是奥地利萨尔茨卡默古特地区14个湖泊中最著名的观光胜地。湖水清澈透底，对岸海拔3000多米的山峰是阿尔卑斯山的余脉。哈尔施塔特镇伫立在险峻的斜坡和如翡翠般翠绿的湖泊间，一排排临湖而建的木屋，色彩艳丽，仿若人间仙境，1997年小镇被联合国教科文组织列为世界文化遗产。这里又被称作"世界上最美的小镇"或"世界最古老的盐都"。这里的世界文化遗产博物馆藏有从原来的盐矿挖掘出的衣服及采盐工具、铁器时代的生活用具以及最早的蒸汽船模型等。哈尔施塔特每年6月还要举行基督圣体游行，由于道路狭窄，通常泛舟湖上举行弥撒。装饰着花卉的运盐船上设有祭坛，还有主教、辅祭人员和唱诗班，船上挂着教会旗帜。

第三节 匈牙利

一、历史文化

匈牙利起源于东方游牧民族——马扎尔游牧部落，9世纪时他们从乌拉尔山西麓和伏尔加河湾一带向西迁徙，定居多瑙河盆地。"匈牙利"的含意是"十个部落"。1000年，圣·伊斯特万建立封建国家，成为匈牙利第一位国王。1526年土耳其入侵，封建国家解体。1699年开始全境由奥地利的哈布斯堡王朝统治。1867年奥匈协定宣布成立奥匈帝国。第一次世界大战后奥匈帝国解体，成立匈牙利民主共和国。1919年3月21日，匈牙利苏维埃共和国成立，同年8月又恢复了君主立宪制度。1944年德军占领匈牙利，1945年4月，匈牙利在苏联红军帮助下全境解放。1946年2月1日宣布废除君主制，成立匈牙利共和国。1949年通过宪法，改称为匈牙利人民共和国。1989年10月，匈牙利人民共和国对宪法做了重大修改，实行总统制，确立多党议会民主制和市场经济，取消马列主义政党在国家机构中领导作用的规定。1989年10月23日将国名改为匈牙利共和国。

匈牙利主要民族为马扎尔族，即匈牙利族，约占98%。匈牙利官方语言是匈牙利语，使用人口1400多万，其中匈牙利本土900万，其余400多万分散在罗马尼亚、斯洛伐克、塞尔维亚、乌克兰、奥地利等国。匈牙利通行最高的外语是英语。大部分居民信奉天主教，其次是基督新教。

二、自然地理

匈牙利位于喀尔巴阡盆地，国土面积约为93030平方千米。地形以平原为主，80%的国土属多瑙河中游平原，多瑙河以东的匈牙利大平原，还有西北部的小平原，平原黑土肥沃。山地不足1/5，山区森林茂密。西部是阿尔卑斯山脉，北部为喀尔巴阡山脉的一部分。多瑙河从斯洛伐克南部流入匈牙利，把匈牙利截成东、西两部分。重要河流为多瑙河及其支流蒂萨河，巴拉顿湖是中欧地区最大的湖泊。匈牙利属于大陆性温带阔叶林气候，凉爽湿润。年降水量自西向东递减。铝土矿储量丰富，蕴藏量居欧洲第3位，分布在外多瑙山地一带，全境2/3地区有地下热水蕴藏。

三、旅游城市和景点

（一）布达佩斯

布达佩斯坐落在多瑙河中游两岸，有"东欧巴黎"和"多瑙河明珠"的美誉。布达和佩斯早先是遥遥相对的两座城市，1873年多瑙河左岸的城市布达和古布达以及右岸城市佩斯合并而成。地质上布达佩斯正好位于一个断层上，因此有许多温泉。布达佩斯的最高点海拔527米，依靠山脉的遮挡以及内陆的位置，布达佩斯的气候是比较干燥的温带大陆性湿润气候，冬季温暖，夏季炎热。初夏是降水量最高的时候。

布达佩斯有9座桥梁跨越多瑙河，最老的是链子桥。安德拉什大街是布达佩斯著名的街道，长2.4千米。街道两旁有匈牙利国家歌剧院、恐怖大厦博物馆、英雄广场等。英雄广场的周围是艺术厅和艺术博物馆，广场中心的千年纪念碑周围有14位匈牙利国王的立像。广场后是城市公园，它是1896年纪念马扎尔人定居1000周年庆祝时建立的。从2002年开始，安德拉什大街列为世界遗产。大街下是布达佩斯第一条地铁，是继伦敦后欧洲的第二条地铁。马加什教堂与多瑙河之间是渔人堡。渔人堡可以俯瞰议会大厦。城堡区以其古老壮观的中世纪建筑、巴洛克式建筑和19世纪建造的房屋、教堂等建筑闻名于世。整个城堡区以及多瑙河畔的景色从1987年开始被联合国教科文组织列为世界遗产。

图 6-28 布达城堡
图片来源：https://pixabay.com

1. 布达城堡

布达城堡又称"王宫"或者"王家城堡"，坐落在城堡山的南侧，北依著名的城堡区。1987年，布达城堡作为布达佩斯景观的一部分被列入世界文化遗产中。城堡始建于1247年，是当时匈牙利国王贝拉四世为了抵御鞑靼人的入侵而兴建的。卢森堡国王西吉斯蒙德将其改建为哥特式王宫。1541~1686年，奥斯曼土耳其占领了布达佩斯，布达城堡被用作军营及清真寺。17世纪，哈布斯堡王朝赶走了土耳其人，城堡被重建成巴洛克式。如今的布达城堡是国家图书馆、匈牙利国家画廊和市博物馆，拥有各种珍贵的馆藏。

2. 马加什教堂

马加什教堂于13世纪后期由贝拉四世创建，1470年，马加什国王增建了巴洛克式建筑，故又称马加什教堂。由于匈牙利历代国王在此加冕，故还有加冕典礼教堂之称。1867年，弗兰茨·约瑟夫一世和茜茜公主在此加冕为匈牙利国王和王后。教堂在穹形尖顶西大门两侧有一高一低不对称的锥形尖塔，一为高达80米的哥特式塔，另一为较低而有4个角楼的贝拉塔。教堂内有精美壁画，并藏有贝拉三世和王后的

图 6-29 马加什教堂
图片来源：https://pixabay.com

石棺、王冠、权杖、十字架、指环等遗物。被土耳其占领期间，教堂的绝大多数珍品运往布拉迪斯拉发，教堂改为清真寺，华丽的壁画均被清除。1686年，在神圣联盟围困布达期间，教堂一面墙壁倒塌，隐藏在墙后的一尊圣母像出现在正在祈祷的穆斯林面前，使驻军的士气崩溃。赶走土耳其人后，进行教堂的恢复，直到19世纪末期才建筑完毕。

3. 多瑙河三小镇

布达佩斯附近的三个小镇圣安德烈、维谢格拉德、埃斯泰尔戈姆，被称为多瑙河三小镇。圣安德烈镇不大，鳞次栉比、大小不一的彩色民居风格独特。城内有七个尖塔教堂，中心广场上有一个商人们募捐的东正教双十字架，建于1763年，上面的数字"4"表示以正当的手段获得财富，铁锚则是运气的象征。

维谢格拉德坐落在多瑙河湾的心脏地带，自古就是兵家相争的要塞之地。早

在330年，古罗马人就在此修建了城堡和城墙。1308年，卡洛依夺得匈牙利国王后，曾将此地作为首都。维谢格拉德镇上最值得一看的是耸立在300多米高的山顶上的彩云古堡。登上彩云古堡可以俯瞰多瑙河的美景。

图 6-30　维谢格拉德
图片来源 https://pixabay.com

1010年，在埃斯泰尔戈姆兴建大主教管辖中心，里面有大教堂及主教宅第，11世纪末起甚至成为匈牙利第一位国王的驻地，并盖了官邸。但后来的国王在1198年把宫殿全部交给了大主教。直到1543年土耳其人攻占该城前，埃斯泰尔戈姆一直是匈牙利教会的中心。1761年，玛丽娅·泰雷兹女皇把城堡还给了大主教。埃斯泰尔戈姆大教堂是全国规模最大、级别最高的教堂。土耳其人入侵后把礼拜堂改建为清真寺，雕像被打碎，浮雕也残缺不全。鲍克·亚诺什在大教堂内把1600多块雕塑碎片重新复原。教堂尽管后来有过不少增补、

图 6-31　埃斯泰尔戈姆大教堂
图片来源 https://pixabay.com

扩建，但鲍克设计的礼拜堂仍然是匈牙利文艺复兴建筑艺术中最有声望的作品。礼拜堂的拱顶及内部装饰是法国早期哥特式风格，侧面墙被建成耳房形。

（二）巴拉顿湖区

巴拉顿湖是欧洲中部最大的湖泊，位于布达佩斯西南约90千米处，包科尼山东南侧，是东北—西南走向断层形成的湖泊。匈牙利人把巴拉顿湖称为"匈牙利海"。巴拉顿湖呈狭长条状，长为78千米，宽1.5~15千米，面积达596平方千米，平均水深为4米，最深处有11米。湖水浅，容积小，湖水靠佐洛河和北岸入湖河流补给和调节。北岸的蒂哈尼半岛深深地伸入湖心，几乎把湖面分割成两半。半岛高出水面约百米，岛上道路崎岖，古木参天，是巴拉顿湖上景色最美的地方，从半岛顶端可眺望湖区全貌。

图 6-32　巴拉顿湖
图片来源：https://pixabay.com

湖南岸宽阔平坦，形成欧洲最长的水浅沙细的湖滨，是良好的天然浴场。西奥福克是湖区最大的休养中心和游览区，也

是湖上交通中心。南面的黄土地带土地肥沃，西北面火山土宜种葡萄，盛产名酒。西岸不远处有一个名叫赫维斯的温泉湖，温泉水具有治疗多种疾病的功能。北岸有14座火山，几千年来不断喷涌而出的火山岩堆积成一个个巨大的"管风琴"。北岸巴拉顿菲赖德的矿泉水可治心脏病。古老的蒂豪尼镇有博物馆和生物站。

巴拉顿主湖的附近还有一个小巴拉顿湖与之相连接，高地国家公园被称为"小巴拉顿"，1993年，它被列入《国际野生水域名录》。这里有巨大的沼泽地，栖息着230种鸟类。湖上的气候有时会变幻莫测。从大西洋来的西风气流越过山地直达湖面，使气温下降，产生暴风雨。原本风平浪静的湖会突然风云骤起，雷电交加。因而，巴拉顿湖被赋予"匈牙利海"的盛誉。巴拉顿湖不仅风光优美，还有许多著名的古建筑。在湖岸南北，分布着古老的罗马式、哥特式和巴洛克式建筑。其中最华美的巴洛克式建筑是舒梅格教区教堂。

第四节 捷克

一、历史文化

捷克共和国简称捷克。5~6世纪，斯拉夫人西迁至此，623年建立萨摩公国。1086年，神圣罗马帝国皇帝亨利四世授予捷克王公弗拉迪斯夫二世波希米亚国王称号，此后捷克公国臣服于神圣罗马帝国。12世纪后半叶，公国改称波希米亚王国。1620年，波希米亚王国被奥地利哈布斯堡王朝吞并。第一次世界大战后奥匈帝国解体，捷克与斯洛伐克联合，成立捷克斯洛伐克共和国。1938年9月，英、法、德、意四国代表在慕尼黑签署了《慕尼黑协定》，将捷克斯洛伐克的苏台德地区割让给德国。1939年3月，德国占领捷克斯洛伐克全境，成为捷克的保护国。1945年4月，以共产党为主要领导者的捷克斯洛伐克民族阵线联合政府成立。1948年5月9日，成立捷克斯洛伐克人民民主共和国。1960年7月11日，改国名为捷克斯洛伐克社会主义共和国。1989年捷克斯洛伐克政局发生剧变，捷克共产党失去执政党地位。1990年3月改国名为捷克斯洛伐克联邦共和国。1992年6月，联邦解体。1993年1月1日，捷克共和国成为独立的主权国家，原联邦国家军队和武器装备按2∶1分割。

捷克使用捷克语，是西斯拉夫语支的南分支。捷克语曾是原捷克斯洛伐克的主要官方语言，与斯洛伐克语可互通。捷克是啤酒大国，啤酒价格是所有饮料里最便宜的，比矿泉水都低。

二、自然地理

捷克面积 78866 平方千米，处在三面隆起的四边形盆地，土地肥沃。北有克尔科诺谢山，南有舒玛瓦山，东部和东南部为捷克—摩拉维亚高原。盆地内大部分地区在海拔 500 米以下，有拉贝河平原，比尔森盆地、厄尔士山麓盆地和南捷克湖沼地带。东部摩拉瓦河—奥得河上游河谷地区是捷克盆地与斯洛伐克山地之间地带，称为摩拉瓦河—奥得河走廊，自古是北欧与南欧之间通商要道。全国丘陵起伏，森林密布，风景秀丽。国土分为两大地理区，一个为位于西半部的波希米亚高地，另一个为位于东半部的喀尔巴阡山地。境内高地、丘陵和盆地相间。捷克属海洋性向大陆性气候过渡的温带气候。夏季炎热，冬季寒冷多雪。

三、旅游城市和景点

（一）布拉格

布拉格是一座历史悠久的城市，早在 1000 多年前，就是捷克王国的政治中心。13~15 世纪是中欧重要的经济、政治和文化中心。市内拥有为数众多的各个历史时期、各种风格的建筑，以巴洛克风格和哥特式建筑为多。国家重点保护的历史文物达 2000 多处。老城区的一些街巷迄今仍保持着中世纪的模样，街道用石块铺成，街灯是古老的煤气灯，带有宗教色彩的壁画。伏尔塔瓦河畔的新建筑"跳舞的房子"，连获世界建筑大奖，使城市显露出现代气息。

图 6-33　跳舞的房子
图片来源：https://pixabay.com

布拉格是一座音乐都市，是"唐璜"首演和成名的地方，其中最出名的音乐厅是斯美塔那音乐厅，每年布拉格之春的开幕式在这里举行。瓦茨拉夫广场区域被称为新城，比老城年轻 3 个世纪。瓦茨拉夫大道的尽头，矗立着波希米亚最重要的守护神瓦茨拉夫的雕像，雕像正对着国家博物馆。国家博物馆的外墙古旧质朴，门前的阶梯气势非凡。这是一座巨大的新文艺复兴式建筑，内部装饰金碧辉煌，尤其是主大厅。布拉格是全球第一个整座城市被指定为世界文化遗产的城市。

1. 老城广场

老城广场已经 900 多年历史了，位于瓦茨拉夫广场和查理大桥之间，广场立

图 6-34 天文钟
图片来源 https://pixabay.com

有宗教改革先驱胡斯雕像，常被称为"胡斯广场"，又因其是布拉格最富名气的广场，往往被直称为"布拉格广场"。周边建筑的风格多种多样，包括哥特式建筑泰恩教堂、巴洛克风格的圣尼古拉教堂。广场边的老市政厅建于1338年，外墙上的天文钟，是世界上最著名的天文钟之一。天文钟分为上下两座，根据当年的地球中心说原理设计。上面的钟一年绕一周，下面的钟一天绕一圈。每天中午12点，12尊耶稣门徒从钟旁依次现身。据说为了保证世上没有同样的钟出现，建造此钟的工匠被刺瞎了双眼。市政厅的塔楼则可观看老城全景。火药门楼是老城13座城门中仅存的一座。

2. 查理大桥

布拉格有句俗话：没有走过查理大桥就不算到过布拉格。建于1357年的查理大桥是伏尔塔瓦河上最著名的桥，几乎成了布拉格的象征。伏尔塔瓦河是捷克的母亲河，将布拉格一分为二。河上有18座桥梁，查理大桥是第一座桥梁。查理桥以罗马天使桥为样板，桥的一端入口处耸立着查理四世的全身雕像，两侧是带有巴洛克式浮雕的哥特式门楼。全长516米，宽9.5米，16

图 6-35 查理大桥
图片来源 https://pixabay.com

座桥墩，没用一钉一木，全用石头建成，是一座14世纪最具艺术价值的石桥。桥两侧石栏杆上有30座雕像，为天主教圣徒和保护神，出自捷克17~18世纪巴洛克艺术大师的杰作。从1965年开始，所有雕塑用复制品代替，原作移往国家博物馆展出。桥右侧的第8尊圣约翰雕像，是查理桥的守护者，围栏中间刻着一个金色十字架，位置是当年圣约翰从桥上被扔下的地点。大桥的另一端通往著名的布拉格城堡。《变形记》的作者卡夫卡的最后一句话："我的生命和灵感全部来自于伟大的查理大桥。"

3. 布拉格城堡

布拉格城堡是捷克的总统府，除正在使用的办公区，其他都免费开放。城堡从9世纪晚期开始兴建，城堡画廊内收藏了许多古典绘画，以16~18世纪绘画为主，涵括了意大利、德国、荷兰等各国艺术家作品，共有4000余幅。画廊原是城堡马厩,在改建中发掘出布拉格城堡最早的教堂——圣女教堂,部分遗迹存放在城堡画廊中。旧皇宫大致分为3层,维拉迪斯拉夫大厅是整个皇宫的重心,传说查理大帝宴会之时,会让骑士们在大厅里格斗。大多数的房间在1541年的大火中受到毁坏,因此部分是后来重建的遗迹。

圣维塔大教堂是布拉格城堡王室加冕与长眠之所。929年建了圣温塞斯拉斯圆

图6-36 布拉格城堡
图片来源:https://pixabay.com

形教堂,在1060年时扩建为长方形教堂,1344年查理四世下令建造哥特式建筑,1929年正式完工。圣维塔大教堂的几个参观重点包括20世纪的彩色玻璃窗、圣约翰之墓和圣温塞斯拉斯礼拜堂。教堂大门上的拱柱和飞扶壁,都装饰得相当华丽,入内左侧的彩色玻璃是布拉格著名画家穆哈的作品,圣坛后方纯银打造、装饰华丽的是圣约翰之墓,他是1736年的反宗教改革者。圣温塞斯拉斯礼拜堂呈现出金碧辉煌的光彩,从壁画到圣礼尖塔都有金彩装饰,相当具有艺术价值。

圣维塔大教堂后方的双塔的红色教堂就是圣乔治教堂,圣乔治教堂是捷克保存最好的仿罗马式建筑,一旁的圣乔治女修道院是波希米亚第一座女修道院,曾在18世纪被拆除改建为军营,现为国家艺廊,收藏14~17世纪的捷克艺术作品。火药塔原本是作为守城护卫的要塞,后为存放火药之用。16世纪时,国王让术士居住于此研究炼金之术,18世纪后改为圣维塔大教

图6-37 圣维塔大教堂
图片来源:https://pixabay.com

堂储藏圣器的地方,现为展出中古艺术、天文学和炼金术文物的博物馆。黄金巷在圣乔治教堂与玩具博物馆之间,小屋林立,每家商店内可以看到不同种类的纪念品和手工艺品。黄金巷原本是仆人工匠居住之处,后因聚集不少为国王炼金的术士而得名。卡夫卡曾居住过22号。

(二)克鲁姆洛夫

克鲁姆洛夫围绕着一个13世纪建造的带有哥特式、文艺复兴式以及巴洛克式风格的城堡展开,500年来一直和平,小镇被原封不动地保留了下来,1992年被联合国教科文组织列为世界文化遗产。贯穿小镇的伏尔塔瓦河将其分成两半,一边是山丘城堡,另一边是旧城区。据历史记载,早在前6000年就有人类在克

鲁姆洛夫长期居住。13世纪南波希米亚豪族维特克家族在此建造城堡和老城，1374年，这里只有96幢房子。16世纪小镇一度繁荣至极。18世纪，施瓦岑贝格家族开始控制该地区。经过了几个世纪的建设，成就了如今规模宏大的城堡建筑群。1989年捷克爆发了著名的"天鹅绒革命"后，小镇在新政府领导下进行了"修旧如旧"的整修，恢复了它18世纪古镇的面貌。

克鲁姆洛夫城堡兴建于1240年，是波希米亚地区仅次于布拉格城堡的第二大城堡。城堡建于13世纪，后又经过陆续扩建，成为一个融合各个时代建筑风格巧妙的大型建筑群。城堡外墙采用了大面积彩绘装饰，充满了童话色彩。穿过城堡就到桥廊上，桥上立有雕塑。桥廊顶上是三层封闭的空中走廊，连接着第四庭院的建筑和城堡剧场。城堡剧场是一个保存完好的巴洛克式剧场和一些早期的布景和道具，考虑到其年代久远，一年只在该剧场上演一场歌剧。整个城堡有5个庭园，高约55米的彩绘塔是克鲁姆洛夫小镇最高的建筑，一开始是作为城堡的防守和瞭望塔楼，17世纪开始转而变成制作牛油和储存奶制品的作坊。而博物馆所在的建筑就是围在彩绘塔底部的一圈平房。彩绘塔原址加上城堡博物馆所在的地方，俗称"小城堡"，有700多年历史。

图6-38 克鲁姆洛夫
图片来源：捷克旅游局官网 https://www.visitczechrepublic.com

（三）卡罗维发利

卡罗维发利位于布拉格以西约120千米处，温泉资源十分丰富，矿泉水从地下2000多米深喷出。城内有几十个泉眼，每个泉眼喷出的水温都不一样，最高水温达72℃。现代科学方法检测发现泉水中含有对人体有益的矿物质达35种之多，可治疗消化器官和新陈代谢紊乱等疾病。因此吸引众多的游人来此疗养旅游。卡罗维发利属于典型的热矿水类矿业城市。游客到此喜欢买到一个制作精美的小瓷壶，用它逐一品尝不同温度的矿泉水。从1950年开始，捷克每两年在这里举办一次"国际电影节"，中国影片《芙蓉镇》在1988年第26届卡罗维发利电影节上获大奖——水晶玻璃地球仪奖。

公园温泉长廊被誉为是最美的温泉回廊，建于1881年，出自布拉格国家剧院设计师约瑟夫·季迪克之手，最初的设计为2层，后来因缺乏资金而改为1层。在1893

图6-39 温泉长廊
图片来源 https://pixabay.com

年扩建成今日文艺复兴风格样貌。温泉长廊有2条走道，长132米，宽13米，124根科林斯圆柱。柱廊上12个雕塑代表一年的12个月。回廊有5座温泉出水口。市场温泉回廊采用的是瑞士木造风格，点缀着无数星芒状的雕饰，回廊下方有两处温泉出水口。回廊旁还有一座美丽的市集广场。

第五节 瑞士

一、历史文化

瑞士联邦简称瑞士。11世纪受神圣罗马帝国统治。1291年8月1日，乌里州、施维茨州和下瓦尔登三个州在反对哈布斯堡王朝的斗争中秘密结成永久同盟，此即瑞士建国之始。1815年，维也纳会议确认瑞士为永久中立国。1848年制定宪法，设立瑞士联邦委员会，成为统一的联邦制国家，伯尔尼是联邦政府的所在地。许多国际性组织的总部都设在瑞士，在两次世界大战中均保持中立，但同时也参与国际事务。瑞士是全球最富裕、社会最安定、经济最发达和拥有最高生活水准的国家之一，人均GDP一直居世界前列。旅游资源丰富，有世界公园的美誉。

二、自然地理

瑞士全境以高原和山地为主，有"欧洲屋脊"之称。南部的阿尔卑斯山脉占总面积的60%，西北部的汝拉山脉占10%、中部高原占30%。平均海拔约1350米，最高点是接近意大利的杜富尔峰，海拔4634米，最低点是位于提契诺州的马祖尔湖。瑞士地处北温带，地域虽小，但各地气候差异很大。阿尔卑斯山由东向西伸展，形成了瑞士气候的分界线。瑞士夏季不热，冬天很冷。但是地理位置与多变的地形又造成当地气候的多样性。阿尔卑斯山区南部属地中海气候，夏季干旱、冬季温暖湿润。阿尔卑斯山以北地区气候具有明显的过渡性，自西向东，由温和湿润的温带海洋性气候向冬寒夏热的温带大陆性气候过渡。局部高海拔地区属于高原山地气候。

三、旅游城市和景点

（一）琉森

卢塞恩又译为"琉森"，是琉森州的首府，位于瑞士中部，罗伊斯河出口与四州湖的汇合处，属于瑞士德语区。在罗马时期，它还只是一个没有几户人家的渔村，为了给过往的船只导航修建了一个灯塔，因此得名琉森，拉丁文便是"灯"的意思。1178年琉森建城，1386年，琉森及其周围地区组成了瑞士的一个州。琉森号称瑞士最美丽的旅游城市，也是最受瑞士人喜爱的度假地。琉森为历史文化名城，历史上，很多著名作家在此居住和写作。琉森附近皮拉图斯山，海拔2073米，有全球最陡峭的齿轨铁路线，从阿尔卑纳赫施塔德到皮拉图斯，最高坡度达48%。

1. 濒死的狮子

《濒死的琉森狮子》是世界最有名的雕像之一，1821年由丹麦雕塑家雕刻在天然岩石上。雄狮长10米、高3米多，痛苦地倒在地上，一支箭深深地插进了它的背上，狮子前爪按盾牌和长矛，盾牌上有瑞士国徽。这座雕像是为了纪念1792年8月10日法国大革命，暴民攻击法国杜伊勒里宫时，为保护法国路易十六家族的安全，全部战死的786名瑞士雇佣兵，碑的下方用

图6-40 濒死的狮子
图片来源：作者拍摄

文字描述了此事件的经过。当年，瑞士是个贫穷落后的国家，男子纷纷到欧洲各国当雇佣兵。瑞士雇佣兵忠于雇主，英勇善战。这次事件之后，瑞士停止出口雇佣兵，仅留下在梵蒂冈为天主教廷服务的近卫军，服务至今。美国作家马克·吐温将《濒死的琉森狮子》誉为"世界上最悲壮和最感人的雕像"。

2. 卡佩尔桥

因桥头不远有圣彼得教堂，因而得名卡佩尔桥，卡佩尔的德语意思为"小教堂"。桥两侧的栏板上常年装饰以红色鲜花，看似一座花廊，又称作花桥。卡佩尔桥始建于1333年，是欧洲最古老的木质廊桥。桥长约为200米，廊桥顶部每隔几米就有一幅彩画，共有110幅，内容多为琉森的历史风貌和历史英雄人物的故事。桥身中间的折弯处有一石头的八角形水塔，34米高。塔建在水中的礁石上。塔建于1300年前后，木桥是依附于水塔而建。水塔作为瞭望哨所，是城市防卫设施的一部分，曾是战时保存战利品及财物的仓库，有一段时间也用作监狱及行刑室。现在的水塔是琉森军械协会的会馆和古军械展示厅。卡佩尔桥的大半在1993年8月17日为一场火灾所毁，水塔未受损失，现

图6-41 卡佩尔桥
图片来源 https://pixabay.com

存的卡佩尔桥是火灾后修复的。

3. 铁力士山

离琉森1小时车程可到英格堡，瑞士中部的最高峰——铁力士山就坐落在这里。铁力士山海拔3000米，乘坐三段缆车45分钟到达山顶。第一段缆车达海拔1800米处的特里布湖，这里有三个高山湖泊。第二段缆车到达海拔2428米的史坦德站。地貌转变为裸露的岩石。缆车可承载80位乘客，设计独特，能360°旋转一周，视野开阔，是世界首创的旋转登山缆车。山顶终年被积雪覆盖，有万年冰川。可以参观当地著名的蓝冰洞，此冰洞是天然形成的

图6-42　铁力士山顶
图片来源：作者拍摄

一条长长深入山体的天然洞穴，内壁终年覆盖有厚厚的冰层，有许多冰河雕作品。2013年年初，纪念铁力士山缆车公司建成100周年之际，在山顶3040米处建成开放了百米长的欧洲最高的悬索桥——铁力士凌霄岩道。英格堡—铁力士山冬季雪场位列瑞士十大滑雪场之一，从山顶缆车站开始，数条超长滑雪斜道，落差达2000米。冬季会在半山的特吕布湖区用雪堆砌起因纽特人式样的圆顶雪酒店，包括雪客房、雪酒吧、雪餐厅、雪屋里的卫生间和按摩浴池。

（二）苏黎世

苏黎世位于瑞士中北部，是瑞士最大的城市，苏黎世州的首府，全国政治、经济、文化和交通中心，也是全欧洲最富有的城市。苏黎世是世界上最大的金融中心之一，这里集中了全球120多家银行的总部，其中半数以上是外国银行，故又被誉为"欧洲亿万富翁都市"。瑞士联合银行、瑞士信贷银行、苏黎世金融服务集团以及许多欧洲私人银行的总部均设于苏黎世。瑞士银行业高效严格的保密能力，使得苏黎世成为世界上离岸银行业务的中心，金融方面的账户流转约占据整个苏黎世市1/4的经济活动。瑞士证券交易所的总部即设于苏黎世。苏黎世地势较为平坦，有着众多的河流和湖泊，属于温带海洋性气候，四季较为分明，秋冬两季则以阴雨天居多，且气温较低。

1. 苏黎世湖

苏黎世湖是由向西北流动的林特冰川和莱茵冰川形成的一个冰蚀湖。40年前，苏黎世湖因工业发展成为污染重灾区，苏

图6-43　苏黎世湖
图片来源：作者拍摄

黎世人痛下决心，建立了发达的城市污水处理系统并使用了上千个地下摄像机监测下水道情况。全市的所有污水必须经过机械、生物、化学、渗透等处理过程，完成全部净化程序后，才能流入苏黎世湖，如今，湖水清澈见底，游鱼成群。湖岸坡度徐缓，遍布葡萄园和果园，向南可以远眺阿尔卑斯山。林特河注入苏黎世湖，流出后称为利马特河。利马特河穿城而过，河两岸很多古建筑。

图6-44 苏黎世大教堂
图片来源：作者拍摄

2. 苏黎世大教堂

苏黎世大教堂是瑞士苏黎世的3座主要教堂之一，另外两座是圣母大教堂和圣彼得教堂。教堂位于利马特河河岸附近，与圣母大教堂隔河相望，始建于1100年前后，于1220年完工。苏黎世大学神学院和宗教改革博物馆都设立于此，在16世纪瑞士宗教改革中起到了举足轻重的作用。大教堂为罗马建筑风格，其双塔被视为苏黎世公认的地标。教堂内的彩画玻璃是瑞士现代艺术大师贾科梅蒂的杰作。

（三）因特拉肯

因特拉肯是伯尔尼州的一个城市，由于"欧洲脊梁"少女峰而闻名于世，是前往少女峰的重要门户之一。因特拉肯拉丁文的原意是"两湖之间"，即位于图恩湖及布里恩茨湖之间，又名湖间镇，是一个因观光而兴起的城市。这儿出产著名的手纺精细网织品，却以"抹布"命名。因特拉肯不大，主要的街道是何维克街，何维克街的尽头是霍依玛特大公园，设有望远镜，可以观察少女峰。沿河步行有自14世纪保留至今的教堂，17世纪兴建的市政厅。翁特赛恩古堡建于1656年，是镇上最古老的建筑之一。

1. 少女峰

少女峰位于因特拉肯市正南30千米处，海拔4158米，是伯尔尼高地最迷人的地方，终年积雪，景象壮丽，这里有欧洲最高的火车站。少女峰登山铁路是20世纪初一大工程奇迹。修筑了16年，为了避免滑坡和风雪，路线有相当长的部分是在艾格峰腹地内的隧道中盘旋而上的。火车会在两个小站稍停，乘客可以下车通过凿石而成的"景窗"，欣赏对面的景色。爬山铁路有不

图6-45 少女峰
图片来源：瑞士旅游局官网 https://www.myswitzerland.com/

同的路线，上下山可从不同角度瞻仰。艾格格莱奇的山间小站上，可以欣赏到著名的冰川。1996年，少女峰启用瑞士最高速的升降机和欧洲最高的观景台。在海拔3571米高处的斯芬克斯观景台可观赏到阿尔卑斯山的全景图，长23.6千米，覆盖面积达117平方千米的阿莱契冰川是阿尔卑斯山中最长的冰川。天气晴朗的日子，甚至能看到远在法国境内的浮日山脉及德国境内的黑森林。少女峰从山下到山顶，景观层次截然不同。

2. 布里恩茨镇

布里恩茨镇位于布里恩茨湖边，和因特拉肯隔湖相望，是瑞士的木雕中心，有全瑞士唯一的木雕学校，木雕学校每年仅从200名应考生中录取8名。布里恩茨有许多木雕工厂，最大的首推由乔宾家族所经营的木雕工厂与附设的木雕博物馆。木雕博物馆成立于1835年，以收藏各式的木雕作品为主，从夹胡桃的钳子，到音乐盒、发夹等饰品，共有超过523样古董收藏品，许多作品设计精心且当有趣。博物馆中还有木雕师傅在现场雕刻出栩栩如生的作品。

图6-46 布里恩茨湖

图片来源：瑞士旅游局官网 https://www.myswitzerland.com/

 拓展阅读

1. 德国人非常严谨，是欧洲人中最严谨的一个群体，在各个方面都追求完美主义和精确性。德国人很坚韧、节俭、勤奋，非常准时。周日除了教堂，都不开门。德国有一种专门从事清扫烟囱的工人，他们相信，谁要是出门遇见烟囱清扫工，谁一整天就会顺利，如果有人在和烟囱清扫工擦肩而过时在他身上摸一下，他这一天就会交好运。这是因为过去德国人的房子都比较简陋，很容易引来火灾，有烟囱工人清扫就会避免这类灾难。这种习惯延续至今。

2. 捷克不承认中国驾照，所以用中国驾照在捷克自驾是不合法的。

3. 生活中，匈牙利人认为大蒜和食盐具有消灾避邪的功效，他们往往会将大蒜放在孕妇床上，将盐撒在新房里。打碎了玻璃和镜子是不祥之兆。安排座位时忌讳出现单数。在方位上讲究"右高左低"，出门时先迈右腿，递东西要用右手。谈到自己心情不好时，他们往往会说："我今早起来时左脚先着地。"说一个匈牙利人是"左撇子"，就如同骂他是"笨蛋"一样。出门之后如果发现自己忘了携带某种物品，他们一般不会回去取，认为这会带来不好的事。

4. 奥地利的餐馆以"鸽子"作为餐馆的星级标志。"鸽子"越多，餐馆越高级，最高为四星级。奥地利拥有许多特色节日，最著名的是水仙花节，节日期间，人们会选出一名"水仙公主"，并由其带领举行花车和花船游行，至今已举办了60届。其他还有中世纪节、丰收节、土豆节等。

第六节　斯洛伐克

一、历史文化

最早在斯洛伐克定居的是凯尔特人，1~5世纪的斯洛伐克是罗马人和日耳曼人的边界，这里发生了多次边界战争。5~6世纪，西斯拉夫人在斯洛伐克定居。7世纪中，斯洛伐克是当时萨摩公国的中心。830年后成为大摩拉维亚帝国的一部分。833年它成为大摩拉维亚帝国的中心部分。906年帝国灭亡后，被匈牙利人统治。11世纪斯洛伐克成为匈牙利王国的一部分，1526年随匈牙利归奥地利君主管辖，1867年成为奥匈帝国的一部分。16世纪和17世纪，当东南欧大部分地区被奥斯曼帝国占领时，匈牙利的实际组成部分只有今天的斯洛伐克。第一次世界大战后，奥匈帝国瓦解，1918年10月28日，斯洛伐克和捷克一起组成捷克斯洛伐克，领土也包括今天匈牙利的一部分。1993年1月1日起，捷克及斯洛伐克成为两个独立的国家。斯洛伐克是世界上城堡数量最多的国家之一，历史文物景点多。

斯洛伐克人口中，斯洛伐克族占80.7%，匈牙利族占8.5%，罗姆族（吉卜赛人）占2%，其余为乌克兰族、日耳曼族、波兰族和俄罗斯族等。官方语言为斯洛伐克语。居民大多信奉罗马天主教。

二、自然地理

斯洛伐克面积为49035平方千米。北部是西喀尔巴阡山脉较高的地带，大部分海拔1000~1500米，山地占据了国土的大部分地区，西南和东南有小片平原。属海洋性向大陆性气候过渡的温带气候。

三、旅游城市和景点

（一）布拉迪斯拉发

布拉迪斯拉发是斯洛伐克共和国的首都和经济、文化中心，西斯洛伐克州的首府，也是斯洛伐克最大的城市。布拉迪斯拉发位于多瑙河畔，河对岸就是奥地利，离维也纳只有 60 千米。从 1536 年到 1783 年，该市是哈布斯堡王朝统治下匈牙利王国的首都。布拉迪斯拉发拥有许多斯洛伐克人、匈牙利人和德意志的历史人物，19 世纪的斯洛伐克民族运动也以此为基地。

布拉迪斯拉发由新、老两个城区组成。旧城区名胜古迹众多，最古老和最具有代表性的是布拉迪斯拉发城堡，位于多瑙河岸边的一座丘陵上，是座四四方方的建筑，这里

图 6-47　布拉迪斯拉发城堡
图片来源：https://pixabay.com

原是古罗马人造的要塞。城堡内设有历史博物馆和音乐博物馆。由于城堡地势较高，可以俯瞰多瑙河以及整座城市。玛丽亚·特瑞莎被称为奥地利国母，曾在布拉迪斯拉发的圣马丁穹顶大教堂内举行加冕典礼。1563~1830 年，总共有 11 位匈牙利国王和 9 位王后在圣马丁大教堂和圣芳济修会教堂中加冕。

（二）科希策

科希策是斯洛伐克第二座大城，2013 年被评选为"欧洲文化之都"。它坐落在河霍尔纳德河的东部河段，靠近匈牙利边境。位于于北温带，具有四季分明，大陆和海洋性气候，夏季炎热，冬天寒冷多雪。科希策拥有众多的教堂、博物馆和剧院，拥有全斯洛伐克最多的历史遗迹。老城区是古迹保护区，拥有哥特式、文艺复兴式、巴洛克式的众多国家保护建筑。最重要的历史古迹有圣伊丽莎白大教堂。教堂位于

图 6-48　科希策
图片来源：https://pixabay.com

市中心广场上，它的历史可以追溯到 13 世纪，是斯洛伐克最大的教堂。还有 14 世纪的圣迈克尔教堂、圣市塔教堂和新巴洛克风格的国家剧院。其他古迹有：老市政厅、旧大学、解放广场、东斯洛伐克图库和东斯洛伐克博物馆。

斯皮什城堡虽然现在是一座废墟，但其是中欧最大的城堡之一。城堡建于 12 世纪。1780 年，城堡遭遇大火，化为废墟。1945 年后被捷克斯洛伐克政府接收。1970 年之后开始进行城堡的调查和修复工作。1993 年之后则归斯洛伐克政府所有。1993 年，城堡被列入世界文化遗产名录。

第七节 波兰

一、历史文化

波兰国家起源于西斯拉夫人中的波兰、维斯瓦、西里西亚、东波美拉尼亚、马佐夫舍等部落的联盟。10世纪中叶,波兰部落逐渐统一其他部落,于11世纪末建立波兰王国。1385年,为抵抗条顿骑士团的侵略,波兰王国和立陶宛大公国实行了王朝联合,立陶宛大公瓦迪斯瓦夫二世为波兰国王。15世纪,波兰王国和立陶宛大公国成立波兰第一共和国,首都从克拉科夫迁到华沙,波兰第一共和国的政治制度在当时是相当先进的,称为"贵族民主制"。后国力衰退,1772年5月,俄罗斯帝国、普鲁士王国、奥地利帝国三国第一次瓜分波兰,波兰丧失了约35%的领土和33%的人口,成为俄、普、奥的保护国。1793年1月23日,俄、普在彼得堡签订第二次瓜分波兰的协定,波兰成为仅剩领土20万平方千米的小国。1795年1月3日,俄、奥第三次瓜分波兰,至此,存在了800多年的波兰国家灭亡。拿破仑战争期间,波兰在法国的扶持下短暂复国,建立华沙大公国,拿破仑战败后,再次被俄普奥瓜分。1918年11月恢复独立,重建祖国。1921年3月,议会通过宪法,波兰成为议会制共和国,史称波兰第二共和国。在第二次世界大战中又被苏联和德国瓜分,战后的雅尔塔会议和波茨坦会议确定了波兰边界,波兰的面积比战前缩小20%。1944年7月21日,波兰宣布成立波兰人民共和国。1989年12月29日,波兰议会通过的宪法修正案,改国名为波兰共和国。

二、自然地理

波兰地势平坦,国土大部分处于低矮的波德平原,略有起伏。地势南高北低,中部下凹。北部多冰碛湖,南部有低丘陵,靠捷克边境为苏台德山和贝斯基德山,东北部的湖区林木茂密,人口较少。波兰气候介于东欧大陆性气候和西欧海洋性气候之间,全境基本上属由海洋性向大陆性气候过渡的温带阔叶林气候。波兰西部和北部多属海洋性气候,冬天温和潮湿,夏天凉爽多雨。波兰的东部南部大多属大陆性气候,冬天寒冷夏天炎热干燥。

三、旅游城市和景点

(一) 华沙

华沙是历史名城,著名的华沙公约就是在此签订。华沙是中欧诸国贸易的通商要道，自古以来就是非常繁华的地方，历来都是波兰最大的城市。华沙在波兰语中念作华尔沙娃，是一对叫华尔西和沙娃的恋人，河中的美人鱼是他们的见证人和庇护者。后人为了纪念他们，便把"华沙"作为该城的名称，同时把美人鱼作为华沙的城徽。华沙是世界上绿化最好的城市之一。拥有大小公园65处，绿地面积占城市总面积的27%，整个城市掩映在绿荫花海之中。

华沙在第二次世界大战中几乎被夷为平地，全城85%以上的建筑被毁。有西方人士曾经断言："华沙不会重现在人间，至少100年内是没有希望的。"第二次世界大战前，华沙大学建筑系的师生们把华沙古城的主要街区、重要建筑物都进行了测绘记录。战争一爆发，他们把这些图纸资料全部藏到山洞里，房屋街道虽然毁了，但这些资料保存了下来。战后在重建华沙恢复古城的消息传开后，流浪在国外的波兰人一下子归来了30万，他们积极投身华沙的重建中，根据图纸恢复华沙原有古城的风貌。这就是著名的"华沙速度"。战前市内900多座具有历史意义的建筑物，几乎都进行了修复和整饰。世界遗产一般是拒绝接受重建的城市，但华沙古城后来作为特例于1980年联合国教科文组织被列入世界遗产名录。

城堡广场在华沙的中心，又名王宫广场，位于华沙老城区南端。广场南端立有一根花岗石圆柱，顶端是把首都从克拉科夫迁至华沙的奇格蒙特三世的青铜铸像。华沙王宫也称为华沙城堡，建于13世纪末，呈五角形。1971年靠社会集资重建王宫。1984年修复的王宫对外开放。王宫画廊里陈列的全部是波兰历史上较有名画家所描绘的波兰史画。华沙王宫是波兰千年

图6-49 华沙城堡
图片来源：https://pixabay.com

历史传统的文化象征。维斯瓦河畔有一尊4米高的美人鱼青铜塑像，美人鱼右手持剑，左手执盾牌。

（二）克拉科夫

克拉科夫一直被旅游杂志称为新布拉格，是波兰古迹最集中的地方，为波兰最大的旅游城市之一，被誉为波兰最美丽的城市。

1. 老城

老城内弥漫着中世纪的风情。旧城区以古城广场为中心，称作"主市场"。14世纪时商人们在这里经营各种呢绒制品，并在广场上建起了专门的工艺品交易厅。大厅一层是纪念品商店，二层是国家博物馆画廊，收藏着18~19世纪画家的作品。在其旁边耸立着一座哥特式塔楼，原是市政厅，现在是历史博物馆。

图 6-50　克拉科夫老城
图片来源：https://pixabay.com

广场东面是圣玛莉教堂，这是波兰最漂亮的哥特式古建筑之一，高 81 米。里面陈列着许多珍贵的艺术品，如 1477~1489 年建成的总祭坛、著名铜版艺术家斯托什雕刻的带有耶稣受难画面的十字和五彩缤纷的玻璃绘画等。此外，每隔 1 小时，教堂钟楼上的号手吹响一次长号。广场南面可前往华威城堡，城堡是波兰历代国王的宫室，其中的大教堂是他们加冕及长眠之地。城市周围是 17~18 世纪建造的一系列哥特式、文艺复兴式和巴洛克式住宅。

2. 奥斯维辛集中营

奥斯维辛集中营位于克拉科夫西边 54 千米处的奥斯维辛城，是第二次世界大战期间纳粹建立的最大的集中营和灭绝营。集中营内曾关押着来自德国、苏联、波兰、法国、奥地利、匈牙利等 30 多个国家的犹太人、战俘等。约 90% 的受害者是欧洲各国的犹太人，大多数死于毒气室的毒气，其他死亡原因是苦役、疾病、个别处决以及所谓的"医学实验"。据统计，约有 150 万人在此遇害，这里因此也被称为"死亡工厂"。

奥斯维辛集中营由奥斯维辛一号营、奥斯维辛二号比克瑙集中营、奥斯维辛三号莫诺维茨集中营和 39 个小型的营地组成。一号营是最先建立的集中营，也是集中营的行政管理中心。在这里，大约 7 万名波兰境内知识分子、苏军战俘和德国境内同性恋者及罪犯被杀。所有为德军服务的企业都设在此处。二号比克瑙集中营是最主要的处决场所，又被称为"比克瑙灭绝营"。营内设有行刑场及毒气室，可进行大规模屠杀。此外它还有几个功能特殊的集中营：布达的农业营、加梅泽的养禽营、赖斯科的蔬菜营和一些化学实验室。三号莫诺维茨集中营属于德国最大的化学公司 IG 法本，由一座主营和 39 座小营房构成的劳动营，约 1.1 万名犯人在莫诺维茨工作，负责挖煤、生产水泥和橡胶等。

1945 年 1 月 27 日，苏联解放波兰。1947 年 7 月 2 日，波兰国会立法将集中营旧址辟为殉难者纪念馆。1979 年，联合国教科文组织将其列入世界文化遗产名录。

图 6-51　奥斯维辛集中营
图片来源：https://pixabay.com

第七章 北美

第一节 美国

一、历史文化

在4万多年前,印第安人的祖先经由亚洲到达北美洲,再到中美洲和南美洲。大约1万年前,一批亚洲人移居到北美北部,即后来的因纽特人。最早到美洲的白种人大概是维京人,有人认为他们在1000年前曾到过北美东海岸。1607年,一个约100人的团体在乞沙比克海滩建立了詹姆士镇,这是英国在北美所建的第一个永久性殖民地。1620年11月,第一批清教徒乘"五月花"号帆船驶入新英格兰地区的普利茅斯港,为了创立一个不同于欧洲的公民自治社会,他们签订了《五月花号公约》,奠定了美国的根基。18世纪中叶,13个英国殖民地逐渐形成。1773年,发生波士顿倾茶事件,1775年,北美独立战争爆发。1776年7月4日,组建"大陆军",乔治·华盛顿任总司令,通过了《独立宣言》,正式宣布建立美利坚合众国。此日亦被美国作为国庆日。1783年独立战争结束,英国承认13个殖民地独立。1787年通过美国宪法,成立联邦制国家。

1803年,美国从拿破仑手中收购了路易斯安那,1819年从西班牙手中夺取了佛罗里达,1845~1853年通过美墨战争获得了得克萨斯、新墨西哥、俄勒冈和加利福尼亚,1867年从俄国手中购买了阿拉斯加,1898年吞并夏威夷群岛。1861年4月12日,爆发美国南北战争。1865年4月9日,美国恢复了统一。第一次世界大战爆发后,1917年美国被卷入大战旋涡中。1939年,第二次世界大战爆发。1941年12月7日,日本偷袭珍珠港后美国参战,成为太平洋战场主力军。第二次世界大战后,随着轴心国的战败、英法实力的衰退,美国和苏联成为超级大国,世界被分成了东西方两大阵营,美苏在军事、政治、经济、宣传各方面全面对抗,一如战时,史称"冷战"。由于拥有全球政治、军事、经济、高度发达的科学技术等方面的全面优势，美国在"冷战"中最终拖垮苏联，1991年苏联解体，美国成为超级大国。

二、自然地理

美国是美洲第二大国家，包括美国本土、北美洲西北部的阿拉斯加和太平洋中部的夏威夷群岛。面积9372610平方千米，加上五大湖中美国主权部分，河口、港湾、内海等沿海水域，面积为963万平方千米。

美国地形变化多端，地势西高东低。东海岸沿海地区有着海岸平原，南宽北窄，一直延伸到新泽西州，在长岛等地也有一些冰川沉积平原。在海岸平原后方的是地形起伏的山麓地带，延伸到位于北卡罗来纳州和新罕布什尔州阿巴拉契亚山脉。阿巴拉契亚山脉以西是美国中央大平原，地势相对平坦，五大湖和密西西比河—密苏里河流域。大平原西部有高耸的落基山脉，从南至北将美国大陆一分为二。美国最高峰是麦金利山，海拔6194米，也是北美洲第一高峰。

美国大部分地区属于大陆性气候，南部属亚热带气候。中北部平原温差很大。美国横跨六个时区。从东向西分别为东部时间（西五区，包括大西洋沿岸及近大陆的19个州和华盛顿特区）、中部时间（西六区包括芝加哥和新奥尔良两个地区）、山地时间（西七区）、太平洋时间（西八区，包括太平洋沿岸的4个州）、阿拉斯加时间（西九区）、夏威夷时间（西十区）。西部时间是指太平洋时间。

三、旅游城市和景点

（一）纽约

纽约（New York）意为新约克郡。英荷战争结束后，荷兰战败被迫将新阿姆斯特丹割让给英国，当时正好是英王查理二世的弟弟约克公爵的生日，于是将新阿姆斯特丹改名为新约克郡，作为送给约克公爵的礼物。纽约市位于纽约州东南部大西洋沿岸，纽约都市圈为世界上最大的城市圈之一。纽约地铁是世界上最为发达的城市轨道交通系统之一，由于24小时运营的地铁和从不间断的人群，纽约被称为"不夜城"。纽约港是北美洲最繁忙的港口，亦为世界上天然深水港之一。由于邻近全球最繁忙的大西洋航线，再加上港口条件优越，纽约成为全球重要航运交通枢纽及欧美交通中心。

纽约的金融区以曼哈顿下城及华尔街为龙头，被称为"世界的金融中心"。纽约证券交易所是世界第二大证交所。纽约是众多世界级画廊和演艺比赛场地的所在地，是世界娱乐产业的中心之一。纽约有世界级艺术和历史展品的博物馆，在第五大道的有大都会艺术博物馆、所罗门·古根海姆博物馆、惠特尼美国艺术博物馆、新画廊和犹太博物馆。在中央公园西侧，可参观美国自然历史博物馆和纽约历史社会博物馆。现代艺术博物馆是世界上最精美的现代艺术收藏馆，修道院艺术博物馆收藏中世纪艺术，艾里斯岛移民博物馆可了解移民的故事。纽约是世界上摩天大楼最多的城市，以建筑本身作为景点的有帝国大厦、克莱斯勒大厦和克菲勒中心，还有久负盛名的布鲁克林大桥和自由女神像。

1. 自由女神像

自由女神像又称为自由照耀世界，是法国送给美国独立100周年的礼物。自由女神像矗立在距曼哈顿岛西南角仅3千米远的自由岛上，进入纽约港船只上的乘客都可以看见屹立的自由女神高举着自由火炬。法国著名雕塑家奥古斯特·巴托尔迪以巴黎卢森堡公园的自由女神像为蓝本，历时10年制作完成。1885年6月装箱运至纽约，1886年10月，当时的美国总统克利夫兰亲自在纽约为其主持揭幕仪式。女神的外貌设计来源于雕塑家的母亲，而女神高举火炬的右手则是以雕塑家妻子的手臂

图7-1　自由女神像
图片来源：作者拍摄

为蓝本。左手捧着刻有1776年7月4日通过的《独立宣言》，脚下是打碎的手铐、脚镣和锁链。她身穿古希腊风格的服装，头戴冠象征世界七大洲及四大洋的七道尖芒。她象征着自由、挣脱暴政的约束。自由女神像高46米，加基座为93米，重225吨，是金属铸造，置于一座混凝土制的台基上。底座是约瑟夫·普利策筹集10万美元建成的，如今底座是一个美国移民史博物馆。1984年，自由女神像被联合国教科文组织评为世界文化遗产。

2. 大都会博物馆

大都会博物馆是世界三大博物馆之一，占地面积为13万平方米。展览大厅共有3层，5个大展厅，为欧洲绘画、美国绘画、原始艺术、中世纪绘画和埃及古董展厅。博物馆藏有艺术珍品330余万件。包括古今各个历史时期的建筑、雕塑、绘画、素描、版画、照片、玻璃器皿、陶瓷器、纺织品、金属制品、家具、古代房屋、武器、盔甲和乐器。服装艺术博物馆1946年并入大都会艺术博物馆，藏有17~20世纪世界各地服装1万多件，并设有图书资料室和供专业服装设计研究人员使用的设

图7-2　大都会博物馆
图片来源：美国旅游局官网 http://www.gousa.cn/

计房。埃及政府赠送丹德神殿陈列在该馆的萨克勒大厅内。1981年落成的阿斯特庭院陈列了中国明代家具。

3. 时报广场

时报广场位于百老汇剧院区枢纽，原名为朗埃克广场，后因《纽约时报》早期在此设立的总部大楼，因而更名为时报广场。时报广场附近是娱乐及购物中心。百老汇上的剧院、大量耀眼的广告已成为纽约的标志。时报广场是纽约市内唯一在规划法令内、要求业主必须悬挂亮眼宣传版的地区。包括美国广播公司在内的世界多家新闻媒体都在时报广场设有演播室和新闻中心。

图7-3　时报广场

图片来源：美国旅游局官网 http://www.gousa.cn/

4. 归零地

2001年9月11日，纽约世贸中心遇袭，高约415米的双子大楼轰然倒塌化为废墟，造成了3000多人丧生。"9·11"事件后，原意为导弹目标或核装置爆炸点的"归零地"一词成为世贸废墟的代称。双塔原址是两个巨大的四方形下沉式水池，名为"反思池"，四壁上的瀑布落入反思池中，流入池中央一个四方形深洞里。水池外围刻着在纽约市、宾夕法尼亚州、五角大楼以及1993年世贸爆炸袭击中丧生的遇难者的名字。瀑布池周围还种有225棵树，包括一棵在"9·11"事件中幸存下来的梨树。反思池旁

图7-4　归零地

图片来源：作者拍摄

的一座玻璃房子是"9·11"博物馆，博物馆中里面存放着一部分罹难者的随身用品，以及英勇牺牲的消防人员的着装和装备。遗址南边小街道旁的楼墙上有一组铜浮雕，表现的是"9·11"事件中英勇救援的纽约消防员。在那场消防战役中，有343名消防官兵献出了宝贵的生命，浮雕的一侧还摆有这343名官兵的照片。

5. 帝国大厦

帝国大厦建于1931年，楼高102层，一度被誉为全球最高商业大厦，这个纪录直到1972年被世贸双子塔取代。帝国大厦是全球第一个有100层楼以上的建筑，高达443.7米。1955年，美国土木工程师学会将帝国大厦评价为"现代世界七大工程奇迹"之一。在帝国大厦上面可以环视纽约美景，克莱斯勒大厦、联合国总部、第五大道、中央公园等尽收眼底。天气晴朗时，可以从102层观景台和

86层观景台外步行道眺望五个州。1945年7月28日上午，一架B-25轰炸机在迷雾中撞上纽约帝国大厦第79层，机上3人和楼内11人死亡，但大厦结构完好无损。从1978年开始，每年都要在该处举行一次爬楼梯比赛，参加者从1层登至86层，共1574个阶梯。

（二）华盛顿

华盛顿市即华盛顿特区，是美国的首都，全称"华盛顿—哥伦比亚特区"，为纪念美国第1任总统华盛顿而命名，1800年政府从费城迁此。位于马里兰州与弗吉尼亚州之间，面积177平方千米。华盛顿是全国政治、军事和文化中心，拥有众多举世闻名的博物馆，曾数次被评为全球最佳的博物馆旅行目的地，各类博物馆常年免费开放。美国国家航天航空博物馆是全世界首屈一指的有关飞行的专题博物馆，收藏反映美国航空航天史的飞机、发动机、火箭、登月车及著名航空员与宇航员用过的器物，如莱特兄弟的飞机、阿波罗11号

图7-5　帝国大厦

图片来源：美国旅游局官网 http://www.gousa.cn/

图7-6　林肯纪念堂

图片来源：作者拍摄

返回舱等。市郊建有博林空军基地、麦克奈尔陆军基地和哥达德宇航中心。

华盛顿拥有众多政治建筑、历史遗迹。林肯纪念堂是华盛顿地标，站在纪念堂石阶上可眺望华盛顿纪念碑及其在倒影池中的美景。美国国会大楼与西端的林肯纪念堂遥遥相望。白宫是总统的官邸、办公室，供第一家庭成员居住，白宫部分在规定时间内开放。此外还有杰斐逊纪念馆、富兰克林·罗斯福纪念堂、爱因斯坦纪念碑、华盛顿国家大教堂、朝鲜战争老兵纪念碑、越南战争老兵纪念碑、国家第二次世界大战纪念碑、老邮局大楼等众多景点。

（三）洛杉矶

1542年，第一批到达洛杉矶的欧洲人宣布该

图7-7　华盛顿纪念碑

图片来源：作者拍摄

图7-8 好莱坞星光大道
图片来源：作者拍摄

地是西班牙帝国的领地。1781年，洛杉矶成为西班牙殖民地。1821年，洛杉矶归属墨西哥。1846年，美墨战争中墨西哥失败，将加利福尼亚州割让给美国，洛杉矶成为美国领土。1848年，西部淘金热吸引来大批移民来到洛杉矶。1850年，洛杉矶正式设市，同年加利福尼亚成为美国第31个州。欧威拉街是洛杉矶的发祥地，有很多墨西哥风格的餐厅、工艺品商店。圣塔莫尼卡是洛杉矶最有名的海滩之一。洛杉矶有150余所艺术画廊以及为数众多的博物馆。1955年，美国动画片大师沃尔特·迪士尼在此创办了第一座迪士尼游乐园，这是世界上最大的综合游乐场。

好莱坞是全球最著名的影视娱乐和旅游热门地点。20世纪初，一些制片商开始在这里拍片，到1928年已形成了以派拉蒙等八大影片公司为首的强大阵容。20世纪30年代以来，好莱坞成为美国的一个文化中心，众多的作家、音乐家、影星住在附近的比弗利山上。好莱坞星光大道包括超过2500枚五尖水磨石及黄铜的"星星"，镶嵌在好莱坞大道的15个街区和"藤街"3个街区的人行道上，是对娱乐产业有杰出成就的人的永恒纪念。环球影城是好莱坞最吸引人的去处，可以在电影拍摄现场亲身体验电影的拍摄过程，解开特技镜头之谜，回顾经典影片中的精彩片段。

（四）旧金山

旧金山又译"三藩市"或"圣弗朗西斯科"，临近世界著名高新技术产业区硅谷，是世界最重要的高新技术研发基地之一，也是联合国的诞生地。旧金山属地中海气候，拥有享誉世界的旧金山湾区、金门大桥和渔人码头，气候冬暖夏凉，临近众多国家公园和加州葡萄酒产地纳帕谷。由于19世纪中叶的淘金热，华侨称为"金山"，后为区别于澳大利亚墨尔本（新金山）而改称"旧金山"。渔人码头曾是意大利渔夫的停泊码头，如今是游客来旧金山享受海鲜盛宴的地方。

图7-9 雾锁金门
图片来源：作者拍摄

1. 金门大桥

金门大桥建于1937年，雄峙于金门海峡之上。金门海峡为旧金山海湾入口处，两岸陡峻，航道水深。大桥全长2780米，从海面到桥中心部高约为67.84米，桥两端有两座高达227米的塔，是世界上最大的单孔吊桥之一，被誉为近代桥梁工程的一项奇迹。整座大桥朴素无华而又雄伟壮观，是世界上最繁忙的桥梁之一，每天都约有10万辆汽车从桥上驶过。设计者约瑟夫·施特劳斯的铜像安放在桥畔。

2. 九曲花街

九曲花街是旧金山的一大特色。从浪巴街到利文街这一段是一个大下坡，当局为了防止交通事故，特意修筑花坛，车行至此，只能盘旋而下，时速不得超过每小时8千米，这段街道因此有"世界上最弯曲的街道"之称。车道两边的花坛里种满了玫瑰，街两边家家户户也在门口养花种草，"花街"美名因此而来。

图7-10　九曲花街
图片来源：http://denizennavigator.com/

3. 1号公路

1号公路沿着美国西海岸连接洛杉矶北和旧金山南，全长超过1000千米。这条公路有得天独厚的地理环境，一边是大海，一边是悬崖，被称为世界上最美丽的一条公路。国家地理杂志称它为"一生必去的50个地方"。

赫氏古堡坐落在圣西门山顶，始建于1919年，主人是美国媒体大亨威廉·鲁道夫·赫斯特。这座西班牙式的豪宅是美国唯一的古堡。古堡里的西坛有115个房间，2个游泳池：海神游泳池和罗马游泳池。索尔万俗称"丹麦村"，在距离1号公路的隆波克附近。整个小镇仿造北欧丹麦风格所建造。

蒙特利是北加州最著名的海滨度假胜地之一，这里曾有20多家罐头工厂，著名的蒙特利湾水族馆就是由当年的罐头工厂改建而成。附近有段长27千米的私人公路，要单独收费，获评"全美三大最佳驾车风景路线"。

大瑟尔国家公园里有全世界唯一一个紫色的沙滩菲佛海滩。比克斯比大桥是大瑟尔的地标之一，长达200多米，跨越峡谷，1932年建成时是世界上最大的单拱混凝土桥。海豹海滩在大瑟尔的尽头。圣塔芭芭拉是一个西班牙风格的海滨小镇，市区清一色的地中海式建筑，色调清新明亮。圣塔莫尼卡是1号公路的终点。

图7-11　比克斯比大桥
图片来源：作者拍摄

（五）大峡谷

大峡谷是举世闻名的自然奇观，被联合国教科文组织选为自然遗产。大峡

图7-12 大峡谷
图片来源：作者拍摄

谷位于亚利桑那州西北部的凯巴布高原上，由于科罗拉多河穿流其中，又名科罗拉多大峡谷。大峡谷有地质时期代表性的生物化石，故有"活的地质史教科书"之称。科罗拉多高原为典型的"桌状高地"，也称"桌子山"，即顶部平坦侧面陡峭，这种地形是由于侵蚀形成的。

大峡谷国家公园的南缘和北缘由官方的大峡谷国家公园服务处管理，参观景点较多，开发完善，开放时间长。大部分游客是到南缘的，景区内有免费的观光巴士到达各观景点。北缘比南缘高出300多米，较为偏远，只有5~10月才开放，游客较少。西缘属于印第安人华莱派的保护地，参观线不长，景点也不多，但由于离拉斯维加斯较近，汽车一天可以往返拉斯维加斯，还可以乘坐飞机鸟瞰大峡谷，景区里有天空步道。

大峡谷沿线很长，很多景致是在大峡谷国家公园之外。马蹄湾坐落于亚利桑那州小镇佩吉附近，佩吉属于纳瓦荷原住民保护区。马蹄湾是科罗拉多河在亚利桑那州境内的一段U形河道，也是格兰峡谷其中的一小段，由于河湾环绕巨岩形似马蹄，所以叫"马蹄湾"，也有人叫科罗拉多河大拐弯。马蹄湾的土质因为含大量的铁和锰金属，在阳光下闪耀着红色。科罗拉多河

图7-13 马蹄湾 图片来源：作者拍摄

在此段是翡翠般的绿色，红色的土和绿色的河相得益彰，赏心悦目。

佩吉还有一个景点是羚羊峡谷。羚羊谷是世界上著名的狭缝型峡谷之一，也是著名的摄影景点。大峡谷的形成并不仅靠科罗拉多河的水流，暴雨导致的山洪暴发是地表切割最主要的力量。极度干燥坚硬的地表吸水性很差，降雨顺地势冲刷，如果地表有些许裂隙，湍急的水流和携带着砂石一路冲下，几乎无坚不摧，形成了谷底的走廊和谷壁上坚硬光滑，如同流水般的边缘。羚羊峡谷如同其他狭缝型峡谷般，主要是暴洪的侵蚀，其次则是风蚀。

羚羊峡谷在地形上分为两个独立的部分，上羚羊谷与下羚羊谷，属于印第安人的领地，需要印第安导游的带领才能入内。这里的光线千变万化，只有正午很短的一段时间阳光才能透过几处间隙照到谷底。这里的地质是红砂岩，谷内岩石被山洪冲刷得如梦幻世界。上羚羊谷的意思是"有水通过的岩石"。上羚羊谷地较广，位

于地面上。由于地形限制，在入口处必须搭乘保护区的大型四轮传动车进入上羚羊谷。入口不是很明显，远看去只有一条很细的裂缝，进入峡谷后，某些地方可能相当阴暗，没有光线直射到地面上，岩壁高耸约有20米，总长约150米。下羚羊峡谷的意思是"拱状的螺旋岩石"，一年约有9个月不会开放，位于地底下，需要爬楼梯深入地底，中途还可能需要靠一些绳索才能走完。由于进入的难度比较高，游客较少。下羚羊峡谷的地形变化较多，某些通道不足人高，入口仅有一人宽，与地面同高，远看无法辨识。进入后需要急降约50米，总长很长。

图 7-14　羚羊谷
图片来源：作者拍摄

（六）黄石公园

黄石国家公园简称黄石公园，是世界上第一个国家公园，1978年被评为世界自然遗产。黄石国家公园占地面积约为898317公顷，主要位于怀俄明州，部分位于蒙大拿州和爱达荷州。黄石公园拥有世界上面积最大的森林之一，有1万多个地热风貌特征。园内很多种野生动物，包括7种有蹄类动物，2种熊和67种其他哺乳动物，322种鸟类，18种鱼类和跨境的灰狼。有超过1100种原生植物，200余种外来植物和超过400种喜温微生物。黄石公园被美国人称为"地球上最独一无二的神奇乐园"。园内交通方便，环山公路长500多千米，呈"8"字形，将

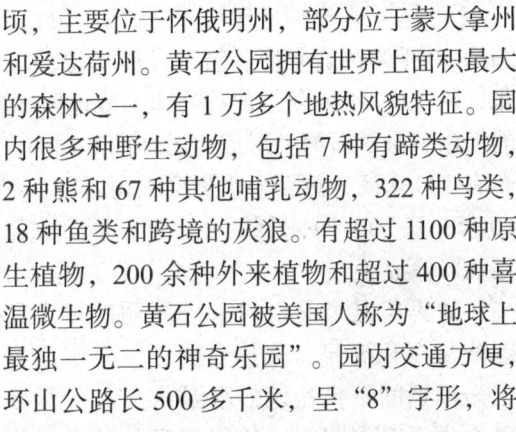

图 7-15　黄石湖
图片来源：作者拍摄

各景区的主要景点连在一起。

黄石公园分五个区：西北的猛犸象温泉区以石灰石台阶为主，称热台阶区；东北罗斯福区保留着老西部景观；中间为峡谷区，可观赏黄石大峡谷和瀑布；东南为黄石湖区，主要是湖光山色；西及西南为间歇喷泉区，遍布间歇喷泉、温泉、蒸汽、热水潭、泥地和喷气孔。

黄石公园的地热景观是全世界最著名的，有3000多处温泉、泥泉和300多个

图 7-16　大棱镜
图片来源：https://pixabay.com

定时喷发的间歇泉。著名的老忠实间歇泉90分钟左右喷一次，该间歇泉和旁边的老忠实旅馆一起被列为老忠实历史区。公园最大的温泉是大棱镜，水温高达85℃，每分钟约会涌出2000升泉水，是美国最大，世界第三大的温泉。大棱镜从里向外呈现出蓝色、绿色、黄色、橙色、橘色和红色等颜色。水温不同，会有不同颜色的细菌生息，所以湖面颜色也呈现同心圆变化，随季节变化颜色发生改变。夏季显现橙色、红色，或黄色，冬季呈现深绿色。

图 7-17 黄石大峡谷
图片来源：作者拍摄

黄石湖是黄石公园内最大的内陆湖，面积352平方千米，最深处达118米，出口是黄石河。黄石火山以湖西边的西拇指为中心，向东向西各24千米，向南向北各50千米，构成一个巨大的火山口。这是世界上最大的活火山。覆盖着黄石公园的陆地就是从这里喷出的火山岩石和岩浆。火山口下蕴藏着一个直径约为70千米、厚度约为10千米的岩浆库，岩浆库距离地面最近处仅为8千米，并且还在不断地膨胀，从1923年至今，黄石公园部分地区的地面已经上升了70厘米。黄石湖流出的河水就是黄石河，形成两道壮丽的瀑布，泻入大峡谷。上瀑布130米高，下瀑布有100米高，黄石河水贯穿火山岩石，形成气势磅礴的黄石大峡谷。峡谷深度60米，宽200米，长约32千米，看上去像用油彩涂成。

猛犸象温泉是世界上已探明的最大的碳酸盐沉积温泉，称热台阶区。泉水来自于诺里斯间歇泉盆地，水温达77℃。很多藻类生活在温泉中，使得温泉的颜色呈现出棕色、橙色、红色和绿色。温泉随着阶地奔腾而下，形成了一个七彩的大台阶。2002年的一次地壳运动后，大部分热泉停止了活动，导致微生物大量死亡，死掉的

图 7-18 猛犸象温泉
图片来源：作者拍摄

细菌变为灰白色的粉末，残留在台阶上，猛犸象热泉也失去了颜色。

（七）夏威夷群岛

夏威夷群岛是火山岛，这些岛屿位于太平洋底地壳断裂带上，由地壳断裂处喷出的岩浆形成。地质学家认为，太平洋板块在夏威夷热泉上方缓慢移动，就像是一张纸在一根点燃的蜡烛上移动，移到哪里，哪里就开始喷发火山，形成火

山岛。

夏威夷的第一批外来者是 750 年自马贵斯群岛航行而来的波利尼西亚人。"夏威夷"一词源于波利尼西亚语，意为"原始之家"。英国库克船长在 1778 年 1 月 18 日率领两艘帆船登陆考爱岛发现夏威夷。18 世纪末，夏威夷酋长卡美哈美哈征服了其他岛屿，建立夏威夷王朝，成为卡美哈美哈一世。19 世纪来自英格兰的传教士传播了民主立宪的观念，传教士的下一代成了

图 7-19　夏威夷群岛
图片来源：https://pixabay.com/

岛上的商人和政治家，与夏威夷人联姻，这些移民是当今夏威夷多种族的源头。1898 年美国兼并夏威夷。1901 年投资者在王室游乐场建设了饭店和其他设施，自此之后，旅游业得到蓬勃发展。1941 年 12 月 7 日清晨，日本偷袭珍珠港，引发第二次世界大战太平洋战区的战事。战后，美国成立了位于珍珠港的"亚利桑那纪念馆"，1945 年 9 月 2 日 9 点 2 分，停泊在日本东京湾的"密苏里号"成为日本签署投降书的地点。1999 年，"密苏里"号被改为纪念舰，停泊在珍珠港福特岛内。1959 年 3 月 11 日，夏威夷成为美国第 50 个州。

图 7-20　火山国家公园
图片来源：https://pixabay.com/

瓦胡岛是夏威夷群岛人口最多的岛，是夏威夷州人文和经济中心，首府火奴鲁鲁坐落在这个岛上。威基基海滩、恐龙湾、珍珠港等著名旅游景点位于该岛。大岛是夏威夷最大的一个岛，面积是其他夏威夷群岛岛屿加起来的总面积的两倍。世界上最活跃的火山之一的基拉韦厄，夏威夷火山国家公园都坐落在大岛上，不断爆发的活火山仍继续为大岛增添新的土地。大岛盛产夏威夷坚果和夏威夷咖啡。毛伊岛是夏威夷群岛中的第二大岛，岛上有著名的"太阳之屋"和 16 世纪捕鲸时期形成的城市"捕鲸镇"。"太阳之屋"海拔 3000 米以上，成群的火山口交会一处，整个"捕鲸镇"被列为国家公园。考爱岛是夏威夷群岛 8 个大岛中最古老的岛，发现夏威夷群岛的航海家库克船长就是在考爱岛登陆。除了尼华岛之外，莫洛凯岛是夏威夷土著居民占人口比例最多的一个岛。19 世纪之后，莫洛凯岛曾成为专门关押麻风病人的地方。拉奈岛曾经是世界上最大的菠萝农场，将近 98% 的土地是由凯瑟尔和库克企业集团拥有，该企业将岛屿开发成国际性的度假岛屿。

夏威夷衫剪裁极简，色调鲜艳浓郁，男人穿的叫阿娄哈衫，女性的花衫有长短之分，白天穿的略短，叫"慕"，晚上穿的长衫叫"慕慕"。草裙舞又名"呼拉舞"，手部动作含义深刻，通过不同的手势表现出人们对各种美好事物的期冀，如祈求丰收、渴望和平等。

第二节 加拿大

一、历史文化

加拿大原为印第安人与因纽特人的居住地。1535年，法国国王弗朗索瓦一世命令航海家杰克斯·卡蒂埃尔去探寻"新世界"。卡蒂埃尔来到了圣劳伦斯海湾，沿圣劳伦斯河逆流而上来到魁北克。16世纪起，加拿大沦为法、英殖民地。1756~1763年，英、法在加拿大爆发"七年战争"，法国战败，加拿大成为英属殖民地。1926年，英国承认加拿大的"平等地位"，加拿大获得外交独立权。1931年，加拿大成为英联邦成员国，议会获得了与英国议会同等的立法权，但仍无修宪权。1982年3月英国上院和下院通过《加拿大宪法法案》，4月法案经女王批准生效，加拿大从此获得了立法和修宪的全部权力。1982年4月17日，加拿大国会通过新宪法，并得到英国国会通过废止旧宪，加拿大把7月1日的自治日改名为加拿大日，加拿大事实上从英国独立。将新国家定名为加拿大。加拿大政治体制为联邦制和议会制君主立宪制，英国女王伊丽莎白二世为国家元首及国家象征。加拿大素有"枫叶之国"的美誉。官方语言有英语和法语两种。

二、自然地理

加拿大领土面积为998.467万平方千米，位居世界第二，人口主要集中在南部五大湖沿岸。加拿大是世界上海岸线最长的国家，约长20万千米，国境边界长达8892千米，为全世界最长的不设防的疆界线。加拿大东部为低矮的拉布拉多高原，东南部是苏必利尔湖、休伦湖、伊利湖和安大略湖，和美国密歇根湖连接起来形成圣劳伦斯河，在圣劳伦斯山脉和阿巴拉契亚山脉之间形成河谷，地势平坦，多盆地。西部为落基山脉，许多山峰在海拔4000米以上。北极圈穿过加拿大北部。北极群岛地区多系丘陵低山，冰雪覆盖。中部为大平原和劳伦琴低高原，面积占国土的50%左右。

受西风影响，加拿大大部分地区属大陆性温带针叶林气候。东部气温稍低，南部气候适中，西部气候温和湿润，北部为寒带苔原气候。北极群岛终年严寒。加拿大共分六个时区，当北京时间为00：00时，加拿大时间分别为：纽芬兰时区12：30，大西洋时区12：00，东部时区（如渥太华）11：00，中部时区（如温尼伯）10：00，山地时区（如埃德蒙顿）9：00，太平洋时区（如温哥华）8：00。黄刀镇离北极圈仅200多千米，是看极光的绝佳地点，据说一年约有240天可以欣赏到北极光。

三、旅游城市和景点

（一）温哥华

温哥华全年气候温和，属温带海洋性气候。夏季气温一般在20℃左右，冬季气温在0℃以上。考古学家发现，8000~10000年前温哥华一带有人类活动，在现史丹利公园、福溪、基斯兰奴、格雷岬和菲沙河口等地设有村落。今北温哥华市于1863年出现第一个锯木工场。在1867年现歌雅街的尽头出现一家锯木厂喜士定木厂，这里成为日后温哥华发展的核心地点。杰克·戴顿于1867年在喜士定木厂附近建立一间酒吧，使小镇日渐繁荣。19世纪末，温哥华成为加拿大的主要港口，1886年正式成为城市，戴顿成为第一任市长。枫树广场中央立着戴顿的雕像，他站在一只啤酒桶上。为了纪念在1792年发现该地的白人船长乔治·温哥华，他将城市命名为温哥华市。杰克·戴顿的绰号是"Gassy"，后来人为纪念他将他的所在区命名为煤气镇（Gastown）。煤气镇上有世界上唯一的蒸汽钟，重达2吨，1977年钟表师借鉴1875年的钟表样式建造这座世界上首个以蒸汽为动力的时钟，每15分钟伴随着顶部冒出的白色蒸汽，钟顶的5支由蒸汽奏响的汽笛会合奏出音乐。1971年煤气镇被划为历史保护区。

1. 加拿大广场

加拿大广场是温哥华的象征，是不列颠哥伦比亚省南岸地区的主要邮轮码头，由温哥华前往阿拉斯加的邮轮皆从此处出发，也是温哥华会议中心东翼、泛太平洋酒店、温哥华世贸中心以及全球首座IMAX3D影院的所在。大楼造价3亿多加元，由加拿大建筑师艾伯哈德·戴德勒设计，顶部有5组由玻璃纤维制成的白帆。这是专为加拿大1986年博览会所设计的，建筑相似于小型舰艇所组成的航行船。

图7-21　加拿大广场
图片来源：作者拍摄

图 7-22 印第安图腾柱
图片来源：作者拍摄

2. 斯坦利公园

斯坦利公园面积约为2428公顷，几乎占据了整个温哥华市北端。公园北临巴拉德湾，西临英国湾，是北美地区最大的市内公园。1887年，温哥华就决定永久保留这个半岛作为公园。公园内人工景物极少，以红杉等针叶树木为主。北端是横跨海湾的狮门大桥的一端，狮门大桥与旧金山的金门大桥并称，是连接温哥华市与西温哥华和北温哥华的交通要道。东部有几根形状不一的印第安木刻图腾柱，文化气息浓厚。公园中的温哥华水族馆建于1956年，是加拿大最大的水族馆，有8000多种水中生物供游人参观，其中不乏杀人鲸、小白鲸等珍稀海洋生物。

3. 维多利亚市

维多利亚市是安大略省首府，在温哥华岛南端，离温哥华约1.5小时的海上航行距离，每天有数班渡轮往来于维多利亚和温哥华。维多利亚以美丽港湾花园城市著称，以英国女皇名字命名，城内有很多英式的古堡、教堂和建筑，荡漾着欧洲皇室的风情，为加拿大西岸最古老的城市。维多利亚最为著名的是布查特花园，它是座家族花园，从1904年开始修建。布查特花园是世界第二大花园，占地12公顷，分为

图 7-23 布查特新境花园
图片来源：作者拍摄

四个部分：新境花园原为石灰矿场，开采后遗下巨穴，曲径环绕；意大利式花园按古罗马宫苑设计，为对称的图案；日本式花园的红色神宫门楼饶有日本风格；玫瑰园玫瑰品类繁多。

（二）落基山

落基山区是由冰川侵蚀而成的地貌如角峰、冰斗，地形类型繁多，如冰川、瀑布、峡谷、温泉等。大部分山峰在海拔4000米以上，最高峰埃尔伯特山海拔4399米。这些高峰的山顶终年积雪，景色壮丽。在高度较低的山坡上，遍布茂密的针叶林，松、杉、柏。山间谷地宽广，溪流清澈，山水交映。在22990平方米的保护区里，班夫、贾斯伯、幽鹤和库特尼四个国家公园占了绝大部分，它们和卑诗省的三个公园罗伯森山、阿西尼博因山和汉伯相连，组成"加拿大落基山脉公园群"。

1. 班夫国家公园

班夫国家公园于 1887 年开放，成为加拿大第一个保护区公园，面积 6666 平方千米。公园建有现代化旅馆、汽车旅馆和林中野营地，内有一系列冰峰、冰河、冰原、冰川湖和高山草原、温泉等景观。公园中最著名的是露易丝湖，露易丝湖源自维多利亚冰川，湖水碧绿清澈，被誉为"落基山脉上的蓝宝石"。

图 7-24 露易丝湖

图片来源：加拿大旅游局官网 https://canada.keepexploring.cn/

1882 年发现此湖，1883 年被命名为"露易斯湖"，以献给英国女皇维多利亚的公主露易斯。露易丝湖镇有诸多住宿，这也是去落基山各大景点最方便的休憩地。露易丝湖旁的费尔蒙酒店就像一个古堡，从酒店窗户能看到整个湖面。梦莲湖是一个冰川湖，只有到每年 6 月底湖水才到达最高线。湖水折射沉积的岩粉，呈现出美丽的蓝绿色，晶莹剔透。梦莲湖曾被印在加拿大 20 元的纸币上。班夫公园有多处缆车索道直达山顶，美景尽收眼底。

图 7-25 梦莲湖

图片来源：作者拍摄

2. 幽鹤公园

幽鹤公园位于班夫公园的西方，包含大溪谷、冰河、湖泊等自然景观。翡翠湖风景优美，较路易丝湖更加幽静，碧绿的湖面照出巴哲斯山的倒影。欧哈拉湖海拔 2115 米，是户外探险爱好者、徒步者的天堂。由于国家公园的保护性运作体系，往欧哈拉湖的那条公路不许任何私家车进入，也不许使用自行车代步，只有一辆大巴车每天四班从停车场前往湖边，方便携带行李在山中住宿和露营的人。欧哈拉湖只在每年 6 月中到 10 月初开放。公交车票在开放前 3 个月内才可以预订，但在开放预订的那一刻，所有的公交车票往往就被秒杀一空。每天动物进食期间，特定的徒步路线将关闭，让动物们可以自由穿越而免受惊吓。塔卡考瀑布高 410 米，瀑布落下发出巨响。园内伯吉斯谢尔岩石里有 150 多块寒武纪中期的海产化石。

图 7-26 翡翠湖

图片来源：作者拍摄

3. 贾斯伯国家公园

贾斯伯国家公园是落基山脉最大的国家公园，位于洛矶山脉最北边，班夫国家公园的北面及艾德蒙顿的西面。占地面积10878平方千米。

贾斯伯国家公园内有佩投湖、弓湖、巫药湖、依迪丝湖、金字塔湖、金字塔山、玛琳湖及玛琳峡谷。露易丝湖前往贾斯伯公园的冰原大道的景色十分美丽，哥伦比亚冰原冰川就在这条道上，佩托湖也在这条道旁。佩托湖属于"只可远观而不可亵玩"的，因为它被陡峭的山崖和茂密的森林包围，几乎无路可以走近到湖畔，只能远远地从山上向下鸟瞰。佩托湖形状似一片枫叶，弓峰是欣赏佩托湖最佳位置。玛琳湖是最久负盛名的景点，玛琳湖深处的精灵岛是整个湖最大的亮点，曾被国家地理杂志评为"世界十大奇景之一"。

图7-27 佩托湖
图片来源：作者拍摄

图7-28 精灵岛
图片来源：作者拍摄

（三）多伦多

多伦多位于安大略湖的西北沿岸，是加拿大最大的城市、安大略省的省会。1793年，英国把多伦多作为加拿大的首都，命名为"约克"，一是因怀念英国的"约克郡"，而是希望建立一个比美国纽约即"新约克"还繁荣的城市。200年过去了，英国人经常误将"约克"当作"纽约"，更有人叫"约克"为"小约克"。后改名为多伦多。坐落在市中心的电视塔是多伦多的地标，塔高553.33米，建于1976年，是世界第二高的通信塔。塔内装有多部高速外罩玻璃电梯，只需58秒就可以从塔底到最高层。电视塔的观景台是玻璃地面，站在上面心惊胆战。

图7-29 多伦多
图片来源：https://pixabay.com

1. 尼亚加拉瀑布

尼亚加拉瀑布位于加拿大安大略省和美国纽约州的交界处，源头为尼亚加拉河，主瀑布位于加拿大境内。尼亚加拉河的水流在不足2000米长的河段里以每小时35.4千米的速度冲下悬崖，15.8米的落差形成的急流，经过加拿大的昆斯顿、美国的利维斯顿，冲过"魔鬼洞急流"，最后沿着"利维斯顿支流峡谷"进入安大略湖。尼亚加拉瀑布与伊瓜苏大瀑布、维多利亚瀑布并称为世界三大跨国瀑布。尼亚加拉瀑布由三部分组成：马蹄瀑布、美利坚瀑布和新娘面纱瀑布。马蹄瀑布位于加拿大境内，其形如马蹄。美利坚瀑布在美国境内，由山羊岛隔开。新娘面纱瀑布也在美国境内，由月亮岛隔开了其他两瀑布。在美国境内看到的只是尼亚加拉瀑布的侧面，而在加拿大可以一览全貌。

图 7-30　尼亚加拉瀑布

图片来源：作者拍摄

图 7-31　尼亚加拉河

图片来源：https://pixabay.com/

美、加两国境内设有四座高大的瞭望塔，三个在加拿大境内，一个在美国。施格林瞭望塔高达百余米，通往塔顶瞭望台的电梯一半镶着玻璃，最上层是旋转餐厅。恩淇朗瞭望塔高达150米。美国一侧的奥尼达瞭望塔仅有1/3高出地面。加拿大境内的瀑布后之旅是由西尼克隧道改建成欣赏拉瀑布的观景点。搭乘电梯降到几十米深的地下，沿着两条隧道就可以来到突出的平台上，可以欣赏瀑布的正侧面。在夏季的每个星期五晚，瀑布上空还有焰火表演。美利坚瀑布和新娘面纱瀑布在晚上用不同色彩的灯光照射，使整个瀑布浸润在一种缥缈迷离的梦境中，也成了世界名瀑中独一无二的特色。冬天随着气温的下降，整个大瀑布从上到下都会结冰，最厚的地方可达4.5米厚，成为一座冰桥。各种冰柱垂岩而下，形成千奇百怪的冰雕。此时大瀑布的流量会大大减缓。

2.卡萨罗马城堡

卡萨罗马城堡是座哥特式复兴建筑，建于1911年，有98个房间，由加拿大著名的建筑师爱德华·兰诺斯设计，当时是大富翁亨利·佩雷特爵士的住所。城堡的房间仍然

图 7-32　卡萨罗马城堡

图片来源：https://pixabay.com

是 100 多年前使用过的原始家具。

（四）渥太华

图 7-33　渥太华
图片来源：https://pixabay.com

渥太华是加拿大的首都，也是加拿大第四大城市，位于安大略省东南部，渥太华河南岸，多伦多以东 400 千米，蒙特利尔以西 190 千米。渥太华在 1826 年 9 月 26 日以"拜顿"之名建立，为爱尔兰和法国的基督教乡镇，1850 年 1 月 1 日合并为一个城镇，并于 1855 年 1 月 1 日以"渥太华"之名取代。渥太华属湿润大陆性气候。冬夏空气湿度较大，有海洋性气候的特点。冬季由于北面没有横亘的山脉，来自北极的强冷气流，可以横扫渥太华。渥太华是世界上最寒冷的首都之一，最低气温曾达 –39℃，故有人称其为"严寒之都"。春天一来，整个城市布满了郁金香，因此又有"郁金香城"的美誉。

渥太华市中心有里多条运河通过。里多运河以西为上城，围绕着国会山有不少政府机关。国会大厦是一片意大利哥特式建筑群，中央高 88.7 米的和平塔左右分别是众议院和参议院，其后是国会图书馆。国会大厦对面的威灵顿大街上云集着联邦政府大厦、司法大楼、最高法院、中央银行等建筑。在里多运河以东为下城区，这里是法语居民集中的地区，有市政厅、国家档案馆等著名建筑。渥太华处处充满浓厚的文化气息。市内有国家艺术中心、国家博物馆、国家画廊、国家人类博物馆、国家自然博物馆、国家科技博物馆、国家集邮博物馆、国家航空展览馆等 30 个博物馆和 50 个堪称世界一流的艺术馆及剧院。每年夏季，还举办渥太华国际室内音乐节、渥太华国际爵士乐音乐节和渥太华思科蓝调音乐节等文化盛会，是名副其实的文化殿堂。

 拓展阅读

1. 美国使用的货币是美元，货币代码为 USD。在第二次世界大战以后，欧洲大陆国家与美国达成协议同意使用美元进行国际支付，此后美元作为储备货币在美国以外的国家广泛使用并最终成为国际货币。

2. 美国是车轮上的国家，私家车十分普遍。除了纽约、华盛顿、洛杉矶、旧金山等几个大城市外，其他地方公共交通不是很多，适合自驾。美国各州的法律不一样，在美国 50 个州里有 18 个州直接承认中国驾照有效；9 个州承认中国驾照有效，但需要驾照的翻译公证件；12个州强制要求必须同时具有中国驾照和翻译文件；8个州不承认中国驾照；4个州对中国驾照存在争议，不确定中国驾照是否有效。持中国驾照公证后可以在美国大部分州驾驶，大部分景点都在这几个州。加拿大允许外国驾照在本国使用，只是有一定使用期限，如在不列颠维多利亚省可合法驾驶6个月。

3. 美国加拿大城市之间的公共交通有长途客车和火车，灰狗巴士是最大的巴士公司，还有Megabus。美国mtrak系统可以预订11个月内的所有火车票。从东海岸到西海岸的火车会途经纽约、芝加哥、洛杉矶、旧金山、迈阿密、西雅图等。VIARail Canada是加拿大国有铁路客运服务公司，横贯加拿大，还有一个公司就是落基山登山者号景观火车。火车到达温哥华、多伦多、渥太华等城市，在贾斯伯、班夫等国家公园有站点。

4. 美国的国家公园可以购买年卡，按车收费，自购买之日起一年可以进入美国59个国家公园。卡上签上持卡人名字，与护照同时使用。如果不使用年票，也可以每个公园单独买票，每张票7天有效。还有个比较人性化的规定，把前面买的国家公园门票攒着，如果够年票金额了，在下一个公园的售票处可以换一张年票。

5. 部分景点由于每日人数限制，需要提前预订。例如登顶华盛顿纪念碑、参观自由女神像内的博物馆、羚羊峡谷等。国家公园里的酒店非常紧缺，需要提前3个月预订。

6. 去美国必须要带转换插头，美式插座电压是110V，中式插座电压是220V。美国最常用的三极插头是一圆两竖扁形，地线圆，零火线竖扁。加拿大、墨西哥也都是采用美标110伏。

第八章 拉丁美洲

第一节 墨西哥

一、历史文化

墨西哥合众国简称墨西哥,有"玉米的故乡"之称,还有"仙人掌的国度"美誉。墨西哥是美洲大陆印第安人古文化中心之一。约9000年前,古墨西哥人改良玉米,推动农业革命,从而形成了许多文明,有闻名世界的奥尔梅克文化、托尔特克文化、特奥蒂瓦坎文化、萨波特克文化、玛雅文化和阿兹特克文化,阿兹特克帝国是前哥伦布时期北美洲最大的国家。1521年,墨西哥沦为西班牙殖民地。1810年9月16日,墨西哥人掀起了反西班牙殖民统治的战争,1821年取得独立,1824年10月建立联邦共和国。

墨西哥到处都是古城遗址,特别是玛雅文化遗址。墨西哥是一个节日活动非常丰富的国家,最有名的就是亡灵节。这一传统基于土著人的信念,死者的灵魂每年有一晚返回人间,与亲人住在一起。按照天主教的习俗,11月1日是万圣节,11月2日是亡灵节,联合国教科文组织在2008年将其命名为人类非物质文化遗产。墨西哥食昆虫的传统有几个世纪的历史了,最具代表性的昆虫"查普林"蝗虫,价格比牛肉都高。在墨西哥一些地区可食用的蚊虫达10余种,最有名的是生活在塔斯科市周围山脉中的"湖米尔"蚊,每年11月的第一个星期一是"湖米尔"节,在山中的教堂里举行弥撒后,捕捉活动就开始了。"埃斯卡莫尔"是多种蚂蚁的蚁卵,每年4月是当地人从地下蚁穴挖取蚁卵的最佳时节。

二、自然地理

墨西哥领土面积1964375平方千米,为美洲面积第五大和世界面积第十四大的国家,是南美洲、北美洲陆路交通的必经之地,素称"陆上桥梁"。海岸线长11122千米。东、西、南三面为马德雷山脉所环绕,中央为墨西哥高原,东南为地势平坦的尤卡坦半岛,沿海多狭长平原。特万特佩克地峡将北美洲和中美洲连成一片。墨西哥气候复杂多样,多为高原地形,冬无严寒,夏无酷暑,四季万木常青,故有"高原明珠"的美称。高原地区终年温和,西北内陆为大陆性气候,沿海和东南部平原属热带气候。大部分地区分旱、雨两季,雨季为5~9月,集中了全年75%的降水量,其余月份为旱季,最旱月份为2月。

三、旅游城市和景点

(一)墨西哥城

墨西哥城位于墨西哥中部的高原地区,集中了全国约一半的工业、商业、服务业和银行金融机构。墨西哥城四周青山环绕,地势较高。16世纪,西班牙征服者打败中美洲印第安文明的阿兹特克帝国。阿兹特克帝国以特斯科科湖中的小岛为中心、填湖建造出的水上城市作为首都,西班牙人统治后继续将湖面大部分的区域都填平,建立墨西哥城,这也是西班牙人在新大陆上建立的首都。因为墨西哥城的绝大部分是建立在填平后的特斯科科湖上,对于地震之类的天灾抵抗能力差。

墨西哥城古迹众多,有古阿兹特克文化遗迹,殖民时期欧洲风格的宫殿、教堂。查普尔特佩克公园在市中心,被称为"墨西哥城之肺"。宪法广场是墨西哥城中心,16世纪时是进行商品交换、奴隶和战俘交易的场所,如今的广场上有很多小摊,众多身着各式印第安服饰的商贩和印第安民俗艺人。广场上竖立一面巨大的墨西哥国旗,国旗长55米,宽31.43米。广场东侧是国家宫,北边坐落着主教座堂,附近还有法院、市政大厦、博物馆。

1. 国家宫

国家宫最初为16世纪阿兹特克皇帝莫泰佐马二世所建,西班牙人到来后将总督府设在这里,并改建为中庭宽大的宫殿。墨西哥独立后成为总统的办公处。

国家宫长200多米,红色立面,有3个门,正门入口上方悬着多洛雷斯钟,钟上面为一个阳台,每年墨西哥独立日,总统都会在这个阳台带头高呼"墨西哥万岁"。议会大厅建于1829年,是一个法式半圆形建筑,《1857年宪法》就是在这里被制定公布的。国家宫内部为西班牙式庭院,正中的喷泉上矗立着一匹有翅膀的青铜马。走廊墙壁上描绘的是墨西哥的传说与历史,最著名的是墨

图8-1 国家宫庭院
图片来源:https://pixabay.com

西哥绘画三杰之一的迭戈·里维拉在 1929~1935 年创作完成的羽蛇神。

2. 主教座堂

图 8-2　主教座堂
图片来源：https://pixabay.com

主教座堂是美洲最大和最古老的天主教座堂，为西班牙哥特式建筑，位于从前的阿兹特克神庙上面。1573~1813 年，主教座堂有过三种建筑风格，文艺复兴时期风格、巴洛克风格和新古典主义风格。主教座堂坐北朝南，长 110 米，宽 54 米，有 2 个钟塔、1 个中央穹顶、3 个大门、5 个中殿、51 个拱顶和 40 个塔器组成，2 座钟楼内有 25 口钟，2 台 18 世纪巨大的管风琴，有 2 个华丽盛大的祭坛、1 个圣器收藏室以及 1 个唱诗班。

3. 特奥蒂瓦坎

特奥蒂瓦坎距离墨西哥城东北方向 40 千米，面积 20 多平方千米，是托尔特克人的宗教圣地和经济中心。特奥蒂瓦坎在印第安语中是"诸神之都"的意思，1987 年列入《世界遗产名录》。公元 1~150 年，托尔特克人在这里建造了 5 万人的城市，450 年达到鼎盛，成为当时中美洲的第一大城，兴建了大量宏伟的建筑，包括著名的太阳金字塔、月亮金字塔、羽蛇神庙、"亡灵大道"。亡灵大道纵贯南北，长约 3 千米，宽 40 米，坡度设计巧妙，每隔若干米建六级台阶和一处平台，给人以直逼云天之感。它的南端通往长方形城堡遗址。城堡后面有羽蛇神庙，古印第安人称它为克祭尔夸特神庙。

太阳金字塔位于亡灵大道东侧，约建于 2 世纪，是世界第三大金字塔，也是特奥蒂瓦坎最大的建筑。塔基长 225、宽 222 米，5 层塔高 63 米，整个主体以 250 万吨泥土和砂石堆砌。20 世纪修复金字塔时，在原有的 4~5 层加建了一层，并重修了金字塔的东、南、北三面外墙，在一定程度上破坏了原貌。金字塔下面用石雕水管组成排水系统，建造复杂精巧。每年春秋分中午，太阳金字塔西面第一层会出现一道逐渐明亮的笔直阴影，光线变化时间一直是 66.6 秒。

月亮金字塔是祭祀月亮神的地方，位于亡灵大道北，比太阳金字塔晚 200 年建造，塔基为长 150 米、宽 120 米、高 46 米，以 100 万吨左右的泥土和砂石堆砌。两座金字塔外壁上都绘有色彩斑斓的壁画。月亮金字塔

图 8-3　亡灵大道
图片来源：https://pixabay.com

规模较小，建造精细。月亮广场上矗立着的蝴蝶宫是宗教上层人物和达官贵人的住所，也是全城最华丽的地方，圆柱上刻着精致的蝶翅鸟身图样，至今仍然颜色鲜艳。宫殿下又发掘出饰有美丽羽毛的海螺神庙。海螺神庙不远是"美洲豹宫"，它的门口墙上画着两只蹲在地上的美洲豹。

（二）梅里达

梅里达位于墨西哥东南部，是尤卡坦州首府，墨西哥重要的文化和旅游城市，拥有众多的殖民时期建筑，包括16世纪的大教堂。为前往周边玛雅古城的旅游基地。

1. 奇琴伊察古城

奇琴伊察古城遗址位于尤卡坦半岛梅里达东部120千米处，南北长3千米，东西宽2千米，有数百座建筑物，是古玛雅文化和托尔特克文化的遗址。尤卡坦半岛属石灰岩层地带，没有河流湖泊，但有许多岩层塌陷而成的天然地下水池或水井。玛雅语中"奇琴伊察"是"伊察人的井口"之意。奇琴伊察曾是古玛雅帝国最大最繁华的城邦，建筑雄伟壮观，建筑内外装饰

图8-4　库库尔坎金字塔
图片来源：https://pixabay.com

精美，后随着玛雅帝国的衰亡而被遗弃。古城建于5世纪，以天象确立方位，布局严密，南北长3千米，东西宽2千米，建筑主要围绕天然水井或在通向水源的道路两侧。南侧建于7~10世纪，具有玛雅文化特色，有金字塔神庙、柱厅殿堂、球场、市场和天文观象台，以石雕刻装饰为主，北侧具托尔特克文化特色，有库库尔坎金字塔、武士庙等，以朴素的线条装饰和羽蛇神灰泥雕刻为主。

库库尔坎金字塔又叫羽蛇神金字塔，库库尔坎在玛雅语中意为"带羽毛的蛇神"，玛雅人认为羽蛇神是风调雨顺的象征。金字塔高23米，在春秋季昼夜平分点的日出日落时，建筑的拐角在金字塔北面的阶梯上投下羽蛇状的阴影，并随着太阳的位置滑行下降。金字塔北面阶梯隧道入口，在隧道内沿着塔内的旧金字塔台阶可以向上攀登到顶端，塔顶有刻在石头中的羽蛇神王的美洲虎王冠。内部老金字塔的设计据说是按照月亮历，而外面的新金字塔则是太阳历。

武士神庙是一个阶梯状金字塔顶建筑，最初用木头和灰泥做屋顶，内部的支柱被刻成武士的形状。神庙入口处有查克莫天使的祭坛雕像，旁边是由柱子围绕的广场"大市场"。奇琴伊察一共有7个球场，最大的球场长166米、宽68米。球场内部两侧排列着刻着球员形象的石板，球赛在当时是一种宗教仪式。普克风格建筑群是城市在古典时期的政府宫殿。

图 8-5　椭圆形天文台
图片来源：https://pixabay.com

椭圆形天文台又名"蜗牛"，得名于圆形建筑内部螺旋状的石头阶梯，是为掌管风和学习的羽蛇神而设。玛雅人利用光线在屋内形成的阴影来判断夏至与冬至的到来。建筑的边缘放着很大的石头杯子，里面装上水后通过反射来观察星宿。当地有3个提供水源的溶井，其中2个溶井至今存在，其中一个就是著名的"献祭之井"。

2. 乌斯马尔

乌斯马尔建筑群就是玛雅帝国鼎盛时期的遗址。从7世纪开始，乌斯马尔城就是尤卡坦中最大的城市和宗教中心，在11世纪之前曾拥有2.5万人口。在玛雅语中，"乌斯马尔"表示"重建三次之地"。其实，乌斯马尔重建不止3次。"魔法师金字塔"至少被覆盖、重建了5次。

乌斯马尔古城的主要建筑物顺乌斯马尔南北方向的中轴线依次排开，在一个东西约600米、南北约1000米的长方形区域内，布局十分讲究。省长宫是乌斯马尔乃至现存玛雅文明遗迹中最宏大精美的建筑，长98米，宽12米，外墙以刻有各种图案的石块拼成

图 8-6　魔法师金字塔
图片来源：https://pixabay.com

的羽蛇神面具和其他面具作为装饰，沿下层高台中央的台阶，可以进入宫内。宫前俯卧的双头美洲豹石雕是祭坛的遗迹，遗迹中心耸立着38米高的"魔法师金字塔"，传说由魔法师一夜建成而得名，实际上是经历了300多年的修建。塔基为椭圆形，不同于常见的玛雅方形金字塔。逐层递减的3层塔基上，建有一座神庙。作为乌斯马尔宗教活动的场所，魔法师金字塔设计精密，每年夏至这一天，塔西面的阶梯正好对准西落的夕阳。四方修道院的名字是西班牙人所起，因外观类似

图 8-7　乌斯马尔建筑群
图片来源：https://pixabay.com

西班牙修女院而得名,与建筑的本来用途和意义并不相符,夜晚有光乐表演。

3. 粉红湖

粉红湖介于梅里达和坎昆之间,距离坎昆更近一些,梅里达和坎昆都有去粉红湖的团。"粉红湖"的颜色源于水中大量的粉红色浮游生物,是一个粉色盐湖,被誉为"粉红版天空之镜"。天气越好,颜色越红艳。可乘船进入北美洲最大的火烈鸟保护区里奥拉加托斯生态保护区,这里有广阔的海岸沙丘、茂密的红树林和热带雨林,栖息着包括火烈鸟和鳄在内的 200 多种野生动物。还可以享受玛雅人玛雅纯天然泥浴。

(三)坎昆

坎昆位于加勒比海北部,尤卡坦半岛东北端,长 21 千米,宽仅 400 米。该城市三面环海,呈蛇形,西北端和西南端有大桥与尤卡坦半岛相连。在玛雅语中,坎昆意为"挂在彩虹一端的瓦罐",是欢乐和幸福的象征。这里的海平静清澈,呈现白色、天蓝、深蓝、黑色等多种颜色,风光旖旎,

图 8-8 坎昆海滩
图片来源:https://pixabay.com

是世界公认的十大海滩之一。岛上还有玛雅文化的圣米盖里托古迹废墟等建筑。

水下雕塑博物馆是世界上最大的水下博物馆,必须背着呼吸器深入水中才能看到。这里有大约 400 尊雕塑,由生态混凝土制作而成,大量的海洋生物附在这些表面上,雕塑四周长出了海藻,鱼群穿梭其中。

杜伦古城距坎昆 130 千米,早在 1200 年前就已经有人居住,曾是 14 世纪玛雅文化末期的宗教城市。古城四周是高达 5 米的围墙,墙身厚达 6 米,部分已经倒塌。有 5 个入口,西面一个,南北各两个,东面是悬崖峭壁。东西城墙长 165 米,南北长达 385 米,南北角建有瞭望塔楼,悬崖上也有城楼及瞭望台。城内有超过 60 栋建筑遗址,大部分是石头建造的神殿、宫殿及柱楼等,大部分的屋顶及屋梁已经毁坏,只剩下石柱遗迹,部分雕刻图案仍清晰易

图 8-9 杜伦古城
图片来源:https://pixabay.com

见。城中央耸立着梯级型大神殿,神殿四周都有雕刻装饰,仿若古埃及的小型梯级金字塔,据说这里是力量的源头。爬上神殿顶头可俯瞰整个古城。

(四)瓜纳华托

瓜纳华托位于墨西哥城西北方 370 千米处,是瓜纳华托州的州府,1988 年,

瓜纳华托老城区和周边矿区被联合国教科文组织评定为世界遗产。瓜纳华托市依山而建，因矿而兴。早在西班牙人殖民统治时期，瓜纳华托便是墨西哥的经济重镇，城市最初沿着瓜纳华托河建造，由于洪水泛滥，建筑物相应地提高了高度。20世纪中叶，工程师建立了大坝，并将河改道至地下溶洞里。当年西班牙人为了采矿修建的隧道被铺设了鹅卵石，设置了照明供汽车行驶，这个地下道路网络至今仍是城市的交通动脉。

广场正中央艳黄色的红顶圣母教堂是整个城市最抢眼的风景。基督国王神社像是一个重要的纪念碑，是墨西哥中心的标记。每年1月，当地人民为了庆祝主显节进行朝圣之行，成千上万的朝圣者几乎全部选择骑马的方式前去基督国王神社像。城市西部的地下墓穴里有111具木乃伊。19世纪末，当地对死者家属收取"掩埋税"，一些贫困家庭无力支付税务，他们逝去的亲属被放置在一个专门建造的馆内。瓜纳华托是艺术家迭戈·里维拉的出生地，他的故居现在是一个博物馆。

图8-10　瓜纳华托
图片来源：https://pixabay.com

第二节　秘鲁

一、历史文化

11世纪，印第安人开始定居在库斯科。13世纪，印加部落自库斯科盆地向外扩张，1438年占领整个秘鲁和附近一些地区，建立以库斯科为首府的印加帝国。1531年，弗朗西斯科·皮萨罗率西班牙远征队入侵，1533年，秘鲁沦为西班牙殖民地。1542年，西班牙王室在利马设总督府，建立秘鲁总督区，成为西班牙在南美殖民统治的中心。为反对西班牙殖民统治，印第安人举行过多次起义。1821年7月28日宣布独立，建立秘鲁共和国。但从殖民地附属地位过渡到一个现代国家是很漫长的过程。由于没有自治的传统，军事领袖得以掌管政府。1975年8月29日，莫拉莱斯将军接管政权，1977年宣布"还政于民"。现行宪法于1993年12月31日生效。2000年11月2日，国会通过宪法修正案，规定总统不得连任。

秘鲁意为"玉米之仓",因盛产玉米而得名,是印加文明的发祥地。秘鲁文化主要来源于印第安和西班牙传统,也被非洲、亚洲和欧洲族群影响。秘鲁草绳桥入选联合国教科文组织的《人类非物质文化遗产名录》。秘鲁人具有拉丁民族的特征,热情、好客,有些不守时。秘鲁的传统饮料是奇恰酒和皮斯科酒,分别以玉米和葡萄酿制而成。

二、自然地理

安第斯山纵贯秘鲁南北,山地占全国面积的 1/3。全境从西向东分为 3 个区域:西部沿海区为狭长的干旱地带,为热带沙漠区,有断续分布的平原,气候干燥而温和,年降水量不足 50 毫米;中部山地高原区主要为安第斯山中段,平均海拔约 4300 米,为亚马孙河发源地,气温变化大;东部为亚马孙热带雨林区,属亚马孙河上游流域,是热带雨林气候,高温多雨,年降水量在 2000 毫米以上,是秘鲁新开发的石油产区。中部的南段多火山,地震频繁。秘鲁矿业资源丰富,是世界第五大矿产国,银、铜、铅、金储量分别位居世界第一、第三、第四、第六。森林面积 7800 万公顷,森林覆盖率 58%。

三、旅游城市和景点

(一)利马

西班牙人皮萨罗于 1532 年率军入侵秘鲁,以会晤为名,把印加王阿塔瓦尔帕及其部下诱入一个重兵包围的广场。拘禁印加王后,皮萨罗向印加人勒索巨额赎金,要求用金子填满一间长近 6.7 米、宽 5.2 米一人多高的房间,用银子填满另外两间较小的房子。当印加人给了以 6 吨金子、12 吨银子后,皮萨罗还是绞死了阿塔瓦尔帕。1535 年,几乎征服了秘鲁全境的皮萨罗,按西班牙传统在利马河畔建立了一座新的城市,取名利马,称为"诸王之城"。

利马是世界各国首都中降水量最少的一个,每年仅 10~15 毫米,故有"无雨之都"的称号。降雨期,浓湿雾形成的露珠飘落,水雾蒙蒙。利马气候温和、四季如春、植物茂盛,街道绿树成荫。因为无雨,街上没有一处下水道,城里的居民住宅很多是土坯房,有的干脆就是用纸板拼成的,有的居然没盖房顶。没封顶意味着没建完,不缴或只缴很少的税。利马市分为旧城、新城两部分。旧城区被联合国教科文组织评为世界遗产,位于城市北部,街区狭窄,房屋低矮,大多为殖民统治时期所建造。街道自西北向东南伸展,同阿普里马克河呈平行状,多以秘鲁的省和城市命名。

1. 武器广场

南美很多城市中心都有武器广场,这是西班牙殖民者存放武器的地方。利马

图 8-11 利马大教堂

图片来源：秘鲁旅游局官网 http://perutravel.cn/

古城区以武器广场为中心，街道成辐射状向四周延伸。广场周边的建筑大多在1746年的地震中损坏，仅中央留有一个修建于1651年的青铜喷泉。1821年，圣马丁将军在这里宣布秘鲁独立。广场北侧是利马总统府，又名皮萨罗府，为秘鲁政府总部所在，是法国新巴洛克建筑风格。

广场东北侧是一组以大教堂为中心的教堂群，有耶稣玛利亚教堂、艾尔·特诺夫教堂、耶稣会教堂。利马大教堂是一座罗马天主教堂，融合了西班牙文艺复兴建筑风格与印第安人石雕艺术，花了近一个世纪的时间才建造完成，是利马的标志之一。现在的利马大教堂是1904年大地震后的建筑，是西班牙文艺复兴时期建筑学家弗朗西斯科·贝塞拉设计的巴洛克、哥特、罗马式建筑的混合体，建成于1924年12月8日，被认为是20世纪早期利马新殖民建筑最好的范例。教堂内停放着西班牙殖民军首领皮萨罗的玻璃棺材。

2. 圣弗朗西斯科修道院

圣弗朗西斯科修道院因其地下墓穴和一流的图书馆而闻名，修道院最多时曾经埋葬过7万人。由于想要埋葬在这里的人实在太多，后人决定埋在修道院下的人只保留颅骨和大腿骨，其余部分都移出了修道院。在教堂中行走时，可以通过格

图 8-12 圣弗朗西斯科修道院

图片来源：秘鲁旅游局官网 http://perutravel.cn/

图 8-13 黄金博物馆

图片来源：https://www.go2peru.com/

栅看到下面精心排列的人骨组合。教堂内的图书馆藏有数不胜数的古老经文。教堂本身是保存完好的殖民时期教堂，受摩尔人的巴洛克风格影响。

3. 黄金博物馆

利马黄金博物馆和武器博物馆两个馆在一起，简称黄金博物馆，创建于1966年。该馆展品以米格尔·穆希卡·加略家族收集的文物为主。武器博物馆收集了16世纪以来世界各国兵器，包括拉美独立战争英雄使用过的佩刀，拿破仑用过的兵器，中国古代刀

剑,以及各国军服、铠甲、马具等。黄金博物馆收藏从公元前5世纪至公元5世纪期间秘鲁出土的各种金、银制品、木乃伊、服饰、雕刻、陶制品。崇拜太阳神的印加人认为金子很像太阳的光辉,在建造神庙和宫殿时大量使用黄金和黄金制品,也以佩带和珍藏金制品为骄傲。博物馆的镇馆之宝是一尊古老的印加神像,这是全秘鲁唯一的一件印加神的黄金真品,价值连城。还有印加皇冠、黄金甲、黄金面具以及皇室使用的黄金笔架、黄金玩具等,以及印加人在日常生活中使用的黄金杯碗和佩戴的黄金耳环与项链。该馆还收藏有毛主席赠送的手杖式佩剑。

(二)纳斯卡地画

1939年,保罗博士乘坐飞机在纳斯卡平原上沿着古代引水系统飞行时,偶尔低头发现了震惊世界的纳斯卡地画。纳斯卡地画是一种巨型的地上绘画,分布在秘鲁南部,北由英吉尼奥河开始,南至纳斯卡河,面积超过500平方千米。纳斯卡地画描绘的大多是动植物,如一只46米长的细腰蜘蛛,一只大约300米的蜂鸟,一只108米的卷尾猴,一只188米的蜥蜴,一只122米的兀鹫等。

图8-14 纳斯卡蜂鸟地画
图片来源:秘鲁旅游局官网 http://www.perutravel.cn/

这些动物图案中,只有兀鹫这种动物是当地的土产,有些图案描绘得十分精致。由于图案十分巨大,只能在300米以上的高空才能看到全貌,地面上只能见到一条条不规则的坑纹。这些图案是将地面褐色岩层表面刮去数厘米,露出下面的浅色岩层而形成的坑道线条,每条的平均宽度约为10~20厘米,最长的约10米。纳斯卡平原是一个气候干旱而贫瘠的地区,长年不下雨,是地球上最干燥的地区之一,这些地画因而得以存在了2000年。考古学家们共发现了成千上万这样的线条,究竟是谁创造了它们并且为了什么而创造,至今仍无人能解。

纳斯卡的玛利亚机场是一座小型的旅游观光机场,专为游览纳斯卡地画而修建的机场。纳斯卡建了一座瞭望塔,不乘飞机的游客们能观望到其中的3个图案,为保护地画,参观者不准步行或驱车前往。

(三)库斯科

库斯科古城位于安第斯山脉海拔3410米的山谷中,有"安第斯山王冠上的明珠"的美称。1200年前后,国王曼科·卡帕克遵循太阳神的指示,从的的喀喀湖迁都这里,兴建了库斯科。在印加帝国时代,库斯科是帝国的首都,政治、经济、文化及宗教中心。印加帝国建造了四通八达的大道,几乎囊括了帝国所有的疆域,横穿所有的地形。鼎盛期的印加帝国疆域北起今日的哥伦比亚边境,南至今日的智利中部,西濒太平洋东海岸,东达亚马孙丛林和今日阿根廷北部,人口多达600万。印加人掌握了当时先进的有色金属冶炼、加工技术，但没有自己的文字，用结绳记事，历史完全依靠口耳相传。

库斯科的地形高低起伏，按照直角方式设计，直线布局和中央广场，有4条连接帝国行省的道路和众多狭窄的石板街道。17世纪，库斯科的经济依赖波托西的矿山而繁荣，1650年的大地震使建造的城市遭到破坏而毁于一旦。1670年，按照巴洛克风格进行重建。西班牙人在印加人的神庙基础上建自己的教堂、修道院，所以在库斯科常常能看到一个建筑里存在了两种风格，两种文明。城中仍保留有大量有价值的遗迹。1790年，库斯科随着利马的兴起而衰落。

1. 武器广场

市中心的武器广场耸立着拉丁美洲民族解放运动的先驱图帕克·阿马鲁二世的全身雕像，广场四周则环绕着西班牙式的拱廊和四座天主教堂。库斯科大教堂内有很多油画和精美的装饰，最著名的藏品以"最后的晚餐"世界闻名，这不是达·芬奇的原画，耶稣和他的门徒面前的餐桌上摆的是印加人的佳肴豚鼠。

图8-15 库斯科武器广场

图片来源：秘鲁旅游局官网 http://perutravel.cn/

广场东北有太阳神庙、月亮神庙、星神庙、彩虹神殿、雷电神殿。太阳神庙长70米、宽60米，大殿墙壁四周从上到下全部镶上较厚的纯金片，这座神庙由此得名金宫。在正面墙壁上有太阳神偶像，两侧金御椅上是按照古代习俗供奉着的历代印加王木乃伊。大殿中央置有一个华丽的御椅，每年6月的"太阳祭"就在这里举行。印加王便坐在御椅上，以太阳神的化身自居而号令全国。西班牙殖民者占领库斯科时，将神殿洗劫一空，地面建筑拆毁。但太阳神庙的巨石地基十分坚固，拆毁工程比新建一座教堂还要复杂。他们只好在原地基上建教堂，用泥土将石墙全部封住。在1950年大地震中，天主教堂的一面墙倒塌，泥土脱落，部分印加古建筑复现，形成了上面是西式教堂，下面是印加的巨石地基和石墙，两种完全不同风格的建筑融合在一起的奇特景象。广场东南为蛇神殿和太阳女神殿的墙壁遗迹，西南是为迎接帝国军队凯旋的欢庆广场。附近的考古博物馆陈列着印加帝国时期的陶器、纺织品、金银器皿和雕刻碎片等。

2. 萨克塞华曼城

库斯科的四面制高点建有4座守卫都城的卫城。现在留存较完整的萨克塞华曼城。"萨克塞华曼"的意思是"山鹰"，位于库斯科是西北郊3千米、海拔3600米的高原上，占地4平方千米，是举行"太阳祭"的地方，是印加帝国最重要的城堡。古堡在一个300米高的小山坡上，从上至下有三层围墙，每层高达 18 米，长 540 米，墙身呈"之"字形，有 66 个突出的锐角形墙垛。整个城堡用了 30 多万块石料，巨石重达数十甚至数百吨，最大的高达 9 米，宽 5 米，约 361 吨重。这些巨石切割很不规则，大小不一，形状各异，打磨得非常平整精细，没有使用灰浆堆砌但相互之间的接合很严密，有的地方连石块间的接缝也看不出来。印加帝国被西班牙征服后，很多巨石被移作他用，目前只有原址的 1/5。1950 年，库斯科地区

图 8-16　萨克塞华曼城

图片来源：https://pixabay.com/

的地震中，萨克塞华曼城堡安然无恙。古印加传说这些巨石建筑在印加时代出现之前就已存在，由一位叫作维拉卡查的神和信徒们建造，印加人只是巨石的使用者和守护者。现在每年 6 月 24 日会重现昔日印加人祭祀太阳神的情形，举行"因蒂·拉伊米"庆典。还会举行称为"瓦拉库"的成人礼。这原是古代印加王考察王子的典礼，现由库斯科的中小学生参与表演。

3. 马丘比丘

秘鲁沦为西班牙殖民地后，民间就一直流传安第斯山脉中有一座印加古城。1911 年 7 月 24 日，美国耶鲁大学教授海勒姆·宾厄姆在距印加库斯科城 120 千米，海拔 2400 多米的群山之间，发现了这座城郭。考古学家借用了附近一座山名，称其为马丘比丘，1983 年被联合国教科文组织定为世界文化与自然双重遗产。被列为世界"新七大奇迹"之一。

整个遗迹由约 140 个建筑物三个区域组成：神圣区、通俗区和居住区。神圣区里太阳神庙、三窗庙和圣器收藏室，是最主要的神庙。太阳神庙不仅是印加人祈祭太阳的场所，而且被当作天文台使用。居住区中的房屋成排地建在一个缓坡上，智者们的住宅有红色的墙，王子们的住宅是梯形的房间。在主城堡中还有一片专门关押犯人的监狱。这里有超过 100 处阶梯，每个通常由一整块花岗岩凿成。还有大量的水池，由穿凿石头制成的沟渠和下水道连接。马丘比丘的建筑都是印加传统的风格：磨光的墙和精确的接缝，墙上石块之间的缝隙无法放进去一张纸。

图 8-17　马丘比丘

图片来源：秘鲁旅游局官网 http://perutravel.cn/

图 8-18 托托拉

图片来源：秘鲁旅游局官网 http://perutravel.cn/

（四）的的喀喀湖

的的喀喀湖位于玻利维亚和秘鲁两国交界的科亚奥高原上，被称为"高原明珠"，是南美洲地势最高、面积最大的淡水湖，海拔3812米。秘鲁境内有45条河流注入此湖，仅有东南角的德萨瓜德罗河为湖的出口。的的喀喀湖是世界上海拔最高的大船可通航的湖泊，有定期轮船往来于秘鲁湖岸的普诺和玻利维亚的港口瓜基。

生活在这里的乌罗人用芦苇和香蒲编织成的一种名叫"托托拉"的小船，这种草船两头尖翘，轻巧灵便。湖中还有几十个印第安人乌罗族居住的"漂浮岛"，它们是用香蒲在湖面堆集而成的人工岛。的的喀喀湖区域是印第安人培植马铃薯的原产地，是南美洲印第安人文化的发源地之一。湖中有41个小岛，最大的的的喀喀岛有印加时代的神庙遗址，在印加时代被视为圣地。玻利维亚境内有著名的太阳岛和月亮

图 8-19 印第安遗迹

图片来源：秘鲁旅游局官网 http://perutravel.cn/

岛，岛上有丰富的印第安人遗迹。月亮岛上有公元前的古城遗迹，有金墙、宫殿、庙宇、金字塔等建筑。印第安人把的的喀喀湖奉为"圣湖"。当地人使用印第安语言，保持印第安生活传统，却个个都是虔诚的天主教徒。

（五）亚马孙热带雨林

亚马孙热带雨林位于南美亚马孙平原，占地550万平方千米，横跨多个国家；包括巴西、哥伦比亚、秘鲁、委内瑞拉、厄瓜多尔、玻利维亚、圭亚那、苏里南以及法属圭亚那，占据了世界雨林面积的一半，占全球森林面积的20%，是全球最大及物种最多的热带雨林。被称为"地球之肺"和"绿色心脏"。这一林区蕴藏的木材占全世界木材总蕴藏量的45%，生物物种占全世界总数的1/5，植物种类和鸟类各占世界的一半，淡水资源占世界总量的18%。亚马孙平原的野生动物种类非常繁多，而且数量丰富。亚马孙河是世界上流量、流域最大、支流最多的河流，是世界第二长河。虽然亚马孙雨林60%在巴西境内，但秘鲁是亚马孙河的源头，而且离首都又近，旅游线路成熟又方便。秘鲁的亚马孙雨林观光分为南、北两大区域。南部雨林线路以马德雷德迪奥斯的马尔多纳多港为起点，北部雨林线路以位于洛雷托大区的伊基托斯为起点。

1. 伊基托斯

伊基托斯是秘鲁亚马孙丛林地区最大城市，洛雷托大区玛雅瑙斯省省会，位于亚马孙河岸边。伊基托斯没有公路或铁路与外界连接，对外交通完全依靠航空和亚马孙河航运，离亚马孙河河口有3700千米远，是世界上距离海岸最远的海港。伊基托斯市建城有120多年的历史，在21世纪初橡胶热年代，是种植园主和世商大贾的热门之地。橡胶热后，为了刺激经济的发展，这里实行特殊的经济政策，4000种商品免税进口，使它成了半自由港。

图8-20 亚马孙河伊基托斯段
图片来源：秘鲁旅游局官网 http://perutravel.cn/

伊基托斯处于亚马孙热带雨林气候区，全年高温多雨。从伊基托斯出发可游览北部亚马孙的大部分区域，以帕卡亚·萨米利亚国家保护区和亚纳莫诺自然保护区为主，沿途欣赏亚马孙河、马拉尼翁河、乌卡亚利河、猴岛、亚马孙保护中心等景点。帕卡亚·萨米利亚国家自然保护区是秘鲁最大的国家公园，是亚马孙流域保存最完整和人为破坏最少的地区之一，粉红海豚的主要栖息地之一。这里有527种珍稀禽类、102种哺乳动物、69种爬行生物、58种两栖动物、269种鱼类和1025种珍稀植物。除了游轮观光以外，还可以在原始森林中徒步旅行。

2. 马尔多纳多港

马尔多纳多港是一个非正式开采金矿的地区，距首都利马861千米，是马德雷德迪奥斯大区的首府。南部雨林以马尔多纳多港为起始点，马努国家公园和坦博帕塔国家自然保护区是其中的精华。玛努国家公园拥有最原始的丛林，公园涵盖了低层的热带丛林、山区森林和普纳草地各种生态环境类型，造就了丰富多样的动植物群，是亚马孙盆地中最富有特色的公园。

图8-21 玛努国家公园
图片来源：秘鲁旅游局官网 http://perutravel.cn/

这里是观鸟的天堂，园中18米高的观景台可以清楚地观察到飞鸟，有角鹰、粉红琵鹭、大鹳等。玛努国家公园只在旱季5~11月对游客开放。坦博帕塔国家自然保护区一年四季开放，沿途可以看到水豚、凯门鳄、美洲小型长尾猴、吼猴等诸多野生动物，价格稍低于玛努国家公园。

第三节　阿根廷

一、历史文化

16世纪前居民为印第安人，1536年沦为西班牙殖民地。西班牙殖民者为了征税，强制要求与欧洲的贸易必须通过秘鲁利马，引起阿根廷人对西班牙殖民当局的不满。1810年5月25日，当地西班牙裔市民趁西班牙忙于半岛战争，驱逐西班牙总督并建立临时政府。1816年，阿根廷从西班牙独立，5月25日成为阿根廷国庆日。20世纪早期，阿根廷曾一度发展成为世界第七富有的国家，目前是拉美第三大经济体，有着较接近发达水平的人均国内生产总值。

阿根廷是一个独特的民族，大多数市民有欧洲血统，其中西班牙和意大利后裔相当普遍，91.6%的居民信奉天主教。欧洲人和南美印第安人结合的种族称为高乔，阿根廷的民族文化更是以高乔文化而闻名于世。阿根廷官方语言为西班牙语，其他语言包括英语、意大利语、德语、法语。北部有少数地区使用瓜拉尼语，南部少数地区使用马布切语。探戈是阿根廷的国舞，每年12月11日是阿根廷"国家探戈日"，以此缅怀卡洛斯·加德尔和胡里奥·德·卡罗两位探戈大师。

二、自然地理

阿根廷位于南美洲南部，面积仅次于巴西。地势西高东低，西部是以绵延起伏的安第斯山为主体的山地。山地面积占全国面积的30%。阿空加瓜山海拔6964米，是南美第一高峰。东部和中部的潘帕斯草原是著名的农牧区，号称"世界粮仓"，集中了全国70%的人口、80%的农业和85%的工业。北部查科平原多沼泽、森林，南部的巴塔哥尼亚高原。阿根廷气候多样，四季分明。除南部属寒带外，大部分为温带和亚热带。阿根廷矿产资源丰富，是拉美主要矿业国之一，大部分位于与智利、玻利维亚交界的安第斯山脉附近。

三、旅游城市和景点

（一）布宜诺斯艾利斯

阿根廷的首都布宜诺斯艾利斯，全称为"圣迪西玛特立尼达德圣玛丽亚港布宜诺斯艾利斯"。布宜诺斯艾利斯城位于草原之上，气候宜人，土地肥沃。最引人注目的是奥布树，是拉普拉塔河流域特有的植物，树干粗大，枝叶繁茂。全市绿化面积占城市总面积的 1/10 以上。市区那些迄今保存完好的古老建筑物，带有欧洲古典建筑艺术的浓厚色彩，既有哥特式教堂，又有罗马式的剧院和西班牙式的庭院。市区以拉普拉塔河岸为基线，呈扇状展开。布宜诺斯艾利斯纪念碑、广场和街心公园众多，全市有 100 多个街心公园和广场，有 220 多座雕像。城市建设分老城和新城。老城以五月广场一带为中心，形成网格状街区。北区多法国式豪华建筑群，西区和南区为稠密的居民区，东南部为主要工业区。布宜诺斯艾利斯受欧洲文化的强烈影响，有拉美最繁忙的舞台剧产业，有时被称为"南美洲巴黎"。

1. 五月广场

五月广场自 1810 年阿根廷"五月革命"爆发起，便是阿根廷举办重大政治活动的场所，也是阿根廷的政治焦点。广场中间修建了一座 13 米高的金字塔尖形纪念碑。1816 年 7 月 9 日在这里宣布了阿根廷的《独立宣言》。这座纪念碑的最初碑顶装饰着花瓶。1856 年，阿根廷著名画家、建筑师普利里蒂阿诺·普列伊顿在塔尖上竖起一座自由女神塑像。广场东侧是一座西班牙式玫瑰色的政府宫，被称为玫瑰宫。

图 8-22　五月广场

图片来源：https://pixabay.com/

政府宫地面以上两层是总统府，地下一层是博物馆，陈列着历届总统使用过的制服、绶带、权杖、肖像和雕塑、他们颁布的重要法令和公告、政府重要文献以及其他重要历史文物，同时收藏有总统夫人的首饰。政府宫正门前是五月革命领导者之一贝尔格拉诺将军骑马的铜像。

图 8-23　七月九日大道

图片来源：https://pixabay.com/

2. 七月九日大道

七月九日大道是世界上最宽阔的街道，于 1937 年 10 月正式投入使用，整个 20 世纪 80 年代，这条公路一直不断扩充。这条车道最宽处包括中间的 4 条公交专用道、双向 12 车道的快速路、双向 6 车道的普通路总计 22 条车道和 7 道隔离带，总宽度约 148 米。大道呈南北走向，北头与考林特斯大道的交叉口处矗立着一个白色大理石方尖碑，是为了纪念建城 400 周年而建的独立纪念碑，高 79 米，标志着独立日的 7 月 9 日。南部耸立着白色的阿根廷劳工部大楼，那是深受阿根廷人民爱戴的贝隆夫人曾经工作的地方，大楼有些陈旧，但为了纪念她保留了下来。"七九大道"周围分布着著名的五月广场、玫瑰宫、布宜诺斯艾利斯大教堂、科隆大剧院和最繁华的步行街佛罗里达大街。

3. 科隆大剧院

图 8-24 科隆大剧院
图片来源：阿根廷旅游局官网 https://www.argentina.travel/

"科隆"在西班牙文里，是哥伦布的意思。科隆大剧院仅次于纽约大都会歌剧院和米兰斯卡拉歌剧院，是世界第三大歌剧院。剧院按照欧洲大剧院的传统建筑形式设计，既有文艺复兴时期的意大利建筑风格，又有德国建筑的宏伟坚固和法国建筑的优美大方。科隆大剧院于 1889 年动工，1908 年 5 月 25 日落成。剧场主色调是大红和金黄，面积 7050 平方米，舞台宽 35.25 米、深 34.5 米，是世界最大的舞台，围绕着 7 层包厢。大厅穹顶装饰着阿根廷著名画家劳尔·索尔迪的 51 幅音乐舞蹈题材的绘画。靠近天花板的墙上，题满了曾在这里演出过的各国著名乐队和世界名剧的名称。剧场内还有观众休息厅、艺术家休息厅、会议厅、宴会厅、排练场、练功室和交响乐团演奏厅等。每个厅都有著名音乐家、作曲家、乐队指挥的塑像。剧院的"金厅"时常举行艺术报告会和小型音乐会。剧院上演的作品一律用原文演出且保持着旧式的国际演出季传统，每年从 5 月份开始，到 9 月份结束，夏天不演出，供人参观。

科隆大剧院的附属机构很多，有音乐学校、舞蹈学校、舞美设计学校，以及图书馆、档案馆、声乐艺术博物馆、古乐器博物馆等。剧院的靴鞋收藏室里陈列着 4.2 万双不同时代、不同款式的靴鞋。剧院的服装收藏室里陈列着 9 万多套各种演出用过的服装，每套都有档案记载着使用的年代、剧目以及剧中人和演员的名字。还有收藏着上百万件道具的库房。剧院的地下室里设有一座舞台美术工厂，制作演出用的各种服装、道具和布景。

4. 雅典人书店

雅典人书店前身是大光明剧院，落成于 1919 年。2000 年由 ILHSA 集团承租下来重新设计规划，改为雅典人书店。剧院内的座椅全数拆掉换成特制书架，原有包厢、雕刻、戏台上的深红色幕布被完好保留下来。戏台变成了读者休息的地方，包

图 8-25 雅典人书店
图片来源：阿根廷旅游局官网 https://www.argentina.travel/

厢成为一个个阅览室。穹顶壁画由意大利画家萨纳雷诺·奥兰迪绘制，主题是和平。书店营业面积2000多平方米，是南美第一、全球第二大书店。雅典人书店是一家连锁书店，圣菲大街1860号这家雅典人书店入选《美国国家地理》杂志评选出的"全球最美的书店"。

5.博卡区

博卡区位于沿海地区。19世纪中叶，大量意大利热那亚等地的移民集中居住博卡区名为卡米尼托的小道附近，建起了许多具有意大利风情的特色建筑。由于当时住在这里的人大部分从事船舶建造业，他们用船上的旧铁皮盖房子，把油漆船只剩余的漆料粉刷墙壁，有了今天五彩缤纷的博卡区。阿根廷最好的足球队博卡青年队也驻扎在这里。王家卫拍摄《春光乍泄》也有在博卡区取景。探戈发源于博卡区，在博卡区的街头随处可以看到艺人在表演探戈。

图8-26 博卡区
图片来源：https://pixabay.com/

（二）伊瓜苏国家公园

伊瓜苏河是阿根廷和巴西的界河，1909年和1939年，巴西和阿根廷两国分别在伊瓜苏河两岸建立了国家公园。阿根廷境内的伊瓜苏国家公园位于阿东北部的米西奥内斯省，由面积492平方千米的国家公园和面积63平方千米的国家自然保护区组成。1984年和1986年，两个伊瓜苏国家公园先后被联合国教科文组织评为自然遗产。

图8-27 魔鬼咽喉
图片来源：https://pixabay.com/

伊瓜苏河发源于巴西境内大西洋沿海地带，全长1320千米，共有30条支流、70条瀑布。流经伊瓜苏时被阿古斯丁岛阻挡，河道为之铺宽达3000米、深1米的湖面，流到绝壁，湖水倾泻成一个大瀑布群。1~2月盛夏雨季，流量每秒钟达5.8万立方米，约为尼亚加拉瀑布的两倍。峡谷顶部是瀑布的中心，水流最大最猛，泻入深谷时发出巨大的轰鸣声，故得名"魔鬼咽喉"。瀑布分布于峡谷两边，阿根廷与巴西以此峡谷为界。最高的联合瀑布，高85米，宽4000米，泻入峡谷激起的水花比瀑布顶端还高。伊瓜苏瀑布是世界三大瀑布之一，被誉为"南美第一奇观"。北翼的瀑布群在巴西境内，是两层平台组成的大小瀑。南翼的瀑布群

图8-28 伊瓜苏瀑布
图片来源：阿根廷旅游局官网 https://www.argentina.travel

则在阿根廷境内，是两组双层的瀑布。

除了看瀑布，还可在热带雨林中步行。亚热带的湿润气候使得公园的植物种类非常丰富，最著名的是高达40米的巨型玫瑰红树，树荫下生长着珍稀树种矮扇棕树。这里还栖息着巨型水獭、短吻鳄和山鸭等濒危动物及南美洲特有的大型哺乳动物貘、蜜熊、美洲豹等。

（三）火地岛

1520年10月，航海家麦哲伦发现麦哲伦海峡时，首先看到的是当地土著居民在岛上燃起的堆堆篝火，遂将此岛命名为"火地岛"。火地岛是南美洲大陆最南端的岛屿，东临大西洋，西与太平洋相接，南隔德雷克海峡与南极大陆相望，北隔麦哲伦海峡与南美大陆毗邻，是美洲的最南端，最南点为合恩角。火地岛地形多变，北部大部分为冰川地形，以湖泊及冰碛为主，西、南部及群岛为安第斯山脉的延伸，中部有落叶山毛榉林。

1. 乌斯怀亚

乌斯怀亚位于火地岛的南部海岸，是世界上最靠南的城市，是火地岛地区的首府、行政中心。乌斯怀亚的含义是"向西深入的海湾"与"美丽的海湾"，是世界上最南的居民点。小城里的邮局出售印有"世界尽头邮政"字样的明信片，世界尽头的灯塔，屹立于莱斯埃莱乌尔斯岛上，据说看过后会将诸事抛之脑后，重新开始。乌斯怀亚港有班轮定期通航阿根廷首都和智利火地岛首府蓬塔阿雷纳斯。

乌斯怀亚距首都布宜诺斯艾利斯3200千米，距南极洲却只有800千米，由于它特有的地理位置，以通往南极洲的门户而驰名世界。由乌斯怀亚起航，两天便可到达南极洲，是前往南极洲探险和考察的理想补给基地，世界各国南极考察船队都在此停泊过。离开乌斯怀亚前往南极，首先要经过德雷克海峡。德雷克海峡是世界上最宽的海峡，宽度达970千米，最窄处也有890千米。德雷克海峡也是世界上最深的海峡，其最大深度为5248米。1577年，德雷克无意间发现了这一海峡，该海峡就以其发现者命名。由于太平洋、大西

图8-29 世界尽头的灯塔
图片来源：https://pixabay.com/

洋在这里交汇，加之处于南半球高纬度，一年365天，风力都在8级以上。德雷克海峡以其狂涛巨浪闻名于世，即便是万吨巨轮，也被震颤得像一片树叶。因此被人称为"杀人的西风带""暴风走廊""魔鬼海峡""怒吼海峡"。坐邮轮前往南极洲旅游的游客，到此处时鲜有不晕船的。

2. 火地岛国家公园

火地岛国家公园距离乌斯怀亚18千米，是世界最南端的国家公园，公园内雪山重峦叠嶂，湖泊星罗棋布。最大的法尼亚诺冰川湖方圆数百平方千米。公园有原始的自然景观、湖泊、溪流、森林和海岸，到处是茂盛的山毛榉树。岛南面的比格尔海峡一带，时常有巨大、珍贵的蓝鲸出没。火地岛的土著奥那族人的生活和风俗独具特色，他们在地上插几根木棍，再搭上几张骆马皮，就是他们的房子。阿根廷1960年在岛上建立了国家公园。

图 8-30　火地岛国家公园
图片来源：https://pixabay.com/

（四）阿根廷冰川国家公园

巴塔哥尼亚公园是世界上除南极大陆、格陵兰岛外最大的冰雪覆盖的陆地，冰川国家公园处于冰原的中心，离小城埃尔卡拉法特市30千米。公园内有几十条冰川的冰流和冰块进入阿根廷湖，以莫雷诺冰川最著名。莫雷诺冰川以探险家弗朗西斯科·莫雷诺来命名，有20万年历史。它每天以大概30厘米的速度向前推进，是世界

图 8-31　莫雷诺冰川
图片来源：https://pixabay.com/

上少有的活冰川。冰川开阔面达5千米，20层楼高，绵延30千米。1988年之前，每4年才发生一次"崩溃"现象，因为温度上升，现在每20分钟就"崩溃"一次。莫雷诺冰川的一段呈冰堤状，冰堤把冰川与对面的麦哲伦半岛连接起来。随着流水冲刷，冰堤下部会形成一个拱门。当拱门上方的冰墙支撑不住时，便会轰然崩塌。过去20年，竟有32人在看冰崩时被冰块砸死。前往百内或者莫雷诺冰川都可以从埃尔卡拉法特小镇出发。

第四节　巴西

一、历史文化

古代巴西为印第安人居住地。1500年4月22日，葡萄牙航海家佩德罗·卡布拉尔抵达巴西，将这片土地命名为"圣十字架"，并宣布归葡萄牙所有。由于殖民者的掠夺是从砍伐巴西红木开始的，"红木"的名字 Brasil 一词逐渐代替了"圣十字架"，成为巴西国名，沿用至今。1555年，法国入侵，占领了今天的里约热内卢。1565年，葡萄牙人把法国人逐出了里约，创建了里约城。1630年，荷兰人入侵并逐步夺取巴西。1654年，葡萄牙收复巴西，巴西争夺战结束。1807年，拿破仑入侵葡萄牙，葡萄牙王室迁往巴西，对巴西的管控开始放松，巴西的经济和文化迅速发展。1820年，葡萄牙王室迁回里斯本，王子佩德罗留巴任摄政王。1822年9月7日，佩德罗宣布巴西完全脱离葡萄牙独立，加冕称帝，称佩德罗一世。独立后的第一首国歌，是由佩德罗一世亲自创作的。佩德罗一世退位后，著名音乐家弗朗西斯科·达席尔瓦谱写出了一首后来成为巴西国歌的歌曲。

巴西首都巴西利亚是世界上海拔最高的首都之一，在戈亚斯州境内海拔1200多米的高原上。1960年4月21日，首都正式由旧都里约热内卢迁移至此。巴西利亚是南美洲建都时间最短的城市，20世纪50年代末才建立。1987年12月17日，联合国教科文组织批准该城为世界文化遗产。

巴西人大多数信奉天主教，另外也还有少部分人信奉基督教新教、犹太教以及其他宗教。巴西的文化具有浓郁的拉美特色，极具风情，受非裔所影响深远。巴西是世界上唯一较普遍使用酒精作为汽车燃料的国家。20世纪70年代石油危机爆发后，政府提出"全国酒精计划"，用甘蔗渣生产酒精代替汽油作为燃料。

二、自然地理

巴西的地形主要分为两大部分：一部分是海拔500米以上的巴西高原，分布在巴西的中部和南部；另一部分是海拔200米以下的平原，主要分布在北部和西部的亚马孙河流域。亚马孙平原约占全国面积的1/3，为世界面积最大的平原，巴西高原约占全国面积60%，为世界面积最大的高原。巴西大部分地区处于热带，北部为热带雨林气候，中部为热带草原气候，南部部分地区为亚热带季风性湿润气候。境内河流数量多、长度长、水量大。巴西利亚气候分为干湿两季，湿季从9月至次年4月，干季从5月至8月。

三、旅游城市和景点

（一）里约热内卢

里约热内卢简称里约，是巴西联邦共和国最大的海港，是里约热内卢州首府，是巴西仅次于圣保罗的第二大城市。里约热内卢在葡萄牙语中意为"一月的河"，因葡萄牙人1505年1月远航到此而得名。从1763~1960年里约一直是巴西的首都。现今这里仍设有很多联邦政府机关以及社团组织和公司的总部，故亦称巴西的"第二首都"。里约仍保存完好的古建筑物大多已被辟为纪念馆或博物馆。国家博物馆是当今世界著名的大博物馆，收藏的物品共有100余万件。里约热内卢是世界著名的旅游胜地，有海滩30多处，最为著名的"科帕卡巴纳"海滩呈新月形，海岸沿线长达4.5千米，沙滩洁净松软，终年气温适宜戏水。

图8-32　耶稣山
图片来源：https://pixabay.com/

1. 耶稣山

耶稣山是里约乃至整个巴西的象征，原名科尔科瓦多山，葡萄牙文意为"驼峰"，是一座海拔709米的山丘，岩石上矗立着一尊硕大无比的耶稣像，高38米，仅头部就高达3.7米，张开双臂宽28米，从远处望去犹如天上挂着一个巨型十字架。这座纪念碑是在1922年巴西独立100周年之际建造的，采用了建筑师席尔瓦·科斯塔的设计方案，由雕塑师保罗·兰多维斯基制作完成，寓意耶稣基督伸开他的双臂拥抱这座城市，把他的博爱洒向世界。雕像建造和安装历时9年，于1931年10月12日完成。里约城的每个角落都可以看到这尊耶稣像，雕像下面的探照灯在夜晚照亮整个耶稣像，耶稣像下有一小教堂。2007年7月7日，这座耶稣像成为"世界新七大奇迹"之一。

2. 糖面包山

糖面包山位于瓜纳巴拉湾入口，是里约热内卢的象征之一，因形似法式面包而得名，发音近似葡萄牙文中的糖面包，再加上它的外形与葡萄牙人制作圆锥

图 8-33 糖面包山
图片来源：https://pixabay.com/

形方糖的土制模具相似，所以就叫它糖面包山。山高 396 米，由两个山头组成，一个像横着的面包，一个像竖立起来的面包。山顶可以俯瞰城市和整个瓜纳巴拉湾，还能远眺基督山、科帕卡瓦纳海滩和罗德里格环礁。1912 年，第一条通往山顶的缆车线启用，现在的缆车容量可达 75 人并可提供 360°视角。

3. 里约大教堂

里约大教堂于 1976 年落成，是为了纪念圣塞巴斯蒂安而建造的。教堂造型独特，气势恢宏，与同时期欧洲教堂的风格迥异。教堂是一座钢筋水泥结构的现代化建筑，外观设计简洁，庄严肃穆。教堂呈圆锥形，高 75 米，底径 106 米，整个框架结构好像天梯，又称作天梯教堂，可容纳 2 万人。教堂里面宽敞明亮，顶端是玻璃的巨大的十字架造型棚顶，十字架四端连接着彩绘

图 8-34 里约大教堂
图片来源：https://pixabay.com/

玻璃窗一直垂到地面。讲礼台上方悬挂着木刻的耶稣受难像。教堂前是教皇保罗二世的铜质塑像，旁边钟楼由三根支架组成，顶端竖着十字架。中间有几个圆形的平台上面放着教堂的钟。

（二）伊瓜苏

巴西境内的伊瓜苏国家公园位于巴拉那省，面积达 1700 平方千米，是巴西最大的森林保护区。伊瓜苏瀑布与众不同之处在于观赏点多，不同地点、不同

图 8-35 伊瓜苏瀑布
图片来源：巴西政府官网 http://www.turismo.gov.br/

方向、不同高度，看到的景象不同。巴西境内的伊瓜苏瀑布和在阿根廷看到的伊瓜苏瀑布景致不同，要一睹大瀑布的壮丽景观，需要在两边都走走，瀑布两端设有海关。阿根廷这一侧，可以看到著名的"魔鬼咽喉"，咨询中心可以给游客提供更多关于瀑布以及周围动植物群落的信息。阿根廷这边分上下两条游览路线，下路蜿蜒贯穿在密林之中，可以领略每一段瀑布的宏伟；上路则可自上而下感受瀑布翻滚而下

的气势。巴西部分离瀑布水流较远，适合对宽阔的瀑布群做一个概貌的浏览。巴西能够欣赏到主要瀑布的全景。阿根廷这边是从上往下看"魔鬼咽喉"，9股水流咆哮而下，还可以望见环形瀑布群的全景。巴西那边看"魔鬼咽喉"是从下往上看，水幕自天而降。在阿根廷国家公园里，可乘坐橡皮艇套上救生衣，迎着瀑布冲去。阿根廷那边是路在瀑布里，而巴西这边则是路在瀑布外，离瀑布有一段距离。有些区域是可以游泳的，也可以来坐皮划艇近距离接触瀑布。

（三）亚马孙雨林

16世纪的时候，一群西班牙人在亚马孙热带雨林遭到土著部落印第安人的抵抗，这个部族的战士全部是女性。后来人们就把这个部落称为亚马孙人——古希腊神话中剽悍的女战士，亚马孙河因此得名。目前亚马孙地区还有很多印第安部落，每个部落都有自己的语言、习俗和文化。在巴西境内有27个部落，有15个部落在秘鲁境内，厄瓜多尔也不少于6个部落，玻利

图8-36 黑白河
图片来源：https://pixabay.com/

维亚和哥伦比亚也有原住民部落。从里约热内卢或圣保罗搭乘飞机飞行4小时可到达西北部的亚马孙州首府玛瑙斯，玛瑙斯的意思即为"众神之母"。玛瑙斯地处亚马孙雨林腹地，处于热带之中，一年中没有春夏秋冬，只有旱季和湿季之分。亚马孙河是世界上最大的河流，其中最著名的河段是黑白河。黑色水域的内格罗河与黄色水域的亚马孙河支流索里芒斯河交汇于玛瑙斯下游10千米的地方，两条河的颜色不同，整个河面一分为二，泾渭分明。两条河水的流速、温度、比重及酸碱程度不一样，汇在一起也互不相容，一直流到10多千米外的大西洋才融为一体。在玛瑙斯周围可领略亚马孙流域的热带雨林风情，距市区80千米就是野生热带雨林区。

图8-37 伦索伊斯国家公园
图片来源：https://pixabay.com/

（四）伦索伊斯国家公园

伦索伊斯·马拉赫塞斯国家公园占地300平方千米，位于巴西北部边界的马拉尼昂州。这里的沙丘从海岸边一直向内延伸50千米如同洁白的床单一般，伦索伊斯在葡萄牙语的意思就是床单。虽然是沙地，但伦索伊斯并不干旱，降水量达1600毫升，每年1~6月的雨季，大量雨水汇集起来，在沙丘之间形成了成千上万个湖泊，这片

沙漠也被称为"千湖沙漠"。白色的沙丘和深蓝色的咸水湖，形成了独特的风景。湖里是很多鱼类、海龟和蛤蜊的栖息地。在干旱期间，咸水湖蒸发变小或者完全干涸，在雨季之后，所有的动物又会奇迹般地出现了。

（五）罗赖马山

图 8-38　罗赖马山
图片来源：委内瑞拉政府官网 http://govenezuela.cn/

罗赖马山是南美洲北部帕卡赖马山脉的最高峰，位于巴西、委内瑞拉和圭亚那三国交界，约 3 亿年的历史，是奥里诺科河系、亚马孙河系以及圭亚那的许多河流的发源地。罗赖马在西班牙语中意为"河流的母亲"。罗赖马山是边缘陡峭、顶部平坦的桌状山地，长约 14 千米、宽 5 千米，海拔 2810 米，主要由砂岩构成。1912 年阿瑟·柯南道尔爵士所著的小说《失落的世界》就是以罗赖马山为背景，那里曾是翼手龙及其他史前期怪兽的栖身处。《飞屋环游记》电影中的仙境瀑布就是罗赖马山的天使瀑布，又叫安赫尔瀑布，在委内瑞拉境内。

罗赖马山群此前一直处于稳定抬升的状态，没有大的地质构造变动，使得这古老的地层能保存完好至今。罗赖马州大约 80% 的生物是当地特有的。几百米高的岩石墙，湿润气流难以逾越，因此它的气候不同于高原下的亚马孙盆地。盆地中是潮湿的热带气候，但在高原上是较为温和的气候。18~19 世纪，先后几位地理学家、植物学家和人类学家抵达了山脉顶部，他们在顶部发现了大型动物的化石群，后被证实是恐龙化石。游客参加徒步团爬上山顶需要徒步 3 天，也可以乘坐飞机参观。

第五节　智利

一、历史文化

16 世纪 30 年代，西班牙殖民者皮萨罗征服秘鲁以后，派他的伙伴阿尔马格罗于 1535 年侵入智利。因为遭到了印第安人的袭击，1538 年逃回秘鲁。1540 年，皮萨罗再次侵入智利，陆续建立圣地亚哥、康塞普西翁和瓦尔迪维亚等城镇，智利遂沦为西班牙殖民地。1810 年 9 月 18 日，圣地亚哥土生土长的白人推翻了殖民政权，成立独立政府。1814年10月，秘鲁总督派兵前来恢复殖民统治。智利民族志士在奥希金斯领导下与圣马丁的军队会合进军智利，1817年2月12日在查卡布科大败西班牙殖民军，奥希金斯被推举为智利最高执政官。1818年2月12日奥希金斯正式宣布智利独立，成立共和国。1973年军政府上台，1990年恢复代议制民主。

二、自然地理

智利位于南美洲西南部，安第斯山脉西麓。海岸线总长约1万千米，南北长4352千米，东西最窄96.8千米、最宽362.3千米，是世界上地形最狭长的国家。智利国土面积756626平方千米，在南美国家中居第七位。由于地处美洲大陆的最南端，与南极洲隔海相望，智利人常称自己的国家为"天涯之国"。智利拥有非常丰富的矿产资源、森林资源和渔业资源，是世界上铜矿资源最丰富的国家，享有"铜矿王国"之美誉，它还是世界上唯一生产硝石的国家。智利北部主要是沙漠气候，在安第斯山脉的两条山脊之间的阿塔卡马沙漠是地球上最干燥的地方，往往终年无雨。中部是冬季多雨、夏季干燥的亚热带地中海型气候，这个区域土地非常肥沃，人口众多。南部为多雨的温带阔叶林气候。火地岛智利和阿根廷各占一半。火地岛前的一个岛上的合恩角是智利和南美洲的最南点。

三、旅游城市和景点

（一）圣地亚哥

圣地亚哥·德·智利是智利的首都和最大城市，位于国境中部。夏季干燥温和，冬季凉爽多雨雾。圣地亚哥是一座拥有400多年历史的古城。1541年，西班牙殖民者瓦尔迪维亚率领150名骑兵来到这里，在位于市中心的圣卢西亚山上修筑了西班牙在南美洲大陆上的第一座炮台，在山下用泥砖和草木建筑了一批原始的住宅区，成为圣地亚哥城的雏形。1818年4月5日，圣地亚哥成为智利的首都。19世纪，智利发现铜矿并大规模开采，城市得到迅速发展。

奥希金斯大街由东至西贯穿整个圣地亚哥市中心，是圣地亚哥最重要的街道。大街以智利民族独立运动领袖——贝尔纳多·奥希金斯·里克尔梅的名字命名，长3千米、宽100米。大街中间是草地花园，两边林荫遮道，每隔不远就有一座喷泉或者铜像。大街西端有著名的解放广场，附近有宪法广场，大街东边有巴格达诺广场，市中心有武装部队广场。

圣地亚哥大教堂是著名的巡礼教堂，始建于1748年。大教堂正立面是巴洛克风格，正立面中央部分的纵向构图属于巴洛克建筑风格中的独特流派。立面以拱形开洞和装饰性独立壁柱为基本构图元素。该教堂内共有3个拱形长廊，每个

图 8-39　圣地亚哥大教堂
图片来源：https://pixabay.com/

长廊长度均超过 90 米。智利历任大主教的遗骸均保留在大教堂内，地下祭坛中安置着基督十二门徒之雅各的遗体。18 世纪左右雅各被推崇为基督教国家西班牙的守护圣人。侧面回廊是可以沿着教堂内走一圈的朝圣路线。大教堂采用加洛林时代的双半圆室平面结构。

圣卢西亚山是智利著名的风景区，山高 230 米，为锥形山冈。山脚下的入口处有深红色宫殿式大门，附近矗立着一座印第安反殖民统治战争中英雄的塑像。山上有古希腊雅典式的白石门廊，山坡上还建有美洲民间艺术博物馆。山顶修有七角古堡，西班牙殖民者 1540 年建造的南美洲第一座炮台——克鲁普炮台。古堡、雉堞和铜炮年代久远，迄今保存完好。在古堡顶上可俯瞰全市。满山都是形态各异的仙人掌，古堡附近有曲径盘旋的假山以及飞洒的喷泉，有"空中花园"之称。

（二）复活节岛

复活节岛位于东南太平洋上，面积约 117 平方千米，离智利约 3000 千米，离太平洋上其他岛屿距离也很远，是最与世隔绝的岛屿之一。1722 年 4 月 22 日，荷兰西印度公司的太平洋探险队发现这个小岛。由于这天是复活节，遂命名为"复活节岛"。岛上的原住民称之为"世界中心"，而波利尼西亚人以及太平洋诸岛的原住民称它为"拉帕—努依"，直译过来就是"地

图 8-40　复活节岛
图片来源：https://pixabay.com/

球的肚脐"。传统岛上居民自认有两个种族——长耳族和短耳族。岛上的地貌大多是平滑的小山丘、草原和火山。海滩上多是岩石、悬崖峭壁。岛上是热带海洋性气候，地表无溪流，居民的饮用水来自火山口湖泊。岛形状呈三角形，由三座火山组成。岛上最大的火山口周长 2000 米左右，呈圆形，面朝大海的一边有个缺口，是海水的侵蚀造成。"鸟人村"位于火山口边上，每年举行"鸟人竞赛"。参选的"鸟人"们从这个缺口冲下去，到对岸的小岛掏鸟蛋，鸟蛋不能破碎。第一个拿到鸟蛋并返回的人就是下一年的岛王。"鸟人竞赛"的习俗一直延续了多年，后来被天主教的传教士以安全为由禁止了。

复活节岛以巨大石雕像而著名，岛上有 1000 座以上的巨石雕像以及大石城

遗迹，这些半身石像造型生动，高5~10米，重几十吨。石像由黝黑的玄武岩、凝灰岩雕琢而成，有些用贝壳镶嵌成眼睛，有些头上戴着红色的石帽，石像戴上帽子是一种权力的象征。15尊石像群是岛上现存最大的石雕群，置于长220米的平台上。夏至当天，太阳落山的位置恰位于这15尊石像的中央。所有矗立在石台上的石像都是背朝海、面向陆地。唯一例外的是七尊面向海洋的石像。每年春分那天，大石雕面对的正前方正好是日落的方向。英国考古学家认为，石料来自一个岛东北方向的采石场，是岛上最开阔和最平坦的地区。这里大约有70个未完成的石像，其中有岛上最大最高的石像，高22米，重200多吨，躺在采石场的山坡上。

（三）百内国家公园

百内国家公园意思是"蓝色的塔"。公园位于安第斯山脉南端，巴塔哥尼亚中部，曾被《国家地理》杂志评选为"50个一生必须去的地方"。公园以美丽的湖泊、众多的冰川和高耸的花岗岩山峰闻名。安第斯山脉和百内山系之间的百内冰川带是世界上现存最大的冰川之一，冰川融化形成了冰川湖，湖水纯净呈蓝色。萨尔托格兰德瀑布是园内的一处知名景点。

图8-41　百内国家公园
图片来源：https://pixabay.com/

除了因为这里有丰富的冰川资源外，还缘于这里是南美洲著名的自然生态保护区，包括100余种鸟类、美洲豹、栗色羊驼、美洲鸵鸟、灰狐以及濒临灭绝的马驼鹿等野生动物。1978年被联合国教科文组织列为世界生物圈保护区。百内国家公园是徒步爱好者的天堂，公园一般在南半球的夏秋之际向外界开放，内有固定的环形山路供徒步旅行，如4~5天的W线或10~15天的大环线，内有山林小屋可提供住宿。公园内部气候多变，阴晴不定。需要做好充足的行前准备。

（四）阿塔卡马沙漠

阿塔卡马沙漠是南美洲西海岸中部的沙漠地区，在安第斯山脉和南太平洋岸之间南北绵延近1000千米，总面积约为181300平方千米，主体位于智利北部境内，部分位于秘鲁、玻利维亚和阿根廷。阿塔卡马沙漠绝少降雨，年降水量在50毫米以下，被称为"世界旱极""地球上最像火星之地"。这里日照强、晴朗干燥、海拔高，因此成为世界最佳观星地点之一。这里建有全球最大最强ALMA天文台，66组射电望远镜共同工作，能够绘制出清晰度和灵敏度都独一无二的太空隐藏区域的图像。

图 8-42 月亮谷
图片来源：https://pixabay.com/

沙漠地形奇特、白雪皑皑的火山、蓝绿色的咸水湖、可以漂浮的死海、色彩艳丽的岩石峡谷、雾气氤氲的间歇泉、露天的纯天然温泉，宽广的盐碱地……沙漠里著名的月亮谷，地理构造如同月球一样，还有世界罕见的"沙漠花海"现象：每 5~7 年，一夜之间盛开出成片成片的花朵。这里生活着将近 1900 种动植物，其中有 1/3 只在阿塔卡马沙漠被发现过。沙漠中矗立着 20 世纪 80 年代的智利雕塑家创作的"沙漠之手"，雕塑完成于 1992 年 3 月 28 日，高约 11 米。

第六节　玻利维亚

一、历史文化

玻利维亚在 13 世纪为印加帝国的一部分，1538 年沦为西班牙殖民地，1825 年 8 月 6 日独立。1879 年玻利维亚与秘鲁联合，同智利发生"太平洋战争"，1883 年战败，于 1904 年将盛产硝石的太平洋沿岸地区割让给智利，从此成为内陆国。1932 年，玻利维亚与巴拉圭为争夺北查科地区的石油资源而爆发查科战争，玻利维亚战败，丧失大片领土。

玻利维亚拥有丰富的自然资源，被称为"坐在金矿上的驴"。还拥有仅次于委内瑞拉的南美洲第二大天然气田。玻利维亚主要铁路和公路网集中在西部，基础设施缺乏，旅游业较为落后。全国约 81% 的居民信奉天主教，约 10% 信奉新教或福音教。当地印第安人的长相和穿戴很像中国的藏族人，大都居住在海拔相对较高的地区。玻利维亚较为热闹的节日是每年 2~3 月的狂欢节，其中以奥鲁罗市狂欢节最为壮观。

二、自然地理

玻利维亚东部和东北部大部分为亚马孙河冲积平原，约占全国面积的 60%。中部为山谷地区，属安第斯山东麓，农业发达，许多重要城市集中于此。东部和中部属热带草原气候，向西部山地过渡到亚热带气候。西部为玻利维亚高原，平均海拔在 1000 米以上，为山地气候。位于玻利维亚与秘鲁交界线上的的的喀喀湖，是两国的交通要道和南美洲古文化的发祥地。

三、旅游城市和景点

（一）乌尤尼

乌尤尼位于玻利维亚西南部海拔3665米的高原上，设有飞机场，始建于1890年，是拉巴斯至智利的安托法加斯塔国际铁路的枢纽，并有支线通往阿根廷。

1. 乌尤尼盐沼

乌尤尼盐沼是世界上最大的盐湖，位于南美国家玻利维亚西南部的高原地区，海拔在3000米以上，绵延1.2万平方千米。每年雨季从12月至次年1月，乌尤尼盐沼

图8-43 天空之镜
图片来源：https://pixabay.com/

被雨水注满，形成一个个浅湖。由于盐中所含的矿物质不同，每个湖泊的色彩和结构各异。湖面像镜子一样，反射着天空的景色，故有"天空之镜"或"天空之城"之称。由于面积空旷、海拔差异极小、湖面光滑又平整、反射率极高，使阿塔卡玛成为一个理想的测试和校准地球遥感卫星之地。到了旱季的7~10月，湖水干涸，便留下一层以盐为主的矿物硬壳。这里的盐层很多地方都超过10米厚，总储量约650亿吨，够全世界人吃几千年。乌尤尼盐沼还是许多珍稀动植物，如生长了千年的仙人掌、稀有的蜂雀、粉红的火烈鸟。当地人利用旱季湖面结成的坚硬盐层，加工成厚厚的"盐砖"用来盖"盐房"。盐房除屋顶和门窗外，墙壁和里面的摆设，包括房内的床、桌、椅等家具，都是用盐块做成的。

2. 仙人掌岛

即使到了雨季，乌尤尼盐沼仍有部分区域干涸，因此可乘车横穿乌尤尼盐沼。在盐沼中央附近有一个鱼岛，从远处看，此岛像一条鱼。岛上面满是巨型仙人掌，有些树龄甚至超过1000年，高度达到6米，也被称为仙人掌岛。这个岛是横越乌尤尼盐沼途中重要的休息处所。站在岛上，可以欣赏盐沼全景。仙人掌质地坚硬，当地人把它当木材一样使用，用来造房子、家具和装饰用品。

图8-44 仙人掌岛
图片来源：https://pixabay.com/

图 8-45 火车墓地

图片来源：https://pixabay.com/

3. 火车墓地

离乌尤尼镇3千米远处有一个火车墓地。19世纪90年代，英国人在这里修建铁路，又引进了英国、法国制造的机车运输矿产。20世纪40年代附近的矿产枯竭，废弃的机车被集中停放在这里，成为乌尤尼的特色景观。

（二）拉巴斯

13世纪，拉巴斯是印加帝国的一部分，1538年沦为西班牙殖民地，1825年8月独立。为了纪念决定独立胜利的战役而命名为"拉巴斯"。拉巴斯在西班牙语中即"和平"之意。玻利维亚有两个首都：一个是拉巴斯；另一个是苏克雷。因政府内部意见分歧，最后总统府、议会大厦以及大部分政府机构设在拉巴斯，最高法院设在苏克雷。拉巴斯成为玻利维亚的行政首都，是该国最大城市，政治、经济、文化中心和交通枢纽，苏克雷成为玻利维亚的法定首都。拉巴斯位于玻利维亚高原东部拉巴斯河谷，西与秘鲁和智利接壤，北部是亚马孙河流域边缘的雨林带，是世界上位置最高的首都。

去亚马孙雨林最常出发的国家是巴西、厄瓜多尔、秘鲁、玻利维亚、哥伦比亚。在拉巴斯可以预订亚马孙雨林旅游，从鲁雷纳瓦克出发。

蒂瓦纳科古城位于的的喀喀湖以南20千米处，是公元400年玻利维亚人建造的，是蒂瓦纳科文化的宗教、政治中心，印第安古文化遗址。蒂瓦纳科在古印第安语中是"创世中心"之意，大批宗教建筑、绘画雕刻以及高度发展的古印第安文化都集中在此。遗址由四部分组成：阿卡帕纳金字塔，大卡拉萨萨亚神庙、太阳门和石墓宫地墓。大卡拉萨萨亚神庙是蒂瓦纳科人举行宗教仪式的场所。太阳门是该遗址中最著名的古迹，用一整块巨大的安山岩雕琢而成，上端有一个维拉科查太阳神像的浮雕，门框的上下左右均布满了轮廓清晰、刀法雄健的石雕神像和各种花纹图案。紧挨着太阳门是用石头砌成的长方形台面，长118米，宽112米，考古学家分析可能是祭祀太阳神的祭坛。阿卡帕纳金字塔是遗址中最长最大的建筑，塔底呈长方形，长180米，宽140米。塔身是借助于一

图 8-46 拉巴斯

图片来源：https://pixabay.com/

个小山丘，外层砌上石块而建成的，塔顶上有几个不同形式的建筑遗迹。金字塔不仅建筑雄伟壮观，在塔身的石板、石块中还有许多精美的人形石雕神像。根据毕生研究蒂亚瓦纳科文化的玻利维亚学者用天文黄赤交角推算，该古城可能建于1.7万年前。拉巴斯到的的喀喀湖并不远，单程2~3小时。从拉巴斯出发可以进行蒂瓦纳科城一日游。

（三）爱德华多阿瓦罗阿安第斯动物群国家自然保护区

位于玻利维亚严酷的西南环线地区的爱德华多阿瓦罗阿安第斯动物群国家保护区是为了保护濒危的骆马、火烈鸟和拉雷塔植物而建立的，是许多珍稀濒危南美物种的避难所。该保护区成立于1973年。拥有各种自然奇观，如彩色的潟湖、火山和热气腾腾的泡泡泥池。科罗拉达湖也被称为"红湖"，由于一些红色的沉积物和藻类，再加上由于湖水中富含钠、镁、硼砂和石膏等物质，一些浮游生物得到了很好的生长，所以使

图8-47 爱德华多阿瓦罗阿安第斯动物群国家自然保护区
图片来源：https://pixabay.com/

得整个湖水被染上了淡淡的红色。红湖中点缀着很多白色的硼砂岛屿。湖中的藻类为罕见的詹姆士火烈鸟、智利火烈鸟和安第斯火烈鸟提供了丰富的食物。全世界只有5万只詹姆士火烈鸟，其中有3万只每年夏季会在这里安家，此外还有其他超过50种鸟类也将自己的家安在红湖。

 拓展阅读

1. 库斯科平均海拔有3400米，一般人都有高原反应。马丘比丘只有2400米，没有高反。库斯科有的酒店会加氧气，当地的古柯茶也有预防高反的作用。的的喀喀湖是高原地带，高反会更严重。

2. 从利马飞库斯科只要1小时，但经常会受到天气影响而取消航班，库斯科在高原的山谷中，影响航班的一个主要原因是山谷内的大风。

3. 去亚马孙雨林一定要打黄热病疫苗，在北美的机场就有打疫苗的地方。考虑到疫苗自注射之日起10天开始生效，通常在国内接种疫苗才去旅游。疫苗有效期为10年。此外还要注意防蚊和预防疟疾。

4. 阿根廷当地午餐时间是13：00~14：00，午饭后有一个很长的午休时间。下午5：00左右是当地人的下午茶时间。晚餐时间为21：00~22：00，一般餐厅于20：00开始营业。1~3月为阿根廷暑假。灰颜色是阿根廷人所忌讳的，他们认为这种颜色阴郁、悲伤，所以游客要避免穿灰颜色的服装。

5. 巴西虽然经济繁荣发展，但是由于贫富差距相对较大，犯罪率比较高，特别里约热内卢和圣保罗等大城市。巴西境内的国际机场有一份警方编写的小册子，提醒游客们到巴西之后应该注意安全，"游客如果遇到打劫，别反抗、别尖叫、别理论"。

第九章 南极洲

第一节 南极历史

18世纪起，探险家们纷纷南下寻找传说中的南方大陆。1772~1775年，英国库克船长几次进入南极圈，但没有发现陆地。1819年沙皇俄国派别林斯高晋率"东方"号与"和平"号两艘船，历时两年零21天在南纬发现了两个岛。1839年12月，美国探险考察队旗下的一支探险队自澳大利亚悉尼航行前往南冰洋，发现了一块巴雷尼群岛以西的

图 9-1 南极景色
图片来源：https://www.gadventures.com/

南极大陆，取名"威尔克斯地"。1840年1月19日，法国迪尔维尔发现一座岛屿，将其命名为阿德雷地，其沿海水域为迪尔维尔海，还命名了一种企鹅，即阿德雷企鹅。英国人罗斯于1841年驶入后来以他的名字命名的罗斯湾、罗斯岛、罗斯冰架，罗斯冰架是世界上最大的冰架。麦卡托·库柏于1856年1月26日登陆东南极洲。从1772年到19世纪末，很多探险家驾帆船去寻找南方大陆，这一时期称为"帆船时代"。

1907年，叶吉沃兹·大卫领军的小队第一次攀爬埃里珀斯火山、抵达地磁南极。沙克尔顿和他的探险队在1908年12月~1909年2月第一次横越罗斯冰架、穿过南极横贯山脉，踏上南极高原。1911年12月14日，挪威极地探险家罗尔德·阿蒙森的探险队乘着"前进"号船首次抵达南极点。英国的斯科特探险队也在1个月后到达南极，可惜回程途中遇到暴风雪，一行5人无一生还。20世纪初到第一次世界大战前称为"英雄时代"。

第一次世界大战后至20世纪50年代中期，逐渐用机械设备取代了狗拉雪橇在南极进行探险。1928年英国的威尔金驾驶飞机飞越南极半岛，1929年美国

图9-2 南极景色

图片来源：https://www.polarcruises.com/

人伯德驾驶飞机飞越南极点，艾尔斯沃斯驾驶飞机从南极半岛顶端飞至罗斯冰架。这一时期称为"机械化时代"。从1957~1958年的国际地球物理年至今，众多科学家涌往南极，他们在那里建立常年考察站，进行多学科的科学考察，这一时期被称为"科学考察时代"。

1959年12月1日，12个国家签订《南极条约》，主要内容是：南极洲仅用于和平目的，保证在南极洲地区进行科学考察的自由，促进科学考察中的国际合作，禁止在南极地区进行一切具有军事性质的活动及核爆炸和处理放射物，冻结领土所有权的主张，促进国际在科学方面的合作。至1999年，《南极条约》组织有43个成员国，其中协商国26个，非协商国17个。继《南极条约》之后，协商国签订了一系列的公约，《南极条约》和这些公约，以及历次协商国通过140余项建议措施，统称为"南极条约体系"。1991年在马德里通过的《南极条约环境保护议定书》中的第25条规定，自议定书生效之日起50年内禁止在南极进行矿物资源活动，从而确保了南极大陆未来50年的和平与安宁，为全面保护南极、科学地认识南极奠定了基石。

第二节　自然地理

南极洲由大陆、陆缘冰、岛屿组成，总面积1424.5万平方千米，其中大陆面积1239.3万平方千米，陆缘冰面积158.2万平方千米，岛屿面积7.6万平方千米。南极洲大部分是2000米以上的山地与高原。横贯南极的山脉将南极大陆分为两部分：东南极洲和西南极洲。东南极洲面积较大，横贯南极山脉绵延于地盾的边缘，它的中心位于南极点，平均海拔高度2500米，最大高度4800米。位于罗斯岛上的埃里珀斯火山高度3795米，有4个喷火口。西南极洲面积较小，只有东南极洲面积的一半，为一褶皱带，由山地、高原和盆地组成，包括南极半岛、亚历山大岛、埃尔斯沃思地以及玛

图9-3 南极景色

图片来源：https://www.gadventures.com/

丽·伯德地等。西南极洲是个群岛。但所有的岛屿都被大陆冰盖所覆盖。有南极最高山文森山，高5140米。东西两部分之间有一沉陷地带，从罗斯海一直延伸到威德尔海。

南极洲分布有众多的淡水和咸水湖池，最有名的是唐胡安池，每升湖水含盐量可达270多克，即使是在-70℃，湖水也不结冰。南极洲还有一种表面结冰、湖底高温高盐的湖，如万达湖和邦尼湖。湖水的温度亦随深度增加而升高，在全年平均气温-20℃的环境中，湖底水温可高达25℃。

图9-4　奥德赛大本营
图片来源：https://www.polarcruises.com/

南极洲仅2%的土地无长年冰雪覆盖，被称为南极冰原的"绿洲"。"绿洲"上有高峰、悬崖、湖泊和火山，是动植物主要生息之地。南极大陆共有两座活火山，那就是欺骗岛上的欺骗岛火山和埃里珀斯火山。欺骗岛火山在1969年2月曾经喷发过，使设在那里的科学考察站顷刻间化为灰烬。

南极洲是世界上风暴最多、风力最大的地区，每年8级以上大风日有300天。南极洲的阿德尔地几乎终年刮着暴风，最大可达100米/秒，比12级大风还要强1~3倍。被称为"世界的风级"。南极洲是世界上最干旱的大陆。在南极点附近，年降水量近于零。由于干燥和风大，各国考察人员在到达南极之前，都要接受防火训练。南极圈内会出现半年白天、半年黑夜的极昼极夜现象。

绝大部分去南极的游客会选择南极半岛，从南美出发去南极旅游的游客可以选择3条线路：经典半岛线路、三岛线路和跨南极圈线路。半岛经典线路包含南极半岛及南设德兰群岛，全部行程需要9~12天。三岛线路包含马尔维纳斯群岛、南乔治亚岛、南极半岛等。全部行程需要16~20天。跨南极圈线路包含南极半岛，并穿越南极圈，途中经过南设德兰群岛和科考站等，全程需要9~15天。澳大利亚和新西兰也有航线路可以抵达南极，这条线路的活动范围基本都在南极圈内，主要游览罗斯海域，比较难登陆，而且海上航行耗时太长，往返要10天，总行程18~28天。全球每年不超过150人抵达南极点，一般从南非开普敦或南美智利的蓬塔阿雷纳斯乘飞机抵达南极大陆，再转乘极地专业飞机前往南极点进行游览。此种方式成本较高，费用逐年递涨，目前为人民币48万~60万元。

第三节　旅游景点

1. 南极半岛

天堂湾是南极半岛中的一个三面环山的湾口，同时也是南极最美的峡湾之一，对面是帕默群岛，进出只能通过埃雷拉海峡。这里是很多探险船的避风港。天堂湾地处南极大陆的边缘，有南极半岛最美的景色，阿根廷艾米兰特布朗科考站在峡湾最好的位置上。1984年，站上一直驻守的医生因不能继续忍受即将到来的漫长冬季，一把火烧掉了工作站，这个站从此就废弃了，只保留了几个储备物资的紧急援助屋，现在成为企鹅的栖息地。

利马水道又称雷麦瑞海峡，在南极半岛和一座冰雪覆盖的黑石山小岛之间，长11千米、宽1.6千米，于1873年由德国捕鲸船船长多门的探险队发现。1898年，比利时探险家格拉什是第一个通航的人，他以发现刚果的比利时探险家"利马"命名这个水道。因为两边群山的阻隔，利马水道平波如镜。受两岸冰山、浮冰和冰川的碎冰堆积挤压，可通行的水道很狭窄。

纳克港位于安德沃得湾，是比利时探险家阿德瑞恩·德·哲拉什发现的，以挪威的鲸加工船"纳克号"命名的。纳克号于1911~1924年在这个港湾里进行鲸产品加工，几乎灭绝了南极地区的鲸类和毛海豹，如今这里已经很难找到鲸鱼的身影。纳克港是良好的海湾，常年不冻，这是英国的科考站所在的登陆点，还有座阿根廷

图9-5　天堂湾

图片来源：https://pixabay.com/

图9-6　纳克港

图片来源：https://www.gadventures.com/

图9-7　库佛维尔岛

图片来源：https://www.gadventures.com/

修建的避难所。岛上有冻住的冰瀑,很多巴布亚企鹅。

库佛维尔岛位于埃雷拉海峡,在龙格岛和阿茨库托斯基半岛之间。该岛由热尔拉什于1897~1899年发现。并以法国海军中将的名字命名。库佛维尔岛是数量最多的金图企鹅聚居地,也是南方巨䴙、海鸥、南极燕鸥、雪燕和贼鸥的繁殖地。库佛维尔岛整座岛被冰雪所覆盖。但是在海水冲刷的岸缘,露出礁石和岩块。

2. 南设德兰群岛

南设德兰群岛是游客停靠最多的地方,主要岛屿有:欺骗岛、乔治王岛、半月岛等。欺骗岛被发现时,人们以为是实心的,后来探险员发现里面是空心的,能进入,是个活火山,有种欺骗人的感觉,所以叫欺骗岛。欺骗岛是一个断环形状,极地火山定期喷发,火山灰堆积而成的火山锥造就了天然良港。捕鲸人湾登陆可欣赏岸上黑色的沙滩、白色的云雾,空气中弥漫着硫黄的味道。

图9-8 欺骗岛

图片来源:https://oceanwide-expeditions.com/

乔治王岛是南设德兰群岛中的最大岛,气温较高。英国人史密斯在1819年10月16日登陆乔治王岛宣布其主权,并命名为乔治王岛。乔治王岛不仅是海鸟、企鹅、海豹等极地动物的聚集地,也是南极地区科学考察站最为密集之地。阿根廷、巴西、智利、中国、韩国、秘鲁、波兰、俄罗斯、乌拉圭等国均在此建立有南极科学考察站。

3. 南乔治亚岛

1775年库克船长到此岛,宣布它为英国所有。1927年和1948年,阿根廷正式提出南乔治亚岛的主权要求。在1982年英阿马岛战争之前,此岛一直是英国南极考察基地。南乔治亚岛是一个活火山岛,在马尔维纳斯群岛东南1300千米处,长160千米,宽32千米,面积375 6平方千米。岩壁伸出海面,荒凉峻峭,大部被冰雪覆盖,仅生长耐寒的冻土植物,天气变化无常。海洋生物丰富,有多种企鹅和海豹,如王企鹅、马可罗尼企鹅、金图企鹅、毛皮海豹、蓝眼鸬鹚、南极雪燕、信天翁等,被称为"南极野生动物的天堂"。

图9-9 南乔治亚岛

图片来源:https://oceanwide-expeditions.com/

4. 罗斯海域

图 9-10 罗斯冰架

图片来源：https://oceanwide-expeditions.com/

罗斯海域由詹姆斯·罗斯于 1841 年发现，是太平洋南部深入南极洲的大海湾。罗斯海西部有罗斯岛和伊里布斯山，东部有罗斯福岛，北界相当于大陆棚外缘，南部边界是罗斯冰架，这是一大片漂浮的冰川，从南极中部的高原一直向外延伸 800 千米。

罗斯海是南极地区浮冰较少、最容易接近的边缘海之一，距陆地最近的新西兰约 4000 千米。罗斯海有"最后的海洋"之称，被认为是地球上最后一个完整的大海洋生态系统，几乎没有遭到污染、过度捕捞和物种入侵。南极海洋生物资源养护委员会 2016 年 10 月 28 日在罗斯海设立海洋保护区，保护区中约 112 万平方千米将被设为禁渔区。罗斯海有 1000 多种无脊椎动物，95 种鱼类，10 种哺乳动物和 6 种鸟类，是世界上 38% 的阿德利企鹅的栖息地，30% 的南极海燕和大约 6% 的南极小须鲸的家。

 拓展阅读

南极不需要签证的，但必须持有出发国的签证。不主动靠近动物，不留下任何垃圾是最基础的南极生态保护原则。南极紫外线强，加上雪地效应，要带好护目镜。登陆南极有人数限制，不能同时超过 100 人登岛。大部分去南极旅游的人都是坐邮轮。小型邮轮人数少于 100 人，行动效率高，但海上航行很颠簸。中型邮轮人数为 100~200 人，安全性和舒适度较高，通常分两组，一组登陆，另一组乘坐橡皮艇巡游。大型邮轮人数为 200~400 人，登陆需分批进行。巨型邮轮游客为 500 人以上，航行平稳不易晕船，船上娱乐设施完善，但不能登陆，以看海鸟和海洋类动物为主，冰山及岸上活动的企鹅等比较难见到。

第十章 非洲

第一节 埃及

一、历史文化

阿拉伯埃及共和国简称埃及。阿拉伯人则将"埃及"称作米斯尔,在阿拉伯语中意为"辽阔的国家"。埃及又称为金字塔之国以及棉花之国,位于非洲东北部,地处欧亚非三大洲的交通要冲,是大西洋与印度洋之间海上航线的捷径。古埃及是世界四大文明古国之一,也是世界上最早的王国,他们建造了闻名世界的金字塔和帝王谷。前3200年建立奴隶制统一国家。前525年属波斯帝国,前30年开始被罗马统治。640年遭阿拉伯入侵,1517年成为奥斯曼帝国行省。1798~1801年受法国统治,1882年成为英国殖民地。1922年获得独立。1952年纳赛尔推翻法鲁克王朝,1953年成立埃及共和国。1956年宣布苏伊士运河收归国有。1958年曾和叙利亚组成阿拉伯联合共和国,1971年改为现国名。

埃及是中东人口最多的国家,非洲人口第二大国,经济、科技领域在非洲处于领先,也是非洲大陆第三大经济体。在北非、中东和伊斯兰信仰地区尤其有广泛影响力。埃及的官方语言是阿拉伯语,由于历史的原因,英语、法语也被广泛使用,科普特人会使用由古埃及语演变来的科普特语。

埃及各大景区都能看到穿白色警服的旅游警察。1997年卢克索恐怖袭击事件导致近60名外国游客和埃及人丧生,旅游业严重受挫。埃及政府因此设立了庞大的旅游警察队伍,免费为游客提供保安和旅游服务。

二、自然地理

埃及全境大部分是海拔100~700米的低高原,世界第一长河尼罗河从南到北流贯全境,两岸狭长河谷形成了面积为1.6万平方千米的绿洲,在开罗以北形成

2.4万平方千米的三角洲。沙漠与半沙漠占全国的95%，西部利比亚沙漠占全国面积的2/3，大部分为流沙，间有哈里杰、锡瓦等绿洲。东部阿拉伯沙漠多砾漠和裸露岩丘。主要湖泊有大苦湖和提姆萨赫湖，以及阿斯旺高坝形成的非洲最大的人工湖纳赛尔水库。红海沿岸和西奈半岛有丘陵山地。

全国干燥少雨，气候干热。尼罗河三角洲和北部沿海地区，属亚热带地中海气候，气候相对温和，其余大部地区属热带沙漠气候，夏季气温较高，可达40℃，昼夜温差较大。白尼罗河发源于南半球的热带草原气候区，青尼罗河发源于北半球的热带草原气候区，两河汛期不同。每年4~5月间常有"五旬风"，夹带沙石，损坏农作物。

三、旅游城市和景点

（一）开罗

开罗是埃及首都，位于埃及的东北部，横跨尼罗河，在尼罗河三角洲的南端，大部分地区属于亚热带沙漠气候。开罗是非洲及阿拉伯世界最大城市，为整个中东地区的政治、经济、文化和交通中心。开罗是世界上最古老的城市之一，也是少有的遭受战争破坏最少的古城之一，整个城市就是一座名副其实的伊斯兰博物院。根据历史学家和城市规划局的统计，全市共有历史古迹和著名古建筑622处，都是与古代伊斯兰文化有关的建筑。开罗现有800多座清真寺，建于不同时期和年代，代表了不同朝代的文化特征。开罗塔高187米，登塔可看到全城景色。

1. 汗哈里里市场

汗哈里里市场位于老城区，最初是一名叫哈里里的商人建造的，埃及人把一楼是商店门脸二楼做居所仓库的小楼叫作"汗"，汗·哈里里由此得名。汗哈里里市场是一个浓缩了埃及文化和历史的地方，1988年诺贝尔文学奖的埃及人纳吉布·马哈福兹以此写了埃及著名小说《汗·哈里里》。汗·哈里里由分布在几十条小街巷里的几千家个体小店组成，许多店铺可追溯到14世纪。当年的埃及民间艺人和各类工匠集中在这里，按照各行各业一街一巷的划分，建起了这个驰名中东乃至世界闻名的埃及传统工艺市场。时至今日小巷胡同仍然保留当初的名字。汗·哈里里市场保持500年前的伊斯兰市场原貌，狭窄的街道两旁挤满了小店铺，主要出售金银首饰、铜盘、石雕、皮货及其他埃及传统手工艺品，里面还有中东最传统的手工艺品

图10-1　汗哈里里市场
图片来源：埃及旅游局官网http://egypt.travel/

作坊，作坊里的老师傅和学徒工以古代传统方式传授技艺和制作工艺品，当场出售。市场旁边有著名的艾兹哈尔清真寺和侯赛因清真寺可供参观。

2. 埃及博物馆

埃及博物馆坐落在开罗市中心的解放广场，1858年设计建造，目的是为了阻止发掘出来的埃及国宝流往国外。这座博物馆以收藏法老时期的文物为主，又被称为"法老博物馆"。博物馆竣工经历两次搬迁，于1902年迁至开罗新馆。埃及博物馆是世界上最著名、规模最大的古埃及文物博物馆，收藏的各种文物有30多万件。

图10-2　埃及博物馆
图片来源：https://pixabay.com/

博物馆共有两层楼。一层按年代的顺序陈列，展出从古王国时期到6世纪罗马统治时期的文物。莎草纸经历了数千年，大都已经支离破碎，碎片上发现了多种语言文字，包括希腊文、拉丁文、罗马文、阿拉伯文以及古埃及文。还有来自古埃及、古希腊、古罗马以及伊斯兰地区各种材质的硬币。一层还陈列了新王国时期的文物，如雕像、桌子、石棺、石柱和浮雕墙等。二楼是专题陈列室，陈列的文物来自埃及的最后两个王朝，许多出土自帝王谷，最引人注目的是图坦卡蒙和普苏森尼斯二世陵墓中发掘出的文物。其中图坦卡蒙纯金面具、人形金棺、黄金御座等堪称该馆的镇馆之宝。另有两个特别的木乃伊陈列室用于存放新王国时期国王及后妃们的木乃伊，其中保存最完好的是第19王朝法老拉美西斯二世的木乃伊。

图10-3　图坦卡蒙金面具
图片来源：http://www.touregypt.net/

3. 金字塔墓葬群

金字塔墓葬群遗址坐落在开罗城郊的吉萨平原上，主要的金字塔遗址包括吉萨金字塔、阿布西尔、塞加拉和代赫舒尔等金字塔群，是世界七大奇迹之一。其中阶梯状的金字塔是古埃及的第一座金字塔。

吉萨金字塔是其中最著名的金字塔群，它们分别建造于前2600年～前2500年。其中三座最大、保存最完好的金字塔分别是胡夫金字塔、卡夫拉金字塔和孟卡拉金字塔，三座金字塔的排列是按照猎户星座而排列的。金字塔是古埃及法老为自己修建的陵墓，大金字塔是第四王朝第二个国王胡夫的陵墓，建于前2690

图 10-4　吉萨金字塔

图片来源：埃及旅游局官网 http://egypt.travel/

年左右，原高 146.5 米，因年久风化，顶端剥落，现高 136.5 米。金字塔底座每边长 230 多米，塔底面积 5.29 万平方米，塔身由 230 万块石头砌成，每块石头平均重 2.5 吨。据说 10 万工人用了 20 年才建成。该金字塔内部的通道对外开放。

第二座金字塔是胡夫的儿子哈夫拉国王的陵墓，建于前 2650 年，比前者低 3 米，塔前建有庙宇等附属建筑和著名的狮身人面像。狮身人面像又叫"斯芬克斯"，阿拉伯语的意思是"恐怖之父"。整个雕像高 22 米，除了前爪外长 57 米，脸足有 5 米宽。据说它的头是按照哈夫拉法老的样子雕的。整个雕像除狮爪外，全部由一块天然岩石雕成，10 万人用了 30 年的时间才得以建成。由于石质疏松，且经历了 4000 多年的岁月，整个雕像风化严重，面部严重破损。

图 10-5　狮身人面像

图片来源：埃及旅游局官网 http://egypt.travel/

第三座金字塔属胡夫的孙子孟卡拉国王，建于前 2600 年左右。当时正是第四王朝衰落时期，金字塔建筑也开始衰落，突然降低到 66 米，内部结构纷乱。

4. 萨拉丁城堡

萨拉丁城堡建于 1176 年，位于开罗市北的山顶上，是阿尤布王朝国王萨拉丁为抵御十字军的侵略而建。古城堡内有埃及军事博物馆，展示埃及各历史时期军队的武器、装备、服装、著名战争、工事和城堡的实物、仿制品、模型、图画等。城堡内有著名的穆罕默德·阿里清真寺。穆罕默德·阿里被认为是埃及现代化之父，死后葬在清真寺西南处。清真寺于 1830 年开始兴建，1857 年完成，足足建了 27 年。这是一座模仿伊斯坦布尔奥斯曼帝国清真寺的样式建造的寺庙，由希腊建筑师设计，采用土耳其式多层的圆形大拱顶和细长铅笔直刺云霄的宣礼塔，这是埃及其他清真

图 10-6　穆罕默德·阿里清真寺

图片来源：埃及旅游局官网 http://egypt.travel/

寺所没有的。清真寺用雪花石瓷砖镶嵌，又被称为雪花石清真寺。清真寺正面刻有阿拉伯文铭文、《古兰经》文和伊斯兰教四大哈里发的名字。礼拜殿呈正方形，上有高耸的圆顶为殿中心，四面环有四个半圆殿与正殿相应，还有四根高柱居其中。入口右侧是阿里庙，院子北端放置法国政府给的时钟，是送给法国的卢克索神庙方尖碑而得来的回礼。方尖碑至今仍矗立在巴黎的协和广场上。从清真寺往西南眺望，可以看到开罗全景。天气好的时候甚至还可以看得见吉萨金字塔。

5. 悬空教堂

悬空教堂是圣母玛利亚大教堂的别名，是埃及最古老的教堂之一，建于4世纪。它建在古罗马时代的巴比伦防御堡垒上，教堂的大厅正好落在城堡的南门上，故名"悬空教堂"。它的珍品是墙上有一个木刻装饰，讲述圣母怀着耶稣，从古巴勒斯坦一路走到埃及，再到耶稣出生、成长，后来到各地传播基督教的故事，还有90个罕见的拜占庭式圣像。

图10-7　悬空教堂

图片来源：https://pixabay.com/z

6. 黑白沙漠

黑白沙漠距离开罗6~7小时车程，距离绿洲巴哈利亚大概0.5小时车程。黑白沙漠到处是黑沙和因风蚀形成的白色蘑菇石。黑沙漠并非由纯黑色的沙粒组成，而是黄沙上面铺满了粗粗的黑沙石。黑沙漠千万年前是火山，火山爆发后熔岩冷却凝固而成的石英石铺在黄沙之上，使整个黑沙漠的表面被一层黑色煤渣似的沙粒覆盖着。

图10-8　沙漠

图片来源：埃及旅游局官网 http://egypt.travel/

（二）卢克索

卢克索位于南部尼罗河东岸，距离开罗以南670多千米，阿斯旺以北约200千米，海拔78米，位于古埃及中王国和新王国的都城底比斯南半部遗址上，是古底比斯文物集中地，世界上最大的露天博物馆，有着"宫殿之城"的美誉。卢克索气候干热，是主要旅游中心和冬季休养地。有铁路通开罗，并设有机场。

尼罗河穿过卢克索，将其一分为二。由于古埃及人认为人的生命同太阳一样，自东方升起，西方落下，因而在河东是壮丽的神庙和充满活力的居民区，河西是法老、王后和贵族的陵墓。"生者之城"与"死者之城"隔河相望。

1. 卡尔纳克神庙

图10-9 公羊大道
图片来源：https://pixabay.com/

卡尔纳克神庙位于卢克索以北5千米处，是古埃及帝国遗留的最壮观的神庙，因其浩大的规模而闻名世界，仅保存完好的部分占地就达30多公顷。卡尔纳克神庙共有三部分：供奉太阳神阿蒙的阿蒙神庙，供奉阿蒙妻子战争女神穆特的神庙，以及孟修神庙，两旁的狮身人面像的甬道则直通卢克索神庙。卡尔纳克神庙建于4000多年前，完成于新王朝的拉姆西斯二世和拉姆西斯三世。建筑群有各种厅堂殿室。神庙之间有巨大的柱廊相连。

阿蒙神庙是卡尔纳克神庙的主体部分，供奉的是底比斯主神太阳神阿蒙，始建于3000多年前，此后1300多年不断扩建，共有10座巍峨的门楼和3座雄伟的大殿。第一道塔门前是著名的"公羊大道"，大道两侧排列整齐的羊头狮身的石雕像代表着太阳神阿蒙，公羊头下是小型的拉美西斯二世像。神庙的石柱大厅最为著名，内有134根每根要5个人才能抱住的巨柱，每根高21米，历经3000多年无一倾倒。庙内的柱壁和墙垣上都刻有精美的浮雕和彩绘，记载着古埃及的神话传说和当时人们的日常生活。庙内还有闻名遐迩的方尖碑和法老及后妃们的塑像。

2. 卢克索神庙

卢克索神庙整个建筑群中大小神殿20余座。院内有高44米、宽131米的塔门。第一塔门是神庙的正门，这里原有2根方尖碑，现在仅存一根。右侧的方尖碑现在立于巴黎的协和广场之上。第一塔门前有拉美西斯二世的一对坐像和两对站像。进入第一塔门之后依次是拉美西斯二世的院子、列柱廊和阿蒙荷太普三世的院子。神庙的中央被毁坏之后，建起了阿布·哈格固清真寺。每年

图10-10 第一塔门
图片来源：https://pixabay.com/

伊斯兰斋月之前的半个月，这里都要举行盛大的祭典。神庙中还能看到基督教堂的遗址。19世纪时整座神殿被尼罗河泥沙掩盖，居民在不知情的状况下建了清真寺。古埃及的遗址和伊斯兰建筑、基督教教堂三者并存的景观，实属罕见。

3. 帝王谷和帝后谷

帝王谷位于尼罗河西岸7千米处一片荒无人烟的石灰岩峡谷中，是古代埃及新王国时期（前1570~前1090年）安葬法老的地点，共有60多座帝王陵墓，

也有贵族、法老的妃子和子女的陵墓。每位法老从登基之日起便开始修建陵墓。这里埋葬着埃及第十七王朝到第二十王朝期间的64位法老。他们的墓穴入口往往开在半山腰,有细小通道通向墓穴深处。陵墓中最大的一座是第十九王朝塞提一世之墓,从入口到最后的墓室,水平距离210米,垂直下降的距离是45米。地下宫殿的墙壁和天花板布满壁画,装饰华丽。1922年发现的图坦卡蒙墓是帝王谷中最后被发现的法老墓,也是唯一一座未被破坏的墓。帝王谷中最值得参观的是图坦卡蒙墓、拉美西斯四世及六世墓、塞提一世墓等,有些陵墓不对外开放,只供学术研究用。

图 10-11　帝王谷

图片来源:https://pixabay.com/

帝后谷位于岩石山的西边,距帝王谷不远,有70多座十八、十九、二十王朝的王后、王妃、王子和公主的墓,规模不及法老墓壮观,墓内壁画内容与法老墓也不相同,表现得自由奔放,反映了当时埃及人的生活习俗。最特别的是奈菲尔塔利王后墓室,奈菲尔塔利传说是埃及历史上最美丽的皇后,也是拉美西斯二世最宠幸的王后,墓室内画满了他俩出双入对的壁画。

4. 拉美西斯三世陵庙

拉美西斯三世的陵庙又被称为哈布之城,占地70平方千米,是法老统治时期的最后一座大型建筑工程。该陵庙保存得较为完好,面积仅次于阿蒙神庙,是尼罗河西岸保存最完整的古迹。拉美西斯三世在第二十王朝时期统治了30年,王权开始走向衰落阶段。第一庭院是举行仪式和娱乐的场所,有拉美西斯三世的葬祭殿,奉祈

图 10-12　哈布之城

图片来源:https://blog.360cities.net/

阿曼神女巫的礼拜堂。所有墙面都画着拉美西斯三世战争场景,及胜利后欢庆的场面,一部分浮雕、天花板和立柱上还保留着原来的色彩涂料。第二庭院保存甚好,但在托勒密和罗马时代变成了教堂,墙面浮雕是列队行进的场景。大厅的外左侧就是拉美西斯三世的墓室。神庙的外墙上刻有著名的全景浮雕。

(三)阿斯旺

阿斯旺是阿斯旺省首府,位于尼罗河东岸,距开罗南900千米,是著名古城、旅游景点和贸易中心,是世界上最干燥的地方之一。在古埃及时期,阿斯旺被认为是埃及民族的发源地。

1. 拉美西斯二世神庙

拉美西斯二世神庙也叫阿布辛贝神庙，阿布辛贝和它下游至菲莱岛的许多遗迹一起作为努比亚遗址，被联合国教科文组织评定为世界遗产。拉美西斯二世神庙是在3300年前从岩中雕琢而出的30米高的庙宇。1964~1968年，为了免遭上涨的尼罗河水淹没，在联合国教科文组织主持下，神庙被切割成2000多块，分别编号，在距离原址200多米的地方拼合还原。神庙正立面为4

图 10-13 阿布辛贝神庙
图片来源：https://pixabay.com/

尊高达20米的巨型拉美西斯二世坐像，其中一座被整体切下存于英国大英博物馆。他的膝边和身旁还围绕着数座他妻儿的小型雕像。这4尊雕像兼具支柱的作用。神庙的主体部分是一个60米长的大厅，身着盔甲的勇士群雕整齐对称分立在左右两排石柱旁，大厅四周刻满壁画，记述着拉美西斯二世远征古努比亚时的卓著战功。大厅尽头的一间石室并排坐着4座神像，分别是黑暗之神、天空之神、拉美西斯二世本人和太阳神。这座神庙与其说是为了供奉太阳神，不如说是为了体现法老如神般至高无上的地位。神庙以一个奇特的现象闻名于世：每年2月21日和10月21日（这两天分别是拉美西斯二世的登基日和出生日）的日出时分，从大门射入神庙的阳光会穿过60米长的大厅，直射到圣坛上的三座雕像的全身上下达20分钟之久，但永远不会照射到最左侧的黑暗之神。人们把这一奇观发生的时日称作"太阳节"。搬迁后的神庙，因为计算不够精确，太阳照入的时间延迟了一天，角度也没有那么精准。

在距离阿布辛贝神庙50米左右的地方还有1座规模较小的祭祀女神哈索尔神庙，是拉美西斯二世为他的妻子奈菲尔塔利修建的，也是用岩石雕琢而成的。神庙的正立面是6尊石像，其中4尊为拉美西斯二世本人，另两尊为妻子奈菲尔塔利。两者的尺寸完全一致。神殿的入口处还刻着"阳光为她而照耀"的铭文。神殿主体同样

图 10-14 哈索尔神庙
图片来源：https://pixabay.com/

是一个布满壁画和雕刻的长方形大厅，不同的是这些壁画是人与神的交流，甚至有女神伊西斯和哈索尔握着王后的手侃侃而谈的情景。

2. 菲莱神庙

菲莱岛在阿斯旺以南15千米，神庙长450米，宽150米，修建在菲莱岛上。

20世纪60年代在菲莱岛南面筑起高坝后，神庙几乎全部被淹没。为了保护这些珍贵的文物，从1972年开始，埃及政府将这组庙宇拆成45000多块石块和100多根石雕柱，在离菲莱岛约1千米处的阿吉勒基亚岛上，按原样重建。菲莱神殿作为努比亚遗址的一部分在1979年被联合国教科文组织评定为世界文化遗产。菲莱神殿祭奠富庶之神哈索尔和生育之神艾西斯等，以石

图10-15　菲莱神庙
图片来源：https://pixabay.com/

雕及石壁浮雕上的神话故事闻名于世，是保存古埃及宗教最久的地方。神殿的入口是两座梯形的塔门，门口有两尊狮子坐像，塔门旁边是两排柱廊，与主殿大门形成一个广场，砖墙上的浅浮雕讲述宗教与神话故事。第二塔门上的浮雕不仅有大型人像，还有密密麻麻的古埃及象形文字。大殿内的石刻精美，柱式风格统一，图案不尽相同，在柱头位置雕有面朝四方的女神的方柱头。

3. 康翁波神庙

图10-16　康翁波神庙
图片来源：https://mapcarta.com/

康翁波在古埃及语中意为"金城"，位于尼罗河边的一座小山丘上，建造于托勒密王朝，距离阿斯旺1小时的车程。庙里同时供奉着鹰首神荷鲁斯和鳄鱼神索贝克，因此又被称为"双神殿"。一条中轴线把它分成互相对称的两部分，互不相通，有两个大门。一个大门是为鹰首神荷鲁斯所建的，另一个大门是为鳄鱼神所建。神殿中

处处都有鹰首神与鳄鱼神壁画。古埃及人相信鳄鱼是鳄鱼神的活化身，神力很高，是法老权威的象征。法老死去时，祭司会下令制作鳄鱼木乃伊引导他到达冥界之神面前。古埃及的鳄鱼木乃伊数目有百万之巨。鹰首神是埃及九大主神之一，在人间的地位至高无上，是王权的象征，历任法老都被看作"活着的鹰首神"。

（四）亚历山大港

亚历山大港是在地中海岸的一个港口，也是埃及最重要的海港，第二大城市，距离开罗西北208千米，是古代欧洲与东方贸易的中心和文化交流的枢纽。亚历山大港始建于前332年，用亚历山大大帝命名，为马其顿帝国埃及行省的总督所在地。亚历山大大帝死后，埃及总督托勒密在这里建立了托勒密王朝，亚历山大成为埃及王国的首都，在西方古代史中其规模和财富仅次于罗马。奥斯曼帝国时期把开罗作为埃及的新首都后，自此亚历山大港的地位不断下降，后来几乎

沦为一个小渔村。

亚历山大著名的遗迹有亚历山大法罗斯灯塔和亚历山大图书馆等。灯塔位于法罗斯岛东端,据说有122米高,是世界上所有灯塔的原型,"世界七大奇迹"之一,经历17个世纪倒塌于1303年的地震中。今天西方不少语言中,"灯塔"一词的词根仍是"法罗斯"。海边散落的庞大方石块是灯塔坍塌时残留的石材。亚历山大图书馆是托勒密王室的王家图书馆,391年,罗马帝国驻埃及的阿非罗主教下令烧毁亚历山大图书馆的藏书。古城保留到今天的遗迹很少。由于地震造成的地面降低,大部分地区下沉。今天的城市大部分建立在古城之上,发掘的可能性非常小。

1. 庞贝柱

庞贝柱是遗留下来的最著名的遗迹,又称骑士之柱。庞贝柱是一根粉红色亚斯文花岗岩石柱,柱30米高,基部直径约3米。297年,为感谢罗马皇帝戴克里竖立这根石柱。柱基西侧石壁上刻有四行字:"为战无不胜的亚历山大监护神,公正的戴克里先皇帝,波思吐莫斯谨立此柱。"石柱原是萨拉皮雍神庙的一部分,神庙后来被毁了,只有石柱保存下来。它的得名来自于一段逸闻,十字军将士误认为古罗马大将庞贝(前106~前48年)被恺撒击败,逃到埃及,其死后的骨灰存于石柱周围,故欧美人以庞贝柱称之。亚历山大港的地下墓室在庞贝柱西南不远,有10多个墓室,其中有雕刻的柱子、

图 10-17 庞贝柱
图片来源:https://ask-aladdin.com/

雕像和其他罗马—埃及混合的宗教符号和棺材,还有一个用来供亲属进行纪念宴会的罗马式宴会厅。

2. 盖贝依城堡

1480年,为防止土耳其入侵,埃及国王盖贝依命令用灯塔遗址的石料在灯塔原址上修筑了盖贝依城堡。1882年英军炮火曾重创城堡,经过两度重修才使得碉堡重现昔日风采。城堡是一座长方形阿拉伯式建筑,占地2万平方米,顶部有一个海神

图 10-18 盖贝依城堡
图片来源:https://pixabay.com/

的雕像。它与开罗古城堡并称为埃及两大中世纪古城堡,现在已经成为一座清真寺和博物馆。

第二节 摩洛哥

一、历史文化

约公元前3世纪起,毛里塔尼亚王国统治摩洛哥。公元40年,罗马帝国吞并毛里塔尼亚王国,摩洛哥归属于罗马的毛里塔尼亚行省。429年,汪达尔人横渡直布罗陀海峡征服北非,占据了摩洛哥的部分地区。788年,阿拉伯人建立第一个阿拉伯王国。从15世纪末至20世纪初,摩洛哥先后遭法国、西班牙等殖民者入侵。1912年沦为法国的保护国。1956年独立,1957年8月14日定名为摩洛哥王国,苏丹改称国王。1961年2月,穆罕默德五世国王逝世。3月,哈桑二世国王登基。1979年摩洛哥占领西撒哈拉,其在西撒哈拉的权力一直未被国际上任何国家所认可,但被阿拉伯国家联盟明确承认,实际上由西班牙管辖。1999年7月23日,哈桑二世国王因病逝世,西迪·穆罕默德于7月30日正式登基,称穆罕默德六世,是建于1660年阿拉维王朝的第23位君主。

摩洛哥最早居民为柏柏尔人,现在仍有一些地区被柏柏尔人的部落所控制。除阿拉伯语外,在摩洛哥境内还有许多地方语言,法语和西班牙语也被同时使用。

二、自然地理

摩洛哥位于非洲西北端,东接阿尔及利亚,南部为撒哈拉沙漠,西濒浩瀚的大西洋,北隔直布罗陀海峡与西班牙相望,是地中海入大西洋的门户。国土面积45.9万平方千米,海岸线1700多千米。摩洛哥地形复杂,中部和北部为峻峭的阿特拉斯山脉,东部和南部是上高原和前撒哈拉高原,仅西北沿海一带为狭长低暖的平原。乌姆赖比阿河是第一大河,长556千米,德拉河是最大的间歇河,长1150千米。

摩洛哥气候多样,北部为地中海气候,夏季炎热干燥,冬季温和湿润。中部属副热带山地气候,温和湿润,气温随海拔高度而变化。东部、南部为热带沙漠气候。由于斜贯全境的阿特拉斯山阻挡了南部撒哈拉沙漠热浪的侵袭,摩洛哥气候宜人,花木繁茂,享有"北非花园"的美称。

三、旅游城市和景点

（一）拉巴特

拉巴特自1912年以来一直是摩洛哥首都，是全国政治、文化和交通中心，与菲斯、马拉喀什、梅克内斯同是摩洛哥四大皇城。市中心的拉巴特王宫始建于1785年，是一座典型的阿拉伯宫殿建筑，不对外开放。

1. 穆罕默德五世墓

图 10-19　哈桑塔
图片来源：作者拍摄

穆罕默德五世一直致力于国家的独立，被摩洛哥人尊为"国父"。穆罕默德五世墓位于市中心，于1962年开始修建，1971年竣工。陵墓为现代阿拉维王朝建筑风格，整体为白色轮廓，绿色瓦片屋顶，内部为大理石装饰，地板为花岗岩，木材采用檀香。整个建筑体现了阿拉伯建筑工艺和摩洛哥风格。陵墓内中间为穆罕默德的陵墓，两侧为哈桑二世及其弟阿卜杜拉亲王墓，并建有陈列馆，藏有阿拉维王朝历代君主画像和五世遗物及其统治时期的历史资料与文献。墓左侧建有清真寺，正面是哈桑塔及哈桑大清真寺遗址。哈桑大清真寺原是北非最大的清真寺，建于12世纪，长183米、宽139米，据说毁于1775年以里斯本为震中的大地震，仅存312根大石柱。哈桑塔保存较好，占地单边长16米，高44米，四周雕刻图案各异，具有摩洛哥传统艺术特色。

2. 乌达亚堡

乌达亚堡位于拉巴特老城以东，始建于12世纪柏柏尔王朝。院内花园为伊斯玛仪国王于17世纪所建，小巧玲珑具有安达鲁西亚园林建筑的典型风格。乌达亚堡内保留着柏柏尔民居和街道，还有一个博物馆，展出历代珠宝乐器和历代民族服装、古代红铜以及土陶器皿。乌达亚堡的高空平台是古时空中市场遗迹。站在平台上可俯视布雷格雷格河入海口、拉巴特古港口和萨累市全景。

图 10-20　乌达亚堡
图片来源：作者拍摄

3. 舍拉废墟遗址

舍拉废墟遗址位于拉巴特王宫外，为舍拉古城和摩洛哥梅里尼德王朝时期皇家陵寝遗址，1980年被列为摩洛哥国家重点保护文物。舍拉古城原为北非重要港口城市，5世纪荒废，在以里斯本为震中的大地震中被夷为废墟，废墟遗址上古罗马时期的台地园、凯旋门、元老院、论坛、法院、公共浴池等建筑群落依稀可见，外围城墙、清真寺宣礼塔、王妃墓碑和放生池等基本保持了原貌。外围城墙的正门上用古阿拉伯语记录了当年修陵的情况。

（二）卡萨布兰卡

卡萨布兰卡是白色的意思。1944年电影《卡萨布兰卡》在第16届奥斯卡奖颁奖礼上获得了最佳影片、最佳导演、最佳剧本三项奖项，大大提高了卡萨布兰卡城市的知名度。电影中的里克咖啡馆其实是在华纳兄弟公司的洛杉矶片场人工搭建而成。2004年，一位英国商人按照电影中咖啡馆的原型，在卡萨布兰卡开了一家真正的里克咖啡馆。很多游客会慕名去里克咖啡馆喝杯咖啡。

哈桑二世清真寺坐落在伊斯兰世界最西端，其中1/3的面积建在海上，用来纪念摩洛哥的阿拉伯人祖先自海上来。哈桑二世清真寺花了5亿多美元，其中3/5是国内外的捐款，其余由政府出资。1987年8月正式动工，3万名工人和技术人员24小时不停歇，经过5年的施工建成启用。清真寺分主体大殿和露天广场两部分，占地面积9公顷。主体大殿内可容纳2.5万名穆斯林祈祷，广场上可以容纳8万名穆斯林礼

图10-21　哈桑二世清真寺

图片来源：作者拍摄

拜。是世界第三大清真寺，排在沙特阿拉伯的麦加和麦地那清真寺之后。主体大殿屋顶可以遥控开启闭合，25扇自动门全由钛合金铸成，可抗海水腐蚀。正门重35吨，据说只有国王来了才会打开。大殿内的大理石地面常年供暖，冬季气温降低时，地板可自动加热。夏季室内温度过高时，屋顶可以在5分钟内打开散热。

（三）马拉喀什

马拉喀什人口40余万，始建于1062年，中世纪时曾两度为摩洛哥王朝的首都。在阿拉伯语里，"马拉喀什"意为"红颜色的"，是著名的"红城"，其原因是当时城墙采用赭红色岩石砌成。马拉喀什最热闹的就数德吉玛广场，它是北非地区最

图10-22　萨迪安墓

图片来源：作者拍摄

大的露天市场，于 2001 年被评为世界文化遗产，是全球唯一还在使用的被评为世界文化遗产的广场，已有 1000 多年历史。广场聚集了各类杂耍表演以及兜售各类工艺品、海娜文身等的商贩们。傍晚，广场中央支起许多夜市摊位，人声鼎沸，因此被人称为"不眠广场"。马拉喀什古迹众多，萨迪安墓是其中之一。1554~1659 年苏丹·艾哈迈德在位期间修建自己的陵墓，从意大利进口大理石，在灰泥天花板上镀金，最后葬在完工的 12 柱密室。巴迪皇宫在阿拉伯语中意为"无与伦比的皇宫"，花费了 25 年时间建造，曾经是世界上最美丽的宫殿，如今仅剩一片废墟。

1. 库图比亚清真寺

库图比亚清真寺建于 1195 年，是建造拉巴特的哈桑塔的建筑师雅库布·曼苏尔主持修建的，以纪念击败西班牙人的胜利。清真寺的宣礼塔高 67 米，外表富丽堂皇。当年修建尖塔时，在黏合石块的泥浆中拌入了近万袋名贵香料，使清真寺散发出浓郁的芳香，迄今依然香味扑鼻，因而又有"香塔"之称。当年登上高塔呼唤人们祈祷的宣礼员必须是盲人，防止有人借机偷窥附近王宫后院里的嫔妃。

图 10-23　库图比亚清真寺

图片来源：https://pixabay.com/

2. 巴希亚王宫

巴希亚王宫建于 19 世纪末，虽然被称为"宫"，但并不是国王的居所，而是穆莱苏丹时期的首相大维齐尔巴·哈米德的府邸，后来成为苏丹妃子的行宫。这位首相召集了摩洛哥国内最好的工匠，花了 14 年时间才完工。巴希亚王宫是座典型的摩洛哥传统宫殿的建筑，具有浓厚的中世纪风貌，既有伊斯兰建筑艺术的特色，又有欧洲建筑风格。王宫占地约 8000 平方米，黄色的高墙环绕四周。房屋建在庭院四周，所有房间的窗户都朝向中庭院落。院内建筑多采用对称、垂直和尖拼的结构，地面和地板用陶瓷或大理石碎片拼成各种图案。大门用整块优质木材制成，房檐和窗棂雕刻着精美图案，天花板上的彩绘和青铜吊灯极其奢华。幽暗的房间挂着油灯，光影摇曳，颇有一千零一夜的神秘感。

图 10-24　巴希亚王宫

图片来源：作者拍摄

3. 马约尔花园

马约尔花园因两任主人而名声大噪。第一任主人是法国著名画家雅克·马约尔。1924年，马约尔得到这片土地后，几乎穷尽一生的时间来打造这座私密花园。1980年，法国时尚大师伊夫·圣·罗兰在马拉喀什旅行发现这座世外花园，与伙伴皮埃尔·贝尔热共同买下了这个花园。他们修复了花园，还在其中建立了伊斯兰文化博物馆。2008年罗兰辞世后，他的骨灰被撒在花园里。花园中的小别墅是第一任主人马约尔留下的，这种蓝色就命名为马约尔蓝，也就是后来在时尚界大受欢迎的"摩洛哥蓝"。花园小巧而精致，里面青翠的竹林、硕大的仙人掌，加上绚丽的色彩，使得整个花园充满了异域风情感。

图 10-25　马约尔花园

图片来源：作者拍摄

（四）撒哈拉沙漠

撒哈拉沙漠形成于约250万年前，是世界最大的沙质荒漠，面积约906万平方千米。该地区气候条件非常恶劣，是地球上最不适合生物生存的地方之一。"撒哈拉"在阿拉伯语中是大沙漠的意思。撒哈拉沙漠分为几部分：西撒哈拉、中部高原山地、东部特内雷沙漠和利比亚沙漠。

台湾省作家三毛著的《撒哈拉的故事》描述的就是西撒哈拉，三毛居住在摩洛哥南部的沙漠小镇阿尤恩，那时阿尤恩隶属于西班牙，现在是非洲争议地区西撒哈拉的首府。从马拉喀什到菲斯之间的小镇梅祖卡，是进入撒哈拉的大门。马拉喀什到撒哈拉沙漠会途经阿伊特·本·哈杜村，这座村庄有1000多年历史，被列入世界文化遗产名录，由被称为卡斯巴斯的奇特建筑组成。村庄先后出现在20多部电影里，如《权力的游戏》《阿拉伯的劳伦斯》《木乃伊》等。

在沙漠中旅行是对人体力与智力的挑战，现在有几条穿越大漠的线路，是世界十大奇异之旅之一。穿越沙丘之旅始于突尼斯或摩洛哥，乘坐专门的车辆，走访原始非洲部落，在绿洲集市上寻宝。行程基本在3周以上，有的可延续2个月。

图 10-26　撒哈拉沙漠

图片来源：作者拍摄

（五）菲斯

菲斯是北非史上第一个伊斯兰城市，

图 10-27 蓝门　　图片来源：作者拍摄

也是摩洛哥1000多年来宗教、文化与艺术的中心。菲斯在阿拉伯语中意为"金色斧子"，也有"肥美土地"之意。菲斯的砖墙都是土黄色，被称为"黄城"。菲斯分为老城、新城和新市区，蓝门是连接老城和新城的主要入口，是菲斯的标志之一，正面的蓝色是著名的"菲斯蓝"，背面的颜色是"伊斯兰绿"。老城由伊德利斯二世兴建于808年，是摩洛哥的第一座皇城，17千米长的城墙至今保存完好。老城有几千条巷弄，狭窄的巷道上挤满了贩卖各种手工艺品的商店，保留着浓厚的阿拉伯色彩，是世界上现存最大规模的中世纪风格的城市之一，于1981年被联合国教科文组织评定为世界文化遗产。菲斯是摩洛哥的宗教圣地与文化交流中心，有许多美丽的宫殿和780多个大小清真寺。

859年，巨商穆罕默德·菲赫利的女儿法蒂玛·穆罕默德·菲赫利出资修建了卡拉维因清真寺及附属的教育机构。卡拉维因大学是世界上第一所综合性的大学，收藏有彩色画面的古兰经以及大量手抄本和其他古籍，被誉为"学术首都"。在哈桑二世清真寺建成前，卡拉维因清真寺为北非最大的清真寺。整座建筑由270根廊柱支撑，以大理石、石灰、石膏、鸡蛋清等为原料建造而成。由于当时摩洛哥不产大理石，因而是用1吨糖换1吨大理石，由意大利进口的。阿布伊南神学院建于1350~1355年，即马林王朝的苏丹阿布伊南在位期间。阿布伊南神学院是菲斯最重要的神学机构，也是菲斯唯一一座有宣礼塔的神学院。阿纳尼耶和阿塔林伊斯兰高等学校，均建于14世纪，建筑的华丽及装修的精美，被视为菲斯最美丽的校园。

图 10-28　皮染厂

图片来源：作者拍摄

皮染是菲斯的主要产业，染厂一直遵循自16世纪以来的手染古法，据说这也是菲斯皮革能够维持高品质的原因。游客不能进入染厂，但可以在染厂四周的皮革店屋顶上看到染厂全貌。染液有浓烈的臭味，因此在进入皮革店前，店员会分发薄荷叶给参观的顾客。染厂有上百个大染缸，里面加入了鸽子粪、牛尿及动物脂肪等成分。把动物皮浸染在里面直到皮子上的脂肪、蛋白质完全融掉，皮质变软后，才开始染色。

（六）舍夫沙万

舍夫沙万建城于 1471 年，海拔高度 564 米，位于西北部里夫山的山谷中。小城保留了原始的风貌，处处洋溢着浓郁的阿拉伯风情。舍夫沙万的大多数民宅门口、阶梯和墙壁都被涂成蓝色，深蓝、湖蓝、钴蓝、浅蓝等各种蓝色交相辉映，最受欢迎的是一种火药蓝。刚建成时，舍夫沙万并不是蓝色的，来这里避难的穆斯林把房子涂成了绿色，因为绿色是伊斯兰宗教的颜色。1930 年，避难而来的犹太人把房子涂成了蓝色。犹太人认为用一种原始自然的蓝色染料来粉刷建筑，会被上帝保佑。这种习俗被一直延续下来，于是人们每年粉刷一次蓝色。老城有一个城堡，是当年为抵御葡萄牙入侵所建。

图 10-29　舍夫沙万
图片来源：作者拍摄

第三节　肯尼亚

一、历史文化

肯尼亚共和国简称肯尼亚，是人类发源地之一，境内曾出土约 250 万年前的人类头骨化石，7 世纪，非洲东南沿海地带形成一些商业城市，阿拉伯人开始到此经商和定居。中国航海家郑和曾到达过肯尼亚的马林迪和蒙巴萨。16 世纪，葡萄牙殖民者占领了沿海地带。1557 年，葡萄牙在东非的蒙巴萨建造要塞。1890 年，英、德两国瓜分东非，肯尼亚被划归英国，英国政府于 1895 年宣布肯为其"东非保护地"，1920 年改为殖民地。1960 年 3 月，肯尼亚非洲民族联盟和肯尼亚非洲民主联盟成立。1963 年 5 月肯尼亚举行大选，肯尼亚非洲民族联盟获胜。同年 6 月 1 日成立自治政府，12 月 12 日宣告独立。1964 年 12 月 12 日，肯尼亚共和国成立，仍留在英联邦内。

肯尼亚共有 44 个民族，还有少数印巴人、阿拉伯人和欧洲人。斯瓦希里语和英语同为官方语言。全国人口的 45% 信奉基督教新教，33% 信奉天主教，10% 信奉伊斯兰教，其余信奉原始宗教和印度教。肯尼亚不同的地区和部族，有不同的宗教信仰和风俗习惯，由此而产生了许多不同的禁忌，普遍忌用左手与他人握手、行礼、抓饭或递物接物。

二、自然地理

肯尼亚位于非洲东部，东邻索马里，南接坦桑尼亚，西连乌干达，北与埃塞俄比亚、南苏丹交界，东南濒临印度洋，海岸线长 536 千米。沿海为平原地带，其余大部分为平均海拔 1500 米的高原，国土面积的 18% 为可耕地。东非大裂谷是一条狭长的断裂带，纵贯南北，将高地分成东、西两部分。大裂谷谷底在高原以下 450~1000 米，宽 50~100 千米，分布着深浅不等的湖泊，并屹立着许多火山。北部为沙漠和半沙漠地带，约占全国总面积的 56%。中部高地的肯尼亚山海拔 5199 米，是非洲第二高峰，峰顶终年积雪。

肯尼亚全境位于热带季风区，赤道横贯中部，但受其地势较高的影响，为热带草原气候，降水季节差异大，沿海地区湿热，高原气候温和。3~6 月、10~12 月为雨季，不适宜旅游。首都内罗毕气候温和，河流、湖泊众多，较大的河流有塔纳河、加拉纳河。西部濒临非洲第一大湖维多利亚湖。

三、旅游城市和景点

（一）内罗毕

内罗毕是肯尼亚的首都，是东非地区最大的城市，有"东非小巴黎"的美誉。内罗毕于 1899 年建成，一开始是乌干达铁路的补给站，负责蒙巴萨和乌干达之间的补给。1905 年，内罗毕成为英属东非保护领地的首都。

图 10-30　国家博物馆

图片来源：https://www.museums.or.ke/

1. 肯尼亚国家博物馆

肯尼亚国家博物馆始建于 1910 年，在内罗毕市中心，收藏了许多有价值的文物，同时兼具科研、考察能力。博物馆展示了肯尼亚的历史、民族风俗、装饰艺术等独特的历史人文风貌。自然历史展区有海洋生物、飞禽走兽的进化演变，以及人类的演变和进化史，还有肯尼亚国家地质变化等多方面的自然信息展。禽鸟馆以其 900 多个栩栩如生的仿真鸟类标本成为最受欢迎的展馆。博物馆的镇馆之宝是距今 160 万年的"图尔卡纳男孩"古人类化石，是世界上迄今为止最完整的人类化石。

2. 内罗毕国家公园

内罗毕国家公园是世界上唯一一个设在首都的野生动物园。动物园坐落于城市南侧，距市中心 8 千米，是一片 120 平方千米的林地和草原，拥有多种多样的野生动物资源。考虑到野生动物可能对城市造成的威胁,公园在除南侧以外的方向以电网进行隔离,留出的南侧则是许多哺乳动物迁徙的道路。公园栖息着超过100种的野生哺乳动物和400多种鸟类。在动物大迁徙时期,能观赏到壮观的动物狂奔。由于大象的体形和生活习惯会给当地居民造成安全隐患,公园没有大象。1989年,由肯尼亚当时的总统莫伊牵头,在公园里举行了焚烧非法象牙制品活动,人们在活动地点建立了纪念碑。

图 10-31 内罗毕国家公园

图片来源:http://www.magicalkenya.net.cn/

3. 大象孤儿院

大象孤儿院是一个公益机构,1987年由达芙妮发起,由大卫·谢尔德里克野生动物基金会设立,专门收留和救助父母被盗猎者杀害的小象,这些小象在孤儿院里被人们精心照料,当它们被治愈且情况稳定后,就会被送往100多千米外的察沃国家公园,在那里它们会逐渐适应野外的生活,并最终回归大自然。

图 10-32 大象孤儿院

图片来源:肯尼亚旅游局官网 http://www.magicalkenya.net.cn/

4. 长颈鹿公园

长颈鹿公园始建于1983年,占地56公顷。1973年肯尼亚西部一种叫罗斯恰尔斯的长颈鹿仅存130头,濒临灭绝。为拯救这一物种,乔克夫妇设立了长颈鹿公园,收养野生长颈鹿并放归自然。如今这种长颈鹿的数量已达近500头。1979年,乔克夫妇成立自然教育中心,游客们可以在院内的高台上喂食长颈鹿,从而理解人与自然和睦相处及保护野生动物的重要性。公园距离《走出非洲》的作者凯伦的故居不远。

图 10-33 长颈鹿公园

图片来源:肯尼亚旅游局官网 http://www.magicalkenya.net.cn/

(二)裂谷省

1. 纳瓦沙湖

纳瓦沙湖在内罗毕西北方约90千米处,坐落在大裂谷之内。该湖由断层陷落而成,湖面海拔1900米,是裂谷内最高的湖。纳瓦沙湖南北长20千米,东西宽13千米，最深处20米，湖面面积约为260平方千米，中间有一个弯弯的小岛名为"新月岛"，是个私人野生动物保护区。纳瓦沙湖是肯尼亚唯一的淡水湖，盛产鲈鱼和非洲鲫鱼，湖里有成群的河马和鱼鹰，湖中岛上成群的斑马，栖息着多种野生鸟类。这里还是肯尼亚种植鲜花的基地。

图10-34 纳库鲁湖
图片来源：肯尼亚旅游局官网 http://www.magicalkenya.net.cn/

2. 纳库鲁湖国家公园

纳库鲁湖及其附近的几个湖位于东非大裂谷中，地势较低，水流汇聚带来大量熔岩土，造成湖水中盐碱质沉积。这种盐碱质和赤道线上的强烈阳光为藻类衍生提供了良好的条件。湖的浅水区生长一种暗绿色水藻是火烈鸟赖以为生的主要食物，聚集了大量的火烈鸟。这一带生活的火烈鸟约有260万只，占世界火烈鸟总数的1/3。纳库鲁国家野生动物园有450多种鸟禽，被誉为"观鸟天堂"。

3. 马赛马拉国家保护区

马赛马拉国家保护区始建于1961年，面积达1800平方千米。保护区内动物繁多，数量庞大，约有95种哺乳动物和450种鸟类，是世界上最好的野生动物保护区之一。在肯尼亚众多的野生动物保护区中，马赛马拉国家公园称得上是"园中之冠"。马赛马拉与坦桑尼亚的塞伦盖提国家公园隔河相望，这个横跨两国的公园在肯尼亚境内

图10-35 动物大迁徙
图片来源：肯尼亚旅游局 http://www.magicalkenya.net.cn/

有1500平方千米，坦桑尼亚占地2500平方千米，野生动物大迁徙就在这两个公园之间进行。每年从7月到10月，位于北方的马赛马拉因连绵的降雨而生长出大片青草地，吸引居于南面塞伦盖提的牛羚，它们无惧水里那凶猛的大鳄鱼，前仆后继横跨河境进入马赛马拉，上演举世闻名的动物大迁徙。分隔两国的马拉河一年四季的变化非常大，旱季只有涓涓细流，雨季则汹涌澎湃，川流不息。马拉河是众多尼罗鳄和河马的家园，也是野生哺乳动物的生命线。

马赛村落是东非古老的传统人种马赛族人的聚居地，至今为止，马赛人仍然保留远古的生活习惯，不论是穿着打扮还是生活习惯都与原始人无异。他们与野生动物几千年来和平相处，达到了人与自然的完美结合。马赛马拉当地专门开发

了参观马赛村落的旅游项目。

4. 安博塞利国家公园

安博塞利国家公园位于肯尼亚和坦桑尼亚的交界地区，肯尼亚共和国的北部。安博塞利来自马赛语，意思是"咸尘"，符合公园炎热干旱的特点。肯尼亚边境可以清晰地看到海拔5895米的非洲第一高峰——乞力马扎罗山，山顶终年覆盖积雪，是人类不借助特殊装备所能到达的最高点，而且还是世界上海拔最高的孤山，被称作"非洲的屋脊""非洲之王"。该保护区是非

图10-36　安博塞利国家公园
图片来源：肯尼亚旅游局 http://www.magicalkenya.net.cn/

洲观看象群的最佳地点之一。非洲象嗅觉和听觉都很灵敏，平均年龄在70岁左右，湿季主要吃草，在干燥的月份里以树叶、根和树皮为主食。雪峰耸立、大象成群，这个景观是非洲的经典画面。公园里常见的其他野生动物包括大型猫科动物，如狮子和猎豹，还有长颈鹿、黑斑羚、羚羊、瞪羚等以及600多种鸟类。据国家地理协会统计，公园附近5720平方千米范围内只有不到100只狮子。因为当地游牧民族马赛人的牲畜经常被狮子吃掉，马赛人就射杀和投毒狮子，造成狮子数量减少，如果不采取措施，狮子未来几年内将濒临灭绝。

（三）海岸区

1. 察沃国家公园

察沃国家公园是肯尼亚境内最大的国家公园，占地21000平方千米，由东察沃和西察沃两部分组成。西察沃国家公园位于察沃河与蒙巴萨高速公路之间的狭长地带，方圆1000平方千米，20世纪60年代这里曾是世界上黑犀牛数量最多的地方，约9000头。但由于生态平衡遭到破坏，到20世纪80年代末仅剩100头左右。如今园

图10-37　东察沃
图片来源：肯尼亚旅游局官网 http://www.magicalkenya.net.cn/

内已设犀牛栖息保护地，其数量有所回升。这里还可以看到非洲原野上的各种野生动物，狮子、猎豹、金钱豹、大象、长颈鹿、野牛、斑马、羚羊等。从内罗毕到蒙巴萨线路会穿过察沃国家公园，因此坐在火车上面就能够看到非洲大草原的景色以及各种各样的动物们。

2. 蒙巴萨

蒙巴萨是肯尼亚第二大城市，东非最大港口，位于肯尼亚东南部沿海，东临

图 10-38　耶稣堡

图片来源：http://www.museums.or.ke/

印度洋，是进入肯尼亚内地的门户，距内罗毕 480 千米。蒙巴萨是东非著名的古城之一，最早是由阿拉伯人所建。19 世纪以前，每年 12 月到次年 1 月，大批来自阿拉伯、波斯、印度和欧洲的帆船队来此经商。蒙巴萨曾是东非苏丹王的管辖地，1902 年后成为英国东非保护地的首府，当时曾盛极一时。1405 年，我国明代航海家郑和率领船队七次下西洋，到达西亚和非洲东岸，其中就包括了蒙巴萨。在《郑和航海图》里蒙巴萨被标作"慢八撒"。在蒙巴萨出土的大量中国文物也证实了这一历史事实。

蒙巴萨热带风光秀丽，气候湿润，欧式大楼与阿拉伯建筑错落成趣。蒙巴萨旧城位于东部，几乎全是古老的阿拉伯建筑，有 9 世纪前建造的清真寺、阿拉伯古城盖地废墟，城内还有一处中国钱庄古迹，出土的文物中有不少是中国的瓷器和古钱。

1589 年，奥斯曼土耳其帝国派远征军占领蒙巴萨。1593 年，葡萄牙人攻占了蒙巴萨，在港湾岬角处修建大城堡。由于葡萄牙传教士随着商船四处布道，这座新城堡就被命名为耶稣堡。耶稣堡呈"大"字形，长 100 多米，宽约 80 米，城墙建在珊瑚岩上，高 15 米，厚 2.4 米，大门上布满约 10 厘米长的尖钉，以防大象的冲撞。1958 年，古城堡改为博物馆，展示东非与新航路的历史图片和文物。其中也有来自中国的文物，如明宣德年间烧制的瓷盘、花瓶等，这些文物很可能是郑和下西洋时留下的。

3. 拉穆岛

拉穆岛是拉穆群岛人口最密集的一个岛，有 1.7 万人，99% 是穆斯林，据说是因为拉穆群岛中只有拉穆岛有没有咸味的地下水。在帕泰岛上有一些当年中国水手的后裔在此定居，有的还带有明显中国人的特征。拉穆是一个与世无争的热带岛屿，岛上的生活几百年来似乎没有什么变化。拉穆城始建于 14 世纪一次斯瓦希里人的迁徙。葡萄牙探险者、中国商人和来自阿曼的阿拉伯人，都在这里留下了印记。拉穆城的建筑上充分体现东西方多种文化的融合，是斯瓦希里和阿拉伯风格的综合体，拉穆城基本保持着古时的风貌。

图 10-39　拉穆岛

图片来源：肯尼亚旅游局官网 http://www.magicalkenya.net.cn/

第十章 非洲

第四节 埃塞俄比亚

一、历史文化

埃塞俄比亚联邦民主共和国简称埃塞俄比亚，有3000多年的历史，从阿拉伯半岛南部移入的含米特人是最早的居民。公元前8世纪，建立努比亚王国。公元1世纪至976年，建立阿克苏姆王国，4~5世纪基督教传入埃塞俄比亚。1270年，建立阿比西尼亚帝国。16世纪葡萄牙和奥斯曼帝国相继入侵。1867年英国军队入侵埃塞俄比亚。1887年苏丹人马赫迪军队入侵。1889年，孟尼利克二世称帝，统一全国，建都亚的斯亚贝巴，奠定现代埃塞俄比亚疆域。1993年5月24日，埃塞俄比亚的厄立特里亚省举行公投，宣布独立。埃塞俄比亚是世界最不发达的国家之一，经济以农牧业为主，工业基础薄弱，是非洲人口第二多的国家，仅次于尼日利亚。

二、自然地理

埃塞俄比亚东与吉布提、索马里毗邻，西同苏丹、南苏丹交界，南与肯尼亚接壤，北接厄立特里亚。境内以山地高原为主，大部属埃塞俄比亚高原，高原占全国面积的2/3，平均海拔近3000米，素有"非洲屋脊"之称。东非大裂谷纵贯全境，红海沿岸为狭长的带状平原，北部、南部、东北部的沙漠和半沙漠地区约占全国面积的25%。埃塞俄比亚虽地处热带，但由于纬度跨度和海拔高度差距较大，各地温度冷热不均。

三、旅游城市和景点

（一）拉利贝拉古城

从公元4世纪开始，埃塞俄比亚人就开始信仰基督教中的东正教，他们的圣城便是拉利贝拉古城。拉利贝拉古城中最出名的是11座从整块大岩石中"挖"出来的岩石教堂。据说，12世纪时，埃塞俄比亚国王拉利贝拉梦见神谕：在埃塞俄比亚造

图10-40 圣乔治教堂
图片来源：https://pixabay.com/

一座新的耶路撒冷城，要用一整块岩石建造教堂。于是国王在北部海拔2600米的岩石高原上，安排了2万多人，挖了24年，硬生生从岩石中雕琢出了11座教堂来。这些教堂中最引人注目的是耶稣基督教堂，长33米、宽23米、高11米，飞檐由34根方柱支撑。这是埃塞俄比亚唯一一个有5个中殿的教堂。圣乔治教堂是拉利贝拉唯一被凿成十字架的教堂。拉利贝拉有两处主要的教堂群，这些教堂凭借地下通道相互连接。当年，耶路撒冷在被穆斯林占领后，一度有人倡议将拉利贝拉奉为新的耶路撒冷。每年1月7日埃塞俄比亚圣诞节，信徒们会集于此。拉利贝拉又被人称为"非洲奇迹"，1979年收入世界遗产名录之中。

（二）达纳吉尔凹地

图10-41 达纳吉尔凹地
图片来源：https://pixabay.com/

达纳吉尔凹地曾经是海洋，在3500万年前，地壳断裂运动形成了红海、亚丁湾和东非大裂谷，造成了海底一系列的火山爆发。大约1万年前，海底缓慢抬升起一道山脊，把达纳吉尔地区与红海隔离开来，同时达纳吉尔地区缓慢沉降，形成了低于海平面100多米的凹地。凹地的海水不断被蒸发掉，逐渐变成了一个咸水湖泊。由于干旱和酷热，大量的盐分从湖水中离析出来，在湖的北部形成了一大片厚几百米、面积约1200平方千米的盐板。20世纪初，一系列新的火山活动造成了达纳基勒洼地的达罗拉地区的火山地貌。大小火山热点、地缝、温泉遍布。盐盖与地底喷出的硫黄及各种氯化物、氧化物不断作用，最终呈现出白、黄、红、绿等多色混杂的奇异景象，仿如外星球一般，空气中弥漫着刺鼻的硫黄味。2012年，达纳吉尔凹地发生过恐怖袭击事件。当地政府调集大军端掉了袭击者的老巢。为了表达捍卫景区安全的决心，以后在每队游客出行时，都安排士兵跟随保护，武力袭击游客的事也再未发生。

Erta Ale熔岩湖被当地人称为"地狱之门"。世界上有6个熔岩湖，Erta Ale熔岩湖是最古老的一个。Erta Ale熔岩湖是埃塞俄比亚最活跃的火山口。站在湖边，面前的岩浆就像一碗热汤，在翻滚沸腾。离Erta Ale熔岩湖以北25千米的地方，便是Dallol火山。Dallol火山是世界上海拔最低的火山口。

（三）奥莫河谷

奥莫河谷位于南部赫姆·戈法地区的图尔卡纳湖以北，是一处举世闻名的史前文化遗址。这里已经发掘出了大量的人类化石和许多石器时代的石器工具。这些工具说明了奥莫河谷是迄今为止所知的人类所居住的最古老的史前时期的露营地之一。

奥莫河谷从位置上来看位于边疆地区，经济落后。河谷内生活着 50 多个不同的部落民族。这些部落至今仍过着最原始的生活，保留了很多传统的习俗。那里的妇女仍身着兽皮服装，而男子则通过头顶上梳理有特殊颜色的发髻表示步入成年。

图 10-42　唇盘族
图片来源：https://pixabay.com/

摩尔西族又被称为唇盘族，因为族中的女性都要将嘴唇和耳垂割开，然后在其中塞入泥盘，将之越撑越大。据当地文字记载，很久以前阿拉伯人入侵，为了防止阿拉伯人将族中的妇女掳走，当地人选择以这种自残的形式毁容。如今，政府已下令禁止这种行为，年轻人中戴唇盘的人也越来越少了。

哈莫尔族以跳牛仪式和鞭笞仪式而出名。哈莫尔族男子需赤身裸体从一排牛上跑过而不摔下，才能证明自己是个男子汉，之后再结婚生子。不跳牛的也能结婚生子，但是生下来的孩子是不合法的。跳牛仪式之前举行鞭笞仪式。年轻的哈莫尔姑娘们

图 10-43　卡洛族
图片来源：https://pixabay.com/

围成一圈，让部落的小伙子们用鞭子来抽自己。抽得越狠，证明那个小伙子对你越是喜欢。

卡洛族人喜欢在人体上描绘出各种花纹，镶嵌装饰品。卡洛部落的妇女在整个东非地区是最漂亮的，她们身上不同的金属装饰物代表着她们不同的婚姻状态。其他部落，诸如察迈、巴纳、埃尔博雷、孔索、加布罗和博拉拉等也有自己的习俗。随着奥莫河谷现代化的进程加快，这些独具特色的部落文化正在逐渐消亡。

（四）阿克苏姆

阿克苏姆文明是古代非洲的一重要文明，大致在埃塞俄比亚北部和厄立特里亚西部地区。阿克苏姆海拔 2135 米，建于前 1000 年左右。这里古代气候温暖湿润，土壤肥沃，非常适宜人类居住。1 世纪，阿克苏姆王国兴起，定都阿克苏姆。4 世纪，阿克苏姆国王埃扎那开始信奉基督教，阿克苏姆被确定为宗教中心。即使王国后来迁都拉利贝拉，新国王的加冕仪式还在这里举行。阿克苏姆是埃塞俄比亚的"基石""城市之母"和"古代文明的摇篮"，有众多的寺院、雕刻和碑文，最为引人注目的是许多高耸的花岗岩方尖石塔和巨大无比的

图 10-44 阿克苏姆
图片来源：http://tigray.net/

石柱。

巨型方尖碑是阿克苏姆文明的标志性建筑。这些石碑最高达 33 米，从花岗岩山石上直接开凿雕刻而成，大约建于 306 年阿卜拉哈·阿巴巴国王时代。阿克苏姆考古遗址有一个由 7 座方尖碑组成的石碑群，其中的 5 座早已倒塌，剩下的一座高 33 米，是世界上人类竖立起的最高的石碑。石碑正面雕刻出一个 10 层建筑，门、窗、梁等一应俱全。另一座高 24 米，在碑顶下刻着一面类似盾牌的图案。这座石碑在 1936~1941 年意大利占领埃塞俄比亚期间，被墨索里尼掠往罗马，竖立在君士坦丁拱门附近，现已经断成几截。1947 年，意大利向联合国承诺将归还劫掠的埃塞俄比亚文物，两国就归还方尖碑一事达成协议。

阿克苏姆考古遗址北面，有 6 世纪阿克苏姆国王卡列卜的陵墓。墓室的顶部用整块花岗岩砌成，墓壁上刻着埃塞俄比亚最古老的文字——盖埃兹文，它也是今天埃塞俄比亚官方文字阿河姆哈拉文的雏形。7 世纪，阿拉伯人的势力日益强大，阿克苏姆王国走向了衰落。10 世纪时，阿克苏姆文明衰亡。

（五）贡德尔

贡德尔位于埃塞俄比亚西北部高原上，南距塔拉湖不远，北是通往阿克苏姆的要塞之地。17 世纪，皇帝法西利达斯将国都迁到这里，贡德尔逐渐发展扩大成为城市。直到 1868 年，这里一直是埃塞俄比亚的首都、宗教和艺术中心。城内古代的宫殿建筑群是古阿克苏姆王国的传统与近代阿拉伯建筑风格的完美融合。古城保存着许多古代拱桥以及雕刻精美、装饰丰富多彩的多层塔、城堡、皇宫、教堂等。位于古城

图 10-45 贡德尔
图片来源：http://tigray.net/

南端的法西尔格比要塞城堡堪称其中最大最美的古堡，由 900 米城墙环绕，是几代皇帝们的宅邸。站在城堡顶部，古城的壮丽风景尽收眼底。

贡德尔城内共有教堂 44 座，教堂中布满了色彩艳丽、以描述《圣经》故事为主题的壁画以及祭服、鼓和其他金银制的祭祀用品，其中由法西利达斯国王的孙子于 17 世纪修建的德布雷·贝尔汉·塞拉西教堂最为华丽。它在许多方面都体现了埃塞俄比亚传统的建筑工艺，又明显受印度和阿拉伯影响。后来巴克罗式

的艺术风格又带入了贡德尔。

第五节　纳米比亚

一、历史文化

在西方殖民者到来之前,纳米比亚当地居民从事渔猎,并出现了种植业。15世纪,荷兰、西班牙、英国等殖民者接踵而至。1890年,德国占领全境。1915年7月南非出兵,于1949年吞并该地。1960年4月,西南非洲人民组织成立,开始争取民族独立的武装斗争。1968年6月12日,联合国大会将"西南非洲"更名为"纳米比亚"。1989年11月,在联合国监督下进行制宪议会选举,西南非洲人民组织获胜执政。1990年3月21日,纳米比亚正式宣布独立,定国名为纳米比亚共和国。

纳米比亚88%为黑人。奥万博族是最大的民族,占总人口的50%。其他主要民族有卡万戈、达马拉、赫雷罗以及卡普里维、纳马、布什曼、雷霍伯特和茨瓦纳族。纳米比亚是世界人口密度最低的国家之一。90%的居民信仰基督教,其余信奉原始宗教。

二、自然地理

纳米比亚地处非洲南部,北与安哥拉、赞比亚接壤,东、南邻博茨瓦纳和南非,国土面积824269平方千米。纳米比亚沿海有狭长平原,内陆是高原、山地,一般海拔1000米以上,最高点2600米。中部为中央高地,东部为卡拉哈里盆地的一部分,西部沿海一带为沙漠性平原,南部的奥兰治河和北部的库内内河,分别是同南非和安哥拉的界河。纳米比亚属亚热带干旱、半干旱气候,年均300天为晴天,是撒哈拉以南最干旱的国家之一。因地势较高,气温略低于世界上同纬度的其他地区,终年温和,昼夜温差较大。

三、旅游城市和景点

(一)温得和克

温得和克是纳米比亚首都,纳米比亚第一大城市。位于海拔1728米的中央高地上。温得和克地处干旱地区,周围丘陵环绕阻挡了旱风侵袭,年最高气温30℃,最低气温7℃,气候宜人。该市保留了3座中世纪德国式古城堡,著名的

图10-46 基督教堂
图片来源：https://pixabay.com/

文化历史博物馆设在其中一个古堡中。附近有几处温泉涌流，故此处古名为"艾甘姆斯"，其意为"热水"。温得和克建于1890年，作为军事基地。1915年，被南非联盟的军队占领，第一次世界大战后，这里成了同盟国西南非洲托管地的行政中心。2019年9月2日，我国苏州市与温得和克缔结友好城市。

在温得和克可以看到德国殖民地时代遗留下来的各种形式的建筑物，尖顶圆拱的基督教堂，日耳曼风格的城堡，错落有致的庭院别墅，欧韵浓厚，加上这里一半以上的居民为白人，就像身处于欧洲城镇。市中心的基督教堂是温得和克的地标建筑之一。教堂是哥特复兴式，于1810年建成，大部分材料从德国进口，只使用了纳米比亚的石英砂岩。教堂几乎所有门窗和房檐用意大利地区出产的白色大理石勾勒出来。

温得和克附近的卡图拉和科马斯达尔是非洲人聚居的城镇。从温得和克市往北可到达伊多夏国家公园，该园建于1907年，面积达22270平方千米，动物种类繁多，园中还有伊多夏盐池特有的大洼地。

（二）苏丝斯黎沙漠

纳米布沙漠是世界上最古老、最干燥的沙漠之一，形成于8000多万年前，全长1900千米，从安哥拉的那米贝沿着大西洋岸边向南穿过纳米比亚到达南非开普省的象河。它的名字从纳马语来的，意为"一无所有的地方"。纳米布沙漠非常干燥，除了几个城镇外，几乎杳无人烟。纳米布沙漠公园面积达5.4万平方千米，苏丝斯黎沙漠公园是其中最美丽的景点。

图10-47 苏丝斯黎沙漠
图片来源：https://pixabay.com/

苏丝斯黎红沙漠距离温得和克350千米。由于沙丘比较陡峭，光线照射在沙丘上有明显的阴影，如同立体画一样，随着光线的移动而呈现不同的景观。这里最大的沙丘高达325米。公园每个沙丘，都有自己的编号。在距苏丝斯黎景区公园大门45千米处、一座坡度呈45°的沙丘被命名为45号沙丘。45号沙丘堪称整个沙漠公园里最美沙丘，也是可以攀登的沙丘。在45号沙丘下，有两棵标志性的骆驼刺树扎根在沙丘之下。大约在8000万年前，苏丝斯黎沙漠是一片汪洋大海，后来由于地质变化，大西洋边上形成了一丘丘沙漠。寂寥无边的沙漠在一望无际的大西洋旁边，形成"一半是火焰、一半是海水"的奇观。在苏丝斯黎红沙漠里，有世界自然遗产"死亡谷"。这里曾经是一片沼泽，长有繁茂的植物，但后来因河水改道，树木都陆续死亡。由于盆地周围高大的沙丘挡住了大风，一棵棵骆驼刺枯树孑然屹立了几百年也没有倒下。

图10-48　死亡谷

图片来源：https://pixabay.com/

（三）斯瓦科普蒙德

斯瓦科普蒙德是纳米比亚西部大西洋沿岸的一座港口城市，位于温得和克以西280千米。纳米比亚是德国在非洲大陆的唯一殖民地。1882年，德国将斯瓦科普蒙德建成一个港口城市，当作登陆殖民地的入口。整个城市按照德国风格设计建造，大量德国殖民风格的建筑，至今仍有不少人讲德语。斯瓦科普河携带着大量的泥沙入海，港口不断被淤塞，难以维持使用。1915年这里归属南非联邦后，斯瓦科普蒙德港口为鲸湾港取代。鲸湾港亦称沃尔维斯港，濒临大西洋鲸湾，是纳米比亚第二大城市，距离斯瓦科普蒙德33千米。

斯瓦科普蒙德是海滨疗养地，享有"夏日之都"的美誉，西临大西洋，其他三面都被沙漠包围。市区有1951年建立的水晶博物馆，其镇馆之宝是一块巨大的水晶石，形成于大约5亿年前。水晶石高3米，需要5~6个人手拉手才能环抱一圈，重达14.1吨，是世界上最大的水晶石，也是纳米比亚的国宝。北部120千米有著名的十字角海豹滩，是世界最大的海豹群落之一。这里常年聚集8万~10万头海豹，繁殖季节，多达20多万只，场面蔚为壮观。十字角海豹保护区位于本格拉寒流与安哥拉暖流的交汇处，这里的海洋环境很适合浮游生物的繁殖生长，吸引了大量的鱼类前来捕食，为海豹的聚集提供了良好的条件。

图10-49　十字角海豹滩

图片来源：https://pixabay.com/

（四）埃托沙国家公园

埃托沙国家公园由德国殖民者于1907年建立，是当时世界上最大的野生动物保护区。如今的埃托沙国家公园的面积不及其最初的1/4，但仍然是一个重要的野生动物保护区。在纳米比亚十个国家公园中，埃托沙公园是最大的一个。埃托沙在当地语言中意思是"白色干水之地"，是一个长130千米、宽50千米、面积达4800平方千米的巨大的盐沼。公园面积大，动物种类数目繁多，有110

图 10-50 埃托沙国家公园
图片来源：https://pixabay.com/

多种哺乳动物，其中有濒临灭绝的稀有动物，有 300 多种鸟类。夏天雨季来临，雨量充足，数以万计的斑马和角马从东北面的安多尼平原迁徙而至，火烈鸟也在此繁衍后代。到了冬天旱季，盐沼变得干涸，动物又会再次迁徙。为了保护野生动物，公园内修建和维护数百个水塘或动物饮水点。

第六节 南非

一、历史文化

南非最早的原住民是桑人、科伊人及后来南迁的班图人。1652 年荷兰人开始入侵，对当地黑人发动多次殖民战争。19 世纪初英国开始入侵，1806 年夺占"开普殖民地"，荷裔布尔人被迫向内地迁徙。1867 年和 1886 年南非发现钻石和黄金后，大批欧洲移民蜂拥而至。1910 年 5 月，英国将开普省、德兰士瓦省、纳塔尔省和奥兰治自由邦合并成南非联邦，成为英国殖民地。1948 年国民党执政后，全面推行种族隔离制度，镇压南非人民的反抗斗争，遭到国际社会谴责和制裁。1961 年 5 月 31 日，成立了南非共和国。1994 年 4~5 月，南非举行首次不分种族大选，标志着种族隔离制度的结束。

二、自然地理

南非位于非洲大陆最南部，北邻纳米比亚、博茨瓦纳、津巴布韦、莫桑比克和斯威士兰，中部环抱莱索托，使其成为最大的国中国。东、南、西三面为印度洋和大西洋所环抱。西南端的好望角航线是世界上最繁忙的海上通道之一，有"西方海上生命线"之称。南非地处非洲高原的最南端，南、东、西三面之边缘，北面则有重山环抱。北部内陆区属喀拉哈里沙漠、多为灌丛草地或干旱沙漠。南非属热带草原气候，德拉肯斯堡山脉阻挡印度洋的潮湿气流，因此越向西越干燥，大陆性气候越显著。夏季潮湿多雨，为亚热带季风气候。南部沿海及德拉肯斯堡山脉迎风坡能全年获得降水，湿度大，属海洋性气候。西南部厄加勒斯角一带为地中海式气候。南非气温比南半球同纬度其他国家相对低，但年均温度仍在

0℃以上，温差不大。冬季内陆高原气温低，霜冻十分普遍。全国全年平均日照时数为7.5~9.5小时，故有"太阳之国"之称。

三、旅游城市和景点

（一）开普敦

开普敦是南非第二大城市，南非首都。开普敦意为"海角之城"。以其美丽的自然景观及码头而闻名于世。开普敦背山临海，西郊濒临大西洋，南郊插入印度洋。开普敦是欧裔白人在南非建立的第一座城市，300余年来历经荷、英、德、法等欧洲诸国的统治及殖民，充满多元欧洲殖民地文化色彩。

开普敦城堡建于1666年，是市内最古老的建筑。当年其建筑材料多来自荷兰，后用作总督官邸和政府办公处。17世纪建筑的大教堂坐落在阿德利大街，其钟楼至今仍保存完好，前后8位荷兰驻开普敦的总督葬于此。建于1818年的公共图书馆收藏了30万册书，1964年建立国家历史博物馆。南非博物馆位于维多利亚女王大街，馆藏展品超过150万件，是南非最古老的博物馆。

图10-51 开普敦

图片来源：https://pixabay.com/

开普敦集欧洲和非洲人文、自然景观特色于一身，名列世界最美丽的都市之一，也是南非最受欢迎的观光都市。开普敦是南非金融和工商业的重要中心，交通发达，太平洋的航线都经过这里。特布尔湾是天然良港，可同时停泊深水邮轮40多艘。海滩附近是南非主要的旅游地，尤宜于冬季休养。

1. 桌山

特布尔山又名桌山，是世界级的景点，开普敦观光地标。桌山海拔1082米，由岩石形成，因山顶平整如桌而得名。山顶常年云雾缭绕，宛若仙境。南非国家植物园位于桌山东麓，是世界上最好的7座植物园之一，2004年被联合国教科文组织评为世界自然遗产。南非第一任总统曼德拉评价它是"南非人民献给地球的礼物"。它的上方是建于1825年的最古老的博物馆，山脚下是开普敦大学。可以乘坐缆车上山，圆形的缆车地板可以旋转，乘客可以欣赏

图10-52 桌山

图片来源：https://pixabay.com/

360°美景。桌山对面的海湾是天然良港，并因桌山得名为桌湾。桌山靠近大西洋一侧有两座小山，它们就像桌山伸出的左右两只手臂，紧紧地拥抱着山脚下的开普敦城区。

2. 好望角

图10-53 好望角
图片来源：https://pixabay.com/

好望角是开普敦的地标，开普敦因好望角而建城，甚至开普敦（Cape Town）的名字也是由好望角而来。好望角在航海史和贸易史上都具有特殊意义。16世纪，东西方交通被阿拉伯人阻断。欧洲各国纷纷派出船队寻找新航线。直到苏伊士运河开通之前，绕过非洲南端的航线都是欧洲通往亚洲的海上必经之路。即使现在，无法通过苏伊士运河的巨型货轮仍然走这条航线。好望角周围的海域是大西洋和印度洋交汇的地带，海流相撞引起的滔天巨浪终年不息，第一个来到这里的欧洲人迪亚士称之为"风暴角"。但绕过这里就有希望到达东方获取财富，因此葡萄牙国王把它改名为"好望角"。

好望角处于好望角自然保护区内，保护区内其实有两个海角，除了好望角还有一处海角名为开普角。保护区内有1500多种植物，还有许多鸵鸟、羚羊和狒狒等动物。在近海，还可以看到海豚、海豹，8~11月还有鲸鱼。区内的好望城是南非最古老的欧式建筑。非洲真正的最南端不是好望角，而是距好望角约200千米的阿古拉斯角，印度洋与大西洋的地理分界线也在这里。"阿古拉斯"是罗盘针的意思。两

图10-54 齐齐卡马公园
图片来源：https://pixabay.com/

洋交汇处是一个人为划分的地理概念，实际上是看不到两大洋的明显分界的。区分的方法是水温，印度洋的水温比大西洋高6℃左右，随着洋流的变化，真正的分界线在好望角和阿古拉斯角之间不断移动，只有通过水温测量才能找到当天的确切位置。

（二）花园大道

花园大道是南非的一条著名旅游长廊，是一条沿海修建的高速公路，从开普敦沿印度洋岸一直向东延伸至伊丽莎白港，全程超过500千米。全线风光秀丽，因此被称为"花园大道"，是南非最著名的风景之一。花园大道与湖泊、山脉、

黄金海滩、悬崖峭壁和茂密原始森林丛生的海岸线平行。在内陆部分，有海拔在1000~1700米的奥特尼夸、齐齐卡马山脉横跨东西，景色十分壮美。

"花园大道"全程虽长，但是真正沿海而行的路段要从摩苏尔湾开始。摩苏尔湾是一个极具欧洲风格的海滨城镇。镇内的广场有几座博物馆，海边有著名的邮政树，还有一条沿着海边悬崖建成的长10多千米的步行街。乔治小镇是花园大道上最重要的城镇之一，完整地保留着当年荷兰人修筑的教堂，宛如中世纪的荷兰。镇里的乔治博物馆是座维多利亚时期的老式大楼，收藏有各式各样的珍稀古玩。乔治镇还有蒸汽小火车沿着海边的悬崖峭壁往返于乔治和尼斯纳之间。尼斯纳小镇的大部分坐落在临海的一座小山上，是另一座景色旖旎的沿海小镇。普莱登堡海湾是一处适宜水上活动的度假天堂，齐齐卡马自然公园是非洲大陆第一座海岸国家公园，这里有原始森林，还有各种野生动物，有全世界最高的蹦极点。

花园大道的内陆部分，在奥次颂往北30千米的群山之中，有一座规模庞大的天然钟乳石洞口叫甘果洞。甘果洞在1780年被发现，开放参观的部分已经深入洞中的3.2千米处。甘果洞内有布希曼人居住的痕迹，也发现有昆虫的化石，非常具有学术研究价值。离洞口大约50米处的岩壁上有布希曼人遗留下来的壁画，显示当时布希曼人的生活。里面最大的洞穴可容纳1500人左右，据闻曾有交响乐团在此表演，回音效果特佳。洞穴四周的石笋已达15万年以上。

（三）约翰内斯堡

约翰内斯堡是南非最大的城市，世界最大的产金中心，素有"黄金之城"之称。1886年，一位叫乔治·哈里森的白人在农场散步，被一块露出地面的金块绊倒，由此引发了世界各地的淘金者来此淘金。乔治的雕像就耸立在约翰内斯堡国际机场到市中心的24号公路旁。曼德拉广场是约翰内斯堡最热闹的地方之一，聚集各种街头的表演、绘画等，广场上有一座很大的曼德拉铜像。黑尔堡大学是南非最古老的大学之一，曼德拉曾在1938年进入黑尔堡大学学习，不过后来被开除学籍，退学后来到威特沃特斯兰德大学继续学习，最终获得了法学学士学位。马歇尔广场监狱因关押过曼德拉而闻名，不过现在已经拆除建成了一座大厦。1962年10月15日起曼德拉就被关押到比勒陀利亚地方监狱，度过了27年的囚禁生涯。2013年，曼德拉的追悼

图 10-55　曼德拉广场
图片来源：https://pixabay.com/

大会也在约翰内斯堡举办。

约翰内斯堡附近有许多景点。黄金城是在金矿旧址上建立的主题公园，它的矿井曾挖到地下3200米深处，现在游客可下到地下220米处参观当时开采黄金的实际作业状况。园内逼真地重现了18世纪后期到19世纪初期淘金热潮时黄金城的建筑。"人类摇篮"是系列考古遗址的总称，1999年被列入世界遗产名录，其中最著名和最重要的是斯托克方丹岩洞。人类摇篮遗址被评为保护得最好的世界遗址，该地区一直保持着其天然形态，几乎没有进行任何开发。

图10-56　Lesedi文化村
图片来源：https://pixabay.com/

1. Lesedi文化村

Lesedi文化村是一个多元文化的非洲村落，成立于1993年，离约翰内斯堡不到1小时的车程。它由一些各具特色的农庄组成。祖鲁人如今是南非最大的部落，大约有近800万人口。他们住在蜂窝式的小屋里，小屋围成一个环状，叫作"kraal"。曼德拉的祖先就是科萨人。他们住的房子是尖圆顶茅屋，墙是用泥做的，在动物保护区经常可以看到这种营房。Pedi族人最有艺术特质，从房子的外墙饰可见一斑。

2. 弗里德堡陨石坑

弗里德堡陨石坑位于约翰内斯堡西南方约120千米处的弗里德堡城，是世界上最古老、最大的陨石坑，其生成年代可以追溯到20.23亿年前。因为年代久远，当地居民根本不知道自己居住的地方是一个陨石坑，再加上陨石坑非常辽阔，其直径大约是250~300千米，面积达到8万平方千米，有55万人居住在这里。2005年被列入《世界遗产名录》。弗里德堡陨石坑是一颗小行星以时速25万千米撞击大地而形成的，爆炸的威力比地球上有史以来最大的原子弹爆炸还要强上数百万倍。如果今天发生，它将杀死地球上几乎所有生物。由于小行星的撞击方向和地球自转方向相反，所以撞击地面后反弹了一下，形成了一个相对较浅的陨石坑。撞击后发

图10-57　弗里德堡陨石坑
图片来源：https://www.messagetoeagle.com/

生了剧烈爆炸，对当地植被和土地造成严重破坏，产生的高温将方圆千里的土地和岩层融化，形成高矿石英岩，导致当地几乎没有合适的土地用于耕种。根据相关地质团队的勘探，弗里德堡陨石坑下蕴藏着丰富的矿物资源，黄金储量至少在1000吨以上，而钻石的储量更是惊人。长期以来，人们都是靠矿物开采为生。弗里德堡陨石坑现在已经被开发成旅游景点，游客可以陪同矿工们一起下矿体验采矿的生活。

3. 比勒陀利亚

比勒陀利亚位于约翰内斯堡北56千米处，是南非的行政首都。市内花木繁盛，有"花园城"之称。城市街道两旁还种植了许多紫葳，故又得名"紫葳城"。每年10~11月，紫葳盛开，铺满整个街市。市中心的教堂广场上耸立着保罗·克鲁格的雕像，他是南非共和国的首任总统。教堂大街全长18.64千米，为世界最长的街道之一，两侧摩天高楼林立。南郊的小山上建

图10-58　比勒陀利亚
图片来源：https://pixabay.com/

有先驱者纪念碑，这是为纪念南非历史上著名的"牛车大行进"的民族大迁徙而建。19世纪30年代，布尔人在英国殖民者排挤下，从南非南部的开普省一带向北转移，来到这里。市内公园众多，面积共达1700公顷以上，其中以国家动物园和文宁公园最为有名。

 拓展阅读

1. 埃塞俄比亚医疗卫生状况较差，药品缺乏，要自备一些常用药品。当地网络建设落后，外出旅行联络不便。虽然总体治安状况较好，但也有不安全因素。埃塞俄比亚已于1989年加入《濒危野生动植物物种国际贸易公约》，购买和携带象牙、犀牛角及其制品出入埃塞俄比亚会受到严厉处罚。

2. 纳米比亚没有官方的公共巴士系统，但是有连接几乎所有主要城镇的本地公交车，但并非每天都在运营，也没有很多停靠站。温得和克有许多铁路，西通鲸湾港、北通矿区楚梅布、南通南非。纳米比亚有开阔的沙漠公路，人迹稀少，适合自驾，租赁行业也很发达。但是当地砂石路较多，整个国家的公路根据路况不同分为B、C、D、E等级，D级和以下通常有较多碎石且路基不平整，起伏较多。而红沙漠景区内基本上全部是这种路段。从温得和克到鲸湾和斯瓦，中间有一段

路被称为"横风地狱",沙丘的沙子被吹到路面上,容易打滑甚至侧翻。

3. 纳米比亚距离中国路途遥远,旅游不是很方便,旅游费用比较高。纳米比亚治安在非洲国家是相对比较好的,但偷窃抢劫类的事情时有发生。纳米比亚日照充足,紫外线强,而且早晚温差大。

4. 南非的公路四通八达,但公共交通却并不发达,因而租车很方便,在机场就可以租车并直接提车。南非曾经是英国的殖民地,奉行的是靠左行驶。南非的铁路线很多,其中用于观光游览的蓝色列车和非洲之傲舒适豪华。

5. 北京和香港地区都有直达南非首都约翰内斯堡的班机,约翰内斯堡是世界上犯罪率最高的恐怖之都。南非的失业率高达40%,治安的恶化使得抢劫事件多发。

6. 前往南非虽然不需要打黄热病疫苗,但是如果是从疫区国家入境或是经南非前往疫区国家,必须打疫苗,即使只是从疫区名单上的国家转机。去肯尼亚、坦桑尼亚、埃塞俄比亚的话都是需要携带打了疫苗证明的小黄本。

第十一章 大洋洲

第一节 澳大利亚

一、历史文化

澳大利亚联邦简称澳大利亚。17世纪，西班牙、葡萄牙和荷兰殖民者先后抵达这里。1770年，英国航海家库克船长发现澳大利亚东海岸，将其命名为"新南威尔士"，并宣布它属于英国。1788年1月18日，菲利普船长率领的一支有6艘船的船队共1530人抵达植物学湾，当中有736名囚犯。8天后，他们在杰克逊港建立第一个英国殖民区，这就是现在的悉尼，这一天就成为澳大利亚的国庆日。1790年，第一批来自英国的自由民移居澳大利亚，以悉尼为中心，逐步向内陆发展。1900年，全部6个殖民地的居民举行了全民公投，结果是统一建立澳大利亚联邦。1901年1月1日，澳大利亚各殖民区改为州，成立澳大利亚联邦，通过第一部宪法。1931年成为英联邦内的独立国家。19世纪50年代，在新南威尔士和维多利亚两州发现金矿。大批来自欧洲、美洲和中国的淘金者蜂拥而至，澳大利亚得到迅速发展。澳大利亚人口高度都市化，近一半国民居住在悉尼和墨尔本两大城市。

澳大利亚是南半球经济最发达的国家，全球第四大农产品出口国，是多种矿产出口量全球第一的国家，因此被称作"坐在矿车上的国家"。澳大利亚也是世界上放养绵羊数量和出口羊毛最多的国家，被称为"骑在羊背的国家"。澳大利亚有很多独特动植物和自然景观，是一个多元文化的移民国家。

二、自然地理

澳大利亚位于南太平洋和印度洋之间，由澳大利亚大陆和塔斯马尼亚岛等岛屿和海外领土组成，领土面积7692024平方千米，四面环海，是世界上唯一国土覆盖一整个大陆的国家，因此也称"澳洲"。澳大利亚东部山地，中部平原，西部高原。靠海处是狭窄的海滩缓坡，缓斜向西，渐成平原。东北部沿海有大堡礁。澳大利亚是世界上最平坦、最干燥的大陆，有11个大沙漠，约占整个大陆面积的20%，70%的国土属于干旱或半干旱地带。澳大利亚跨两个气候带，北部属于热带，南部属于温带。中西部是荒无人烟的沙漠，干旱少雨，气温高，温差大。沿海地带，雨量充沛，气候湿润。澳大利亚饮用水主要是自然降水，并依赖大坝蓄水供水。墨累河和达令河是最长的两条河流。这两个河流系统形成墨累—达令盆地。

三、旅游城市和景点

（一）悉尼

1788，英国船长菲利普在此建立了罪犯流放地，以英国内政大臣汤马斯·汤森·悉尼勋爵之名来命名。悉尼属于副热带湿润气候，全年降雨。悉尼的天气是由邻近的海洋所调节，受圣婴现象或厄尔尼诺南方涛动影响，一方面有干旱和林区大火，另一方面是风暴和雨水泛滥，有时还会遭受罕见的雹暴侵袭。据统计，悉尼有鸟类650多种，其中约450种是悉尼特有的。澳大利亚的有袋类动物大部分分布在悉尼。悉尼由于环境稳定，地球演化过程中的古老生物种类被保留下来，成为人类研究地球演化历史的活化石，被称为"世界活化石博物馆"。

1. 悉尼歌剧院

悉尼歌剧院位于市区北部的便利朗角，是澳大利亚的地标。歌剧院占地面积1.8公顷，耸立在南北长186米、东西最宽处为97米的基座上，基座距离海面19米，最高的壳顶距海面60米。1955年起澳大利亚政府为歌剧院征集设计作品，共有32个国家233个作品参选，丹麦建筑师约恩·伍重的设计中选。该项目共耗时14年，斥资1200万澳大利亚元完成。歌剧院建筑总面积约为88258平方米，包括一个有2690个座位的大音乐厅，一个有1547个座位的歌剧厅，一个可容500多人的剧场和一个小音乐厅，有展览、录音、酒吧、餐厅等大小房间900个，同时可容纳6000多人在其中活动。2007年，悉尼歌剧院被联合国教科文组织评为世界文化遗产。歌剧厅、音乐厅及休息厅并排而立，由4块大壳顶组成。它们依次排列，远远

图11-1 悉尼歌剧院
图片来源：作者拍摄

望去，既像竖立着的贝壳，又像两艘巨型白色帆船。贝壳形的尖屋顶，由 2194 块每块重 15.3 吨的弯曲形混凝土预制件组成，外表覆盖着 105 万块白色或淡蓝色的瓷砖。所有的"壳"都由一个共同的模具球体创建而来。

2. 海港大桥

海港大桥和悉尼歌剧院相邻，是悉尼的象征，澳大利亚人形容悉尼海港大桥的造型像一个"老式的大衣架"。在 20 世纪 30 年代，能在大海上凌空架桥实为罕见。大桥桥面宽 49 米，可通行各种汽车，中间铺设有双轨铁路，两侧人行道各宽 3 米。海港大桥是世界上唯一允许游客爬到拱桥顶端的大桥。从 1998 年开始开放给公众攀爬，攀登前每个人都会拿到一套攀登服，

图 11-2　海港大桥　图片来源：作者拍摄

如果是晚间攀登还会有轻型的攀桥专用灯。成功攀上大桥顶端的游客会收到一份纪念照片以及成功登顶的证书。

3. 蓝山公园

蓝山国家公园距离悉尼 97 千米，占地近 2000 平方千米，以格罗斯河谷为中心，被列为世界文化遗产。公园内生长着大面积的原始丛林和亚热带雨林，其中以尤加利树最为知名。尤加利树为澳大利亚的国树，有 500 多种，是树袋熊唯一的食品。桉树可提取挥发油，其挥发的气体在空气中经阳光折射呈现蓝光，因而得名蓝山。

图 11-3　三姊妹峰　图片来源：作者拍摄

蓝山的标志就是三姊妹峰，三块巨石拔地如笋，分别为 922 米、918 米和 906 米。公园里有供游人观光用的高空索道和深入峡谷的电缆车。温特沃思瀑布泻入 300 米深的贾米森谷底，气势磅礴。吉诺兰岩洞经亿万年地下水流冲刷、侵蚀而形成，洞中有洞。公园内的居住者多达 8 万人，分布在 7 个大小村镇中。

（二）墨尔本

在澳大利亚联邦成立之初，即 1901~1927 年，墨尔本是澳大利亚的首都。当时新南威尔士州的首府悉尼人口已超越墨尔本，工商业的发展亦高于墨尔本，双城都力争联邦首都的地位。后澳大利亚决议将首都设在相当于双城之间的堪培拉。1927 年，首都迁往堪培拉，结束了澳大利亚长达 25 年的首都之争。墨尔本柯林斯大街有"澳大利亚第一街"的美誉，也被称为金融街，因为澳大利亚很多

图 11-4 墨尔本

图片来源：澳大利亚旅游局官网 https://www.australia.com/

银行的总行股票交易所、保险公司的金融投资公司的办事处都在这条街上。街道两旁还有许多古老的大教堂，如1845年建成的柯林斯街基督教大教堂，1866年建成的圣米高联合大教堂和1874年建成的斯哥特长老派大教堂。丽奥图大厦是墨尔本最高的建筑物，高251.4米，有63层，这是南半球高度最高的商用建筑，总共1450级台阶，每年举行爬楼梯比赛。墨尔本气候多变，有"一天四季"的说法，会出现一天之间从短袖到棉袄的状况。

1. 大洋路

第一次世界大战后，从英国归来约5万名澳大利亚士兵。由于当时国家经济萧条，失业率上升，政府只好安排这批士兵开荒修路。由于"第一次世界大战"被称为"Great WarI"，这条路又是参加过第一次世界大战的士兵修建的，所以被正式命名为"Great Ocean Road"（大洋路）。大洋路正式的起点是托尔坎，终点是亚伦斯福特，全长276千米。奥特韦国家公园拥有丰富多样的森林资源，并有众多美丽的小溪和瀑布。

图 11-5 十二使徒岩

图片来源：作者拍摄

十二使徒岩是经过几百万年的风化和海水侵蚀形成的12个断壁岩石，犹如人的面孔。早期有3座已经倒塌，只有退潮时才能看到，2013年中一阵狂风暴雨后又有一座倒塌，只有8座屹立不倒。19世纪巴斯海峡是一个主要的航运通道，海上经常浓雾弥漫，风大浪高，航行极为困难，很多船只在此沉没。最有名的是英国移民船"洛克阿德号"在此沉没，52人死亡，只有2人生还，洛克阿德大峡谷由此命名。大峡谷距离12使徒岩只有约2千米。在这里可以近距离观赏峡谷的岩石景观，并可以顺着峡谷悬梯下到海边。"伦敦桥"早期的岩石是突出海面与陆地连接的岬，由于海浪的侵蚀冲刷形成2个圆洞，正好呈双拱形，所以起名为"伦敦桥"。在

图 11-6 伦敦桥　　图片来源：作者拍摄

1990年1月15日的傍晚时分，与陆地连接的圆洞突然塌落，与大陆脱离形成的断桥。

2. 菲利普岛

菲利普岛位于墨尔本东南124千米的海上，形状酷似海豚，为一处天然动物保护区。菲利普岛是世界上体形最小的企鹅（成年企鹅身高约30厘米）的栖息地，所以又被称为"企鹅岛"。企鹅岛自然生态保护区是目前世界上最大的野生企鹅保护基地，栖息在这里的企鹅超过3万只。由于人类的活动改变了野生企鹅的自然生态环境，企鹅有逐年减少的趋势。白天，成年企鹅离开小岛，游到离岸200千米的深海

图11-7 企鹅归巢

图片来源：澳大利亚旅游局官网 https://www.australia.com/

觅食，大约4~5天后才能返回。不管何时出海的企鹅，总是在天黑透以后才登岛。企鹅登陆后列成方队，离开沙滩登上斜坡后就回到自己的洞穴。因为怕光源刺激眼睛，小岛晚上实行灯光管制，游客一律禁止拍照和摄像。

菲利普岛还有澳大利亚特有的考拉，集中在岛东面的考拉保育中心。保育中心有内容丰富的教学讲解中心，而且可以近距离观望自然栖息地中的考拉。海豹岩区海洋生活馆位于岛的西南角，于1998年4月开馆，这里有澳大利亚最多的一批海豹，大概有1.6万只。

（三）凯恩斯

凯恩斯是前往世界奇观大堡礁的必经之地，属于热带气候，全年天气温暖，降水量高，四周布满热带雨林。凯恩斯南北两翼是绵延数千米的银色沙滩，周围的绿岛，菲茨罗伊岛及附近礁岛，均是游客热爱的度假天堂。虽然是外岛，但是海空交通相当方便。北滨海滩沿着海岸线，绵延26千米。在古兰度村，可以乘古老的火车穿梭雨林与山区，并参观古兰度的自然生态博物馆及工艺品店铺、原住民文化中心。

1. 热带雨林

沿着澳大利亚东海岸，自北向南分布的、值得探访的三大雨林是丹翠雨林、库兰达雨林、天空之城雨林。丹翠雨林路途较远，有库克船长首次登陆就在丹翠雨林的苦难角。凯恩斯往北先到道格拉斯港，

图11-8 苦难角　　图片来源：作者拍摄

可以观赏太平洋岸边景色，一路向北，还要经过摆渡才到达丹翠雨林。在丹翠雨林可进行原始的雨林探险。天空之城雨林因宫崎骏《天空之城》灵感来源于此而被冠以此名。在此雨林可以去湖泊旁、瀑布边、城堡里体验。

库兰达雨林离凯恩斯最近，这里生长着的雨林是现存世界上最古老的热带雨林之一，距今至少有1.5亿年的历史，比亚马孙雨林还要早几千万年。一般雨林游览只能由树下仰观树顶，而在这里长达7.5千米高空缆车可以看到树冠层。缆车起点在史密斯菲尔德站，中途两个停站点：红峰站和拜伦瀑布站都铺设了雨林步道，供游客下车步行进入雨林，终点是库兰达缆车站。缆车行程结束后可换车前往库兰达热带雨林牧场，牧场中有原住民舞蹈、乐器和掷回力镖表演，也可以搭乘水陆两栖车游览雨林小径，解说员沿途会细数雨林中的植物、树木的用途和奇特的野生动物等。

2. 大堡礁

大堡礁是世界最大最长的珊瑚礁群，纵贯于澳大利亚的东北沿海，绵延伸展共超过2000千米，有2900个大小珊瑚礁岛，这里生活着1500种鱼类和4000多类软体动物。大堡礁南端离海岸最远有241千米，北端最近处离海岸仅16千米。落潮时部分珊瑚礁露出水面形成珊瑚岛。在礁群与海岸之间是一条交通海路。大堡礁于1981年被列入《世界自然遗产名录》。

图11-9　大堡礁　　　图片来源：作者拍摄

珊瑚虫体态玲珑，色泽美丽，只能生活在水温保持在22℃~28℃的水域，且水质必须洁净、透明度高。澳大利亚东北岸外大陆架海域具备珊瑚虫繁衍生殖的理想条件。珊瑚虫以浮游生物为食，群体生活，分泌出石灰质骨骼。日积月累，珊瑚虫分泌的石灰质骨骼，连同藻类、贝壳等海洋生物残骸胶结一起，堆积成一个个珊瑚礁体。珊瑚礁的建造过程十分缓慢，最好的条件下，礁体每年不过增厚3~4厘米。大堡礁有的礁岩厚度已达数百米。近些年过度开发、水质污染和气候变化的不断威胁，大堡礁最原始的北部区域的大部分珊瑚礁已被过热的海水杀死。在过去的30年里，大堡礁失去了近50%的珊瑚，并正以越来越快的速度不断衰亡。联合国教科文组织正考虑将大堡礁列入《世界遗产保护"濒危"名录》，拯救这一澳大利亚的"国宝级"景观。

（四）黄金海岸

黄金海岸位于澳大利亚的东部沿海，布里斯班以南78千米处，是一处绵延

42千米、由数十个美丽沙滩组成的度假胜地。黄金海岸属亚热带季风气候,终年阳光普照,空气湿润,一年四季都适宜旅游,非常适合潜水。冲浪者天堂是全澳大利亚,甚至是全世界最精彩的冲浪胜地。它面向太平洋,一年四季无风也起浪,大部分都是浪急风高的大浪海湾。世界顶级冲浪赛事常把这里作为比赛场地。

图 11-10　黄金海岸

图片来源:澳大利亚旅游局官网 https://www.australia.com/

这里分布着众多富有趣味的主题乐园,例如建于1991年3月的华纳兄弟电影世界。它占地168公顷,内有制作剧场,能身临电影情节之中,了解电影的制作过程。梦幻世界有供大人和儿童游玩的各种游乐设施。海洋世界建于1971年,连续4次荣获澳大利亚最受欢迎的旅游胜地奖,可以观赏海洋动物。狂野水世界有各式各样惊险有趣的水滑梯项目和嬉水场所。

图 11-11　国王峡谷

图片来源:澳大利亚旅游局官网 https://www.australia.com/

(五)爱丽斯泉

爱丽斯泉位于澳大利亚中心位置,被称为澳大利亚的"肚脐",坐落在东、西麦克唐纳山脉之间,距离最近海岸1200千米,南回归线穿越而过,气候炎热干燥。爱丽斯泉以其环绕四周的沙漠美景和历史遗产驰名,周围是延伸数百千米的红土沙漠,是通往经典自然景观艾尔斯岩及卡塔曲塔国家公园的门户。登上安萨山,可以俯瞰爱丽斯泉及邻近地区的美丽景色。辛普森峡谷是一道红色的石英岩山峭壁。斯坦德利峡谷是天然形成的大裂缝,两边的岩石在阳光照射下发出火烧一样的红光。亨伯里陨石坑最大的陨石坑直径达183米,深15米,成因是4700年前的一颗陨石撞向地球后爆炸成三块。在爱丽斯泉的博物馆内收藏着一块重达46.5千克的陨石。

艾尔斯岩位于乌鲁鲁—卡塔丘塔国家公园。距离爱丽斯泉约460千米车程。整个乌鲁鲁—卡塔丘塔国家公园1987年被联

图 11-12　艾尔斯岩

图片来源:澳大利亚旅游局官网 https://www.australia.com/

合国教科文组织评选为世界文化与自然双重遗产。2019年10月25日，澳大利亚政府永久禁止攀登澳大利亚艾尔斯岩。艾尔斯岩石是一块红褐色巨大岩石，长约3000米，周长约9.4千米，距地面最高348米，东高且宽而西低窄，被称为"澳大利亚的红色心脏"。当地土著人称呼这块巨石叫乌鲁鲁，意为"见面集会的地方"。艾尔斯岩岩壁陡峭得接近垂直，它大部分隐藏在地表之下，有6千米深，而露在地面的部分就已经堪称是世界上最大的单体岩石。这块红色巨石已经屹立了上亿年，在不同的季节与不同的气候条件下，呈现出不同的色彩。

（六）珀斯

图11-13 珀斯

图片来源：澳大利亚旅游局官网 https://www.australia.com/

珀斯的名称来自苏格兰的同名城市。1697年荷兰探险家威廉·乌拉敏到印度洋东岸时，发现了一个河口，河面上有许多别的地方所没有的黑天鹅，就把这条河定名为天鹅河。1829年英国詹姆斯·斯特林船长率领移民开创了珀斯城，称为"天鹅河殖民地的首府"。1850年改名为"西澳大利亚"。1885年在斯旺河上游的卡尔古利发现了黄金，吸引了大批的新移民。经过公民表决后，西澳大利亚在1901年正式加入了澳大利亚联邦，是澳大利亚最后一个同意加入联邦的殖民地。为了说服西澳的加入，其他各州做出了各种让步，包括从东部建筑铁路干线连接到珀斯等。随着铁路的修建和农业的发展，珀斯逐渐扩大。1961年，为了给美国宇航员导航，珀斯人全城彻夜亮灯，为空中的宇宙飞船作航标，故珀斯曾有"灯光城"之称。

珀斯有很多著名的海滩，景色优美，最有名的数日落海岸，覆盖范围包括费里曼图海岸线以北至尊达勒，并拥有多达20多个海滩。天鹅钟塔是珀斯的地标性建筑，被认为是世界上最大的乐器之一。它收集来自英国各地的18个大钟，在特定的时间及节日会播放不同的钟声：周三和周五的11：30~12：30会有工作人员示范击钟的技巧。除周三、周五外，每天12：00~13：00还会举行敲钟仪式。

野花国王公园坐落于天鹅河畔的伊莱扎山上，紧邻西澳大学，是南半球最大的城市公园。这里地势较高，可以俯瞰到整个珀斯和天鹅河的美景。公园占地面积4平方千米，著名建筑师设计的洛特里韦斯特联邦步道是一条长222米的钢筋玻璃结构步道，蜿蜒盘旋在桉树构成的架子上，让人们可以在树冠上步行。17万平方米的植物园汇集了西澳2000多种植物。

1. 弗里曼特尔

弗里曼特尔位于珀斯市中心南部 20 千米。1829 年，英国人率领"挑战者号"在天鹅河口的弗里曼特尔登陆，并逐步建设为珀斯的港口城镇。弗里曼特尔是澳大利亚的西大门，100 多年来一直是珀斯最重要的港口，该市的大部分建筑物被当地政府列入保护古迹，整个城市仍旧保留着 100 年前的风貌，被誉为"世界上保存最佳的 19 世纪港口城市"。弗里曼特尔是一个艺术家们的聚集地，随处可见街头艺人和充满艺术感的墙上浮雕。

图 11-14　弗里曼特尔

图片来源：澳大利亚旅游局官网 https://www.australia.com/

2. 尖峰石阵

尖峰石阵位于珀斯北面 260 千米，是西澳知名度最高的旅游景点之一。公园内的沙丘中矗立着石灰岩尖塔式的石笋，有数以千计的石灰岩柱，从 10 厘米到 5 米长短不等，看上去就像古战场的布阵，所以被称为"尖峰石阵"。这片石阵的形成说法不一，一种说法是这里曾是原始森林，后来沉入海中被砂石掩埋。树桩和树根在特定的条件下逐步矿化成石。一番沧海桑田又

图 11-15　尖峰石阵

图片来源：澳大利亚旅游局官网 https://www.australia.com/

露出水面，重新形成陆地。已矿化的树桩屹立在这片黄色的沙漠中，形成了"尖峰石阵"的地质奇观。还有种说法是蚬壳与沙粒混合后被风吹到内陆形成圆顶的石块，再经长年累月的侵蚀，构成尖峰石阵的石灰岩石柱。前往尖峰石阵的途中，会经过兰斯林白沙丘，这是澳大利亚最大的沙丘，这里的沙子白细且软，远远看去像极了冰激凌，因此也被称为"冰激凌沙丘"。

3. 波浪岩

波浪岩位于珀斯市外东南角，从珀斯前往波浪岩需要 4 小时左右车程。这里的岩石经过 27 亿年大自然的洗刷，雕琢成高达 15 米的波浪形态。波浪岩附近还有一个

图 11-16　波浪岩

图片来源：https://pixabay.com/

原住民的文化区洞穴，在洞穴中有许多古代的手印绘画。波浪岩夏天蚊子特别多，当地会出售蒙面的帽子。

4. 粉红湖

西澳大利亚有数个粉红色的湖泊，最著名是位于杰拉尔顿的赫特潟湖和位于埃斯佩兰斯的希利尔湖。赫特潟湖是澳大利亚最大的一处粉红色湖泊，是一个盐湖，长14千米，宽2.3千米，是赫特河的入海口，距离西珀斯以北约520千米，前往卡尔巴里国家公园的必经之路上。这里一种嗜盐藻类体内所含的β胡萝卜素让湖水变红。随着雨季里湖水盐度下降，旱季盐度的飙升，嗜盐藻类的繁盛程度发生变化，

图11-17　希利尔湖

图片来源：澳大利亚旅游局官网https://www.australia.com/

湖水的颜色就随着盐度的变化而变化，呈现出从淡绿到深红等不同的色调。赫特潟湖是最容易到达的粉红色湖泊，距离最近的小镇只有50千米，可以选择自驾和乘坐直升机观赏。这一带并不只有赫特潟湖一个粉色湖泊。盐业是当地的支柱产业。这些姹紫嫣红的红色湖泊，乃是一些天然盐湖或者人工盐池。这里有稀有的黑头鸻和高跷鹬，被国际鸟盟列为"世界上重要的鸟类保护区"。

希利尔湖在位于珀斯以南700~800千米洛切切群岛的中间岛屿上，长600米，宽250米，形状酷似一个大脚印，有"上帝的脚印"之美誉。希利尔湖周围为葱郁丛林和碧蓝海水所环绕，只能坐飞机从空中看到。

5. 卡尔巴里国家公园

卡尔巴里国家公园邻近默奇森河的河口，距离珀斯北部580千米。建立于1963年，占地面积1830平方千米。公园主要分为两部分：一部分是围绕着默奇森河的河谷；另一部分是延绵8千米的海岸线。卡尔巴里国家公园的景色是亿万年地质演化形成的结果。在峡谷和海岸发现砂岩大约是4亿年前沉积的。自然之窗是一道巨大的红褐色的天然拱门，岩石经过长时间风化，中央出现一个空洞，如同相框，也像一扇窗口，这里是公园最著名的景点之一，可以欣赏整个峡谷的全境以及默奇森河大回环的景色。

图11-18　自然之窗

图片来源：澳大利亚旅游局官网https://www.australia.com/

第二节 新西兰

一、历史文化

新西兰实行君主立宪制混合英国式议会民主制，现为英联邦成员国之一。14世纪时毛利人在此定居。1769年，英国海军舰长库克及其船员成为首先踏足新西兰的欧洲人，后来英国大批移民新西兰并宣布占领这片土地。1840年2月6日，毛利人和英国王室签署了《怀唐伊条约》，新西兰成为英国王室的殖民地。1907年独立，成为英国自治领，政治、经济、外交受英国控制。1947年获得完全自主，成为主权国家。新西兰是全球最美丽的国家之一，有"长白云之乡"美誉。总计约有30%的国土为保护区。拥有3项世界遗产、14个国家公园、3座海洋公园、数百座自然保护区和生态区。

新西兰人中欧洲移民后裔占64%，毛利人占15%，亚裔占12%，太平洋岛国裔占9%。官方语言为英语、毛利语。48.9%的居民信奉基督教新教和天主教。新西兰有两首地位等同的国歌《天佑新西兰》与《天佑女王》，《天佑女王》是英国的国歌及英联邦的皇室颂歌，一般不作为国歌演奏。新西兰国歌前半部分为毛利语，后半部分为英语。

二、自然地理

新西兰领土由北岛、南岛及一些小岛组成，以库克海峡分隔。南岛邻近南极洲，北岛与斐济、汤加相望。国土面积约为27万平方千米，东西最宽处宽450千米，海岸线长6900千米。新西兰以"绿色"著称。境内多山，山地和丘陵占总面积75%以上，平原狭小。河流短而湍急，航运不便，但水利资源丰富。北岛多火山和温泉，南岛多冰河与湖泊。海岸线长约1.5万千米。新西兰属温带海洋性气候，四季温差不大，植物生长十分茂盛，森林覆盖率达29%，天然牧场或农场占国土面积的一半，生态环境非常好。新西兰水力资源丰富，全国80%的电力为水力发电。新西兰很接近国际日期变更线，查塔姆群岛和吉斯伯恩市是全世界最先迎接新一天到来的地方。

三、旅游城市和景点

（一）南岛

南岛海岸线长 6900 千米，有许多美丽的海滩，是新西兰最大的岛屿，也是世界排名第 12 大的海岛。南岛西海岸的南阿尔卑斯山脉是新西兰最大的山区。东部沿海有狭长平原，以坎特伯雷平原最为重要。毛利语中的南岛是"绿玉水"的意思。

1. 皇后镇

皇后镇依山傍水，到处都是观光点。市区的瓦卡蒂普湖是座高山湖，殖民者认为此处风景秀丽应属女王所有，由此得名皇后镇。瓦卡蒂普湖湖水呈现美丽的宝石蓝色，库克山与南阿尔卑斯山隔湖相望，褐色的山峰之上点缀着白雪，倒映在蓝色的湖水之中，成为皇后镇的标志性景色。瓦卡蒂普湖是新西兰最长的湖泊，形状为 S 形，皇后镇刚好位于它的弯曲处。每隔几分钟，瓦卡蒂

图 11-19　皇后镇蒸汽船
图片来源：新西兰旅游局官网 https://www.newzealand.com/cn/

普湖的湖水就会涨落一次。这种涨潮现象与湖的形状有关，是一种特别的潮汐。瓦卡蒂普湖上的"恩斯勒"号是条古老的蒸汽船，已经在湖里航行了 100 年。

皇后镇全年都可从事刺激活动，有各式各样的高空弹跳，高度有 35 米、72 米、105 米等，也可以选择夜间弹跳。皇后镇有大大小小水流湍急的河川可以漂流。新西兰是喷射快艇的发源地，在皇后镇已有 20 多年的历史，乘上快艇，在激流中穿梭于高山峡谷间，惊心动魄。

格林诺奇位于瓦卡蒂普湖最北端，离皇后镇仅 45 千米，这里的湖泊、山川、草原和牧场基本保持原生态，被称为最具有

图 11-20　瓦卡蒂普湖
图片来源：作者拍摄

"中土世界"气质的地方。从皇后镇一路沿着瓦卡蒂普湖前行到格林诺奇，一边是高山一边是湖水，这条公路被誉为全球十大最美自驾路线之一。格林诺奇有一个更为人熟知的名字，叫作"魔戒小镇"。小镇因新西兰导演彼得·杰克逊的电影《魔戒》和《霍比特人》在此取景而出名。《魔戒》三部曲以及《垂直极限》《X 战警前传：金刚狼》《纳尼亚传奇：凯斯宾王子》等电影都曾在此取景拍摄。

箭镇距离皇后镇 21 千米远。1862 年威廉·福克斯在小镇附近发现了黄金,从而促进了小镇的发展。箭镇的湖区博物馆被称为"新西兰小博物馆之最"。箭镇不少古迹保存完好,漫步在箭河边,进入数千名中国矿工居住的简陋小村庄,体验早期淘金生活。这里主要的大街是白金汉街,古老的建筑立于街道两旁。除了淘金文化,这里还因金秋大面积的绚烂五彩林而闻名遐迩。每年的 4 月中旬都会举办金秋文化节来庆祝一年的丰收。

图 11-21　箭镇

图片来源:新西兰旅游局官网 https://www.newzealand.com/cn/

2. 峡湾国家公园

峡湾国家公园位于南岛的西南角,在太平洋板块和印度洋板块交界处的高山断层上,距离皇后镇 300 千米左右,在蒂阿瑙小镇旁。公园包括火山岛索兰德尔岛,占地面积 125 万公顷。公园内有南岛最深的马纳波里湖和最大的蒂阿瑙湖。马纳波里湖,毛利语为"伤心湖",长约 29 千米,面积约 190 平方千米,最深处达 443 米,有 3 个狭长的湖湾,湖内有许多小岛。蒂

图 11-22　米尔福德峡湾

图片来源:新西兰旅游局官网 https://www.newzealand.com/cn/

阿瑙湖面积约 400 平方千米,长约 61 千米,最宽处仅不足 10 千米,湖体狭长。

峡湾国家公园内多峡湾,海岸呈锯齿形。峡湾是一个由海洋淹没的 U 形冰川峡谷。西海岸的 14 个峡湾总长 44 千米,最深有 500 米。南面峡湾更长,入海口更宽,其间有许多小岛。这里古代为高原,100 万年前冰川的活动削尖了各个山峰,刨蚀了每条峡谷和湖泊,也拓宽了峡谷的 V 形谷底。高原经风雨冰雪侵蚀,形成了高山峻岭、悬崖绝壁、河川湖泊,其最深处与麦特尔峰的落差达 265 米。在山涧能见到大大小小的瀑布,最著名的是苏瑟兰瀑布,总落差 580 米。米尔福德峡湾现为峡湾国家公园最北部的峡湾,米尔福德小道的终点。米尔福德峡湾内生活着宽吻海豚、新西兰长毛海豹和峡湾顶冠企鹅,在海豹角上常有大量的年轻海豹聚集。

3. 库克山公园

库克山公园坐落在南阿尔卑斯山中段,1953 年起辟为国家公园,占地 7 万公顷。公园西侧是胡克冰川,东边塔斯曼冰川长达 29 千米,宽达 3.2 千米。园

图 11-23 特卡波湖
图片来源：作者拍摄

内 1/3 地区终年积雪，冰川覆盖，有 15 座 3000 米以上的高峰。其中库克山雄踞中间，海拔 3764 米，是新西兰最高峰，也是大洋洲第二高峰，有"新西兰屋脊"之称。西部和 1070 米以上高坡，只有玄黑岩石镶嵌于冰雪之中，山间多冰川、瀑布。冰蚀湖呈深赭石色。雨水湖清澈翠绿，山影碧波。1000 米以下森林茂密，园内动物有大鹦鹉、鹰、羚羊和野猫等。

山前不远是美丽的布卡基湖、特卡波湖。特卡波湖岸边有一座牧羊人教堂，以一只牧羊犬的雕塑而命名，纪念过去帮助开创农田的牧羊犬们。著名建筑师本杰明·伍尔菲尔德·芒福德于 1935 年建造，教堂是独特的哥特式木石结构建筑。从教堂圣坛的窗口望去，可以看到南阿尔卑斯山最壮观的景色，因此吸引了许多新人来这里办婚礼。

4. 基督城

基督城为新西兰第三大城市，是新西兰的"花园之城"，也是南岛最大的城市。基督城拥有浓厚的英国气息，艺术文化气息浓厚，19 世纪的建筑比比皆是。花团锦簇、草木繁盛的景象又为基督城赢得了"花园城市"的美誉。市内主要景点有教堂广场、艺术画廊及博物馆。2011 年 2 月 22 日，基督城东南 10 千米的利特尔顿发生 6.3 级强烈地震，造成重大人员伤亡。市中心广场的天主教堂是文艺复兴式的古典建筑，

图 11-24 雅芳河
图片来源：新西兰旅游局官网 https://www.newzealand.com/cn/

是基督城的标志。教堂广场西端的纪念桥，是为悼念在第一次世界大战中为国捐躯的士兵。坎特伯雷博物馆珍藏着新西兰的自然历史，更有毛利人的珍贵资料及图片。基督城有探索南极的研究中心，中心内展示考察南极的资料，更有模拟南极地貌气候的展览场地。罗伯特·斯科特和欧内斯特·沙克尔顿的南极探险都是从基督城港口出发的，市中心还有斯科特雕像。

（二）北岛

北岛地形曲折，多半岛和海湾。岛上最大湖泊是陶波湖，四周有厚层火山物质，形成海拔 400~700 米的高原。

1. 汤加里罗国家公园

汤加里罗国家公园位于北岛中部地区。毛利酋长蒂休休图基诺四世于1887年将三座壮观的火山作为礼品赠送给了国家。这三座火山鲁阿佩胡火山、汤加里罗火山和瑙鲁霍伊火山，加上周边的土地，组成了汤加里罗国家公园。1990年和1993年联合国教科文组织将汤加里罗国家公园作为文化和自然遗产。汤加里罗国家公园有15座近代活动过或正在活动的火山口。鲁阿佩胡火山是北岛的最高点，海拔2796米，是一座只有75

图11-25　汤加里罗国家公园

图片来源：新西兰旅游局官网 https://www.newzealand.com/cn/

万年历史的活火山。火山顶上终年积雪皑皑，是著名的滑雪胜地。鲁阿佩胡火山在20世纪数度爆发，1953年是最严重的一次，滚烫的泥浆冲毁了一座火车铁桥，造成火车上153人死亡。最壮观的瑙鲁霍伊火山山坡陡峭，顶部是直径400米的火山口，是十分典型的圆锥形火山。瑙鲁霍伊火山常年烟雾腾腾。自19世纪30年代以来，一直处于活动状态。爆发使火山口本身的形状不断变化，在主火山口内重新生成次生火山锥。在指环王系列电影中，这里是索伦铸造魔戒、佛罗多和山姆毁灭魔戒的场所，也是魔多的核心地带。汤加里罗火山只有1968米高，但名气最大，整个国家公园都以它的名字命名。

2. 怀托摩萤火虫洞

怀托摩萤火虫洞是一处活性岩石洞穴，该洞穴约在1.5万年前形成。洞穴上下均有通口，吸引许多昆虫入内繁殖。参观萤火虫洞，必须从蒂安娜搭乘30分钟船程到对岸，进入洞穴时，再步行上桥。洞穴深处的岩石上一片绿白色微光，微光下是无数条长短不一的半透明细丝，每条丝上有许多"晶莹的水滴"。这是因萤火虫幼虫分泌附有水珠般黏液的细丝，其他昆虫循光而

图11-26　怀托摩萤火虫洞

图片来源：新西兰旅游局官网 https://www.newzealand.com/cn/

来，撞到丝上成为萤火虫的美餐。这些萤火虫生命为一年。幼虫会发光吐丝，随着年龄增大荧光愈加明亮。它们对生存环境的要求近乎苛刻，遇到光线和声音便无法生存。目前，只在新西兰和澳大利亚发现了这种萤火虫。

3. 霍比特村

图 11-27 霍比特村
图片来源：新西兰旅游局官网 https://www.newzealand.com/cn/

霍比特村在玛塔玛塔镇外的亚历山大牛羊家族牧场，是一片恬静美丽的世外桃源，处处尽是纯净迷人的田园风情，是《指环王》和《霍比特人》中霍比特居住村庄的主要拍摄外景地，电影造景被完整地保留下来且每天对外开放。半圆形的霍比特人洞穴小屋"镶嵌"在青翠的山坡，错落有致。镇上著名的霍比特人酒馆——绿龙酒馆，除了可以参观外，确实也是一家营业的酒馆。

4. 奥克兰

奥克兰是新西兰最大的城市，位于北岛北部，是经济商业中心。奥克兰全城上下都酷爱扬帆出海，人均拥有的船只数是全球之冠。种类各异的游艇密密地停靠在泊位上，白帆点点，所以奥克兰有"千帆之都"的美誉。新西兰的首都早先设在奥克兰，1865 年迁都至惠灵顿，但奥克兰仍然为新西兰最发达的地区之一，同时也是南太平洋的枢纽，旅客出入境的主要地点，连续多年被评为世界上最宜居的城市。

图 11-28 奥克兰火山锥
图片来源：新西兰旅游局官网 https://www.newzealand.com/cn/

奥克兰整个城市分为南北两部分，由海港大桥连成一体，桥长 1079 米，有 8 条平行车道，1959 年建成，是新西兰唯一的港口桥。奥克兰是座美丽的花园城市，城周丘陵起伏，市内火山锥到处可见。死火山有几十座，不少已辟为公园。这里有公园 360 多个，居全国城市之首。市中心有艾伯特公园，在毛利战争中曾是英国殖民军总部所在地。伊甸山公园山高 220 米，有公路可盘旋而上，可鸟瞰市区、港湾风光。女王大街是奥克兰最古老的和最繁华的街道，街上矗立着一尊手握大棒的毛利勇士铜像。市区现代化的建筑和古色古香的维多利亚式建筑相间分布。格雷夫顿大街上的战争纪念馆内珍藏着毛利人的文物和艺术品，有毛利人早期航行至此的各种独木舟、农渔猎工具、作战用的刀叉等。市郊山冈上还建有毛利人的"介"字形祠堂，是毛利人祭祀祖先、集会和调解纠纷的地方。奥克兰博物馆里展览了毛利族及波利尼西亚人的历史遗迹及资料，如古物文献、毛利族雕刻及古旧用具等。有陈列毛利人工艺品的历史博物馆及展示运输和科技新发展的现代博物馆。

5. 惠灵顿

惠灵顿是新西兰的首都，是新西兰的第二大城市，与悉尼和墨尔本一起成为大洋洲的文化中心。惠灵顿位于北岛南端，三面环山，一面临海，是世界最佳深水港之一，是往来南北二岛的交通枢纽。惠灵顿地处断层地带，除临海有一片平地外，整个城市依山建筑，平和宁静。1855 年一次大地震曾使港口受到严重破坏，如今的惠灵顿是 1948 年后重建的。由于惠灵顿濒临海湾，加之地势较高，时常受到海风的侵袭，一年之中大部分日子都刮风，因而有"风城"之称。

图 11-29　惠灵顿
图片来源：新西兰旅游局官网 https://www.newzealand.com/cn/

惠灵顿动物园以其特有的珍奇动物著称，园内珍藏着新西兰国鸟几维鸟。这种鸟没有翅膀，没有尾巴，嘴长长的，形象奇特。蒂帕帕国家博物馆建成于 1998 年，是世界上最佳的互动型的博物馆之一。这里面有许多珍贵的历史遗存，可以了解到新西兰的历史和文化，还有自然环境、动植物、海洋地质概况。

蜂巢是新西兰的国会大厦，这个建筑跟蜂箱相似，是由英国的建筑师巴斯·斯彭斯设计的。蜂巢高达 72 米，共 14 层，地面上 10 层，地下有 4 层。它的墙板是不锈钢丝网，天花板是半透明的玻璃。曾有网站把它评为"世界最丑的十大建筑"之一。旧圣保罗大教堂、凯瑟琳·曼斯菲尔德诞生地、安特林屋、松洞老区或老政府大厦都是木质建筑，也值得一游。

第三节　斐济

一、历史文化

斐济共和国简称斐济，名称源自汤加语的"岛屿"，前 1500 年就有人居住。1643 年荷兰航海者阿贝尔·扬松·塔斯曼首先来到斐济。19 世纪欧洲人开始移入。1874 年沦为英国殖民地。1879~1916 年，英国招募大量印度劳工定居斐济。1970 年 10 月 10 日独立，1987 年改称共和国。1990 年通过新宪法确立国名为斐济主权民主共和国。1997 年加入英联邦。1998 年改国名斐济群岛共和国。2009 年改国名为斐济共和国。

斐济族人属于美拉尼西亚人，同时具有波利尼西亚人的一些特点。斐济的印度族人是契约劳工的后代。1916年契约劳工制度结束后，很多印度劳工选择作为佃农或自由土地开发者留在斐济，并逐渐发展成斐济两大民族之一。斐济官方语言为英语、斐济语和印地语，通用英语。53%的人信奉基督教，38%的人信奉印度教，8%的人信奉伊斯兰教。

斐济自古就是以部落为单位所组成的国家，由于地理位置居中而又成为南太平洋文化的十字路口。斐济人以小区的形式取代传统部落茅屋，每个小区拥有自己的首领，通常是由最德高望重的酋长担任，小区中大小争执都可由公开的聚会来裁决。斐济村庄里，有个特殊的规矩，那就是不能戴帽子，也不能摸小孩子的头，只有村长才有戴帽子的特权。1867年，一名英国传教士因从一位当地酋长的头上拿下一把梳子，被愤怒的原住民活活砍杀而死。虽然斐济人已完全跨入现代文明，但不摸别人头的习俗还是保留下来。斐济受到多种宗教信仰和不同移民风俗的影响，不同的节日有着不同的风格。

二、自然地理

斐济位于西南太平洋中心，陆地面积18333平方千米，由332个岛屿组成，多为珊瑚礁环绕的火山岛等。斐济属热带海洋性气候，常受飓风袭击。每年5~10月是最佳旅游时间。这时受寒冷的东南信风的影响，温度较低，平均气温为22℃。11月至次年4月，气温较高，平均温度为32℃，风向多变，降雨较多，会受到热带风暴的袭击。从雨量分布看，斐济主岛分为泾渭分明的干燥地区和湿润地区。东南部地区雨量丰沛，西部地区相对干燥。

三、旅游城市和景点

斐济岛又称斐济群岛，是从新西兰及澳大利亚前往北美的必经之地，是世界著名的度假胜地、旅游天堂，被誉为"全球十大蜜月旅游胜地之一"。斐济波光碧海，白沙椰林。这里群岛环绕，每个岛都有自己独特的特色。

苏瓦是斐济首都，也是全国政治、经济、文化中心。拥有最主要的港口，是南太平洋的交通重镇，港口外有珊瑚礁，自然条件优越。气候湿润凉爽，景色宜人。整个城市犹如一座大花园。市民中有一半以上从事渔业，由于渔业发达，各种鲜美的海产品应有尽有。

图11-30　斐济酒店
图片来源：斐济旅游局官网 http://visitfiji.cn/

维提岛是斐济的第一大岛,形状像个横摆的柠檬,是观光旅游最发达的岛屿。这里道路系统便捷,皇后路和国王路串联成一个环岛系统。南迪位于维提岛的西部沿海,临近玛玛努卡群岛。这里的海水清澈见底,没有受到一丝污染,是最理想的潜水圣地。"天堂也不过如此景色"指的就是斐济,而斐济的天堂,又不外乎南迪。

玛玛努卡群岛,由20多个小岛和一些更小的环礁湖小岛组成,包括玛娜岛、遇难岛、玛洛洛岛、金银岛、施舍岛、南海岛等。这些小岛都拥有完美的阳光海滩,皮划艇、帆板运动、浮潜、水肺潜水、单桅帆船、香蕉船、独木舟、水上摩托、出海钓鱼、拖曳伞等海岛的娱乐设施十分丰富。其中玛娜岛最出名:柔美的蓝天、五彩斑斓的沙子、礁石、珊瑚,在阳光的折射下会使海水变得五颜六色。金银岛是斐济最美丽的海岛之一,这里的海床很低,海水清澈得几乎透明。在莫努岛和莫努锐伊岛上还留下了美国影帝汤姆·汉克斯在《漂流者》中的身影。

雅沙娃群岛位于斐济主岛的西北部,有着比玛玛努卡群岛更为壮丽的景色,同时商业化程度更少,没有银行、商场、药店等公共设施,远离都市尘嚣。瓦努阿岛又名万努来雾岛,是斐济的第二大岛,面积约为维提岛的一半,位于大东岛东北方海面上,与第三大岛塔韦乌尼岛统称为北区。万努来雾岛有黑色火山岩、白色沙滩、高山雨林与丰富的海底景观。塔韦乌尼岛是南太平洋斐济第三大岛,与瓦努阿岛仅隔一索莫索莫海峡。塔韦乌尼岛是一座火山岛,拥有举世闻名的彩虹礁,又被称为"花园之岛"。

图 11-31 玛玛努卡群岛

图片来源:https://www.captaincookcruisesfiji.com/

 拓展阅读

1. 在斐济,女性不得穿着露肩的无袖上衣或者长度不及膝盖的短裙。在部落中不得戴帽子或者太阳镜。不要摸任何斐济人的头,包括小孩子,斐济人认为头部是人最神圣的部位,是最高精神所在。斐济岛屿间最方便的交通工具就是水上飞机。

2. 澳大利亚、新西兰奉行靠左行驶的规则。澳大利亚和新西兰自驾很方便,但是驾车违规罚款很重。虽然澳大利亚的城际高速公路免费，但是在墨尔本、布里斯班、悉尼等大城市市内都有收费车道。路上没有任何收费标识，需要在网站上购买车票，否则，一个月后就会处以罚款。晚上开车要特别小心，可能会有野生动物窜上马路。

3. 澳大利亚的皮肤癌患者居高不下，因为南极臭氧层空洞的问题，南极洲周边地区臭氧层都很薄，夏季的阳光更加容易引起皮肤癌，要注意防晒。

4. 作为岛国，澳大利亚和新西兰对携带入境的外来食品，如肉类、禽蛋类和乳制品等有严格控制，新鲜水果不能入境。

第十二章 西亚

第一节 土耳其

一、历史文化

1299年奥斯曼一世建立奥斯曼帝国。1453年5月29日,穆罕默德二世攻陷君士坦丁堡,灭掉了拜占庭帝国,16~17世纪达到鼎盛时期,统治区域跨欧洲、亚洲和非洲。土耳其继承了东罗马帝国的文化和伊斯兰文化,东西文明在此得以统合。19世纪国力开始衰落,1914年8月奥斯曼帝国在第一次世界大战中加入同盟国作战并战败,帝国从此土崩瓦解。穆斯塔法·凯末尔·阿塔土克于1923年10月29日建立了土耳其共和国。土耳其是一个横跨欧亚大陆的国家,被称为"文明的摇篮"。土耳其在政治、经济、文化等领域均实行欧洲模式,宪法规定土耳其为民主、政教分离和实行法治的国家。土耳其曾经是罗马帝国、拜占庭帝国、奥斯曼帝国的中心,有着6500年悠久历史和先后13个不同文明的历史遗产,加上三面环海的地势和内陆复杂的地理环境使其拥有了极为丰富的旅游资源。

土耳其官方语言为土耳其语,还有库尔德语、扎扎其语、阿塞拜疆语、卡巴尔达语。居民中99%信奉伊斯兰教,大多数属逊尼派。1%的人口信奉亚美尼亚东正教、希腊东正教、犹太教、天主教等。

二、自然地理

土耳其国土包括西亚的安纳托利亚半岛和南欧巴尔干半岛的东色雷斯地区。北临黑海,南临地中海,东南与叙利亚、伊拉克接壤,西临爱琴海,并与希腊以及保加利亚接壤,东部与格鲁吉亚、亚美尼亚、阿塞拜疆和伊朗接壤。土耳其海峡是连接黑海以及地中海的唯一航道。土耳其海岸线长7200千米,陆地边境线长2648千米，地理位置的战略意义极大，是衔接欧亚的十字路口。

土耳其地形复杂，从沿海平原到山区草场，从雪松林到绵延的大草原，是世界植物资源最丰富的地区之一。阿勒山高5165米，山顶终年积雪，景色壮观。境内河流湖泊众多，底格里斯河和幼发拉底河均发源于此。土耳其夏季长，气温高，降雨少，冬季寒冷。土耳其的气候类型变化很大，东南部较干旱，中部比较凉爽。气候多样性使得土耳其的农作物品种极为丰富。

三、旅游城市和景点

（一）伊斯坦布尔

伊斯坦布尔始建于前658年，位于金角湾与马尔马拉海之间的地岬上，称拜占庭。330年，君士坦丁将罗马帝国迁都至此，称为新罗马，后改称君士坦丁堡。395年，罗马帝国分为东、西罗马帝国，君士坦丁堡成为东罗马帝国首都。1453年成为奥斯曼帝国首都，习惯上称为伊斯坦布尔。直到凯末尔建立土耳其共和国之后，迁都安卡拉。

作为罗马帝国、拜占庭帝国和奥斯曼帝国的首都，伊斯坦布尔保留了辉煌的历史遗产，现有40多座博物馆、20多座教堂、450多座清真寺，收藏了大量文物。古代东方博物馆展有苏美尔人的头像、巴比伦人的瓦器、亚述人的浮雕等，这些都是两河流域和小亚细亚地区各民族史前时期的文物。考古博物馆有大量古希腊、古罗马时代的文物，著名的有公元前4世纪马其顿国王亚历山大的巨大石棺。考拉教堂有大量关于圣母、基督和使徒的壁画，是拜占庭艺术的代表作。苏莱曼清真寺有许多奥斯曼时期的艺术珍品。伊斯坦布尔市分成三个区：位于欧洲的旧城区、贝伊奥卢商业区和位于亚洲的于斯屈达尔区。旧城区里历代各帝国时期遗留下的石砌古堡、城垣、塔楼、渡槽随处可见。旧城区在1985年被联合国教科文组织评为世界文化遗产。

图12-1　蓝色清真寺
图片来源：土耳其旅游局官网 http://www.travelingoturkey.com/

1. 蓝色清真寺

苏丹阿赫迈特清真寺又叫蓝色清真寺，这是因为该寺的墙壁使用了以白色为底的蓝彩釉贴瓷，使得整个清真寺充满了蓝色。1609年，阿赫迈特苏丹命令建筑师迈赫迈特·阿加在原来的阿伊舍苏丹王宫上修建一座能与圣索菲亚大教堂相媲美的清真寺。1617年，清真寺完工。实际上它在规模和内部空间的平衡方面已经超过了圣亚索菲亚教堂，面积达到了4608平方米。它外观造型独特，是奥斯曼帝国时代建筑和艺术的辉煌杰作，是拜占庭的希腊文化和奥斯曼土耳其的伊斯兰教文化相结合的建筑，如果没有六座叫拜塔，完全似一座东正教教堂。蓝色清真寺建筑结构严谨，未使用一根铁钉，历经数次大地震安然无恙。六根宣礼塔象征伊斯兰教六大信仰，相传只有圣城麦加的清真寺才能盖六根尖塔，这一逾越规矩的事件引发伊斯兰世界轩然大波。国王艾哈迈德一世不愿拆去其中任何一根，于是决定出资将麦加的大清真寺宣礼塔加到七根以显示麦加圣城至高无上的地位。

蓝色清真寺大圆顶直径达27.5米，另有4个较小圆顶，尖塔高43米。6根高耸的尖塔分三排对称地立于长方形寺院的四角和中腰，尖塔中共有阳台数目原为14个，象征着当时的14个亲王。寺院共有8个入口，走过门框均由大理石铺成的三道门，进到内庭，里面粉红砾石、大理石或斑岩的大石柱之间以拱门相连接，拱顶着30个圆顶。

图12-2 蓝色清真寺内顶
图片来源：https://pixabay.com/

用于洗礼的喷水池在内庭的中心。主殿上是大小不一的大圆顶，后院则是大小和形状一样的小圆顶。清真寺外部由36座大小不同的坟墓构成，中间一座是艾哈迈德一世的。陵前是一座19世纪的大理石石面的钟塔，后面为图书馆。

2. 圣索菲亚大教堂

圣索菲亚大教堂是东正教的中心教堂，是拜占庭建筑最光辉的代表，是拜占庭帝国的主教堂。1453年后被土耳其人占领，改建为清真寺。圣索菲亚大教堂东西长77米，南北宽71米。布局属于以穹隆覆盖的巴西利卡式。中央巨型的圆顶直径32.6米，穹顶离地54.8米。室内没有柱子来支撑，而是通过以拱门、扶壁、小圆顶等设计来支撑和分担穹隆重量。穹隆底部密排着一圈40个窗洞，教堂内饰有金底的彩色玻璃镶嵌

图12-3 圣索菲亚大教堂
图片来源：土耳其旅游局官网 https://www.goturkey.com/

画。装饰地板、墙壁、廊柱的是五颜六色的大理石，柱头、拱门、飞檐等处以雕花装饰，教坛上镶有象牙、银和玉石，大主教的宝座以纯银制成，祭坛上悬挂着丝与金银混织的窗帘，上有皇帝和皇后接受基督和玛利亚祝福的画像。圣索菲亚大教堂经历过数次重修，在17世纪圣彼得大教堂完成前，一直是世界上最大的教堂。奥斯曼帝国时期，圣索菲亚教堂改建为清真寺，周围矗起四座高塔。

图 12-4 托普卡帕宫
图片来源：https://pixabay.com/

3. 托普卡帕宫

托普卡帕宫在 1465~1853 年一直都是奥斯曼帝国苏丹的官邸及主要居所。托普卡帕宫翻译过来就是"大炮之门"，昔日碉堡内曾放置大炮，故以此命名，苏丹穆罕默德二世在 1459 年下令动工兴建。托普卡帕宫由 4 个庭院及其他矮小的建筑物组成，占地 70 万平方米，四周有 5 千米长的宫墙环绕，7 座大门，其中 4 座朝陆地，3 座朝海洋，主要的一座大门面向圣索菲亚教堂。皇宫重要的建筑有 1472 年建筑的彩石砖阁、谒见厅、保留先知穆罕默德圣物的圣堂，以及为纪念 1638 年攻下巴格达而建的巴格达亭等。托普卡帕宫 1924 年 4 月 3 日成为帝国时代的博物馆，部分开放给公众，由土耳其军方的武装守卫。

托普卡帕博物馆分瓷器馆、土耳其国宝馆、历代苏丹服饰馆、古代刺绣馆、古代武器馆、古代钟表馆等，还有一座图书馆及书法展览室。苏丹服饰馆里有历代苏丹和后妃穿过的丝质大袍。据说，当年东罗马帝国拜占庭皇帝穿的皇袍，就是由中国的丝绸制作的。瓷器馆收藏有 2 万多件来自中国宋、元、明、清时代的瓷器，其中一只白地蓝花明朝烧制的瓷碗上，有苏东坡游赤壁的中国画和《赤壁赋》全文。还有一套中国青花餐具是世上少见的 16 世纪的珍品，据说用这套瓷器进餐，如遇有毒物质，餐具会改变颜色。此外还有元末明初的大碟、大钵，南宋到明朝出产的各种类型的青瓷。博物馆还收藏了历史上许多罕见的文物和文献，如阿麦德一世的御座，从椅背到椅脚全部由纯金覆盖，并镶有 1000 多颗巨大的宝石，还有苏丹的王冠、宝座，装有几百粒钻石的甲衣，重 48 千克、一人高的金质蜡烛，上面镶着 6666 颗钻石。

4. 耶莱巴坦地下水宫

在伊斯坦布尔城中地下宫殿众多，耶莱巴坦地下水宫是其中规模最大的。整座水宫长 140 米、宽 70 米，由 336 根高 9 米的粗大科林斯式石柱支撑着，这些石柱据说均是从安塔托利亚地区的神殿中搬运过来的。地下水宫原是 6 世纪拜占庭时期因战争原因而建的储水池。542 年，朱斯提尼安大帝动用 7000 名奴隶在教堂废墟上建成的，一方面是为了保证宫廷用水，另一方面是防止敌人围困，有备无患。水宫储水量达 10 万吨之多，据说蓄满了水可供当

图 12-5 地下水宫
图片来源：https://pixabay.com/

时全城人喝一个月。到了奥斯曼帝国时期,水宫被废置,直至16世纪中叶,被荷兰人无意中发现,才重见天日。《007在伊斯坦布尔》《特务迷城》《但丁密码》影片都曾在此处取景。从水宫入口逐级而下,好似进入了另一个世界。在昏暗的灯光下,不禁产生暗夜街角的错觉。在水宫的一侧,两个巨大的石柱下面压着蛇发女妖美杜莎的头像。

(二)棉花堡

棉花堡是远近闻名的温泉度假胜地,位于西南部代尼兹利市,名字源自其外形像铺满棉花的城堡。泉水从山顶往下流,所经之处历经千百年钙化沉淀,形成层层相叠的半圆形白色石灰岩阶梯,远看像大朵大朵的棉花矗立在山丘上。棉花堡是坚硬的石灰岩地形,棉花堡踩上去并不光滑,水温终年保持在36℃~38℃,水的酸碱值6左右。据科学鉴定,泉水富含钙、镁等矿

图12-6 棉花堡
图片来源:https://pixabay.com/

物质,对风湿、皮肤病、妇科病、消化不良及神经衰弱等有神奇疗效,泉水还可饮用。温泉水汇成一个个的天然池,呈层叠状下降。这里以前免费开放,可以泡温泉,但巨大的人流量和山下大量兴建的温泉旅馆,使得泉水量锐减。枯竭的水源使原本白色的地表转黑。土耳其因此限制游客在棉花堡的活动,只能进行足浴不准游泳,也约束温泉旅馆的开发。

赫拉波利斯遗址位于棉花堡附近,是古希腊著名的圣城,公元前2世纪时由帕加马王国所建,还遗留有大浴场、竞技场、街道、大剧场和古坟场等残垣断壁。建设结构上承袭了希腊的传统风格,主要街道有1千米长,主建筑排列在街道两旁,两侧的小巷都与街道成直角形。海尔保利大剧场是一座顺山势建成露天圆形剧场。古坟场里的墓陵用大理石块堆砌而成,大理石棺木雕刻精致。

阿佛洛狄西亚卫城建于2000多年前,至今保存着希腊风格的澡堂、拱门、横梁、石柱长廊、指向天空的大理石柱,它们由雪白的大理石雕筑而成,花纹繁复,造型宏伟。希拉波里斯卫城也是希腊风格的建筑,被大地震毁得剩下一片废墟,考古学家只发掘出城外规模巨大的贵族坟场。

(三)卡帕多奇亚

卡帕多奇亚是一个区域,位于土耳其中部安纳托利亚高原,是土耳其最具视觉震撼的地区。卡帕多奇亚地区有三个小镇,内夫谢希尔、格雷梅与于尔居普,其中格雷梅距离大部分景点的距离最为合适。

图 12-7　石窟教堂

图片来源：土耳其旅游局官网 https://www.goturkey.com/

1. 格雷梅露天博物馆

卡帕多奇亚火山喷发时岩浆在石灰岩地表上留下的一个个锥形山峰，这些山峰顶端的石头硬度非常高，越往下硬度越低，把这些山峰内部挖空，变成几层具有各种功能的住房或宗教建筑。格雷梅露天博物馆位于陡峭的山谷之中，汇集了30多个大小不同的石窟教堂，浓缩了卡帕多奇亚的自然、历史和人文，被评为世界文化遗产。

这些教堂包括拜占庭时期的教堂、礼拜堂和修道院，最初由躲避政治迫害而迁移到卡帕多奇亚的基督教徒将山体凿空修建而成，许多教堂里刻画着色彩斑驳的壁画，这些壁画虽然造型并不完美，但都有一段美丽的传说，有很高的艺术价值。比较著名的教堂有苹果教堂、圣芭芭拉礼拜堂、蛇教堂、黑暗教堂、托卡利教堂、凶眼教堂、拖鞋教堂、隐藏教堂。因基督教旧约禁止偶像崇拜，再加上伊斯兰教对人像的禁忌，在8~9世纪的"破坏圣像运动"中，这些壁画遭受了空前的浩劫，有的全部被毁，有的人脸被刮去。

玫瑰谷位于格雷梅北部的国家公园内，周围层峦叠嶂，怪石嶙峋。火山喷发后的石灰岩地表经过流水、洪水和霜冻的侵蚀，石灰岩裂开，较软的部分被侵蚀掉。留下的一个个独立的小山峰，可高达数十米。这种小山峰，远近高低各不同，形态各异，有的像尖塔、有的像蘑菇、有的像戴着帽子的精灵，后来被取名"仙人烟囱"。仙人烟囱的表面大多十分光洁，随着阳光和云影的变幻，岩石色调也不一样。玫瑰谷由

图 12-8　格雷梅露天博物馆

图片来源：土耳其旅游局官网 https://www.goturkey.com/

锥形、金字塔形以及"仙人烟囱"的尖塔形岩体组成。这里主要的景点有石柱教堂和十字架教堂。

2. 凯马克利地下城

在卡帕多奇亚发现的地下城多达36座，其中凯马克利地下城是最大的，也是最具人气的，以迷宫一般的隧道著称。地下城共8层，目前只有4层对外开放。这座地下城共有1200间石头小房子，可居住1.5万人。通往地下城的通道隐藏在村子各处的房屋下面，深达数十米。入口很隐蔽，走入盘旋的石梯后进入里

面的通道。地下城纵横交错，走廊又低又窄，迂回曲折，人在里面需弯腰行走。地下城气温终年维持在13℃~16℃，城内有通风竖井，这些进风孔大致深达70~80米。通常上面一层用来饲养动物，墙上也会看到一些小洞，那些小洞可以用来拴住家禽。下面三层通常都是储存粮食、水、橄榄油、葡萄酒等的区域，厨房也在这一区域。

图12-9　凯马克利地下城
图片来源：https://pixabay.com/

（四）以弗所

以弗所是地中海东岸保存得最完好的古典城市，也是早期基督教的重要中心，公元前10世纪由雅典殖民者建立，是吕底亚古城和小亚细亚西岸希腊的重要城邦。该城坐落于爱奥尼亚，基士特河口从这里流向爱琴海。罗马时代以弗所是亚细亚省的首府和罗马总督驻地，拥有40万~50万居民，是最大的城市之一，被誉为"亚洲第一个和最大的大都会"。以弗所古代为安纳托利亚丰收女神和阿尔忒弥斯的朝拜中心，以阿尔忒弥斯神庙、图书馆和戏院著称。阿尔忒弥斯神庙是古代世界七大奇观之一，神庙里供奉着被希腊人称作阿尔忒弥斯的"以弗所女神"，现在只能找到神庙很少的遗迹。以弗所在6世纪时因港口完全被注入爱琴海的泥沙淤满被放弃。不远处的梅雷曼那教堂，据说是圣母玛利亚最后的家，也是一个朝圣地。

图12-10　以弗所
图片来源：土耳其旅游局官网 https://www.goturkey.com/

（五）特洛伊

特洛伊古城是古希腊时代小亚细亚西北部的城邦，位于现土耳其西北面的恰纳卡莱省的希沙利克，爱达山的西南面。1998年特洛伊入选《世界文化遗产名录》。特洛伊是前16世纪前后为古希腊人渡海所建，在前13~前12世纪时颇为繁荣。前9世纪古希腊诗人荷马的史诗《伊利亚特》叙述的"特洛伊木马计"就发生在这里，特洛伊于公元前13~前12世纪遭到来自希腊的斯巴达人和亚该亚人的围攻而被毁。特洛伊以其4000多年的历史成为世界上最著名的考古遗址之一。该遗址的发现是整个特洛伊文明的证明。由于它对荷马的伊利亚特创造性艺术的影响，使特洛伊更具有了文化上的重要性。

特洛伊城是一座被烧毁的城市遗址，石垣达5米。这些建筑虽已倒塌败落，

图12-11 特洛伊木马
图片来源：土耳其旅游局官网 https://www.goturkey.com/

但从残垣断壁来看，气势曾经相当雄伟。对这个遗址的挖掘从19世纪中叶持续到了20世纪30年代，考古学家在深达30米的地层中发现了分属9个时期、从前3000年至400年的遗迹，有罗马帝国时期的雅典娜神庙以及议事厅、市场和剧场的废墟等。还有公元前2600~前2300年的城堡，城中有王宫及其他建筑。在一座皇家宝库中发现了许多金银珠宝及青铜器，此外还出土有石器、骨器、陶纺轮等，以及绘有几何图形的彩陶和其他生活用具。距特洛伊城遗址不远的博物馆是土耳其目前唯一收藏特洛伊文物的博物馆。博物馆规模不大，文物不多，这里发掘的大量珍贵文物已被西方文物盗窃者窃走，其中包括普里阿莫斯国王的宝库和海伦的项链。

第二节 阿联酋

一、历史文化

阿拉伯联合酋长国简称阿联酋，共有7个酋长国，每个部落有各自的自主行政权。7世纪，阿联酋隶属阿拉伯帝国。自16世纪开始，葡萄牙、荷兰、法国等殖民主义者相继侵入，后被阿曼逐出。18世纪，阿曼屡次内乱，成立独立政权。由于波斯湾各地商船屡遭阿联酋地区各小国的劫掠，因此阿联酋被称为"海盗海岸"。1819年，英国东印度公司派遣舰队摧毁了哈伊马角、沙迦、迪拜等地的海岸要塞，保障海上航线通畅。1853年，阿联酋各小国签署条约，宣布永久休战，建立"特鲁西尔阿曼"。1892年，特鲁西尔阿曼各国同英国签订条约，接受英国的保护。1971年3月1日，英国宣布终止保护条约。12月2日，阿拉伯联合酋长国宣告成立，由阿布扎比、迪拜、沙迦、富查伊拉、乌姆盖万和阿治曼6个酋长国组成联邦国家。1972年2月10日，哈伊马角加入阿联酋。1996年，阿联酋临时宪法被通过为永久宪法，阿布扎比也成为正式首都。

迪拜的官方语言是阿拉伯语，但英语、印地语、乌尔都语、塔加洛语在日常对话中被广泛使用。实际上可以说英语与阿拉伯语两者并存。

二、自然地理

阿联酋位于亚洲西南部阿拉伯半岛东部,北濒波斯湾,西北部与卡塔尔为邻,西部和南部与沙特阿拉伯交界,东部和东北部与阿曼毗连,东部濒临阿曼湾。土地面积8.36万平方千米,海岛较多,海岸线长734千米,境内绝大部分是低平的沙漠,散布着少数绿洲。东北部为南北走向的石灰岩山地,阿曼湾沿岸为巴廷纳平原,境内最高点海拔1527米。阿联酋属热带沙漠气候,夏季炎热潮湿,气温40℃~50℃,冬季气温7℃~20℃,偶有沙暴。石油和天然气资源丰富。

三、旅游城市和景点

(一) 迪拜

迪拜河堪称迪拜历史的发源地,它看上去很像一条河流,实际上是一个伸入内陆的海湾。它向内地延伸约10千米,把迪拜分成了新区和老区两个部分,大部分的历史建筑如阿拉伯历史建筑群、酋长故居、历史博物馆等都在河两岸。迪拜全市遍布大大小小的清真寺,除穆斯林外,还有占总人口12%左右的印度教徒和占总人口8%左右的天主教徒和基督教徒,另外有少量的锡克教徒。迪拜有两个基督教堂,分别是罗马天主教的圣玛利堂和浸信会的圣三一堂,在杰贝勒阿里有一座锡克教的庙宇,在迪拜机场附近的加尔忽德区还有一座佛教寺院。迪拜是阿联酋的7个酋长国中唯一有印度教、锡克教庙宇的地方。

1. 哈利法塔

哈利法塔原名迪拜塔,完工之后才改叫哈利法塔。哈利法为"伊斯兰世界最高领袖"之意,同时也是历史上阿拉伯帝国统治者的称号。阿联酋总统也是阿布扎比的酋长,名字正好是哈利法。感念哈利法的援助让迪拜得以渡过偿债难关,遂以"哈利法"重新命名。哈利法塔位于新区的中心,是世界第一高楼,高828米,共162层,设有56部升降机,速度最高达每秒17.4米,60秒就可以到达塔顶。另外还有双层的观光升降机,每次最多可载42人。在124层观景台上,通过360°玻璃幕墙鸟瞰整个迪拜全景,可将棕榈岛、帆船酒店等尽收眼底。电影《碟中

图12-12 哈利法塔
图片来源:迪拜旅游局官网 https://www.visitdubai.com/

课4》中,阿汤哥大显身手徒手攀爬的正是此塔。哈利法塔始建于2004年,于2010年1月4日落成,造价15亿美元,总共使用33万立方米混凝土、6.2万吨强化钢筋、14.2万平方米玻璃,共调用了大约4000名工人和100台起重机。哈利法塔的建造将"世界第一高楼"的头衔重新带回了中东,也使迪拜的国际知名度有了巨大提升。

在哈利法塔旁边的人工湖上是迪拜喷泉,目前世界上最大、最高的音乐喷泉。它拥有全球规模最大的编舞喷泉系统,每次喷出的水柱高达150米,在30千米之外也依然可见。

2. 阿拉伯塔酒店

阿拉伯塔酒店因外形酷似船帆,又称迪拜帆船酒店,于1994年开工,1999年12月正式开业,耗资10亿美元,当时被称为世界上首个也是唯一一个七星级酒店。酒店共有56层、321米高,拥有202间高级客房,客房面积从170平方米到780平方米不等;最低房价要每间房900美元,最高价格的是总统套房,每间房要1.8万美元,在第25层,里面的家具是镀金的,设有一个电

图 12-13 帆船酒店

图片来源:迪拜旅游局官网 https://www.visitdubai.com/

影院、两间卧室、两间起居室、一个餐厅,出入有专用电梯。酒店顶部设有一个由建筑的边缘伸出的悬臂梁结构的停机坪。酒店建在离朱美拉海滩岸边280米远的波斯湾内的人工岛上,仅由一条弯曲的道路连接陆地。朱美拉海滩是迪拜最大的、免费向公众开放的海滩,沙质柔软细白,这里是迪拜唯一能公开穿泳装的地方,也是欣赏和拍摄帆船酒店的绝佳地点。

3. 棕榈岛

棕榈岛是建在迪拜海岸上的大型人工岛群,它主要由四部分组成:朱美拉棕榈岛、杰贝阿里棕榈岛、迪拉人工岛和世界岛。其中,杰贝阿里棕榈岛、迪拉人工岛和世界岛由于资金不足等问题于2008年停工,处于未完成的状态。朱美拉棕榈岛于2001年6月开工,2006年完成岛上首个住宅单位的移交,是世界上最大的人工岛。朱美拉棕榈岛位于

图 12-14 棕榈岛

图片来源:迪拜旅游局官网 https://www.visitdubai.com/

阿拉伯湾上，耗资 140 亿美元，岛上遍布度假酒店和豪宅。岛屿呈棕榈树的形状，包括三部分："树干""树冠"和新月形围坝。为了准确定位，建造过程中，迪拜使用了全世界唯一一颗私人卫星"伊科诺斯"。这里被誉为"世界第八大奇迹"。岛上最著名的建筑就是亚特兰蒂斯度假酒店，它除了住宿还拥有丰富的娱乐项目，包括水世界冒险乐园、失落的空间水族馆和海豚湾乐园等。观赏棕榈岛全景的最佳方式是跳伞和乘坐直升机。失落的空间水族馆是以"探寻消失的亚特兰蒂斯文明"为主题，在参观海洋生物的同时探寻神秘的亚特兰蒂斯遗址。水族馆最醒目的就是一个巨大的、足有二层楼高的水族缸，水族缸里面有着超过 6.5 万条海洋生物。馆内地上放有一些垫子，可以躺着观看各种水生动物。

世界岛由 300 个岛屿组成了世界地图轮廓。从 2003 年 9 月开始，在距离迪拜海岸 4 千米的一块长 9 千米、宽 7 千米的海域内，依照"世界岛"地图的布局开始兴建 300 座人工岛屿，仅填海和基础设施建设就耗资 30 亿美元。所有岛屿都按其"地理位置"命名，如"爱尔兰岛""泰国岛"和"也门岛"等，并于 2004 年 5 月 3 日起向全球出售。环保主义者对这一计划提出

图 12-15　朱美拉棕榈岛
图片来源：迪拜旅游局官网 https://www.visitdubai.com/

了强烈的批评，他们认为此举不仅会破坏海洋的自然生态平衡，而且也很难保证其根基的长期稳定性。到 2013 年年底，只有两个岛屿完成开发，而且整个世界岛似乎整体都在向中心靠拢并不断下沉。

4. 朱美拉清真寺

朱美拉清真寺采用中世纪法蒂玛王朝的传统风格建造的，其高耸的双尖塔与巨型的中心穹顶相得益彰，是摄影师喜爱的拍摄地点，经常出现在国际各类出版物中。清真寺规模宏大，可最多容纳 1200 名朝圣者。朱美拉清真寺是迪拜唯一一座欢迎非穆斯林游客参观的清真寺。

5. 迪拜奇迹花园

迪拜奇迹花园于 2013 年 2 月 14 日情人节那天开业，占地 7.2 万平方米，拥有超过 1.9 亿万种花卉。2013 年获得吉尼斯世界纪录的认证成为"世界最大垂直

图 12-16　朱美拉清真寺
图片来源：迪拜旅游局官网 https://www.visitdubai.com/

图 12-17　迪拜奇迹花园
图片来源：迪拜旅游局官网 https://www.visitdubai.com/

体花园"。迪拜奇迹花园被称为"世界上最美的花园之一"，获得了 2015 年度花园旅游奖的新花园体验奖。花园的建造耗费了 4500 万株鲜花，分为各种不同的主题，包括花钟、动物、伊斯兰拱门，还有一辆鲜花做成的法拉利车。花园采用了独特的灌溉系统，通过滴灌避免蒸发并节省多达 75% 的水和能源。花园的配套设施也很完善。

6. 迪拜沙漠保护区

迪拜是建在沙漠里的奇迹，有一部分沙漠被列入保护区，保护区位于东南郊外，是阿联酋第一个国家公园。保护区里有多种生物种类，野生动物包括阿拉伯羚羊、沙原羚和山瞪羚，也是沙漠灌木的庇护所。此外这里还引进了 38 种原产于阿拉伯半岛的哺乳动物和爬行动物，包括阿拉伯兔、沙狐、阿拉伯红狐狸和戈登的野生猫。除了保护区，其他的沙漠区是娱乐场地，可以体验冲沙。冲沙是阿联酋乃至整个阿拉伯地区最受欢迎的民间运动之一。冲沙者坐在四轮驱动越野车里，沿着沙丘从下而上冲向沙丘的顶峰，沙丘的角度越大，冲击的难度也就越大。车子在沙峰沙谷间滑行，自由地穿梭往来犹如坐过山车。

图 12-18　迪拜沙漠
图片来源：迪拜旅游局官网 https://www.visitdubai.com/

（二）阿布扎比

阿布扎比酋长国是阿联酋最大的酋长国，面积 67340 平方千米，包括大约 200 个岛屿。石油开采权利金及海外投资带来的收入，使阿布扎比成为世界上人均收入最高的国家之一。21 世纪初，阿布扎比全力打造世界级的文化中心网络，其中包括开发一座面积 27 平方千米的岛屿，使之成为拥有数间博物馆的文化及观光中心。法国政府对这些工程除了提供专业技术及贷款外，也同意将"卢浮宫"名称为期 30 年的使用权用于该岛的美术馆。

1. 谢赫·扎耶德清真寺

谢赫·扎耶德清真寺位于阿布扎比主岛东南顶端的穆萨法大桥和马格达大桥之间，全称为谢赫·扎耶德·本·苏尔坦·阿勒纳哈扬清真寺，也叫阿布扎比大清真寺，简称大清真寺，是世界第三大清寺。大清真寺是为纪念阿联酋第一任总统谢赫扎伊德而兴建。在男女等级悬殊的阿拉伯地区，是唯一一座允许女性从正门进入的清真寺，也是为数不多的对非穆斯林开放的清真寺。

大清真寺借鉴了不少世界上有名的清真寺的设计，该寺的设计师、建造原材料来自世界各地。清真寺有82个圆顶，4座高107米的宣礼塔，可容纳4万人。外墙全部采用希腊进口的汉白玉建造，并且将贝壳和宝石嵌进大理石

图12-19　谢赫·扎耶德清真寺
图片来源：阿联酋旅游局官网 https://visitabudhabi.cn/

用于装饰。整个清真寺装修得富丽堂皇，光廊柱就用了46吨黄金。内部还装有每盏80万美元的华丽水晶灯。寺中铺的地毯是世界第一大手工编制地毯，面积达5627平方米，用的都是来自伊朗和新西兰的顶级羊绒，由伊朗马什哈德地区的1200名妇女手工编制而成。有一面墙壁雕刻了古兰经经文，整卷圣典的每一个文字都由24K金镀成。最外面是目前世界最大的电动开启的平移门，高12.3米、宽7.2米、厚0.4米，重达18吨，需要4个马达来驱动。门以铝型材为结构，以独具阿拉伯风格的防弹玻璃为主材料，玻璃内镶嵌施华洛世奇水晶。由于制造难度太大，最后由世界入户门第一品牌的德国诺布莱斯

图12-20　谢赫·扎耶德清真寺
图片来源：阿联酋旅游局官网 https://visitabudhabi.cn/

公司花了近一年时间，动用了近千名能工技师才完成。

2. 法拉利主题公园

法拉利主题公园位于阿布扎比亚斯岛，毗邻一级方程式赛车阿布扎比站的赛道，是全球唯一的法拉利主题公园，同时也是全球最大的室内主题乐园。整个法拉利主题公园斥资400亿美元打造，占地达8.6万平方米，火红屋顶面积达到20万平方米，屋顶上有一个全球最大、直径达66米的法拉利品牌标识。这里是除法拉利总部马拉内罗之外世界上最大的法拉利赛车展示馆，可以看到法拉利

图12-21　法拉利主题公园云霄飞车
图片来源：阿联酋旅游局官网 https://visitabudhabi.cn/

各个时期的跑车、赛车,还可以游览法拉利的赛前停车场,亲自感受赛车和训练过程中使用的工具。接受培训后可以当后勤维修人员为真正的 F1 赛车换轮胎。这里有世界上最快的过山车,最高时速可达每小时 240 千米。

3. 阿布扎比民俗村

图 12-22　露天市场

图片来源:阿联酋旅游局官网 https://visitabudhabi.cn/

阿布扎比民俗村建在一座人工岛上,岛上的一个标志物就是一个高达 200 多米的旗杆,这也是世界上最高的旗杆,上面的旗帜长 40 米、宽 20 米,总面积达 800 平方米。旗杆的下面是阿布扎比博物馆,也叫民俗村。阿布扎比民俗村占地 1600 平方米,里面的建筑和环境再现了在阿布扎比发现石油前这里原住民的生活状态和风貌。民俗村里面有一座座贝都因式的帐篷,用棕榈树叶和泥巴盖成的屋子,以及早期的清真寺建筑。栅栏内饲养着骆驼、马、羊和牛,仿古老集市的露天市场出售各种手工艺品。另外,还有陶器、木雕、咖啡壶、贝壳饰品、皮件、地毯等手工艺制作,可以观看它们的制作过程。

第三节　伊朗

一、历史文化

伊朗伊斯兰共和国简称伊朗,属中东国家。伊朗是文明古国,前 550 年建立了世界历史上第一个横跨欧亚非三大洲的帝国——波斯帝国,前 247 年建立安息帝国。7 世纪后遭不同异族先后入侵。18 世纪前期,纳迪尔沙推翻外族统治建立阿夫沙尔王朝。从 19 世纪后期起,英国和俄罗斯势力不断侵入,伊朗逐渐沦为半殖民地国家。1921 年 2 月,军官礼萨汗·巴列维发动政变,占据德黑兰,1925 年取得王位,建立巴列维王朝,于 1935 年改国名为伊朗。1963 年巴列维国王宣布施行白色革命,伊斯兰教宗教领袖赛义德·鲁霍拉·霍梅尼大力反对。巴列维国王于 1964 年 11 月 4 日将霍梅尼驱逐出境。1979 年,霍梅尼发动伊斯兰革命,成立共和国,实行政教合一制度。伊朗扣留了美国使馆人员,史称"伊朗人质危机",自此美国与伊朗断交。伊朗官方语言为波斯语。波斯语已有超过 2500 年的使用历史,在伊朗、塔吉克斯坦和阿富汗等国家使用。英语的普及率很一般。波斯语的数字和阿拉伯数字有很大不同。

二、自然地理

伊朗东邻巴基斯坦和阿富汗,与土库曼斯坦接壤;西北与阿塞拜疆和亚美尼亚为邻;西接土耳其和伊拉克;中北部紧靠里海、南靠波斯湾和阿拉伯海,国土面积约164.5万平方千米。伊朗国土绝大部分在伊朗高原上,海拔一般在900~1500米。西部和西南部是宽阔的扎格罗斯山山系,约占国土面积一半。中部为干燥的盆地,形成许多沙漠,有卡维尔荒漠与卢特荒漠,平均海拔1000余米。仅西南部波斯湾沿岸与北部里海沿岸有小面积的冲积平原。西南部扎格罗斯山麓至波斯湾头的平原称胡齐斯坦。

伊朗气候四季分明。北部春夏秋季较为凉爽,冬季较为寒冷,南部夏季炎热、冬季温暖。伊朗大部分地区的冬季温暖湿润、降水较多,夏天气温很高,降水较少。伊朗国内大部分地区和南部沿海地区是沙漠性气候和半沙漠性气候,干热季节长。

三、旅游城市和景点

(一)德黑兰

德黑兰是伊朗的首都,也是第32个伊朗首都,是伊朗最大的城市。1943年,苏联最高领导人斯大林、美国总统罗斯福以及英国首相丘吉尔在德黑兰举行了著名的德黑兰会议。在巴列维的统治下,德黑兰在1960~1970年发展迅速,现代化的建筑重塑了城市的面貌,1979年的革命使这些计划中止,新政权落实了这些计划的一些部分,如默德塔的建造。

德黑兰有许多历史上著名的清真寺、基督教堂、犹太会堂及琐罗亚斯德教的火庙,阿扎迪塔及默德塔是德黑兰的标志性建筑。德黑兰具有众多文化景点,伊朗国家博物馆、巴列维皇宫建筑群、伊朗玻璃制品及陶瓷博物馆、伊朗地毯博物馆、德黑兰釉下彩绘博物馆、尼雅瓦朗皇宫建筑群及萨菲尔办公室设备博物馆是德黑兰较知名的博物馆。德黑兰现代艺术博物馆的收藏品包括凡·高、巴勃罗·毕加索及安迪·华荷的作品,这些作品原本是皇后法拉赫·迪巴的收藏品。德黑兰还藏有伊朗御宝,据说是世界上最大、最有价值的宝石收藏品,现在德黑兰的中央银行供公众参观。

1. 自由纪念塔

自由纪念塔是1971年伊朗巴列维国王为庆祝波斯帝国建国2500年而建造的。这个倒"Y"形状的水泥钢筋建筑结构是德黑兰的地标。自由纪念塔选用了2500块产自伊斯法罕的大理石,融合古代萨珊王朝建筑风格与伊斯兰建筑风格。自由纪念塔处在德黑兰城市布局的中轴线上,是德黑兰的重要交通枢纽。塔的底层是博物馆和电影馆。电影馆可容纳500名观众,影片的主要内容是伊朗悠久的历史、灿烂的文化、山河风光和名胜古迹。从塔底沿着275级台阶盘旋而上可到达塔顶。站在塔顶的瞭望台上,全城景色尽收眼底。

图12-23 自由纪念塔

图片来源:伊朗旅游局官网 https://www.visitiran.ir/

2. 格列斯坦王宫

格列斯坦王宫是德黑兰较为古老的一座王宫,又称玫瑰宫,位于霍梅尼广场和巴扎之间。由数座雄伟的建筑组成,中间是一个精心修剪的花园。目前宫殿内对外展示的博物馆有10处,大致涵盖主殿、风塔、太阳宫、伊朗绘画、欧洲绘画、皇家照片、伊朗民俗等。最具特色的是镜厅、大理石殿、钻石宫、通风楼等。此外,宫殿墙壁上还有著名画家克马尔·穆鲁克创作的数幅名画,整个宫殿富丽堂皇、流光溢彩。

大理石宝座大殿是用来举行仪式的,中间的宝座用人像支撑,由65块黄色条纹大理石建成。艺术馆内陈列着许多恺加王朝时期的艺术作品,还有一幅沙阿(波斯语古代皇帝头衔)的肖像,画中人物佩戴的珠宝和皇冠现在国家珠宝馆。镜厅是专门为孔雀宝座而建的,宝座如今在国家珠宝博物馆。镜厅内陈列来自世界各地的珍宝,包括一个来自俄罗斯的大型绿色孔雀石花瓶和13个巨大的枝形吊灯,宫殿内的圆形顶部和四周墙壁都用小块镜子镶嵌。

图12-24 格列斯坦王宫(1)

图片来源:伊朗旅游局官网 https://www.visitiran.ir/

池宫因其中心的小水池和喷泉而得名,室内陈列着19世纪欧洲皇室的绘画和雕塑。花园东端的太阳宫混合了欧洲和波斯的建筑传统。宫内是一连串以镜子和瓷砖作为装饰的房间,存放着大量照片以及各国君主们馈赠的家具和花瓶。地下室的老照片陈列室陈列着恺加宫廷生活的照片。钻石殿陈列着各种装饰艺术品,尤其是18世纪和19世纪法国的陶瓷制品。

图12-25 格列斯坦王宫(2)

图片来源:伊朗旅游局官网 https://www.visitiran.ir/

（二）伊斯法罕

伊斯法罕是伊朗最古老的城市之一，著名的手工业与贸易中心，为伊朗的文化古都。伊斯法罕建于公元前 4~前 5 世纪的阿契美尼德王朝时期，在 1051~1118 年为塞尔柱帝国的首都。萨法维帝国时期该城处于全盛时期，市内多数建筑物和清真寺都是那时建造的，人口高达 60 万，第二次成为波斯的首都。伊朗有谚语说"伊斯法罕半天下"，反映了该市当时的繁荣景象。

1. 33 孔桥

33 孔桥横跨扎因达鲁德河两岸，建于萨非王朝，有 4000 多年历史。33 孔桥分上下两层，下层由 33 个伊斯兰传统的桃形桥洞构成，桥洞倒映在清澈的河水中，与桥洞本身形成 33 个浑然闭合的圆孔。桥上两侧是 3 米高的墙面，墙面上每隔 2~3 米就有一扇弧形门，外侧还有 1 米左右的空间供行人走动。

图 12-26　33 孔桥

图片来源：伊朗旅游局官网 https://www.visitiran.ir/

2. 伊玛目广场

伊玛目广场又称伊斯法罕皇家广场，是世界第二大广场，面积仅次于北京的天安门广场，是伊斯法罕的象征，被伊斯法罕人称为"世界景象公园"，被列入了《世界文化遗产名录》。广场中央有一个很大的喷水池，北边是著名的大巴扎，这里有着精美的当地手工艺品和一间间传统的香料店。广场四周环绕着两层楼高的连环拱廊骑楼，里面的商铺陈列着传统的波斯手工艺品。

广场东面是卢特夫拉长老清真寺，过去是王室的礼拜场所，其主色是奶黄色。皇帝为他所敬重的黎巴嫩学者卢特夫拉长老修建了这座清真寺，供他讲学和礼拜。巨大的圆顶是用一圈厚达 1.7 米的砖墙作为支撑。建筑的外表以花卉主题和各式阿拉伯风格装饰，以白色釉砖镶嵌细工拼出阿拉伯书法体铭文，还被衬以青金石色的底色。

广场南面是伊玛目清真寺，它是伊朗清真寺建筑中的精品。伊玛目清真寺以深蓝色为基调，以 3 个跨度极大的浑圆穹顶为主体结构，正门外形是典型的伊朗式壁龛结构，两侧是高耸的宣礼塔。伊玛目清真寺最特别之处在于清真寺的正门和清真寺的朝向不一致。因为广场规定一切建筑物的正门均需面

图 12-27　伊玛目广场

图片来源：伊朗旅游局官网 https://www.visitiran.ir/

对广场，而所有清真寺又必须面向圣城麦加方向。所以设计师巧妙地把清真寺的正门和宣礼塔的面向建成了偏角，这样就使广场保持了工整的长方形，而清真寺的朝向又能符合宗教的要求。拱顶非常壮观，每个立面都有着错综复杂、精美图案的釉砖镶嵌而成。拱顶下方是高达30米的清真寺正门，大门是镀银的，门上可以看到有许多当时的著名书法家用漂亮的波斯文书写的诗文。寺内的庭院四四方方，中间有水池和喷泉。站在主礼拜堂正对穹顶的几块黑地砖上拍手或跺脚，可听到7次回声，声音可以传到大殿的各个角落，甚至外面的门廊。

广场西面是阿里卡普王宫，6层楼高，登上门楼可以鸟瞰整个伊玛目广场。阿里卡普宫建于17世纪初，是萨法维王朝的皇帝们用来招待外国使节的宫殿。殿有3个拱顶。入门处有一玻璃镶嵌的镜厅，为1657年阿巴斯皇帝时代所建。墙上有数幅宏大的壁画和精致的雕刻艺术，反映当时人们的生活、劳动和征战场面。大殿辟为展厅，陈列着当时的器皿、古币、书法等文物珍品。王宫后面则是著名的四十柱宫。四十柱宫主体建筑面积1113平方米，是当时接待贵宾和外国使节的地方。宫殿基石高出地面约1米，前半部是三面开放的平台，台上有20根高大的松木柱子。宫殿前面为长方形大水池，长110米，宽16米，水池四周有喷泉和石雕。站在池边朝宫殿望去，20根柱子与水中清晰的倒影浑然一体，"四十柱宫"由此得名。

图12-28　阿里卡普王宫

图片来源：伊朗旅游局官网 https://www.visitiran.ir/

（三）设拉子

设拉子在公元前6世纪是波斯帝国的中心地区。13世纪初，蒙古人在此建新清真寺和塔赫特城堡。1724年遭到阿富汗人洗劫，后成为赞德王朝首都。设拉子城区分新、旧两部分，旧城有赞德陵墓、波斯波利斯遗迹、清真寺等古迹，新区有基督教、波斯教会教堂和学校。设拉子是《一千零一夜》里的传奇都城，是波斯著名诗人萨迪的故乡。

1. 莫克清真寺

莫克清真寺是设拉子的标志性清真寺建筑之一，有着伊朗最美清真寺的美誉，因其大量采用粉红色瓷砖装饰也被称作"粉红清真寺"。清真寺始建于1876年，完

图12-29　莫克清真寺

图片来源：伊朗旅游局官网 https://www.visitiran.ir/

工于1888年。除了传统清真寺建筑的典型特色，它还拥有十分罕见的大型彩色花窗，花窗过滤的阳光与室内彩色瓷砖、波斯地毯交相辉映，营造出了一种似梦似幻的华丽光影效果，形成了万花筒般的绚丽光影。

2. 波斯波利斯

波斯波利斯又称塔赫特贾姆希德，是为了纪念阿契美尼德王国历代国王而下令建造的都城。希腊人称之为"波斯波利斯"，意思是"波斯之都"，伊朗人称之为"塔赫特贾姆希德"，即"贾姆希德御座"。贾姆希德是古代波斯神话中王的名字。2500年前，波斯人居鲁士以此为中心创建了波斯帝国。大流士将首都迁至距该城60千米处的波斯波利斯。波斯波利斯始建

图12-30　波斯波利斯（1）
图片来源：伊朗旅游局官网 https://www.visitiran.ir/

于前522年，历经3个朝代60年的时间才得以完成。前330年，亚历山大大帝攻占了这里，在疯狂掠夺之后将整个城市付之一炬。大火过后，只剩下石刻的柱子、门框和雕塑品完好。波斯波利斯见证了古阿契美尼德帝国从兴盛走向灭亡，在1979年被列入了世界文化遗产名录。

图12-31　波斯波利斯（2）
图片来源：伊朗旅游局官网 https://www.visitiran.ir/

波斯波利斯在设拉子东北、扎格罗斯山区的盆地中，建造在一座长近460米、宽约300米、高10多米的平台上，平台外层砌有排列有序并用铁钩相互固定的石板。大流士一世统治时期的波斯帝国处于全盛时期，能工巧匠云集，宫殿雄伟壮丽。城西北入口有一条坡度平缓、装饰精美的宽6~7米的石阶路，策马亦可循阶入城。主要建筑有万国之门、觐见厅、玉座厅、百柱厅、大流士宫殿、薛西斯宫殿、宝库等。万国之门高达18米，入口前有大平台和大台阶，石阶两侧墙面刻有23个民族朝贡队伍的浮雕像。觐见厅的大厅和门厅用72根石柱支撑，其中的13根至今依然屹立。宫殿门道和两壁装饰有对称的巨型翼兽身人面浮雕石像，石像大小、形象一模一样，连每一条纹路都是对称的。

图12-32 古兰经城门

图片来源：伊朗旅游局官网 https://www.visitiran.ir/

图12-33 灯王之墓

图片来源：伊朗旅游局官网 https://www.visitiran.ir/

3. 古兰经城门

古兰经城门是设拉子的地标，有1000多年历史，曾是城北一个装饰性的城门。桑德王朝第一位统治者卡里穆汗在城门上的小房间里放了一本《古兰经》，以保佑来往的人平安而得名。现在的古兰经城门不再是历史遗存，已经被重新翻修。

4. 灯王之墓

灯王之墓是设拉子的一座墓葬和清真寺。该墓葬得此名，是因为有人常常见到坟墓发出光，经过调查发现了一个全身穿着盔甲的尸体，戒指上的文字"骄傲属于真主，穆萨的儿子艾哈迈德"证明这是穆萨·卡齐姆儿子的埋葬地点。历代统治者不断扩建陵墓，也在原址建了一座清真寺及神学院，这里逐渐成为伊朗最重要的什叶派宗教圣地之一。陵墓内部庭院很大，墓室大厅内装饰有无数镜片，内殿层层叠叠的镜面玻璃是手工一片片镶上的，玻璃与日光的折射呈现出如梦似幻的绿色星空。

第四节 以色列

一、历史文化

以色列国简称以色列，是世界上唯一以犹太人为主体民族的国家。犹太人远祖希伯来人，起源于约4000年前的美索不达米亚。雅各带领他的子孙前往埃及并旅居430年之久，在前15世纪离开埃及迁回到迦南地（今巴勒斯坦）。前13世纪末迁居到该地区。后被罗马帝国征服，开始流亡欧洲。1878年，佩塔提克瓦出现了第一个大型的犹太人农场殖民区。犹太人开始从奥斯曼帝国和阿拉伯人手中在此购买土地并定居。1896年，中欧地区的奥匈帝国犹太裔记者西奥多·赫茨尔发起锡安主义运动（又称犹太复国主义运动），号召全世界犹太人回归故土。

1922年国际联盟决议在巴勒斯坦地区建立"犹太民族之家"。犹太人的移民数量自从19世纪末以来一直稳定增长,受到第二次世界大战中犹太人大屠杀影响,犹太人复国的理念也获得越来越多的国际支持。1947年联合国大会通过决议在巴勒斯坦分别建立阿拉伯国和犹太国。1948年5月14日以色列正式成立。此后同阿拉伯国家先后爆发4次中东战争,实际控制面积不断扩大。

以色列自建国以来,一直致力于科学和工程学的研究,对科技的发展贡献相当大。以色列说希伯来语,200万埃塞俄比亚移民说阿姆哈拉语,还有200万阿拉伯人说阿拉伯语,但英语在以色列也是通用的语言。

二、自然地理

以色列位于亚洲西部巴勒斯坦地区,亚、非、欧三大洲接合处。沿海为狭长平原,东部有山地和高原。以色列北靠黎巴嫩、东濒叙利亚和约旦、西南边则是埃及。全国总面积为2.5万平方千米,可分四个区域:海岸平原、中部丘陵、约旦大裂谷(东非大裂谷北部起点)以及内盖夫沙漠。

以色列是有着地中海型气候,漫长而又炎热、少雨的夏季,以及较为短暂而又凉爽、多雨的冬季。气候的状况在以色列国内各地也有相当差异,并且会因为各地高度、纬度以及与地中海的距离而变化。

三、旅游城市和景点

(一)耶路撒冷

耶路撒冷是耶路撒冷区的首府,原巴勒斯坦最大城市,是政治、经济、文化和交通中心。耶路撒冷是一座历史悠久的城市,在地理上位于犹大山地,介于地中海与死海之间,被誉为三大一神宗教的圣城。犹太教把耶路撒冷一贯看作他们宗教的中心,为了保持城市的圣洁,犹太教法典甚至严格规定,除玫瑰花外,在城内不得有其他的花园。基督教则认为这里是救世主耶稣钉死在十字架上的地方,是他一生传教的主要活动场所。伊斯兰教认为耶路撒冷是先知穆罕默德从这里骑飞马直上七重天,接受天启的神圣地点。三教奉一城为圣地,使耶路撒冷在全世界处于独一无二的地位。1980年,以色列立法认定耶路撒冷是该国"永远的和不可分割的首都"。1988年巴勒斯坦自治政府宣布耶路撒冷是巴勒斯坦国的首都。目前耶路撒冷由以色列控制。

耶路撒冷老城面积只有1平方千米,为四边形,每边约长900米。后因战火频起,历经兴废,先后重修18次之多。现有城墙乃是400年前奥斯曼苏丹苏莱曼时代所建,但很大部分利用了所罗门王的旧城遗址。耶路撒冷老城于1981被联合国教科文组织评为世界文化遗产。它分为4个区:基督区是面积最大的一个

图 12-34 老城

图片来源：以色列旅游局官网 http://www.visitisrael.cn/

区，位于老城西北部，耶稣殉难教堂就位于这个区。犹太区位于老城南部，哭墙就位于这个区，是犹太教最神圣的地方。穆斯林区位于老城东部，包含著名的圆石清真寺，传说这是穆罕默德夜行登霄之处。圆石清真寺与哭墙相邻，建在犹太教圣殿的遗址上，因此成为犹太人与穆斯林教徒冲突最为激烈的地区。亚美尼亚区位于老城西南角，是最小的一个区。

1. 圣墓教堂

圣墓教堂也就是复活教堂，据说是耶稣的坟墓。耶稣在这里遇难、复活。教堂里边有耶稣的坟墓。教堂有不同时期的风格，墙上白色的大理石，墙壁上都是耶稣遇难、复活的画面。

圣墓其实是一个石洞，不足 2 米宽。据说这里原本是贵族约瑟夫购买的墓地，因他敬仰耶稣，就把自己的墓地捐献出来。耶稣生前说自己死后的第三天要复活。4 世纪初，罗马君士坦丁大帝的母亲希拉娜太后巡游至

图 12-35 圣墓教堂（1）

图片来源：以色列旅游局官网 http://visitisrael.cn/

耶路撒冷，下令在耶稣蒙难和埋葬处建造一座教堂，因大教堂地基一部分为耶稣墓地，故奉圣墓大教堂为圣堂。建筑分为三部分，墓上的复活教堂、受难教堂和岩石上的十字架。614 年大教堂遭火烧毁，后经历重修。11 世纪初，大教堂被拆，后拜占庭皇帝下令重建。12 世纪，十字军进入耶路撒冷城，将此改建成一座罗马式长方形教堂。大教堂中央大厅中的石碑象征着耶路撒冷。大教堂中有许多遗迹、遗物和遗址，基督教徒不分教派和所属教会，都将耶路撒冷奉为圣地。大教堂一部分为东正教耶路撒冷主教的主教座堂，另一部分为天主教方济各会所据有，科普特教会、叙利亚教会和亚美尼亚教会也占据堂中一部分。由于教派纷争厉害，1757 年国际仲裁组织判定，以当时争端发生时的范围为永久范围，教堂内每一根钉子、每一根蜡烛、每块石头都登记在案，分归各个教派所有，还有些是共管区。各派长年争斗的结果就是教堂大门的钥匙是掌管在一个阿拉伯望族手中，每天早晨由阿拉伯少年负责打开大门。

进入圣墓教堂，右转踏上楼梯，就走向当年耶稣被钉上十字架的各各他山。

耶稣被钉在十字架上的时候走的路称为苦路，耶稣走这段路的时候摔倒了14次，摔倒的地方都被标记起来作为14站。苦路的第10站和11站是属于罗马天主教会，就是两幅壁画，分别说的是耶稣被剥去衣服钉上了十字架。第12站是耶稣被竖立在十字架上，属于希腊东正教。祭坛上方是耶稣被钉在十字架上的模型，下方有个耶稣像，像前的一个大理石的圆孔，说是当初竖十字架的

图12-36　圣墓教堂（2）
图片来源：https://www.seetheholyland.net/

孔。从第13站往左是苦路的最后一站——耶稣墓，里面还有当初墓上的大理石。耶稣母亲马利亚的诞生处距此不远，十字军在那里建有圣安妮教堂。

2. 哭墙

哭墙又被称为西墙，是犹太教最重要的圣地。约前965年所罗门在锡安山上建造了首座犹太教圣殿所罗门圣殿，俗称"第一圣殿"，后被巴比伦人摧毁。半个多世纪后犹太人在旧址上建造了第二圣殿。70年，罗马人烧毁圣殿，但遗留部分台基不拆毁以向后世显示罗马军队的强大。绝大部分犹太人被逐出巴勒斯坦地区，耶路撒冷和圣殿几乎夷

图12-37　西墙
图片来源：以色列旅游局官网 http://www.visitisrael.cn/

为平地。该墙为同一时期希律王在第二圣殿断垣残壁的遗址上修建起的护墙。直至拜占庭帝国时期，犹太人才可以在每年安息日时获得一次重归故里的机会，无数犹太教信徒会至此面壁而泣，"哭墙"由此而名。7世纪，阿拉伯帝国倭马亚王朝占领巴勒斯坦，由于帝国内部对异教徒征收什一税，所以哭墙没有被刻意损坏。公元初年，欧洲人认为耶路撒冷是欧洲的尽头，而这面墙则是欧亚分界线。

哭墙长50米左右，高18米左右，由大石砌成。1992年，考古学家在"哭墙"发现5块巨型基石，这些石块有2000多年的历史。其中最大一块巨石长13.6米、宽4.6米、高3.5米，重达570吨。哭墙是犹太人2000多年的精神支柱。在哭墙祈祷时男女有别：男士进入广场前必须戴上传统的帽子，入口处备有纸帽可供借；女士无须蒙头，但在祷告后需面向哭墙一步步退出祷告区域。哭墙上方是伊斯兰教的两处圣地——岩石圆顶清真寺和阿克萨清真寺。

图 12-38　圆顶清真寺

图片来源：以色列旅游局官网 http://visitisrael.cn/

3. 圆顶清真寺

圆顶清真寺是耶路撒冷最古老也是世界上最古老的清真寺之一，有1000多年历史了。穆斯林称之为"高贵圣殿"，只有穆斯林才能进入，欧洲人称之为"奥马尔清真寺"。清真寺穹顶高54米、直径24米，是少有的没有高耸宣礼塔的清真寺。687~691年，由第9任哈里发阿布杜勒·马里克建造。1994年，约旦国王侯赛因出资650万美元为圆顶覆盖上了24千克纯金箔，使它彻底名扬天下。清真寺内有一块镇寺之宝——寺中央的一块淡蓝色巨石。巨石长17.7米、宽13.5米，高出地面1.2米，以银、铜镶嵌。这块岩石上有一个大凹坑，相传是穆罕默德在此处"登霄"留下的马蹄印。伊斯兰教认为穆罕默德是继摩西、耶稣等先知后，真主派往人间的最后一位使者。他在创教后第9年即619年的一个晚上，在天使陪同下骑一匹面如美女的天马从麦加飞到耶路撒冷，聆听真主的天启。

4. 犹太人大屠杀纪念馆

1953年根据以色列国会通过的纪念法令成立犹太人大屠杀纪念馆，纪念馆为全球最大的大屠杀博物馆，反映大屠杀时欧洲犹太人及日后以色列复国的历史。2005年3月15日，新大屠杀博物馆正式开幕。新建成的博物馆长180米，占地4000多平方米，大多位于地下。博物馆外形为棱柱体的三角形结构，包括大礼堂、学堂、记载大屠杀受害者的数

图 12-39　犹太人大屠杀纪念馆

图片来源：以色列旅游局官网 http://visitisrael.cn/

码数据库和纪念大屠杀受害者的纪念碑。博物馆中心长廊分别通往十间展厅，每间展厅都展示了大屠杀的不同历史部分。博物馆的展品很多，约有2500项大屠杀受害者及幸存者的个人简介和物品，大屠杀幸存者赠送的艺术品和信。从20世纪50年代开始，博物馆开始进行大概4.4万名大屠杀幸存者的证词录音工作。博物馆设立的国际义人共2万多人，如第二次世界大战时收留犹太人的一位法国村庄的居民、发给犹太人签证的中国外交官何凤山、日本外交官杉原千亩，收留逃离屠杀的犹太少女的潘均顺等。

5. 以色列博物馆

以色列博物馆建于 1965 年，是新城中最具现代化也是最重要的建筑，外观犹如巨大的白瓷罐盖子。博物馆中所展示的文物多为各个时代各式各样的《圣经》，包括先知《以赛亚书》较为古老、完整的版本，也称得上是座圣经博物馆。另外还有珍贵的《死海古卷》。1947 年，一位居住在死海附近的阿拉伯青少年为寻找失踪的羊只，

图 12-40　以色列博物馆
图片来源：https://www.israeltravels.com/

进入荒凉峡谷的隐窟里，发现了装在陶罐内的希伯来文羊皮卷轴。这些手抄《圣经》年代可溯至 2000 年前，是目前人类发现年代非常早的《圣经》抄卷。

6. 万国教堂

万国教堂的正式名称叫苦闷教堂，位于城东的橄榄山，是耶稣被捕前晚间祷告的地方。教堂为拜占庭风格，建于 1919~1924 年，因为得到了 12 个不同国家的基金赞助，称为万国教堂。每个国家的标志放置于天花板玻璃上一个小圆顶内。教堂前面有一排列柱，上面镶嵌耶稣基督的图案。现在教堂是建在两座被废弃的古代教堂基础上的，它们分别是 12 世纪十字军教堂和 4 世纪的拜占庭教堂。

图 12-41　万国教堂
图片来源：https://www.seetheholyland.net/

（二）死海

死海距离耶路撒冷 25 千米，位于约旦、巴勒斯坦、以色列的最低部，是东非裂谷北部的延续部分，是一块夹在两个平行的地质断层崖之间下沉的地壳。死海长 80 千米，宽处为 18 千米，平均深 300 米，进水主要靠约旦河，进水量大致与蒸发量相等，无出口。死海为世界上盐度最高的天然水体之一，水生物难以生存，岸边也没有花草生长，故称为"死海"。

图 12-42　死海
图片来源：以色列旅游局官网 http://visitisrael.cn/

从希律王时期开始，死海是世界上最早的疗养胜地。死海的盐水浓度高，比大洋的海水咸 10 倍，人极易浮起。当人体平躺在水面上时，重量感随之消失，进入完

全松弛的状态，可收到和瑜伽一样的放松疗效。海底的黑泥含有丰富的矿物质，将黑泥敷抹在身体各部，泥中的各种矿物质很快会被皮肤吸收，是极好的"护肤品"。黑泥由于健身美容的特殊功效，成为以色列和约旦两国的出口产品。死海水中含有很多矿物质，具有一定安抚、镇痛的效果。常在海水中浸泡，可以治疗关节炎等慢性疾病。进入死海，平时微小挠破处马上就有灼热感，犹如"伤口上撒盐"，不过经过死海盐浴后伤口愈合得快。在死海漂浮切忌动作过大而弄出水花溅进眼睛。岸边的结晶体坚硬带刺，很容易划破皮肤。大部分死海海滩都是颗粒较大的鹅卵石沙滩。

（三）特拉维夫

特拉维夫距离耶路撒冷65千米，城市建于19世纪80年代，最初仅仅是雅法城外的一个犹太居民区。当时，一批犹太裔人士不愿居住市内昂贵的阿拉伯社区，而在雅法的北郊兴建住宅。1909年4月11日，建造新城的工程正式开始，称为特拉维夫。创建者们受到当时欧洲花园城市运动的影响，设计了宽阔的林荫大道。在1921年5月的雅法骚乱中，有数十名犹太裔人士被阿拉伯裔暴民杀死。此后不久，雅法的数千名犹太人搬迁到北面的特拉维夫，形成了新的中央商务区。由于特拉维夫是第一座犹太人城市，陆续来以色列的移民源源不断地涌入，促进了特拉维夫的迅速发展，使之逐渐成为以色列的经济与文化的中心，一直保持至今。1950年，特拉维夫和雅法两市合并成立特拉维夫—雅法市。今天，特拉维夫被认为是以色列最国际化的经济中心，也是以色列的文化之都，各国也在特拉维夫设立大使馆。特拉维夫海滩是全球最受欢迎的沙滩之一。

图12-43 特拉维夫

图片来源：以色列旅游局官网 http://visitisrael.cn/

1. 雅法古城

雅法名称的来源有多种解释。犹太人认为在毁灭万物的大洪水消退后，挪亚的儿子雅弗建立了这一城市，人们以他的名字将该城命名为"雅弗"，后来读音慢慢演变成雅法。还有人认为"雅法"是希伯来语"美丽"一词的谐音，因为这里风景秀丽如画。也有人认为"雅法"的意思是"闪着白色光辉之地"，指它是白垩纪断崖上的光辉。雅法是世

图12-44 雅法古城

图片来源：以色列旅游局官网 http://visitisrael.cn/

界上最古老的港口，也是最早的城市之一，在公元前 5000 年这里就有人类居住，公元前 2000 年就成为地中海海岸的著名港口。雅法第一次有文字记载是在前 15 世纪古埃及法老吐特摩西斯三世统治时期，在《圣经》中多次被提及。

古城的街巷大多为石头房屋组成，处处充满沧桑的历史感。老城中心是凯杜明广场，环绕着许多古老的建筑，最醒目的是圣彼得教堂和钟楼，建于 1654 年，是为纪念耶稣的门徒圣彼得复活升天而建，1894 年完工时是奥斯曼帝国统治时期。18 世纪晚期，教堂两度被毁两度重建，目前的建筑是 1903 年修复重建的。在雅法天然港的上面，有一座 37 米高的山丘，考古学家在这里发掘出公元前 18~前 16 世纪人类居住的遗迹。后来，以色列在这一遗址上建起一个别致的小型展览馆，介绍有关雅法的历史和传说。

2. 拉宾广场

拉宾广场原名特拉维夫国王广场，广场的东南角矗立着一倒三角形大型铁质雕塑，它的花岗岩底座也是一个反方向的三角形，从空中俯瞰整个雕塑呈六角形，也就是大卫之盾的六芒星，是以色列的象征。以色列前总理拉宾早年作为以军总参谋长组织指挥了著名的 1967 年"六日战争"。1992 年拉宾当选为总理，1993 年与巴勒斯坦民族权力机构签订《奥斯陆协议》，1994 年约旦成为继埃及之后第二个承诺与以色列和平共处的阿拉伯国家。拉宾因推动中东和平进程所做的努力而获诺贝尔和平奖，又获得"阿斯图里亚斯王子 1994 年度国际合作奖"。1995 年 11 月 4 日，拉宾总理被一名极右翼激进主义分子刺杀身亡。市政大楼旁的人行道是拉宾遇刺的地点，立有拉宾的墓、纪念碑和雕塑。拉宾遇刺的这一天被定为以色列的国家纪念日，事发的广场改名为拉宾广场，中东的和平进程由此遭受到重大的挫折。

图 12-45 拉宾广场

图片来源：https://www.haaretz.com/israel-news

3. 白城

包豪斯是一种源于德国的建筑风格，在 20 世纪 20~30 年代引领了现代建筑的新风潮。继承这一设计理念和技能的犹太人陆续移居到现在的以色列，并建造了一大批包豪斯建筑。在德国或者欧洲其他地区的包豪斯已逐渐消失，现今只有特拉维夫拥有 4000 多栋的包豪斯建筑，主要在几个

图 12-46 白城

图片来源：以色列旅游局官网 http://visitisrael.cn/

商业街和生活区之中。2003年7月,以包豪斯建筑铸成的白城被联合国教科文组织评为世界遗产。特拉维夫的包豪斯建筑多为方正平顶或者圆弧转角,墙面多、窗户小,外表为白色或混凝土色,正面或者圆弧转角处有开阔的阳台。过去20年,人们对特拉维夫包豪斯遗存的兴趣与日俱增。包豪斯博物馆展示包豪斯风格家具和相关物品。

(四) 海法

图12-47 巴哈伊阶梯花园

图片来源:以色列旅游局官网 http://visitisrael.cn/

海法位于特拉维夫的北边80千米处,是以色列第三大城市和最大的港口城市。该市面积为60平方千米,西濒地中海,背倚迦密山,是"美丽的海岸"之意。19世纪末,大马士革与海法之间的铁路便已铺设完成,而当犹太人移民海法之后,便成了一个现代化的城市。市区有阿拉伯人聚集区和犹太人居住的赫茨尔大街。1868年德国的共济会会员在海法购买了一片土地,留下许多德国风格的建筑,被称为德国区。海法属于地中海气候,夏天炎热干燥,冬天寒冷多雨。

巴哈伊阶梯花园位于以卡梅尔山上,是巴哈伊教先知巴孛的安息之地。巴哈伊教的至圣之所是巴哈欧拉的陵寝,第二则是巴哈伊花园。巴哈伊花园的建造颇为曲折,工程断断续续达百余年,2001年免费开放。巴哈伊花园建造成本为2.5亿美元,每年的维护费用高达400万美元。联合国教科文组织世界遗产委员会于2008年把包括巴哈伊花园和巴哈欧拉神庙在内的巴哈伊圣地评为世界文化遗产。世界遗产委员会评价其不仅具有普世的精神价值,在建筑风格和设计上也具备独特的文化价值,这是世界上第一个与近代宗教有关的建筑群被列为世界文化遗产。

整座花园依山而建,山脚至山顶绵延千米,垂直高度约225米,最大坡度约63°。巴哈伊花园洋溢着浓郁的波斯风情。一条由白色大理石砌成的阶梯位于花园的中轴线上,沿线树木、水池、花盆、雕塑等景观则对称地分布在两侧。花园中心是巴孛陵寝,金色半球形穹顶位于40米高的乳白色圣殿之上。距中轴线稍远处,各种景观不再严格对称,而是融合多种园林风格。园中甚至可以找到中国文化的痕迹,

图12-48 巴孛陵寝

图片来源:以色列旅游局官网 http://visitisrael.cn/

如两尊写有"大清乾隆年造"字样的铜鼎。

海洋之星教堂是一座法国式加尔默罗女修道院,是罗马天主教会的加尔默罗原则的发起地。教堂据说修建在以利亚居住过的洞穴上,建于1836年。值得观看的是教堂内部的壁画,以及绘在天花板上的先知以利亚和烈火战车的故事。相传以利亚驾驶着烈火战车飞升到天堂。教堂旁边还修建了一座小型博物馆,展出从拜占庭及十字军时期起留存在修道院的遗物。

(五)拿撒勒

拿撒勒是一座不起眼的小城,因耶稣基督而声名鹊起,它是耶稣的故乡。《圣经》中描述他的父母约瑟夫和马利亚住在这里。在拿撒勒,天使长迦百利到马利亚那里告诉她,她将因圣灵怀孕生下救世主,耶稣降生后就在这里长大。因此被称为"拿撒勒人耶稣"。这个名称含有双关的意思,既说明他是生于一个贫寒之家,又说明这里是一个被忽视的城市。拿撒勒很早以前就被基督徒视为圣地。7世纪后,由阿拉伯帝国统治。十字军东征时,十字军占领拿撒勒城。1291年拿撒勒由阿拉伯人重新占领。1300年,方济会士在拿撒勒建了一座修道

图 12-49 拿撒勒

图片来源:以色列旅游局官网 http://visitisrael.cn/

院及教堂。不久,方济会士被逐出拿撒勒,直到1620年,重返拿撒勒,建立了教堂、修道院及学校。自中世纪起大部分时候被阿拉伯基督徒占领。

为了纪念天使迦百利向玛利亚报告怀孕的喜讯,人们在报信的报喜岩洞上建起了报喜堂,后来又经过多次重建。天使报喜堂的绘画来自不同国家,圣母与圣子像别具特色,带有鲜明的本土色彩。教堂的正立面,雕刻着天使迦百利和圣母玛利亚的像,他们下面的4幅图像分别是四福音马太、马可、路加和约翰。报喜堂北面不远处是圣约瑟堂,相传那是约瑟制木工厂所在。

图 12-50 天使报喜堂

图片来源:https://www.seetheholyland.net/

拓展阅读

1. 土耳其境内有火车、城际大巴，航班也多且不贵。土耳其国铁以"东方快车"而闻名，但线路不够多。土耳其的巴士公司有200多家，买票时要输入名字与性别，因为巴士会把单独的女性跟男性旅客分开。

2. 若先去以色列，之后再想去伊斯兰国家办签证，可能会拿不到签证，除非等到护照过期。但是反过来，不管之前去过多少个伊斯兰国家，只要遵守以色列的程序办理旅游签证，都能获得以色列签证。

3. 以色列公共交通很发达，但从周五15：00左右到周六18：00左右几乎没有公共交通，因为这是犹太人的安息日。以色列是周五和周六休息、周日到周四工作的。

4. 除非有家人随行或是有约旦旅行社担保，否则女性单身赴约旦办理签证必须有约旦内政部批准才能获得签证。约旦的Jordan Pass可充当约旦境内佩特拉、杰拉什等40多个景点的门票，还可以据此免费办理落地签。

5. 在约旦租车仅限于绿色牌照的出租汽车，不能开当地一般用户牌照的汽车。有一种客用计程车，在一定的路段内可以随时上下，不论车内其他的人是否互相熟悉，只要车内除司机外未满5人，招手停车就可以坐上。

第五节 约旦

一、历史文化

约旦哈希姆王国简称约旦，位于阿拉伯半岛的西北。1516年被土耳其人占领，属于奥斯曼帝国的大马士革省。1920年，圣雷莫会议将巴勒斯坦地区划为英国的委任统治地。同年7月，法军占领大马士革。1921年英国以约旦河为界，把巴勒斯坦一分为二，西部仍称巴勒斯坦，东部建立外约旦酋长国。1928年外约旦被迫接受为期20年的《英约协定》，英国对外约旦的统治合法化。1946年3月22日，外约旦同英国签订伦敦条约，废除了英国的委任统治，英国承认外约旦的独立，但保留在政治、经济和军事上的特权。1948年又签订《英约同盟条约》。条约规定成立联合防务委员会，英国在外约旦有驻军和使用基地的权利。1957年3月，约旦政府废除《英约同盟条约》，7月英军全部撤出约旦，从此，约旦走向独立发展的道路。

约旦是一个比较小的阿拉伯国家，政治经济和文化生活等方面稳定，人民生活较为富裕，在伊斯兰国家中相对开放。约旦比较缺乏淡水资源，石油资源不丰富。旅游业是约旦支柱产业之一。约旦的官方语言是阿拉伯语，但英语的普及程度比较高。

二、自然地理

约旦基本上是个内陆国家，亚喀巴湾是唯一的出海口。地势西高东低，西部多山地，属亚热带地中海型气候，气候温和。东部和东南部为沙漠，气候恶劣，日夜温差大，干燥，风沙大。沙漠占全国面积80%以上。约旦河流经西部注入死海。死海是咸水湖，湖面低于海平面392米，为世界陆地最低点。据有关国际组织的统计，约旦为世界上十大严重缺水的国家之一。

三、旅游城市和景点

（一）佩特拉古城

佩特拉古城是约旦最负盛名的古迹区之一，2007年7月8日被评选为世界新七大奇迹，也是世界遗产。佩特拉古城位于约旦南部沙漠，距首都安曼约260千米、海拔1000米的高山峡谷中。古城的岩石带有珊瑚宝石般的微红色调，在阳光照射下熠熠发亮，又被称为"玫瑰古城"。

图 12-51 卡兹尼

图片来源：约旦旅游局官网 http://www.visitjordan.com/

佩特拉古城是由阿拉伯游牧民族纳巴泰人在岩石上开凿出来的，为纳巴泰王国首都，公元前1世纪时极其繁荣。106年被罗马帝国军队攻陷，沦为罗马帝国的一个行省，现在还能看到很多古罗马文化中常有的建筑，比如阶梯剧场、广场、公共浴室等。3世纪起，因红海贸易兴起代替陆上商路，佩特拉开始衰落，7世纪被阿拉伯军队征服时已是一座废弃的空城，直到1812年才被发现而重见天日。

古城建立在狭长的西克峡谷中，深约60米，峡谷中一片漆黑，令人毛骨悚然。忽然眼前一亮，一座宽27米、高40米的建筑呈现在眼前。这座建筑名叫卡兹尼，又叫作藏宝库，是纳巴泰式设计风格，是佩特拉最著名的纪念碑。整座建筑完全由坚固的岩石雕琢成形，阳光照耀下各种颜色层次生动分明。

图 12-52 佩特拉

图片来源：约旦旅游局官网 http://www.visitjordan.com/

过了卡兹尼，西克峡谷豁然开朗，伸向约 1.6 千米宽的大峡谷。峡谷中有一座古城，拥有数以百计的古建筑，陵墓、浴场、祭堂、庙宇、廊柱林立的街道以及岩石浮雕。峡谷四周山壁上雕琢很多建筑物，有些简陋，还不及方形小室大，几乎仅能算洞穴。另有一些大而精致的台梯、塑像、多层柱式前廊。这些建筑群是已消失的纳巴泰民族的墓地和寺庙。古城里有 700 多个墓冢，最著名的是皇家墓冢群，其中规模最大的是厄恩墓室，墓室内呈正方形，高 18 米，长、宽各 20 米，在其中说话，回声隆隆不绝。罗马人占领时期，下面增建了拱形建筑，是罗马帝国佩特拉行政区最高的司法机构所在地，设立了司法人员的办公室和监狱，所以后人称此地为"法院"。446 年，又改为东正教堂。从厄恩墓室顺势向右，是皇族墓室、科林斯式墓室、宫殿墓室和六瓣花墓室。这几座沿山凿成的墓室是那霸田王国国王和皇族的墓室。佩特拉曾是丝绸之路中的一站，巨大的岩石上刻有古老东方的痕迹。

（二）安曼

约旦首都安曼被称为"白色之城"，它坐落在 7 座山头之上，因此又被称为"七山之城"。近年来安曼发展很快，扩展到了 14 个山头。历史上安曼曾被许多不同民族统治，而今是中东地区少数伊斯兰教、基督宗教及其他少数信仰无明显冲突而得以共处之地。安曼街上，常常出现骆驼与汽车并行的情景，街上行人的服饰五光十色。最引人注目的是当地贝都因人的装束，他们头裹红方格布头巾，身穿黑色袍子。

安曼老城区充满着浓厚的阿拉伯风土气息，这里保存有很多罗马帝国时代的遗迹。斗兽场呈圆形，整个地面用石头铺成。附近是露天剧场，建于 2 世纪，依山而卧，为古罗马风格剧场。整个剧场用巨石砌成，看台为阶梯式，最多可容纳 6000 名观众。站在剧场的顶端可以观赏到附近许多名胜古迹。剧场设有 3 层看台，每个座位都能清楚地看到舞台上的表演。该剧场既是安曼的主要旅游景点，也是举办文化、艺术等活动的重要场所。剧场旁还有"民间文物馆"和"民间传统博物馆"。

图 12-53 安曼

图片来源：约旦旅游局官网 http://www.visitjordan.com/

裸露于地面的遗址还有市场、祖尤斯庙、艾尔特尔斯庙以及东罗马帝国时期的教堂、水塘、浴池等。马茵温泉从罗马时代起就是疗养胜地，温泉水量很大，水温很高。瀑布溪谷中因为渗入了冷水，温度要低一些，瀑布后的小山洞是天然的蒸汽浴室。还有许多罗马帝国时期的遗址至今仍埋在地下，有待挖掘。

安曼附近还有一座名叫"杰拉什"的古代希腊统治时期的建筑遗址，坐落在一片山坡上，距离安曼不到1小时车程。它创建于前300年亚历山大时代，前后历经近100年时间才建成，那些石柱雄伟高大，每根石柱上雕刻着各种花纹，工艺异常精湛。

1. 杰拉什

杰拉什在安曼以北36千米处，是马其顿帝国亚历山大大帝远征时安顿老兵的地方。随着古罗马帝国的崛起，杰拉什的战略据点地位不断凸显。鼎盛时期，杰拉什是罗马远东地区最大的一个行省城市、中东四大名城之一。随着古罗马帝国的瓦解，杰拉什开始没落。8世纪中叶，阿巴斯王朝兴起，定都巴格达。杰拉什经过几次强烈地震，许多建筑毁于

图 12-54　杰拉什

图片来源：约旦旅游局官网 http://www.visitjordan.com/

一旦，逐渐销声匿迹。直到1806年才被德国旅行家欧里赫发现。自1920年起，考古队在该地挖掘出来的古城面积达84.7万平方米，这在古代是一座规模不小的城池。杰拉什是世界上保存得最完好的古罗马城市之一，有"中东的庞贝"之称，也被誉为"罗马之外的罗马"。

杰拉什古城有规划完整的城市布局、东西南北完好的古城门遗址和作为一座城市必须具备的各种硬件设施。129年罗马皇帝哈德良莅临此地，为此修建了

图 12-55　杰拉什音乐节

图片来源：约旦旅游局官网 http://www.visitjordan.com/

哈德良凯旋门。凯旋门雄伟气派，三道拱门，雕工精美繁复，粗犷大气。凯旋门的左侧是赛马场，这是杰拉什面积最大的建筑，长约260米，宽50米，10部马车同时驰骋绰绰有余，赛马场三面是巨石垒起的阶梯看台，可容纳1.5万人。中心位置的椭圆形广场相当开阔，四周的罗马石柱环形矗立。广场是以前古城聚会、狂欢和集市的重要场所，现在一年一度的夏季文化节也在这里隆重

举行。罗马柱从广场笔直地延伸至北门，构建起著名的罗马大道，又称"列柱大街"和"加冕大道"。大道两侧密集的建筑是各式教堂、市场、水神殿、公共浴场、阿尔忒弥斯神庙、小型剧场等公共设施，从残垣断壁中依稀可见当年的雄姿。广场东面高地是宙斯神庙和古罗马剧场。东部剧场是约旦现存剧场中最大的一个，至今还用于大型的音乐和舞蹈演出，每年的杰拉什音乐节就在这里举行。世界歌王帕瓦洛蒂和卡雷拉斯都曾经在此一展歌喉。

2. 城堡山

安曼城堡山是阿巴斯·阿蒙王国历史遗址。前13世纪，现在的安曼周围出现信奉太阳神的阿蒙人部落。前11世纪，阿蒙人建立了阿巴斯·阿蒙王国，在城堡山上建立了首都，并称其为"阿蒙"，之后逐渐演变成今天的安曼。城堡山自阿蒙人后历代均为城市的中心，其残存的文物古迹有不同历史年代的面貌。城堡山的古遗迹主要有伍麦叶宫和石柱。伍麦叶宫是阿拉伯帝国伍麦叶王朝在城堡山建立的皇宫，虽经历了1300多年，但从残存的建筑中仍能看出当时阿拉伯建筑的风格。城堡山的历史博物馆建于1951年，馆中陈列着约旦全国各地发掘的历史文物，如在约旦河谷掘出的旧石器时代的石刀、石斧，距今已有10万年以上历史，是约旦现存最早的文物。

图 12-56　城堡山

图片来源：约旦旅游局官网 http://www.visitjordan.com/

3. 沙漠城堡

沙漠城堡是早期伊斯兰艺术和建筑的典范，精美的马赛克，波斯和希腊罗马的传统故事雕刻和壁画，由于其高大的身材而被称为城堡。这些沙漠建筑群可作为各种用途，如旅行车站、农业和贸易中心、度假胜地凉亭，与当地贝都因人建立联系的站点等。阿尔姆沙塔宫位于安曼东南约32千米处，于744年建造，周围环绕着144米长的方墙，包括

图 12-57　阿尔姆沙塔宫

图片来源：约旦旅游局官网 http://www.visitjordan.com/

25座圆形塔楼。哈拉那城堡在通往阿兹拉克的路上，因位于哈拉那山谷而得名，由于战争，城堡已被多次修复。东部哈拉巴特宫位于约旦首都安曼以北的扎卡市，建于8世纪初期。卡斯尔·阿姆拉城堡保存了雕刻和壁画。

阿兹拉克城堡位于距离安曼以东100千米外阿兹拉克地区的沙漠中，占据着非常重要的战略位置，位于连接伊拉克、沙特阿拉伯和叙利亚的几条公路的汇合处，而且是唯一有水源的地方。阿兹拉克城堡以当地盛产的黑色玄武岩建造，城堡南面的两扇玄武岩大门，每扇重达3吨。堡垒入口的塔上，历代建设者用拉丁语和阿拉伯语刻下了铭文，也是珍贵的史料。阿兹拉克地区的古塞尔阿姆拉城堡于1985年被联合国教科文组织评为世界文化遗产。阿兹拉克环绕着绵延几千米的绿洲，但由于地下水的逐渐枯竭，绿洲正在消失，现在面临着生存危机。

（三）瓦迪拉姆

瓦迪拉姆保护区被评为世界自然与文化混合遗产，于2011年被列为最新的世界文化遗产。科学家评论其环境面貌是地球上最像月球的地方，故得名"月亮谷"。瓦迪拉姆位于约旦南部，靠近沙特阿拉伯边界，占地7.4万公顷。这片壮观的沙漠拥有一系列高耸的岩层、悬崖、拱形结构和峡谷。史诗性巨片《阿拉伯的劳伦斯》全部都是在瓦迪拉姆拍摄的。沙漠腹地的贝都因人至今遵循着祖先的游牧方式生活，黑色的帐篷和聚集的驼群是他们家园的标志。这里的岩画、碑铭和考古遗址有大约1.2万年历史。那霸田时代留下来的神殿证明瓦迪拉姆在2000年前已经是一个圣地。

图 12-58　瓦迪拉姆

图片来源：约旦旅游局 http://www.visitjordan.com/

第十三章 中亚

第一节 乌兹别克斯坦

一、历史文化

乌兹别克斯坦共和国简称乌兹别克斯坦，是著名的"丝绸之路"古国，与中国有着历史悠久的联系。11~12世纪，以乌孜别克族为主的国家基本形成，建立喀喇汗国和伽色尼王朝等。13世纪被蒙古鞑靼人征服。14世纪中叶，建立以撒马尔罕为首都的庞大帝国。16~18世纪，建立布哈拉汗国、希瓦汗国和浩罕汗国。19世纪60年代，部分领土并入俄罗斯帝国。1924年成立乌兹别克苏维埃社会主义共和国并加入苏联，成为苏联加盟共和国之一。1991年8月31日宣布独立。

乌兹别克斯坦人能歌善舞，擅长刺绣工艺，最负盛名的是绣花盘工艺精巧。他们的生育观念是多子多福，家家孩子都很多，是世界上年轻人占比很高的国家。乌兹别克斯坦在苏联时期享有"航空港"之美称，也是中亚地区唯一能生产飞机的国家。

二、自然地理

乌兹别克斯坦是一个内陆国家，西北濒临咸海，与哈萨克斯坦、吉尔吉斯斯坦、塔吉克斯坦、土库曼斯坦和阿富汗毗邻。地势东高西低，平原低地占全部面积的80%，大部分位于西北部的克孜勒库姆沙漠。东部和南部属天山山系和吉萨尔—阿赖山系的西缘，内有著名的费尔干纳盆地和泽拉夫尚盆地。乌兹别克斯坦是严重干旱的大陆性气候。夏季漫长、炎热，冬季短促、寒冷。乌兹别克斯坦自然资源丰富，国民经济支柱产业是"四金"：黄金、"白金"（棉花）、"黑金"（石油）、"蓝金"（天然气），是世界第6大棉花生产国和第 2 大棉花出口国，世界第 7 大黄金生产国。但经济结构单一，加工工业较为落后。

三、旅游城市和景点

（一）塔什干

塔什干市是乌兹别克斯坦共和国首都，也是中亚地区第一大城市，地处奇尔奇克河谷绿洲的中心，人口约 230 万，是中亚地区人口最多的城市。

1999 年 3 月，原胜利日 5 月 9 日改为纪念和荣誉日，市中心的原无名烈士广场被改为纪念广场，并在其上修建了哀伤母亲纪念碑，碑前燃有长明灯，两侧是具有民族建筑风格的木雕长廊，廊上有铜版刻制的荣誉簿，里面刻着在反法西斯战争中牺牲的乌兹别克斯坦公民的名字。

1966 年塔什干发生大地震，城市严重被毁，苏联各加盟共和国纷纷伸出援助之手，帮助塔什干重建。为纪念这一友谊建立了民族友谊广场。广场南侧坐落着民族友谊宫，中间有一组象征各民族友谊的铜雕塑群，记述了卫国战争期间马赫穆多夫铁匠一家收养 15 个孤儿的真实故事。

国家艺术博物馆始建于 1918 年，收藏了大量精美且富有乌兹别克民族特色的刺绣、地毯工艺、铜器皿、木雕等，还有中国、印度、日本等国的艺术品，我国著名画家齐白石先生的作品也陈列其中。帖木儿家族史博物馆主要介绍帖木儿的生平事迹及少部分实物和资料，建筑为伊斯兰风格，蓝色圆顶。国家历史博物馆是中亚地区最大的博物馆之一，展出了中亚地区考古学、古钱币学、民族学等各领域丰富藏品及最新历史文献档案，展品有费尔干纳盆地出土的前 2000 年的石刻避邪物，公元前 5~ 前 6 世纪的青铜锅，布哈拉出土的公元前 4~ 前 5 世纪的陶器，14~15 世纪帖木儿及其后时期的钱币和武器等。美术博物馆有 7 世纪佛教文物和一些希腊风格的头像，还展出了一些来自欧洲、东亚、南亚的文物，比如来自中国的木雕、瓷器、明清家具及古代书画。乌兹别克应用艺术的展览令人印象深刻，尤其是一些旧石膏的雕刻和有中亚特色的刺绣。

哈兹罗提伊莫姆星期五清真寺两侧各竖立着一座 54 米高的宣礼塔。广场上东南面是莫耶穆巴雷克图书博物馆，里面珍藏着 7 世纪的奥斯曼《古兰经》，据说是世界上最古老的。

谢罕塔尔陵墓是 14 世纪备受尊重的智者谢罕塔尔的陵墓，墓前一棵已经硅化的

图 13-1　帖木儿家族史博物馆
图片来源：https://pixabay.com/

树木十分有名,当地传说这是公元前 4 世纪亚历山大大帝乘凉的地方。西侧一座规模更大的陵墓中,安葬着成吉思汗的后裔尤努斯汗。尤努斯汗的女儿嫁给了帖木儿的后裔,他的外孙就是莫卧儿王朝的缔造者巴布尔。

(二)撒马尔罕

撒马尔罕是乌兹别克斯坦共和国第二大城市,也是前总统卡里莫夫的故乡。该城位于塔什干西南 270 千米的泽拉夫尚河谷地,塔吉克族占人口多数,市内通用的不是乌兹别克语,而是塔吉克语。撒马尔罕是中亚地区最古老的城市之一,处于中国通往印度的交通要道上,是古丝绸之路上的重镇。唐朝玄奘高僧描绘的"异方宝货,多聚此国"表现出了撒马尔罕的繁华。

图 13-2　星期五清真寺
图片来源:https://pixabay.com/

突厥人、波斯人、阿拉伯人也先后统治过这里。亚历山大大帝于前 329 年攻陷这座城市时,不禁赞叹:"撒马尔罕比我想象得更为壮观。"

1220 年,成吉思汗来到这里将整座城市夷为平地。随着帖木儿帝国的兴起,他的大军横扫波斯、印度、高加索、阿塞拜疆和蒙古。他把从亚洲各地劫掠来的珍宝堆积在撒马尔罕,把每个城市中最精巧的工匠带到撒马尔罕,在城里修建起最辉煌的宫殿和清真寺,誓把撒马尔罕建成亚洲之都。16 世纪布哈拉崛起的同时,撒马尔罕走向衰落。2000 年,撒马尔罕古城整体被联合国教科文组织评定为世界文化遗产。城市中保存了大量帖木儿时期的宗教、文化建筑和格局较为好的低层传统住宅区。

1. 列基斯坦广场

列基斯坦意为沙地,列基斯坦广场有一组宏大的建筑群,建于 15~17 世纪。建筑群由三座神学院组成,左侧是兀鲁伯神学院,建于 1417~1420 年。兀鲁伯为中世纪的学者、天文学家、诗人和哲学家。兀鲁伯神学院的正门和彩色的穹顶用了各种色彩的陶瓷作为装饰,后遭地震破坏,又重新修建了高 13 米、直径 13 米的新穹顶,建筑材料采用特殊金属结构。兀鲁伯神学

图 13-3　列基斯坦广场
图片来源:https://pixabay.com/

院是 15 世纪最好的穆斯林学府之一。据说兀鲁伯曾亲自在此授课。广场正面为提拉—卡里神学院,建于 1646~1660 年,提拉—卡里意为"镶金"的意思。右侧

为希尔—达尔神学院，建于1619~1636年，希尔—达尔意为"藏狮的"。这三座建筑高大壮观、气势宏伟，虽建于不同时代，但风格组合起来很和谐，是中世纪中亚建筑的杰作。

2. 古尔阿米尔陵墓

古尔阿米尔陵墓是14世纪最伟大的君主、军事家帖木儿的陵墓。陵墓造型壮观，色彩鲜艳，有球锥形大圆顶，具有浓厚的东方建筑特色。陵墓始建于1403年，帖木儿的孙子穆罕默德·苏丹曾被定为帖木儿的继承人，却先于帖木儿去世，这座陵墓起初是专为他所建的，后成为帖木儿的家族墓。陵墓灵堂中的9个石墓冢并非真正的棺木，只是用于标记地下墓穴的位置。

图13-4 古尔阿米尔陵墓

图片来源：https://www.orientalarchitecture.com/

陵墓中分别安葬着帖木儿、帖木儿的两个儿子、两个孙子（兀鲁伯和穆罕默·德苏丹）、兀鲁伯的两个儿子、兀鲁伯的宗教老师以及一个未查明姓氏者。正中心的墨绿色石头属于帖木儿，墓上写着：谁掘我的墓，谁就遭殃。苏联学家证实帖木儿身高1.7米，右腿有残疾，证实了兀鲁伯死于暴力杀害的传说，以及所葬其他帖木儿家族成员身份的真实性。

图13-5 兀鲁伯天文台

图片来源：https://pixabay.com/

3. 兀鲁伯天文台

兀鲁伯天文台是乌兹别克斯坦的重要古迹之一，它由兀鲁伯于1428~1429年建造，是中世纪时期具有世界影响的天文台之一。天文台是一个三层圆形建筑物，有独特的40米大理石象限仪和水平度盘。天文台只留下一座巨大的、由大理石制成的六分仪，安装在离地面11米深、2米宽的斜坑道里，部分伸出地面，坑道上面是兀鲁伯天文台博物馆。兀鲁伯在此测出的一年时间的长短与现代科学计算的结果相差极微。兀鲁伯编制的《新天文表》，概述了当时的天文学基础理论和1018颗星辰的方位，这是继古希腊天文学家希巴尔赫之后，测定星辰位置的最准确的记录。

（三）布哈拉

布哈拉位于乌兹别克斯坦西南部，泽拉夫尚河三角洲上的沙赫库德运河河畔，沙赫库德运河穿城而过，有2500多年历史，80%人口为塔吉克族。布哈拉地处欧亚交通要道，是丝绸之路上商贸与文化的中心城市。中国古书中所说的不花刺，《新唐书》中提及的戊地国，唐代昭武九姓中的毕国、安国，都是指布哈拉。布哈拉是中亚宗教信仰的中心，有"中亚麦加"之称。7世纪，随着伊斯兰教开始在布哈拉传播和盛行，布哈拉兴建了上千座清真寺、神学院和其他祭祠场所，是当时著名的伊斯兰教学术重镇。10世纪初期，布哈拉成为萨曼王朝的都城，统治着从巴基斯坦、伊朗到咸海的广袤区域。1220年为成吉思汗所占领，1370年被突厥人帖木儿征服。1561年，昔班尼王朝从撒马尔罕迁都于此，称为"布哈拉汗国"，并一直持续到1920年布尔什维克在这里建立起苏维埃政权。

布哈拉保持了中世纪的城市布局，保存了许多中世纪时期优秀的建筑，无论从景观造型或是内部陈设和装饰都保留着古风古貌。布哈拉的城市设计和建筑对中亚许多地区的城市规划变革都产生了广泛影响，有"中亚城市博物馆"之称。该市古迹被联合国教科文组织评为世界文化遗产。布哈拉的古迹中有170多座中世纪各种风格的伊斯兰建筑，很多为宗教场所，也有不少商业建筑。

图13-6　阿尔卡禁城
图片来源：https://pixabay.com/

1. 阿尔卡禁城

布哈拉最早的城墙建于8世纪，13世纪是最辉煌的时期，布哈拉有两重城墙，外墙内面积达72平方千米，内墙围着约1平方千米的阿尔卡禁城。16世纪时布哈拉的城墙周长12千米，116座敌楼和11座两侧带有塔楼的城门护卫着城市，现仅存完整的一座城门，现存的城墙大约有4千米长，墙体外大多以烤砖装饰，墙基宽厚。阿尔卡禁城城墙周长780米，始建于公元前3世纪。由于世世代代在原来的地基上不断重建，地基越来越高，以至于形成了山上城堡18米高。城墙加高到了11米高，宽4米，墙上有齿状射孔。阿尔卡禁城是历代布哈拉统治者生活、工作的地方，内有清真寺、监狱、仓库、手工作坊、马厩、武器库、造币厂、交易市场、医院和药店等。城门在18世纪时被建成两侧树立粗壮塔形圆柱，中间为拱形入口的形式。城的正门朝西，门外是大校场，称为列吉斯坦广场，是当时的城市中心，也是举行庆典和公开处决犯人的地方。对着城堡大门的波洛·哈兹清真寺是埃米尔的官方礼拜堂，建于1718年。

2. 夏宫

夏宫是布哈拉最后一位埃米尔的住所，也是迄今为止留存的唯一一座布哈拉统治者宫殿。宫殿分为两个部分，旧宫称为阿卜杜—阿哈德汗宫，建于1892年，为布哈拉传统建筑风格。新宫称为萨伊德—阿里姆汗宫，兼具欧洲和中亚风格，建于1917年。布哈拉最后一位国王到俄罗斯留学多年，这个宫殿的很多设计是埃米尔王命令俄国建筑师和当地工匠共同完成。从建筑结构到内部装饰都兼具欧洲和中亚风格。宫殿外表虽然较为粗糙，但内部居室和大厅无论从设计品位到制作工艺都堪称精湛。夏宫还包括一个很大的园子，内有喷泉、池塘、房屋等设施。

图 13-7　夏宫

图片来源：https://pixabay.com/

3. 卡扬清真寺

卡扬清真寺于1514年建成，装饰面由磨光并涂釉的砖制成，类似马赛克。清真寺长127米，宽78米，可以同时容纳12000人。院里中间有四个传统的平顶凉台。院子里有一个长长的回廊，回廊旁边是由288个双层顶壳的楼顶组成的主体建筑。清真寺对面是米里—阿拉布神学院，建于1530~1536年，为三层建筑，内有教室和114个小室，与《古兰经》章数相同。当时，该座神学院是中亚地区唯一的伊斯兰教神学院。清真寺旁的卡扬宣礼塔是布哈拉最著名的建筑纪念碑，建成于1127年，高46.5米。宣礼塔地基深达16米，勒脚直径达9米。顶部有16个拱形透光窗，狭长的拱形回廊通往梯子。楼身共分成14个装饰带，每个装饰带里都有清晰图案作装饰，每个图案都不同。

图 13-8　卡扬清真寺

图片来源：https://pixabay.com/

4. 萨曼陵墓

萨曼陵墓于905年完工，是城内最古老的伊斯兰建筑。墓主是萨曼王朝的统治者伊斯梅尔·萨曼。在伊斯梅尔的统治下，萨曼王朝走向鼎盛，塔吉克民族也在此时形成，伊斯梅尔因此被誉为"塔吉克民族之父"。波斯人在这一建筑中首次使用火烧砖，据说和泥的浆液是用骆驼奶调成。墙砖用了

图 13-9　萨曼陵墓

图片来源：https://pixabay.com

22种不同的方式堆砌色彩单一的原色砖，拼成了精巧别致的花、草、鱼、虫以及历史故事图案，墙体坚固无比。陵墓是个立方体，覆以大圆拱顶，四角有小圆顶。立方体稳固，象征地球，大圆顶象征着天空，合在一起象征天地合一。据说成吉思汗大军攻陷布哈拉之前，当地居民用土将陵墓掩埋成一个山丘，从而免于战火。

（四）希瓦

希瓦市位于乌兹别克西南与土库曼交界的地方，阿姆河左岸，是一座美丽的绿洲城，有"中亚的明珠"与"太阳之国"之称。据说，挪亚的儿子和他的同伴在洪水之后迷失于卡拉库姆沙漠，他们又饥又渴时突然发现一眼清泉，喝下泉水恢复了生机与力量，后来就在清泉边兴建了希瓦城。希瓦是古代中亚的商人前往伊朗沙漠前的最后驿站，保存有完好的古代建筑群、美丽的宫殿、军事设施以及具有民族特色的住宅。曾有商人说过："我愿以两袋黄金，换看一眼希瓦。"整座城市犹如一座露天博物馆。内城全长2.5千米，是18世纪被波斯人毁掉后重建的。

库希纳堡是希瓦统治者的住所，始建于12世纪，17世纪的可汗对城堡进行了扩建，这里是希瓦汗国早中期的王宫所在。可汗的后宫、造币厂、马厩、兵工厂、军营、清真寺和监狱都在这里。城堡现在改为了古代花剌子模博物馆。

图13-10　卡尔塔米诺尔宣礼塔
图片来源：https://pixabay.com

卡尔塔米诺尔宣礼塔始建于1851年。据说穆罕默德·阿明汗想要建造一座可以远眺400千米之外布哈拉的宣礼塔。但在1855年，可汗在未完工的塔上巡视时不慎坠亡。宣礼塔成了希瓦最著名的"烂尾楼"，但是大直径、蓝绿色瓷砖周身覆盖的宣礼塔仍然非常抢眼。

石头宫有希瓦最豪华的内部装饰。1832年开始修建时，阿拉库里汗曾想以此取代库希纳堡。阿拉库里汗以"建筑者可汗"著称，他还主持修建了阿拉库里汗神学院。伊斯洛姆霍贾神学院建于1910年，内有希瓦最好的博物馆，宣礼塔高57米，是乌兹别克斯坦最高的古建筑。建造者伊斯洛姆·霍贾是希瓦汗国末代相国，推动了许多现代化的革新，建立了欧式学校、照相

图13-11　阿拉库里汗神学院
图片来源：https://pixabay.com

馆、电报局和医院等，可惜他革新的做法引来了很多守旧的神职人员的不满，最终被暗杀。

朱玛清真寺最大的特色是用218根木柱支撑的屋顶，木柱形态各异，造型独特。其中几根柱子甚至是原来10世纪清真寺的原物。清真寺建于1789年，大部分木柱来自14~15世纪，甚至有6~7根柱子可追溯到10世纪，这些木柱是兴建朱玛清真寺时从别的清真寺挪用过来的。

图 13-12　朱玛清真寺

图片来源：https://www.orientalarchitecture.com/

帕赫拉万·马赫穆德出生于蒙古人统治时期，是一位诗人、哲学家和战无不胜的摔跤手，被希瓦民间奉为圣人和守护神。马赫穆德陵墓修建于1326年，后来希瓦的统治者将其修葺得尽善尽美，覆盖上美丽的瓷片，而且把自己的陵墓修得尽量靠近这里，希望能沾上这位文武双全的守护神的灵气。

第二节　哈萨克斯坦

一、历史文化

哈萨克斯坦共和国简称哈萨克斯坦，国名来自其主体民族哈萨克族。766年，突厥部落在今哈萨克斯坦东部建立叶护国。8世纪南部被阿拉伯人与萨曼王朝占领，9~12世纪时，西部和西南部、南部和北部先后加入乌古斯、黑汗和基马克、钦察等国。12世纪上半叶，遭契丹人的入侵。13世纪初，被蒙古人征服并受金帐汗国控制。15世纪末建立哈萨克汗国。16世纪初哈萨克部族基本形成，分为大玉兹、中玉兹、小玉兹，18世纪中叶曾归顺清王朝，但到19世纪中叶皆被俄罗斯帝国侵吞。1920年8月26日，成立吉尔吉斯苏维埃社会主义自治共和国，属俄罗斯联邦。1936年定名为哈萨克苏维埃社会主义共和国，成为苏联加盟共和国。1991年12月16日独立，成立哈萨克斯坦共和国。

哈萨克斯坦有100多个民族，哈萨克斯坦族最大，其次是俄罗斯民族。哈萨克斯坦的官方语言是哈萨克斯坦语和俄语。在努尔苏丹和阿拉木图两个大城市，还可以勉强用英文沟通，其他城市几乎无法使用英文。哈萨克斯坦多数居民信奉伊斯兰教，属逊尼派。此外，还有东正教、天主教和佛教等。

二、自然地理

哈萨克斯坦是世界最大的内陆国，面积为 272.49 万平方千米，位居世界第 9 位。领土横跨亚欧两洲。哈萨克斯坦北邻俄罗斯，南与乌兹别克斯坦、土库曼斯坦、吉尔吉斯斯坦接壤，西濒里海，东接中国。哈萨克斯坦地形复杂，东南高、西北低，大部分领土为平原和低地。西部和西南部地势最低，东部和东南部是有着崇山峻岭和山间盆地的山地，东南端的天山山脉为中国、哈萨克斯坦、吉尔吉斯斯坦三国界山。

哈萨克斯坦属大陆性气候，北部的自然条件与俄罗斯中部及英国南部相似，南部的自然条件与外高加索及南欧的地中海沿岸国家相似。西南部属图兰低地和里海沿岸低地。中、东部属哈萨克丘陵，东缘多山地。哈萨克斯坦的半荒漠和荒漠大多都在西南部，北部环境类似俄罗斯，较为湿润。哈萨克斯坦共有大小河流 8.5 万多条，国内湖泊众多，多达 4.8 万多个，拥有冰川约 2700 座，多数湖泊为咸水湖。

三、旅游城市和景点

（一）努尔苏丹

努尔苏丹原名阿克莫林斯克、切利诺格勒、阿克莫拉、阿斯塔纳，1997 年取代阿拉木图成为中亚国家哈萨克斯坦的新首都，面积 952 平方千米，是哈萨克斯坦工农业的主要生产基地、全国铁路交通枢纽。2019 年 3 月 20 日，为纪念哈萨克斯坦首任总统、民族领袖努尔苏丹·阿比舍维奇·纳扎尔巴耶夫，哈萨克斯坦议会正式将其更名为努尔苏丹。伊希姆河穿城南部而过，四季夏季凉爽、冬季严寒，生态环境良好。

巴伊杰列克塔是努尔苏丹的地标之一，设计灵感来自哈萨克族的神话故事。塔高约 105 米，上面有一个直径 22 米的黄色球体，分别象征着神树和蛋。在这个黄色球体中有一个观景台，可以俯瞰整座城市。观景台高 97 米，象征着 1997 年哈萨克斯坦迁都到阿斯塔纳。除了这个观景台，塔内还有一个大型的水族馆和一个艺术画廊。观塔上有纳扎尔巴耶夫总统右手的镀金手模，当地人坚信将自己的手放在镀金的手模里许愿，可以心想事成。

和平金字塔 62 米高，外墙以不锈钢网

图 13-13　巴伊杰列克塔
图片来源：https://pixabay.com

格和淡灰色花岗岩嵌入物为覆面。顶部是一个可容纳200人的会议厅，内部设置如同联合国安理会的会议场地，玻璃是由艺术家克拉克创作的，被称作"和平之手"。金字塔内还包括大礼堂、文化博物馆、宗教研究中心、大型图书馆、会议室、族裔交流中心以及悬吊式花园。

可汗之帐是一个巨大的帐篷外观的建筑，高150米，占地10万平方米，灵感来自于哈萨克人的游牧毡房，里面是购物中心。

努尔阿斯塔纳清真寺坐落于伊希姆河左岸。楼高40米，象征着先知穆罕默德接受《古兰经》的年纪，而4座宣礼塔的高度为63米，即穆罕默德在世的年岁。该清真寺由卡塔尔政府赞助，2005年开始兴建，2008年启用，室内可容纳5000人聚礼，还可容纳2000人在室外聚礼。

哈兹拉特苏丹清真寺意为"神圣的苏丹"。该清真寺属于传统的伊斯兰风格建筑，大量使用了哈萨克族装饰图案。殿堂地面全部用整洁的大理石铺就，地上铺满各式花毯。寺内专门为女游客提供了长袍和披肩。清真寺大楼分三层，分别有礼拜大厅、图书馆、新媒体设备齐全的教室、用于开斋和慈善晚宴等宗教活动的餐厅等设施。

哈萨克斯坦军事历史博物馆有三楼，一楼陈列了挂毯、服饰、马具等，二楼则是一些考古文物，例如全国最重要的老建筑的模型，三楼则讲述了14世纪以来哈萨克斯坦的历史。

图 13-14　和平金字塔
图片来源：https://pixabay.com

图 13-15　努尔阿斯塔纳清真寺
图片来源：https://pixabay.com

图 13-16　哈兹拉特苏丹清真寺
图片来源：https://pixabay.com

（二）阿拉木图

阿拉木图距离努尔苏丹直线距离约975千米，由于出产苹果，因此亦称为苹果城，阿拉木图在哈萨克语中的意思就是"盛产苹果的地方"。阿拉木图国际机

图 13-17 泽尼科夫教堂
图片来源：http://www.orangesmile.com/

场是哈萨克斯坦最大的国际机场，承载了哈萨克斯坦一半的旅客交通和 68% 的货物交通。由于阿拉木图地处哈萨克斯坦东南部，离边境太近，不符合作为一个独立首都的要求，而且人口密度过大，难以满足首都建设发展的需要，又处于地震活跃地带。于是哈萨克斯坦议会于 1994 年 7 月 6 日通过迁都决议，迁往努尔苏丹，但阿拉木图依然是哈萨克斯坦第一大城市。

哈萨克斯坦中央国家博物馆，是中亚地区最大的博物馆之一，建筑原型是哈萨克的毡房。博物馆收藏了大量成吉思汗时期的历史文物、武器、服饰和乐器，以及哈萨克斯坦各个主要历史时期建筑的模型，还有当地特色的文物以及古老动物化石等，在这里可以详细了解到哈萨克斯坦的历史、民族文化，以及哈萨克民族的生活习俗。

阿拉木图中央清真寺是哈萨克斯坦最大和最漂亮的清真寺之一，清真寺旁是 47 米高的宣礼塔。清真寺于 1999 年建成，圆顶原为蓝色，在 2010 年重修时改为了金色。

泽尼科夫教堂又名耶稣升天大教堂，它于 1904 年由泽尼科夫设计而成，是阿拉木图现存不多的俄罗斯帝国时期的建筑。升天大教堂完全由实木建造，没有一颗铁钉，是世界第二高的木质建筑。苏联时期，

图 13-18 琼布拉克滑雪场
图片来源：https://pixabay.com

这座教堂被用作博物馆和音乐厅，1995 年归还俄罗斯东正教会。教堂内部装饰华丽，中间是圣母塑像，四周有历届教宗的神龛，刻画着《圣经》故事。

图 13-19 大阿拉木图湖
图片来源：https://pixabay.com

城市东南边缘的阔克托比山是一座海拔 1100 米的山，山上有动物园、娱乐设施、观景台等，是市民休闲的常去之处。琼布拉克滑雪场距离阿拉木图只有 9 千米，海拔 2260 米，可以坐缆车上山，到达海拔 3163 米的塔利加尔山口，俯瞰阿拉木图市全景。这里是设施齐全，天然优质的滑雪胜地，第 7 届亚洲冬季运动会和第 28 届世界大学生冬季运动会滑雪项目均是在这里

举行，是 2008 年北京奥运会阿拉木图火炬传递的第一站。

　　大阿拉木图湖位于大阿拉木图峡谷中，阿拉套国家公园内，距离阿拉木图 15 千米，被誉为"阿拉木图的明珠"。大阿拉木图湖海拔 2511 米，长 1.6 千米，宽 1 千米，深 40 米。宝石蓝般颜色的湖面与周边雪山冰凌相辉映，美不胜收。大阿拉木图湖的西侧 2 千米处，有一个曾属于莫斯科大学的天文台，可以观测神秘浩瀚的星空。

图 13-20　恰仑大峡谷
图片来源：https://pixabay.com

　　恰仑大峡谷在阿拉木图东北 215 千米的恰仑国家自然公园内，经恰仑河多年冲刷而形成。峡谷延伸近 80 千米长，30~100 多米深。其岩层和颜色类似美国亚利桑那州的大峡谷，但较小些，被称为世界第二大峡谷。恰仑峡谷属于风化岩石地貌，不同颜色的岩石代表峡谷经过不同阶段的大自然创造。岩石造型独特，姿态各异。

（三）巴尔喀什湖

　　巴尔喀什湖自汉代以来为古代中国西北边境的天然分割线，中国古称夷播海。巴尔喀什湖长达数百千米的阻隔，成为隔绝华夏文明与中亚文明天然的屏障，是中国与俄国的界湖。1864 年中国和俄罗斯帝国签订不平等的《勘分西北界约》以后，巴尔喀什湖正式脱离中国，苏联解体以后，巴尔喀什湖归哈萨克斯坦共和国。苏联在巴尔喀什湖流域进行的大规模水利工程建设和农牧业灌溉，造成该区域用水量剧增，

图 13-21　巴尔喀什湖
图片来源：https://visitkazakhstan.kz/

水位急剧下降，水质恶化和咸化，特别是 1970 年卡普恰盖水库蓄水后，给伊犁河三角洲的自然生态造成了严重影响。苏联解体后，随着哈萨克斯坦经济衰退和农业灌溉面积的减少，用水量减少，入湖径流增加，巴尔喀什湖水位开始上涨，由水量过少引起的生态问题得到了缓解。

　　巴尔喀什湖是世界第四长湖，位于哈萨克斯坦东南部巴尔喀什—阿拉果尔低地内的巴尔喀什湖，被萨雷伊希科半岛分成东西两部分，西巴尔喀什湖和东巴尔喀什湖。巴尔喀什湖面积 1.82 万平方千米，平均水深 6 米，是由冰川作用形成的堰塞湖。巴尔喀什湖东部因地处内陆，降水稀少，蒸发旺盛，仅有数条小河注

图 13-22 巴尔喀什湖
图片来源：https://visitkazakhstan.kz/

入，湖水微咸且深，平均含盐量 10.5%。中国新疆的伊犁河注入巴尔喀什湖西部，占总入水量的 75%~80%。湖西因为伊犁河水的注入，起了稀释作用，盐度较低为淡水，平均含盐量 1.5%。而且巴尔喀什湖东西狭长，东西横跨约 600 千米，而最窄处只有十几千米，影响湖水水体的交换。东部的咸水和西部的淡水间无法很好地相互交融，形成了一湖咸淡水共存的奇特现象。

巴尔喀什湖北面是狭长的干旱草原地带，湖北沿岸区和阿拉湖盆地是半荒漠地带，而自巴尔喀什湖南岸延至天山和准噶尔阿拉套山脚下分布着广阔的荒漠。每条河的中下游，尤其是巴尔喀什湖的南岸和东岸，广泛分布着固定和半固定的沙漠和盐碱地，其中面积较大的有萨雷耶西克—阿特劳沙漠、塔乌库姆沙漠、莫因库姆沙漠、阿拉力库姆沙漠等。沼泽地主要集中于河流的中下游和三角洲及山间盆地之间。盐碱地分布在下游沿岸、沿巴尔喀什湖的部分小湖和已干涸的湖边。流域内还分布着较多的湖泊。

第三节 吉尔吉斯斯坦

一、历史文化

吉尔吉斯斯坦位于欧亚大陆的腹心地带，是连接欧亚大陆和中东的要地。从中国西汉汉武帝时，吉尔吉斯斯坦大部分首次纳入中国版图，直到西晋时期突厥人占领该地区。唐朝时吉尔吉斯斯坦再次纳入中国版图。唐朝时管辖地域包括哈萨克斯坦东部、塔吉克斯坦大部分、吉尔吉斯斯坦全部、阿富汗斯坦、伊朗等国的部分地区。元朝时为蒙古族察合台汗国地，15 世纪后半叶吉尔吉斯民族基本形成，清朝时再次纳入中国版图。1864 年 10 月 7 日，俄国强迫清政府签订《中俄勘分西北界约记》，强行割让新疆西部 44 万平方千米领土，其中包括原来属于中国的、现今吉尔吉斯斯坦的大部分土地。1924 年 10 月 14 日，吉尔吉斯斯坦成为俄罗斯联邦的一个自治州。1936 年 12 月 5 日，成立吉尔吉斯苏维埃社会主义共和国，加入苏联。1991 年 8 月 31 日通过国家独立宣言，宣布独立，改国名为吉尔吉斯共和国，并于同年 12 月 21 日加入独联体。

吉尔吉斯斯坦如今依然活跃着游牧文化。牧民们按季节游牧于高原谷地草原，以方便拆建搬迁的游牧包为居所。流传"只有死亡，被安葬入土后，吉尔吉斯人才会停止游走"。中亚5国80%以上的生活日用品和耐用消费品均来自中国，而由于乌兹别克斯坦、塔吉克斯坦、土库曼斯坦与中国无直接通商口岸，货物要通吉尔吉斯斯坦中转至周边国家，因此吉尔吉斯斯坦更成了华商的必争之地。吉尔吉斯斯坦铁路运输不发达，仅有一条横贯北部的东西走向的公路。

二、自然地理

吉尔吉斯斯坦面积为19.99万平方千米，东南和东面与中国相接，北与哈萨克斯坦相连，西临乌兹别克斯坦，南接塔吉克斯坦。境内多山，全境海拔在500米以上，天山山脉和帕米尔—阿赖山脉绵亘于中国边境。其中天山山脉西段盘踞境内东北部，西南部为帕米尔—阿赖山脉。高山常年积雪，多冰川。低地仅占土地面积的15%，主要分布在西南部的费尔干纳盆地和北部塔拉斯河谷地一带。气候是温带大陆性气候。

三、旅游城市和景点

（一）比什凯克

比什凯克在吉尔吉斯语中的意思是"搅拌马奶的棒子"。苏联时期，为纪念在吉尔吉斯出生的共产党军事家米哈伊尔·伏龙芝，当地政府将比什凯克改称为伏龙芝。吉尔吉斯独立后又恢复比什凯克的地名。公元前2世纪丝绸之路的商人通商，公元前4世纪亚历山大帝国时期古希腊色彩的佛教，6世纪在区内流行的景教，3~18世纪期间的部族汗国和19世纪开始渗

图13-23　比什凯克
图片来源：http://www.travelokyrgyzstan.com/

入俄罗斯的文化都在比什凯克市留下了痕迹。邓小平大街是1996年被命名的，东西走向，长3.5千米，宽约25米，在大街东端，矗立着一座2米高的红色花岗岩纪念碑，碑的正面用中文、吉尔吉斯文和俄文写着："此街以中国卓越的社会和政治活动家邓小平的名字命名。"吉尔吉斯白宫是总统官邸，亦是前吉尔吉斯苏维埃社会主义共和国的总部。国家实用艺术博物馆坐落在苏维埃大街上，展示吉尔吉斯传统手工艺品，这里常年举办大型的当代艺术展览，主要介绍俄罗斯画家、艺术家。

阿拉套广场位于比什凯克市中心，广场中央竖立着民族英雄玛纳斯戎装骑

图 13-24 阿拉阿查峡谷
图片来源：http://www.travelokyrgyzstan.com/

马雕像，国家独立纪念碑设于此广场，每天在这里都有军队换军仪式。每年独立日等重大国家和民族节日都在这里举行庆典活动。广场西侧是议会大厦，北侧是国家历史博物馆，博物馆馆藏文物规模超过 13 万件，很多苏联时期的艺术品和历史资料，也收藏了很多古代的民族特色藏品，很多是丝绸之路的文物遗迹。

比什凯克大清真寺是仿造奥斯曼时代古典风格修建的，在土耳其恩德伦教育基金会的支持下，2012 年开始，历时 5 年建成，占地面积 14 万平方米，可容纳 2 万多人同时礼拜。建筑群的主体是高高的大圆顶，直径 25 米，大殿外围竖立着几座 70 米高的宣礼塔。是中亚最大的清真寺。

阿拉阿查国家公园是天山山脉的一处高山公园，建立于 1976 年，位于比什凯克以南 40 千米的地方。该公园覆盖阿拉阿查河流附近的峡谷以及周围的山脉，面积 200 平方千米。公园内有 20 多个大小不等的冰川和大约 50 个山峰。公园里有许多野生动物，比如高山草地上稀有的雪豹，以及海拔 2500 米以上冰雪覆盖地区的野山羊、獐鹿等。

碎叶城位于比什凯克东 60 千米的托克马克市附近，是中国唐代著名诗人李白诞生地。碎叶城是唐朝在西域设的重镇，仿长安城而建，是中国历代王朝在西部地区设防最远的一座边陲城市，与龟兹、疏勒、于阗并称为唐代"安西四镇"。2014 年 6 月 22 日由中国、哈萨克斯坦、吉尔吉斯斯坦三国联合申报的丝绸之路"长安—天山廊道路网"，被正式列入世界文化遗产名录。经过 1000 多年风吹雨打，这座古城已风化成一座巨大的土堆。在古城遗址上还可以清晰地看到当年唐朝军队修建的周长 26 千米的城墙断壁。

布若娜塔距离比什凯克东 80 千米，与周边一座残存的城堡、墓碑以及三个陵墓都建于 9 世纪末，是黑汗王朝建立的古代城市巴拉萨衮的遗迹。布若娜塔最初 45 米高，在经历了几次地震后，塔的主体结构受到了严重的破坏，15 世纪的一次大地震摧毁了塔的上半部，使得塔的高度减低到现在

图 13-25 布若娜塔
图片来源：https://pixabay.com

的25米。1970年吉尔吉斯斯坦着手开始了该塔的修复重建工作，着重修建了塔的地基和西部。在该地区有一个小型的博物馆，展出该地区及周边的历史信息和出土的古文物。

（二）伊塞克湖

伊塞克湖水面海拔高1609余米，平均深279米，最大深度702米，东西长182千米，南北宽58千米，面积6332平方千米，是世界上最深的高山大湖，由地壳断裂塌陷而成。伊塞克湖区景色优美，湖水清澈澄碧，常年保持冰凉却不冻，有"上帝遗落的明珠"之称。在吉尔吉斯斯坦有句脍炙人口的谚语："没到过伊塞克湖，就不算到过吉尔吉斯斯坦。"

图13-26 伊塞克湖

图片来源：http://www.travelokyrgyzstan.com/

伊塞克湖原属中国，中国古称特穆尔图淖尔、图斯池、热海、清池。吉尔吉斯人将伊塞克湖视为母亲湖，美丽而神秘。传说圣徒马太的圣骨埋在湖底，也有猜测成吉思汗墓建在此湖底。2006年，吉尔吉斯斯坦科学院组织专家对湖底进行科考，据说发现了距今2500年前的古文明遗址。伊塞克湖区文化公园距离比什凯克大约300千米，分布有。伊斯兰教、基督教、犹太教、新教等几大宗教的博物馆里，陈列展现宗教文化某段历史的画或器物。

从比什凯克去往伊塞克湖的路上，会经过乔尔蓬阿塔石园，乔尔蓬阿塔石园像是一座露天的博物馆。在古代冰河时期，石头被融化的冰川推挤到低海拔的地区，由于平原的温度较高加速冰川融化成水，减缓了石头移动的速度，渐渐地停留堆积在山下不远处，当地人便称此处为冰川的"舌尖"，形成如今的乔尔蓬阿塔石园。

第四节 塔吉克斯坦

一、历史文化

塔吉克斯坦共和国简称塔吉克斯坦，是中亚五国中唯一主体民族非突厥族系的国家，也是中亚五国中国土面积最小的国家。从西汉到西晋以及唐代，塔吉克地区属于中国版图。9~10世纪，塔吉克民族基本形成，塔吉克人的民族文化、风俗习惯正是在这一长达百年的历史时期形成的。9世纪，建立了萨马尼德王朝；13世纪，被蒙古鞑靼人征服，后来成为察合台汗国领地。16世纪起，加入布哈拉汗国、叶尔羌汗国和浩罕汗国。1868年，北部费尔干纳省和撒马尔罕省部分地区并入俄国，南部的布哈拉汗国为俄国属国。1929年，成立塔吉克苏维埃社会主义共和国，加入苏联。1991年9月9日，塔吉克斯坦共和国宣布独立，确定该日为共和国独立日加入独联体。塔吉克斯坦经济基础相对薄弱，结构较为单一。

二、自然地理

塔吉克斯坦位于阿富汗斯坦、乌兹别克斯坦、吉尔吉斯斯坦和中国之间，国土面积为14.31万平方千米。地处山区，境内山地和高原占90%，其中约一半在海拔3000米以上，只有不足7%的可耕地，有"高山国"之称。北部山脉属天山山系，中部属吉萨尔—阿尔泰山系，东南部为冰雪覆盖的帕米尔高原。北部是费尔干纳盆地的西缘，西南部有瓦赫什谷地、吉萨尔谷地和喷赤谷地等。大部分河流属咸海水系，湖泊多分布在帕米尔高原。塔吉克斯坦全境属典型的温带大陆性气候，春、冬两季雨雪较多，夏、秋季干燥少雨。

三、旅游城市和景点

（一）杜尚别

塔吉克斯坦首都杜尚别，波斯语中意为"星期一"，这里亦指杜尚别著名的星期一市场。杜尚别是塔吉克斯坦经济、文化中心，也是交通枢纽，工业总产值占全国的1/3。市内街道呈长方形网格状布局，分为伏龙芝区、十月区、铁道区和中央区4个区。主要的博物馆有国家博物馆、地方史志博物馆、造型艺术博物馆、民族学博物馆、地质博物馆、艾尼文学馆、图尔松扎德文学馆等。杜尚别的名胜古迹主要有萨马尼纪念碑、鲁达基纪念碑、艾尼纪念碑、图尔松扎德纪念碑。

国家艺术博物馆展出了有关塔吉克斯坦自然、历史、艺术和考古学的普通展品，此外还有一些珍贵的展品。塔吉克斯坦国家古史博物馆内陈列了很多文物，展现了这个民族的鲜明特色，是这个国家历史的沉淀。中亚地区曾经非常盛行佛教，博物馆的镇馆之宝是一尊20多米长的卧佛。

吉萨尔古城位于杜尚别以西约26千米处，被誉为"古丝绸之路"上一颗璀璨的明珠。1982年，塔吉克斯坦政府颁布命令，

图 13-27　杜尚别
图片来源：http://www.travelotajikistan.com/

将吉萨尔区的古建筑确定为历史文化遗产。张骞从大宛回长安时曾路过这里，据说玄奘西行取经也曾途经此地。吉萨尔古城是一个古建筑群，包括有吉萨尔要塞、要塞拱门、砖砌驼队客栈、老宗教学校、新宗教学校、洗礼所、大广场、马赫杜米·阿扎姆陵墓等古代遗迹，这些古代建筑大多建造于8~19世纪，使用石头和黏土建造而成。古城在前3~4世纪就已经有人居住，

图13-28　国家博物馆
图片来源：http://www.travelotajikistan.com/

曾有3条丝绸之路的商路在这里交会，并以自身的手工艺产品和品种丰富的市场交易中心在中东地区享誉盛誉。而塔吉克人祖先的所在地就是今天的吉萨尔，当时的巴克特里亚商人以他们的骏马、双峰驼和客栈而举世闻名。20世纪初，随着丝绸之路的没落，古城辉煌不在，只剩下断壁残垣。

（二）苦盏

苦盏又名胡占德，为塔吉克斯坦第二大城市，位于锡尔河畔，与吉尔吉斯斯坦交界处，是中亚最古老的城市之一，地处中国通往欧洲的丝绸之路上。该城始建于公元前6~前4世纪，波斯帝国崛起后，成了其北部边境的一部分，也是丝绸之路的重镇。8世纪时，苦盏被阿拉伯帝国占领，12世纪时又遭受了蒙古帝国的征服。1866年，俄罗斯占领了苦盏。1924~1929年，苦

图13-29　苦盏
图片来源：http://www.orangesmile.com/

盏被划入乌兹别克斯坦，1939年10月27日，更名为列宁纳巴德，1992年恢复旧名。苦盏是塔吉克斯坦重要交通枢纽，政治、经济、文化和教育科研中心，有中亚规模最大的集市之一的班沙姆别巴扎，有中世纪古城堡及17~18世纪的伊斯兰教长穆斯列赫丁陵墓——清真寺。伊斯塔拉夫尚位于苦盏西南方向约80千米处，是塔吉克斯坦保存最完好的古城之一

（三）帕米尔高原

帕米尔高原在春秋战国时期叫不周山，后来到了隋唐，被称呼为葱岭。"帕米尔"是塔吉克语"世界屋脊"的意思。帕米尔高原海拔4000~7700米，拥有许多高峰。该高原是地球上两条巨大山带阿尔卑斯—喜马拉雅山带和帕米尔—楚科奇山带的山结，也是亚洲大陆南部和中部地区主要山脉的汇集处，包括喜马拉雅山脉、喀喇昆仑山脉、昆仑山脉、天山山脉、兴都库什山脉五大山脉，号称"亚

图 13-30　帕米尔高原

图片来源：https://pixabay.com

洲大陆地区的屋脊"。帕米尔高原的最高峰是乔戈里峰，位于中国和巴基斯坦交界处，海拔 8611 米，是世界第二高峰。

帕米尔是古代新疆通中亚和南亚丝绸之路的咽喉要道，是古丝绸之路上最为艰险和神秘的一段，属高寒气候，行旅艰险，高原上留下多处驿站遗址。帕米尔高原上约有 1000 条山地冰川，自然景观垂直变化明显。费琴科冰川长 77 千米，面积 907 平方千米，是世界最大的山地冰川之一。喀拉湖位于帕米尔北部，湖面海拔 3954 米，是世界高湖和内陆盐湖之一。

2011 年 9 月 20 日，中国、阿富汗、塔吉克斯坦三国勘定边界时，决定瓦罕帕米尔归属阿富汗，郎库里帕米尔的一部分和塔克敦巴什帕米尔归属中国，其余大部分帕米尔全部归属塔吉克斯坦，帕米尔高原形成了三国共管的格局。从中国新疆的喀什乘汽车可到达帕米

图 13-31　帕米尔高原

图片来源：http://www.travelotajikistan.com/

尔高原上的塔什库尔干，沿途还能可观赏到高原东缘海拔 7649 米终年积雪的公格尔峰，海拔 7530 米的公格尔九别峰和海拔 7509 米的慕士塔格峰。

第五节　土库曼斯坦

一、历史文化

约公元前 2000 年，古伊朗部落塞西亚人漂流至此。公元前 1000 年，土库曼境内出现阶级社会。公元前 6 世纪后，一直连续不断被外族人入侵和统治。9~10 世纪受塔赫里王朝、萨曼王朝统治。11 世纪被塞尔柱人控制。13~15 世纪被蒙古人统治。15 世纪左右土库曼族基本形成。16~17 世隶属于希瓦汗国和布哈拉汗国。1924 年 10 月 27 日建立土库曼苏维埃社会主义共和国，并加入苏联。

1991年10月27日宣布独立，改国名为土库曼斯坦。1992年5月18日，通过第一部宪法，规定土库曼斯坦为民主、法治和世俗的国家，实行三权分立的总统共和制。1995年2月12日被联合国承认为永久中立国。

土库曼斯坦主要民族有土库曼族，占94.7%，其他还有乌孜别克族、俄罗斯族，有哈萨克、亚美尼亚、鞑靼、阿塞拜疆等120多个民族。官方语言为土库曼语，俄语为通用语。绝大多数居民信仰伊斯兰教，俄罗斯族和亚美尼亚族居民信仰东正教。

二、自然地理

土库曼斯坦是位于中亚西南部的内陆国，面积49.12万平方千米。西濒里海，北邻欧亚国哈萨克斯坦，东北部与内陆国乌兹别克斯坦接壤，东界阿富汗，南部是伊朗。全境大部分是低地，80%的领土被卡拉库姆沙漠覆盖。南部和西部为科佩特山脉和帕罗特米兹山脉。土库曼斯坦地处亚洲大陆的中心处，属强烈大陆性气候，是世界上最干旱的地区之一。日夜和冬夏的温差很大，夏季气温长期高达35℃以上，东南部曾经有50℃的极端天气记录，冬季在接近阿富汗的山区，气温可低到-33℃。年降水量则由西北面沙漠的80毫米，递增至东南山区达到每年240毫米。

三、旅游城市和景点

（一）阿什哈巴德市

阿什哈巴德市是土库曼斯坦首都，政治、经济、文化和科学中心，建于1881年，位于南部卡拉库姆沙漠和科佩特山交界处，占地约300平方千米，是土库曼斯坦乃至于中亚地区的重要交通枢纽。

1948年10月6日凌晨1点12分，阿什哈巴德发生里氏9~10级地震，死亡16万人，整个城市几乎被完全摧毁。为纪念这一事件，1998年10月6日，在中立广场上建立地震纪念碑。纪念碑上部是一头青铜公牛，颈上顶着一个裂开的球体，里面有一位女子双手擎着小孩。设计取材于突厥民族的传说，他们认为地球是由一头巨牛驮着，女子与小孩则象征着人类的延续。下部基座内是地震博物馆，主要展出阿什哈巴德地震

图13-32　中立门

图片来源：http://www.traveloturkmenistan.com/

前后以及现今的风貌图片。博物馆入口处的壁钟,时针永久停在地震发生的1点12分。中立广场上还有一个纪念土库曼斯坦成为永久中立国的中立门。中立门高75米,3个支撑脚分别代表新土库曼斯坦三个不可分割的中立、独立和民族团结。顶部12米高的尼亚佐夫总统金像随太阳方向旋转。

地毯博物馆面积1178平方米,陈列不同时期各种图案地毯、挂毯共1000余件。馆内展出土库曼斯坦最大的地毯,长21米、宽14米,重1吨。还有百万线头地毯和双面地毯等。土库曼民族的各个支系都有自己独特的地毯纹饰,现今的国旗和国徽上都绘有地毯纹饰。

阿哈尔捷金马是世界上最古老的马种之一。在中国历史文献中,阿哈尔捷金马被称为"天马"和"大宛良马"。据说"汗血宝马"就源自阿哈尔捷金马。此马威武剽悍,力量大、速度快、耐力强、性情暴烈,但驯服后非常顺从。阿哈尔捷金种马场位于市西南郊,同美国、法国、俄罗斯、瑞典和澳大利亚等国都有合作。

图 13-33 阿斯兰陵墓

图片来源:https://www.orientalarchitecture.com/

(二)库尼亚·乌尔根奇

库尼亚·乌尔根奇位于达沙古兹州,阿姆河南岸,毗邻乌兹别克斯坦边境,古称玉龙杰赤,历史上是花剌子模王国的首都。1220年,被成吉思汗率领的蒙古军队侵略并屠城,后在金帐汗国的统治下重建。14世纪末又被帖木儿帝国所摧毁,此后便日渐没落。16世纪后,该城开始重建,但由于阿姆河改道,政治、商业的重心逐渐转移到希瓦。如今的古城散布着一系列建于11~16世纪时期的建筑遗迹,包括一座清真寺、堡垒、陵墓和一座宣礼塔。2005年被列入联合国世界遗产名录。

古特鲁克·帖木儿宣礼塔是一个高约60米,有亮蓝色的飞檐,塔内有144个台阶盘旋而上。图拉别克哈努姆陵墓被认为是一座陵墓,但也有一些考古学家认为它是一座建于12世纪的神庙。穹顶内365个细瓷代表一年365天,穹顶下方的24个弧形代表一天24小时,12个较大的弧形代表一年12个月,4扇大窗户代表一个月里的4个星期。伊尔·阿斯兰统治时期,他把疆域扩大到了布哈拉和撒马尔罕,还占领了尼沙普尔(今伊朗东北部)。伊尔·阿斯兰陵墓以圆锥形的12面穹顶而著名,穹顶装饰有绿松石玻璃砖和人字形花纹的裸砖。圆顶在12面的鼓上,鼓又位于方形的陵墓上,前立面雕刻有阿拉伯书法带和山墙饰。帖乞失为阿尔斯兰的儿子,1172~1200年在位,曾与兄弟苏丹·沙赫争立,后在西辽帮助下即位。伊尔·阿斯兰陵墓和帖乞失陵墓如今是乌尔根奇的标志性建筑。库布拉是 12 世纪著名的伊斯兰教师与诗人,库布拉墓据说有治愈疾病的力量,所以很多信徒在此祈祷。

（三）地狱之门

地狱之门是位于南部小镇达瓦札附近的火坑,直径 70 米,30 米深。地质学家称这个火山口形成于 20 世纪 60 年代,由泥浆流引起,直到 20 世纪 80 年代才起火。这里共有土坑、水坑、火坑三个坑。

图 13-34　地狱之门

图片来源：http://www.traveloturkmenistan.com/

拓展阅读

1. 2018 年 7 月 1 日起,乌兹别克斯坦对中国实行电子签证制。自 2020 年 1 月 1 日起,持有往返机票、乘国际航班抵达乌兹别克斯坦的中国公民可以获得最长停留 7 天的免签入境待遇。

2. 中亚各国的公路是免费通行,塔吉克斯坦公路路况不是很好,但有些路段需要收费。吉尔吉斯斯坦铁路运输不发达,公路运输是最重要的运输方式。

3. 中亚各国出身于游牧部落,被称为"马背上的民族"。随着时代变迁,他们逐渐由游牧走向定居。由于受俄罗斯的影响,虽然信仰伊斯兰教的比较多,但是比传统的穆斯林较为世俗一些。中亚人性格粗犷,热情好客,能歌善舞,把陌生客人当成贵宾一样来招待。中亚各国非常尊敬长辈,年轻人要主动向长者打招呼。中亚人好吃肉。

4. 按土库曼人习惯,在饭桌上吃饭的客人只要不起话头,主人就不会向客人提问题,因为他们认为应该让客人吃饱饭后,由客人先谈话,这是一种礼貌。在交谈中,土库曼人从来不打断对方的谈话。在谈论问题时不大吵大嚷,认为吵闹是不体面的行为。土库曼人传统上习惯在家里最明显的位置上摆放被咬掉几口的面饼,意在缅怀那些出征而未能返家的亲人们。

5. 由于被苏联统治过,中亚各国俄语都很通用,比本国的语言流通更广。

第十四章 南亚

第一节 印度

一、历史文化

印度共和国简称"印度",是由 100 多个民族构成的统一多民族国家,主体民族为印度斯坦族,约占全国总人口的 46.3%。历史上,西汉称印度为"羌独",东汉称它为"天竺",唐代玄奘根据当地发音称之为印度。古印度是四大文明古国之一,公元前 2500 年诞生了印度河文明。公元前 1500 年左右,中亚的雅利安人进入南亚次大陆,征服当地古印度人,建立了一些奴隶制小国,并确立种姓制度,发展为婆罗门教。公元前 4 世纪,孔雀王朝统一印度,开始推行佛教,并向外传播。约公元前 188 年,孔雀帝国灭亡后群雄割据、外族入侵,印度教和伊斯兰教兴起。1600 年,英国侵入莫卧儿帝国,建立东印度公司,1757 年以后逐步沦为英国殖民地。1947 年 6 月,英国颁布《蒙巴顿方案》,实行印巴分治。同年 8 月 15 日成立印度自治领。1950 年 1 月 26 日,印度宣布成立共和国,同时成为英联邦成员国。

印度是一个联邦制国家,总统是国家元首,但其职责是象征性的,实权由总理掌握。2020 年 6 月 17 日,联合国大会举行投票,选举印度成为 2021~2022 年安全理事会非常任理事国。印度的语系主要有印欧语系、汉藏语系、南亚语系、德拉维达语系,语言复杂,官方语言是印地语,英语是第二附加官方语,亦是全国性的通用语言。素食文化是印度饮食文化中基本的特色之一,印度教徒与佛教徒都是素食主义者,耆那教徒更是严格吃素。

二、自然地理

印度是南亚地区最大的国家,面积为 298 万平方千米,居世界第 7 位。印度东临孟加拉湾，西濒阿拉伯海，海岸线长 5560 千米。印度北部是山岳地区，中部是恒河平原，南部是德干高原，东西两侧是海岸平原。平原约占总面积的 40%，山地占 25%，高原占 1/3，但山地、高原大部分海拔不超过 1000 米，地形低矮平缓，土地肥沃，大部分土地可供农业利用，农作物一年四季均可生长。由于西南季风很不稳定，降水的时间也不稳定，水旱灾频繁，粮食生产很不稳定。印度全境炎热，大部分属于热带季风气候，印度西部的塔尔沙漠则是热带沙漠气候。夏天有较明显的季风，冬天，喜马拉雅山脉阻挡了寒流南下。印度矿产资源丰富，铝土储量和煤产量均占世界第 5 位，云母出口量占世界出口量的 60%。

三、旅游城市和景点

（一）新德里

印度首都德里城区分旧城区和新城区，称为旧德里和新德里。德里最初形成于前 5000 年，经历了多个不同的王朝，每代王朝都在这里留下了宏伟的建筑物。17 世纪，莫卧儿王朝的第五代皇帝沙·贾汗，将王国的首都由阿格拉搬迁至德里，用了 10 年完成都城建设，形成了如今的旧德里，目前旧德里仍保有许多重要古迹。19 世纪中叶，英国占领印度。1911 年，英国总督府迁至德里，在旧德里以南兴建了一批建筑，被称为"新德里"。1947 年印度独立，新德里被定为首都。随着城市的发展，新旧德里早已连成了一片，没有明确的分界线。德里和新德里都是指印度的首都。印度门是一个被公认的地标，印度门以南是新德里，印度门以北是旧德里。

1. 印度门

印度门具有罗马凯旋门风格，是纪念第一次世界大战阵亡的印度将士而建，又名"印度战士纪念碑"。印度门建于 1921 年，高 48.7 米，宽 21.3 米，拱门高 42 米，顶端有一个直径 3.5 米的圆石盆，每逢重大节日，盆内装满灯油点燃。印度门的墙壁上刻着 9 万多个牺牲的印度和英国官兵的名字，门下矗立着三面迎风飘扬的旗帜，红色的是印度陆军旗，蓝色为空军旗，白色为海军旗，会举行定期换岗仪式。印度门与首相府、国会大厦等国家政府建筑遥遥相望，中间是一条长达几千米的国王大道，布局就像巴黎的凯旋门和香榭丽舍大街。

图 14-1　印度门

图片来源：印度旅游局官网 https://www.incredibleindia.org/

图 14-2 胡马雍陵

图片来源：印度旅游局官网 https://www.incredibleindia.org/

2. 胡马雍陵

胡马雍陵位于新德里东南郊亚穆纳河畔，为莫卧儿王朝第二代帝王胡马雍及其王妃的陵墓，于 1572 年建成。陵墓设计融合了印度和波斯的建筑风格，是印度著名的伊斯兰教古建筑，是莫卧儿建筑风格发展中一个突出的里程碑。胡马雍陵也是印度的第一座花园陵墓。1993 年，被联合国教科文组织列入世界遗产名录。

整个陵园坐北朝南，呈长方形，四周环绕着长约 2000 米的围墙，景色优美。陵园门楼用灰石建造，是一个八角形的楼阁式建筑，表面用大理石和红砂石的碎块镶嵌。陵园主体是高约 24 米的正方形陵墓，耸立在 47.5 米见方的石台上。陵体四周有 4 座大门，陵顶中央是白色大理石圆顶，圆顶是由一上一下两个单独的拱顶组成的，上层拱顶支撑着白色大理石外壳，下层则形成覆盖墓室的穹隆。寝宫内部呈放射状，通向两侧的八角形宫室，宫室上面各有两个圆顶凉亭，两面是翼房和游廊。胡马雍和皇后的墓冢在寝宫正中，两侧有莫卧儿王朝 5 个帝王的墓冢。据说阿格拉的泰姬陵就是仿照胡马雍墓建造的。

3. 德里红堡

德里红堡简称红堡，属于世界文化遗产。红堡是皇帝沙贾汗的皇宫，自 1639 年开始建造，耗费了近 10 年时间才完成。红堡紧邻亚穆纳河，主体呈红褐色而得名红堡。这座巨大的城堡由厚重的城墙和护城河保卫着，围墙为石质，总长度约 2500 米，临亚穆纳河一侧稍低，临德里主城区偏高，16~33 米不等，东北角为建于 1546 年的萨林加尔古堡。红堡里面的建筑包括明珠清真寺、公众厅与私人厅以及专供皇帝使用的冉玛哈勒宫等。德里红堡与阿格拉的红堡非常类似，但规模却不及阿格拉红堡。

图 14-3 德里红堡

图片来源：印度旅游局官网 https://www.incredibleindia.org/

4. 顾特卜塔

顾特卜塔是世界上最高的砖砌高塔，位于距新德里 15 千米处的梅特乌里村，建于 1193 年，属于世界文化遗产。这座红砂石尖塔高 72.5 米，基座直径 14.32

米，塔峰直径 2.75 米，建有交互角和围绕塔身的刻凹槽。1193 年，顾特卜塔因皇帝在战胜德里的最后一个王国后，建造了此塔，13 世纪完工。塔内的楼梯极为陡峭，1979 年一个旅游团因在塔内受惊造成数人伤亡，从此塔内部对外关闭。顾特卜塔是早期伊斯兰式古建筑，分 5 层，每一层都有突出的阳台，外表由交替的三角形和圆形折纹组成。前三层由红色砂岩制成，第

图 14-4　顾特卜塔
图片来源：https://pixabay.com/

四、第五层由大理石和沙石建成，塔内饰有优美的壁画，镌刻着源于《古兰经》的经文。塔内有石级盘旋而上到最上一层。

5. 贾玛清真寺

贾玛清真寺是印度最大的清真寺，位于旧德里古城东北角，莫卧尔王朝的沙贾汗下令于 1650 年开始建造，由 5000 名工匠历时 6 年完成。它与沙特阿拉伯的麦加大清真寺、埃及开罗的爱资哈尔大清真寺并称"世界三大清真寺"。

图 14-5　贾玛清真寺
图片来源：https://pixabay.com/

清真寺长 75.5 米、宽 24 米，有 3 座大门，其中东门为帝王专用，壮观华丽。寺顶的 3 个白色大理石穹形圆顶上，以镀金圆钉和黑色大理石条带点缀，圆顶中央的尖塔为铜质。清真寺两侧各建有一座以红砂石和白色大理石堆叠而成的叫拜塔，叫拜塔有 3 层，每层都有阳台和大厅，大厅中还有宽敞的壁龛，是做礼拜时教长所站立的位置，塔内 130 级台阶通向塔顶的白色八角凉亭。贾玛清真寺建造过程中完全没有使用木料，地面、顶棚和墙壁都使用精磨细雕的白石，以铅水灌缝，坚不可摧。大门前的石阶以红砂石打造。

6. 甘地陵

甘地陵在新德里东郊朱木拿河畔。甘地是印度近代史上一位杰出的政治家，他为反对英国殖民统治，争取印度独立奋斗了一生。甘地陵里面并没有甘地的遗体，是一个象征性的陵墓，其遗体已被火化。

图 14-6　甘地陵
图片来源：印度旅游局官网 https://www.incredibleindia.org/

按照印度教风俗，死后 24 小时内需火化，然后把骨灰撒入圣河。甘地的骨灰分别撒在恒河和印度最南端科摩林角附近的印度洋、阿拉伯海和孟加拉湾三个海水汇合的洋面上。所有来甘地陵的人，在围墙大门前必须脱鞋进入，以示尊敬。陵墓没有任何装饰，极其普通。陵园呈凹形，黑色大理石陵墓在陵园正中，高约 1 米，长宽约 3 米。陵墓正面用印度文刻着甘地遇难倒地时喊出的最后两个字——罗摩（即上帝之意），墓后是盏长明灯。

（二）阿格拉

阿格拉位于德里东南 200 千米的朱木拿河南岸。1504 年，德里洛迪王朝第二代皇帝塞坎达尔·洛提定都于此，兴建了阿格拉城和王宫。1526 年，洛迪王朝灭亡，莫卧儿王朝继续以此为首都。第三代帝王阿克巴大帝迁都法塔赫希克里，直到 1599 年才重返阿格拉。阿克巴大兴土木，将伊斯兰和印度教不同的建筑风格融为一体，建成了许多式样新颖、各具特色的建筑物。阿格拉市现在仍然保持中古世纪的风貌。

图 14-7　泰姬陵
图片来源：https://pixabay.com/

1. 泰姬陵

泰姬陵全称为"泰吉·玛哈尔陵"，又译泰姬玛哈，被评选为"世界新七大奇迹"，位于阿格拉郊外，亚穆纳河右侧，是莫卧儿王朝第 5 代皇帝沙贾汗为了纪念他已故皇后阿姬曼·芭奴而建。沙贾汗倾举国之力，用 2 万名工匠花 22 年时间完成，此举耗竭了国库，导致莫卧儿王朝的衰落。泰姬陵集中了印度、波斯的建筑艺术特点，是建筑史上不可多得的杰作。泰姬陵的大理石拼花镶嵌技术成了阿格拉传统手工艺的主流。

泰姬陵布局简明，是一个长方形，长 576 米，宽 293 米，总面积为 17 万平方米，陵墓居于中轴线末端。泰姬陵由前庭、正门楼、莫卧儿花园、陵墓主体以及两座清真寺所组成。陵墓主殿四角都有一座圆柱形塔，高 40 米，内有 50 层阶梯，每座塔均向外倾斜 12°，若遇上地震会向外倒下，而不会影响主殿。陵墓曾有一扇纯银的大门，上面镶嵌着几百个银钉，这些东西早已被劫走。大门与陵墓由一条宽阔笔直的红石甬道相连，甬道两边是人行道，人行道中间修建了一个"十"字形喷泉水池。陵墓主体呈八角形，中央是半球形的穹顶，由白色大理石筑成，上面用各种镶嵌的宝石拼缀成图案。主体下方挖了 18 个井，每个井以一层石头一层柚木的方式，把地基层层叠起，以减小地震对陵墓主体的伤害。陵墓内部有沙贾汗与皇后两个墓冢，他们真正的墓穴在地下另一间地下室内。棺椁上以翡翠、玛瑙、水晶、珊瑚、孔雀石等20余种价值连城的宝石镶嵌出精致的茉莉花图案。在主体两旁各有一座清真寺，以红砂岩建筑而成，顶部是典型的白色圆顶，兴建两座清真寺的主要目的是为了对称。

泰姬陵随着季节、时间的变化而变化。黎明时呈现出粉红色，中午呈白色，傍晚呈灰白色。月光下又成了银白色，白色大理石映着淡淡的蓝色荧光。因此成了世界上唯一早、中、晚游览票

图 14-8　泰姬陵

图片来源：印度旅游局官网 https://www.incredibleindia.org/

价不一样的景点，早上 7 时前或下午 5 时后票价贵过白天。星期五只为当地穆斯林开放。

图 14-9　阿格拉红堡

图片来源：印度旅游局官网 https://www.incredibleindia.org/

2. 阿格拉红堡

阿格拉红堡位于亚穆纳河畔的小山丘上，距泰姬陵约 15 千米，全部采用红砂岩建造而成，又称红堡。阿格拉红堡是印度伊斯兰艺术顶峰时期的代表作。古堡内的建筑物曾多达 500 多座，但保留至今的很少。1983 年被列入世界遗产名录。

阿克巴大帝费了近 8 年的时光，在 1573 年建成了这座古堡。它具有宫殿和城堡的双重功能，外形非常雄伟壮观。红堡占地 1.5 平方千米，城墙高 20 米，堡内有著名的"谒见之厅"，是莫卧儿王朝帝王接见大臣、使节的地方。贾汗基尔宫内大院四周有二层小楼环绕，宫墙金碧辉煌。从八角瞭望塔山可以看到泰姬陵，与阿格拉堡遥遥相对。莫迪清真寺因用纯白色大理石建筑而成，又称珍珠清真寺。据说，晚年沙贾汗被他的儿子奥朗则布篡位成功，沙贾汗被囚禁于这座古堡时，经常满怀思念之情地望向泰姬陵。红堡内的宫殿已年久失修，但画梁和墙壁上雕刻与设计隐约显露出昔日的富丽堂皇。

3. 法特浦·西格里古城

法特浦·西格里古城位于阿格拉市西南面 35 千米处，法塔赫布尔·西格里的意思是"胜利"，阿克巴大帝在迁都第二年打了一场胜仗，所以将法特普西格里称为胜利城，皇宫就称作胜利宫。阿克巴妻子的宫殿因其各自的宗教信仰

图 14-10 法特浦·西格里古城

图片来源：https://www.culturalindia.net/

不同而各有特色，伊斯兰教妻子的宫殿最大，其次是印度教，基督教的最小。阿克巴曾经来到西格里村庄寻求圣人谢赫萨利姆·奇什蒂的指点，圣人预言了莫卧儿皇位继承人的诞生。预言成真后，阿克巴在这里修建了他的新首都。由于水源等原因，1585 年阿克巴去世后，都城又迁回阿格拉。尽管阿克巴国王信奉伊斯兰教，但也能包容其他宗教的存在。城内的大多数建筑物将印度和伊斯兰文化融合在一起，主流建筑一般采用印度风格的梁柱并配有穆斯林式的拱顶。

法特浦·西格里古城用红砂岩建筑，外墙已损毁，城中遗留下来的有宫殿、政府行政机关、清真寺等宗教设施，以及庭园、图书馆和医院等。宫殿主要有觐见宫、五层宫、土耳其苏丹宫、内宅及水池花园等。宫殿设计精巧，保存完整，不少石柱用大理石雕成，集佛教、印度教与伊斯兰教艺术之大成。该城于 1986 年被列入世界遗产名录。

（三）斋浦尔

斋浦尔是拉贾斯坦邦首府，在新德里西南 250 千米处，人口 62 万，为印度北方重镇，也是珠宝贸易中心。斋浦尔和德里及阿格拉被称为印度旅游的"金三角"。1727 年，由当时的统治者贾伊·辛格大君把全城分为六区。1782 年，他下令建设一座天象观测所，这就是印度现存最大的古天文台。1876 年，为了迎接英国威尔斯王子到访，旧城内建筑物全部漆成粉红色，外加白色边框，所以又被称为"粉红城市"。

1. 高地城堡

拉贾斯坦邦的高地要塞城堡是一系列位于阿拉瓦利山的堡垒建筑，包括多个 7~20 世纪的山地堡垒，每座堡垒代表一种建筑结构，是拉其普特人军事山地建筑的典型代表，2013 年被评为世界文化遗产。这些高地城堡利用有利的地形建造，分布在奇陶尔加尔、贡珀尔格尔、瑟瓦·伊马托布尔、贾拉瓦尔、斋普尔以及贾沙梅尔。

斋浦尔北方山头上的古堡最著名的有

图 14-11 琥珀堡

图片来源：印度旅游局官网 https://www.incredibleindia.org/

纳哈加尔堡、琥珀堡和杰加尔堡。琥珀堡位于斋浦尔城郊的一座叫琥珀的小山上，是古代藩王的都城，建于1592年。城堡内面积较大，建筑物由多个不同时期的宫殿组成，是典型的拉杰普特风格。最著名的是1675年建的镜宫，用玻璃嵌壁，在阳光的反射下熠熠生辉。其镶嵌镜片和彩色宝石手法与泰姬陵如出一辙。现在宝石已改成仿制品，但在黑暗中点燃一盏烛光，仍可看见光线经过无数镜片反射后的奇妙景象。琥珀城堡所在位置地势险要，居高临

图 14-12　纳哈加尔堡
图片来源：印度旅游局官网 https://www.incredibleindia.org/

下，下方有一条护城河，周围环绕着蜿蜒的高墙。据说这里曾经作为印度的首都长达6个世纪之久。宫殿的拱形屋顶、几何图形的细格子窗棂、大理石廊柱和花朵植物雕刻，都受到莫卧儿建筑风格影响。杰加尔堡位于琥珀城堡上方。纳哈加尔堡也叫老虎堡，纳哈加尔意为"性利之城"，由杰伊·辛格二世建于1734年。这里有当时世界上最长的大炮，由于该城堡的存在，整个斋浦尔以不可战胜而闻名。如今城堡已近残破。

2. 城市宫殿

斋浦尔的城市宫殿又称为城市王宫，位于旧城中心，是印度保存最完好的古迹之一。王宫是拉贾斯坦城邦臣服于莫卧儿帝国后于1728年兴建的宫殿，现在的斋浦尔国王还生活在皇宫内。当王公在宫内时，会展开王室的旗帜，如果王公不在就会悬挂皇后的旗帜。皇宫有多个宫殿组成，单是城门就有8个之多，几乎占了旧市街的

图 14-13　城市宫殿
图片来源：https://pixabay.com/

1/4，宫殿的建筑融合了拉贾斯坦的印度风格和莫卧儿王朝的伊斯兰风格。

宫殿部分地方改建成博物馆，分为军事收藏馆、皇家用品馆等几个展览馆，收藏当时斋浦尔国王使用的精致用品和珍宝，王公贵族们留下来的衣物、地毯、兵器、艺术品等。一楼庭院有极具特色的四季门厅，分别是孔雀门、莲花门、绿门和玫瑰门。贵宾接见厅建于19世纪末，是国民向君主表达意见或君主宣布大事的地方。接见厅内有两个全球最大的银壶，当年英国国王爱德华七世加冕时，当时的斋浦尔国王为了亲身到伦敦庆贺，下令打造银壶以便盛载恒河水供旅途使用。

图 14-14 风之宫

图片来源：印度旅游局官网 https://www.incredibleindia.org/

图 14-15 水之宫殿

图片来源：https://pixabay.com/

3. 风之宫

风之宫兴建于 1799 年，原本是城市宫殿的一部分，延伸到妃嫔所在的后宫，是斋浦尔的一个地标建筑。其独特的五层楼外观像一面巨大的粉红色墙，上面密密麻麻布满了 953 扇窗户，窗户用红砂石镂空制成。设计的初衷是为了既能让妃嫔们可以观看城市生活，又不显露室内景观。风宫的墙壁上开了很多窗户，使得宫殿内任何地方都有风吹入，而不会把建筑吹倒，因此得名"风之宫殿"。

4. 水之宫殿

水之宫殿坐落在被群山环绕的湖水中央，建于 1746 年，是专门用来供皇室贵族在夏天避暑用的，只有乘船才能到达。整座宫殿几乎全部用大理石建造，共有 5 层，其中有 3 层被浸泡在水中。这里还建有一个后花园，看起来就像一座水中绿洲。湖边远望，宫殿如同漂浮在水面上。

（四）瓦拉纳西

瓦拉纳西又称贝拿勒斯，印度教圣地，位于印度北方邦东南部，地处瓦拉纳河和阿西河之间，1957 年取两条河的名称合成，享有"印度之光"的称号。相传 6000 年前由婆罗门教和印度教主神之一的湿婆神所建。早在公元前 4~前 6 世纪，这里已成为印度的学术中心。公元前 5 世纪，佛祖释迦牟尼曾经来到这里，在位于市西北 10 千米处鹿野苑首次布道、传教。7 世纪，中国唐代高僧玄奘曾到这里朝圣，他在《大唐西域记》里对这座城市做了详细描绘。12 世纪，印度的古王朝在这里建都。该市有各式庙宇 1500 座以上。河岸附近的街头巷尾，到处竖立着象征湿婆的神柱，耆那教的两个教长也诞生在瓦拉纳西附近，该市成为印度教、佛教、耆那教的重要圣地。

1. 恒河

恒河是印度的母亲河，也是瓦拉纳西的生命源头。印度教徒一般都认为在瓦拉纳西的恒河畔沐浴后可洗涤污浊的灵魂，在恒河畔火化并将骨灰撒入河中能得到超脱。恒河边有 80 多个河坛，每一个都有自己的名字和功用，其中有几个每天傍晚都会举行恒河夜祭。达萨瓦梅朵河坛是恒河边上最热闹的一个河坛，是大梵天神执行十马祭祀的地点。每天晚上这里会举行祭祀活动：日落后不久，身着黄色丝绸法衣的祭司便开始祭祀仪式，印度教徒们庄重地唱着圣歌。玛尼卡尼卡河坛是恒河最神圣的一个河坛，最出名的河葬地点，瓦拉纳西的火葬场。由于络绎不绝的印度教徒在此沐浴与火化，恒河发生了严重的污染，河水十分浑浊。

图 14-16　恒河
图片来源：https://pixabay.com/

2. 鹿野苑

鹿野苑位于城市西北 10 千米处，是佛教在古印度的四大圣地之一。前 531 年，释迦牟尼在菩提伽耶觉悟成佛后，来到鹿野苑，为原来的五位侍者讲演四圣谛。五位侍者有所证悟，出家为五比丘僧，佛教的佛、法、僧三宝至此初创完成。佛教从这里开始传播，鹿野苑因此成为佛教圣地。4~6 世纪的笈多王朝时期，在鹿野苑修建了很多大型佛教建筑，其标志性建筑为达

图 14-17　鹿野苑
图片来源：https://pixabay.com/

麦塔。玄奘于 7 世纪时记录其曾看到过 30 所寺院，3000 名僧人，以及真人般大小的佛祖铜像。12 世纪后期，鹿野苑遭土耳其穆斯林的劫掠，建筑被破坏殆尽，成为一片废墟。1861 年，考古学家亚历山大·康宁汉爵士创建印度考古勘探团，发现了鹿野苑，以及那烂陀寺、桑奇大塔等遗址。现在法王塔遗址仅剩又圆又大的基座，主庙还有一些残垣断壁。

19 世纪末期，伴随印度复兴佛教的运动兴起，斯里兰卡的高僧阿努伽里加·达摩波罗从菩提伽耶的大菩提树上折枝移植到鹿野苑内。旁边的考古博物馆有各种石像雕刻，阿育王石柱建于前 2 世纪，就伫立于鹿野精舍遗址旁。石柱高约 17 米，头部雕有四面狮像，这个四面狮像成为印度国徽图案的来源，而印度国旗中间的法轮图案也是源于阿育王石柱中的法轮雕刻。

（五）孟买

孟买是印度最大的海港和重要交通枢纽，有印度"西部门户""小印度"之称。"孟买"一词源自葡萄牙文"美丽的海湾"的意思。孟买可以说是印度的文化中心地，高等法院、旧官厅、大学校舍及维多利亚车站等体现出孟买的建筑风格。郊外有蔡伯蒂海岸、焦鞭海岸，蔡亨基尔美术馆可以欣赏到定期开放的展览会，国家舞台艺术中心可以观赏国内外的音乐、舞蹈等公演。市内可以看到印

度教庙、基督教大教堂、伊斯兰教清真寺，还有佛教寺庙等。

1. 印度门

图 14-18　印度门
图片来源：https://pixabay.com/

印度门位于阿波罗码头，面对孟买湾，是印度的门面和标志性建筑，建于1911年，是一座融合印度和波斯文化建筑特色的拱门，为古吉拉特式建筑，外形酷似法国的凯旋门。是为乔治五世和皇后玛丽访问印度而建，让陛下从门下通过，以示孟买是印度的门户。现在是市政府迎接各国宾客的重要场地。

2. 象岛

象岛位于孟买以东6千米的阿拉伯海上，以"城堡城市"著称。16世纪葡萄牙人在岛上登陆时发现一尊独石圆雕的大象，因此就用大象为该岛命名。象岛最大的看点是四座雕刻在岩石上的印度教庙宇和七座石窟，建于450~750年。保存较好的是一座湿婆神庙，神庙中有各种湿婆雕刻像，被称为"湿婆之家"。大殿的天然砂石壁面上凿出9块大型壁龛浮雕，雕刻各种湿婆教神话，其中一组三个头的湿婆神石像，代表着毁灭神、创造神及保护神，被公认为印度雕刻乃至世界雕刻的不朽杰作之一。

图 14-19　湿婆像
图片来源：https://pixabay.com/

3. 阿旃陀石窟群

阿旃陀石窟群坐落在孟买东北部瓦古尔纳河谷悬崖峭壁上，离崖底70多米，整个石窟群长500多米，29个洞窟呈镰刀形展开在崖壁上，传为前2世纪左右开凿，历时1000年之久。阿旃陀石窟作为佛教徒的礼拜圣地近9个世纪，后来突然被废弃。直到1819年被英国人发现。门外的石像同中国高僧玄奘的记载完全相同。

该石窟从东到西依次编号为1~29，窟形分支提和毗诃罗两大类，第9、第10、第19和第26窟为支提，其余25座皆为毗诃

图 14-20　阿旃陀石窟群
图片来源：https://www.crystalinks.com/

罗。毗诃罗窟内部有石床、石枕、佛龛等，陈设较简单。支提窟中有窣堵波，内殿四周建造列柱。石窟内有精美的壁画和雕刻，因建成时间不一，各具特色。内容描绘了释迦牟尼佛的生平故事和当时印度社会生活和宫廷生活等情景。阿旃陀石窟群集绘画、雕刻佛教和历史为一体，具有极高的艺术价值，是重要的世界文化遗产。

第二节　巴基斯坦

一、历史文化

巴基斯坦伊斯兰共和国简称巴基斯坦，意为"圣洁的土地"及"清真之国"。前3000年左右，古印度河文明产生在巴基斯坦境内。前600年起，波斯帝国统治巴基斯坦西南部的印度河流域地区。8世纪初，阿拉伯帝国军队征服巴基斯坦和印度次大陆以西的地区，建立伊斯兰政权，并将伊斯兰教传入，使大批当地居民成为穆斯林。13世纪20年代，蒙古大军入侵印度河流域，后成为蒙古大汗国的伊利汗国地。1271年蒙古汗国改名元朝，克什米尔地区大部分纳入中国元朝的版图。15世纪后300年间历经了6个王朝。1757年后，巴基斯坦和印度成为英国殖民地。第二次世界大战结束后，印度获得独立。1947年8月14日，巴基斯坦宣告独立，成为英联邦一个自治领地。1956年3月23日，巴基斯坦伊斯兰共和国正式成立，仍为英联邦成员国。1971年3月，东巴基斯坦宣布成立孟加拉人民共和国，同年12月孟加拉国正式独立。

巴基斯坦与中国"是长期、全天候和多方面发展的友好关系"，中国网民称其为"巴铁"。巴基斯坦是一个多民族伊斯兰国家，旁遮普族占63%，信德族占18%，普什图族占11%，俾路支族占4%。官方语言为乌尔都语，95%以上的居民信奉伊斯兰教。

二、自然地理

巴基斯坦位于南亚次大陆西北部，南濒阿拉伯海，东、北、西三面分别与印度、中国、阿富汗和伊朗为邻。全境3/5为山区和丘陵，南部沿海一带为沙漠，向北伸展则是连绵的高原牧场和肥田沃土。喜马拉雅山、喀喇昆仑山和兴都库什山这三条世界上有名的大山脉在巴基斯坦西北部汇聚，最高峰乔戈里峰，海拔

8611米。巴基斯坦南部属热带气候，其余属亚热带气候，气温普遍较高，降水较少。南部湿热，雨季较长，北部地区干燥寒冷。

三、旅游城市和景点

（一）伊斯兰堡

伊斯兰堡是巴基斯坦的首都，政治中心。1959年2月，巴基斯坦确定在古城拉瓦尔品第东北10千米的地方，建设一座新的首都，取名为伊斯兰堡，意思是"伊斯兰教城"。1965年，首都从卡拉奇临时迁至拉瓦尔品第，1967年正式迁都至伊斯兰堡。伊斯兰堡位于巴基斯坦东北部的山麓平原上，靠近印巴停火线。伊斯兰堡背依喜马拉雅山，面向印度河大平原，东临秀丽的拉瓦尔湖，西侧是一片开阔的河谷地带。群山起伏，山清水秀。

图 14-21　国家纪念碑

图片来源：巴基斯坦旅游局官网 https://tourism.gov.pk/

1. 国家纪念碑

国家纪念碑在穆沙拉夫在位时修建，造价5.8亿元卢比，约合人民币7000多万元。它的造型和装饰壁画都具有浓烈的巴基斯坦风格，由4个大花瓣和3个小花瓣组成。4个大花瓣象征巴基斯坦的4大省份：旁遮普省、信德省、俾路支斯坦省和西北边疆省，3个小花瓣象征巴基斯坦3块领地：北部辖区、巴属克什米尔地区和联邦直辖部落区。正前方一座小型五角尖碑。从空中往下看，7个花瓣围成的新月形，环抱着尖碑的星形，是巴基斯坦国旗的星月标志。花瓣上的浮雕主要是巴基斯坦各地风情古迹、国父真纳、国民诗人伊克巴尔等。

2. 费萨尔清真寺

费萨尔清真寺坐落在伊斯兰堡西北马尔格拉山的南麓，是巴基斯坦的国家清真寺，南亚地区最大的清真寺，世界第六大清真寺。清真寺由已故沙特国王费萨尔出资捐建，耗资约2.26亿元人民币，遂以他的名字命名。传统的清真寺为圆顶，费萨尔清真则呈八角形，像一座巨大的沙漠帐篷。此建筑是土耳其著名的设计师维达特·达罗凯综合了现代、古代伊斯兰和土

图 14-22　费萨尔清真寺

图片来源：http://www.pakistantoursguide.com/

耳其建筑风格设计的。清真寺用白色大理石建筑，里面用马赛克装饰，厅内没有一根柱子。清真寺占地19万平方米，4座宣礼塔高88米，主祈祷厅高40米，可容纳上万人。寺前广场内有巴基斯坦前总统齐亚·哈克墓。

3. 塔克西拉

塔克西拉位于伊斯兰堡西北50千米处，东南距拉瓦尔品第35千米，面积2500平方千米。这是一座有着2500年历史的古城，前3世纪成为佛教圣地，是举世闻名的犍陀罗艺术的中心。塔克西拉在历史上经历过波斯、希腊、佛教三种文明，唐朝高僧法显、玄奘等都到过这里，是《西游记》中"西天"的原型。玄奘在《大唐西域记》中将塔克希拉译作"坦叉始罗"，描绘这座城市"地

图14-23　塔克西拉

图片来源：https://www.britannica.com/

称活壤、稼穑殷盛、泉流多、花果茂、气序和畅、崇敬三宝"。1980年联合国教科文组织将其列入世界文化遗产名录。

古城遗址轮廓鲜明，分为三个区域，最古老的遗址称作皮尔丘，位于塔克西拉盆地西端的高地，是公元前6世纪～前2世纪孔雀王朝时期的文明，现在留存的很少。第二个叫锡尔卡普，公元前2世纪希腊统治者德米特里始建，40年左右帕提亚人重建的。城内街道纵横交错，划分成26个街区。主街宽7.6~9.1米，两旁是住宅、店铺、庙宇和小巷，东南端尽头是一王宫遗址。锡尔卡普分上下城，下城著名建筑遗迹有双头鹰庙和穹顶庙。锡尔卡普出土了大量珍贵文物，有很高的学术价值，附近金迪亚尔庙的布局与希腊神庙极为相似。锡尔苏克是1~3世纪贵霜帝国统治时代建造的都城，方形街区的布置和锡尔卡普近似。在这三个城址内和它的四郊发现有各类宗教遗迹，而以佛教的为最多，有窣堵波、寺院、洞窟等佛教建筑，窣堵波是埋藏佛陀或有道高僧舍利子的墓葬建筑物。

（二）拉合尔

拉合尔是巴基斯坦第二大城市，文化和艺术中心，是巴基斯坦最富裕的旁遮普省的省会。拉合尔是座2000多年历史的古城，曾是莫卧儿帝国首都，有"巴基斯坦灵魂"之称。630年，中国唐代高僧玄奘曾

图14-24　降旗仪式

图片来源：http://www.pakistantoursguide.com/

来此访问。拉合尔由建于阿克巴时期的旧城和其南部的新城组成。旧城由 7 米高的红色砖石城墙围绕，建有 14 座城门，城外护城河围绕。东部朝印度德里方向的城门叫"德里门"，而德里红堡朝向拉合尔方向的正门则取名"拉合尔门"，这昭示了这两座城市的历史渊源。

拉合尔位于巴基斯坦和印度的交界处，从 1959 年以来，每天下午日落前准时在边境线上举行降旗仪式，这是全球仅有的两个国家降旗仪式同时进行的场景。两国双方大批群众在场，高唱爱国歌曲。降旗传统仪式表演后，双方开始降旗，国旗降下后就关掉边境大门。

1. 拉合尔古堡

图 14–25　拉合尔古堡
图片来源：https://www.mapsofworld.com/

拉合尔古堡是巴基斯坦古王宫，位于城西北角，是莫卧儿王朝建筑中的典型。城堡东西长 380 米，南北宽 330 米，用巨大的褐红色岩石筑成城垣，堡内有亭台楼阁、深宫大院、喷泉池塘、园林花圃等王家宫苑建筑。1981 年，联合国教科文组织将拉合尔古堡列入世界文化与自然遗产名录。古堡始建于 1021 年的加兹尼王朝时期，当时只是一个泥土筑成的军事要塞。1566 年，阿克巴大帝为了抵抗外敌入侵，拆除旧城后修建了高墙环绕的砖石结构堡垒。历代莫卧儿王朝的皇帝不断扩修使得古堡成为一座皇家宫苑。沙贾汗将古堡原先红沙石结构的城墙改为白色的大理石，并在城墙上修建了敌楼、碉堡和枪眼，使古堡显得宏伟壮观，成为巴基斯坦唯一一座完整反映从迦兹纳维王朝到莫卧儿王朝数百年建筑史的建筑物。

2. 巴德夏希清真寺

巴德夏希清真寺是巴基斯坦最大的清真寺，位于拉合尔古城北部，"巴德夏希"是波斯语"皇帝"的音译，故又称"皇家清真寺"，属于世界文化遗产。巴德夏希清真寺建成于 1674 年印度莫卧儿王朝时期，是莫卧儿王朝后期最有代表性的建筑。1961 年巴基斯坦政府进行了大规模的整修。整个寺院由门楼、广场、礼拜殿 3 部分组成，占地面

图 14–26　巴德夏希清真寺
图片来源：https://www.mapsofworld.com/

积3万平方米，为波斯建筑风格。方形大理石广场南北长160米、东西宽159米，可供5万人做礼拜。门楼高大，围墙由红砂岩砌成，周围有4座57米的宣礼塔。礼拜大殿位于广场西侧，殿顶中央和两侧建有3个圆顶，正中大圆顶高约18米，圆顶上是涂金粉的《古兰经》文。殿内装饰具有浓厚的波斯和莫卧儿风格。寺内珍藏有用金丝线绣成的长45厘米、宽30厘米，计30卷1228页的阿拉伯文《古兰经》，1966~1976年用了整整10年的时间，花费24万卢比。据传寺内还藏有先知穆罕默德的披风、法蒂玛的手帕及阿里手抄的《古兰经》珍本等大量伊斯兰珍贵文物。清真寺右侧为大理石结构的巴基斯坦著名诗人和思想家伊克巴尔的陵墓。

3. 独立纪念塔

独立纪念塔是巴基斯坦著名的纪念性建筑，在伊克巴尔公园内。1940年3月23日，巴基斯坦国父真纳通过了建立巴基斯坦的《拉合尔决议》，1967年在当年召开群众大会宣读决议的地方建起了独立纪念塔。纪念塔高59米，塔座是朵白色向上的莲花，底座上用英文和乌尔都文刻写着当年真纳讲话的节录和巴基斯坦各个行省的有关记载。纪念塔是由9根方形立柱围成的一个圆体，方柱上镶嵌着大理石，内层圆形的墙壁里有可以用来登顶的289级台阶和电梯。

图14-27 独立纪念塔
图片来源：https://www.mapsofworld.com/

4. 贾汉吉尔陵

贾汉吉尔陵墓位于拉合尔西北5千米处的拉维河畔，占地22公顷，是1637年沙·贾汉为他的父亲贾汉吉尔建造的。陵墓坐落在一个花园的中央，是一座由红色岩石砌成的长方形建筑，四角各矗立着一座31米高的白色圆顶尖塔。陵墓四周和尖塔底部的墙壁上嵌满了彩色大理石花纹，陵墓内装饰着精美的大理石屏风和富有宗教色彩的壁画，其中以99件花卉和神像的图案最珍贵。陵墓中贾汉吉尔的棺椁非常豪华。内棺用金银宝石镶嵌着华丽的图案，外面包金，再套一层石棺。后来锡克人入侵时，金棺被盗走，石棺也被敲去了两个角。陵墓附近还有贾汉

图14-28 贾汉吉尔陵
图片来源：https://www.mapsofworld.com/

吉尔的皇后努尔·贾汉和其女拉德里·贝古姆的陵墓。

（三）卡拉奇

卡拉奇是巴基斯坦第一大城市，位于巴基斯坦南部海岸、印度河三角洲西北部。18世纪初，卡拉奇是一个小渔村。1842年英军占领后由于港口开发和铁路兴建而成为印度河流域的门户。1914年，卡拉奇已成了当时英属印度的最大粮食出口港。1936年卡拉奇被定为信德省的首府。巴基斯坦独立后，1947~1959年定都于此。虽然后来迁都到伊斯兰堡，但仍有一批政府机构留驻卡拉奇，政治地位始终不降。

图 14-29　真纳墓

图片来源：https://www.mapsofworld.com/

1. 真纳墓

真纳墓又称国父墓，位于卡拉奇东南面，是巴基斯坦国父穆罕默德·阿里·真纳的陵墓，建于1970年。整座陵墓全部用纯白大理石建成，上半部是莫卧儿式的圆形拱顶，下半部是下大上小略呈锥形的立方体。建筑物四面各有一扇狭长的北非式样的拱门，每扇门饰以优质红铜做成的镂花门栅。真纳的墓冢在大厅正中，白色大理石的墓碑上面镌刻着他的名字和生卒年月。墓冢的四周用银质的栏杆围起来，正上方有一盏中国式枝形水晶吊灯，吊灯是中国上海制造的，周恩来总理赠送的。陵墓四周各有一名士兵站岗，陆海空三军轮流，24小时不间断，每小时换一次岗。

2. 巴基斯坦国家博物馆

巴基斯坦国家博物馆珍藏有巴基斯坦有史以来最古老的文物，部分文物是从全国各地的古董店中收购的。博物馆11间画廊，共6层楼，画廊根据巴基斯坦不同的历史时期进行分区。博物馆收藏了大量伊斯兰教文物，有300多本《古兰经》，其中52本是罕见的古阿拉伯语手抄本。收藏有5.8万多枚古硬币，其中最早可以追溯到550年。出土的文物中有1万多年前的陶器。在"古甘达拉文明"的藏品展区有孔雀王朝

图 14-30　巴基斯坦国家博物馆

图片来源：巴基斯坦旅游局官网 https://tourism.gov.pk/

的国王雕像,还有佛陀的生活图解。"印度河流域文明"展厅收藏有不少罕见的雕塑和文物,如著名的"国王牧师雕像"。还有许多黄金首饰、陶器和古代的织物。馆内有超过7万件用于研究的各类图书出版物,有一间独立展厅展示巴基斯坦的革命史。

第三节　斯里兰卡

一、历史文化

公元前5世纪僧伽罗人从印度迁移到斯里兰卡。公元前247年,印度孔雀王朝的阿育王派其子来此,从此僧伽罗人摒弃婆罗门教而改信佛教,311年左右,佛牙从印度传入斯里兰卡。公元前2世纪前后,南印度的泰米尔人也开始迁入。5~16世纪,僧伽罗王国和泰米尔王国间征战不断,直至1521年葡萄牙船队在科伦坡附近登陆。1796年2月15日,英军占领科伦坡,荷兰人统治时期结束。1802年英法两国签订了《亚眠条约》,斯里兰卡正式成为英国的殖民地。1948年2月4日,斯里兰卡宣布独立,成为英联邦的自治领地,定国名为锡兰。1972年5月22日改国名为斯里兰卡共和国。1978年8月16日新宪法颁布,改国名为斯里兰卡民主社会主义共和国。

斯里兰卡居民70.2%信奉佛教,12.6%信奉印度教,9.7%信奉伊斯兰教,此外还有天主教和基督教。斯里兰卡许多的习俗都与佛教有关,在斯里兰卡佛教僧侣是备受尊敬的。僧伽罗语、泰米尔语同为斯里兰卡官方语言和全国语言,上层社会通用英语。

二、自然地理

斯里兰卡是印度洋上的岛国,在南亚次大陆南端,西北隔保克海峡与印度半岛相望。南北长432千米,东西宽224千米,国土面积65610平方千米。斯里兰卡岛大致呈梨形。中南部是高原,北部和沿海地区为平原,其中北部沿海平原宽阔,南部和西部沿海平原相对狭窄。斯里兰卡属热带季风气候,终年如夏,没有四季,只有雨季和旱季的差别,雨季为每年5~8月和11月至次年2月,此时西南季风和东北季风会经过斯里兰卡。斯里兰卡河流众多,大都发源于中部山区,流域短且流势湍急,水量很丰富。东部较低洼的平原地区,有着星罗棋布的湖泊。

三、旅游城市和景点

（一）科伦坡

科伦坡位于锡兰岛西南岸、濒印度洋，北面以凯勒尼河为界。为进出斯里兰卡的门户，素有"东方十字路口"之称，是斯里兰卡的最大城市与商业中心、印度洋重要港口、世界著名的人工海港。班达拉奈克国际会议大厦位于贝塔区中心地带，是该市标志性建筑之一，是中国政府无偿援助斯里兰卡的项目。要塞区又称城堡区，原来是荷兰殖民者建造的要塞，如今是斯里兰卡议会、政府所在地，也是科伦坡市区到周边其他城市的交通枢纽。斯里兰卡的宝石工业有着悠久的历史。位于科伦坡以南104千米处盆地中的"宝石城"是斯里兰卡宝石工业的中心。

图 14-31　斯里兰卡国家博物馆
图片来源：https://mapcarta.com/

1. 斯里兰卡国家博物馆

斯里兰卡国家博物馆是斯里兰卡最古老的博物馆，建于1877年，是一座双层的白色建筑，馆内珍藏着从斯里兰卡史前时期到现代各个历史时期的文物，有各种化石、古铜器、铜雕、石雕、宝石、旗帜以及康提王朝时期的各种编织品、金属制品、手工艺品、壁画、最后一代康提国王的铠甲，还有从康提运来的狮子王座，反映了斯里兰卡的历史、宗教、人文、风俗及艺术等各个方面的情况。自然科学室里展出许多动物、昆虫和地质标本。图书馆里珍藏20多万册书籍和手稿，其中4000多份是记载斯里兰卡古代经史及佛教教义的贝叶书。馆内有一座1912年发现的石碑，人称"郑和碑"，是中国明代著名航海家郑和下西洋到此所建。顶端刻有二龙戏珠浮雕和汉文、阿拉伯文、泰米尔文3种文字的碑记，记载郑和来斯里兰卡的目的。

2. 亚当峰

亚当峰又名圣足山，旧称卢诃纳山，在科伦坡以东约40千米，高2243米，为斯里兰卡南部最高峰。亚当峰是斯里兰卡的圣山，佛教、印度教、伊斯兰教、天主教、基督教徒均以此山为圣地，尤其是佛教和印度教徒。亚当峰还是著名的风景区，呈圆锥形，西南坡的山道两旁有铁链，可扶铁链拾级而上登达峰顶。山顶有一座小庙，建在平坦岩石上，门口挂有一口钟，

图 14-32　亚当峰
图片来源：https://pixabay.com/

庙内有长 1.5 米、宽 0.8 米的凹陷大坑，像是巨人的足迹。佛教、伊斯兰教和天主教分别认为那是佛陀、穆罕默德和亚当的足迹。佛教徒称，释迦牟尼曾 3 次来到斯里兰卡，有一次，佛陀驾云到此，天神沙曼谛听佛陀宣讲佛法后，皈依佛教，成为斯里兰卡佛教的护法神，此足印为佛陀站立为沙曼说法时所印。伊斯兰教徒认为先知穆罕默德曾到此山停留，足印是先知的足迹。天主教徒则认为是人类始祖亚当从伊甸园逃回人间，降落此山，单足站立 1000 年所留下的足迹。这些传说使得该山成了这些教派信徒心目中的圣地，进香朝圣的信徒络绎不绝。朝圣季节一般是在 4 月，因为 5~11 月是雨季，湿滑的山路使亚当峰几乎无法攀登。

（二）锡吉里亚古城

锡吉里亚古城位于斯里兰卡中部锡吉里亚峰上，距科伦坡约 160 千米，是斯里兰卡著名古城堡遗址，是千年来亚洲保存最为完好的城市中心。与印度尼西亚婆罗浮屠、柬埔寨吴哥窟和印度阿旃陀石窟齐名，1982 年被列入世界遗产目录。锡吉里亚山峰平地突起，海拔 349 米，似一头庞大的卧狮，故又有"狮子岩"之称。锡吉里亚古宫在峰顶上凌空独立。

图 14-33　锡吉里亚山峰

图片来源：https://pixabay.com/

古城历史可以追溯到 7000 年前的远古时代。从公元前 3 世纪起，这里成了山间的修道院。5 世纪，孔雀王朝的迦叶波王子弑父篡位后，由于害怕逃亡印度的弟弟莫加拉纳回来复仇，于是离开了首都阿努拉达普拉，在锡吉里亚峰上建立王宫。18 年后，迦叶波国王还是战死在莫加拉纳手下。莫加拉纳将首都迁回到阿努拉达普拉，把狮子岩改造成佛教寺院。直到 1894 年才被欧洲的一位考古学家重新发现。

锡吉里亚古城以壁画闻名于世。从狮子岩山脚到山腰有一条漫长的走廊，山腰西面环山长廊石壁上绘有彩色壁画。据说 1500 多年前，曾绘有数百帧天女画像，如今剩下 21 帧了。虽历经千年，色彩仍鲜丽如初。这些壁画是斯里兰卡历史上唯一流传下来的非宗教题材壁画。天女画像两边的石壁上，刻有文字诗歌，是研究 5 世纪前后斯里兰卡社会、文化和宗教的珍贵资料。山腰上用砖石砌了一只巨大的狮子坐像，今只剩 2 只 1~2 米大小的前爪。宫中有清凉殿，泉

图 14-34　锡吉里亚古城

图片来源：https://pixabay.com/

图 14-35　圣菩提寺
图片来源：https://pixabay.com/

水在殿内地板下流过，还有供僧人说法而设的具有层层平台的说法崖。

（三）阿努拉达普拉

阿努拉达普拉是斯里兰卡最古老的城市，在北部阿鲁维河畔。阿努拉达普拉建于公元前5世纪，公元前380年成为斯里兰卡首都，并且在之后的1000年，都是斯里兰卡王权所在地。古皇城的遗址在19世纪被发现。阿努拉达普拉被看作佛教之都，老城区已辟为考古园地，周围有著名的佛塔和佛像。还有建于5世纪可供灌溉的水库。城里最著名的景点就是圣菩提寺里的菩提树，有2600多年历史，是斯里兰卡仅次于佛牙的国宝。2000多年前，印度阿育王的女儿僧伽蜜多来斯里兰卡弘扬佛教，带来了当初佛陀释迦牟尼静坐7天7夜成佛的那棵菩提树的一根枝干，这根枝干被栽种于阿努拉达普拉，现已枝繁叶茂，而释迦牟尼成佛的那棵菩提树早已枯死。

鲁梵维利萨亚佛塔是古城里修缮最完好的佛塔，建造于公元前2世纪，被认为是杜图伽摩尼国王建造的最美建筑物。无畏山舍利塔建于前1世纪，奉伐多伽摩尼·阿巴耶国王之命建造。据说两座塔当时的高度有110米，现在只有55米。杰特瓦纳拉玛舍利塔是在3世纪时，由摩诃斯纳王命令修建的，现存高度大约70米。据说原来的高度是122米，加上放置水晶的顶端有152米，砖砌基座直径113米，厚8米。1982年，在这里发现了用梵文书写于金板上的9世纪左右的摩诃斯那经典。在舍利塔后面是一座寺庙遗址，有一根长8米的门柱，有3米埋在地底下，至今仍然屹立不倒。

（四）康提

康提建于14世纪，位于斯里兰卡南部中央，历史上是行政和宗教中心，以佛教圣地闻名。康提所在地段是一条海拔488米的山谷，斯里兰卡最长的河马哈威利河绕城而过。该城风光秀丽，易守难攻。1592年，斯提兰卡定都康提，康提从此成为王宫和佛牙寺的所在地。16~17世纪，曾一度被葡萄牙及荷兰殖民者占领，直到1815年，英国占领了锡兰全部国土，康提才结束了作为首都的历史。该城保存了大批的建筑文化遗迹。

图 14-36　佛牙寺
图片来源：https://pixabay.com/

佛牙寺坐落在康提湖北岸，被护城河环绕。4世纪，释迦牟尼的佛牙被迎到斯里兰卡，供奉在佛牙寺，佛牙寺从此成为斯里兰卡佛教徒的圣地，教徒们认为一生至少要来一次佛牙寺。佛牙寺建在高约6米的台基上，分上下两层，主要有佛殿、鼓殿、长厅、诵经厅、大宝库、内殿等，二层的内殿正中供奉着一尊巨大坐佛，殿左侧的暗室则为安放佛牙之地。暗室里有一座7层金塔，

图 14-37　佛牙寺
图片来源：https://pixabay.com/

金塔内又有7个小金塔。每层小金塔内藏着各国佛教徒供奉的珍宝，最后一个小金塔不到1米高，塔里有一朵金莲花，花蕊有一玉环，佛牙就安放在这玉环的中间。每日早、中、晚3次，由3位高僧持3把不同的钥匙开启内殿大门，举行隆重的敬拜仪式。佛牙寺镀金的屋顶由日本信徒捐赠，四周有高墙围绕，围墙四角各建有一庙，即观音庙、摩诃庙、卡多罗伽摩庙和帕蒂尼女神庙，据说这4座庙是为保护佛牙而建的。佛牙寺博物馆展示着寺庙获赠的众多镀金礼品。

斯里兰卡佛牙节每年7~8月在康提举办。佛牙寺首席监护人、寺庙住持以及其他重要官员都身着古老的宫廷服饰，还有大约100头装饰华丽的大象和1000多名舞蹈演员和鼓手等组成的队伍在城市中穿梭，演员表演传统的当地舞蹈，直到8月的满月为止。

目前世界上存在两所大象孤儿院，分别在斯里兰卡和肯尼亚。1975年，斯里兰卡野生动物局修建了世界上第一所"大象孤儿院"，离康提约1小时的路程，主要收养那些无家可归的、身受重伤的及患病的幼象。康提还有亚洲最大的植物园，曾经属于皇家园林，占地60平方千米。康提市区外3千米处的锡兰茶博物馆周围种满了茶，里面展示当地人早期加工茶叶的工具、制茶历史。

（五）波隆纳鲁瓦古城

波隆纳鲁瓦古城位于科伦坡东北210千米处。1982年列为世界遗产。993年阿努拉达普拉遭到破坏之后，波隆纳鲁瓦成了临时皇家住所，斯里兰卡的第二个首都。波隆纳鲁瓦的繁荣时期在12世纪，现存的名胜古迹大部分建于波罗迦罗摩巴忽大帝和尼散迦摩罗当政期间。

图 14-38　波隆纳鲁瓦
图片来源：斯里兰卡旅游局官网
https://www.srilanka.travel/

波罗迦罗摩海堤岸长13千米多,高12米,堤上每隔一定距离,有刻了梵文、僧伽罗文和变体僧伽罗文的石柱。岸边立有一巨大石像,传为波罗迦罗摩巴忽的雕像。海北端东岸为波罗迦罗摩巴忽王宫遗址,宫城呈长方形,传原有7层,现有两层遗址。

尼散迦摩罗建有大量佛殿和碑塔。11世纪建造的湿婆天神石庙中曾发掘有湿婆铜像。楞迦帝罗迦殿、吉里毗诃罗塔、伽尔寺、达米罗大塔、蒂梵伽佛殿等都是著名的古迹。吉里毗诃罗塔为斯里兰卡保存得最完整、最大的一座古塔,塔基上雕刻有装饰。塔身从塔基升起,至约15米处停工,留下一个面积很大的圆形高台,台中复有一小塔。伽尔寺是在一整块巨型花岗岩石上雕刻而成,包括前后相连的三大佛像和一座佛龛。伽尔寺的卧佛长14米,刻画了佛陀涅槃的场景,描绘了进入极乐世界的安详。

图14-39　月亮石

图片来源:斯里兰卡旅游局官网 https://www.srilanka.travel/

在一处石门阶梯入口处有一块雕刻精美的月亮石。最外侧是一圈火焰,象征人类世界充斥着欲望和贪婪。火焰内侧的4种动物象征生命力和活力,大象代表生,马代表老,狮子代表病,牦牛代表死,这些加起来就意味着轮回。接下去的一圈叼着花的鸟是善与恶的界限。分隔动物、飞鸟和莲花的藤蔓浮雕饰带代表生命的力量。位于正中央的莲花寓意天国,即人们死后前往的世界。

 拓展阅读

1. 在南亚的印度、巴基斯坦、孟加拉、尼泊尔、斯里兰卡等国,点头和摇头的含义与中国相反,点头是表示"不是",摇头则表示"是"。

2. 印度、巴基斯坦、斯里兰卡人吃饭一般会用手抓,用右手的拇指、食指、中指这3根指头拿起食物食用,在这些国家是不能用左手吃饭的。很多初到印度的外国人喝了印度本地的水,肠胃会不适应。印度人推崇素食文化,在印度的餐馆里很难找到肉食。

3. 印度、巴基斯坦是英联邦成员国,曾经是英国的殖民地,车辆驾驶规则与英国一样,靠左行驶。20世纪60年代,巴基斯坦下决心改成右边行走,可是许多人反对,没有改成。反对的理由是当时他们有很多骆驼车,尤其是在晚上。老骆驼有个习惯就是喜欢走老路,让它们换边几乎是不可能的。

4. 斯里兰卡的交通状况很不好,没有国内航班,高速公路也仅仅只有一条是从科伦坡到机场。中国驾照不能在斯里兰卡驾驶。斯里兰卡最美火车行程有从康提到埃拉段的高山茶园火车,南线的加勒到科伦坡段海上火车,这是宫崎骏动漫的"海上火车"原型。火车行驶速度缓慢,且不报站名。

第四节 马尔代夫

一、历史文化

公元前5世纪,南亚次大陆的居民来马尔代夫定居,佛教文化随之传入。1116年建立了以伊斯兰教为国教的苏丹国,前后共经历了6个王朝。15世纪中叶,印度的坎瑙努拉王公控制马尔代夫。15世纪末,葡萄牙殖民者开始入侵。1558年始,葡萄牙对其实行殖民统治。在塔库鲁法努领导下,1573年马尔代夫人民举行了起义,成立了苏丹国。17世纪起先后遭到荷兰、印度、法国的入侵。18世纪又遭荷兰入侵,1796年英国人将荷兰人赶出锡兰。1887年,英国锡兰殖民地的省长与马尔代夫苏丹签订条约,马尔代夫沦为英国的保护国。1932年,马尔代夫改行君主立宪制。1934年,英国承认马尔代夫独立。1953年,成为英联邦内的共和国。1954年,议会决定废除共和国,重建苏丹国,实行总统制。1968年11月11日,通过全民投票宣布成立马尔代夫共和国,废除苏丹国,定伊斯兰教为国教。

马尔代夫是一个常年都相对比较适合旅游的国家,蓝天、海洋、沙滩都十分出名,被誉为"印度洋的珍珠"。每年的7月26日是马尔代夫的国庆日,也是当地的最大节日,届时全国上下载歌载舞齐欢庆。

二、自然地理

马尔代夫共和国是印度洋上的群岛国家,位于赤道附近。26组自然环礁、1192个珊瑚岛分布在9万平方千米的海域内,其中约200个岛屿有人居住。岛屿平均面积为1~2平方千米,地势低平,平均海拔1.2米。陆地面积298平方千米,是亚洲最小的国家。马尔代夫东北与斯里兰卡相距675千米,北部与印度的米尼科伊岛相距约113千米,南部的赤道海峡和一度半海峡为海上交通要道。

马尔代夫位于赤道线上，属热带海洋性气候，无四季之分，湿度较大。但昼夜温差不大。5~9月为西南季风季节，常可见到风大浪急的海面。12月~次年4月，是东北季风来临的季节，天空晴朗、湿度较小、很少下雨，是最佳旅游时间。马尔代夫拥有丰富的海洋资源，有各种热带鱼类及海龟、玳瑁和珊瑚、贝壳之类的海产品，周围水域拥有700多种鱼类，生产鲣鱼、金枪鱼、龙虾、海参，还有少量的石斑鱼、鲨鱼、海龟和玳瑁等，最多的是珊瑚鱼。

三、旅游城市和景点

（一）马累

马累位于北马累环礁的南部边缘，马尔代夫的首都，是全国经济、政治及文化中心，是印度洋上重要的军事及交通要地，是红海、波斯湾至太平洋的重要停泊港。马累是世界上最小的首都之一，面积约1.96平方千米，小得没有自己的飞机场，机场是建在相邻的珊湖尔岛上的。马累岛的人口有大约24.8万，几乎占了国家总人口的40%。

马累分成4个区域，街道上没有柏油路，放眼望去尽是荷兰砖铺的路面，皇宫和政府机关等多是两层式平房，屋外花园

图14-40 马累
图片来源：https://mapcarta.com/

长满了各种草、木，有木瓜、椰子、杧果和虎刺梅等。由于曾受英国管辖，因此也有部分建筑带着浓厚英式气息。市中心可以游览苏丹花园，参观国家博物馆，了解马累的自然和人文。马累最宽的一条马路就是沿江路，两辆车可以并排通行。岛上的小巷子又高又窄，由于面积小，整个城市的主要交通不是骑自行车就是走路。马累是马尔代夫唯一能开汽车的地方。要到附近的岛屿就要乘坐渡船，去居民岛的船票很便宜，去旅游岛的价格不菲。

马累最美丽的地方就是海边，洁白的珊瑚沙形成的沙滩，水中的珊瑚礁五颜六色，成群结队的热带鱼，成人小臂长的海参。海水是透明的，下面的沙子都能看得清清楚楚。

（二）旅游岛

马尔代夫最大的特色就是一岛一酒店。法鲁岛与马尔代夫首都马累相隔甚近，距离只有2000米，被视为印度洋中一个充满罗曼蒂克的岛屿，是马尔代夫中潜水、浮潜、风帆、风浪板等水上运动初学者的天堂。岛屿风景宜人，岛上15公顷的面积，白沙滩、热带植物以及密布的棕榈树。

金多玛岛坐落于马累南环礁，面积 1.3 平方千米，与马累国际机场相距 35 千米。金多玛岛遍布着一种名为 Kandoo 的树木，岛屿的名便源于此。这里的建筑群如同一个个巨型蘑菇，独特经典，形状源于海洋中的蘑菇形珊瑚。金多玛岛时尚简约，是众多年轻人钟爱的度假岛屿，海边的小别墅设计简易，十分惬意。

图 14-41　北马累环礁

图片来源：https://pixabay.com/

天堂岛坐落在北马累北环礁，距离国际机场大约 9.6 千米。岛的总长度为 931 米，宽为 250 米。电影《日落之后》就是在天堂岛拍摄的。满月岛是马尔代夫 80 多个度假岛屿中最早向中国人开放的一个度假村，岛上生长着众多品种的鲜花。住宿海上木屋，推开门观望游鱼穿梭而过。

香格里拉薇宁姬莉岛度假村开发于 2009 年，是一座六星级的顶级奢华岛屿。长达 6 千米的美丽海岸线和 2 千米纯净雪白的沙滩，也有"潜水胜地"的美名。它不仅有难以媲美的胜景，更重要的是它拥有无比优质的服务，这里提供豪华别墅，随时可以预订豪华游艇穿梭于海上，在赤道线上享用餐点。

图 14-42　环礁岛

图片来源：https://pixabay.com/

蓝色美人蕉岛属于一个具有异国情调的岛屿，有高大的棕榈树和白色的沙滩，润泽亮丽的蓝绿色珊瑚礁石，交相辉映。蓝色美人礁岛不仅风光旖旎，还提供丰盛的餐饮，这里的美食相当闻名，许多钟爱美食的游客闻名而来，享受岛屿上美味的亚洲大餐和世界大餐。

双鱼岛是 2001 年、2002 年及 2006 年的"最佳海滨奖"得主，拥有长达 2000 米洁白的海滩，位于马累环礁南部，距离机场岛 34 千米，从机场乘坐高速游艇到奥威丽海滩饭店仅需 45 分钟。码头沙地一侧沿岸尽是数以万计的小鱼，密密麻麻结成一团，周围有小鲨鱼或其他掠食鱼类出没。另一侧则是延伸成峭壁的礁岩地形，每块礁岩周围都有蝶鱼、雀鲷等珊瑚礁鱼类出

图 14-43　蓝色美人蕉岛

图片来源：https://pixabay.com/

没，码头正下方也有成群的底栖性鱼类。

卡曼都岛面积较小，距离马累国际机场约130千米，先坐45分钟飞机，接着乘坐10分钟快艇方能抵达。岛上共有45个伸展到海滩上的带走廊的木质平房。

阿雅达岛坐落于景致迷人的卡夫大鲁环礁上，坐内陆飞机60分钟，然后再坐50分钟快艇就可到达。阿雅达岛是2011年开业的岛屿，也是马尔代夫最热门、性价比超高的奢华岛屿，阿雅达岛的所属集团于2010年被授予了"欧洲领先旅游发展集团"以及"亚洲领先外来旅游发展集团"两项荣誉称号。

卡尼岛最为宁静，被称为"印度洋上的绿洲花园"，是著名的情侣之岛，是马尔代夫诸多度假岛中最典型的浪漫岛屿，也是很多新人选择度蜜月的地方。蜜月岛上自然植物保存完好，保持着原始、古朴的风貌。在20世纪50年代中期，法国有100对青年男女曾在此举行集体婚礼。后来，欧洲许多新婚夫妻都视此地为度蜜月的好去处。久而久之，该岛便被人称为"蜜月岛"。

图 14-44　度假村
图片来源：https://pixabay.com/

太阳岛是马尔代夫最大的休闲度假村，从马累需行船4小时。这个岛据称有上百万年的历史。拉古娜岛是电影《青春珊瑚岛》和《重回蓝色珊瑚礁》的拍摄地，虽遗世而独立，但海滨度假小屋的设计细腻精致。白金岛在北马累群岛，距离马累26千米，从马累国际机场坐快艇30分钟就可到达了。白金岛酒店环绕于茂盛的棕榈树之中，可以看到许多不同种类的热带动物与植物。哈库拉岛位于美慕环礁，是环礁内建立的第一所度假村，位于距离首都马累130千米处，邻近珊瑚礁潜点多，可从事的潜水与水上活动很多。珊瑚岛本身是一个长形的岛屿，是一个极其清澈的湖泊。丽莉岛位于南阿里环礁，壮观的阿里环礁拥有独特的潜水地点。

第十五章 东南亚

第一节 泰国

一、历史文化

泰国有700多年的历史和文化，原名暹罗，1949年5月把"暹罗"改为"泰"。1238年建立了素可泰王朝，开始形成较为统一的国家。素可泰王朝时期，泰国繁荣昌盛，疆域远远超过现版图。1350年，乌通王在大城府建都，脱离素可泰王国宣布独立，建立阿瑜陀耶王朝，不久吞并素可泰王国，被中国明朝封为暹罗国王。从16世纪起，先后遭到葡萄牙、荷兰、英国和法国等殖民主义者的入侵。1767年，缅甸入侵成功攻陷了大城。7个月后，中国广东潮汕人郑信将军的军队赶走了缅甸驻军，收复了大城，开创吞武里王朝，统一暹罗，奠定现代泰国的基本版图，尊为"泰皇五大帝"之首。每年12月28日登基之日为泰国"郑皇节"。郑信死后，查库里将军成为查库里王朝的拉玛一世国王，将王室都城从吞武里迁到河对岸的曼谷。拉玛四世国王与欧洲国家缔结条约，避免沦为殖民地，并建立了现代泰国。1896年，英国与法国达成利益妥协，间接使得暹罗成为东南亚唯一没有沦为殖民地的国家。1932年6月，人民党发动政变，建立君主立宪制。

泰国90%以上的民众信仰佛教，马来族信奉伊斯兰教，还有少数民众信仰基督教、天主教、印度教和锡克教。泰语为国语。泰国共有30多个民族，泰族为主要民族，占人口总数的40%。泰国是东南亚和中国具有血缘关系的国家之一。中国南宋末年宰相陈宜中兵败来到占城（越南南部），后终老于暹罗。郑和南下时留暹罗者甚多。目前泰国华人约有900万，占全国人口的14%，有华人血统的泰国人约有2000万，约为该国总人口的1/3。曼谷节日很多，如泼水节、水灯节、农耕节、国王诞辰等，其中大部分活动外国旅游者都可以参加。尽管官方未将春节列为法定节假日，但届时华人开办的工厂、商店、企业等多数都会放假。

二、自然地理

泰国的一般大众习惯将国家的疆域比作大象的头部，将北部视为"象冠"，东北地方代表"象耳"，暹罗湾代表"象口"，而南方的狭长地带则代表了"象鼻"。泰国大部分为低缓的山地和高原，地形多变。从地形上划分为4个自然区域：北部山区丛林、中部平原的广阔稻田、东北部高原的半干旱农田，以及南部半岛的热带岛屿和较长的海岸线。东北部是呵叻高原，夏季干旱、雨季泥泞、不宜耕作。中部是湄南河平原，由曼谷向北，地势逐步缓升，湄南河沿岸土地丰饶，是泰国主要农产地。曼谷以南为暹罗湾红树林地域，涨潮时没入水中，退潮后成为红树林沼泽地。南部是西部山脉的延续，山脉再向南形成马来半岛，最狭处称为克拉地峡。泰国气候属于热带季风气候。全年分为热、雨、旱三季。11月至次年2月受较凉的东北季风影响比较干燥，3~5月气温最高，7~9月受西南季候风影响，是雨季。

三、旅游城市和景点

（一）曼谷

曼谷是泰国首都和最大城市，别名"天使之城"，位于湄南河东岸，南临暹罗湾。曼谷是中南半岛最大城市，东南亚第二大城市，为泰国政治、经济、贸易、交通、文化、科技、教育、宗教与各方面中心，被誉为是"佛教之都"。曼谷正式名字是全世界最长的地名，总共由167个字母组成，翻译成中文意思是"天使的城市，宏大的城都，佛祖的宝珠，佛祖战争中最和平伟大的地方，有九种宝玉存在的乐都，很多富裕的皇宫，住了权威的神，佛祖以建筑之神再兴建的大都会"。泰国为了便利兼顾外国游客，于是将首都简称为曼谷。曼谷众多的寺院中，玉佛寺、卧佛寺、金佛寺最为著名，被称为泰国三大国宝。

1. 大皇宫

曼谷大皇宫又称大皇宫，位于市中心，紧邻湄南河，是泰国王室的皇宫，从拉玛一世到拉玛八世，均居住于大皇宫内。大皇宫始建于1782年，

图 15-1 大皇宫

图片来源：泰国旅游局官网 https://www.tourismthailand.org/

仿照故都大城的旧皇宫而建。在泰国诸多皇宫之中，大皇宫是保存最完美、规模最大、最有民族特色的皇宫。1946 年拉玛八世在宫中被刺之后，拉玛九世便搬至大皇宫东面新建的集拉达宫居住。

大皇宫由一组暹罗式风格建筑群组成，总面积 21.84 万平方米，汇集了泰国建筑、绘画、雕刻和装饰艺术的精华。宫廷建筑以白色为主，四周宫墙高约 5 米，总长 1900 米，主要建筑物有阿玛林宫、节基宫、律实宫和玉佛寺等。规模最大的主殿节基宫是拉玛五世王在 1876 年开始建造的，它的基本结构属于维多利亚时代的建筑艺术，而上边 3 个方形尖顶的殿顶是泰国式屋顶。"节基"含有"神盘"及"帝王"的意思，也是拉玛王朝的正称。律实宫是大皇宫内最先建造的皇殿，是传统的泰国建筑，是国王、王后、太后等皇室人物举行丧礼的地方。宫里有拉玛一世王时代制造的御座和御床，被列为拉玛王朝第一流的艺术品。阿玛林宫由 3 个主要建筑物组成，举行昭见仪式的阿玛灵达谒见厅，举行君王加冕礼的拍沙厅，以及卡拉玛地彼曼殿，它曾是拉玛一、二、三世王的住宅，以后成为君主们加冕后的官方住宅。拉玛八世兴建的宝隆皮曼宫，是招待外国元首的宾馆。

2. 玉佛寺

玉佛寺是泰国佛教最神圣的地方，建于 1782 年，位于大皇宫的东北角，是泰国大皇宫的一部分，面积约占大皇宫的 1/4。玉佛寺的门票与大皇宫的门票通用。玉佛寺是泰国王族供奉玉佛像和举行宗教仪式的场所，因寺内供奉着玉佛而得名。玉佛高 66 厘米，宽 48 厘米，是由一整块碧玉雕刻而成，于 1434 年在清莱被发现。后来玉佛寺建好后，这尊佛像

图 15-2　玉佛寺
图片来源：泰国旅游局官网 https://www.tourismthailand.org/

就被供奉在大雄宝殿内。每年夏季、雨季和冬季换季时分，国王都会亲自来替玉佛更衣。佛前的两尊佛像则分别代表一世皇与二世皇，每一尊所用的黄金重量为 38 千克。

玉佛寺殿内四面均绘有壁画，门、窗是方形尖顶状，框上贴满金箔与彩色玻璃，门板及窗板镶嵌贝壳。大雄宝殿的北边有一个大台基，台基上最东边是碧隆天神殿，呈十字形，四周围绕 12 角柱，柱头用莲花做装饰，里面陈放拉玛一世至五世的纪念像，每年仅仅 4 月 6 日开放。殿前两座金佛塔是拉玛一世为纪念双亲所建。藏经阁方形尖顶，屋檐呈特殊的锯齿状，四个门口都有夜叉伫立，供奉着一部以金片制成的经典。

3. 郑王庙

图 15-3　郑王庙
图片来源：泰国旅游局官网 https://www.tourismthailand.org/

郑王庙又称为黎明寺，是纪念泰国第41代君王、民族英雄郑信的寺庙，始建于大城王朝。郑王庙位于湄南河西岸的双子都市吞武里城，是泰国王家寺庙之一。郑王驱逐缅军后，带领部队顺水而下经过寺前时，正好是黎明时分。郑王便令船停于寺前，上岸礼拜，郑王登上王位后下令重修佛寺，改为黎明寺，在湄南河南岸建造王宫，将黎明寺作为王室家庙。另一个说法是由于其庙内大佛塔高79米，是每日最先接触阳光的地方，故给予"黎明寺"之名。大佛塔始建于1842年，属于大乘舍利塔式，尖塔的外面装饰以复杂的雕刻，并镶嵌了各种彩色陶瓷片、玻璃和贝壳等，是泰国规模最大的一座大乘塔，周围有4座与之呼应的陪塔，形成一组庞大的塔群，规模在曼谷仅次于大皇宫和玉佛寺，有"泰国埃菲尔铁塔"之美称，令人叹为观止。大佛塔与湄南河对岸的卧佛寺恰恰隔河相望。沿着陡直的石级登上尖塔中层，在塔上的观景平台上可眺望湄南河对岸的大皇宫和曼谷市景。1778年还曾移请玉佛到黎明寺供奉。

4. 卧佛寺

卧佛寺位于帕那空区，建于1793年大城王朝时代。寺内的卧佛为世界最大卧佛，长46米，高15米，每个脚板长达5米，上面刻有108个佛像图案。卧佛右手托头，侧卧于佛坛之上，殿堂四壁描写佛祖生平的巨型壁画。德莱佛堂极为华丽，佛堂内门饰以3个尖顶，镶嵌彩色瓷片。卧佛寺大小佛塔加起来近百之多。拉玛一世重建庙寺时，收集各地残破不全的大小佛像千余尊，并召集皇城之内的工匠将其全部修缮完好陈于寺内。这些佛塔贴满金箔或镶满彩瓷，4座大塔尤为壮观。拉玛三世进行第二次维修加建时，将当时人们的生活知识刻于石碑上。至今寺内走廊柱上、壁上及牌厅上还都书写着有关寺庙历史，以及佛史、药方、文学等方面的知识，诸多在民间已经难以寻到的知识在这里可以找到。因而卧佛寺有"泰国第一所大学"之名。

图 15-4　卧佛寺
图片来源：泰国旅游局官网 https://www.tourismthailand.org/

5. 金佛寺

金佛寺又称黄金佛寺，是泰国华人对该寺的称呼，位于火车站附近的唐人街，据说这座寺院由三位华人集资建成，故又称三华寺或三友寺。金佛寺供奉一尊世界最大黄金铸成的如来佛像，重5.5吨，高近4米，盘坐的双膝相距3米有余。这尊黄金佛像仅使用的黄金就价值2.5亿美元。雕刻的是素可泰风格上的图像，是泰国和佛教的无价宝。金佛寺在泰国属于珍宝级寺庙，也是皇家每年的迎新年祈福法事的举办地，备受泰国皇家的青睐。和四面佛同是泰国许愿必去之地。

图 15-5　金佛寺

图片来源：泰国旅游局官网 https://www.tourismthailand.org/

图 15-6　四面佛

图片来源：泰国旅游局官网 https://www.tourismthailand.org/

6. 四面佛

四面佛是华人民间对梵天的俗称，原是印度教、婆罗门教三大主神之一的梵天，是创造宇宙之神，梵文字母的创制者，在泰国被认为是法力无边，掌握人间荣华富贵之神。四面佛位于曼谷最繁华的闹市区，其四面分别朝向东南西北，外形似中国佛像，中文译为四面佛。四面佛在泰国被称为"有求必应佛"，高4米，前后左右4副面孔都是同一面孔。梵天性情温柔，公正不阿，具有慈、悲、喜、舍之四梵心，无论"求事业""祈爱情""盼发财""保平安"，皆能照顾到四方之世人及生灵。每天都有很多来自世界各地的信众前往参拜或祈求。11月9日是四面神生日，更有许多国外名人、明星云集于此，集体上香叩拜。

（二）芭提雅

芭提雅位于曼谷东南154千米处，长达40千米的芭提雅海滩阳光明媚，是良好的海滨游泳场，有很多海上滑水、冲浪等水上娱乐活动。芭提雅有独一无二的人妖歌舞团。人妖歌舞团除了泰国别国都没有，而且不允许在大城市演出，不允许上电视，只能到芭提雅或春武里海滨来看，吸引了很多好奇的外国游客，反而刺激了旅游业的兴旺发达。水上市场位于市中心沿素坤

图 15-7　四方水上市场

图片来源：泰国旅游局官网 https://www.tourismthailand.org/

逸干道往东方向约5千米处，泰语里叫"四方水上市场"，融汇了泰国东部、西部、东北部及南部4个区域水上市场的特色而得名。水上市场里水路纵横，水面上木楼别具风格。还可以搭乘小木舟，在湖里荡漾。东芭文化村距芭提雅20多千米，汇集了热带、亚热带等几十万种植物，为泰国重要的植物库。金沙岛海滩泳带宽阔，波平流缓，是天然浴场。

图15-8 珊瑚岛

图片来源：泰国旅游局官网 https://www.tourismthailand.org/

1. 珊瑚岛

珊瑚岛又称可兰岛，离芭提雅海岸约10千米，由芭提雅码头搭乘大船30~40分钟可到达，在浅海换乘玻璃底小船可欣赏海底五光十色的珊瑚奇景和热带鱼。海水湛蓝清澈，沙滩洁白松软。珊瑚岛主要海滩有达元海滩、通朗海滩、桑湾海滩、天海滩、萨美海滩以及象牙湾。达元海滩长750米长，有香蕉船、摩托艇等各种水上活动。天海滩因为其宁静休闲深得泰国当地居民的喜爱。欧洲游客喜欢在萨美海滩享受日光浴。象牙湾人迹罕至，是好多情侣恋人的选择。

2. 七珍佛山

七珍佛山是为了庆祝泰皇登基50周年纪念，用激光雕刻的一座释迦牟尼佛的神像。就着山形剖开、削平山的一面，在上面雕刻了一座大佛，用意大利进口的金线条镶嵌，共用了18吨黄金。由于合理安排，除正面外，左右两面较偏的地方也能看清坐在莲花座上的佛像金身。在佛的心脏处还藏有释迦牟尼的舍利。山中的博物馆珍藏有挖掘出的古佛像。

图15-9 七珍佛山

图片来源：泰国旅游局官网 https://www.tourismthailand.org/

（三）清迈

清迈为泰国北部城市，以玫瑰花著称，素有"泰北玫瑰"的雅称。清迈的发达程度仅次于曼谷，平均海拔300米，是著名的避暑胜地。由于历史上同属兰纳王朝，清迈的方言和西双版纳的傣语是同一种语言。早在13世纪，孟莱王就定都于此，以后长期成为兰纳王朝的都城。清迈位于南部的古丝绸之路的一个分支，它的丝绸、纺织品是泰国制造业的重要支柱。

1. 清迈古城

清迈曾长期作为泰王国首都，保留着很多珍贵的历史文化遗迹。清迈古城呈四方形，每边约长 1.5 千米，依然保留着城墙和护城河，城区内有代表着泰北灿烂历史文化的古老寺庙。为防止古城景观受到破坏，从 1990 年开始禁止在市区建筑高楼，并为护城河加建滤水设施。塔佩门是古城中最重要最知名的城门，很多大型活动由此作为起点，也是周日夜市的起点。

图 15-10　清迈夜市

图片来源：泰国旅游局官网 https://www.tourismthailand.org/

2. 柴迪隆寺

"柴迪隆"在泰文中的意思是"大塔"，因寺中一座兰纳式四方形大佛塔而得名。该寺由兰纳王朝萨孟玛王兴建于 1411 年，用于供奉其父的骨灰，因此又称"隆圣骨寺"。由于政局动荡，该寺直至提洛卡拉王（1441~1487 年）时期才得以完工。柴迪隆寺位于古城中央，主体是混合印度、锡兰式的佛塔，原本高 98 米，曾是泰北最高的建筑。1545 年，清迈发生大地震，佛塔尖顶一夜之间塌毁。再加上受到泰缅战争的炮火

图 15-11　柴迪隆寺

图片来源：泰国旅游局官网 https://www.tourismthailand.org/

及雷电袭击，仅剩约 60 米高。现今只剩下 42 米高的塔基和首层。提洛卡拉王在该寺举行著名的第 8 届世界佛教会议，该寺因此声名日隆。大佛塔东面神龛原供奉一尊玉佛像，1545 年大地震后，玉佛像移至曼谷玉佛寺。如今摆放的是 1955 年雕刻的仿制品，用以纪念大佛塔建成 600 周年暨清迈建城 700 周年。

3. 帕辛寺

帕辛寺别名双龙寺或舍利子佛寺，是清迈规模最大的佛寺，与柴迪隆寺同为清迈地位最高的寺庙。寺院周围苍松翠柏，两条用彩色玻璃片和扇形彩釉小瓷砖镶嵌的巨龙，各有大小 7 个龙头，雄踞石阶两侧。两条长约 150 米的龙身，沿着 309 级石级起伏而上，一直伸展至佛寺门口，十分壮观。寺内有东西南北 4 座佛殿，以长廊相连，成四方形。每座殿内供有一尊金身大佛，正殿莱甘堂内供奉有被视为泰北最具灵性的三尊佛像。寺院正中有一座高约 20 米的大金塔，建于 16 世纪，塔内保存有佛祖释迦牟尼的舍利子。清迈王朝

图 15-12　帕辛寺

图片来源：泰国旅游局官网 https://www.tourismthailand.org/

历代帝王对此寺都十分崇敬，常来此朝拜，每年6~7月均在此举行礼佛盛会。

双龙寺位于素贴山山顶，素贴山位于清迈以西16千米处，海拔1667米，山上还有一座蒲屏皇宫，是泰国王室的避暑行宫。每年1~3月王室人员会到此居住，其他月份开放参观。平日游客只能游览花园，周末及节假日时才能参观宫殿内部。

（四）普吉岛

图15-13 普吉岛
图片来源：泰国旅游局官网 https://www.tourismthailand.org/

普吉岛位于安达曼海，离曼谷867千米，面积576平方千米，岛上环境纯净，是一座著名的度假岛，是泰国境内唯一受封为省级地位的岛屿，被誉为安达曼海的明珠。早在公元前1世纪此地就有人居住，约16世纪时并入阿瑜陀耶王国。18世纪后大批华人涌入。泼水村有泼水狂欢，可参加并了解泰国的泼水文化。

普吉岛海滩宽阔、海水清澈、碧海蓝天，是全球最美的十个岛屿之一。岛上有丰富多彩的水上、水下运动项目。普吉岛是泰国最大的岛屿，大部分游客都聚集在芭东海滩或普吉镇上，一个胜在海岛风光，一个胜在建筑古老。卡伦海滩的山顶有一处观景台，是普吉岛欣赏日落黄昏的有名景点，天气晴好时可以将大卡塔、小卡塔、卡伦这3个海湾尽收眼底。普吉岛大佛是岛上的地标，坐落在查龙和卡塔之间的山顶上，高达45米，岛上全景在此一览无余。

第二节 马来西亚

一、历史文化

公元初马来半岛建立了羯荼国、狼牙修、古柔佛等古国。7~14世纪，三佛齐的影响力延伸到马来半岛和婆罗洲的大部分地区，10世纪传入伊斯兰教。14~15世纪，三佛齐覆灭，这个地区分裂成众多以伊斯兰教为主的苏丹国，最突出的是以马六甲为中心的马六甲王国。马六甲王国覆灭后，苏丹的儿子建立了柔佛王国。16世纪末以后，欧洲殖民势力在这个区域扩张。布吉人在1699年刺杀了柔佛末位马六甲血统苏丹，控制了柔佛和雪兰莪，米南加保人迁入马来亚并建立了森美兰。后来霹雳成为苏丹国领导者。1942~1945 年，马来西亚被日本占领，激起反殖民民族主义。1945 年日本投降后，开始反英殖民活动。1957 年，马来亚联合邦宣告独立。1963 年 9 月 16 日，马来半岛十一州、沙巴州、砂拉越州及新加坡终于组成马来西亚。1965 年 8 月 8 日，新加坡退出马来西亚。

马来西亚是君主立宪制国家，实行议会内阁制。吉隆坡是这个多民族、多宗教国家的缩影，市内清真寺以及佛教、印度教的寺庙随处可见，基督教的教堂也有 20 多座。2019 年马来西亚人口约 3260 万，华人是马来西亚的第二大族裔，占 22.8%。马来西亚的官方语言为马来语，英语在过去较长的一段时间曾经是实际上的官方语言，在 1969 年种族骚乱五一三事件发生后，马来语才成为主要语言。然而在许多领域，英语依然是第二语言。

二、自然地理

马来西亚国土面积 330345 平方千米，被南中国海分隔成东、西两部分，全国海岸线长 4192 千米。西马位于马来半岛南部，北与泰国接壤，南与新加坡隔柔佛海峡相望，东临南中国海，西濒马六甲海峡。东马位于加里曼丹岛北部，与印度尼西亚、菲律宾、文莱相邻。地形主要是平原，地面平坦、起伏较小。半岛地势北高南低，其主干山脉蒂迪旺沙山脉将半岛分成了东西海岸。沿海多为平原，内地多为森林覆盖的丘陵和山地，克罗克山脉由砂拉越向北延伸，穿过沙巴将沙巴分成东西海岸。马来西亚最高峰是高达 4101 米的京那巴鲁山。马来西亚位于赤道附近，属于热带雨林气候和热带季风气候，无明显四季之分，温差变化极小。马来西亚自然资源丰富，橡胶、棕油和胡椒的产量和出口量居世界前列。兰花、巨猿、蝴蝶被誉为马来西亚三大珍宝。

三、旅游城市和景点

（一）吉隆坡

吉隆坡全称吉隆坡联邦直辖区，简称"隆市"，是马来西亚的首都，最大城市，是在东南亚具有极大影响力的国际大都会，被联合国教科文组织命名为"2020 年世界图书之都"。

1. 双子塔

石油双塔是世界最高的双塔楼，坐落于市中心，为吉隆坡的地标。双子塔高 452 米，地上 88 层，由美国建筑设计师西萨·佩里设计，表面大量使用了不锈钢与

图 15-14　双子塔和吉隆坡塔

图片来源：http://www.promotemalaysia.com.tw/

玻璃等材质。双子塔包含74.32万平方米以上的办公面积、13.935万平方米的购物与娱乐设施、4500个车位的地下停车场、一个石油博物馆、一个音乐厅，以及一个多媒体会议中心。在塔楼第42层处的有一架连接双塔的天桥，这是世界上最高的过街天桥。塔楼的主要业主是马来西亚国家石油公司，里面的购物中心是马来西亚最高档的。

2. 吉隆坡塔

吉隆坡塔位于酒店区附近的咖啡山上，于1996年开幕。塔高421米，建成时是全亚洲最高、全世界第四高的通信塔。其抗风式结构使其足以抵挡时速达144千米的风力，是世界名塔联盟的成员之一。从此塔最高处的瞭望台及旋转餐厅上可以鸟瞰整个吉隆坡。

3. 云顶高原

云顶高原位于吉隆坡东北约50千米处，面积约4900公顷，是东南亚最大的高原避暑地。云顶的建筑群位于海拔1772米的乌鲁卡里山，搭乘缆车15分钟便能完成3.38千米长的登山路程，每小时可以输送2000名乘客上山。顶上的"云顶第一城"被称为小联合国，汇集了多

图15-15 云顶高原
图片来源：https://pixabay.com/

个全球著名景点，如美国的环球步道、法国的香榭丽舍、意大利的威尼斯、英国的大本钟等，还有时报广场舞台、水上乐园以及超人飞，有3座游乐园。距离云顶世界10分钟车程有一座清水岩庙，庙里供奉的清水祖师来自中国福建省，以祈雨驱邪著称。

3. 黑风洞

黑风洞是马来西亚的印度教圣地，距离吉隆坡商业中心大约13千米。当地人经常看见洞里有黑烟飘进飘出，以为洞里住着黑风怪，由此取名黑风洞。其实所谓的黑烟是因为洞里有许多蝙蝠和燕子，每天清晨飞出傍晚飞回，远远望去像是一股黑烟。其洞穴主庙的天花板高度超过100米，

图15-16 黑风洞
图片来源：http://www.promotemalaysia.com.tw/

必须攀登 272 级陡峭阶梯才能到达此庙。每年 1 月底、2 月初的大宝森节期间，印度教徒背负神像，唱着宗教圣歌游行步入石洞参拜，朝圣者最高达 30 万人，非常壮观。黑风洞是一个洞穴群的统称，洞穴数不下 20 处，以黑洞和光洞最有名。这两个洞里高大开阔，无数巨型钟乳石柱由洞顶垂吊而下。黑洞阴森透凉，曲折蜿蜒长达 2 千米，栖息着成千上万的蝙蝠、白蛇和蟒蛇等 150 多种动物。光洞紧邻黑洞，高 50 多米，宽 70 多米，阳光从洞顶孔穴射入。神庙洞在光洞附近，洞中有 1891 年建的印度教庙宇，供奉着苏巴玛廉神，还有成百的彩绘神像。山下有洞窟艺术博物馆，展示了包括神像、壁画在内的印度神话文物。

（二）马六甲

马六甲市位于马六甲海峡北岸，马六甲河穿城而过，战略位置极为重要。马六甲市是马六甲州首府，始建于 1403 年，曾是马六甲王国的都城，1511 年沦为葡萄牙殖民地。1641 年被荷兰占据。1826 年成为英国海峡殖民地一部分。2008 年 7 月 8 日马六甲市被列入世界文化遗产名录。马六甲市气候宜人，马来人占 50%、华裔占 40%，此外还有印度裔、葡萄牙裔及欧亚混血儿等。马六甲还有着独特的"娘惹文化"，人们把中国明朝或之前的华人移民与当地马来人通婚所生的女儿称为"娘惹"，儿子叫"峇峇"，亦称为土生华人或侨生。"娘惹文化"既有马来人的文化影响，也有华人传统。

马六甲古城是马来西亚历史最悠久的古城，古老的街道保存完好，曲折狭窄，屋宇参差多样，有马来、中国、荷兰、葡萄牙等多种风格建筑并存。城内有很多中国式的住宅，住房的墙上镶着图案精美的瓷砖，瑞狮门扣，镶龙嵌凤，还有纪念中国明代航海家郑和的三宝山、三宝井、宝山亭等。葡萄牙式古迹有圣地亚哥古城门和圣保罗教堂等。甚至许多自从葡萄牙占领以来的古代传统仪式还在进行。荷兰式建筑有史达特斯教堂（现为市政厅），郊外的东奎那教堂为苏门答腊式建筑，内有柔佛苏丹的陵墓。

1. 红屋广场

红屋广场在马六甲基督教堂和荷兰红屋前，广场上的维多利亚女皇喷泉是英国殖民者建于 1901 年。喷泉前的红色钟楼建于 1886 年，钟楼原是纪念马六甲河上的陈金桥，虽然陈金桥在第二次世界大战时被摧毁了。荷兰红屋是荷兰殖民时期遗留的红色建筑物，建于 1650 年，是东南亚最古老的荷兰建筑。红屋是 18 世纪时的荷兰总督官邸和荷兰人行政中心，后来成为英国

图 15-17　红屋广场

图片来源：http://www.promotemalaysia.com.tw/

人的行政中心，如今则是马六甲博物馆。马六甲博物馆其实有 6 个小博物馆，历史与民族学博物馆内陈列着古时马六甲王朝的文物，可以了解马六甲甚至马来西亚的王室、货币、航海、婚俗等方面内容。此外还有 5 个稍小些的博物馆——艺术博物馆、郑和博物馆、民主博物馆、关于穆斯林的博物馆和教育博物馆。基督教堂建于 1753 年，是荷兰人为纪念殖民马六甲 100 年而兴建的。英国人赶走荷兰人后接管了马六甲，试图把这座教堂转变为英国式建筑，在教堂内加了一座风标和钟塔。教堂外墙是红色，内天花板横梁以树干建成。教堂内有手工制作的靠背长椅、黄铜圣经架，以及写有荷兰文碑铭的地板和瓷砖拼成的《最后的晚餐》的图画。

图 15-18　马六甲海峡清真寺
图片来源：https://pixabay.com/

2. 马六甲海峡清真寺

马六甲海峡清真寺位于人工修筑的马六甲岛上，伸入马六甲海峡。水位高的时候，它看起来像一个浮动的建筑。清真寺的建筑成本约 1000 万马币。2006 年 11 月 24 日由马来西亚最高元首端姑赛西拉祖丁主持开幕式。清真寺对外开放，进去必须脱鞋，女士可以免费穿戴他们提供的头巾和长袍。

3. 圣保罗教堂

圣保罗教堂建于 1521 年，与圣保罗城堡一同由葡萄牙人建造，是欧洲人在东南亚修建的最古老教堂。著名传教士圣方济埋葬于此，教堂前竖立有圣方济神父的雕像。雕像全身为白色，独没有右手。相传荷兰人不相信这位葡萄牙传教士死后肉身不败，将他的尸体挖出斩断其右手，结果血流如注。荷兰人因此将他视为神圣，在教堂前为他立像。圣保罗教堂位于圣保罗山之巅，荷兰人将教堂作为城堡。经过战争后的圣保罗教堂断瓦残垣，外墙上留有很多弹孔，连屋顶都在战争中被炸烂。后来荷兰人另建教堂，圣保罗教堂则变成荷兰贵族的墓地，现在教堂内竖立着一块块写有拉丁文和葡萄牙文的石板，是当年贵族们的墓碑。

图 15-19　圣保罗教堂
图片来源：http://www.promotemalaysia.com.tw/

（三）兰卡威

兰卡威群岛是马来西亚最大岛屿群，由 99 个岛屿组成，行政上属于马来西亚的吉打州，地理位置接近泰国。兰卡威四面被海水环绕，主岛南岸巴斯湾港内水深，可停泊巨轮。东岸瓜埠为浮罗交怡县管辖，是渔港、经济和交通中心。

兰卡威机场附近周边主要有珍南海滩、七仙井、东方村缆车等。珍南海滨有"最美珍珠海滩"之称，是最受游客欢迎的海滩之一。海滨上有一个海洋世界展览馆，馆内有着100多个巨大的水族缸，水族缸

图 15-20 瓜镇
图片来源：http://www.promotemalaysia.com.tw/

里展现了各种丰富多彩的海洋生物。珊瑚岛海洋公园在兰卡威南边，围绕着珊瑚岛、浮罗交怡岛、斯甘唐岛和玻璃岛。珊瑚岛附近水域极适合潜水和游泳，在这些潜水区域里还有一座珊瑚公园，可以喂食小鲨鱼。丛林中瀑布倾泻而下，注入7个自然形成的池塘里，被称为七仙井，民间传说经常有仙女下到瀑布来洗浴和嬉戏。

图 15-21 巨鹰广场
图片来源：http://www.promotemalaysia.com.tw/

瓜镇是兰卡威的商业和行政中心，位于兰卡威岛的西南侧，有巨鹰广场、兰卡威购物中心、玛素里公主的陵墓。巨鹰广场是兰卡威最具代表性的建筑，一只褐红色的巨鹰在广场上展翅翱翔。广场不远处是兰卡威传奇公园，公园内孕育着丰富的热带植物。公园以古老历史文化为主题，营造出一个大自然与动物、人类相互依存的和谐氛围。最夺人眼球的是那一座座雕塑，有各种各样的爬行动物、鸟兽、

巨人之手等。兰卡威鳄鱼场距离瓜镇约32千米。该场饲养着1000多条不同品种的鳄鱼，饲养环境模仿鳄鱼天然栖息地，因此较多地保留了野外鳄鱼的自然本性。

兰卡威北部有红树林、丹绒鲁海滩、黑沙海滩等。丹绒鲁岛位于兰卡威北角，富有大量木麻黄，是兰卡威最美的海滩。退潮时丹绒鲁和附近几座迷人的小岛就连成一片，可以步行过海上岛。孕妇湖是兰卡威最大的淡水湖，名字来源于传说中的一位神仙公主。她的第一个孩子在出生后不久就夭折了，她将孩子葬在这个湖中，并对湖泊施了法，让所有无法怀孕的妇人在这个湖泊里洗浴之后就能够怀孕。吉林自然公园占地达100平方千米，这里有受完善保护的红树林、独立的白沙滩和蓝色的礁湖。公园里灰鹰、树蟹、鬣蜥和短尾猿，当渔夫将食物丢入

水中，老鹰就会俯冲而下将食物叼走。蝙蝠洞位于红树林的中心，游客们可以通过横穿该洞的平台来欣赏该洞周围的景色。

（四）槟城

槟城亦称"槟州"，是马来西亚13个联邦州之一。整个槟城被槟城海峡分成两部分：槟岛和威省。槟岛西部隔马六甲海峡与印尼苏门答腊岛相对，州首府乔治市是槟城重要港口，是继吉隆坡和新山市之后的全国第三大城市。2008年7月7日被联合国教科文组织评为世界文化遗产。乔治市以华人为主，中国和印度风格的寺庙、新古典主义的殖民地建筑以及大量老式小店遍布各处。

图 15-22　乔治市龙山堂
图片来源：http://www.promotemalaysia.com.tw/

槟城与中国的近代史关系密切，是孙中山先生从事革命活动的重要基地，孙中山曾5次来到槟城，并在此创办了阅书报社及《光华日报》，得到了本地华侨华人的热烈响应和大力支持。康有为、黄兴、胡汉民等人都曾在这里留下足迹。黄花岗起义便是在槟城策动的。槟州1786年被英国殖民政府开发为远东最早的商业中心，当时从国外大量引进劳工，也把他们的文化及传统一并带入，造就了槟州现有的独特景色、遗迹和风情。槟城以多元文化和谐发展著称，是马来西亚最具文艺范的地方，有"印度洋绿宝石"及"东方硅谷"等称号。

升旗山被槟城华人称为槟榔山，槟城的主要山麓有西山、虎山、草莓山，西山主峰高830米，为槟城最高点。由于昔日英国高官多居住于此，山下士兵利用旗语传递重要消息，此乃升旗山名称之由来。

极乐寺依山而建，分为三层，被誉为东南亚最雄伟的佛教寺庙之一，揉和了中国式、泰式和缅甸式建筑风格的寺庙。建于1891年。寺庙依山傍海，占地约12万平方米，为马来西亚乃至东南亚规模最大的华人佛寺。该寺名称取自"西方极乐世界"，其建成标志着汉传佛教伽蓝在南洋的传播，是汉土与海外华人间的文化纽带。寺内供奉着万佛宝塔和约40米高的观音青铜像。每年春节，极乐寺举办新春灯会，点燃超过20万盏装饰彩灯和灯笼，吸引马来西亚国内外众多佛教徒前来朝圣。

图 15-23　乔治市
图片来源：http://www.promotemalaysia.com.tw/

（五）亚庇

亚庇在东马来西亚，是马来西亚沙巴州的首府，以华人为主，通行客家话。亚庇曾多次遭火神光顾，称"火之都市"。亚庇位处于热带地区，充足的阳光、美丽的海滩、众多珊瑚礁、清澈的海水吸引了众多游客。

京那巴鲁山是众多徒步旅行者的圣地，由于这座山被认为是嘉达山族祖先灵魂的

图 15-24　京那巴鲁山
图片来源：https://www.malaysia.travel/

安息之所，被当地人称为神山。它是东南亚最高的山峰，高 4095.2 米，每年增高约 5 毫米。"京那"是当地原住民嘉达山语中有"中国"之意，"巴鲁"据说为"寡妇"之意。沙巴许多神奇故事与这座"中国寡妇山"有关。每年 10 月在这里举行的"京那巴鲁山国际登山赛"被誉为"世界最艰巨的登山赛事"。

图 15-25　东姑阿都拉曼公园
图片来源：http://www.promotemalaysia.com.tw/

东姑阿都拉曼公园距离亚庇市大约 20 分钟的旅程，由 5 个岛组成——沙碧岛、马努干岛、嘉亚岛、玛木堤岛和苏禄岛。这些岛屿拥有美丽的沙滩，清澈的海水，奇特的珊瑚、海洋生物，丛林里罕见的动植物，岸边各种沙滩游乐设施。沙碧岛适于潜水，鱼类丰富，可以戴上特制的头盔进行海底漫步。马努干岛旅游设施齐备。嘉亚岛上有马来高脚亚答屋可以居住，还有离岸很近的珊瑚礁，那里生活着小丑鱼、蝴蝶鱼、吸尘鱼等鱼类。玛木堤岛是 5 个岛中最小的一个，是潜水者的天堂。苏禄岛和玛木堤岛没有旅店，可以露营。岛上除有淡水淋浴及公共厕所外无任何设施。

美人鱼岛位于马来西亚沙巴州，实际名为曼塔那尼岛，因附近海域曾经有两只野生的"美人鱼"而得名。美人鱼岛距离亚庇市约 1 小时的车程，距哥打巴鲁码头约 45 分钟的船程。

迪加岛是离亚庇大约 35 海里处的一个岛屿。1897 年，位于婆罗洲邻近的棉兰老岛火山爆发，海底泥浆火山喷发后形成了面积 607 公顷的迪加岛。迪加岛国家公园成立于 1985 年，以保护迪加岛邻近的珊瑚礁和它的两个岛屿。由于岛上发现多种类海蛇，因此也有蛇岛之称。岛中央的森林有含丰富的矿物质的火山泥泉，也是一个天然的 SPA 馆。

第三节　新加坡

一、历史文化

新加坡共和国简称新加坡，旧称新嘉坡、星洲或星岛，别称为狮城。3世纪，新加坡已有原住民。8世纪属室利佛逝王国。三佛齐的一位王子圣多罗伏多摩1299年来到新加坡岛建立新加坡拉王国，梵文意为"狮子城堡"。新加坡拉立国百年后，北方受到暹罗的威胁，南方又遭爪哇掳掠，王位传至五世，于新加坡战役为满者伯夷所灭。14世纪，来自室利佛逝的王子拜里米苏拉在该区域建立了马六甲苏丹王朝。18~19世纪属柔佛王国。19世纪初沦为英国殖民地。1963年加入马来西亚。1965年新加坡正式独立。1965年10月加入英联邦。新加坡是一个多元文化的移民国家，以稳定的政局、廉洁高效的政府而著称，是全球最国际化的国家之一，是发达的资本主义国家。新加坡是继伦敦、纽约、香港地区之后的第四大国际金融中心。2019年11月，新加坡位列"2019年全球城市经济竞争力榜单"第三位，"2019年全球可持续竞争力榜单"第一位。

新加坡是一个多语言的国家，拥有4种官方语言，即英语、马来语、华语和泰米尔语。为尊重新加坡原住民，《新加坡宪法》规定马来语为新加坡的官方语言，但采用英语作为主要的通行语和教学语。

二、自然地理

新加坡是一个岛国，北隔柔佛海峡与马来西亚为邻，在北部和西部边境建有新柔长堤和第二通道相通。南隔新加坡海峡与印度尼西亚的民丹岛和巴淡岛有轮渡联系，毗邻马六甲海峡南口。新加坡的土地面积是719.1平方千米，海岸线总长200多千米，国土除新加坡岛之外，还包括周围63个小岛。新加坡地势起伏和缓，其西部和中部地区由丘陵地构成，大多数被树林覆盖，东部以及沿海地带都是平原，地理最高点为武吉知马，高163米。新加坡地处热带，长年受赤道低压带控制，为赤道多雨气候，年温差和日温差小。平均温度23℃~34℃，湿度65%~90%，11月至次年3月为雨季，受东北季候风影响，天气不稳定。6~9月吹西南风，天气干燥。

三、旅游城市和景点

（一）新加坡岛

新加坡岛是东南亚岛国新加坡的主岛，面积约 628.35 平方千米，约占全国面积的 88.5%。有"花园城市"之称。鱼尾狮公园里的鱼尾狮是新加坡的标志，坐落于与浮尔顿一号相邻的填海地带，是新加坡面积最小的公园。1972 年，当地的艺术家将狮子头和鱼的身体结合起来，设计出鱼尾狮的形象。狮头代表传说中的"狮城"，雕塑鱼尾造型立于层层海浪上，代表新加坡从渔港成为商港，也象征着当年漂洋过海谋生的祖辈们。乌节路是新加坡著名的旅游购物街，是新加坡最繁华的街道。

1. 圣安德烈教堂

圣安德烈教堂是新加坡著名的教堂，哥特式建筑，建成于 1837 年。教堂刚建成的十几年里遭遇了两次雷击的破坏，在 1852~1856 年经历了关闭与重建。1862 年，在罗纳德麦佛森设计下，重建完成。罗纳德麦佛森采用了印度人的建筑技术，把石灰、贝壳、糖和蛋白调和成糊状，再掺入水和椰子壳，制成石膏原料涂在教堂的外立面上。教堂历经百年的风吹雨打，仍然

图 15-26　圣安德烈教堂
图片来源：https://pixabay.com/

光滑洁白。草地上有罗纳德麦佛森的纪念碑。新加坡沦陷为日本占领区之前，这里曾被改建为紧急医院。圣安德烈教堂最引人注目的是它的尖塔，高 63 米。教堂内中央是圣坛，圣坛后面的区域被称为"降生堂"，得名于那面由石膏和马赛克制成的屏风。屏风上的图案描述牧人在敬拜刚刚降生的基督。屏风后的三面彩色玻璃窗，分别是纪念新加坡的三位俊杰，西窗是为了纪念罗纳德麦佛森，中间窗是纪念开发新加坡的莱佛士。圣坛右侧木质的讲台是 1889 年在斯里兰卡制造的。

2. 新加坡国家博物馆

新加坡国家博物馆是新加坡历史最悠久的博物馆，博物馆新古典主义的建筑外观完成于 1887 年，里面是现代化的装饰，是古典与现代完美结合的空间。博物馆大体分为新加坡历史馆和文化生活馆。历史馆提供电子音频、视频向导介绍每个展品，有

图 15-27　新加坡国家博物馆
图片来源：https://pixabay.com/

以历史时间为线索和以人物为线索有两种参观线路。前者主要是历史学家的讲述，后者是经历过那段历史的人们的讲述。让游客多角度了解同一历史事件。文化生活馆有四个主题：传统美食、时尚潮流、摄影技术与电影戏剧，呈现20世纪新加坡民众生活。博物馆内还有360°的投影屏幕，全天反复播放影片，展示了新加坡现代繁忙的都市生活。

（二）圣淘沙岛

圣淘沙岛位于新加坡岛以南500米处，东西长4千米，南北宽1.6千米，面积390公顷。以前是渔村和英军的堡垒基地，1967年，新加坡政府把它收回建成一个度假胜地，集主题乐园、热带度假村、自然公园和文化中心于一体。圣淘沙岛屿面积的70%被次生雨林覆盖，有各种当地动植物群。圣淘沙拥有新加坡3个最美丽且各具风格的海滩——西乐索海滩、巴拉湾海滩与丹戎海滩，白色沙滩长达有3.2千米。近来大面积的土地通过填海添加到圣淘沙。跨海大桥衔接了圣淘沙岛和新加坡本岛。最西端的西罗索炮台是英国殖民者为了保护进出新加坡港口的船只而修建。海底世界是东南亚最大的海底世界，有长达83米的观赏水中动物的隧道。海豚乐园里的弓背海豚拥有罕见的粉红色皮肤。高37米的鱼尾狮塔是新加坡的标志。天空之塔是新加坡最高的瞭望台，其上可以观赏新加坡的全景，还可以眺望马来西亚和印度尼西亚。

图15-28　鱼尾狮塔

图片来源：https://pixabay.com/

第四节　越南

一、历史文化

越南社会主义共和国简称"越南"。历史上，越南北部长期为中国领土，10世纪，中国进入五代十国时期，越南（当时叫安南）脱离了中国的控制，独立建国。之后历经多个封建王朝并不断向南扩张，但均为中国藩属国，未脱离中华文化影响，使用汉字，采用中国古代的政治制度，建立了多个封建王朝。1804年，清朝嘉庆皇帝遣使册封阮福映为"越南国王"，从此越南成为这个国家的新国号。19世纪中叶，法国开始侵略蚕食越南。后来中国清朝政府作为宗主国派兵抵抗。

1885年，中法战争结束，中国清政府与法国签订《中法新约》，放弃了对越南的宗主权。越南沦为法国殖民地。法国的印度支那联邦总督则驻扎西贡（今胡志明市），对越南、老挝、柬埔寨进行殖民统治。1940年，日本入侵越南。1945年八月革命以后，日本被逐出越南，阮朝末代皇帝保大帝亦宣布退位。胡志明宣布成立越南民主共和国，1976年改名越南社会主义共和国。

越南是一个多语言、多民族的国家，官方正式认定公布的民族共有54个，京族占85.7%。越南古代使用汉字达2000年之久，在法国殖民统治时期，法语取代汉文及越南语成为越南的官方语言。越南独立后，采用越南语和越南罗马字为官方语言，成为当今越南唯一的口语和书写语标准。

二、自然地理

越南位于中南半岛东部，北与中国广西、云南接壤，西与老挝、柬埔寨交界，面积约33万平方千米，紧邻南中国海，海岸线长3260千米。越南地形狭长，地势西高东低，境内3/4为山地和高原。北部和西北部为高山和高原。中部长山山脉纵贯南北，东部沿海为平原，地势低平，河网密布。越南地处北回归线以南，高温多雨，湿度高，属热带季风气候。北方受中国陆地气候的影响带有大陆性气候，分四季，南方雨旱两季分明，大部分地区5~10月为雨季，11月至次年4月为旱季。由于地形结构不同，越南还有小气候地区。有的地方呈温带气候，有的地方呈大陆性气候。

三、旅游城市和景点

（一）河内

河内是越南的首都，越南第二大城市，位于北部红河三角洲。河内从11世纪起就是越南政治、经济和文化中心，历史文物丰富，名胜古迹遍布。939年，越南脱离中国独立后，现今河内地区曾为越南李、陈、后黎诸封建王朝的京城，被誉为"千年文物之地"。2007年，河内出土了唐朝安南都护府遗址。河内分为内城和外城两部分。内城又分禁城、皇城和京城三部分。国王、后妃及其子孙、侍从居住的地方称禁城。环绕禁城的是皇城，是朝臣的办事机构所在地。皇城之外的街坊、集市、居民区是京城。近千年的李、陈、黎、阮朝的古建筑屡遭破坏，宫殿已荡然无存，城垣也只保存下来不足200米的正北门以及官掌门。河内使用阳历与阴历，与中国一样，阴历的春节是一年之中最盛大的节日。

1. 还剑湖

还剑湖位于河内旧城的中心区，湖内岛建有龟塔，塔身小巧玲珑，顶端有

图 15-29 还剑湖

图片来源：https://www.vietnam.travel/

一颗星。湖中心有独柱寺和玉山寺。玉山寺内供奉着关帝、兴道王和文昌帝君三圣。玉山寺外建有一座 5 层石塔，塔顶状似毛笔，大门由 4 根笔状石柱构成，有汉字对联"临水登山一路渐入佳境，寻源访古此中无限风光"。寓意"金榜题名"。独柱寺也称莲花台，与香水殿一起并称越南最具形象特色的寺庙。独柱寺建在灵沼池中的一根直径为 1.25 米的石柱上。寺庙本身用木头建造，形似一朵盛开的莲花。巴亭广场位于还剑湖西北，长 320 米，宽近 100 米，周围有胡志明陵墓、胡志明博物馆和胡志明故居。巴亭广场得名于越南第一次抗法运动于清化省的巴亭爆发，其在越南民族抗法史上具有重要的影响。

2. 升龙皇城

升龙皇城是世界遗产，是由李朝建成的文化建筑群，然后由陈朝、黎朝和阮朝进行不同程度扩建，风格受中国古建筑文化的影响。皇城由外而内分为三层，外城称罗城或京城，中城叫作皇城，是朝廷命官住宿和办公之地，内城就是紫禁城，古城周围的街道现在仍沿用古城门的名称，如北门、南门、东门等街道。尽管宫殿没有保留下来，但升龙皇城中心还留有一些建筑遗迹，如端门、敬天殿、后楼，

图 15-30 升龙皇城

图片来源：http://www.vietnam-guide.com/

依稀可见 1835 年古京城轮廓。这里发掘出很多文物，如各种砖瓦石柱、宫廷用品、首饰，各时期的陶瓷、铜钱和兵器等，其中有些是珍稀或首次发现的。

3. 下龙湾

下龙湾是越南北部湾的海湾，距离河内 170 千米。1994 年被联合国教科文组织评为世界自然遗产。下龙湾位于海防东南方 164 千米处，面积 1500 平方千米，包含约 3000 个岩石岛屿和土岛，主要为伸出海面的锯齿状石灰岩柱，还有一些洞穴和洞

图 15-31 下龙湾

图片来源：https://pixabay.com/

窟。因其景色酷似桂林山水,因此被称为"海上桂林"。下龙湾自然遗产区第一保护核心区以西面的木头岛、南面的三窖湖和东面的贡西岛三地点为界限,是经过2000万年喀斯特进化过程形成的。

(二)胡志明市

胡志明市在湄公河三角洲东北,西贡河右岸,距出海口80千米,面积2090平方千米。胡志明市的经济发展受西方影响,商业发达。1946年11月,越南国会将其命名为西贡市,1975年4月30日,越南民主共和国统一全国后,为纪念越南共产党的主要创立者胡志明,将西贡改名为"胡志明市"。主要街道范五老街区遍布着各种档次、各种风格的店铺。新定教堂又被称为粉红教堂,位于胡志明市第三区,建于1876年,教堂不仅外观全部为粉红色,内部也被装饰成粉红色系。

1. 西贡中心邮局

邮局位于同折路西北端,是法国殖民时期的第一座邮政局,建于19世纪末,是一座具有浓厚的法国哥特式风格的建筑。至今仍是越南最大的邮局。邮局外形宏伟壮观,像是一座车站,大楼两侧的窗口均为拱形或半拱形,墙上的装饰花纹或图案线条遒劲对称。大厅装饰华丽,富有古典气息,大厅尽头墙壁正中悬挂着胡志明的巨幅画像。大厅两侧是业务柜台,中部是

图15-32 西贡中心邮局
图片来源:https://www.vietnam.travel/

环形长椅、纪念品柜台和长写字桌。左右两侧上方各有一张越南地图,据说是当年法国地理学家手绘的。

图15-33 红教堂
图片来源:https://www.vietnam.travel

2. 红教堂

圣母马利亚天主教堂又称红教堂,位于西贡中心邮局旁。教堂因使用红砖建造故而得名。建造的红砖全部从法国运来,百余年过去,色泽依然鲜明。大教堂仿照巴黎圣母院钟楼的设计,造型匀称,庄严雄伟,两座塔楼高达40米。教堂门廊等部位布满精美雕饰,内部四周均为小祈祷室,每间的神龛、雕塑及装饰均不相尽同。教堂前有一座重达4吨的圣母马利亚雕像。

3. 西贡市政厅

西贡市政厅也称为胡志明市人民委员会大厅,于1902年兴建,1908年落成,是一座具有浓烈法

图 15-34　市政厅

图片来源：https://www.vietnam.travel

国风格的建筑。市政厅只有两层，占地面积很大，曾经是南越的总统府，如今是政府的办公机构。66米高的立面上有一座钟楼，饰以马赛克饰面。建筑内部装饰精美华丽，以西方神话人物和法国英雄人物形象为主要题材的雕塑遍布廊柱、门框、屋檐等。

4. 古芝地道

古芝地道是胡志明市三大遗迹之一，在市西北的古芝县富美兴乡富协村的滨药地道，越战时是越军第25师的地下大本营。古芝地道如同一个地下村落，全长200千米，始建于越南与法国战争时期，在战争中发挥了巨大作用，它是胡志明市最著名的参观体验景点之一。古芝地道中建有医院、会议场、睡眠房间、作战房间等设备，规划极为完备，俨然一座地下城市。白天大部分时候，在地道里工作或休息，晚上出来参加战斗，寻找储备粮食、水、弹药等补给。战争

图 15-35　古芝地道

图片来源：https://www.vietnam.travel

年代，地下生活异常艰难，有时候无法出洞，水和食物严重匮乏，而且地道里多蚊虫，许多人生病或感染疟疾。

5. 天后宫

天后宫是一座由越南华人于19世纪建立的庙宇，供奉着被中国东南沿海人奉为海神的妈祖。1683年，福建水师施琅攻打台湾郑克爽，因战船搁浅，乃向妈祖祷告因而脱险。康熙皇帝知道后将妈祖改为"天后"。从此，天后成为中国及东南亚华人社会里渔民和所有航海者的守护神。

（三）芽庄

图 15-36　天后宫

图片来源：https://www.vietnam.travel

芽庄是庆和省省会，位于越南南部海岸线最东端，海滨沙滩一望无际，是海滨旅游的理想胜地。芽庄湾是世界最美丽的海湾之一。芽庄海滨芽庄度假区还提

供温泉浴、矿泥浴等休闲健身服务。

1. 婆那加占婆塔

婆那加占婆塔建于 7~12 世纪，是印度教的建筑。婆那加是音译，译作天依女神。天依女神是庇佑占婆王国南部的一位女神，保护着靠海吃饭的渔民，相当于中国渔民心目中的妈祖。据说早在公元前 2 世纪，印度教徒就在这里供奉印度教的湿婆。婆那加占婆塔建于 7~12 世纪，是印度教的建筑。占婆塔的建筑风格有些吴哥窟的味道，但是规模小的多，雕刻也没有那么细致。从位于山上的占婆塔往下看，能看到芽庄碧蓝的海港。

图 15-37　婆那加占婆塔
图片来源：作者拍摄

2. 芽庄大教堂

芽庄大教堂是一座哥特式教堂，建于 1928~1933 年，是一座很雄伟的石头建筑。教堂墙体有雕花图案，周围还有很多雕塑和《圣经》故事的石刻，彩色天窗玻璃绘满《圣经》故事。教堂外是繁杂吵嚷的街头，教堂内静谧平和。教堂周围地势较高，可以一览整个芽庄。

图 15-38　芽庄大教堂
图片来源：作者拍摄

3. 龙山寺

龙山寺的规模不算大，历史也不算太悠久，始建于 19 世纪，位于火车站以西 500 米处。龙山寺内到处可见汉字的门联、匾额和龙纹雕柱等东方元素，处处弥漫着中国的文化气息。龙山寺很多玻璃和瓷瓦上都绘制有龙的图腾，然后镶嵌在楼梯、屋顶上。龙山寺北靠一座小山，顺着后山爬到半山腰，一座高达 24 米通体雪白的大佛安然地坐于莲花之上。从这里可以俯瞰整个芽庄，在芽庄市区任何地方都能看见这座巨大的白色大佛像。时至今日，依然有众多僧侣在此虔心参拜。

图 15-39　龙山寺
图片来源：https://pixabay.com/

（四）岘港

岘港位于越南中部，位于越南3个世界文化遗产地顺化故都、会安古城与美山圣地的交叉中心，被《美国国家地理》杂志评为"人生必去的50个地方"之一。岘港北临岘港湾，岘港湾口朝东北，呈马蹄形，南北长近15千米，东西宽约11千米。岘港湾为深水港，多在10米以上，湾内潮差小，潮流微弱，为天然良港。现为海军基地。岘港海滨沙滩长30千米，四季如春，是越南最佳海滨场地之一。

大理石山位于岘港市东南向约10千米。这里有5座山峰，沿海边拔地而起，称为金峰、木峰、水峰、火峰、土峰，故又称为五行山。五行山中以水峰为最大最美的。五行山一带盛产玉石。海云峰平均海拔496米，弯弯曲曲长20千米，山上有大门关被称为"天下第一雄关"。

1. 岘港大教堂

岘港大教堂是粉红色天主教堂，1923年法国人所建，是岘港最大的宗教建筑物，也是越南中部最大的教堂。大教堂浅粉红色的外墙，高高竖起7座塔尖，每座尖塔上都竖着十字架。教堂有五道尖拱门，平常只用侧门进入。这里的天主教石像也越南化，戴上了越南版的头巾。

2. 山茶半岛

山茶半岛位于岘港市东北区，岘港港口的正中央，距岘港市中心13千米。山茶半岛长15千米，最宽处5千米，最窄处1千米，最高峰696米，形成一个自然的屏风，为岘港阻挡了台风。岛上有原始森林4370公顷，还有各类禽兽，珍稀动物有爪哇猴、长尾猴、红脸鸡等。半岛上山峦起伏，被划为森林保护区。

图15-40　岘港大教堂

图片来源：作者拍摄

3. 美山胜地

美山胜地是联合国教科文组织审定的越南四个文化遗产之一，位于会安西面43千米，岘港西南70千米处。是全越南规模最大的古占婆国宗教遗址。美山曾是统治越南中南部地区长达14个世纪的印度教占婆王朝的圣地。4世纪末，占婆国王下令在此修建第一座木质结构的寺庙，至13世纪，这里共建了大约70个印度教佛寺。占婆王国

图15-41　美山圣地

图片来源：作者拍摄

与柬埔寨真腊王国、印度尼西亚诃陵王国并称"东南亚三大古代王国",美山胜地与柬埔寨的吴哥石窟、印尼的婆罗浮屠遗址、缅甸的蒲甘佛塔遗址齐名,被外界称为"小吴哥"。15世纪末,占婆王国迁都,美山胜地开始荒废。遗址有三大片的建筑群,都是印度教式风格。

4. 会安

会安古城位于岘港市郊秋盆河北岸,会安江入海口的附近,距岘港市区约30千米。在占婆王国时期,会安曾是一座港口。16世纪,这里是一个东南亚最重要的贸易交流中心。18世纪,由于越南国王们长期权力之争,约束了发展,会安几乎废弃了。整座会安城分为5个区,按照中国不同地区种族划分,有福建帮、广东帮、潮州帮、海南帮和客家帮,建起了福建会馆、广肇会馆、潮州会馆、琼府会馆和作为五帮会馆的中华会馆。

图 15-42 会安 图片来源:作者拍摄

会安到处是中式和日式的建筑,现今完好保存下来的街道的布局、建筑的式样,体现了中国、日本、越南文化与建筑风格的有机结合。这些建筑中最著名的是一座日本风格的带顶石桥。石桥始建于猴年(1593年),完工于狗年(1595年),所以桥西尽头有两尊狗的雕像,东边尽头则有两尊猴子雕像。从会安古镇码头搭乘摆渡船出发则可以游览秋盆河明珠之迦南岛,迦南岛以水椰林及原生态自然风光而闻名。

(五)顺化

顺化是承天顺化省的省会,位于越南中部,北距河内540千米,南距胡志明市644千米,西靠长山山脉,东距南海8千米,面积70.67平方千米。顺化古称富春,1558~1945年先后成为广南阮氏、西山朝和阮朝等王朝的都城。因其悠久的历史文化和保存完好的古建筑,已入选世界文化遗产名录。香江穿顺化城而过,将其分为南北两区,北区是老城。

1. 古皇城

老城有外城和内城之分。外城是昔日的都城,绕一周全长8千米,有护城河环绕,城墙高6米,共设有24个炮台。城南有4个大门,城东3个大门,城西和城北各2个大门。外城之内是紫禁城,周长2.4千米,城墙高6米。越南在中国古时被封为象郡,汉朝曾派地方官来管理。古皇城

图 15-43 古皇城
图片来源:https://pixabay.com/

参考了明朝紫禁城蓝本，整体设计是中轴式一殿一广场的渐进格局，规模较小。正门为午门，越南最后一位皇帝保大，就是1945年8月30日在午门正式宣布退位。皇城还有和平门、显仁门、彰德门共四个城门。过了午门为太和殿。太和殿为皇帝召见文武百官的地方，由80根高大的雕龙朱漆木柱支撑。太和殿之后为勤政殿，两侧为太庙。紫禁城南门之外，设国子监、钦天监、吏部、户部、礼部、刑部、兵部，以及统率中、前、后、左、右五军的都统府。其他如后宫、皇宫花园、观戏房等内廷部分，皆分布于中轴两侧。整个紫禁城宫殿建筑颇为壮观，是越南现存最大最为完整的古建筑群。

2. 皇陵

皇陵在顺化城西10~15千米处，有7座阮朝皇帝陵墓——嘉隆陵、明命陵、绍治陵、嗣德陵、建福陵、同庆陵和启定陵。陵墓因景而建，每个皇陵占据1~2个山头，造型各异，但都有4扇铜门，门前铺有大理石路，两旁立有石人、石象、石马等。每座陵墓都有几间大厅，陈列着这个皇帝生前常用和喜爱的器皿实物。皇家陵墓里有各式各样的木建筑。每个陵区通常还有一个荷花池，嗣德陵的荷花池上还建有木筑亭台楼阁。启定陵融合西方和东方传统的建筑。最壮观的是嘉隆陵和嗣德陵。

图 15-44　皇陵

图片来源：https://pixabay.com/

3. 天姥寺

天姥寺距离市中心6千米，建于一个古占婆塔群遗址上，已有近400年历史。传说寺内原供奉有32尊金身佛像已被盗。寺内有一座7层宝塔，塔高21米，每层供奉一尊佛像。天姥寺内还有一座六角钟楼，悬挂的古钟铸于1701年，重达2吨。距天姥寺不远，是顺化的文庙，庙内现存阮朝进士碑32块。越南的阮朝不设状元，因此庙内只有进士碑。

图 15-45　天姥寺

图片来源：https://pixabay.com/

第五节　印度尼西亚

一、历史文化

印度尼西亚共和国简称印尼。3~7 世纪建立了一些分散的封建王国，5 世纪佛教开始传入，逐渐取代婆罗门教的地位。7 世纪中叶，苏门答腊和爪哇开始进入封建社会。室利佛逝王国迅速发展为海上商业帝国。11 世纪起，室利佛逝王国国势日衰，到 13 世纪末终于灭亡。1222 年，爪哇建立新柯沙里王国，1292 年新柯沙里王国灭亡。1293 年 2 月，罗登·韦查耶借助元朝军队，建立印尼历史上最强大的麻喏巴歇王国。13 世纪末，伊斯兰教进入印尼后广泛传播。1478 年东爪哇封建领主军队攻陷麻喏巴歇首都，王国遂亡。17 世纪初，马斯·朗桑统一爪哇，征服内陆印度教王国。15 世纪，葡萄牙、西班牙和英国先后侵入，1602 年成立具有政府职权的"东印度公司"，1799 年年底改设殖民政府。1942 年日本占领印度尼西亚。1945 年日本投降后，印度尼西亚八月革命爆发，1945 年 8 月 17 日宣布独立。印度尼西亚独立后，先后武装抵抗英国、荷兰的入侵，发动了 3 次独立战争。1950 年 8 月印度尼西亚联邦议院通过临时宪法，正式宣布成立印度尼西亚共和国。

印度尼西亚人口近 2.62 亿，仅次于中国、印度、美国，居世界第四位。华人总数近 1000 万，约占印尼总人口的 5%。爪哇岛是印尼经济、政治和文化最发达的地区，拥有全国一半人口。一些重要的城市和名胜古迹都坐落在这个岛上。

二、自然地理

印度尼西亚由约 17508 个岛屿组成，是全世界最大的群岛国家，疆域横跨亚洲及大洋洲，也是多火山、多地震的国家。北部的加里曼丹岛与马来西亚隔海相望，新几内亚岛与巴布亚新几内亚相连。东北部临菲律宾，西南部是印度洋，东南与澳大利亚相望。印度尼西亚 70% 以上领地位于南半球，陆地面积约 190.4 万平方千米。印度尼西亚面积较大的岛屿有加里曼丹岛、苏门答腊岛、伊里安岛、苏拉威西岛和爪哇岛。爪哇岛是印度尼西亚的第四大岛，岛上有 100 多座火山，默拉皮火山海拔 2968 米，是印度尼西亚众多活火山中最为活跃的一座。

印度尼西亚是典型的热带雨林气候，无四季分别。印度尼西亚河流众多，水量丰沛，但都比较小。最大的河流有爪哇岛的梭罗河，全长 560 千米。最大的湖泊是苏门答腊的多巴湖。印度尼西亚是世界上生物资源最丰富的国家之一，约有4万种植物，其中药用植物最为丰富。印尼盛产各种热带名贵的树种，铁木、檀木、乌木和柚木等均驰名世界。渔业资源极为丰富，苏门答腊岛东岸的巴干西亚比亚是世界著名的大渔场。

三、旅游城市和景点

（一）雅加达

雅加达是印度尼西亚首都、最大城市和经济中心，也是东南亚人口第一大城市。雅加达位于爪哇岛西北海岸，城市面积740平方千米，是世界第二大都市圈。居民主要为爪哇人、巴达维亚人和巽他人，少数为华人。1527年，印度尼西亚人民打败了葡萄牙殖民者的舰队，收复了巽达加拉巴，把这里改名为雅加达，意思是"胜利之城"或"光荣的堡垒"。华侨称它为"椰加达"或"椰城"。福建等地的侨民又称之为"巴城"。

图15-46　独立广场

图片来源：https://pixabay.com/

1. 雅加达独立广场

独立广场位于雅加达中区，又称莫迪卡广场，在印度尼西亚有着天安门广场般的地位。广场东南角上有一组根据《摩诃婆罗多》史诗中的故事情节塑造的群马拉车雕塑。东边是火车站，西街有国防部大院和中央博物馆，北为总统府，东北方有印尼最大的伊斯蒂赫尔大清真寺，建成于1979年，建筑面积9.34万平方米。屋顶上有一个白色的巨大半圆形顶盖。印度尼西亚重大的伊斯兰教活动和仪式都在这里举行。

2. 印度尼西亚缩影公园

缩影公园位于雅加达以东约26千米处，占地60万平方米，1975年建成，1984年正式开放。整个公园相当于印度尼西亚的缩影，设有巨型印度尼西亚群岛模型图。园区划分为27个区，代表印度尼西亚的27个省区，每个区内有当地传统特色的建筑物，并种植当地特有的植物。园区有印度尼西亚各地的民房、湖泊、公园、纪念塔、购物中心、露天剧场、缆车、火车、水上脚踏车等各种实物的模型。其中金蜗牛全

图15-47　印度尼西亚缩影公园

图片来源：https://www.thesaturdaypaper.com.au/

景式电影院每天定时放映《美丽的印度尼西亚》等全景电影。游客可充分领略印度尼西亚各地的风光特色。

（二）巴厘岛

巴厘岛大部分为山地，全岛山脉纵横，地势东高西低。岛上有几座完整的锥形火山峰，其中阿贡火山海拔3142米，是岛上的最高点。沙努尔、努沙—杜尔和库达等处的海滩是岛上景色最美的海滨浴场。库达海滩号称"巴厘岛上最美丽的海岸"，海滩平坦、沙粒细腻，是玩冲浪、滑板的乐园。金巴兰海滩位于巴厘岛国际机场以南，

图 15-48　乌布皇宫

图片来源：https://pixabay.com/

以壮观的海上日落美景而闻名，曾被评为"全球最美的十大日落"。巴厘岛是印度尼西亚唯一信奉印度教的地区，80%的人信奉印度教。巴厘岛通行印尼语和英语，华语在景点及购物点一般也通行。

1. 乌布皇宫

乌布皇宫坐落在巴厘岛艺术重镇的乌布市里，是乌布的地标。皇宫始建于16世纪，由著名的艺术家们设计，共有60间房。整座宫殿气势恢宏，特别是大门。宫殿内精致细腻的手工雕刻和金箔装饰，吸引了许多的艺术爱好者慕名而来。

2. 京打玛尼火山

京打玛尼火山是一座以海拔1717米的

图 15-49　京打玛尼火山

图片来源：https://au.hotels.com/go/indonesia/

巴都鲁山为中心的高原地区的活火山，山上都覆盖着茂密的热带雨林，山顶终年烟雾迷漫。1917年曾经喷发过，摧毁了无数神社、村庄，但也留下了很多的稀有矿物质，使周围的土地变得更加肥沃。当地居民在火山黑土上栽种着柑橘、香蕉、咖啡、椰子等作物。这一带村民的习俗也和普通巴厘岛人不同。他们不进行火葬、土葬，而是天葬。

3. 海神庙

海神庙距丹帕沙约20千米，始建于16世纪，是巴厘岛最重要的海边庙宇之一，也是巴厘岛三大神庙之一。海神庙坐落在海边

图 15-50　海神庙

图片来源：https://www.travelindonesia.cn/

一块巨大的岩石上，每逢潮涨之时，岩石被海水包围，孤零零地矗立在海水中，只在落潮时才与陆地相连。神庙右侧有一突起岩石是拍摄日落和海神庙的绝佳地点。

4. 乌鲁瓦图断崖

图 15-51 乌鲁瓦图断崖
图片来源：https://pixabay.com/

乌鲁瓦图断崖又叫断崖、情人崖和望夫崖，是巴厘岛的经典景点，坐落于巴厘岛巴东区的南库塔。断崖其实是地球运动时从海底翘起的一块岩石。传说当地有对家庭地位悬殊的青年男女相恋，绝望之下在乌鲁瓦图断崖相拥投海殉情。望夫崖这个名字得于另外一个传说——古时有一对恩爱夫妇，有一次丈夫出海捕鱼再也没有回来，妻子每天来乌鲁瓦图断崖上守望，望了 30 个昼夜后跳入了大海。悬崖绝壁之上有一座海神庙，全部使用坚硬的花岗岩建造，面向大海，是巴厘岛上最为庄严宏伟的庙宇。

5. 其他

圣泉庙始建于 926 年，是一个印度寺庙，位于巴厘岛中部，以喷出圣水闻名，许多信奉印度教的巴厘岛民和慕名而来的游客到此沐浴净身。蓝梦岛是位于巴厘岛东南边的一个离岛。这里的海水清澈无比，非常适合潜水，水下生物清晰可见，因此也被称为"玻璃海"。岛上还有梦幻海滩、恶魔的眼泪、红树林等很多著名的景点。龙目岛位于巴厘岛以东。以白色的沙滩和冲浪而闻名，壮观的活火山景象吸引无数的登山者。

图 15-52 龙目岛
图片来源：https://www.travelindonesia.cn/

（三）日惹

日惹是古代马特兰地区的中心，曾是中爪哇第一个强大帝国所在地。8~10 世纪时一直被许多印度教王国所控制，著名的婆罗浮屠、巴玛南神庙及其他石碑纪念物都在那一时代建造。日惹为爪哇文化艺术的发源地，文学和舞蹈发达，浮雕和雕像众多，学府林立。市内有城堡、宫殿和楼阁。日惹纪念碑是日惹的一个重要地标，建于 300 年前，顶部设计独特，看起来像独角兽的角一样。

1. 婆罗浮屠

婆罗浮屠是世界上面积最大的佛教遗址，与中国的长城、印度的泰姬陵、柬埔寨的吴哥窟并称为古代东方四大奇迹，是世界文化遗产。佛祖释迦牟尼去世后，遗体火化，骨灰分别安放在 8 座城市的墓地中。阿育王即位后，命令挖掘佛祖的 7 座坟墓，将遗灰放在 8.4 万个瓶瓮中分发给佛教徒，所到之处就地安葬，婆罗浮屠佛塔就是为此而建。

佛塔共有 10 层，四边的中间各有一条笔直的台阶通道，由基角直达顶层。佛塔第一层至第六层是四方形，第七层至第九层是顶塔的座脚，呈圆形。第十层是钟形的大塔，直径是 9.9 米。按照佛教解释，塔的下部四方形平台表示所谓"地界"，上部圆形平台表示所谓"天界"。"地界"各层共建有石壁佛龛 432 个，每座佛龛内有一莲座及盘足打坐的佛像。"天界"各层建有 72 个钟形小塔，每个小塔内供奉一尊成人大小的盘坐佛像。佛像按东、南、西、北、中不同方位，分别做出"指地""施与""禅定""无畏""转法轮"等各种手姿，而且佛像的面部神情以及手指、手掌、手臂等各部也是千姿百态，

图 15-53　婆罗浮屠（1）
图片来源：印尼旅游部官网 https://www.travelindonesia.cn/

图 15-54　婆罗浮屠（2）
图片来源：https://www.travelindonesia.cn/

迥然各异。整个建筑物共有大小佛像 505 尊，是当时世界上最大的佛教建筑之一。塔内各层都有回廊，回廊两旁的石壁上刻有各式各样的浮雕，有佛经故事，也有当时人民生活的雕刻，所以这里又有"石块上的史诗"之称。

伊斯兰教传入爪哇后，伊斯兰教王国取代了佛教王国，佛塔处于无人问津状态。附近的墨拉比火山几次爆发，最终将佛塔掩埋于火山灰。1973 年，联合国教科文组织和印度尼西亚政府共同主持，耗资 1550 万美元，历时 10 年进行修缮，婆罗浮屠佛塔终于重放异彩。

2. 普兰巴南

普兰巴南位于日惹以东 15 千米处，是印度尼西亚最大的湿婆神建筑。与婆罗浮屠一样以火山岩建造。普兰巴南寺庙群由 240 座庙宇组成，大部分已经沦为一片废墟，一些主要的庙宇得以重建。普兰巴南被联合国教科文组织评为世界文化遗产，也是东南亚最大的印度教庙宇。根据已经

图 15-55　普兰巴南
图片来源：https://www.travelindonesia.cn/

发现的碑铭，人们推测这些庙宇是由 8~9 世纪的拉卡伊·皮卡丹王朝修建的。

普兰巴南寺庙共有 8 个圣殿，中心院落里有 3 个主殿，分别祭祀着湿婆、毗湿奴和梵天这三位印度教的主神。湿婆神庙位于正中，高 46.5 米，是最高的神殿，有东、南、西、北 4 个石室。主室供奉一座 3 米高的湿婆像，其他 3 个石室分别供奉湿婆的妻子、他的化身投山仙人和儿子象头神。毗湿奴神庙位于北方，梵天神庙位于南方。每座主神庙之前均有两座小坎蒂立于两旁，供奉他们的坐骑：湿婆的神牛、毗湿奴的大鹏金翅鸟和梵天的孔雀。普兰巴南寺庙群是模仿神话中众神居住的马哈穆罗山创建的，回廊的浮雕描述了印度史诗《罗摩衍那》的故事。湿婆殿的北侧是维斯奴庙，南侧是婆罗吸摩庙，前面是楠迪庙。在毗湿奴和婆罗吸摩庙的前面是瓦哈诺庙，阿皮特庙位于北侧。普兰巴南寺庙后院的露天剧场，每天傍晚以传统芭蕾舞的形式上演这些著名的神话故事，每逢月圆前后的几天，都要上演舞剧《罗摩衍那》。

3. 默拉皮火山

默拉皮火山在南爪哇的火山中属于最年轻的一座，位于一个隐没带上，在这里印度—澳大利亚板块沉入欧亚大陆板块下面。默拉皮火山高约 2968 米，从 1548 年起，已经断续喷发了 68 次。地层学分析证明在 40 万年前这个地区已经开始喷发。默拉皮是印度尼西亚最危险的火山之一，带给日惹无尽的灾难。2010 年 11 月 5 日，默拉皮火山开始大规模喷发，除重大人员伤亡外，还造成大量牲畜死亡及巨大的经济损失，这次是该火山 100 年来最严重的一次喷发。其喷发很有规律，一般每 2~3 年都有一次小喷发，每 10~15 年会有一次大喷发。1006 年喷发的火山灰覆盖了整个中爪哇，导致信仰印度教的马塔拉姆王国的毁灭，有人认为这一事件为伊斯兰教登陆爪哇开辟了道路。默拉皮火山现在仍然是日惹和梭罗两地土王每年向古代神灵献祭的四个地点之一。

图 15-56　默拉皮火山

图片来源：https://www.travelindonesia.cn/

4. 日惹王宫

日惹王宫为日惹苏丹的王宫，这是一座已有近 250 年历史的宫殿，位于日惹市中心。王宫建成于 1756 年，是由日惹苏丹国首任国王哈孟古·布沃诺一世设计并修

图 15-57　日惹王宫

图片来源：https://www.travelindonesia.cn/

造的,具有伊斯兰文化和爪哇文化特点,又兼具欧洲风格。印度尼西亚独立后政府允许原王族一家继续住在宫内,宫中所用仆人仍着古时服装。现住宫内的是哈孟古·布沃诺十世苏丹,其父哈孟古·布沃诺九世曾任印度尼西亚共和国副总统。宫内收藏着20多套加美兰乐器,最古老的一套是麻喏巴歇王朝遗物,另一套来源于淡目王国。宫内有间专门收藏皮影戏傀儡的房间,保存着许多傀儡。宫内到处都摆放着中国明、清两代的瓷器。王宫附近的大仓库里储藏着各式皇家车驾,其中一辆为英国制造,车上镶嵌着一个英国王冠。每逢星期五,许多爪哇人都到这里来敬献鲜花。这些车辆和傀儡,每年都要进行一次"圣浴",届时不少当地人都接取这种"圣浴"用过的水沐浴全身,据说会给他们带来好运。

(四)科莫多国家公园

科莫多国家公园包括科莫多岛、帕达尔岛和林恰岛3个较大的岛屿,以及26个小岛。1991年,科莫多国家公园被列入世界自然遗产名录。1928年荷兰东印度殖民政府确立了科莫多岛的自然保护区。1980年被定为国家公园。科莫多岛南北最长40千米,东西最宽20千米,山丘起伏。由于火山和地震活动,科莫多岛的生态系统与世界其他地方隔离开来。大多数的游客都是从巴厘岛出发去科莫多岛。

图 15-58 科莫多岛

图片来源:https://www.travelindonesia.cn/

图 15-59 科莫多巨蜥

图片来源:https://www.travelindonesia.cn/

科莫多国家公园四周环水、风景宜人,主要部分位于热带草原气候区,有着成片的棕榈树林和广阔的草地。公园的岛屿大部分是悬崖峭壁,仅有很小的海湾及港口。公园里有无数的珊瑚礁。这里生活着世界上现存最大的蜥蜴科莫多巨蜥,也称为"科莫多龙"。1912年被发现,在科学上有重要意义,目前科莫多巨蜥濒临灭绝,被印度尼西亚政府定为保护动物。科学家们认为科莫多龙是恐龙的近亲,是生物进化研究的活化石,在世界其他地方都没有发现它们的踪迹。科莫多龙外表凶悍,体形庞大,成年体长3~4米,重量可达100千克,是凶猛的食肉动物,寿命40~50年。科莫多巨蜥能捕食鹿、野牛和野猪,以食腐肉为主。它们捕食时奔跑和游泳的速度极快,唾液里含有剧毒的细菌,成年的科莫多巨蜥可以将水牛毒死。

第六节 柬埔寨

一、历史文化

柬埔寨王国通称柬埔寨，旧称高棉，是个历史悠久的文明古国，早在1世纪建立了统一的王国，历经扶南、真腊、吴哥等时期。9~14世纪为吴哥王朝鼎盛时期，创造了举世闻名的吴哥文明，13世纪中叶起，由于泰国的素可泰王朝入侵而衰落。1863年沦为法国的保护国。1940年被日本占领。1945年日本投降后再次被法国殖民者占领。1953年11月9日，柬埔寨王国宣布独立。1954年7月，法国被迫同意撤军。20世纪70年代起，柬埔寨经历长期的内乱和战争。1993年，柬埔寨举行大选，选举产生制宪会议，通过新宪法，改国名为柬埔寨王国，恢复君主立宪制，西哈努克重登王位。11月2日，柬埔寨王国政府正式成立，进入和平重建历史新时期。2004年10月，西哈努克国王在北京宣布退位，西哈莫尼在王宫登基即位。

柬埔寨的政体是议会制君主立宪制，立法、行政、司法三权分立，国王是终身制国家元首、武装力量最高统帅、国家统一和永存的象征，有权宣布大赦，在首相建议并征得国会主席同意后有权解散国会。国王去世后由首相、佛教两派僧王、参议院和国会正副主席共9人组成的王位委员会在7日内从安东、诺罗敦和西索瓦三支王族后裔中遴选产生新国王。

2018年柬埔寨总人口1500万，高棉族占80%。华人约100万，以广东潮汕人为主，占了约70%。柬埔寨经济以农业为主，工业基础薄弱，2016年7月1日，世界银行宣布柬埔寨正式脱离最不发达国家，成为中等偏下收入国家。

二、自然地理

柬埔寨占地181035平方千米，领土为碟状盆地，三面被丘陵与山脉环绕，中部为广阔而富庶的平原，占全国面积3/4以上，20%国土为农业用地。东部、北部和西部被山地、高原环绕，大部分地区被森林覆盖，森林覆盖率61.4%。豆蔻山脉东段的奥拉山海拔1813米，为境内最高峰。柬埔寨属热带季风气候，5~10月为雨季，其他为旱季。受地形和季风影响，各地降水量差异较大。湄公河在境内长约500千米，流贯东部。沿海多岛屿，主要有戈公岛、隆岛等，分布在东、北和西部山区。洞里萨湖是中南半岛的最大湖泊，是东南亚最大的天然淡水渔场，素有"鱼湖"之称。

三、旅游城市和景点

（一）金边

金边是柬埔寨首都和最大城市，为柬埔寨政治、经济、文化、交通、贸易、宗教中心，坐落在湄公河与洞里萨河之间的三角洲地带。在柬埔寨历史上，曾经两次定都金边。1431年，由于不堪忍受暹罗（今泰国）的侵犯，高棉王国蓬黑阿·亚特国王到巴山建立王宫。由于巴山地势低洼，常遭洪水侵袭，1434年，又到金边建都。在金边修筑了王宫，建造了6座佛寺，开挖了运河，使金边城初具规模。由于王室的分裂，1497年国王又迁出了金边。其后又经过几经变动，直到1867年，诺罗敦国王才再次迁都金边。

中央市场是金边的商业中心，建于1936年。独立纪念碑是为纪念1953年11月9日柬埔寨获得独立而建。1958年3月落成，高37米，共7层，上有蛇神100条。每年独立节时，柬国王或国王代表都在此举行隆重的庆典。监狱博物馆原本是一座高中学校，波尔布特时期是红色高棉的集中营，也叫S-21监狱。这里曾经囚禁了超过1.7万名知识分子、平民及妇孺。到1979年横山林政权攻入金边时，集中营只剩下14具尸体和7名幸存者。馆内展出的刑具和介绍令人毛骨悚然。

塔山寺位于金边市区的北面一座高约100米的小山顶上，是金边的最高点。塔山寺建于14世纪，原名金边寺，也是金边地名的起源。寺内有大量高棉风格浮雕。山门上有两座矮塔，而山路两口各有一尊七头那迦蛇神像，扶手上则有不少吴哥式雕塑。

1. 金边王宫

王宫是一组金色屋顶、黄墙环绕的建筑，是历代国王礼佛的圣地。包括曾查雅殿、金殿、银殿、舞乐殿、宝物殿等大小宫殿20多座。王宫是诺罗敦国王于1866年开始建造，坐落在洞里萨河边，面对湄公河、洞里萨河、巴沙河交汇而形成的四臂湾，也称四臂湾大王宫，包含国王住所在内共有20余座建筑。建筑具有高棉传统建筑风格和宗教色彩。

王宫为长方形，长435米，宽402米，外有城墙，最初为木结构，后改建为水泥结构。宫殿均有尖塔，代表繁荣。殿身涂以黄、白两色，黄色代表佛教，白色代表

图15-60 王宫
图片来源：https://pixabay.com/

婆罗门教。曾查雅殿雕梁画栋、琉璃瓦顶，同左侧金光闪烁的波列莫罗科特佛塔交相辉应。凯马琳宫相当于我国皇宫中的金銮殿，设有国王宝座，上面镶着黄金、钻石，是国王接受百官朝见、接见外宾等重大活动的场所。王宫中有一栋法式建筑，拿破仑三世阁，是法国国王拿破仑三世赠送给诺罗敦国王的。

王宫的所有建筑中，银宫最为华丽，是一座寺庙式建筑，地面用4700多块镂花银砖铺就，是诺勒丹国王于1829年用意大利大理石所兴建。殿内供奉着整块翡翠雕成约60厘米高的佛像，晶莹剔透，所以银宫又被称为玉佛寺。银宫内还有用纯金铸成的大小两尊佛像，其中，仿照西索瓦国王样貌建造的佛像重90千克，上嵌9584粒钻石，最重的一颗达25克拉。还有一幅40多厘米高的镶金壁画等。回廊的墙壁上绘有历代王朝功绩和宗教故事的壁画，殿内还有银佛、铜佛以及许多价值连城的艺术品和外国国家元首赠送的礼品。

王宫北面是建于1913年的国家博物馆，馆内收藏有4~10世纪、吴哥王朝等时期的手工艺品及雕刻艺术品，数幅法国摄影师拍摄的吴哥照片，以及很多吴哥窟雕塑的真品。

2. 乌那隆寺

金边有6座古佛寺，位于王宫北面约200米处洞里萨河边的乌那隆寺，是金边规模最大、最著名的寺院，是柬埔寨佛教组织的总部。乌那隆寺建于1443年，有570余年的历史。寺内有金边最大的佛塔，并有5座稍小的佛塔环绕四周。1890年，当时的住持典僧王从锡兰（今斯里兰卡）迎来佛祖释迦牟尼的一捧骨灰供奉于大佛塔内。后来，许多达官贵人也在此寺内修建骨灰塔，存放骨灰，逐渐在大佛塔周围形成林立的骨灰塔群。

图 15-61　乌那隆寺

图片来源：https://au.hotels.com/

（二）吴哥考古公园

吴哥窟位于暹粒市以北6000米处，是古高棉王朝的遗址。狭义上的吴哥窟是整个建筑群中保存最为完好、细节最为精美的寺庙，而广义上的吴哥窟正式称谓是吴哥考古公园，包含了大吴哥、小吴哥及周边诸多遗址。大吴哥称为吴哥通王城，小吴哥也称为吴哥寺，即吴哥窟。1992年，联合国教科文组织把整个吴哥考古公园列为世界文化遗产。

吴哥是一座由宫殿、寺庙、花园、城堡组成的完整的城市，是古高棉王国的首都。802年，国王贾亚瓦曼二世统一了高棉王国，在洞里萨湖北岸兴建首都，定名为"吴哥"，吴哥成为整个高棉人的宗教以及精神中心。1431年，暹罗人入侵高棉，高棉人被迫离开吴哥，在金边建立了新的首都，吴哥从此湮没在丛林之中，被世人遗忘。直到1860年，法国植物学家亨利·莫哈特为了收集植物标本来到暹粒，吴哥城才得以重见天日。从那以后，吴哥的发掘和修复工作一直在进行。

吴哥古迹现存600多处，分布在面积45平方千米的森林里。大吴哥和小吴哥是它的主要组成部分，其中有许多精美的佛塔以及众多的石刻浮雕，蔚为壮观。这些佛塔全部用巨大的石块垒砌而成，有些石块重达8吨以上。佛塔刻有各种形态的雕像，有的高达数米，生动逼真。

图 15-62　吴哥窟

图片来源：https://tourismcambodia.org/

图 15-63　神庙山

图片来源：https://tourismcambodia.org/

吴哥古迹群游览线路可分为三个圈，里圈景点有小吴哥、豆蔻寺、斑蒂喀黛、皇家浴池、塔普隆寺、茶胶寺、塔奈寺、周萨神庙、托玛侬神庙、十二生肖塔、斗象台和癞王台、空中宫殿、巴方寺、巴戎寺、巴肯山。外圈26千米，景点有圣剑寺、龙蟠水池涅槃宫、塔逊寺、东梅奔寺和比粒寺五处。最外圈差不多150千米，景点有女王宫、高布斯滨、崩密列、罗洛寺群和洞里萨湖。

吴哥寺是柬埔寨的印度教毗湿奴神庙，建于12世纪初。后为高棉国王苏利耶跋摩二世的陵墓。该寺全部用砂岩重叠砌成，占地约2平方千米，四周有城壕环绕。神庙围有依次增高的3层回廊，各回廊的四角配有高塔，中心塔高出地面65米，以此为顶点，形成高度依层次递减的高塔群。吴哥寺的装饰浮雕丰富多彩。浮雕刻于回廊的内壁及廊柱、石墙、基石、窗楣、栏杆之上，题材取自印度教神话和高棉王朝的历史。

空中宫殿是一座全石结构建筑，据说建于11世纪。宫殿建在一座高12米的高台上，呈金字塔形，分三层。台中心建有一塔，塔上涂金，光芒四射。高台四周有石砌回廊环绕。由于台高，给人一种悬在空中的感觉，因而得名。

女王宫位于最外圈，距王城东北约21千米的荔枝山旁。女王宫原名班蒂斯蕾，是谋求幸福的意思。在神庙的中央刻有许多"阿帕莎拉"女神像，当地人习惯称之为女王宫。据碑文所载，建成于967年，是当时吴哥唯一非国王所建的主要庙宇。女王宫的建筑小巧精致、富丽堂皇，有"吴哥古迹明珠"和"吴哥艺术

图 15-64　女王宫

图片来源：https://tourismcambodia.org/

之钻"的美誉，是吴哥古迹中最重要的建筑群之一。女王宫的建筑分为两部分，东西轴以南的部分供奉湿婆，以北的建筑供奉毗湿奴。这整座神庙，总共有三层围墙来进行区分隔离。最外围是参道，左右各有两间小庙。走道中央第二层的外侧是护城河，最里边一层是主要的庙宇。

十二生肖塔在吴哥古皇宫前约 1200 米处。这座塔于 12 世纪末建成，属拜云建筑风格。各塔上雕有不同的动物，和中国的十二生肖类似，因而被称为"十二生肖塔"。十二生肖塔是用来关押犯人令其忏悔的地方，塔群正对着最高法院遗址。

巴肯山是吴哥主要遗迹群内的一座小山丘，在吴哥窟西北 1.5 千米处，高 67 米，柬埔寨古称扶南，即"山之国"，"山"在古代柬埔寨具有神圣的地位。巴肯寺外有长 650 米，宽 436 米的长方形壕沟，象征印度神话中环绕位于世界中心须弥山的咸海。巴肯寺建立于平坦的山顶有 7 层平台，代表印度教的 7 重天，最上层的高塔代表宇宙中心。除中央高塔外，下面 6 层共有 108 座小塔。从每一面的中轴线上看巴肯寺，都只能看到 33 座塔，代表须弥山上的 33 位神祇。

图 15-65　罗洛古寺群

图片来源：https://tourismcambodia.org/

（三）西哈努克

西哈努克城位于西南海岸线上，是柬埔寨最大的海港。西哈努克城建于 1950 年后，距金边 232 千米。战乱时期西哈努克港曾改名为磅逊港，20 世纪 90 年代又恢复了西哈努克港的名字，很多人简称它为西港。西哈努克城是柬埔寨的海滨度假地，有 4 处海滩。胜利海滩超过 2 千米长，被礁石和小山分成两段，北段有大货船来来往往，是看日落的最好地方。南段又称夏威夷海滩、国王海滩，可租船出海。西哈努克市云壤国家公园位于市东南大约 20 千米处的海岸边，云壤公园是海

图 15-66　西哈努克

图片来源：https://pixabay.com/

边的红树林湿地保护区。贡布海滨度假地位于西哈努克市东南面 1 小时车程处，该地建筑极富法国风格。波科山是柬埔寨的国家森林公园，植被茂盛，环境优美。西港附近适合度假的海岛有高龙岛、高龙撒冷岛和塔基岛。高龙岛已经成为一个商业海岛，而高龙撒冷岛干净很多，最漂亮的是撒拉森海湾，拥有绵延 6 千米的半月形细白沙滩海湾。塔基岛最安静。

第七节　菲律宾

一、历史文化

菲律宾共和国简称菲律宾，位于西太平洋，是东南亚一个多民族群岛国家，面积 29.97 万平方千米。菲律宾人的祖先是亚洲大陆的移民。1390 年，苏门答腊岛移民米南加保人建立了苏禄苏丹国。1417 年，苏禄群岛上的三位国王东王巴都葛叭哈喇、西王麻哈喇叱葛麻丁和峒王巴都葛叭喇卜率领家眷一行 340 人组成使团，前往中国进行访问，受到明朝永乐皇帝朱棣的接待。归国至山东德州，东王因病医治无效去世，葬在中国。1450 年，阿拉伯商人赛义德·艾布伯克尔在菲律宾南部建立了伊斯兰政权。1565 年，宿雾岛为来自墨西哥的西班牙人所占领，此即西班牙统治菲律宾的开始。1851 年，西班牙侵占和乐岛，清朝与藩属国苏禄王国的交往中断。1898 年，美西战争爆发，西班牙战败，美国接收菲律宾，改由美国统治。1935 年 3 月 24 日，建立菲律宾自治邦。日军于 1942 年占领菲律宾。第二次世界大战结束后，菲律宾再次沦为美国殖民地。1946 年 7 月 4 日，菲律宾获得独立，自由党和国民党轮流执政。

菲律宾种族与文化为数众多，融合了许多东西方的风俗习惯，民族的迁徙陆续带来了马来文化，随着宗教与贸易发展也带来了印度文化、华夏文化和伊斯兰文化。菲律宾为发展中国家、贫富差距很大。

二、自然地理

菲律宾北隔巴士海峡与中国台湾省遥遥相对，南和西南隔苏拉威西海、巴拉巴克海峡与印度尼西亚、马来西亚相望，西濒南中国海，东临太平洋。共有大小岛屿 7000 多个，其中吕宋岛、棉兰老岛、萨马岛等 11 个主要岛屿占全国总面积的 96%。吕宋岛东南的马荣火山是最大的活火山。海岸线长约 18533 千米。菲律宾群岛地形多以山地为主，占总面积 3/4 以上，有 200 多座火山，其中活火山 21

座。除少数岛屿有较宽广的内陆平原外，大多数岛屿仅沿海有零星分布的狭窄平原。各岛之间为浅海，多珊瑚礁。菲律宾群岛两侧为深海，萨马岛和棉兰老岛以东的菲律宾海沟，最深达 10479 米，是世界海洋最深的地区之一。菲律宾属季风型热带雨林气候，高温多雨，湿度大，台风多。

三、旅游城市和景点

（一）马尼拉

马尼拉是菲律宾的首都和最大的港口，位于菲律宾最大岛屿吕宋岛马尼拉湾东岸，也称"小吕宋"，濒临天然的优良港湾马尼拉湾。马尼拉建在巴石河两岸。河流把城市分成两大部分，14 个区中 7 个区在巴石河北岸，6 个区在南岸。河上 6 座桥梁把城市南北两部分连接起来。1976 年 11 月，菲律宾政府决定把马尼拉、奎松、卡洛奥坎、帕萨伊 4 个市和玛卡蒂等 17 个市镇，组成马尼拉大都会，即国家首都大区。马尼拉是一座具有悠久历史的城市，它在印度文明、中国文明及中亚古文明的基础上，融合西班牙、美国的西洋文明，形成东西合璧的文化。黎刹公园位于市中心罗哈斯大道旁，面对马尼拉湾。公园中央竖立着领导菲律宾独立运动的英雄荷西·黎刹的铜像。

图 15-67　椰子宫

图片来源：http://www.philippines-travel-guide.com/

1. 椰子宫

1981 年 1 月，马尼拉湾南岸新区，有一座用 2000 棵树龄在 70 年以上的椰子树建造起的椰子宫。这座椰子宫有两层楼高，六角形的褐色屋顶由椰木板构成，立柱用椰树干，砌墙壁的砖是由椰果毛壳的纤维混合高强度水泥制成。大厅吊灯由 100 多片椰壳制成，大门上镶嵌着由 4000 块椰壳片组成的图案。地毯是用椰果纤维织成的。在大厅以外的厅室中，放着各种用椰壳雕成的台灯，连烟灰缸也是用椰壳雕刻成的。餐厅里有一张长约 11 米的大餐桌，镶嵌着 4.7 万块不同形状的椰壳片，用椰树各个部分制成的家具、工艺品更是琳琅满目。最绝妙的是一个高达 2 米的大型落地座钟，从钟身、钟面的数字到指针全都用椰子树及椰子壳制成，椰钟走时准确，每到正点时还会报时。椰子宫周围还种植了 150 棵椰子树。

2. 西班牙王城

西班牙王城是马尼拉最古老的城区，位于帕西河河边，被称为"都市中的都市"。1571 年，西班牙殖民者黎盖斯比从马尼拉登陆，入侵并占领了菲律宾，然后在马尼拉市中心的巴石河南岸建立了城堡和炮台。自那时起,这里便成了西班牙殖民统治当局的首府。王城区的英文名即"城墙内"的意思。在西班牙统治时期,王城区就是马尼拉。马尼拉大教堂属于罗马式教堂建筑,采用典型的罗马式拱券结构,这是从古罗马时代的巴西利卡式演变而来,有山形墙和石头的坡屋顶,并使用圆拱。

圣奥古斯丁教堂是最早建成的教堂之一,1993年被联合国教科文组织列入世界遗产名录。最初是用竹子和泥巴建造的,几次毁于火灾又重建,最后决定用石头重建。在1607年建造成了这座全石料教堂,之后不断扩建,逐渐成为马尼拉乃至整个菲律宾的宗教和文化中心。圣奥古斯丁由教堂和修道

图 15-68　圣奥古斯丁教堂
图片来源:http://www.philippines-travel-guide.com/

院组成。巴洛克风格的礼拜堂,穹顶上描绘了《圣经》中的人物。高大的柱子雕刻着玫瑰形饰物。这里曾经收藏了大量的法衣、黄金圣杯、白银十字架、象牙雕像、金线绣花的丝绸披风和油画,当时连欧洲也没有几座教堂和修道院能与之媲美,这些珍品在历次战争中流失了。教堂有4个庭院,其中的第四个院子是著名的布兰科植物园,是西班牙人曼纽尔·布兰科在此任职期间潜心研究菲律宾药用植物的地方。他于1837年出版了《菲律宾的花草》一书,被视为圣奥古斯丁在文化和科学研究方面的巅峰。

3. 圣地亚哥古堡

圣地亚哥古堡是西班牙统治时期,用火山石和鸭蛋蛋清建成的石堡,作为西班牙殖民军的基地使用。1778年,石堡被整修后城墙厚度达到10米,墙上设有塔楼和炮台架,墙外有帕西格护城河。石堡成为西班牙殖民政府的监狱,用于关押和处决重要的政治犯。1896年,菲律宾国父黎刹就被关押在此。当初的牢房现已改造成黎刹纪念馆,摆设一些黎刹用过的物品及在牢内创作的文学作品。

图 15-69　圣地亚哥古堡
图片来源:http://www.philippines-travel-guide.com/

(二)长滩岛

长滩岛是菲律宾中部的一座岛屿,属于西米沙鄢群岛,位于班乃岛西北2000米,是菲律宾的旅游胜地之一。长滩岛形如一个哑铃,它两头大中间窄,

图 15-70 长滩岛螃蟹船
图片来源：https://pixabay.com/

最窄处只有 1000 米左右。正因为如此，随着风向的不同，小岛两边经常出现截然相反的天气景象。当地菲律宾人用当地的椰子油，涂在身上保护皮肤。

长滩岛不过 7000 米长，却有一片长达 4000 米的白色沙滩，被誉为"世界上最细的沙滩"，世界七大美丽沙滩之一。白沙滩是由珊瑚磨碎后形成的，沙质细腻，沙滩平缓舒展，即使正午时分，踏在沙上也依然清凉。长滩岛最有名的圣母岩礁矗立在海中，当地的居民在上面供奉了一尊圣母像。退潮时，可以直接走到礁岩处，这是白沙滩上的标志性景点。礁岩附近特别适合浮潜，不用游太远就可以看到成群的小鱼。

普卡海滩是长滩岛第二大海滩，以闪亮的白色普卡贝壳闻名。20 世纪 70~80 年代岛上的首要产业就是收集贝壳，如今依然可以看到普卡贝壳堆遗留下来的痕迹。布拉波海滩比白海滩安静，非常适合冲浪，最南端有一个名为"死树林"的古老鱼塘，形态各异的干枯树枝伸出水面，吸引了具有众多摄影师和艺术家。

贝壳博物馆位于伊利戈—伊利根海滩，收藏了这一地区特有的贝壳、木雕、陶制品、手工制品和菲律宾传统的民族服装，还有一些中国古代制品。蝙蝠洞位于雅泊海滩东北，是洞穴蝙蝠和狐蝠的家。

（三）薄荷岛

薄荷岛是菲律宾第十大岛，距离宿雾麦克坦岛 70 千米，是菲律宾 7000 多个岛屿中最美的一个。薄荷岛是个珊瑚岛，海水清澈，碎珊瑚被海水冲成的沙滩，烈日下依然清凉。森林区有全世界最小的猴子，拳头大小的眼镜猴，眼睛奇大无比，尾巴比身体还长。巧克力山是世界十大奇景之一，是 1268 个圆锥形的山丘，高度 40~120 米，山丘呈现出棕褐色，就像在平地上放上一颗颗大小不一的巧克力。薄荷岛的居民都是虔诚的天主教徒或基督教徒，岛上有 50 个教堂。最出名、历史最长的巴克雷扬教堂建于 16 世纪，是用珊瑚和石头建的白色教堂，黏合剂是沙子、石灰石和蛋清的混合物。教堂的二楼一半是学校，一半是宗教艺术博物馆，收藏有几百年前大主教在盛典上穿的圣袍金冠披肩和圣婴耶稣的雕像，以及几本用整张牛皮做的巨大乐谱。

图 15-71 巧克力山
图片来源：https://pixabay.com/

巴里卡萨岛离薄荷岛有45分钟航程，有著名的巴里卡萨大断层，据说有3000米的海底落差，这里被世界联合国组织列为受保护的海底区域。巴里卡萨岛是顶级的潜水天堂，珊瑚和鱼都很丰富。

拓展阅读

1. 自2015年6月10日起，印度尼西亚单方面对中国宣布，自5个国际机场或4个海港入境印度尼西亚，可享受免签证政策，停留不超过30天。中国游客如果经马来西亚前往第三国，在国际机场入境并停留不超过5天，可以免费申请过境签证。

2. 在东南亚很多城市，市民出行的交通工具主要是摩托车和突突车，突突车是由普通摩托车所改造的三轮车，后边车厢空间不大，可以坐2~3人。菲律宾岛屿间往来主要是船，有快艇、渡轮，最常见的就是螃蟹船。螃蟹船因船身伸出去的支架而得名，行驶非常平稳。

3. 1881年，法国人开始在越南修建铁路，出于地势和成本的考虑，将轨道宽度设定为1000毫米，比目前标准的1435毫米要窄，这种铁路被人们称作"米轨"。越南春节期间也有"春运"，期间火车票很难买到。

4. 马来人忌食猪肉、饮酒。在马来餐厅，餐桌上通常有个水壶，是用来洗手的。一般马来人都是用右手抓饭来吃，左手忌与人触碰。

5. 在柬埔寨，千万别摸头，柬埔寨人认为头部是灵魂居所，摸人家头等于去触碰人家的灵魂。越南、泰国、印度尼西亚、马来西亚等也是如此。

6. 新加坡法律严明，日常行为有很多规范要求，如严禁随地吐痰、地铁不可食用食品等，口香糖不可被进口、携带、食用，违者将受到重罚。

第十六章 东亚

第一节 日本

一、历史文化

日本国简称日本。3世纪中叶，境内出现大和国，经过长期的扩张，逐渐征服了日本中部大部分地方，其首领最初称为"大王"，后来改称天皇。645年，日本向中国唐朝学习，进行大化革新。12世纪后期，天皇皇权旁落，进入幕府统治时代。19世纪50年代中期，黑船事件迫使日本放弃"锁国"政策，与美国签订了一系列不平等条约。1868年，明治天皇重新掌权，进行明治维新，建立日本帝国，走上侵略扩张的军国主义道路。第二次世界大战战败后，日本颁布新宪法，由天皇制国家变为以天皇为国家象征的议会内阁制国家。2019年5月1日，天皇德仁在东京皇居举行即位仪式，成为日本第126代天皇，启用"令和"年号。

日本是一个高度发达的资本主义国家，资源匮乏并极度依赖进口，国民经济的支柱是制造业，以动漫、游戏产业为首的文化产业和旅游业极其发达。日本三大都市圈是东京都市圈、大阪都市圈和名古屋都市圈。主体民族为大和族，通用日语，至今保存着以茶道、花道、书道等日本传统文化。

二、自然地理

日本包括北海道、本州、四国、九州四个大岛和其他6800多个小岛屿，陆地面积约37.8万平方千米，也被称为"千岛之国"。日本群岛地处位于亚欧板块和太平洋板块的交界地带，即环太平洋火山地震带，火山、地震十分频繁，全球有1/10的火山在日本，平均3年就要发生1次危害较大的地震。世界里氏规模6级以上的地震中超过20%发生在日本。日本山地和丘陵占总面积的71%，山地成脊状分布于日本的中央，将国土分割为东部太平洋一侧和西部日本海一侧。日本海岸线十分复杂,日本海一侧多悬崖峭壁,港口稀少,太平洋一侧多入海口,许多天然良港。森林覆盖率高达67%。富士山是日本的最高峰,海拔3776米,被日本人尊称为"圣岳"。

日本属温带海洋性季风气候,绝大部分地区属于四季分明的温带气候,终年温和湿润。南北气温差异十分显著,南部的冲绳属于亚热带,北部的北海道却属于亚寒带。日本在太平洋一侧被日本暖流环绕,东北部形成千岛寒流,日本海一侧是对马暖流和里曼寒流。在寒流和暖流交汇处,鱼类资源丰富,是天然渔场。北海道和日本海是世界著名的大渔场,盛产700多种鱼类。

三、旅游城市和景点

(一) 东京

东京狭义上指东京都、旧东京府或东京都区部。东京是江户幕府的所在地,江户在1868年9月改名为东京。在明治二年(1869年)3月28日,日本的都城从京都迁移到东京。自德川幕府时代以来开始成为日本主要都市之一。东京都中心区域的6个区——千代田区、中央区、港区、新宿区、文京区和台东区通常称为"都心6区",千代田区、中央区、港区3个核心区域称作"都心3区"。东京是世界商业金融、流行文化与时尚重镇。太阳城里集中了许多水族馆、美术馆、博物馆。新宿区是东京乃至日本最著名的繁华商业区,有娱乐街、歌舞伎町。涩谷与原宿则是日本年轻人生活方式的信息中心。上野附近集中了日本的传统剧场、东京国立美术馆、国立科学博物馆、国立西洋美术馆、东京都美术馆等。日本自然、历史、现代的三大景点是富士山、京都和银座。银座与巴黎的香榭丽舍大道、纽约的第五大道并列为世界三大繁华中心,号称"亚洲最昂贵的地方",以集中了众多高级购物商店闻名。

1. 东京塔

东京塔的正式名称日本电波塔,位于日本东京港区芝公园,是一座以巴黎埃菲尔铁塔为模板建造的红白色铁塔,高332.6米,比埃菲尔铁塔高8.6米,是全世界最高的自立式铁塔。但所用的建筑材料只有埃菲尔铁塔的一半,建造用了一年半,不到埃菲尔铁塔施工时间的1/3。东京塔1958年12月建成,1968年7月对游客开放。由于航空交通管制规定,东京塔颜色为红白相间利于辨识。近年来对铁塔不再有颜色限制,但原有的颜色一直保留下

图 16-1　东京塔
图片来源:https://www.japan-travel.cn/

来了。每天日落到午夜零点之间有灯光照明，照明的颜色随季节变化，夏季为白色，春、秋、冬季为橙色。东京塔在150米处设有大瞭望台，249.9米处设有特别瞭望台，晴朗之日可远眺富士山。铁塔正下方的东京铁塔楼中设有水族馆。东京塔建成后一直为东京第一高建筑物，直至2012年2月29日东京晴空塔建成。东京塔除发送各种无线电波外，兼有航标、风向风速测量、温度测量等功能。从2013年起改由东京晴空塔承担电视信号发射功能。

2. 日本皇宫

图16-2　二重桥

图片来源：https://www.japan-travel.cn/

日本皇宫也称皇居，是日本天皇及其家庭成员居住的宫殿。1590年，由德川幕府第一代将军德川家康修筑，占地2.3万平方米。整个皇宫被护城河环绕，分为皇居、外苑、东苑以及北之丸公园等几个区域，只有东苑及北之丸公园向公众开放。正殿是整个宫殿的中心，皇室的主要活动和外交礼仪都在正殿的"松之阁"举行。长和殿是天皇接受群众朝贺的地方，丰明殿内有大宴会场，常御殿为天皇内宫。此外，宫内还有花荫亭、观瀑亭、霜锦亭、茶室、皇灵殿、宝殿、神殿、旧御府图书馆等。东御苑内是防御工事遗址幕府城堡。皇宫南面为皇宫广场，站在皇宫广场即可看见外苑的宫墙以及皇宫著名的景点二重桥。二重桥是通向皇宫的特别通道。在新年和天皇生日时，人们可通过二重桥进入皇宫并接受天皇的问候。

3. 浅草寺

浅草寺全名为金龙山浅草寺，位于台东区浅草二丁目，是东京都内历史最悠久的寺院，供奉圣观音，观音本尊通称为"浅草观音"。整体建筑具有显著的江户风格。寺院大门叫"雷门"，正式名称是"风雷神门"，是日本的门脸、浅草的象征。内有长约140米的铺石参拜神道通向供着观音像的正殿。寺西南角有一座五重塔，高度仅次于京都东寺的五重塔。寺东北有浅草神社。

图16-3　浅草寺

图片来源：https://www.japan-travel.cn/

4. 明治神宫

明治神宫是日本神道的重要神社，位于涩谷区原宿一带的代代木公园北侧。这里供奉明治天皇及昭宪皇太后的灵位，每年有很多人来此参拜祈福。神宫由正殿、内苑、外苑和明治纪念馆组成，内苑有御苑和宝物殿，外苑有体育场等设施。进入神宫有南、北、西3条用碎石铺的参拜甬道。每条参道入口处都有日本神社的标志性建筑——鸟居，也就是日式牌楼。经过神宫桥，南参道尽头两旁各有一列酒桶，左列是西方葡萄酒酒桶，右列是日本清酒酒桶。南北参道交会的地方，有一个巨大的鸟居，高12米，宽17米，柱直径1.2米，重13吨，是日

图16-4　明治神宫
图片来源：https://www.japan-travel.cn/

本最大的木质明神鸟居。大鸟居后方的参道通向社殿。通常的神社面向正南，参道笔直。而这条参道却右折88°角。

图16-5　上野公园
图片来源：https://www.japan-travel.cn/

5.上野公园

上野公园是日本最大的公园，是日本的文化中心，本是德川幕府私家领地，明治维新后成为日本第一座真正意义的公园。在上野公园门内，可看到明治时代大将军西乡隆盛的铜像。1650年修建供奉德川家康的东照宫，参道两旁还有95座石灯笼和195座青铜灯笼。德川家庙、宽永寺、东昭宫、西乡隆盛铜像等古迹保存良好。上野公园包括东京文化会馆、东京国家博物馆、国家西方艺术博物馆、东京艺术博物馆、上野动物园等。园内最大的湖不忍池是无数鸟类迁徙停靠的地方，湖旁分布有大佛宝塔、五条神社、民俗资料馆、博物馆等。上野公园是东京最著名的赏樱胜地，园内樱花数目多达1200棵。染井吉野据说世界上移植最多的樱花品种，在1885年左右发现于这里的染井。每年樱花季节，都要在此举办隆重的"樱花祭"。鲁迅先生曾描绘过："上野樱花烂漫的时节，望去确也像绯红的轻云。"

（二）箱根

箱根是日本的温泉之乡和疗养胜地，位于神奈川县西南部，距东京90千米。约40万年前这里是一处正喷发的火山口，火山活动平息之后，形成有山川、流泉、湖泊等自然景观。箱根到处翠峰环拱、溪流潺潺、景色秀丽，享有"国立公园"之称。

富士山是日本精神文化的象征，是日本人崇敬的圣地，是日本民俗宗教的一

图16-6 田贯湖
图片来源：https://www.japan-travel.cn/

部分，评为日本三灵山之一、日本百名山。1936年2月，被指定为富士箱根伊豆国立公园。2013年6月，被世界遗产委员会列入世界文化遗产名录。富士山高3775.63米，山底周长125千米，占地面积约1200平方千米，山体呈圆锥状，山顶终年积雪。从山脚到山顶，共划分为10个阶段，每个阶段是一个"合目"，由山脚下出发到半山腰称为五合目，高2305米，巴士最高可上到五合目。五合目是一个大休憩平台，有停车场、邮局、餐厅和许多纪念品小店。由五合目往上，每合目都设有供游人休息的地方，直至山顶的十合目，由于天气原因，一年中只有规定的时间可以登山，一般为每年7月1日的"山开"到8月26日的"山闭"之间。

由于火山喷发，富士山山麓形成了无数个大小各异的山洞，有的山洞至今还存在着喷气的现象。富岳风穴内的洞壁上还结满了类似钟乳石的冰柱，终年不化。

山麓周围分布着5个淡水湖，统称"富士五湖"。芦之湖为火山湖，海拔724米，面积7平方千米，湖岸线长达20千米。晴天时可看到终年积雪的富士山，淡青色的湖水中倒映出富士山的雄姿，为箱根一景。箱根的另一奇景是白烟缭绕的火山口大涌

图16-7 芦之湖
图片来源：https://www.japan-travel.cn/

谷，常喷出大量带硫气体。大涌谷附近设有自然科学馆，馆内介绍箱根的大自然景色。

箱根七汤（7个温泉）位于芦之湖东岸的箱根关所。箱根关所是面积为198平方米的木质平房，是江户时代幕府设置的关卡。关所内还陈列着当时行人携带的身份证、短枪、长柄大刀等文物1000多件，还有关所检查人员的塑像。箱根八里指雄关古道、箱根佛群、箱根神社、早云寺、千条瀑、仙石原、湿原、九头龙神社8个名胜古迹。

（三）京都

京都位于日本西部，坐落在京都盆地北半部和丹波高原的东部山区，是京都府各县市中面积最大的一座城市。京都古称平安京，794年桓武天皇迁都平安京。平安京营建时，遣唐使活动频繁，所以新京的格局以中国都城为模板。唐

朝以西京长安和东京洛阳为首都。平安新京的西半部（右京）称"长安"，而东半部（左京）则称"洛阳"。后来右京衰微，左京洛阳成为平安京的代名词。到1868年，京都一直都是日本的首都，名副其实的千年古都。京都市有相当丰富的历史遗迹，是日本传统文化的重镇之一。京都是根据历来王朝文化中盛行的日本式唯美意识所构建的，以神社、佛阁等历史建筑物、庭院、绘画、传统活动、京都料理为代表。部分历史建筑在1994年被评为世界文化遗产。

1. 伏见稻荷大社

日本约有1/3的神社属于稻荷神社，伏见稻荷大社是稻荷神社的总本社，地位很高。伏见稻荷大社建于8世纪，主要是祀奉稻荷神，稻荷神是农业与商业的神明。每到正月或每月1日赶集的日子，香客前来祭拜求取农作丰收、生意兴隆、交通安全。它是京都地区香火最盛的神社之一。伏见稻荷大社的入口矗立着丰臣秀吉1589年捐赠的大鸟居，后面是神社的主殿及其

图 16-8　伏见稻荷大社

图片来源：https://www.japan-travel.cn/

他建筑。神社里能见到各式各样的狐狸石像，这是因为狐狸被视为神明稻荷的使者。这里最出名的要数神社主殿后面密集的朱红色"千本鸟居"。本殿与鸟居的红色代表万物丰收秋天的色彩。成百上千座的朱红色鸟居构成了一条通往稻荷山山顶的通道，其间还有几十尊狐狸石像。

2. 清水寺

清水寺位于东山区的清水，为日本佛教北法相宗的总院，占地面积达13万平方米，是京都最古老的寺院。1994年被列入世界文化遗产名录，被列为日本国宝建筑之一。清水寺建于音羽山上，主要供奉千手观音，由慈恩大师创建。相传慈恩大师是唐僧玄奘在日本的第一位弟子。798年，寺院成为恒武天皇的敕愿寺，曾数次被烧毁并重建。现存的大部分建筑始建于1633年，由德川家光捐资重修的，原属法相宗，现自立为大本山北法相宗。清水寺与金阁寺、二条城并称为京都三大名胜，以观音灵地而闻名。被定为国宝的主堂是由139根立柱支撑的，宛如硕大的舞台，又称清水舞台。本堂的下方有著名的音羽瀑布与祈求分娩顺利的子安塔。清泉一分为三，分别代表长寿、健康、智

图 16-9　清水寺

图片来源：https://www.japan-travel.cn/

慧，被视为有神奇力量。寺院四周绿树环抱，春季时樱花烂漫，是京都的赏樱名所之一，秋季时红枫飒爽，又是赏枫胜地。

3. 二条城

二条城又名二条御所，位于二条通尽头，城以街道名称命名。二条城的城堡和宫殿建于1603年，是当时德川家第一代将军德川家康为保卫京都御所而修建，同时也为到京都拜访天皇时能有个住所。第三代将军德川家光将丰臣秀吉留在伏见城中的几座建筑移建至此。1867年，德川幕府第十五代将军德川庆喜"大政奉还"于皇室朝廷，

图 16-10　二条城

图片来源：https://www.japan-travel.cn/

奉还的仪式就在二之丸御殿内。二条城建筑，总建筑面积有7300平方米。其中的二之丸御殿等有六栋建筑物被日本政府鉴定为国宝级文物，包括东大手门等在内的22栋建筑被鉴定为重点文物。二条城由石墙和护城河环绕，东西约500米、南北约400米。城内建有本丸御殿、二丸御殿、唐门、黑书院、白书院、内院等建筑。宫殿用金色与深色的建筑木构件，屋檐和封檐板上镶嵌纯金箔片。本丸御殿和二之丸御殿为二条城的主要建筑。二之丸御殿里有远侍、式台、大广间、苏铁之间、黑书院、白书院6个隔间，墙壁和隔间的纸门画多是按狩野派风格绘制，其中《鹰立松树图》与《守望八方雄狮图》皆为狩野派名作。大殿是幕府将军接待高级官员的。在"鹂鸣地板"的走廊上行走会发出黄莺鸣叫般的响声。

4. 金阁寺

金阁寺也被称为鹿苑寺，是位于京都市北区的临济宗相国寺派的寺院。1994年12月，被联合国教科文组织指定为世界文化遗产中的重要历史建筑。金阁寺建于1379年，原为足利义满将军的山庄，寺名源自于足利义满的法号鹿苑院殿。内外都贴满了金箔的舍利殿被称为金阁，于1950年的金阁寺放火事件中被完全烧毁，并于1955年重建。重建花了3年时间完成。金阁是3层楼阁式建筑，屋顶是宝塔形状，有只铜质的凤凰。烧毁前的金阁只有第三层才有金箔，重建的金阁第二层和第三层的外面都贴满了金箔，共使用了约20万张厚度为普通金箔5倍的金箔。一层称为法水院，室内只有一个房间，靠西设置了须弥坛，坛上是宝冠释迦如来坐像，对面左侧安放着足利义满的坐像。二层被称为潮音洞，

图 16-11　金阁寺

图片来源：https://pixabay.com/

中间须弥坛上放置着观音菩萨坐像。三层被称作"究竟顶",放置着佛舍利。

室町幕府的第8代将军足利义政,模仿祖父义满建造的舍利殿,在东山山庄里建造了观音殿(银阁寺)。金阁、银阁、飞云阁并称为"京之三阁"。

5. 平安神宫

平安神宫是位于日本京都府京都市的神社,1895年为纪念桓武天皇平安迁都1100周年而创建,主祭神是第50代桓武天皇和第121代孝明天皇。平安神宫模仿平安时代皇宫的部分建筑修建的,包括大鸟居、神宫道、应天门、大极殿及神苑等部分,受唐代洛阳皇宫紫微城的影响,有着明显的唐代中国建筑的风格。京都三大祭祀之一的"时代祭"于每年10月22日在此举行。届时,市民身穿日本平安时代至

图16-12 平安神宫
图片来源:https://www.japan-travel.cn/

明治维新时期的服饰,从平安神宫出发步行至京都御所,身穿和服的京都府警察本部平安骑警队则作为先导引领着整个古装游行队伍。

(四)大阪

图16-13 大阪
图片来源:https://www.japan-travel.cn/

狭义的大阪指日本第二大都市大阪市,在江户时代,大阪和江户、京都并列为"三都"。因为附近地区多山,坡地面积广大,始称"大坂",后来演变为大阪,大阪在日语里坂作坡解。1583年,丰臣秀吉花费3年时间,将大阪城建成地势险要的军事要塞,城内修筑了宏伟华丽的宫殿和别致的房舍,西部低洼处开挖运河,架设桥梁,使大阪获得"水都"及"桥都"的称号。

大阪历史悠久,拥有数量众多的古迹,然而由于战乱,完整保存下来的古建筑并不多,很多都是重建的。在大阪著名传统宗教建筑中,只有住吉大社本殿建于明治时代之前的1810年,本殿的建筑风格被称为"住吉造",是神社建筑史上最古老的样式,是日本的国宝。大阪另一座代表性宗教建筑是建于593年的四天王寺古刹。整个寺院有金塔、五重塔、讲堂等40多幢建筑,寺内珍藏的法华经扇面,也被视为日本的国宝。四天王寺在第二次世界大战空袭中被毁,现建筑是1963年按原样重建的。

大阪古城有护城河和长12千米的城墙,城内的天守阁,是大阪的地标,

图 16-14　大阪古城
图片来源：https://www.japan-travel.cn/

高 56 米，为 5 层 9 重建筑，阁内陈列着 1568~1598 年桃山时代的美术珍品。现在的天守阁实际上是第三代了。丰臣政权时期的天守阁建于 1585 年，主色调为黑色，在 1615 年的大阪夏之战中被毁。江户幕府时代的天守阁修建于 1626 年，但在 1665 年被雷击后烧毁。现在的天守阁修建于昭和初期，主色调和江户时代的天守阁一样是白色，但融合了丰臣时代天守阁的建筑特征。

天满宫建于 949 年，是每年 7 月 24~25 日举天神祭的地方。其他名胜古迹还有奈良时代的古皇宫难波宫遗址、供奉古代军神、歌神、海上守护神的住吉大社、平安时代的大会佛寺、江户时代的丹珠庵、明治时代的泉布观等。

（五）奈良

奈良县是大阪都市圈的组成部分，位于日本纪伊半岛中央，古称大和，是日本历史和文化发祥地之一。奈良古称平城京，自 710 年建都起，作为日本都城历时 75 年。奈良时代的都城平城京受唐长安、洛阳影响明显，东西 4.2 千米，南北 4.8 千米，面积 20.2 平方千米，约为唐长安的 1/4。奈良拥有众多的古寺神社和历史文物，享有"社寺之都"的称号，是日本古代文化发祥地之一，重要的名胜古迹有平城京遗址、

图 16-15　奈良公园
图片来源：https://www.japan-travel.cn/

皇陵、东大寺、唐招提寺、药师寺、兴福寺、大安寺、法隆寺、正仓院、春日神社、元兴寺、西大寺、手向山八幡神宫、奈良公园等。奈良公园是日本最早的现代公园之一，建于 1888 年，占地 660 公顷。公园里小鹿群集，小鹿们十分温顺可爱。奈良公园有几个太平天国时期保存下来的景点和历史遗迹，如东大寺、春日代舍和国家博物馆。

第二节 韩国

一、历史文化

大韩民国简称韩国。1910年朝鲜半岛沦为日本殖民地，1919年4月11日，"大韩民国临时政府"在中国上海成立。抗日战争全面爆发后，大韩民国临时政府辗转杭州、嘉兴、镇江、长沙、广州、柳州、綦江等地，于1940年到达重庆。今天的韩国政府以在上海成立临时政府的1919年作为开国元年。1945年8月15日，韩国独立。1945年8月日本投降，美苏军队分别进驻半岛南北部。1948年8月和9月，以北纬38度线为界，朝鲜半岛南北先后成立大韩民国和朝鲜民主主义人民共和国。1950年朝鲜战争爆发，1953年7月27日依照朝鲜停战协定，朝韩双方停战。20世纪60年代以来，韩国政府实行了"出口主导型"开发经济战略，创造了被称为"汉江奇迹"的经济高速增长期，跻身"亚洲四小龙"之一。韩国主体民族为大韩民族，通用韩语。

二、自然地理

韩国位于朝鲜半岛南部，总面积约10万平方千米，占朝鲜半岛面积的45%。韩国三面环海，西濒临黄海，东南是朝鲜海峡，东边是日本海，北面隔着三八线非军事区与朝鲜相邻。韩国地形具多样性，低山、丘陵和平原交错分布，主要在中部和东部。太白山脉纵贯东海岸，构成半岛南部地形的脊梁，其向黄海侧伸出的几条平行山脉组成低山丘陵地带，有太白山脉、庆尚山脉、小白山脉等，其中雪岳山、五台山等山峰以风景优美著称。平原主要分布于南部和西部，海拔多在200米以下。韩国属温带季风气候，四季分明，春、秋两季较短；夏季炎热、潮湿；冬季寒冷、干燥，时而下雪。

三、旅游城市和景点

（一）首尔

首尔全称首尔特别市，旧称汉城，是大韩民国首都，是世界第十大城市，也是韩国的政治、经济、科技、教育、文化中心。首尔位于韩国西北部的汉江流域，朝鲜半岛的中部，最早为周朝的真番东夷小国的栖居地，1394年朝鲜国王李成桂迁都汉阳并改为汉城。2005年1月，正式更改为"首尔"。首尔有冠岳山、三角山、仁旺山、景福宫、德寿宫、昌德宫等名胜古迹，古老的宫殿、庙宇等同现代建筑群交相辉映。

1. 景福宫

图 16-16　景福宫
图片来源：https://pixabay.com/

景福宫是朝鲜半岛历史上最后一个统一王朝——朝鲜王朝的正宫，因位于城北部，又称"北阙"，王宫得名于《诗经》中"君子万年，介尔景福"中"景福"二字。景福宫始建于1395年，历经多次破坏和重建。1910年日本吞并朝鲜半岛。日据时期，景福宫的大多建筑相继遭到拆除，仅保留正殿勤政殿、庆会楼等象征意义的建筑物。1995年韩国光复50周年之际，开始拆除日占时期建筑，大规模复建景福宫及其附属建筑。2010年8月，韩国再次复建光化门，恢复传统的汉字牌匾。

王宫面积与规制严格遵循与宗主国中国的宗藩关系，为亲王规制的郡王府，依明代王府之制营建，所有建筑均以丹青之色来区别于中国皇宫的黄色。占地面积57.75公顷，呈正方形。东面是建春门，西面是迎秋门，北面是神武门。宫内有勤政殿、思政殿、康宁殿、交泰殿、慈庆殿、庆会楼、香远亭等殿阁。勤政殿是韩国古代最大的木建筑物，是举行正式仪式以及接受百官朝会的大殿。庆辉楼建立于一个巨大的人工湖上，是国王设宴招待众臣和外国使节的迎宾馆。荷塘中央的乡远亭是王室单独聚会的地方。慈庆殿和王太后寝殿里的十长生烟囱十分有名。交泰殿是王妃的寝殿，朝向峨眉山烟囱的殿墙及后门尤为美观。韩国国立博物馆和韩国民俗博物馆设在这个院内，可以了解到朝鲜王室的宫室文化和传统的民俗生活。

2. N 首尔塔

N 首尔塔位于尔龙山区南山，高236.7米，建于1975年。N 首尔塔的"N"既是南山的第一个字母，又有全新（New）的含义。工程耗资150亿韩元（约8700万元人民币），安装了适用于不同季节

图 16-17　N 首尔塔
图片来源：https://pixabay.com/

和不同活动要求的照明设备。每天 19：00~24：00，6 支探照灯在天空中拼出鲜花盛开的图案"首尔之花"。塔上有 137.7 米高的旋转瞭望台，每 40 分钟旋转一周，天气晴朗时，还可以眺望到仁川的碧海。展望台 2 层展望窗的屋顶和地板部分使用了 30 厘米宽的玻璃，因此游客在展望台向外看风景的时候感觉如云中漫步，让人头晕目眩。2 层的卫生间海拔 400 米，是首尔最高的卫生间，向窗外一望便能将首尔的景色尽收眼底，被称为"天空卫生间"。塔内还设有地球村民俗博物馆。

3. 北村韩屋村

北村位于景福宫、昌德宫和宗庙之间，是有着 600 年历史的韩国传统居住区。位于清溪川和钟路的北方，因此被称为"北村"。在朝鲜时代（1392~1910 年），统治阶级多在这里居住，遗留下许多传统房屋。北村是人们实际居住生活的村庄，包括 11 个洞 900 多座韩屋，还有嘉会博物馆、韩尚洙刺绣博物馆、韩国佛教美术博物馆等韩国传统文化博物馆。如今的北村已在传统韩屋空间里注入了现代化的建筑，成为一个备受瞩目的新文化艺术区。

图 16-18　北村

图片来源：https://pixabay.com/

图 16-19　青瓦台

图片来源：http://www.visitkorea.or.kr/

4. 青瓦台

青瓦台得名于主楼的青瓦，位于钟路区世宗路一号，始建于高丽肃宗年间，原为高丽王朝离宫。朝鲜王朝建立后，属于景福宫的后苑。1927 年日本殖民者毁掉景福宫后苑除五云阁以外的所有建筑，建立了朝鲜总督官邸。1948 年 8 月，大韩民国成立时成为总统官邸并改名为景武台。1960 年尹潽善当选总统并入驻景武台。因为尹潽善忌讳"武"字并为了同美国白宫相对应，给这群建筑起名为青瓦台，也有人称其为"蓝宫"。由于 1968 年曾发生北朝鲜军队袭击青瓦台的事件，所以现时韩国的街道图都没有标明青瓦台的所在地。现在的青瓦台是卢泰愚总统在任时新建的，主楼为总统官邸，有总统办公室、接见厅、会议室、居室，配楼有秘书室、警护室和迎宾楼等。

图16-20　水原华城
图片来源：https://pixabay.com/

5. 水原华城

水原华城在首尔以南44千米处，是个人口不足百万的文化古城。李朝后期第22代正祖大王为悼念自己的父王，把它的遗骸从杨州拜峰山移葬到水原华山，并把华山附近的邑城迁移到水原八达山下现今位置，1794修建了水原华城，1796年完工。水原华城保留了200年前城市的主要骨架，1997年12月与昌德宫一同成为联合国教科文组织认定的世界文化遗产。水原华城城墙全长5.52千米，东面地形为平地，西面邻接八达山，东南西北四个方面都有城门，分别是苍龙门、八达门、华西门、长安门。城内有小溪，城墙处设置了水门，共有7个拱形水门，其上修建了楼阁。修建城墙时同时使用了石材和砖块，其结构既能防御敌人的弓箭和长枪，也能向敌人开枪发炮，被认为是韩国城墙中最科学的设计结构。

（二）济州岛

济州岛是韩国最大的岛屿，位于韩国西南海域，是一座著名的旅游岛。联合国教科文组织在2007年将济州岛评定为世界自然遗产。济州岛古代建有名为"耽罗国"的独立王国，因此保有本岛独有的风俗习惯、方言与文化等。这个岛以"三多三无三丽"而闻名，因此也被称为三多岛。"三多"指石多、风多、女性多。济州是由于火山爆发造成的，所以石头、洞窟特别多。"风多"与济州地处台风带有关。"女多"则是由于以前济州男人出海捕鱼遇难身亡的概率很高，人数上女性多于男性。"三无"是指无小偷、无大门、无乞丐。因为没有小偷，家里也没有大门。主人外出干活只是在家门口处搭上一根横木，这根横木在济州话里被叫作"正栏"。"三丽"也称"三宝"，是指济州的自然、民俗和传统工艺，也指农作物、水产品和旅游三大资源，还指济州浓厚的人情味、美丽的自然和独特的土特产品。

1. 汉拿山国家公园

汉拿山耸立于济州岛的中部，是济州岛的象征，又称瀛州山，意思是山高得可抓住银河，1970年被定为国立公园，同金刚山、智异山一起被誉为三座神山。汉拿山海拔高度1950米，是韩

图16-21　汉拿山白鹿潭
图片来源 http://www.visitkorea.or.kr/

国最高的山，在济州岛任何地方都能看见。有这样一种说法"济州岛就是汉拿山，汉拿山就是济州岛"。山顶上有约2.5万年前因火山爆发而形成的直径500米的火山湖白鹿潭，周围有386个因火山爆发形成的小火山。爬汉拿山，可同时领略温、热、凉、冷，人称这里一天有春夏秋冬四季。这里是珍稀植物的乐园，不同的高度生长不同的植物，有济州寒兰、珠朋、汉拿松耳草、天然香草等只有济州岛才有的珍稀植物70多种。万丈窟是由汉拿山喷出的火山熔岩形成的溶岩洞窟，总长度为13.4千米，是世界上最长的熔岩洞，开放了其中约1000米长的洞区。万丈窟有长达70厘米的熔岩石笋、熔岩管状隧道等熔岩形态。

2. 山君不离

济州岛上有很多寄生火山，火山通常会被爆发后的岩浆覆盖堆积，唯有山君不离的火山口，在火山爆发时，熔岩和火山灰没有喷出，形成了现在的洞口。这样的火山被称为低平火山口，世界上罕见。山君不离直径650米、深100米、周长达2070米，火山口内还生长着各种不同性质的树木。山君不离上有石潭、火山口等景致。下方由于缝隙较多，受到水的侵袭，分布着特别的植物生态界。北边

图16-22　山君不离
图片来源：http://www.visitkorea.or.kr/

暖带地域多以日本常绿橡树、楠木、栎树、大叶楠等常绿阔叶树群为主，其下方多分布着黄根节兰、虎舌红、寒莓为主的稀有植物。南边分布有麻栎、山茱萸、枫树、黑松等温带落叶树等群落。

图16-23　柱状节理带
图片来源：http://www.visitkorea.or.kr/

3. 柱状节理带

柱状节理带是汉拿山喷出的熔岩流入海中，遇海水急速冷却收缩成的多角形石柱。在济州道西归浦市的柱状节理带上，石柱层层堆积，高达30~40米，宽达1000米左右，其规模在韩国是最大的。这里波浪汹涌时高达10多米，蔚为壮观。附近的泰迪熊博物馆展示百年来深受全世界人们喜爱的玩具熊。博物馆中的历史馆是在历史场面中用玩具熊再现历史人物，其中达·芬奇的《最后的

晚餐》和"蒙娜丽莎"的泰迪玩具熊造型尤其引人注目。

4. 龙头岩

龙头岩位于北部海边，熔岩喷发后冷却而形成的岩石，高10米，长30米，由于岩石一端颇似龙头，故得名龙头岩。从龙头岩向东约200米有一处龙池，据说是神龙游戏之地，因而得名龙池。这里可以看到济州岛的海女们海底作业的场面。

图 16-24　龙头岩

图片来源：http://www.visitkorea.or.kr/

5. 民俗博物馆

民俗博物馆是一个专门调查、研究并搜集济州岛内传统民俗遗物和相关自然资料的博物馆。博物馆由自然史展厅、第一民俗展厅、第二民俗展厅和室外展示场4个区域构成。自然史展厅又分为海洋生物生态馆、地质岩石展室、陆地生态馆等展室，用立体模型展示着济州岛的海洋生物、地质岩石和动植物等自然史资料。第一民俗展厅和第二民俗展厅分别向游客讲述了济州岛上的各种民居、住宅模型、济州岛人曾经使用的农具和海里作业工具。露天展场里陈列着加工谷物的生活用具和宗教信仰器具等物品。

图 16-25　民俗博物馆

图片来源：http://www.visitkorea.or.kr/

6. 牛岛

牛岛位于济州岛东端，是个岛中岛，形似一头卧牛伸着头而得名。牛岛周长17千米，岛上居住着约700户、1800多位居民，以渔业和农业为生。牛岛是济州岛附近的岛中最大的一个岛，地势较缓，鱼类资源丰富。这里可以看到济州海女、石墙路、石坟等济州岛特有的传统文化及美丽的自然风光。登临岛上最高的牛岛峰可以将牛岛全景尽收眼底，甚至可以眺望到城山日出峰。

图 16-26　牛岛

图片来源：http://www.visitkorea.or.kr/

7. 城山日出峰

城山日出峰海拔182米，是10万年前海底火山爆发而形成的一块高耸的巨岩，2007年被联合国教科文组织评定为世界自然遗产。峰顶有巨大的火山口，直径600米，深90米，面积达26.4万平方米。99块尖石围绕在火山口周围，远望就像一个巨大的城郭，因而得名"城山"。东南北三面是悬崖，西北面是草坪山脊，与城山村相连。

图16-27 城山日出峰
图片来源：http://www.visitkorea.or.kr/

（三）庆州

庆州是著名的文化观光城市。由于自然环境优越，农业、渔业、畜产业都很发达，韩牛的数量为全国第一。公元前57年建立新罗王朝，在其长达992年的统治中，庆州一直都是它的首都。城区到处可见新罗时代的遗迹，有"庆州历史遗迹区"之盛名，也被称为"没有屋顶的博物馆"。

图16-28 佛国寺
图片来源：http://www.visitkorea.or.kr/

1. 佛国寺

佛国寺是一座规模宏伟的古刹，内供奉着菩萨塑像等。752年建成，于1995年被联合国收入世界文化遗产名录。佛国寺建在长100米的石头上面。石头下是"人间"，上是"菩萨世界"。上下之间的阶梯，即为从人间通往菩萨所在的极乐世界之"路"。佛国寺用花岗岩建造，院落布局极具特色，被誉为"韩国最精美的佛寺"。

多宝塔和释迦塔高10.4米，耸立于大雄殿和紫霞门之间庭院的东西两侧。释迦塔共分三层，塔身建立在二层基坛上。多宝塔是一座八角塔，塔身建立在呈"十"字形的基坛上。这两座古代塔建筑于1962年被评定为国宝。大雄殿和极乐殿是佛国寺诵经参佛的地方，通往殿堂的小路东边是青云桥和白云桥，西边是莲花桥和七宝桥。青云桥和白云桥分别代表年轻人和老年人，连接大雄殿和紫霞门象征着俗世和佛界的连接。莲花桥和七宝桥连接极乐殿和安养门，传说只有顿悟极乐之道的信徒才能从桥上通行。莲花桥的每一级台阶上都镶刻着莲花瓣。泛影楼建于751年，经历两次重修，现存的泛影楼修砌于1973年，底部和顶部宽，中间窄，内有一面大鼓屹立在石龟之上。

2. 石窟庵

石窟庵坐落在吐含山东侧半山腰上，由天然岩石打磨后堆砌而成，圆形的

图16-29 石窟庵
图片来源：http://www.visitkorea.or.kr/

屋顶上堆着泥土，整个建筑看起来犹如洞穴一般，故名石窟庵。石窟庵建于751年，于774年新罗惠恭王在位时竣工，当时名为石佛寺。高丽时期的史书《三国遗事》中记载，国相金大成为现世的父母而建造了佛国寺，为了前世的父母建造了石窟庵。1995年被联合国教科文组织认定为世界文化遗产。石窟庵供奉的释迦牟尼像用花岗岩雕塑而成。释迦牟尼坐在莲花宝座上，高达3.26米。屋顶呈半月形，上有莲花纹的圆盘为盖。四周墙上雕刻了菩萨像和弟子像、金刚力士像、天王像等共39座佛像。石窟庵入口的方形室中，左右各放四座八部神将，通道左右入口雕刻了金刚力士像，通道上各雕刻了两座四天王像。

3. 大陵苑

庆州的古坟群中规模最大的是由23座新罗时代的墓葬聚集而成的大陵苑，面积39.6万平方米，如果加上地下看不见的古坟，则超过200座坟墓，这些墓葬中被查明身份只有"味邹王陵"。大陵园里最有名的是天马冢和皇南大冢。1973年，发掘了绘有天马的马鞍垫子，故给此墓葬取名"天马冢"。

图16-30 大陵苑
图片来源：http://www.visitkorea.or.kr/

它也是大陵园中唯一内部开放的古坟，可以看到新罗时期墓葬的布局，以及诸多陪葬品等。皇南大冢是陵园中最大的古坟，出土了超过3万件的文物和黄金陪葬品。这是个夫妇合葬墓，夫人墓里的陪葬品的品位更高，这表明了妇女的地位高。

4. 骨窟寺

骨窟寺建于石壁之上，是韩国唯一一座石窟寺院。6世纪，来自印度的光有圣僧等人以本国寺庙样式为基础修建了骨窟寺，并在岩石顶上凿了一个高达4米的摩崖如来坐像，在寺庙周围挖了12个洞窟供奉佛像，视为法堂，如今法堂只剩下7个洞窟。

图16-31 骨窟寺
图片来源：http://www.visitkorea.or.kr/

岩壁十分陡峭，攀着专门的绳梯可以到佛像近前欣赏。这座雕刻于9世纪的佛像，历经千年，佛像以下膝盖和右手已经被风化掉了，为了保护这座佛像，设置了防风雨的玻璃顶棚。7个石窟中最大的观音窟主要供奉观音像，石窟的前壁面上供有108座小观音菩萨像。

第三节 朝鲜

一、历史文化

朝鲜民主主义人民共和国简称朝鲜，是位于朝鲜半岛北部的社会主义国家，执政党是朝鲜劳动党。1948年8月，在朝鲜半岛南成立大韩民国后，紧接着9月9日朝鲜半岛成立朝鲜民主主义人民共和国。朝鲜民族为单一民族，通用朝鲜语。

二、自然地理

朝鲜位于朝鲜半岛北半部。北部与中国为邻，东北与俄罗斯接壤，南部以军事分界线三八线与韩国相邻，领土面积约12万平方千米。朝鲜半岛三面环海，东为日本海，西南为黄海，山地约占国土面积80%。主要平原有平壤平原、顺安平原。境内山峰主要有牡丹峰、烽火山、大城山、龙岳山。境内河流众多，水力和森林资源较丰富。朝鲜石墨、菱镁矿储量居世界前列。朝鲜属温带东亚季风气候。夏季温热多雨，冬季寒冷干燥，平均气温在0℃以下。降水量由南向北逐步减少。

三、旅游城市和景点

（一）平壤

平壤是朝鲜的首都，朝鲜的政治、经济、文化中心，位于朝鲜半岛西北部，因其地势平坦而得名。平壤是朝鲜半岛历史最悠久的城市，相传早在檀君时代就被定为都城。至今仍保留着高句丽古城、安鹤宫遗址、广法寺等历史古迹。平壤因古时遍布柳树又称"柳京"。大同江横跨平壤，市区80%为公园等绿化用地，是世界上绿化面积比重大的城市之一。平壤的市内公共交通主要是公共汽车和地铁，地铁用上好的大理石建造，青铜雕塑、壁画、镶嵌画布满地铁站，具有俄罗斯风格。装饰奢华程度也可与有"地下宫殿"之称的莫斯科地铁一较高下。平壤地铁还是世界上最深的地铁。由于平壤的土层特别厚，要开挖到地下100米处才是坚固的岩石层。因为地铁建于地下100多米，从地面下去乘电梯都要3~5分钟。

1. 金日成广场

金日成广场位于平壤的中央广场，1954年8月竣工，地面是花岗岩铺地，是朝鲜举行重要政治文化活动的场所。广场的南北分别是主体思想塔和人民大学习堂。主体思想塔建于1982年4月，是金日成创立的"主体思想"的象征，由主塔、三人群像、六幅主题群像、两座亭阁和两个大型喷水组成，塔身高150米，塔顶的火炬

图16-32　万寿台大纪念碑
图片来源：https://pixabay.com/

高20米。主体思想塔正面是大同江，可以乘坐高速电梯上至塔顶俯瞰平壤市。人民大学习堂于1982年开馆，总建筑面积10万平方米，是朝鲜的国家图书馆。定期举办朝鲜各种外语学习班、讲座等，被朝鲜人称为"社会教育中心"。人民大学习堂由10座楼组成10层建筑，建造有34个歇山式屋顶组成的朝鲜式青瓦屋顶。万寿台大纪念碑建于1972年4月金日成60岁寿辰之际。纪念碑以金日成与金正日的铜像为中心，由群像雕塑和大幅镶嵌壁画组成，其正面墙壁上有革命圣地白头山的大幅镶嵌壁画。

2. 中朝友谊塔

为了纪念在朝鲜战争中中国人民志愿军的丰功伟绩，1959年10月25日在牡丹峰北面建造了友谊塔，其建筑地址和造型是1958年2月周恩来总理访问朝鲜时，与金日成首相亲自选定的。中朝友谊塔由两层基座和塔身组成，上面有红星在闪烁。塔身的前面刻有"友谊塔"的字样。塔基座的一层正面刻有碑文，左右两侧有描述中朝友谊和中国人民志愿军勇士战斗英姿的浮雕。后面有个门可以进入塔的中心，里面的大理石台上摆放着在抗美援朝战争

图16-33　中朝友谊塔
图片来源：https://koryogroup.com/

中牺牲的中国人民志愿军烈士的名册。墙壁上有描绘参战、战斗和战后恢复建设三个场面的壁画。

3. 凯旋门

凯旋门位于牡丹峰山脚下的凯旋广场，是一座纪念碑式的建筑，于1982年建成，高60米，宽52.5米，整座建筑用1.05万多块花岗石砌成，规模宏大。有

3层歇山式的屋顶，柱檩之间配有各式装饰，体现了朝鲜传统建筑特点。凯旋门柱正面镌刻着白头山、《金日成将军之歌》和金日成投身革命与凯旋的年代"1925"与"1945"的金色字样。门柱边缘有70块金达莱花纹浮雕石板，标志着金日成同志的70岁寿辰。南北两侧壁面上还有朝鲜人民遵循金日成教诲为祖国建设积极奋斗的浮雕群像。

图 16-34　凯旋门
图片来源：https://pixabay.com/

4. 万景台

万景台位于平壤西南部12千米处的大同江畔，为群山所环绕。山上存有古烽火台，台下可俯瞰万景，因而得名。群峰中的主峰名为万景峰，峰顶建有万景楼。万景台下的七谷洞是金日成的诞生地，当时称平安南道大同郡古平面南里。金日成旧居是一座普通的茅草房，里面有当时使用过的家具器皿。100多年前曾祖父起四代居住在这个茅草房里。

图 16-35　万景台
图片来源：https://www.uritours.com/

5. 牡丹峰

牡丹峰号称"首都庭院"，是平壤中心的一座小山，海拔最高处为95米，山形酷似一座盛开的牡丹，因此得名"牡丹峰"。这里保存着平壤城墙、乙密台、七星门、清流亭等古迹。牡丹峰从古代开始就是平壤的风景名胜，乙密台是古代俯瞰平壤景色的最佳视角。朝鲜牡丹峰乐团就是由此命名。

图 16-36　七星门
图片来源：http://www.koreakonsult.com/

（二）开城

开城全称开城特级市，原属京畿道，南北分治之后成为北朝鲜的边境城市。近郊所产的高丽人参是高丽参中的最高品级。高丽王朝于918年由王建创立，是朝鲜半岛上第一个统一国家，以开城为都，经历了500多年的繁荣。这里的松岳山上松林茂密，因此，开城一直被称作"松都"。开城拥有众多的历史遗迹和文物，有王陵、故宫等。

开城拥有众多的历史遗迹和文物，包括开城古城、满月台、开城南大门、成均馆、嵩阳书院、孔民王陵和恭愍王陵等。满月台是高丽时代的王宫遗迹，占地约125公顷，现仅存宫址及础石。满月台的名称由来于阴历正月十五的夜晚在宫中赏月的"望月台"。2004年高句丽墓葬群成为朝鲜的第一个世界遗产，而开城历史地区是朝鲜的第二个世界遗产。开城外13千米处的一座小山是孔民国王和王后的陵墓，接近

图 16-37　孔民王陵

图片来源：http://www.koreakonsult.com/

原始状态，在高丽博物馆中可以看到孔民的棺材。

1. 高丽博物馆

高丽博物馆位于开城工业地区，最初为11世纪初叶高丽国的行宫大明宫，当时曾作为外国来宾的住宿地，称作"顺天馆"。后改作宣传儒教的"僧务馆"。1089年，最高教育机关——国子监迁到这里，改称"成均馆"。这座古老的建筑成为展示朝鲜历史的博物馆。高丽博物馆设有12栋主要建筑物及6栋属于成均馆的附属建筑物，总面积高达7万平方米，拥有超过1000件历史遗物，有高丽时代的王宫模型。馆外亦有石塔、石碑及石灯等展品。

图 16-38　高丽博物馆

图片来源：http://www.koreakonsult.com/

2. 板门店

板门店距开城市8千米，据说这里曾用木板建过一个小店铺，板门店名字源于此。板门店是朝鲜战争和朝鲜半岛分裂的见证，是朝鲜停战谈判、签字的会场，军事停战委员会会议室、中立国监督委员会会议室也位于此。板门店军事分界线的两侧正对有朝鲜、韩国的哨所。南北双方规定以军事分界线为中心，方圆约800米的圆形地带，由"联合国军"与朝鲜军队共同把守，故名"共同警卫区域"。后在军事分界线之上设置一道宽50厘米、高5

图 16-39　板门店

图片来源：https://www.uritours.com/

厘米的水泥线，双方的警卫军士均不得越过一步。南北两方各自竖起旗塔，南边的旗塔有 100 米高，而北边的旗塔高达 160 米，旗的长度达 30 米，为世界第一。

（三）妙香山

妙香山位于朝鲜西北部，横亘于平安南道、慈江道和平安北道的交界处，是朝鲜四大名山之一，因山上侧柏散发着清香而被称为妙香山。有"三千里锦绣江山皆名胜，未见妙香山莫谈景"之说，自古被誉为朝鲜八景之一。妙香山东西，南北距离各为 28 千米，面积 375 平方千米，最高峰为毗卢峰，海拔 1909 米。山中生长着 1170 多种植物、33 种兽类、133 种鸟类和 20 多种鱼类。

图 16-40　妙香山
图片来源：http://www.koreakonsult.com/

普贤寺在通往妙香山的路旁，建于 1014 年，寺内主要建筑物有大雄殿、万岁楼、解脱门、天王门以及一座四角的 9 层塔、一座八角的 13 层塔。大雄殿是歇山式屋顶，殿内保存着 13 世纪刻印的 6780 卷佛教大经典。万岁楼上保存有李朝时期 500 多年的政府日志《李朝实录》，是朝鲜的宝贵史料。普贤寺是朝鲜五大寺院之一，在朝鲜战争时期曾被美国飞机炸毁，现今的寺院是战后重建的。在散珠和龙渊两大瀑布飞泻的岩盘上，坐落着著名的上元庵。此庵建于高丽时期，后遭毁坏，现今的这座庵堂是 1580 年重建的。朝鲜著名的国际友谊展览馆就坐落在妙香山，这里展示了世界许多国家、组织及其个人向金日成和金正日赠送的部分礼物。

图 16-41　国际友谊展览馆
图片来源：http://www.koreakonsult.com/

（四）金刚山

金刚山位于朝鲜和韩国交界，大部分山峰位于朝鲜境内，有"朝鲜第一山"之称。金刚山由花岗岩组成，东西 40 千米，南北 60 千米。主峰为海拔 1638 米的毗卢

图 16-42　金刚山
图片来源：http://www.koreakonsult.com/

峰，以此为界将金刚山分为内金刚、外金刚、新金刚和海金刚四部分。金刚山群峰峭立，峰外有峰，相传有1.2万个峰，各呈奇状，山里有着无数的石门、洞窟、峭壁、峡谷，有"千岩万壑"的美誉。

金刚山一带是朝鲜半岛降水量最多的地区，众瀑飞泻，最大的九龙渊高达90米。金刚山有2256种植物，其中特产植物有100余种，有38种兽类、130种鸟类、9种爬虫类、10种两栖类和30种鱼类。金刚山随四季更替有相应的四个名称：春季的主峰巍然屹立如钻叫金刚山，夏季松林云海称蓬莱山，秋季漫山枫叶名枫岳山，冬季草木凋零怪石突兀因而又名皆骨山。金刚山保存有寺庙、石塔等众多历史文物遗迹。

（五）白头山

白头山是朝鲜的称呼，中国称之为长白山。白头山是座休眠火山，1597年、1668年和1702年曾三度喷发。山体为火山喷出岩构成，多白色浮石，火山口积水成湖，名白头山天池。湖面海拔高2194米，湖水平均深204米，最深处达373米，面积9.8平方千米。主峰海拔2691米，2500米以上的山峰有16座，总面积8000多平方千米。冬季结冰，封冻期长约7个月，冰层厚达3米。长白山北坡、西坡与东南

图16-43　白头山
图片来源：http://www.koreakonsult.com/

坡是旅游的好地方。长白山北坡在吉林省延边的二道白河，西坡在白山市，东南坡在朝鲜的三池延郡。

参考文献

1. 世界旅游地理. 孙克勤、范文静主编，旅游教育出版社 2011.
2. 世界旅游地理. 徐晓光主编，叶璐副主编，天津出版社 2010.
3. 世界旅游地理. 陈福义、吴永江主编，华南大学出版社 2005.
4. 旅游资源学，郑耀星主编，北京大学出版社 2009.
5. 世界旅游资源基础，马洪元主编，南开大学出版社 2008.
6. 现代世界旅游地理，韩杰编著，青岛出版社 2002.
7. 国际旅游学，戴松年、纵瑞昆主编，学林出版社 2004.
8. 旅游地理学，陶梨主编，杨桂华副主编，云南大学出版社 2001.
9. 世界旅游地理，吴国清编著，上海人民出版社 2003.
10. 世界旅游经济地理，孙玉琴、袁绍荣主编，华南理工大学出版社 2007.
11. 国际旅游业，吕佳颖、胡亮、黄欢编著，清华大学出版社 2017.
12. 百度百科：https：//baike.baidu.com/.
13. 穷游网：https：//www.qyer.com/.
14. 携程旅行：https：//www.ctrip.com/.
15. 马蜂窝：http：//www.mafengwo.cn/.
16. 各旅游景点官网和各国旅游局官网.